OEUVRES
DE
WALTER SCOTT,

TRADUITES

PAR M. LOUIS VIVIEN,

AVEC TOUTES LES NOTES, PRÉFACES, INTRODUCTIONS ET MODIFICATIONS
AJOUTÉES PAR L'AUTEUR A LA DERNIÈRE ÉDITION D'EDIMBOURG ;

ET

DE NOUVELLES NOTES HISTORIQUES ET LITTÉRAIRES PAR LE TRADUCTEUR.

TROISIÈME ÉDITION.

Tome Sixième.

—

KENILWORTH.

PARIS :

Chez LEFÈVRE, Éditeur, rue de l'Eperon, 6.
POURRAT FRÈRES, Éditeurs, ‖ DAUVIN et FONTAINE, Libraires,
Rue des Petits Augustins, 5. ‖ Passage des Panoramas, 35.

1840.

ŒUVRES

DE

WALTER SCOTT.

TOME VI.

IMPRIMERIE DE BLAULE, RUE FRANÇOIS MIRON, 8.

Kenilworth
(Walter Scott)

OEUVRES

DE

WALTER SCOTT

TRADUITES

PAR M. LOUIS VIVIEN,

AVEC TOUTES LES NOTES, PRÉFACES, INTRODUCTIONS ET MODIFICATIONS AJOUTÉES PAR L'AUTEUR
A LA DERNIÈRE ÉDITION D'ÉDIMBOURG;
ET DE NOUVELLES NOTES HISTORIQUES ET LITTÉRAIRES PAR LE TRADUCTEUR.

TROISIÈME ÉDITION.

TOME SIXIÈME.

KENILWORTH.

Paris,

Chez LEFÈVRE, Éditeur, rue de l'Éperon, 6
DAUVIN et FONTAINE, Libraires, passage des Panoramas, 35;
POURRAT FRÈRES, Éditeurs, rue des Petits-Augustins, 5.

1840.

INTRODUCTION.

Un certain degré de succès, réel ou supposé, dans l'esquisse de la reine Marie [1], induisit naturellement l'auteur à tenter quelque chose d'analogue à l'égard de « sa sœur et ennemie, » la célèbre Élisabeth. Il ne prétendra cependant pas avoir abordé la tâche avec le même amour ; car l'intègre Robertson lui-même confesse avoir ressenti les préventions avec lesquelles un Écossais est porté à envisager le sujet; et ce qu'un tel historien avoue, un pauvre romancier n'ose le désavouer. Mais on ne s'apercevra pas, il l'espère, que l'influence d'une prévention qui lui est presque aussi naturelle que son air natal ait notablement affecté l'esquisse qu'il a voulu tracer d'Élisabeth d'Angleterre. Je me suis efforcé de montrer en elle à la fois et la souveraine à l'esprit élevé et la femme passionnée, hésitant entre le sentiment de son rang joint à celui qu'elle devait à ses sujets, et son attachement à un noble seigneur, qui, du moins par ses qualités extérieures, méritait bien la faveur de sa maîtresse. L'intérêt de l'histoire est jeté sur cette époque où la mort soudaine de la première comtesse de Leicester semblait ouvrir à l'ambition de son époux l'occasion de partager la couronne de sa souveraine.

Il se peut que la calomnie, qui bien rarement épargne la mémoire des personnages d'un rang élevé, ait noirci la réputation de Leicester et l'ait chargée de teintes plus sombres qu'il ne lui en appartenait réellement; mais la voix presque générale de l'époque attacha les plus odieux soupçons à la mort de l'infortunée comtesse, arrivée si fort à point pour les

---

[1] L'auteur fait allusion à *l'Abbé.* (L. T.)

vues ambitieuses de Leicester. Si nous pouvons ajouter foi aux *Antiquités de Berkshire* d'Ashmole, les traditions qui chargent le comte du meurtre de sa femme n'avaient que trop de fondement. Dans l'extrait suivant, le lecteur trouvera l'autorité sur laquelle est basée la fable du roman :

« A l'extrémité ouest de l'église sont les ruines d'un manoir appartenant anciennement (comme cellule ou lieu de retraite selon quelques uns) aux moines d'Abington. Lors de la *dissolution*, ledit manoir ou seigneurie passa aux mains d'un certain Owen (je crois), le possesseur contemporain de Godstow.

» Dans la grande salle (*hall*), au-dessus de la cheminée, se trouvent les armes d'Abington taillées dans la pierre, c'est-à-dire une patène entre quatre martelets ; il y a aussi un autre écusson composé d'un *lion rampant*, et plusieurs mitres sculptées dans la pierre en divers endroits de la maison. Il y a en outre dans ladite maison une pièce appelée la chambre de Dudley, où la femme du comte de Leicester fut assassinée ; sur quoi on rapporte l'histoire suivante :

» Robert Dudley, comte de Leicester, personnage de fort bonne mine et singulièrement beau de visage, étant en grande faveur près de la reine Élisabeth, on pensait, et on disait généralement, que s'il n'eût pas été marié ou qu'il eût été veuf, la reine aurait fait de lui son époux. A cette fin, pour s'affranchir de tout obstacle, il commande à sa femme, ou peut-être il lui persuade par de belles paroles, de se reposer ici dans la maison de son serviteur Anthony Forster, lequel habitait alors le susdit manoir ; et de plus, il enjoignit à sir Richard Varney (qui lui en avait suggéré l'idée) qu'aussitôt qu'il y serait arrivé, il essayât d'abord d'empoisonner la comtesse, et, si cette tentative ne réussissait pas, de la dépêcher par quelque autre moyen que ce fût. C'est ce qui fut établi, à ce qu'il semble, par le rapport du docteur Bayly, quelque temps membre du nouveau collége, alors résidant à Oxford, et professeur de physique dans cette université ; lequel, parce qu'il n'avait pas voulu consentir à la faire mourir par le poison, fut en butte aux persécutions du comte, qui chercha à le desservir à la cour. Cet homme, à ce qu'il semble, rapporte pour très certain qu'il y avait eu à Cumnor, parmi les conspirateurs, une tentative d'empoisonnement contre cette pauvre innocente dame, un peu avant qu'elle ne fût tuée, tentative qui eut lieu de cette manière. Voyant la pauvre dame triste et accablée (comme une femme qui savait bien, au traitement qu'elle éprouvait, que sa mort n'était pas éloignée), ils se mirent à lui vouloir persuader que sa maladie provenait d'une surabondance de mélancolie et d'autres humeurs, etc., et en conséquence ils voulaient absolument la déterminer à prendre quelque potion, ce qu'elle refusa nettement de faire, parce qu'elle craignait de leur part ce qu'on peut craindre de pis; sur quoi ils envoyèrent un jour (sans l'en prévenir) un messager au docteur Bayly pour le prier de persuader à la comtesse de prendre quelque petite potion qu'il prescrirait, et qu'ils feraient apporter d'Oxford, dans l'intention d'y ajouter quelque chose pour le plus grand soulagement de la malade, ainsi que le soupçonna le docteur avec grande cause et raison, d'après leur grande importunité et le peu de besoin que la dame avait de médecine; et, en conséquence, il se refusa péremptoirement à leur requête, se méfiant (comme il le dit ensuite) que s'ils l'avaient empoisonnée sous le prétexte de sa potion, il fût ensuite pendu lui-même pour leur crime. Mais le docteur n'en resta pas moins bien convaincu que s'ils ne pouvaient exécuter leur projet de cette manière, elle n'échapperait cependant pas long-temps à leur violence; ce qui arriva en effet ainsi qu'il suit. Sir Richard Varney, mentionné ci-dessus (principal auteur du plan), était, par l'ordre du comte, resté seul près d'elle le jour où elle mourut, n'ayant avec lui qu'un autre homme et Forster, qui avait ce jour-là éloigné d'elle par force tous les serviteurs de la comtesse, qu'il avait envoyés au marché d'Abington, situé à environ trois milles de cette place. Ils commencèrent par l'étouffer ou par l'étrangler, puis ils la précipitèrent du haut d'un escalier de deux étages et lui rompirent le cou, usant envers elle de grande violence; aussi, malgré le bruit qu'on répandit qu'elle était tombée par accident du haut en bas de l'escalier (sans pourtant déranger son capuchon qu'elle avait encore sur la tête), néanmoins les habitants vous diront qu'elle fut sortie de la chambre où elle couchait d'habitude, et mise dans une autre où la tête du lit se trouvait près d'une petite porte dérobée par où ils vinrent dans la nuit ; que là, ils l'étouffèrent dans son lit, lui froissèrent violemment la tête, lui rompirent le cou, et enfin la précipitèrent du haut de l'escalier, pensant qu'ainsi le monde croirait que c'était l'effet d'un accident, et que de cette façon ils cacheraient leur scélératesse. Mais voyez la merci et justice de Dieu dans la vengeance et la découverte du meurtre de cette dame ! car un de ceux qui avaient coopéré à ce meurtre ayant plus tard été pris pour un nouveau crime dans les marches du pays de Galles, et s'offrant à raconter les détails du susdit meurtre, fut dépêché en secret dans la prison par ordre du comte, et l'autre, sir Richard Varney, qui mourut à Londres vers le même temps, poussait des cris lamentables en blasphémant Dieu, et dit à une personne notable (qui depuis le redit à d'autres) peu de temps avant d'expirer, que tous les démons de l'enfer le déchiraient en lambeaux. Forster, pareillement, qui était précédemment adonné aux festins, à la compagnie, à la joie et à la musique, changea complétement après le fait, et on remarqua qu'il évitait tout ce qu'il recherchait auparavant, et que, l'air toujours mélancolique et pensif (d'autres parlent de folie), il ne fit plus que languir et s'éteindre. En outre, l'épouse de Bald Butter, un des parents du comte, révéla le fait tout entier un peu avant sa mort. On ne doit pas non plus omettre de rappeler qu'elle ne fut pas plus tôt assassinée, qu'ils firent grande diligence pour l'enterrer avant que le coroner n'eût fait son enquête (ce que le comte lui-même condamna comme une imprudence); ce qu'apprenant le père de la victime, sir John Robersett (à ce que je crois), il arriva en toute hâte, la fit exhumer, appela le coroner, et voulut qu'une enquête approfondie fût faite sur toute l'affaire. Mais on pensa généralement que le comte lui ferma la bouche, et éteignit l'affaire entre eux; puis l'excellent comte, pour faire voir clairement au monde tout l'amour qu'il portait à sa femme de son vivant, et quelle douleur était pour son tendre cœur la perte d'une épouse si vertueuse, ordonna (ou fit agréer la chose, par ces moyens et par d'autres, aux principaux chefs de l'université d'Oxford) que son corps fût réenterré dans l'église de Sainte-Marie d'Oxford, avec grande pompe et solennité. Il est remarquable qu'en prononçant l'oraison funèbre, le chapelain du comte, le docteur Babington, se trompa deux ou trois fois, en recommandant au souvenir des auditeurs cette vertueuse dame, victime d'un *meurtre* si déplorable, au lieu de dire : qui s'était tuée si déplorablement. Ce comte de Leicester, après tous ses meurtres et ses empoisonnements, fut lui-même empoisonné en prenant ce qu'il avait destiné à d'autres; quelques uns disent que le poison dont il mourut lui fut donné par sa femme à Cornbury-Lodge, quoique Baker, dans sa *Chronique*, dise que ce fut à Killingworth, en 1588 [1]. »

La même accusation a été admise et répétée par l'auteur de la *République de Leicester* (*Leicester's Commonwealth*), satire dirigée personnellement contre le comte de Leicester et qui le chargeait des crimes les plus horribles, notamment du meurtre de sa première femme. Il y était aussi fait allusion dans la tragédie de *Yorkshire*, pièce faussement attribuée à Shakspeare, et dans laquelle un boulanger, qui prend la résolution d'exterminer toute sa famille, précipite sa femme du haut d'un escalier, en débitant cette allusion au meurtre supposé de l'épouse de Leicester :

« The only way to charm a woman's tongue
Is, break her neck : — a politician did it [2]. »

Le lecteur s'apercevra que j'ai emprunté à Ashmole et aux autorités les plus rapprochées de l'époque, plusieurs incidents

---

[1] Ashmole's *Antiquities of Berkshire*, vol. I, p. 149. La tradition relative à la mort de Leicester fut ainsi communiquée par Ben Jonson à Drummond de Hawthornden : « Le comte de Leicester donna une bouteille de liqueur à sa femme, en lui recommandant d'en faire usage chaque fois qu'elle éprouverait une défaillance ; et, un jour qu'il revenait de la cour, comme elle ne savait pas que c'était du poison, elle lui en donna, et ce fut ainsi qu'il mourut. » — Ben Jonson's *Information to Drummond of Hawthornden*, mss. ; — exemplaire de Sir Robert Sibbald. (W. S.)

[2] « Le seul moyen de conjurer la langue d'une femme, c'est de lui rompre le cou — c'est ce qu'a fait un homme d'État. »

ainsi que plusieurs noms ; mais la première notion que j'ai eue de l'histoire, je l'ai acquise par l'intermédiaire plus agréable des vers. Il est une époque dans la jeunesse où le simple pouvoir du nombre et de l'harmonie a sur l'oreille et sur l'imagination un plus puissant effet qu'à une période plus avancée de la vie. A cette époque où le goût n'a pas encore acquis sa maturité, l'auteur trouvait un extrême plaisir à la lecture des vers de Mickle et de Langhorne, poëtes qui, sans être à beaucoup près au-dessous de compositions plus élevées, étaient éminemment doués, dans la branche de poésie qu'ils ont surtout cultivée, d'une puissance de mélodie qui les place fort au-dessus de tous ceux qui se sont adonnés au même genre. Une de ces pièces de Mickle, à laquelle l'auteur trouvait un charme tout particulier, est une ballade ou plutôt une sorte d'élégie, dont Cumnor-Hall est le sujet, et que l'on trouverait, avec d'autres du même auteur, dans les *anciennes ballades* d'Évan (vol. IV, page 130), lequel a largement puisé dans les œuvres de Mickle. La première stance surtout avait pour la jeune oreille de l'auteur un charme tout particulier, dont, même aujourd'hui, la force n'est pas entièrement éteinte : quelques autres sont passablement prosaïques :

CUMNOR-HALL [1].

> The dews of summar night did fall;
> The moon, sweet regent of the sky,
> Silver'd the walls of Cumnor Hall,
> And many an oak that grew thereby.

> Now nougt was heard beneath the skies,
> The sounds of busy life wen still,
> Save an unhappy lady's sighs
> That issued from that lonely pile.

> « Leicester, she cried, his this thy love
> » That thou so oft hast sworn to me
> » To leave me in this lonely grove,
> » Immured in shameful privity?

---

[1] Le charme de cette composition mélancolique étant principalement dans l'harmonie des vers, nous avons dû en transcrire l'original, dont nous donnons ensuite une version littérale. (L. V.)

INTRODUCTION.

» No more thou com st with lover's speed,
» Thy once beloved bride to see;
» But be she alive, or be she dead,
» I fear, stern earl, 's the same to thee.

» Not so the usage I received
» When happy in my father's hall;
» No faithless husband then me grieved,
» No chilling fears did me appal.

» I rose up with the cheerful morn,
» No lark more blithe, no flower more gay;
» And like the bird that haunts the thorn,
» So merrily sung the livelong day.

» If that my beauty is but small,
» Among court ladies all despised,
» Why didst thou rend it from that hall,
» Where, scornful earl, it well was prized?

» And when you first to me made suit,
» How fair I was you oft would say!
» And proud of conquest, pluck'd the fruit,
» And left blossom to decay.

» Yes! now neglected and despised,
» The rose is pale, the lily's dead;
» But he that once their charms so prized,
» Is sure the cause those charms are fled.

» For know, when sick'ning grief doth prey,
» And tender love's repand with scorn,
» The sweetest beauty will decay :—
» What floweret can endure the storm?

» At court, I am told, is beauty's throne,
» Where every lady's passing rare,
» That eastern flowers, that shame the sun,
» Are not so glowing, not so fair.

» Then, earl, why didst thou leave the beds
» Where roses and where lilias vie,
» To seek a primrose, whose pale shade,
» Must sicken when those gauds are by?

» 'mong rural beauties I was one :
» Among the fields wild flowers are fair;
» Some country swain might me have won,
» And thought my beauty passing rare.

« But, Leicester (or I much am wrong),
» Or 'tis not beauty lures thy vows;
» Rather ambition's gilded crown
» Makes thee forget thy humble spouse.

» Then, Leicester, why, again I plead,
» (The injured surely may repine), —
» Why didst thou wed a country maid,
» When some fair princess might be thine?

» Why didst thou praise my humble charms,
» And, oh! then leave them to decay?
» Why didst thou win me to thy arms,
» Then leave to mourn the livelong day?

» The village maidens of the plain
» Salute me lovely as they go;
» Envious they mark my silken train,
» Nor think a countess can have woe.

» The simple nymphs! they little know
» How far more happy's their estate;
» To smile for joy, — than sigh for woe; —
» To be content, — than to be great.

» How far less blest am I than them?
» Dayly to pine and waste with care!
» Like the poor plant, that, from its stem
» Divided, feels the chilling air.

» Nor, cruel earl! can I enjoy
» The humble charms of solitude;
» Your minions proud my peace destroy,
» By sullen frows or pratings rude.

» Last night, as sad I chanced to stray,
» The village death-bell smote my ear;
» They wink'd aside, and seam'd to say:
» Countess, prepare, thy end is near!

» And now, while happy peasants sleep,
» Here I sit lonely and forlorn;
» No one to soothe me as I weep,
» Save Philomel on yonder thorn.

» My spirits flag, — my hopes decay, —
» Still that dread death-bell smites my ear;
» And many a boding sems to say :
» Countess, prepare, thy end is near! »

Thus sore and sad that lady grieved,
In Cumnor-Hall, so lone and drear;
And many a heartfelt sigh she heaved,
And let fall many a bitter tear.

And ere the dawn of day appear'd,
In Cumnor-Hall, so lone and drear,
Full many a piercing scream was heard,
And many a cry of mortal fear.

The death-bell thrice was heard to ring·
An aerial voice was heard to call,
And thrice the raven flapp'd its wing
Around the towers of Cumnor-Hall.

The mastiff howl'd at village door,
The oaks were shatter'd on the green,
Woe was the hour, — for never more
That hapless countess e'er was seen!

And in that manor now no more
Is cheerful feast and sprightly ball.
For ever, since that dreary hour,
Have spirits haunted Cumnor-Hall.

The village maids, with fearful glance,
Avoid the ancient moss-grow wall;
Nor ever lead the merry dance,
Among the groves of Cumnor-Hall.

Full many a traveller oft hath sigh'd,
And pensive wept the countess' fall, —
As wand'ring onwards they've espied
The haunted towers of Cnmnor-Hall.

La rosée d'une soirée d'été couvrait la terre; la lune, pâle reine du ciel, répandait sa teinte argentée sur les murailles de Cumnor-Hall et sur les chênes nombreux qui croissaient alentour.

Pas un son à cette heure ne se faisait entendre sous les cieux; le bruit de la vie active avait cessé ; seuls, les soupirs d'une dame malheureuse s'élevaient de ces tours solitaires.

« Leicester, disait-elle, est-ce là cet amour que si souvent tu me juras? Est-ce bien toi qui me laisses ainsi dans ces jardins solitaires, condamnée à une honteuse captivité?

» Tu ne viens plus, avec la hâte d'un amant, voir l'épouse que tu as aimée; sa vie ou sa mort, je le crains, te sont également indifférentes, cruel Leicester!

» Ce n'est pas ainsi que j'étais traitée, quand je vivais heureuse ua château de mon père ; alors un époux sans foi n'attristait pas mon âme, et mes sens n'étaient pas glacés de craintes mortelles.

» Je me levais avec l'aube joyeuse : nulle alouette n'avait le cœur plus léger, nulle fleur n'était plus fraîche et plus brillante; et comme l'oiseau qui se perche sur l'aubépine, je chantais gaiement tout le jour.

» Si c'est que ma beauté trop faible est méprisée parmi les dames de la cour, pourquoi, ô dédaigneux Leicester, m'as-tu arrachée du château paternel, où ce peu de beauté n'était pas méprisé ?

» Et pourtant, aux premiers temps de votre amour, combien de fois m'avez-vous dit que j'étais belle ! Orgueilleux de conquêtes, vous avez cueilli le fruit et laissé la fleur se dessécher.

» Oui ! maintenant négligés et méprisés, la rose est pâle, le lis est mort ; mais c'est celui qui jadis prisa tant leurs charmes, qui fait que ces charmes ont fui.

» Car sachez-le : quand est venu le chagrin rongeant, quand un tendre amour est payé de mépris, la plus suave beauté perdra son parfum ; — quelle faible fleur résiste à l'orage ?

» La cour, m'a-t-on dit, est le trône de la beauté ; là toutes les dames sont parfaites, et les fleurs de l'Orient, qui font honte au soleil, ne sont ni si brillantes ni si belles.

» Alors, comte, pourquoi avoir quitté ces parterres où roses et lis luttent de beauté, pour rechercher une primevère dont les pâles nuances devaient s'effacer quand le soleil s'éloignait d'elle ?

» J'étais comptée parmi les beautés de nos campagnes : aux champs la fleur sauvage est belle. Quelque aspirant du pays aurait pu m'obtenir, et peut-être aurait-il aussi trouvé ma beauté parfaite.

» Mais ou je me trompe fort, Leicester, ou ce n'est pas la beauté qui attire tes vœux ; c'est l'ambition, plutôt, dont la couronne dorée te fait oublier ton humble épouse.

» Alors, Leicester, pourquoi, te demanderai-je encore (car sûrement celle qu'on offense peut se plaindre), — pourquoi épousas-tu une fille des champs, quand quelque belle princesse pouvait être à toi ?

» Pourquoi fis-tu l'éloge de mes humbles charmes, et pourquoi, oh ! pourquoi alors les laisser se flétrir ? Toi qui as voulu que je sois pressée dans tes bras, pourquoi me laisser maintenant pleurer tout le jour ?

» Les villageoises de la plaine me saluent lentement quand elles passent, elles voient avec envie la soie dont je suis vêtue, et ne pensent pas qu'une comtesse puisse avoir un chagrin.

» Simples filles ! elles ne savent guère combien plus heureux est leur état. Mieux vaut leur joie que mes chagrins ; — mieux vaut contentement que grandeur.

» Combien ne suis-je pas moins fortunée qu'elles ? Languir chaque jour et dépérir dans les soucis! — comme la pauvre plante, qui, séparée de sa tige, sent l'atteinte de l'air glacial.

» Je ne puis même, cruel Leicester, jouir des humbles charmes de la solitude; vos orgueilleux favoris ne me laissent pas un moment de paix, avec leurs sombres fronts et leurs rudes paroles.

» Hier au soir, pendant que triste je me promenais, le glas de mort du village frappa mon oreille; ils échangeaient des regards furtifs, et semblaient dire : Comtesse, prépare-toi; ta fin approche!

» Et maintenant, pendant que l'heureux villageois dort, je suis assise ici, seule et abandonnée; personne n'est là pour adoucir mes larmes, excepté Philomèle, posée sur cette aubépine.

» Mon courage s'affaisse, — mes espérances s'éteignent. — Toujours cet affreux glas de mort retentit à mon oreille, et nombre de présages semblent dire : Comtesse, prépare-toi; ta fin approche! »

Ainsi, triste et le cœur saignant, parlait cette dame affligée, dans le sombre et solitaire château de Cumnor-Hall; de profonds soupirs s'échappaient de sa poitrine, des larmes amères tombaient de ses yeux.

Et avant que ne reparût l'aube du jour, dans Cumnor-Hall, si sombre et si solitaire, bien des cris déchirants se firent entendre, cris de terreur et de mortel effroi.

Trois fois on entendit sonner le glas de mort, et une voix aérienne fit entendre son appel; trois fois le corbeau étendit ses ailes et vola autour du donjon de Cumnor-Hall.

Le chien hurla à la porte des chaumières; les chênes furent renversés sur l'herbe. Ce fut une heure de douleur, — car depuis on ne revit jamais l'infortunée comtesse!

Et maintenant il n'est plus pour le manoir ni joyeuses fêtes ni danses animées; car toujours, depuis cette heure terrible, des esprits ont hanté Cumnor-Hall.

Les filles du village, avec un regard de terreur, évitent ces vieilles murailles couvertes de mousse, et jamais leurs danses joyeuses ne s'égarent sous les bosquets de Cumnor-Hall.

Souvent le voyageur pensif a donné un soupir et une larme au sort de la comtesse, lorsque de son chemin il apercevait les tours hantées de Cumnor-Hall.

Abbotsford, 1er mars 1831.

KENILWORTH.

> Pas de médisance sur la reine Élisabeth, j'espère?
> *Le Critique.*

CHAPITRE PREMIER.

> Je suis aubergiste; j'étudie et je connais mon monde : cervelle d'homme! oui, je l'étudie. Il me faut de joyeux comperes pour conduire mes charrues, et de gais compagnons pour ramener en sifflant mes moissons au logis; sans quoi je n'entendrai pas les fléaux frapper l'aire.
> *La Nouvelle auberge.*

C'EST le privilége de tout conteur d'ouvrir son récit au milieu d'une auberge, ce libre rendez-vous des voyageurs de toute sorte, où l'humeur de chacun se montre sans cérémonie comme sans contrainte. Cette méthode est spécialement convenable quand l'action se rapporte aux anciens jours de la Joyeuse Angleterre, alors que les voyageurs étaient en quelque sorte non pas simplement les locataires, mais les commensaux et compagnons temporaires de *mon hôte*, lequel était habituellement un personnage privilégié pour le franc-parler, la mine joviale et la joyeuse humeur. Sous son patronage, le caractère des membres de la compagnie était promptement mis en contraste; et rarement il manquait d'arriver qu'après avoir vidé un pot cerclé toute réserve n'eût pas été mise de côté, et qu'ils ne se fussent pas montrés entre eux et devant leur hôte avec l'abandon de vieilles connaissances.

Le village de Cumnor, à trois ou quatre milles d'Oxford, se glorifiait, dans la dix-huitième année du règne d'Élisabeth [1], d'une excellente auberge de la vieille roche, tenue, ou plutôt gouvernée par Giles Gosling, homme de bonne mine, au ventre quelque peu protubérant, ayant dépassé la cinquantaine, modéré dans ses écots, exact dans ses paiements, possesseur d'une cave bien garnie, d'un esprit vif à la repartie, et d'une jolie fille. Depuis le temps du vieux Harry Baillie de la *Cotte d'Armes* de

---

[1] Qui monta sur le trône en 1558. (L. V.)

Southwark [1], personne n'avait surpassé Giles Gosling dans l'art de plaire à ses hôtes, à quelque classe qu'ils appartinssent; et telle était sa renommée, qu'avoir été à Cumnor sans vider une mesure à *l'Ours-Noir*, c'eût été s'avouer complétement indifférent à sa réputation comme voyageur. Autant eût valu, pour un provincial, revenir de Londres sans avoir vu le roi. Les gens de Cumnor étaient fiers de leur Hôte; l'Hôte était fier de sa maison, de sa cave, de sa fille et de lui-même.

Ce fut dans l'avant-cour de l'auberge qui reconnaissait cet honnête homme pour propriétaire, qu'un voyageur mit pied à terre à la chute du jour, laissa au garçon d'écurie la bride de son cheval, lequel semblait avoir fourni une longue traite, et en même temps lui adressa quelques questions qui amenèrent le dialogue suivant entre les myrmidons de *l'Ours-Noir* :

— Hé! ho! John Tapster!

— Voilà, Will Hostler! répondit l'homme au robinet [2] en se montrant à demi dans son costume professionel, jaquette large, pantalon de toile et tablier vert, à une porte entr'ouverte qui paraissait conduire dans un cellier extérieur.

— Voici un gentleman qui demande si vous tirez de bonne ale.

— Mal m'en prendrait d'en tirer de mauvaise, nous qui ne sommes qu'à quatre milles d'Oxford. — Marry! si mon ale ne portait pas à la tête des étudiants, ils m'auraient bientôt salué la caboche avec le pot d'étain pour m'en convaincre.

— Est-ce là ce que vous appelez la logique d'Oxford? dit l'étranger, qui avait alors quitté la bride de son cheval et s'avançait vers la porte de l'auberge, où il rencontra la mine prospère de Giles Gosling lui-même.

— Vous parlez de logique, sire étranger? dit l'hôte. Hé bien, alors, acceptez une conséquence indubitable :

« Le cheval au râtelier,
Et du *sack* [3] au cavalier. »

— Amen! et de tout mon cœur, mon cher hôte, repartit l'étranger; commandez une quarte de votre meilleur canarie, et prêtez-moi votre bonne assistance pour la vider.

— Ho! ho! vous n'en êtes encore qu'à vos rudiments, sire voyageur, si vous avez besoin de votre hôte pour vous aider à expédier une pareille léchette qu'une quarte de *sack* ; — s'il s'agissait d'un gallon [4], vous

---

[1] Quartier méridional de Londres.

[2] *Tapster*, dont l'auteur fait ici un nom propre, signifie garçon de cabaret, ou, littéralement, garçon du robinet (*tap*); de même qu'*hostler* signifie garçon d'écurie. (L. V.)

[3] Prononcez *sec* ; c'est ainsi qu'en Angleterre on désigne communément le vin des Canaries. Nous disons aussi du *madère* sec. (L. V.)

[4] Le *gallon* anglais vaut quatre *quarts* ou quartes; la quarte ou double pinte équivaut à un de nos litres. La *pinte* anglaise répond donc à notre chopine. (L. V.)

pourriez avoir besoin que je vous aide quelque peu en bon voisin, et vous dire encore un buveur.

— N'ayez pas peur pour moi; je ferai mon devoir en homme qui se trouve à cinq milles d'Oxford. Je ne suis pas venu des champs de Mars pour me perdre d'honneur parmi les desservants de Minerve.

Tandis qu'il parlait ainsi, l'aubergiste, avec tous les dehors de la cordialité, l'introduisait dans une vaste salle basse où plusieurs personnes étaient assises en différents groupes; ceux-ci buvant, ceux-là jouant aux cartes, d'autres devisant, et quelques uns, que leurs affaires obligeaient à être sur pied le lendemain de grand matin, terminant leur souper, et s'entendant avec le garçon de chambre pour leur gîte de la nuit.

L'entrée de l'étranger lui valut de la part de ceux qui se trouvaient là cette espèce d'attention indifférente ordinaire en de telles occasions, et qui eut pour résultat les remarques suivantes. Le nouvel arrivant était un de ces hommes qui, bien faits de leur personne, et avec des traits n'ayant en eux-mêmes rien de déplaisant, sont néanmoins si loin d'être gracieux, que l'ensemble de leur extérieur, soit par l'expression de leur physionomie, soit par l'accent de leur voix, soit par leur port et leurs manières, repousse plutôt qu'il n'attire. L'étranger avait le ton hardi sans être franc, et semblait impatient de réclamer un degré d'attention et de déférence qu'il paraissait craindre qu'on ne lui refusât s'il ne le revendiquait sur-le-champ comme son droit. Il portait un manteau de cavalier, qui laissait voir, lorsqu'il s'entr'ouvrait, un beau justaucorps surchargé de galons, serré par une ceinture de buffle qui retenait un sabre et une paire de pistolets.

— Vous voyagez bien pourvu, dit l'hôte en jetant un coup d'œil sur les armes de l'étranger, tandis qu'il plaçait sur la table le vin que celui-ci avait commandé.

— Oui, mon cher hôte, répondit le voyageur; c'est un usage dont j'ai éprouvé l'utilité en des moments de danger, et je ne fais pas comme vos grands d'aujourd'hui : je ne congédie pas mes serviteurs du moment qu'ils sont inutiles.

— Oui-dà, sire? alors vous êtes des Pays-Bas, le pays de la pique et du fauconneau?

— J'ai vu du haut et du bas, l'ami; j'ai vu du pays, loin et près; mais je bois un verre de ton canarie à ta santé : — remplis-en un autre pour me faire raison; et si ce n'est pas du superlatif, bois-le comme tu l'as brassé.

— Si ce n'est pas du superlatif? repartit Giles Gosling en vidant son gobelet, puis clapant des lèvres avec un air d'ineffable délice. — Je ne me connais pas en superlatif; mais il n'est pas, à ma connaissance, un pareil vin aux *Trois-Grues*, dans le Vintry [1]; et si vous trouvez de meilleur sack que celui-là à Xérès ou aux Canaries, je ne veux de ma vie

---

[1] Halle aux vins. (L. V.)

toucher pot ni penny. Tenez, placez-le entre vous et la lumière, et vous verrez les petits atomes danser dans la liqueur dorée comme la poussière dans un rayon de soleil. Mais j'aimerais mieux tirer du vin pour six paysans que pour un voyageur. — J'espère que Votre Honneur trouve le vin à son goût?

— Il est gentil et agréable, mon hôte; mais pour savoir ce que c'est que du bon vin, il faudrait que vous le bussiez là où croît la vigne. Croyez-moi, l'Espagnol est trop avisé pour vous envoyer l'essence de la grappe. Celui-ci, que vous regardez comme si exquis, serait regardé comme un vin bâtard à la Groyne ou au Port-Sainte-Marie. Il faut voyager, mon hôte, si vous voulez être initié aux mystères de la barrique et de la pinte.

— Vraiment, seigneur étranger, si je ne voyageais que pour ne plus trouver rien de bon dans ce que je puis avoir au logis, m'est avis que je ne ferais qu'une besogne de fou. Au surplus, je vous garantis qu'il y a bien des fous en état de flairer du bon vin sans avoir quitté la fumée de la Vieille Angleterre; ainsi donc, grand merci : je reste au coin de mon feu.

— Voilà qui est étroitement pensé, mon hôte; je suis bien sûr que tous les gens de votre endroit n'ont pas une manière de voir si basse. J'ose avancer que vous avez parmi vous des braves qui ont fait le voyage de la Virginie, ou tout au moins un tour dans les Pays-Bas. Allons, fouettez-vous la mémoire. N'avez-vous pas d'amis dans les pays étrangers dont vous voudriez de grand cœur avoir des nouvelles

— En vérité non, monsieur, depuis que cet enragé de Robin de Drysandford a été tué au siége de la Brille. Au diable le fauconneau d'où la balle est partie, car jamais plus gai compagnon n'a rempli un verre à minuit! Mais il est mort et trépassé, et je ne connais ni soldat ni voyageur, car les deux font la paire, pour lequel je voulusse donner une pelure de pomme cuite.

— Par la messe! voilà qui est étrange. Quoi! tant de vos braves cœurs d'Angleterre sont à l'étranger, et vous, qui semblez être un homme de marque, vous n'avez parmi eux ni parent ni ami?

— Ah! si vous parlez de parents, j'ai un brin de parent, un mauvais sujet qui nous a quittés la dernière année de la reine Marie; mais celui-là, je l'aime mieux perdu que retrouvé.

— Ne dites pas cela, l'ami, à moins que vous n'ayez entendu mal parler de lui depuis peu. Plus d'un poulain espiègle est devenu un noble coursier. — Son nom, je vous prie?

— Michel Lambourne, un fils de ma sœur; — il n'y a pas grand plaisir à se rappeler ni le nom ni la parenté.

— Michel Lambourne! fit l'étranger, comme cherchant à rappeler ses souvenirs. — Quoi! ne serait-ce pas un parent de Michel Lambourne, le brave cavalier qui se conduisit si valeureusement au siége de Vanloo, que le comte Maurice le félicita à la tête de l'armée? On le disait Anglais et d'extraction assez peu relevée.

— Ce ne pourrait guère être mon neveu, car il n'avait pas le courage d'une perdrix, sauf pour le mal.

— Oh! plus d'un homme trouve du courage dans les guerres.

— C'est possible; mais j'aurais cru que notre Mike y aurait plutôt perdu le peu qu'il en avait.

— Le Michel Lambourne que j'ai connu, continua le voyageur, était un compagnon de bonne mine, — toujours pimpant et bien attifé, et ayant un œil de faucon pour dépister une jolie fille.

— Notre Michel, répliqua l'hôte, avait l'air d'un chien avec une bouteille à la queue, et il portait une cotte dont chaque lambeau disait adieu aux autres.

— Oh! on attrape de bons habits dans les guerres!

— Notre Mike était plutôt fait pour les attraper à une boutique de friperie, pendant que le fripier aurait regardé d'un autre côté; et quant à l'œil de faucon dont vous parlez, le sien était toujours à guetter mes cuillers égarées. Il fut garçon de robinet pendant trois mois dans cette bienheureuse maison; et avec ses erreurs d'écots, ses mécomptes, ses méprises et ses méfaits, s'il était resté chez moi trois mois de plus, j'aurais pu abattre l'enseigne, fermer la maison, et donner la clef à garder au diable.

— Vous seriez fâché, malgré tout, si je vous disais que le pauvre Mike Lambourne a été tué à la tête de son régiment à la prise d'un fortin près de Maestricht?

— Fâché! ce serait la plus heureuse nouvelle que j'aurais jamais reçue de lui, puisque je serais sûr par là qu'il n'aurait pas été pendu. Mais laissons Lambourne; — je doute que sa fin fasse jamais un tel honneur à ses parents. S'il en était ainsi, je dirais de tout mon cœur (se versant un second verre de canarie) : Que Dieu lui fasse paix!

— Bah, mon cher! ne craignez pas que votre neveu vous fasse jamais à l'avenir autre chose qu'honneur, surtout si c'est le Michel Lambourne que j'ai connu, et que j'aimais presque, sinon tout-à-fait, autant que moi. Ne pouvez-vous me dire aucune marque à laquelle je puisse juger si c'est le même?

— Ma foi, aucune que je sache, si ce n'est que notre Mike avait une potence marquée au fer chaud sur l'épaule gauche, pour avoir volé un gobelet d'argent à dame Snort de Hogsditch.

— Vous mentez là comme un fripon d'oncle, s'écria l'étranger en tournant sa fraise de côté et en rabattant la manche de son pourpoint de manière à se découvrir le cou et l'épaule; par ce beau jour! mon épaule n'a pas plus de marque que la tienne.

— Quoi, Mike, mon garçon! — c'est toi, Mike! exclama l'hôte; c'est toi tout de bon? hé bien, il y a une demi-heure que je m'en doutais, car je ne connais personne autre qui eût pris à toi moitié autant d'intérêt. Mais si ton épaule n'est pas plus endommagée que tu ne dis, tu

2

conviendras, Mike, que c'est que Goodman Thong [1] ne fit pas son office à la rigueur, et qu'il te marqua avec un fer froid.

— Paix, mon oncle;—trêve à vos plaisanteries. Gardez-les pour assaisonner votre ale sure, et voyons quelle cordiale bienvenue vous aurez pour un parent qui roule autour du monde depuis dix-huit ans; qui a vu le soleil se coucher où il se lève, et a été là où l'orient devenait l'ouest.

— Tu as rapporté avec toi une qualité de voyageur, à ce que je vois, Mike; et pour celle-là tu n'avais pas le moins du monde besoin de voyager. Je me rappelle bien que parmi tes autres talents, tu avais celui de ne jamais dire un mot de vrai.

— Je vous le donne pour un mécréant païen, messieurs! dit Michel Lambourne en se tournant vers les témoins de cette étrange entrevue entre l'oncle et le neveu, et dont plusieurs, natifs du village, n'étaient pas étrangers à ses espiègleries de jeunesse. C'est ce qu'on peut appeler me tuer un veau gras de Cumnor pour revanche. — Mais je ne sors ni d'une coquille ni d'une auge à porcs, oncle, et peu m'importe que tu me fasses bienvenue ou non; je porte avec moi ce qui me fera bien venir partout où je voudrai aller.

En même temps il tira une bourse d'or assez bien garnie, dont la vue produisit sur la société un effet évident. Quelques uns secouèrent la tête et chuchotèrent entre eux, tandis que deux ou trois des moins scrupuleux commencèrent promptement à le remettre comme camarade d'école, concitoyen, et ainsi de suite. D'un autre côté, un ou deux personnages à la mine grave et rassise quittèrent l'auberge en secouant la tête, donnant à entendre que si Giles Gosling voulait continuer de prospérer, il fallait qu'il renvoyât une seconde fois au large ce mange-tout de neveu sans foi ni loi, aussitôt qu'il le pourrait. Gosling lui-même se comporta comme s'il eût été tout-à-fait de la même opinion; car même la vue de l'or fit moins d'impression sur l'honnête aubergiste qu'elle n'a coutume d'en faire sur les gens de sa profession.

— Parent Michel, dit-il, serre ta bourse. Le fils de ma sœur n'aura pas d'écot à payer dans ma maison pour un souper et pour le gîte d'une nuit; et je compte bien que tu ne voudrais pas rester plus long-temps là où tu n'es que trop connu.

— Quant à cela, mon oncle, je consulterai mes besoins et ma convenance. En attendant, je voudrais donner à souper et payer le coup du soir à ces chers compatriotes, qui ne sont pas assez fiers pour ne pas se souvenir de Mike Lambourne le garçon de robinet. Si vous voulez me traiter pour mon argent, soit; — sinon, il n'y a que deux minutes de chemin d'ici au *Lièvre-au-Tambour*, et je me flatte que nos voisins ne rechigneront pas à venir avec moi jusque là.

— C'est bon, Mike, répliqua l'oncle; comme dix-huit ans te sont

---

[1] Bonhomme Courroie.

passés sur la tête, et que j'espère que tu t'es quelque peu amendé, tu ne quitteras pas ma maison à l'heure qu'il est, et tu auras même tout ce que tu demanderas de raisonnable. Seulement je voudrais savoir si cette bourse, avec laquelle tu fais ta poussière, a été aussi bien gagnée qu'elle paraît bien garnie.

— Voyez l'infidèle, mes chers voisins! dit Lambourne, en appelant une seconde fois à l'auditoire. Voilà un camarade qui ne veut pas démordre des folies d'un parent, après qu'une bonne vingtaine d'années ont passé dessus. — Et quant à l'or, messieurs, hé bien, j'ai été là où il pousse, et où on n'avait que la peine de le ramasser. J'ai été dans le Nouveau-Monde, mon cher oncle, dans l'Eldorado, où les gamins jouent à la fossette avec des diamants, où les paysannes s'enfilent des rubis en guise de glands de frêne pour se faire des colliers; où les tuiles sont de pur or, et les pavés d'argent fin.

— Sur mon crédit, ami Mike, dit le jeune Laurent Goldthred [1], le malin mercier d'Abingdon, ce serait une excellente côte pour trafiquer : que ne ramasserait-on pas avec des linons, des crêpes et des rubans, là où il y a telle foison d'or?

— Oh! les profits seraient incalculables, repartit Lambourne, surtout quand c'est un jeune et beau marchand qui porte la balle; car les dames de ce pays-là ne sont pas féroces, et comme elles sont elles-mêmes tant soit peu brûlées du soleil, elles prennent feu comme une amorce à la vue d'un teint frais comme le tien, avec une chevelure tirant au rouge.

— Je voudrais pouvoir trafiquer là, reprit le mercier avec un gros rire.

— Eh! il ne tient qu'à toi, dit Michel; c'est-à-dire si tu es toujours le vigoureux garçon qui m'aidait à piller le verger de l'abbé. — Il ne faut qu'une petite opération d'alchimie pour transmuer ta maison et tes terres en argent comptant, puis l'argent comptant en un grand bâtiment, avec des voiles, des ancres, des cordages, et autres choses analogues; ensuite renfermer tes ballots de marchandises sous les écoutilles, mettre sur le pont une cinquantaine de bons compagnons et moi pour les commander, puis hisser les voiles de perroquet, et vogue pour le Nouveau-Monde!

— Tu lui as appris le secret, parent, de transmuer, si c'est là le mot, ses livres en sous et ses toiles en fils, dit Giles Gosling. — Écoute l'avis d'un simple, voisin Goldthred. Ne tente pas la mer, car c'est une dévorante. Mets que les cartes et les enjôleuses fassent de leur pis : les balles de ton père peuvent encore durer pendant une couple d'années avant que tu n'ailles à l'hôpital; mais la mer a un appétit insatiable : — elle avalerait les richesses de Lombard-Street en une matinée, aussi aisément

---

[1] Fil-d'Or.

que moi j'avalerais un œuf poché et un verre de clairet! — Et quant à l'Eldorado de mon parent, ne crois jamais un mot de moi si je ne pense pas qu'il l'a trouvé dans les poches de quelque oison de ton espèce. — Mais ne t'offusque pas pour ça; à table, et vive la joie! car voici le souper qui arrive, et j'y invite de bon cœur tous ceux qui en voudront leur part, pour fêter le retour de mon honorable neveu, toujours dans la supposition qu'il est revenu autre qu'il n'était parti. — Ma foi, parent, tu ressembles autant à ma pauvre sœur que jamais fils ressembla à sa mère.

— Il ne ressemble pas tout-à-fait autant au vieux Benedict Lambourne, le mari de ta sœur, quoique ça, dit le mercier avec un signe de tête et en clignant de l'œil. — Te souviens-tu, Mike, de ce que tu dis un jour que le maître d'école avait levé sa férule sur toi pour avoir cassé les béquilles de ton père? — Il est malin, lui dis-tu, l'enfant qui connaît son père. Le docteur Bricham rit tant qu'il en pleurait, et ses larmes te sauvèrent les tiennes.

— Bon, mais il prit plus d'une fois sa revanche avec moi. Et comment va le digne pédagogue?

— Mort, répondit Giles Gosling; mort il y a beau jour.

— Il est mort, dit le chantre de la paroisse; j'étais près de son lit quand il passa. — Il est trépassé en bienheureux. *Morior, mortuus sum vel fui,* — *mori* : — ce furent ses dernières paroles; et il ajouta tout de suite après : Mon dernier verbe est conjugué.

— Hé bien, la paix soit avec lui! dit Mike; il ne me doit rien.

— Non vraiment, repartit Goldthred; et à chaque coup de martinet qu'il t'administrait, il avait coutume de dire que c'était de la besogne qu'il épargnait au bourreau.

— En ce cas, on aurait cru qu'il ne lui laissait pas grand'chose à faire, ajouta le chantre; et pourtant la besogne de Goodman Thong avec notre ami n'a pas été une sinécure, malgré tout.

— *Voto à Dios!* exclama Lambourne, dont la patience parut être à bout, et qui en même temps saisit sur la table son grand chapeau à larges bords et le mit sur sa tête, de manière à ce que l'ombre donnait l'expression sinistre d'un *bravo* espagnol à des yeux et à des traits qui naturellement n'annonçaient rien d'agréable. — Écoutez, mes maîtres; — tout passe entre amis, et quand on n'y met pas de malice; et j'ai déjà permis à mon digne oncle que voici, ainsi qu'à vous tous, de s'en donner à cœur-joie sur mes frasques de jeunesse. Mais je porte l'épée et la dague, mes bons amis, et, qui plus est, je sais m'en servir légèrement à l'occasion; — j'ai appris à être chatouilleux sur le point d'honneur depuis que j'ai servi l'Espagnol, et je ne voudrais pas être provoqué par vous jusqu'à ce que le jeu devînt vilain.

— Eh! que feriez-vous? dit le chantre.

— Oui, monsieur, que feriez-vous? ajouta le mercier, se démenant de l'autre côté de la table.

— Je vous couperais la gorge, sire chantre, ce qui nuirait à vos cadences du dimanche, dit Lambourne d'un ton de matamore ; et vous, mon respectable trafiquant en mauvaises toiles, je vous bâtonnerais de manière à vous donner la forme d'un de vos ballots.

— Allons, allons, dit l'hôte, s'interposant, je ne veux pas de rodomontades ici. — Neveu, il vous siéra mieux de ne pas vous montrer si prompt à vous offenser ; et vous, messieurs, vous ferez bien de vous souvenir que si vous êtes dans une auberge, vous n'en êtes pas moins les hôtes de l'aubergiste, et que vous devriez ménager l'honneur de sa famille. — Je proteste que vos sottes querelles me rendent aussi oublieux que vous-mêmes ; car voici là-bas mon hôte silencieux, comme je l'appelle, qui depuis deux jours loge ici, et qui n'a pas articulé un mot, sauf pour demander sa nourriture et son mémoire ; — qui ne me donne pas plus d'embarras qu'un simple paysan ; — qui paie son écot en prince royal, ne fait que regarder le total du mémoire, et ne sait pas quel jour il partira. Oh ! c'est un bijou d'hôte, et pourtant, gibier de potence que je suis, je l'ai laissé assis là-bas comme un réprouvé, tout seul dans ce coin obscur, sans tant seulement lui demander de prendre un morceau ou de souper avec nous. Je n'aurais juste que ce que je mérite pour mon incivilité, s'il délogeait pour le *Lièvre-au-Tambour* avant que la soirée ne soit d'une heure plus avancée.

La serviette blanche gracieusement posée sur son bras gauche, son bonnet de velours momentanément mis de côté, et tenant à la main droite son plus beau flacon d'argent, l'hôte se dirigea vers le solitaire étranger qu'il avait désigné, et attira ainsi sur ce dernier les regards de la réunion.

C'était un homme de vingt-cinq à trente ans, d'une taille au-dessus de la moyenne, vêtu avec simplicité et décence, et dont cependant l'air d'aisance et presque de dignité semblait indiquer que son costume était au-dessous de son rang. Sa physionomie était réservée et réfléchie ; il avait les cheveux bruns, et ses yeux noirs étincelaient d'un éclat peu commun si quelque excitation passagère venait les animer, bien qu'en toute autre occasion ils eussent la même expression tranquille et méditative qu'offrait l'ensemble de ses traits. L'active curiosité du petit village s'était appliquée à découvrir son nom et sa qualité, ainsi que l'affaire qui l'amenait à Cumnor ; mais rien n'avait transpiré sur ces divers sujets qui pût la satisfaire. Giles Gosling, le notable de l'endroit, et ami zélé de la reine Élisabeth et de la religion protestante, avait été d'abord porté à soupçonner son hôte d'être un jésuite, un de ces prêtres de séminaire dont Rome et l'Espagne fournissaient alors un si grand nombre pour décorer les gibets anglais. Mais il n'était guère possible de conserver une telle prévention contre un hôte qui donnait si peu d'embarras, qui payait si régulièrement sa dépense, et qui se proposait, à ce qu'il semblait, de faire un long séjour à *l'Ours-Noir*.

— Les papistes, pensait Giles Gosling, sont une race de gens unis entre eux comme les cinq doigts de la main, et cet homme aurait trouvé à loger chez le riche squire de Bessellsley, ou chez le vieux chevalier de Wootton, ou dans quelque autre antre de leurs cavernes romaines, au lieu de venir s'installer dans une maison publique, comme doit le faire tout honnête homme et tout bon chrétien. D'ailleurs, vendredi, il est revenu au bœuf salé aux carottes, quoiqu'il y eût sur la table des anguilles en matelote aussi bonnes qu'on en ait jamais pêché dans l'Isis.

Convaincu, en conséquence, que son hôte n'était pas un *romain*, l'honnête Giles s'approcha donc de l'étranger, et le pria, avec la courtoisie la plus engageante, de lui faire raison d'une rasade puisée au frais tankard [1], et d'honorer de son attention une petite collation qu'il donnait à son neveu en honneur de son retour, et, à ce qu'il espérait véritablement, de sa réforme. L'étranger fit d'abord un mouvement de tête, comme pour refuser la politesse; mais Mon Hôte le pressa par des arguments fondés sur l'honneur de sa maison, et sur l'interprétation que les bonnes gens de Cumnor pourraient donner à une humeur si peu sociable. — Par ma foi, monsieur, lui dit-il, ma réputation est intéressée à ce qu'on soit chez moi de joyeuse humeur, et nous avons parmi nous à Cumnor de mauvaises langues (où n'y en a-t-il pas?) qui mettent une mauvaise marque sur les gens qui enfoncent leur chapeau sur leur front comme s'ils regardaient en arrière aux jours qui sont passés, au lieu de jouir du beau temps et du joyeux soleil que Dieu nous a envoyés dans les doux regards de notre maîtresse et souveraine la reine Élisabeth, que le Ciel bénisse et conserve long-temps!

— Eh, mon hôte! repartit l'étranger, un homme ne se rend pas coupable de trahison, à coup sûr, parce qu'il se livre à ses pensées sous l'ombre de son bonnet! Vous avez vécu dans le monde deux fois autant que moi, et vous devez savoir qu'il est des pensées qui nous assiégent en dépit de nous-mêmes, et auxquelles nous disons vainement : Laissez-moi, que je sois joyeux.

— Sur mon âme, monsieur, si de fâcheuses pensées de cette nature-là vous assiégent l'esprit, et que nous ne puissions pas vous en débarrasser par de bon anglais, nous ferons venir d'Oxford un des élèves du père Bacon, pour les conjurer avec la logique et l'hébreu. — Ou bien, que dites-vous de les noyer dans une glorieuse mer rouge de clairet, mon noble hôte? Allons, monsieur, excusez ma liberté. Je suis un vieil aubergiste, et il me faut mon franc-parler. Cette sombre humeur mélancolique ne vous sied pas; — ça ne sied pas à une botte luisante, à un chapeau de forme élégante, à un manteau neuf et à une bourse pleine. — Nargue de la mauvaise humeur! laissez-la à ceux qui ont les jambes

---

[1] Mesure, ordinairement en étain, dans laquelle était généralement servi le vin, aussi bien que la bière. (L. V.)

entortillées dans du foin, la tête abritée d'un bonnet de feutre, leur pourpoint aussi mince qu'une toile d'araignée, et pas une seule croix dans leur poche pour empêcher le démon de Tristesse d'y danser. Égayez-vous, monsieur! ou, par cette bonne liqueur, nous vous exclurons des plaisirs d'une joyeuse compagnie, et nous vous bannirons aux brouillards de la Mélancolie et au pays de Mal-à-l'Aise. Voici une réunion de bons vivants qui ne demandent pas mieux que de se livrer à la joie; ne froncez pas le sourcil sur eux, comme le diable quand il regarde par-dessus Lincoln.

— Vous avez raison, mon digne hôte, repartit l'étranger avec un sourire mélancolique, qui, tout mélancolique qu'il était, donnait à sa physionomie une expression des plus agréables; — vous avez raison, mon jovial ami : ceux qui, comme moi, sont d'humeur sombre, ne doivent pas troubler la gaieté des gens heureux. — Je boirai une tournée de tout mon cœur avec vos convives, plutôt que de m'attirer le nom de trouble-fête.

A ces mots il se leva et se réunit à la compagnie. Celle-ci, encouragée par les préceptes et l'exemple de Michel Lambourne, et composée en grande partie de gens fort disposés à profiter de l'occasion qui s'offrait de faire un joyeux repas aux dépens de l'aubergiste, avait déjà fait quelques excursions au-delà des limites de la tempérance, comme on le voyait évidemment au ton dont Michel Lambourne s'informait de ses anciennes connaissances du village, et aux éclats de rire qui accueillaient chaque réponse. Giles Gosling lui-même fut quelque peu scandalisé de la nature bruyante de leur joie, d'autant plus qu'involontairement il éprouvait un certain respect pour son locataire inconnu. Il s'arrêta donc à quelque distance de la table occupée par ces turbulents convives, et entreprit une sorte d'apologie de leur licence. — A les entendre, dit-il, vous croiriez qu'il n'y en a pas un parmi eux qui n'ait été élevé à vivre du Halte-là! la bourse! et pourtant demain vous trouverez en eux une troupe d'aussi laborieux artisans, et autres, qu'on en ait jamais vu couper une aune d'étoffe un pouce trop court, ou payer sur un comptoir une lettre de change en couronnes rognées. Le mercier là-bas qui porte son chapeau de côté, sur des cheveux hérissés comme le dos frisé d'un barbet, avec son pourpoint débraillé, son manteau placé de travers, et qui affecte l'humeur vantarde d'un vrai ruffian, quand il est dans sa boutique d'Abingdon, c'est, depuis son chapeau plat jusqu'à ses souliers luisants, un homme aussi ponctuel dans sa mise que s'il était nommé maire. Il parle de forcer des parcs et de courir les grands chemins, de telle façon que vous croiriez qu'il passe toutes ses nuits entre Hounslow et Londres; quand par le fait on le trouverait dormant d'un profond sommeil sur son lit de plumes, ayant près de lui d'un côté une chandelle et de l'autre une Bible, pour mettre les esprits en fuite.

— Et votre neveu, mon cher hôte, ce Michel Lambourne qui est le seigneur de la fête, — est-il, lui aussi, un aussi grand hâbleur de ruffianerie que tous les autres?

— Eh! vous me serrez de près, dit l'Hôte; mon neveu est mon neveu, et quoique ç'ait été autrefois un enragé, un vrai Dick, pourtant Mike peut s'être amendé comme un autre, vous savez. — Et je ne voudrais pas que vous pensiez que tout ce que je disais de lui tout à l'heure fût parole d'évangile; — j'avais reconnu le drôle tout de suite, et je voulais lui arracher toutes ses plumes. — Et maintenant, monsieur, sous quel nom présenterai-je mon respectable hôte à ces braves gens?

— Marry [1], mon hôte, vous pouvez m'appeler Tressilian.

— Tressilian? c'est un nom qui sonne bien, et, à ce que je pense, de lignage cornouaillien; car, que dit le proverbe du Sud :

> « Aux noms en Pol, en Tre, en Pen,
> Vous connaîtrez un Cornouaillien [2]. »

Dirai-je M. Tressilian de Cornouailles?

— Ne dites pas autre chose que ce que je vous ai autorisé à dire, mon hôte; de cette façon vous serez assuré de ne dire que la vérité. Un homme peut avoir devant son nom une de ces honorables syllabes, et pourtant être né loin du Mont-Saint-Michel.

Mon Hôte ne poussa pas plus loin sa curiosité et présenta M. Tressilian à ses convives; ceux-ci, après l'échange de salutations, et lorsqu'ils eurent bu à la santé de leur nouveau compagnon, reprirent la conversation où il les avait trouvés engagés, en l'assaisonnant de mainte rasade.

---

[1] On a pu remarquer que cette exclamation, *Marry!* est une sorte de petit juron familier. C'est en quelque sorte *par Marie*. (L. V.)

[2] *By Pol, Tre and Pen,*
You may know the Cornishmen.

CHAPITRE II.

> Parlez-vous du jeune maître Lancelot ?
> *Le Marchand de Venise.*

Au bout de quelques moments, M. Goldthred, sur les vives instances de Mon Hôte, auxquelles le nouveau convive joignit gaiement les siennes, régala la compagnie du morceau de mélodie suivant :

Qu'un autre vante l'hirondelle,
  Le rossignol, la passerelle,
  Moi je préfère le hibou :
C'est un exemple, un vrai modèle,
Pour quiconque aime le glou-glou.
Quand le soleil a fini sa carrière,
Perché là-haut, sur l'arbre qu'il préfère,
Le hibou chante et rit de ses chansons.
Il se fait tard, le temps est détestable,
  Restons, amis, restons à table,
Et comme lui toute la nuit chantons.
En son honneur, mes chers amis, buvons,
    Buvons !

Dans son nid dormant en cachette,
  Voyez la rustique allouette
  Rester tapie jusqu'au matin,
Pendant que le hibou répète
Toute la nuit son gai refrain.
Que demain donc nous trouve encore à boire !
Qu'en faux-bourdon vos voix chantent victoire
Au gai hibou, le roi de nos chansons !
Il se fait tard, le temps est détestable,
  Restons, amis, restons à table,
Et comme lui toute la nuit chantons.
En son honneur, mes chers amis, buvons,
    Buvons !

— Voilà qui a de la saveur, mes cœurs, dit Michel quand le mercier eut fini sa chanson ; il paraît qu'il reste encore du bon parmi vous. — Mais quel chapelet de vieux camarades vous m'avez défilé, avec une devise de mauvais augure collée à chaque nom ! Ainsi Swashing Will de Wallingford [1] nous a souhaité le bonsoir ?

---

[1] Il serait difficile de traduire par des équivalents exacts ce nom et ceux des anciens camarades de Michel Lambourne qui viennent ensuite ; tous expriment les qualités diverses qu'on peut attendre des dignes amis d'un gibier de potence. (L. V.)

— Mort de la mort d'un daim gras, dit un des convives; il a été tué d'un trait d'arbalète par le vieux Thatcham, le vigoureux garde-chasse du duc, à Donnington-Castle.

— Oui, oui, il a toujours aimé la venaison, repartit Michel, et un coup de clairet par dessus le marché; — c'est pourquoi j'en bois un à sa mémoire; faites-moi raison, mes maîtres.

Quand on eut dûment fait honneur à la mémoire du respectable défunt, Lambourne s'enquit de Prance de Padworth.

— Enlevé de terre, immortel depuis dix ans, répondit le mercier. Marry, monsieur, le château d'Oxford, Goodman Thong et une corde de dix pence savent comment l'immortalité lui est arrivée.

— Quoi! ainsi donc ils ont pendu le pauvre Prance haut et court? et cela, uniquement parce qu'il aimait à se promener au clair de la lune. — Un verre à sa mémoire, mes maîtres; tous les bons vivants aiment le clair de lune. Et qu'est devenu Hal au Plumet, — celui qui demeurait près de Yattenden, et qui portait toujours le long panache? — J'oublie son nom.

— Quoi, Hal Hempseed? répliqua le mercier; eh! vous pouvez vous souvenir que c'était une sorte de gentleman, et qu'il fallait que monsieur se mêlât des affaires d'État; de sorte qu'il s'est mis dans le bourbier au sujet de l'affaire du duc de Norfolk il y a deux ou trois ans, qu'il s'est sauvé du pays un mandat du constable à ses trousses, et que depuis lors on n'en a plus entendu parler.

— Ha çà, après tous ces accidents, reprit Michel Lambourne, je n'ai guère besoin de m'enquérir de Tony Foster. Quand les cordes, les traits d'arbalète, les mandats de constables et autres denrées de même espèce, pleuvaient si dru, Tony ne pouvait guère y échapper.

— De quel Tony Foster voulez-vous parler? demanda l'aubergiste.

— Parbleu! de celui qu'on appelait Tony Allume-Fagot, parce qu'il apporta une lumière pour allumer le bûcher autour de Latimer et de Ridley [1], le vent ayant éteint la torche de Jack Thong, et personne ne voulant lui donner de feu ni par amour ni pour argent.

— Tony Foster vit et prospère, repartit l'Hôte; — mais, neveu, je ne te conseillerais pas de l'appeler Tony Allume-Fagot, à moins que tu ne veuilles faire connaissance avec le poignard.

— Comment! en est-il devenu honteux? Eh! il avait coutume de s'en vanter, et il disait qu'il aimait autant voir un hérétique rôti qu'un bœuf rôti.

— Oui, parent, mais c'était du temps de Marie, quand le père de Tony était ici *reeve* [2] de l'abbé d'Abingdon. Mais depuis ce temps-là

---

[1] Deux protestants brûlés pendant la persécution catholique suscitée par la reine Marie. (L. V.)

[2] Ancien mot synonyme de *stewart* ou intendant. Il est à remarquer que *reve*, en

Tony a épousé une pure précisienne [1], et je vous garantis que c'est un aussi bon protestant que le meilleur de nous.

— Et il a l'air grave, et il porte la tête haute, et il méprise ses anciens camarades, ajouta le mercier.

— En ce cas, je garantis qu'il a prospéré, dit Lambourne; car quand un homme a des nobles [2] à lui, il se tient hors du chemin de ceux dont les finances sont dans la poche des autres.

— Prospéré, dites-vous! exclama le mercier; parbleu! vous, vous souvenez de Cumnor-Place, le vieux manoir à côté de l'église?

— A tel signe que j'en ai pillé le verger trois fois ; — mais qu'importe?

— C'était la résidence du vieil abbé quand il régnait quelque maladie ou quelque épidémie à Abingdon.

— Oui, dit l'Hôte, mais il y a long-temps que ce n'est plus ça. Antony Foster y est maintenant le maître et il y réside, en vertu de je ne sais quelle concession d'un grand de la cour, qui avait reçu de la couronne les biens de l'abbaye; c'est là qu'il demeure, et il ne fraie pas plus avec les pauvres gens de Cumnor que s'il était lui-même chevalier banneret.

— Oh! ce n'est pourtant pas tout-à-fait orgueil en Tony, dit le mercier; — il y a une belle dame dans l'affaire, et Tony permet à peine à la lumière du jour de la voir.

— Comment! dit Tressilian, qui pour la première fois se mêlait à la conversation; ne disiez-vous pas que ce Foster était marié, et qu'il avait épousé une précisienne?

— Il était marié, et jamais plus rigide précisienne ne mangea chair en carême; elle et Tony menaient une vie de chien et chat, comme on dit. Mais elle est morte, Dieu ait son âme! et Tony n'a qu'un brin de fille; de façon qu'on croit qu'il pense à épouser cette étrangère dont on fait tant de bruit.

— Et pourquoi cela? — je veux dire pourquoi fait-on tant de bruit pour elle? demanda Tressilian.

— Ma foi, je n'en sais rien, répondit l'Hôte, à moins que ce ne soit parce qu'on dit qu'elle est belle comme un ange, que personne ne sait d'où elle vient, et que chacun voudrait savoir pourquoi elle est en cage et gardée de si près. Pour ma part, je ne l'ai jamais vue; — mais vous, maître Goldthred, vous l'avez vue, je crois?

— Oui je l'ai vue, mon vieux, répondit le mercier. Voilà ce que c'est. Je revenais à cheval d'Abingdon ici ; — je passais sous la fenêtre cintrée du vieux manoir du côté de l'est, où on a représenté en peinture tous les vieux saints, les vieilles histoires, et autres choses semblables. — Je ne pris pas par le chemin ordinaire, mais à travers le parc, vu que la

---

vieux saxon, de même que *reeve*, *reive* ou *reave*, en écossais, signifient voler, dérober, *to rob*. (L. V.)

[1] Puritaine. (L. V.)

[2] Ancienne monnaie d'or. (L. V.)

poterne n'était fermée qu'au loquet, et que je pensai pouvoir user du privilége d'un ancien camarade pour prendre à travers les arbres, tant pour avoir de l'ombre, attendu que le jour était un peu chaud, que pour éviter la poussière, ayant mis ce jour-là mon pourpoint couleur pêche tailladé de drap d'or.

— Habit que tu n'étais pas fâché de faire briller aux yeux d'une belle dame, dit Michel Lambourne. Ah, fripon! tu ne changeras jamais!

— Ce n'est pas cela, — ce n'est pas cela, repartit le mercier avec un air de satisfaction ; ce n'est pas tout-à-fait cela, — mais la curiosité, tu sais, mêlée d'un grain de compassion ; — car la pauvre jeune dame ne voit pas autre chose du matin au soir que Tony Foster, avec ses gros vilains sourcils noirs, sa tête de taureau et ses jambes cagneuses.

— Et tu lui aurais volontiers montré ton petit individu tout pimpant dans son justaucorps de soie, — une jambe fournie comme la patte d'une poule dans une botte de Cordouan, et une physionomie toute ronde et toujours souriante, qui semble vous dire: Que vous faut-il? relevée par un bonnet de velours, une plume de Turquie et une broche dorée? Ah! joyeux mercier, ceux qui ont de jolies marchandises aiment à les montrer ! — Allons, messieurs, ne laissez pas vos verres se reposer ; — je bois aux longs éperons, aux bottes courtes, aux bonnets pleins et aux cervelles vides !

— Allons, maintenant, voilà que vous êtes jaloux de moi, Mike ; et pourtant il ne m'est arrivé que ce qui aurait pu t'arriver de même, à toi ou à un autre.

— Marry ! le ciel confonde ton impudence, riposta Lambourne. Tu ne voudrais pas comparer ta face de pudding et tes manières gauches à celles d'un gentleman, d'un soldat?

— Laissez-moi vous prier, mon cher monsieur, de ne pas interrompre le brave citadin, dit Tressilian ; il conte si bien son histoire qu'il me semble que je l'écouterais jusqu'à minuit.

— Vous êtes bien bon, dit maître Goldthred ; mais puisque je vous fais plaisir, mon digne monsieur Tressilian, je vais continuer, malgré tous les quolibets et les plaisanteries de ce vaillant soldat, qui a peut-être attrapé plus de soufflets que de couronnes dans les Pays-Bas. — Ainsi donc, monsieur, comme je passais sous la grande fenêtre peinte, laissant la bride sur le cou de mon palefroi d'amble, partie pour ma commodité, partie pour pouvoir plus aisément regarder autour de moi, j'entendis la fenêtre s'ouvrir ; et ne me croyez jamais, monsieur, s'il n'est pas vrai que je vis là une des plus belles femmes qui se soient jamais offertes à mes yeux : et je crois avoir regardé autant de jolies filles qu'un autre, et m'y connaître un peu.

— Puis-je vous demander quel était son extérieur ? dit Tressilian.

— Oh, monsieur, répondit maître Goldthred, je vous promets qu'elle était en parure de femme comme il faut : — un très joli et très agréable costume, qu'aurait pu porter la reine elle-même ; car elle avait une robe dont le corps et les manches étaient d'un satin couleur gingembre, qui, à mon jugement, avait bien pu coûter aux environs de trente shillings l'aune ; la doublure était en taffetas couleur mûre, et la robe était garnie autour et par-devant de deux larges passements or et argent. Et son chapeau, monsieur, était véritablement la chose de meilleur goût que j'aie vue dans ces environs ; il était de taffetas brun brodé de scorpions d'or de Venise, et garni d'une frange d'or au bord. — Je vous promets, monsieur, que c'était tout-à-fait nouveau et surpassant tout ce qu'on en peut dire. Quant à ses basques, elles étaient à l'ancienne mode du passe-devant.

— Je ne vous demandais pas comment elle était habillée, monsieur, dit Tressilian, qui avait laissé échapper quelques signes d'impatience durant cette description ; je voulais parler de son teint, — de la couleur de ses cheveux, de ses traits.

— Quant à son teint, repartit le mercier, je ne puis en parler d'une manière aussi positive ; mais je remarquai qu'elle avait un éventail à monture d'ivoire curieusement marqueté ; — et quant à ce qui est de la couleur de ses cheveux, ma foi, quelle que puisse être leur nuance, ce que je puis garantir, c'est qu'elle portait par-dessus un réseau de soie mi-tissé d'or.

— Voilà bien une vraie mémoire de mercier, dit Lambourne ; monsieur le questionne sur la beauté de la dame, et il nous parle de ses beaux habits.

— Je te dis, repartit le mercier quelque peu déconcerté, que je n'eus guère le temps de la regarder ; car au moment même où j'allais lui souhaiter le bonjour, et qu'à cet effet j'avais donné à mes traits une expression souriante...

— Pareille à celle d'un singe souriant à une noix, interrompit Lambourne.

— Je vis subitement apparaître Tony Foster lui-même, un bâton à la main, continua Goldthred sans prendre garde à l'interruption, et...

— Et j'espère qu'il t'en fendit la tête pour ton impertinence, dit l'amphitryon.

— Ce serait plus aisé à dire qu'à faire, répliqua Goldthred d'un ton d'indignation ; non, non. — il n'y eut pas de têtes fendues. — Il est vrai qu'il avança son bâton en me menaçant, et qu'il me demanda pourquoi je ne suivais pas le chemin public, et autres choses semblables ; et je lui aurais tapé d'importance sur la caboche pour ses peines, n'eût été la présence de la dame, qui aurait bien pu s'évanouir, je pense.

— Foin de toi, esclave sans énergie ! exclama Lambourne ; quel chevalier aventureux s'occupa jamais de la terreur d'une dame, quand il s'agissait de rosser en sa présence, et pour sa délivrance, géant, dragon ou magicien ! Mais à quoi bon te parler de dragon, à toi qu'une mouche ferait reculer ; tu as manqué la plus belle occasion !

— Prends-la donc toi-même, l'occasion, vaillant Mike ; — le manoir enchanté, le dragon et la dame, tout est là-bas à ton service, si tu oses t'y aventurer.

— Ma foi, je risquerai l'aventure pour une pinte de canarie. — Ou plutôt, un instant ! — je suis déplorablement à court de linge : — veux-tu gager une pièce de toile de Hollande contre ces cinq angelots, que demain je vais à la Place, et que je force Tony Foster de me présenter à sa belle ?

— J'accepte ta gageure, et je crois, malgré que tu aies l'impudence du diable, que je te la gagnerai. Notre Hôte que voilà tiendra les enjeux, et je déposerai l'or entre ses mains jusqu'à ce que j'aie envoyé la toile.

— Je ne tiendrai pas les enjeux d'une pareille gageure, dit Gosling. Mon neveu, buvez votre vin tranquillement, et ne vous mêlez pas d'aventures semblables. Je vous promets que M. Foster a assez de crédit pour vous faire donner un gîte au château d'Oxford, ou pour faire faire connaissance à vos jambes avec le carcan public.

— Ce ne serait qu'un renouvellement de vieille intimité, dit le mercier, car les jambes de Mike et le collier de bois de la ville se connaissent d'ancienne date. Mais la gageure est engagée, et il ne peut plus reculer, à moins qu'il ne veuille payer un dédit.

— Un dédit ? du diable si c'est vrai ! Je ne fais pas plus de cas de la colère de Tony Foster que d'une écorce de pois ; et qu'il le veuille ou non, par saint George ! je visiterai sa Lindabrides.

— Je me mettrais volontiers de moitié dans les risques du pari, monsieur, pour qu'il me soit permis de courir l'aventure de compagnie avec vous, dit Tressilian.

— A quoi cela vous servirait-il, monsieur ? répliqua Lambourne.

— A rien, monsieur, si ce n'est à être témoin de votre habileté, et de la valeur avec laquelle vous vous conduirez. Je suis un voyageur qui recherche les choses étranges et les rencontres peu communes, comme les chevaliers d'autrefois cherchaient les aventures et les faits d'armes.

— Hé bien ! si cela vous fait plaisir de voir chatouiller une truite, peu m'importe combien de témoins j'aurai de mon habileté. Ainsi donc, je bois au succès de mon entreprise ; et celui qui ne me fera pas raison sur ses deux genoux est un drôle, à qui je couperai les jambes près des jarretières !

La rasade qu'avala Michel Lambourne à cette occasion avait été précédée de tant d'autres, que la raison chancela sur son trône. Il lança deux ou trois jurons incohérents au mercier, qui refusait, avec assez de raison, de s'associer par son toast à un sentiment qui impliquait la perte de son pari.

— Est-ce que tu veux trancher du logicien avec moi, dit Lambourne, toi qui n'as pas plus de cervelle qu'un écheveau de soie mêlé? Par le ciel! je vais te couper en lanières, et je ferai de toi cinquante aunes de galon! Mais tandis que Michel Lambourne essayait de tirer son sabre dans ce valeureux dessein, il fut saisi par le garçon de robinet et le garçon de chambre, qui le portèrent jusqu'à son lit pour qu'il cuvât son vin à loisir.

La compagnie se sépara alors, et les convives prirent congé, beaucoup plus à la satisfaction de Mon Hôte qu'à celle de la société, peu disposée à laisser là de bon vin qui ne leur devait rien coûter, tant qu'elle serait en état de se tenir assise auprès. Il fallut cependant partir; et tout le monde partit enfin, laissant Gosling et Tressilian maîtres de la salle.

— Sur ma foi, dit le premier, je me demande quel plaisir peuvent trouver nos grands seigneurs à dépenser leur bien en festins, et à jouer le rôle de Mon Hôte sans avoir un mémoire à présenter ensuite. C'est ce que je fais rarement; et chaque fois que cela m'arrive, par saint Julien! cela me peine plus que je ne puis dire. Chacune des mesures vides que voilà qui ont été avalées par mon neveu et ses ivrognes de camarades, aurait dû être un objet de profit pour un homme de mon état, et il faut maintenant que je les porte au compte des pertes. Je ne puis en conscience trouver du plaisir au bruit, aux niaiseries, aux frasques et aux querelles des ivrognes, aux saletés, aux blasphèmes, et ainsi de suite, quand par là on perd son argent au lieu d'en gagner. Et pourtant c'est à cet inutile métier-là qu'on a perdu bien des domaines, et c'est ce qui contribue grandement à la décadence des aubergistes; car qui diable croyez-vous qui voudra payer pour boire à *l'Ours-Noir*, quand il peut boire pour rien chez mylord ou chez le squire un tel?

Tressilian s'aperçut que le vin avait fait quelque impression même sur la cervelle aguerrie de Mon Hôte, ce qu'on devait surtout inferer de sa déclamation contre l'ivrognerie. Comme lui-même s'était soigneusement ménagé, il aurait bien voulu mettre à profit la franchise du moment pour tirer de Gosling quelques nouvelles informations au sujet d'Anthony Foster et de la dame que le mercier avait vue dans sa maison; mais ces questions n'eurent d'autre effet que de fournir à l'Hôte un nouveau thème de déclamations contre les ruses du beau sexe, étayant fort longuement sa propre sagesse de toute la sagesse de Salomon. Finalement, il tourna ses admonitions, mêlées de maint reproche, sur ses *tapsters* et ses autres garçons, occupés à enlever les restes du festin et à remettre la salle en ordre; puis enfin il voulut joindre l'exemple au précepte, mais avec si peu de succès qu'il brisa un plateau et une douzaine de verres en essayant de montrer comment le service était fait aux *Trois-Grues* du Vintry, alors la plus fameuse taverne de Londres. Ce dernier accident le rappela si bien à lui, qu'il se retira aussitôt, s'en fut se mettre au lit, dormit d'un profond sommeil, et le lendemain matin se réveilla un nouvel homme.

CHAPITRE III.

> Du tout, je veux tenir le défi. — La partie sera vidée : jamais je ne reculerai devant joyeuse gageure. Ce que j'ai dit en badinant, je le soutiendrai de sang-froid, croyez-le bien.
> *La Table de jeu.*

Et comment va votre neveu, mon cher hôte? dit Tressilian à Giles Gosling, dès que celui-ci parut dans la salle publique, le matin qui suivit l'orgie que nous avons racontée au chapitre précédent. Est-il bien remis, et tiendra-t-il sa gageure?

— Pour ce qui est d'être bien, monsieur, il est levé depuis deux heures, et a déjà visité je ne sais quels repaires de ses anciens camarades ; il ne fait que de revenir, et en ce moment il est en train de déjeuner avec des œufs frais et du muscat. Et quant à sa gageure, je vous donne en ami le conseil de ne pas vous en mêler, non plus que de tout ce qui peut venir de Mike. C'est pourquoi je vous conseille de prendre un coulis chaud pour déjeuner, ce qui redonne du ton à l'estomac, et de laisser mon neveu et M. Goldthred s'arranger comme il leur plaira, eux et leur gageure.

— Il me semble, mon hôte, que vous ne savez trop que dire de votre neveu, et que vous ne pouvez ni le blâmer ni le louer sans un remords de conscience.

— Vous avez dit vrai, monsieur Tressilian. Il y a une affection naturelle qui me souffle à une oreille : Giles, Giles, pourquoi veux-tu perdre de réputation ton propre neveu? Pourquoi diffamer le fils de ta sœur, Giles Gosling? Veux-tu salir ton propre nid, déshonorer ton propre sang? Puis après, vient la justice qui me dit : Voici un homme aussi digne que jamais en ait vu *l'Ours-Noir*; un homme qui n'a jamais contesté un écot (je le dis devant vous, monsieur Tressilian ; — non que vous ayez eu à en contester un seul); un homme qui ne sait pas pourquoi il est venu, autant que je puis voir, ni quand il s'en retournera : souffriras-tu, toi aubergiste, qui paies taxe et impôts depuis trente ans à Cumnor, et qui es maintenant constable de ton endroit, souffriras-tu que cet hôte des hôtes, cet homme des hommes, ce pot à six cercles des voyageurs (si je puis ainsi parler), tombe dans les filets de ton neveu, qui est connu pour un bretailleur, un garnement, un vrai Dick, un homme de cartes et de dés, un professeur dans les sept sciences damnables si jamais homme y prit ses degrés? Non, par le ciel! je puis fermer les yeux et le laisser attraper un aussi insignifiant papillon que Goldthred; mais toi, mon hôte, tu seras prévenu et mis sur tes gardes, si seulement tu veux écouter le fidèle et sincère Giles Gosling!

— Hé bien, mon hôte, ton conseil ne sera pas rejeté, repartit Tressilian; néanmoins, il me faut supporter ma part dans cette gageure, maintenant que j'ai engagé ma parole. Mais donnez-moi, je vous prie, quelques avis. — Ce Foster, qu'est-il, et pourquoi fait-il un tel mystère de cette femme qu'il a chez lui?

— Je ne puis vraiment ajouter que peu de chose à ce que vous avez entendu hier au soir. C'était un des papistes de la reine Marie, et maintenant c'est un des protestants de la reine Élisabeth; il était intendant de l'abbé d'Abingdon, et maintenant il vit en maître du manoir. Par-dessus tout, il était pauvre et il est riche. On parle d'appartements secrets dans sa vieille maison délabrée, assez richement meublés pour être occupés par la reine, que Dieu bénisse! Quelques gens pensent qu'il a trouvé un trésor dans le verger, d'autres qu'il s'est lui-même vendu au diable, et d'autres disent qu'il a volé à l'abbé les ornements de l'église, que l'abbé avait cachés dans le vieux manoir lors de la réforme. Ce qu'il y a de sûr, c'est qu'il est riche, et il n'y a que Dieu et sa conscience, et peut-être bien aussi le diable, qui savent comment il l'est devenu. Il a avec ça des manières en dessous, et a rompu toute relation avec tous ceux qui sont de l'endroit, comme s'il avait quelque étrange secret à garder, ou qu'il se crût fait d'une autre argile que nous. Je regarde comme probable que mon parent et lui auront querelle ensemble, si Mike veut renouer de force connaissance avec lui; et je suis fâché, mon digne monsieur Tressilian, que vous pensiez encore à aller de compagnie avec mon neveu.

Tressilian l'assura de nouveau qu'il agirait avec grande prudence, et qu'il n'avait pas d'inquiétudes à concevoir sur son compte; en un mot, il lui donna toutes les assurances habituelles par lesquelles les gens déterminés à une action imprudente ont coutume de répondre aux avis de leurs amis.

Cependant le voyageur accepta l'offre de l'aubergiste, et il venait à peine de terminer l'excellent déjeuner que leur avait servi, à lui et à Gosling, la jolie Cicely, la beauté du comptoir, que le héros de la soirée précédente, Michel Lambourne, entra dans la salle. Sa toilette semblait lui avoir coûté quelque labeur, car ses habits, différents de ceux qu'il portait dans son voyage, étaient à la dernière mode, et on voyait qu'il avait mis grand soin à faire ressortir ses avantages personnels.

— Sur ma foi, oncle, dit le galant, vous nous avez fait une nuit bien arrosée, et je sens qu'elle est suivie d'une matinée sèche. Je vous ferai volontiers raison d'un verre de bâtard. Eh! ma jolie cousine Cicely, quand je vous ai quittée, vous n'étiez, ma foi, qu'une enfant au berceau, et te voilà maintenant dans ton corsage de velours, aussi pimpante que pas une jolie fille qu'éclaire le soleil d'Angleterre! Reconnais tes amis et parents, Cicely, et viens ici, mon enfant, que je t'embrasse et que je te donne ma bénédiction.

— Ne vous mettez pas en peine de Cicely, parent, dit Giles Gosling, et laissez-la faire son affaire, au nom du ciel! car bien que votre mère fût la sœur du père de ma fille, cela ne fera pas que vous et Cicely soyez cousins germains.

— Quoi, mon oncle! répliqua Lambourne, me prends-tu pour un infidèle, et crois-tu que je voudrais avoir de mauvaises intentions contre les gens de ma propre famille?

— Ce n'est pas que je pense que tu aies de mauvaises intentions, Mike, c'est simplement une humeur de précaution que j'ai comme ça. En vérité, tu es doré comme un serpent qui vient de jeter sa vieille peau au printemps; mais, malgré tout ça, tu ne te faufileras pas dans mon Eden : je veillerai sur mon Ève, Mike; compte là-dessus. Mais comme tu es brave, mon garçon! A te regarder maintenant, et à te comparer à M. Tressilian que voilà, avec son habit de voyage brun, qu'est-ce qui ne dirait pas que tu es le véritable gentleman, et lui le garçon tapster?

— Vraiment, mon oncle, personne ne dirait cela, sinon un de vos provinciaux, qui n'en savent pas davantage. Je dirai, et peu m'importe qui m'entend, qu'il y a quelque chose dans le vrai gentilhomme auquel peu d'hommes peuvent atteindre quand ils ne sont pas nés et élevés pour la chose. Je ne sais pas où gît le truc; mais quoique je puisse entrer à un ordinaire[1] avec autant d'effronterie que pas un des éperons résonnants et des plumes blanches qui sont autour de moi, rembarrer tout aussi haut les domestiques et les garçons, boire aussi sec, jurer aussi rondement, et jeter mon or aussi aisément qu'aucun d'eux; — hé bien! que je sois pendu si jamais je puis attraper la vraie grâce de tout cela, quoique j'aie fait tout cela cent fois. Le maître de la maison me place au bas bout de la table et me sert le dernier; et le garçon me répond: On y va, l'ami! sans autre marque d'égard ni de révérence. Mais au diable, le souci tuerait un chat[2]. J'ai assez de gentilhommerie pour passer le tour à Tony Allume-Fagot, et cela suffira pour l'affaire actuelle.

— Ainsi vous persistez dans votre intention de rendre visite à votre ancienne connaissance? dit Tressilian à l'aventurier.

— Oui, monsieur, repartit Lambourne; quand le jeu est fait, la partie doit se jouer : c'est la règle du joueur dans le monde entier. A moins que ma mémoire ne me trompe (car je l'ai un peu trop humectée de canarie), vous prenez aussi, monsieur, quelque part à mon aventure?

— Je me propose de vous y accompagner, répondit Tressilian, si vous

---

[1] Table d'hôte. (L. V.)
[2] *Care killed a cat*, proverbe anglais. (L. V.)

voulez bien y consentir ; j'ai déposé ma part de l'enjeu entre les mains de notre digne Hôte.

— C'est vrai, dit Giles Gosling, et en aussi beaux nobles de Henry que jamais bon vivant en ait fait fondre en canarie. Ainsi donc, bonne chance à votre entreprise, puisque vous voulez absolument vous aventurer chez Tony Foster; mais, sur mon crédit! vous feriez bien de boire encore un coup avant de partir, car votre bienvenue au manoir, là-bas, sera quelque peu des plus seches. Et si vous vous trouvez en péril, prenez garde de porter la main à vos armes ; mais envoyez-moi chercher, moi, Giles Gosling le constable, et peut-être serai-je encore en état de faire entendre raison à Tony, tout fier qu'il est.

Lambourne, en neveu soumis, suivit la recommandation de son oncle en puisant une seconde et copieuse rasade au tankard, faisant observer que jamais son esprit ne le servait si bien que quand il s'était lavé les tempes avec un bon coup du matin. — Puis Michel et Tressilian partirent ensemble pour l'habitation d'Anthony Foster.

Le village de Cumnor est agréablement situé sur une colline ; et dans un parc bien boisé touchant au village se trouvait l'ancien manoir alors occupé par Anthony Foster, et dont les ruines existent peut-être encore. Le parc, à cette époque, était rempli de grands arbres, et en particulier de vieux et vigoureux chênes, dont les bras gigantesques s'étendaient au-dessus des hautes murailles entourant l'habitation, à laquelle ils donnaient ainsi l'aspect mélancolique et retiré d'un bâtiment monastique. On entrait dans le parc par une porte à l'antique percée dans la muraille extérieure, et dont les deux énormes battants de chêne étaient garnis de grosses têtes de clous rapprochées, comme la porte d'une ancienne ville.

— Nous pourrions bien être arrêtés ici, dit Michel Lambourne en regardant la porte, si l'humeur soupçonneuse du drôle allait nous refuser l'entrée, comme cela pourrait bien être, dans le cas où la visite de ce méchant mercier l'aurait inquiété. Mais non, ajouta-t-il en poussant un des larges battants qui céda aussitôt, la porte est ouverte comme pour nous inviter à entrer, et nous voici dans l'enceinte défendue, sans autre empêchement que la résistance passive d'une lourde porte en chêne tournant sur des gonds rouillés.

Ils se trouvèrent alors dans une avenue ombragée par des arbres séculaires, tels que ceux que nous avons décrits tout à l'heure, et qui avait été autrefois bordée d'une double haie élevée d'ifs et de houx. Mais ceux-ci n'ayant pas été taillés depuis nombre d'années, avaient formé d'épais buissons d'arbres nains, et maintenant ils embarrassaient de leurs sombres et tristes rameaux le chemin qu'ils avaient autrefois abrité. Le sol même de l'avenue était couvert d'herbe, et, dans un ou deux endroits, obstrué par des tas de branchages morts, coupés sur les arbres abattus dans le parc avoisinant, et qu'on avait mis là à sécher. Des allées et des avenues tracées au cordeau, qui, sur différents points, coupaient cette approche principale, étaient de même obstruées et interrompues par des piles de branchages et de bois scié, ou, en d'autres endroits, par des broussailles et des épines. Outre la sensation générale de tristesse que produit irrésistiblement sur nous cet aspect de désolation partout où nous voyons l'industrie humaine gâtée ou détruite par la négligence, et les marques de la vie sociale effacées par l'envahissement graduel de la végétation, la grandeur des arbres et la diffusion de leurs rameaux jetaient du sombre sur la scène, même quand le soleil était à son plus haut point, et faisaient une impression analogue sur l'esprit de ceux qui la visitaient. Michel Lambourne lui-même l'éprouva, quoique étranger par ses habitudes à toute espèce d'impression, sauf à celles qui s'adressaient directement à ses passions.

— Ce bois est noir comme la gueule d'un loup, dit-il à Tressilian, au moment où, après avoir lentement parcouru la majeure partie de cette avenue solitaire et d'accès difficile, ils arrivaient ensemble en vue de la façade monastique du vieux manoir et de ses fenêtres à compartiments en ogive, de ses murs de brique couverts de lierre et de plantes grimpantes, et de ses lourdes cheminées de pierre de taille contournées en torsades. — Et pourtant, continua Lambourne, ce n'est pas trop mal vu de la part de Foster, non plus; car, puisqu'il ne veut pas de visiteurs, il a raison de tenir sa maison dans un état qui n'invite pas beaucoup de gens à venir l'y voir. Mais s'il avait encore été l'Anthony que j'ai connu autrefois, il y a long-temps que ces robustes chênes seraient devenus la propriété de quelque honnête marchand de bois, et que le clos du manoir aurait été plus clair à minuit qu'il ne l'est maintenant à midi, pendant que Foster aurait été en jouer et en perdre le prix dans quelque honnête maison des environs de White-Friars.

— Était-il donc si dissipateur?

— Il n'était ni plus saint ni plus économe que nous tous. Mais ce que je goûtais le moins en lui, c'est qu'il aimait à prendre son plaisir tout seul, et qu'il regrettait, comme on dit, chaque goutte d'eau qui passait à côté de son moulin. Je l'ai vu avoir affaire, quand il était seul, à des mesures de vin que je n'aurais pas entreprises avec l'aide du meilleur buveur du Berkshire. — Ce goût de solitude, et un certain penchant vers la superstition qu'il avait par tempérament, le rendaient indigne de la société d'un bon vivant. Et maintenant, voilà qu'il s'est relégué ici, dans un terrier tout-à-fait convenable à un sournois renard de son espèce.

— Puis-je vous demander, monsieur Lambourne, puisque l'humeur de votre ancien compagnon cadre si peu avec la vôtre, pourquoi vous désirez tant renouveler connaissance avec lui?

— Puis-je vous demander en retour, monsieur Tressilian, pourquoi vous vous êtes montré si désireux de m'accompagner dans cette partie?

— Je vous ai dit mon motif quand j'ai pris part à votre gageure : — la simple curiosité.

—Ah ! voilà ! Voyez comment vous autres messieurs civils et discrets en usez avec nous, qui vivons du libre exercice de votre génie ! Si j'avais répondu à votre question en vous disant que c'était la simple curiosité qui me conduisait à visiter mon ancien camarade Anthony Foster, je réponds que vous auriez regardé cela comme une réponse évasive et un tour de mon métier. Mais pour moi, je suppose, toute réponse est bonne.

— Et pourquoi la simple curiosité ne serait-elle pas pour moi une raison suffisante de faire cette promenade avec vous ?

— Oh ! soyez tranquille, monsieur ; vous ne pouvez me donner le change aussi aisément que vous pensez, car j'ai vécu trop long-temps parmi les habiles du siècle, pour avaler la paille en guise de grain. — Vous êtes un gentleman de naissance et d'éducation : —votre extérieur le prouve ; d'habitudes civiles et de bonne réputation : — vos manières l'attestent et mon oncle le certifie ; et cependant vous vous associez à une sorte de réprouvé, comme on m'appelle, et me connaissant pour tel, vous vous faites mon compagnon dans une visite à un homme à qui vous êtes étranger, — et tout cela par simple curiosité, vraiment ! — Le prétexte, si on le pesait scrupuleusement, serait trouvé de quelques scrupules au-dessous du juste poids.

— Vos soupçons seraient-ils justes, que vous ne m'avez pas montré une confiance qui provoque et mérite la mienne.

— Oh ! si c'est là tout, mes motifs sont à fleur d'eau. Tant que cet or durera — (Michel tira sa bourse, la fit sauter en l'air et la reçut dans sa main), — je le ferai m'acheter du plaisir, et quand il sera fini il m'en faudra d'autre. Or, si cette mystérieuse dame du manoir — si cette belle Lindabrides de Tony Allume-Fagot — est un morceau aussi admirable qu'on dit, ma foi, il y a chance qu'elle m'aide à faire fondre mes nobles en groats ; et, d'un autre côté, si ce rustre d'Anthony est aussi riche que le bruit public le représente, il peut se faire qu'il devienne pour moi la pierre philosophale, et qu'il convertisse de nouveau mes groats en beaux nobles à la rose.

— Excellent projet, en vérité ; mais je ne vois pas quelle chance vous avez de le réaliser.

— Pas aujourd'hui, peut-être pas demain ; je ne m'attends pas à attraper le vieux routier avant d'avoir convenablement préparé mes filets. Mais je connais un peu plus ses affaires ce matin que je ne les connaissais hier au soir, et j'userai de ce que je sais de manière à ce qu'il me croira encore mieux instruit que je ne le suis. — Ma foi, si je n'avais attendu ni plaisir ni profit, ou même tous les deux, je n'aurais pas fait un pas dans ce manoir, voilà ce que je puis vous dire ; car je vous promets que je ne regarde pas notre visite comme absolument sans risques. — Mais nous y voici, et il faut en sortir à notre honneur.

Tout en parlant ainsi, Michel était entré avec son compagnon dans un grand verger qui entourait la maison de deux côtés, bien que les arbres, déshérités des soins de l'homme, fussent surchargés de branches surabondantes et couverts de mousse, et qu'ils parussent ne guère porter de fruits. Ceux qui précédemment avaient été disposés en espaliers étaient revenus à leur mode naturel de croissance, et offraient des formes grotesques tenant en partie aux directions primitives qu'on les avait forcé de prendre. La majeure partie du sol, couverte autrefois de parterres et de planches de fleurs, était de même laissée sans culture et sans soins, sauf un petit nombre de places que la bêche avait touchées et où l'on avait planté des herbes potagères. Quelques statues qui avaient orné le jardin aux jours de sa splendeur, étaient renversées de leurs piédestaux et rompues en plusieurs fragments; un grand pavillon d'été, avec une lourde façade en pierre décorée de sculptures représentant la vie et les actions de Samson, était réduit au même état de dégradation.

Ils avaient traversé ce jardin de l'Indolence et n'étaient plus qu'à quelques pas de la porte de la maison quand Lambourne cessa de parler; circonstance qui fut très agréable à Tressilian, car elle lui épargna l'embarras de répondre au franc aveu que son compagnon venait de lui faire des sentiments et des vues qui l'amenaient là. Lambourne cogna rondement et hardiment à la large porte de la maison, tout en faisant observer qu'il en avait vu de moins fortes à plus d'une prison. Il lui fallut frapper plusieurs fois avant qu'un domestique âgé, à figure refrognée, vînt en reconnaissance à travers un petit judas pratiqué dans la porte et garni de barres de fer, et de là leur demandât ce qu'ils voulaient.

— Parler sur-le-champ à M. Foster pour affaires d'État pressantes, répondit Michel Lambourne sans hésiter.

— Il me semble qu'il vous sera difficile de justifier ce que vous avancez là, dit tout bas Tressilian à son compagnon, tandis que le domestique était allé porter le message à son maître.

— Bah! répliqua l'aventurier; pas un soldat ne voudrait aller de l'avant, s'il lui fallait toujours se demander quand et comment il s'en tirera. Que nous obtenions une fois l'entrée, et tout ira bien.

Au bout d'un moment le domestique revint, et d'une main soigneuse enlevant barres et verroux, il ouvrit la porte et leur fit traverser un passage voûté conduisant à une cour carrée entourée de bâtiments. Vis-à-vis du passage était une autre porte que le domestique ouvrit avec les mêmes précautions, et il les introduisit ainsi dans une salle dallée où ne se trouvait que peu de meubles, tous fort antiques et dans le plus mauvais état. Les fenêtres, hautes et larges, touchaient presque au plafond de chêne noir de la salle; celles qui ouvraient sur la cour carrée non seulement étaient obscurcies par les bâtiments environnants, mais encore, comme elles étaient traversées par de massives flèches de pierre, et que les carreaux étaient couverts de peintures représentant des sujets religieux et des scènes tirées de l'Écriture-Sainte, elles étaient loin de procurer une clarté proportionnée à leurs dimensions, et ce qui pénétrait de jour à travers participait à la teinte sombre et triste des vitraux peints.

Tressilian et son guide eurent le loisir d'observer ces diverses particularités, car ils attendirent là quelque temps que le maître de la maison se montrât. Tout préparé qu'il était à voir un homme de mauvaise mine et d'un aspect désagréable, la laideur d'Anthony Foster allait fort au-delà des prévisions de Tressilian. Il était de moyenne taille et solidement bâti, mais si mal fait qu'il touchait à la difformité, et que tous ses mouvements avaient la gaucherie de ceux d'un boiteux et d'un manchot. Les cheveux, à l'arrangement desquels on apportait alors, ainsi qu'aujourd'hui, un grand soin et une grande recherche, au lieu d'être attentivement lissés et disposés en courtes boucles, ou bien relevés droits comme on les voit sur d'anciens portraits, d'une manière assez semblable à celle qu'ont adoptée les élégants de notre époque, s'échappaient sales et en désordre d'un bonnet fourré, et pendaient en mèches négligées, qui semblaient ne jamais avoir connu le peigne, jusque sur son front plissé et autour d'un visage dont l'expression était singulièrement repoussante. Ses yeux noirs et vifs, profondément enfoncés au-dessous de ses épais et larges sourcils, et habituellement baissés vers la terre, semblaient être eux-mêmes honteux de leur expression naturelle, et vouloir se dérober à l'observation. Parfois, cependant, quand, plus attentif à observer les autres, il les levait subitement et fixait son regard pénétrant sur ceux avec qui il conversait, ils semblaient exprimer à la fois et les passions les plus véhémentes et la force d'esprit qui peut à volonté contenir ou déguiser l'intensité d'une émotion intérieure. Ses traits, en harmonie avec ces yeux et ces formes, étaient tels qu'ils restaient ineffaçablement gravés dans l'esprit de ceux qui les avaient une fois vus. Au total, comme Tressilian ne put s'empêcher de se l'avouer, l'Anthony Foster qui se tenait alors devant eux était la dernière personne, à en juger sur les dehors personnels, à qui on eût été disposé à rendre volontiers une visite inattendue et non désirée. Son costume se composait d'un pourpoint de cuir roux, pareil à ceux que portaient les paysans aisés, serré par une ceinture de buffle, dans laquelle étaient passés à droite une longue dague, et à gauche un coutelas. Il leva les yeux en entrant dans la chambre, et jeta un regard scrutateur sur les deux arrivants, puis il les reporta vers les dalles comme s'il eût voulu compter ses pas, en même temps qu'il s'avançait lentement vers le milieu de la pièce, et qu'il disait d'un ton de voix bas et comme étouffé : Permettez-moi de vous prier, messieurs, de me dire le motif de cette visite.

Il paraissait attendre une réponse de Tressilian; tant était vraie l'observation de Lambourne, que l'air de supériorité que donnent l'éducation et la dignité naturelle perce à travers le déguisement de vêtements inférieurs. Mais ce fut Michel qui lui répondit avec l'aisance familière d'un ancien ami, et du ton d'un homme qui ne semble douter aucunement de la réception la plus cordiale. — Ah! mon cher ami, mon cher Tony Foster! exclama-t-il en lui saisissant la main que celui-ci n'abandonnait qu'avec une sorte de répugnance, et en la lui secouant d'une force à presque ébranler la vigoureuse charpente de celui à qui il s'adressait, comment cela va-t-il depuis tant d'années? — Quoi! avez-vous déjà oublié votre ami, compère et compagnon, Michel Lambourne?

— Michel Lambourne! répéta Foster en le regardant un moment; puis baissant de nouveau les yeux, et dégageant peu cérémonieusement sa main de l'étreinte amicale de Michel, il ajouta : Êtes-vous Michel Lambourne?

— Oui vraiment; sûr comme vous êtes Anthony Foster.

— C'est bien; et qu'est-ce que Michel Lambourne peut attendre de sa visite ici?

— *Voto a Dios!* j'y attendais une meilleure réception que celle que j'y vais trouver, ce me semble.

— Eh quoi! oiseau de potence, — rat de prisons, — ami du bourreau et de ses pratiques, as-tu l'assurance d'attendre bon accueil de quiconque a le cou hors de l'atteinte d'une écharpe de Tyburn [1]?

— Il peut se faire que je sois ce que vous dites, répliqua Lambourne; et supposé que j'accorde qu'il en soit ainsi pour couper court à la discussion, je serais encore une assez bonne société pour mon ancien ami Anthony Allume-Fagot, quoiqu'il soit pour le moment, à on ne saurait dire quel titre, le maître de Cumnor-Place.

— Écoutez, Michel Lambourne, reprit Foster, vous êtes joueur, et vous vivez de la supputation des chances : — calculez celle qu'il y a que je ne vous jette pas sur-le-champ par cette fenêtre dans le fossé qui est ici dessous.

— Vingt contre un que vous ne m'y jetterez pas.

— Et pourquoi, s'il vous plaît? repartit Anthony Foster, les dents serrées et les lèvres pressées avec force, comme un homme qui s'efforce de contenir une violente émotion intérieure.

— Parce que, tenant à votre vie, vous n'oserez point porter un doigt sur moi, répondit froidement Lambourne. Je suis plus jeune et plus fort que vous, et j'ai en moi une double part de l'esprit du diable des batailles, bien qu'il puisse se faire que je n'aie pas tout-à-fait autant de celui du démon de l'astuce, qui se glisse à son but par des voies souterraines; — qui cache des harts sous l'oreiller des gens, comme dit la comédie, et qui leur met de la mort-aux-rats dans leur porridge.

Foster le regarda fixement, puis il se détourna et fit deux tours dans

---

[1] Lieu des exécutions à Londres. (L. V.)

CHAPITRE III.

la salle, du même pas ferme et composé dont il était entré; puis revenant soudainement à Michel Lambourne, il lui tendit la main en disant:
— Ne sois pas fâché contre moi, mon bon Mike; je n'ai voulu qu'essayer si tu avais perdu quelque chose de ta vieille et honorable franchise, que les envieux et ceux qui mordent par derrière appellent effronterie impudente.

— Qu'ils l'appellent comme ils voudront, ce n'en est pas moins la denrée qu'il nous faut porter avec nous par le monde. —Mille dagues! je te dis, camarade, que ma provision d'assurance était trop faible pour mon commerce, et que j'ai cherché à prendre à bord un ou deux tonneaux d'effronterie de plus à chaque port où j'ai touché dans le voyage de la vie; et j'ai jeté par-dessus le bord ce qui me restait de modestie et de scrupules, afin de faire de la place pour l'arrimage.

— Oh! en fait de scrupules et de modestie, vous avez fait voile d'ici sur lest. — Mais quel est ce galant, honnête Mike? — Est-ce un Corinthien[1]? — est-ce un *cutter*[2] comme toi?

— Je vous en prie, valeureux Foster, connaissez mieux M. Tressilian que je vous présente, répliqua Lambourne en réponse à la question de son ami; connaissez-le mieux et honorez-le, car c'est un gentleman plein de mainte admirable qualité; et bien qu'il ne trafique pas dans ma ligne d'affaires, du moins que je sache, il a néanmoins un juste respect et une due admiration pour les artistes de notre classe. Il arrivera avec le temps, comme cela manque rarement; mais quant à présent, ce n'est encore qu'un néophyte, un prosélyte, et il hante la compagnie des coqs du jeu, comme un bretteur novice hante les écoles des maîtres, pour voir comment un fleuret est manié par les professeurs d'escrime.

— Si telle est sa qualité, je te prierai de m'accompagner dans une autre chambre, honnête Mike, car ce que j'ai à te dire n'est que pour ton oreille. — Pendant ce temps-là, monsieur, je vous prierai de nous attendre dans cette salle et de ne pas la quitter; —il y a des personnes dans cette maison que la vue d'un étranger alarmerait[3].

Tressilian s'inclina en signe d'acquiescement, et les deux dignes amis quittèrent ensemble le salon, où il resta seul à attendre leur retour.

---

[1] Un *grec*, un chevalier d'industrie. (L. V.)

[2] Foster paraît jouer ici sur le mot, en continuant la métaphore maritime de son digne ami. Un *cutter*, dans la marine anglaise, est un petit bâtiment léger à une voile; en même temps *cutter* signifie coupeur de bourses. (L. V.)

[3] *Voyez* la note A, à la fin du volume.

CHAPITRE IV.

> Ne pas servir deux maîtres ? — voici un gars qui veut l'essayer ; — il servirait volontiers Dieu, mais en donnant son dû au diable. Il dit ses oraisons avant de faire un mauvais coup, et rend dévotement grâces au ciel quand le coup est fait.
> *Vieille comédie.*

La chambre où le maître de Cumnor-Place conduisit son digne visiteur était plus grande que celle où il l'avait d'abord reçu, et avait une apparence encore plus délabrée. D'épais montants de chêne, garnis de tablettes du même bois, garnissaient le pourtour de la pièce, et avaient, à une époque, servi à l'arrangement d'une nombreuse collection de livres, dont il restait là encore un assez bon nombre, mais déchirés et souillés, couverts de poussière, privés de leurs riches agrafes et de leurs fermoirs, et amoncelés en piles sur les rayons, comme chose tout-à-fait sans prix et qu'on abandonne au plaisir du premier spoliateur. Les compartiments mêmes de la bibliothèque semblaient avoir éprouvé l'hostilité de ces ennemis des connaissances qui avaient détruit les volumes dont jusque là ils avaient été garnis. Les montants étaient en plusieurs endroits privés de leurs gonds, ou rompus et endommagés, outre les toiles d'araignée dont ils étaient tendus, et la poussière qui les couvrait.

— Ceux qui ont écrit ces livres, dit Lambourne en regardant autour de lui, ne pensaient guère en quelle garde ils devaient tomber.

— Ni quels services ils pourraient me rendre, fit Anthony Foster : — le cuisinier s'en est servi pour récurer son étain, et le domestique n'a pas eu autre chose pour nettoyer mes bottes depuis bien des mois.

— Et pourtant j'ai été dans des villes où de tels meubles savants auraient été jugés trop bons pour de pareils offices.

— Bah ! bah ! il n'y en a pas un qui ne soit de la friperie papiste ; — c'étaient tous les objets d'études privées de ce vieux gueux d'abbé d'Abingdon. La dix-neuvième partie d'un sermon du pur Évangile vaudrait une charretée de ces ordures du chenil de Rome.

— Merci-Dieu, maître Tony Allume-Fagot ! dit Lambourne par forme de répartie.

Foster lui lança un sombre regard. — Écoutez, ami Mike, dit- , oubliez ce surnom, et la circonstance à laquelle il se rapporte si vous ne voulez pas que notre connaissance qui vient de renaître ne meure d'une mort soudaine et violente.

— Eh mais! vous aviez coutume de vous glorifier de la part que vous aviez eue à la mort des deux vieux évêques hérétiques.

— Ceci date d'une époque où j'étais dans le fiel de l'amertume et dans les liens de l'iniquité, et ne s'applique plus ni à ma marche ni à mes voies, maintenant que je suis enrôlé dans les lices. M. Melchisedech Maultext a comparé mon malheur en ceci à celui de l'apôtre Paul quand il gardait les habits des témoins qui lapidaient saint Etienne. Il a prêché sur ce texte il y a trois semaines, et il l'appuyait de l'exemple d'une honorable personne présente, voulant me désigner.

— Tais-toi, je te prie, Foster; car je ne sais pas comment cela se fait, mais j'ai la chair de poule quand j'entends le diable citer l'Écriture. Et puis, camarade, comment as-tu eu le cœur de quitter cette vieille religion si commode, que vous pouviez mettre ou ôter aussi aisément que votre gant? Est-ce que je ne me souviens pas de l'habitude où tu étais de porter ta conscience au tribunal de la confession aussi exactement que les mois revenaient? et quand le prêtre te l'avait bien écurée, fourbie et mise au blanc, tu n'en étais pas moins prêt à la pire scélératesse qu'on pût imaginer, comme un enfant qui n'est jamais aussi disposé à se rouler dans la boue que quand on lui a mis sa belle jaquette du dimanche.

— Ne t'embarrasse pas de ma conscience; c'est une chose à laquelle tu ne peux rien comprendre, n'en ayant jamais eu une à toi. Mais venons-en plutôt à notre affaire, et dis-moi en deux mots ce que tu me veux, et quel espoir t'a conduit ici?

— L'espoir d'y trouver mon bien, pour sûr, comme disait la vieille femme en sautant par-dessus le pont de Kingston. Vous voyez cette bourse : c'est tout ce qui me reste d'une somme aussi ronde qu'un homme peut souhaiter d'en porter une dans son sac à bamboches. Tu es ici bien établi, à ce qu'il semble, et bien soutenu aussi, à ce que je crois, car on parle de certaine protection spéciale sous laquelle tu es placé. — Allons, n'aie pas l'air effaré comme un cochon qu'on tue, camarade; est-ce que tu peux danser dans un filet sans qu'on te voie? Or, je sais qu'une pareille protection ne s'obtient pas pour rien; tu dois avoir des services à rendre en retour, et je te propose de t'y aider.

— Mais si je n'ai pas besoin de ton assistance, Mike? Je pense que ta modestie peut regarder cela comme un cas possible.

— C'est-à-dire que tu aimerais mieux accaparer toute la besogne que de partager la récompense. — Mais ne sois pas trop avide, Arthony; le désir de trop avoir fait crever le sac et répand le grain. Vois-tu, quand le chasseur s'en va tuer un cerf, il prend avec lui plus d'un chien; — il a le bon limier pour suivre par monts et par vaux la piste du daim blessé, mais il a aussi le léger lévrier pour le tenir en vue et le saisir. Tu es le limier, je suis le lévrier ; ton patron aura besoin de l'aide de tous les deux, et peut bien suffire à les récompenser l'un et l'autre. Tu as une profonde sagacité, une persistance infatigable, — une malignité de nature sûre et de longue haleine, et qui surpasse la mienne; mais aussi de nous deux je suis le plus hardi, le plus prompt, le plus prêt à l'action ainsi qu'aux expédients. Séparées, nos qualités sont moins complètes; mais unissons-les, et nous poussons le monde devant nous. Qu'en dis-tu? — chassons-nous de compagnie?

— C'est en effet une chienne de proposition, — te pousser ainsi de toi-même dans mes affaires privées; mais tu as toujours été un chien mal dressé.

— Vous n'aurez pas lieu de dire cela, repartit Lambourne, à moins que vous ne repoussiez ma courtoisie; mais alors prends bien garde à moi, sire chevalier, comme dit le roman. J'aiderai à vos projets ou je les traverserai; car je suis venu ici pour y trouver de la besogne, ou avec toi ou contre toi.

— Hé bien, dit Anthony Foster, puisque tu me laisses un si beau choix, je veux plutôt être ton ami que ton ennemi. Tu as raison; je *puis* te faire entrer au service d'un patron qui a les moyens de nous employer tous les deux, et cent autres avec. Et à vrai dire tu as ce qu'il faut pour son service. Il veut de la hardiesse et de la dextérité : — les registres de la justice portent témoignage en ta faveur; — à son service il ne faut pas de scrupules : — eh! qui t'a jamais suspecté d'une conscience?—Il doit avoir de l'assurance, celui qui veut suivre un courtisan : — ton front est impénétrable comme une visière de Milan. Il n'y a qu'une chose que je voudrais voir amendée en toi.

— Et quelle est cette chose, mon très précieux ami Anthony? je jure par l'oreiller des sept dormants que je ne serai pas négligent à m'en corriger.

— Eh! vous m'en donnez la preuve en ce moment même. Vos discours sont trop de la vieille roche, et vous les entremêlez de temps à autre d'étranges serments qui ont un arrière-goût de papisme. En outre, votre homme extérieur est beaucoup trop débauché et trop irrégulier pour un des gens de la suite de Sa Seigneurie, attendu qu'elle a une réputation à garder aux yeux du monde. Vous devez réformer votre costume, sur une mode quelque peu plus grave et plus posée; il faut porter votre manteau sur les deux épaules, et votre fraise sans plis et bien empesée.
— Il faut élargir les bords de votre feutre, et diminuer l'exubérance de vos chausses; — aller à l'église, ou, ce qui vaudra mieux, aux assemblées, au moins une fois par mois; — ne jurer que par votre foi et votre conscience; — laisser là votre air ferrailleur, et ne jamais porter la main à la poignée de votre sabre que quand vous voudrez tout de bon tirer du fourreau l'arme charnelle.

— Par la lumière qui nous éclaire Anthony, tu es fou! répliqua

Lambourne, et tu as dépeint l'écuyer de la femme d'un puritain plutôt qu'un homme attaché à la suite d'un ambitieux courtisan. Oui, un être tel que tu en voudrais faire un de moi devrait porter à sa ceinture une Bible au lieu d'un poignard, et on pourrait lui soupçonner tout juste assez de courage pour escorter une fière citadine à l'exercice de Saint-Antonlin, et se quereller pour elle avec le premier chapeau plat de passementier qui voudrait lui disputer le côté du mur. Il doit avoir un autre air, celui qui veut paraître à la cour à la suite d'un seigneur.

— Oh! rassurez-vous, monsieur, il y a eu du changement dans le monde anglais depuis que vous l'avez quitté : il s'y trouve des gens qui savent marcher à leur but par les sentiers les plus hardis et les plus secrets, sans que dans leur conversation on entende jamais ni un mot de bravade, ni un juron, ni un mot profane.

— C'est-à-dire qu'on forme une association commerciale pour faire les affaires du diable, sans mentionner son nom dans la raison de commerce? — Hé bien, je ferai de mon mieux pour me déguiser, plutôt que de perdre du terrain dans ce nouveau monde, puisque tu dis qu'il est devenu si rigide. Mais dis-moi, Anthony, quel est le nom de ce seigneur au service duquel je vais me faire hypocrite?

— Ah! ah! monsieur Michel! en êtes-vous là de vos renseignements? dit Foster avec un sourire grimaçant; est-ce là la connaissance que vous prétendez avoir de mes affaires? — Que savez-vous, maintenant, s'il existe une telle personne *in rerum naturâ*, et si depuis un quart d'heure je ne me moque pas de vous?

— Toi te moquer de moi, mouette à cervelle évaporée! repartit Lambourne sans s'intimider le moins du monde; mais tout caché que tu te crois par la boue qui te couvre, je ne demanderais qu'un jour pour y voir aussi clair dans tes affaires, comme tu dis, qu'à travers la corne crasseuse d'une vieille lanterne d'écurie.

En ce moment la conversation fut interrompue par un cri parti de la pièce voisine.

— Par la sainte croix d'Abingdon, exclama Anthony Foster, à qui son alarme fit oublier son protestantisme, je suis un homme ruiné! — En même temps il se précipita, suivi de Michel Lambourne, dans l'appartement d'où le cri était parti. Mais pour expliquer le bruit qui avait troublé leur conversation, il est nécessaire de rétrograder un peu dans notre narration.

Nous avons déjà fait remarquer que quand Lambourne et Foster passèrent dans la bibliothèque, ils laissèrent Tressilian seul dans le vieux parloir. Son œil noir les suivit avec une expression de mépris dont son esprit reporta aussitôt une partie sur lui-même, pour s'être abaissé même un moment à devenir leur compagnon, leur familier. — Voilà les associés, Amy, — telles furent ses pensées intérieures — auxquels ta légèreté cruelle, ta perfidie inconsidérée et si peu méritée, ont condamné celui de qui ses amis attendirent autrefois toute autre chose, et qui maintenant se méprise lui-même autant qu'il sera méprisé par les autres, à cause de l'avilissement auquel il se réduit par amour pour toi! Mais je n'abandonnerai pas ta poursuite, toi jadis l'objet de mon affection la plus pure et la plus dévouée, quoique désormais tu ne puisses plus être rien pour moi qu'un objet sur lequel on pleure;—je te sauverai de celui qui t'a perdue, je te sauverai de toi-même; — je te rendrai à ton père, — à ton Dieu. Je ne puis revoir l'astre brillant étinceler encore au haut de la sphère d'où il est tombé, mais...

Un léger bruit dans l'appartement interrompit sa rêverie; il regarda autour de lui, et dans la femme aussi belle que richement vêtue qui entrait en ce moment dans le salon, il reconnut l'objet de ses recherches. Son premier mouvement à cette découverte fut de se cacher le visage avec le haut de son manteau, jusqu'à ce qu'il trouvât un instant favorable pour se faire connaître. Mais son intention fut déconcertée par la jeune dame (elle n'avait pas plus de dix-huit ans), qui courut à lui d'un air joyeux, et, le tirant par le pan de son manteau, lui dit d'un ton enjoué : Ah! mon doux ami, après vous être fait attendre si long-temps, vous ne venez pas à ma solitude pour y jouer à la mascarade? — Vous êtes inculpé de trahison envers amour sincère et tendre affection; il faut comparaître à la barre, et répondre à l'accusation le visage découvert. — Êtes-vous coupable ou non?

— Hélas, Amy! dit Tressilian à voix basse et avec un accent de tristesse, en lui laissant écarter le manteau dont il s'était couvert le visage. Le son de sa voix, et plus encore la vue inopinée de ses traits, changèrent en un instant l'humeur folâtre de la jeune dame. — Elle recula en chancelant, une pâleur mortelle couvrit ses joues, et ses deux mains se portèrent à son visage. Tressilian lui-même fut un instant dominé par l'émotion; mais paraissant tout-à-coup songer à la nécessité d'user d'une occasion qui peut-être ne se représenterait plus, il lui dit en baissant la voix : Amy, ne craignez rien de moi.

— Pourquoi vous craindrais-je? dit la dame en retirant ses mains de son beau visage, alors couvert d'une vive rougeur; pourquoi vous craindrais-je, monsieur Tressilian, — et pourquoi vous êtes-vous introduit dans ma demeure sans y avoir été invité, monsieur, et sans y être désiré?

— Votre demeure, Amy! hélas! une prison est-elle devenue votre demeure? — une prison gardée par le plus vil des hommes, par un homme qui pourtant n'est pas un plus grand misérable que celui qui l'emploie!

— Cette maison est la mienne, reprit Amy, — la mienne, tant qu'il me conviendra de l'habiter. — Si mon plaisir est de vivre dans la retraite, qui y trouvera à redire?

— Votre père, jeune fille, votre père, dont le cœur est brisé, et qui m'a envoyé à votre recherche avec l'autorité qu'il ne peut exercer lui-même. Voici sa lettre, et en la traçant il rendait grâces à ses douleurs corporelles, qui amortissaient un peu ses angoisses d'esprit.

— Ses douleurs corporelles! — mon père est-il donc malade?

— Si mal que même votre plus extrême diligence ne peut le rendre à la santé; mais tout sera prêt en un instant pour votre départ, dès que vous y aurez donné votre consentement.

— Tressilian, répliqua la dame, je ne puis, je n'ose, je ne dois pas quitter ces lieux. Retournez vers mon père; — dites-lui que d'ici à douze heures j'obtiendrai la permission de le voir. Retournez, Tressilian; — dites-lui que je me porte bien, que je suis heureuse, — heureuse si je pouvais penser qu'il l'est aussi; — dites-lui de ne rien craindre, que j'irai le voir, et de manière à ce que toutes les peines qu'Amy lui a causées seront oubliées : — la pauvre Amy est maintenant plus grande qu'elle n'ose dire. — Allez, bon Tressilian; — je vous ai offensé aussi, mais croyez que j'ai le pouvoir de guérir les blessures que j'ai faites. — Je vous ai dérobé un cœur d'enfant qui n'était pas digne de vous, et je puis compenser la perte par des honneurs et de l'avancement.

— Est-ce à moi que vous parlez ainsi, Amy? — est-ce à moi que vous offrez les pompes d'une ambition frivole, pour le calme et la paix d'esprit que vous m'avez enlevés? — Mais soit, — je ne suis pas venu pour faire des reproches, mais pour vous servir et vous délivrer. — Vous ne pouvez me le cacher, vous êtes prisonnière; autrement votre bon cœur — car votre cœur était bon autrefois — vous aurait déjà conduite près du lit de votre père. — Venez, pauvre malheureuse abusée! tout sera oublié, — tout sera pardonné. Ne craignez pas mon importunité en ce qui touche à vos engagements : — c'était un songe, et je suis réveillé. — Mais venez, — votre père vit encore; — venez, et un mot d'affection, — une larme de repentir, effaceront le souvenir de tout ce qui s'est passé.

— Ne vous ai-je pas déjà dit, Tressilian, que j'irai sans faute trouver mon père, et cela sans autre délai que celui que nécessite l'accomplissement d'autres devoirs non moins obligatoires? — Allez lui en porter la nouvelle; — j'irai, sûr comme la lumière est au ciel! — c'est-à-dire quand j'en aurai obtenu la permission.

— La permission? répéta Tressilian avec impatience; — la permission de venir voir votre père à son lit de souffrances, peut-être à son lit de mort! Et la permission de qui? — du scélérat qui, sous le masque de l'amitié, a violé tous les devoirs de l'hospitalité, et t'a enlevée au toit de ton père!

— Ne le calomnie pas, Tressilian! Celui dont tu parles porte une épée aussi tranchante que la tienne, — plus tranchante, homme vain! — car tes plus hauts faits en paix ou en guerre seraient aussi indignes d'être mentionnés près des siens, que ton rang obscur d'être comparé à la sphère où il se meut! — Laissez-moi! allez, faites ma commission près de mon père, et quand il renverra quelqu'un vers moi, qu'il choisisse un messager qui se fasse mieux venir.

— Amy, repartit Tressilian d'un ton calme, tu ne peux m'émouvoir par tes reproches. — Dis-moi une seule chose, afin que du moins je fasse luire un rayon consolateur aux yeux de mon vieil ami : — ce rang dont tu te glorifies en lui, — le partages-tu avec lui, Amy? — A-t-il le droit que donne le titre d'époux pour contrôler tes mouvements?

— Arrête ta langue insolente! exclama la dame; je ne daigne pas répondre à une question qui offense mon honneur.

-Vous m'en avez dit assez en refusant de répondre; —songe, malheureuse que tu es, que je suis armé de toute l'autorité d'un père pour te commander l'obéissance, et que je te sauverai des liens du péché et de la douleur, en dépit de toi-même, Amy.

— Pas de menace de violence ici! s'écria la dame en se reculant de lui, alarmée de la détermination exprimée par son regard et son attitude; ne me menace pas, Tressilian, car j'ai les moyens de repousser la force.

— Mais non, je l'espère, la volonté d'y recourir dans une si mauvaise cause? De ta propre volonté, Amy, — de ta volonté non influencée, libre et naturelle, tu ne peux choisir cet état d'esclavage et de déshonneur; — tu as été enchaînée par quelque charme,— tu as été surprise par quelque fraude; — tu es maintenant retenue par quelque promesse forcée. —Mais c'est ainsi que je romps le charme : Amy, au nom de ton excellent père, de ton père brisé par la douleur, je t'ordonne de me suivre!

En même temps il étendit le bras vers elle, comme avec l'intention de la saisir; mais elle se recula vivement, et poussa le cri qui ramena au salon, ainsi que nous l'avons vu, Lambourne et Foster.

— Feu et fagots! s'écria celui-ci en entrant, qu'avons-nous ici? S'adressant alors à la dame, d'un ton qui tenait le milieu entre la prière et l'injonction, il ajouta : Madame, que faites-vous ici hors des limites? — Retirez-vous, — retirez-vous! il y va de la vie ou de la mort. — Et vous, l'ami, qui que vous soyez, quittez cette maison ; sortez promptement avant que le manche de ma dague n'ait fait connaissance avec votre tête. — Dégaîne, Mike, et débarrasse-nous du drôle!

— Non pas, sur mon âme! dit Lambourne; il est venu ici en compagnie avec moi, et il n'a rien à craindre de moi, par la loi des *cutters* [1], du moins jusqu'à une autre rencontre. — Mais écoutez, mon camarade Cornouaillien, vous avez amené ici avec vous un coup de vent de Cornouailles [2], un ouragan, comme on dit aux Indes. Privez-nous de votre présence, — partez, — disparaissez, — ou nous vous ferons

---

[1] Le lecteur a vu plus haut une note sur ce mot. (L. V.)
[2] *A cornish flaw of wind*, expression proverbiale. (L. V.)

comparaître devant le maire d'Halgaver, et cela avant que Dudman et Ramhead se rencontrent¹ !

— Arrière, misérable valet ! dit Tressilian. — Et vous, madame, adieu ! — Le peu de vie qui reste au sein de votre père l'abandonnera aux nouvelles que j'ai à lui rapporter.

Il sortit, la dame lui disant d'une voix faible, au moment où il quittait la salle : Tressilian, — ne soyez point imprudent ! — ne médisez pas de moi !

— Voici du bel ouvrage ! dit Foster. Allez à votre chambre, je vous prie, milady, et laissez-nous examiner quelle réponse nous avons à faire à ceci ; — allons, hâtez-vous.

— Je ne marche pas à vos ordres, monsieur, répliqua la dame.

— Il faut pourtant, belle dame, — excusez ma liberté, mais, sang et ongles ! ce n'est pas le moment de s'arrêter à des courtoisies, — il *faut* que vous retourniez à votre chambre. — Mike, suis cet impudent faquin, et si tu désires réussir, veille à ce qu'il fasse les lieux nets de sa présence, pendant que je vais mettre l'opiniâtreté de cette dame à la raison. — Tire ton épée, Mike, et suis-le.

— Je vais le suivre, répondit Michel Lambourne, et voir à ce qu'il évacue bel et bien le pays ; — mais pour frapper un homme avec qui j'ai bu mon coup du matin, c'est tout-à-fait contre ma conscience. A ces mots il quitta l'appartement.

Tressilian, cependant, suivait à grands pas le premier sentier qui avait paru devoir le conduire hors de ce parc surchargé d'une végétation mal entretenue, où était située la maison de Foster. Sa précipitation et son trouble d'esprit firent qu'il se trompa d'avenue, et au lieu d'entrer dans celle qui menait au village, il en prit une autre, qui, après quelque temps d'une marche rapide et préoccupée, le conduisit de l'autre côté du domaine, à une petite porte du mur d'enceinte donnant accès sur la campagne.

Tressilian s'arrêta un instant. Il lui importait peu par quelle route il s'éloignerait d'un lieu auquel maintenant il ne pensait plus qu'avec horreur ; mais il était probable que la poterne était fermée à clef, et que sa retraite par cette issue serait impossible. — Il faut pourtant essayer, se dit-il en lui-même ; le seul moyen de sauver cette coupable et encore plus malheureuse fille, c'est que son père en appelle aux lois outragées de son pays. — Il faut donc me hâter de lui apprendre cette nouvelle, qui lui déchirera le cœur.

Au moment où Tressilian, tout en conversant ainsi avec lui-même, s'approchait de la porte pour essayer de l'ouvrir ou de l'escalader, il s'aperçut qu'une clef était introduite du dehors dans la serrure. Elle

---

¹ Deux promontoires de la côte de Cornouailles. Ces expressions sont proverbiales. (W. S.)

y fit un tour, le pêne glissa dans sa gâche, et un cavalier entrant dans le parc, le visage à demi enveloppé de son manteau de voyage, et la tête couverte d'un chapeau à larges bords, surmonté d'une plume retombante, s'arrêta tout-à-coup à cinq ou six pas de celui qui cherchait à sortir. Tous deux s'écrièrent à la fois, d'un ton de ressentiment et de surprise : — Varney ! — Tressilian !

— Que faites-vous ici ? telle fut la question que, d'un ton bref, l'étranger fit à Tressilian, après le premier moment de surprise ; — que faites-vous ici, où votre présence n'est ni attendue ni désirée ?

— Mais *vous-même*, qu'y faites-vous, Varney ? répliqua Tressilian. Y venez-vous triompher de l'innocence que vous avez conduite à sa perte, comme le vautour ou la corneille viennent se repaître de l'agneau auquel ils ont d'abord arraché les yeux ? — Ou bien êtes-vous venu vous offrir à la juste vengeance d'un honnête homme ? — Dégaine, chien, et défends-toi !

En même temps Tressilian tira son épée, mais Varney se borna à porter la main à la poignée de la sienne. — Tu es fou, Tressilian, répliqua-t-il. — J'avoue que les apparences sont contre moi ; mais par tous les serments que peut faire un prêtre, par tout ce que peut attester un homme, mistress Amy Robsart n'a reçu de moi nulle injure, et en vérité il me répugnerait de lever la main sur toi pour cette cause. — Tu n'ignores pas que je sais me battre.

— Je te l'ai entendu dire, Varney ; mais en ce moment il me semble que j'en aurais voulu un meilleur témoignage que ta parole.

— Il ne te manquera pas, si lame et poignée ne me trahissent pas, s'écria Varney ; et tirant son épée de la main droite, en même temps qu'il rejetait son manteau sur son bras gauche, il attaqua Tressilian avec une vigueur qui parut un moment lui donner l'avantage du combat. Mais cet avantage dura peu. Tressilian joignait à une ardente résolution de vengeance, une main et un œil admirablement rompus à l'usage de la rapière ; de sorte que Varney, se trouvant bientôt serré de près à son tour, tâcha de profiter de sa force supérieure dans une lutte corps à corps. Dans ce dessein, il s'aventura à recevoir dans le manteau dont il s'était entouré le bras une des passes de Tressilian ; et avant que son adversaire pût redevenir maître de sa rapière ainsi engagée, il le saisit à bras-le-corps, en même temps qu'il prenait son épée de court, à l'effet de le frapper d'un coup mortel. Mais Tressilian était sur ses gardes ; tirant rapidement son poignard, il para avec cette arme le coup que lui adressait Varney, et qui sans cela eût mis fin au combat, et, dans la lutte qui s'ensuivit, il déploya une adresse qui aurait pu confirmer l'opinion qu'il était originaire du Cornouailles, pays dont les habitants ont une telle supériorité dans l'art de la lutte, que si les jeux de l'antiquité venaient à renaître, ils seraient en état de défier toute l'Europe. Dans cette tentative malavisée, Varney fit une chute si soudaine et si violente, que son épée, lui échappant de la main, alla tomber à plusieurs pas, et qu'avant qu'il pût se remettre sur pied, la pointe de celle de son antagoniste était appuyée sur sa gorge.

— Donne-moi les moyens immédiats de délivrer la victime de ta trahison, dit Tressilian, ou regarde pour la dernière fois le soleil du Créateur !

Et tandis que Varney, trop confus ou trop irrité pour répondre, faisait un effort soudain pour se relever, son adversaire fit un mouvement de bras en arrière, et il allait exécuter sa menace, si le coup n'eût été arrêté par la main de Michel Lambourne, que le cliquetis des épées avait attiré de ce côté, et qui arrivait juste à temps pour sauver la vie de Varney.

— Allons, allons, camarade, dit Lambourne, en voilà assez de fait, et plus qu'assez ; — rengaînez votre *renard*, et décampons. — L'*Ours-Noir* grogne après nous.

— Arrière, misérable ! s'écria Tressilian en se dégageant de la prise de Lambourne ; oses-tu bien te placer entre moi et mon ennemi ?

— Misérable ! misérable ! répéta Lambourne ; voilà quelque chose dont l'acier me fera raison, dès qu'un bol de canarie aura effacé de ma mémoire le coup du matin que nous avons pris ensemble. En attendant, voyez-vous, filez, — partez, — décampez : — nous sommes deux contre un.

Il disait vrai, car Varney avait mis à profit l'occasion de ressaisir son arme, et Tressilian vit qu'il y aurait folie à pousser plus loin la querelle avec une telle inégalité. Il prit sa bourse d'une poche de côté, et en tira deux nobles d'or qu'il jeta à Lambourne. — Tiens, maraud, lui dit-il, voilà ton salaire de ce matin ; — tu ne diras pas que tu m'as servi gratuitement de guide. — Varney, adieu ! — nous nous reverrons là où personne ne viendra se mettre entre nous. A ces mots il quitta la place et sortit par la poterne.

Varney ne parut pas avoir envie de troubler la retraite de son ennemi ; peut-être même ne l'aurait-il pas pu, car sa chute avait été rude. Mais il le suivit des yeux d'un air sombre, puis s'adressant à Lambourne : — Mon brave, lui dit-il, es-tu un camarade de Foster ?

— Amis jurés, comme le manche l'est à la lame, répondit Michel Lambourne.

— Voici une pièce d'or pour toi ; — suis cet homme, vois où il prend terre, et reviens m'en informer ici dans la maison. Sois prudent et discret, drôle, si tu fais cas de ta gorge.

— Assez dit ; je sais suivre une piste aussi bien qu'un limier.

— Va donc, repartit Varney en remettant sa rapière au fourreau ; puis tournant le dos à Michel Lambourne, il se dirigea lentement vers la maison. Lambourne ne s'arrêta que le temps de ramasser les nobles que son ci-devant compagnon lui avait jetés avec si peu de cérémonie, et il murmurait dans ses dents, tout en les mettant dans sa bourse en même temps que la gratification de Varney : — Je parlais à ces gobe-mouches de l'Eldorado; — par saint Antoine! il n'y a pas, pour les hommes de notre temps, d'Eldorado qui vaille notre bonne vieille Angleterre. Il y pleut des nobles, par le ciel! — L'herbe en est couverte comme de gouttes de rosée : — vous n'avez que la peine de les ramasser. Si je n'ai pas ma part de cette rosée-là, que la lame de mon épée se fonde comme un glaçon!

CHAPITRE V

> C'était un homme qui connaissait le monde comme un pilote son compas. L'aiguille pointait toujours vers l'intérêt personnel, sa véritable étoile polaire, et il savait profiter des passions des autres pour enfler ses voiles.
>
> *Le Trompeur*, tragédie.

Anthony Foster était encore engagé dans un débat animé avec la jeune dame, qui recevait avec un égal mépris les supplications et les injonctions par lesquelles il cherchait à obtenir d'elle qu'elle se retirât à son appartement, quand un sifflet se fit entendre à la porte extérieure.

— Nous voilà bien, maintenant! dit Foster; c'est le signal de mylord! Que lui dire du désordre qui vient d'avoir lieu ici? en conscience, je n'en sais rien. Quelque guignon s'attache aux talons de ce gueux de Lambourne, et il faut qu'il ait échappé à la potence qu'il a cent fois méritée, pour revenir ici où il va être ma ruine!

— Paix, monsieur, interrompit la dame; allez ouvrir à votre maître.
— Mylord! mon cher lord! s'écria-t-elle alors en courant à l'entrée du salon; puis elle ajouta aussitôt, d'un ton de désappointement : — Ah! ce n'est que Richard Varney.

— Oui, madame, dit Varney en entrant, et faisant à la dame un respectueux salut, qu'elle lui rendit avec un mélange d'insouciance et de déplaisir; oui, ce n'est que Richard Varney; mais on voit avec plaisir même le premier nuage grisâtre qui commence à éclairer le levant, parce qu'il annonce l'approche du brillant soleil.

— Quoi! mylord vient-il ici aujourd'hui? reprit la dame avec une agitation causée à la fois par la joie et le trouble qu'elle éprouvait encore; Anthony Foster répéta la même question. Varney répondit à la dame que mylord se proposait de se rendre près d'elle, et il commençait à ajouter quelques compliments, lorsque, courant à la porte du salon, elle appela à haute voix : Jeannette! — Jeannette! — venez sur-le-champ à mon cabinet de toilette. Puis, se retournant du côté de Varney, elle lui demanda si mylord l'avait chargé de quelques ordres pour elle.

— Il m'a chargé de cette lettre, madame, répondit-il en tirant de son sein un petit paquet entouré de quelques fils de soie écarlate; elle renferme un gage adressé à la reine de ses affections. Avec une précipitation impatiente, la dame voulut enlever le fil qui fermait la missive, et ne réussissant pas immédiatement à défaire le nœud, elle appela de nouveau Jeannette à son secours. — Apportez-moi un couteau, lui cria-t-elle, — les ciseaux, — quelque chose qui puisse enlever ce nœud envieux !

— Mon poignard ne peut-il servir, madame? dit Varney en offrant une petite dague d'un travail exquis, suspendue à son ceinturon de cuir de Turquie.

— Non, monsieur, répondit-elle en repoussant l'instrument que Varney lui offrait; — poignard d'acier ne tranchera pas mon nœud d'amour.

— Il en a pourtant tranché plus d'un, dit à part Anthony Foster en regardant Varney. Pendant ce temps, le nœud était défait sans autre aide que les doigts mignons et déliés de Jeannette, jeune et jolie personne en simples atours, la fille d'Anthony Foster, qui était accourue à l'appel répété de sa maîtresse. Un collier de perles orientales, accompagnant le billet parfumé, en fut tiré à la hâte par la jeune dame, qui le remit en garde à sa suivante après y avoir donné un rapide coup d'œil, en même temps qu'elle se mit à lire ou plutôt à dévorer le contenu du billet.

— Assurément, madame, dit Jeannette en regardant avec admiration la guirlande de perles, les filles de Tyr ne portaient pas de plus beaux joyaux de cou que ceux-ci. — Et la devise : « Pour un cou plus beau que nous. » — Chaque perle vaut un domaine.

— Chaque mot de ce précieux papier vaut tout le collier, ma chère petite. — Mais venez à mon cabinet de toilette, Jeannette; il faut nous faire belles, mylord vient ici ce soir. — Il me recommande de vous bien recevoir, monsieur Varney, et ses désirs sont une loi pour moi. — Je vous invite à une collation ce soir dans mon appartement, et vous aussi, monsieur Foster. Donnez des ordres pour que tout soit prêt, et que les préparatifs convenables soient faits pour recevoir mylord ce soir. A ces mots, elle quitta le salon.

— Elle le prend déjà sur un ton bien haut, dit Varney, et elle accorde ou refuse la faveur de sa présence, comme si déjà elle était associée à la grandeur de mylord. — C'est bien; — il est sage de répéter d'avance le rôle que la fortune nous destine à remplir. — Le jeune aiglon doit fixer le soleil avant de prendre vers lui son essor d'une aile vigoureuse.

— Si de porter la tête haute préserve ses yeux d'être éblouis, je vous réponds que la dame ne baissera pas la crête. Elle prendra bientôt son essor plus haut que mon sifflet ne la pourra suivre, monsieur Varney. Je vous garantis qu'elle me traite déjà avec fort peu d'égards.

— C'est ta faute, esprit bourru et sans invention, qui ne connais d'autre mode de contrainte que la force brutale. — Ne peux-tu lui rendre la maison agréable par de la musique et des distractions? Ne peux-tu l'effrayer par des histoires d'esprits, pour lui enlever la fantaisie de franchir les portes? — Tu demeures ici à côté du cimetière, et tu n'as pas même l'idée d'évoquer un revenant pour maintenir, au moyen de la peur, tes femmes dans le devoir!

— Ne parlez pas ainsi, monsieur Varney; je ne crains pas les vivants, mais je ne plaisante ni ne badine avec mes voisins les morts du cimetière. Je vous assure qu'il faut un cœur solide pour vivre si près d'eux; le digne M. Holdforth, le prédicateur du soir de Saint-Antonlin, y a eu une cruelle peur la dernière fois qu'il est venu nous faire visite.

— Retiens ta langue superstitieuse, repartit Varney; et puisque tu parles de visites, dis-moi, fripon à deux faces, d'où vient que Tressilian était à la poterne?

— Tressilian! est-ce que je connais Tressilian? C'est la première fois que j'entends prononcer ce nom.

— Eh! scélérat, c'est ce choucas du Cornouailles à qui le vieux sir Robsart destinait sa gentille Amy, et la folle tête chaude est venue ici en quête de sa belle fugitive : il faut y mettre ordre, car il se croit offensé, et il n'est pas homme à s'asseoir tranquillement sur une offense. Heureusement il ne sait rien de mylord, et croit n'avoir affaire qu'à moi. Mais comment diable est-il venu ici?

— Eh! avec Mike Lambourne, s'il faut que vous le sachiez.

— Et qu'est-ce que c'est que Mike Lambourne? Par le ciel! que ne mets-tu un bouchon à ta porte, pour engager le premier rôdeur qui passe par ici à venir voir ce que tu devrais tenir caché au soleil et à l'air?

— Oui, oui, voilà une récompense de cour de ce que j'ai fait pour vous, monsieur Richard Varney. Ne m'as-tu pas chargé de te trouver un compagnon qui eût une bonne lame et une conscience sans scrupules? Et n'étais-je pas occupé à chercher l'homme convenable — car, Dieu merci, je ne fais pas ma compagnie de telles gens — quand ce grand drôle, qui est précisément le coquin résolu que tu désires, est arrivé ici, comme par un coup du ciel, réclamer dans la plénitude de son impudence les droits d'une ancienne liaison? et moi je l'ai reçu pensant vous faire plaisir. — Et maintenant voyez quels remercîments je reçois pour m'être abaissé à converser avec lui!

— Et si c'est un drôle de ton espèce, à qui, je suppose, il ne manque que ton hypocrisie actuelle, qui recouvre la rudesse de ton cœur de bandit d'une couche aussi mince que les restes d'une couche d'or sur du fer rouillé, — comment se fait-il qu'il ait amené à sa suite le saint, le langoureux Tressilian?

— Ils sont arrivés ensemble, par le ciel! et — pour dire la vérité pure — Tressilian a eu un moment d'entrevue avec votre gentille poupée, pendant que je causais à part avec Lambourne.

— Imprudent scélérat! nous sommes perdus tous les deux. Elle a depuis quelque temps jeté un regard en arrière sur le manoir de son père, chaque fois que son noble amant l'a laissée seule. Si ce fou prêcheur lui avait sifflé à l'oreille de retourner à son ancien perchoir, nous serions des hommes perdus!

— Ne craignez rien à cet égard, mon maître; elle n'est pas d'humeur de descendre au leurre de ce Tressilian, car elle s'est mise à crier, quand elle l'a aperçu, comme si une couleuvre l'avait piquée.

— C'est bon. — Et ne peux-tu avoir vent par ta fille de ce qui s'est passé entre eux, mon bon Foster?

— Je vous dis en propres termes, monsieur Varney, que ma fille n'entrera pas dans nos projets et ne marchera pas dans nos voies. Ils peuvent me convenir, à moi qui sais comment me repentir de mes méfaits; mais je n'entends pas mettre en péril l'âme de mon enfant, pour votre bon plaisir ni pour celui de mylord. Je puis marcher au milieu des piéges et des chausse-trappes, parce que j'ai de la prudence; mais je ne veux pas y risquer le pauvre agneau.

— Eh! sot méfiant, je ne serais pas plus disposé que toi à ce que ta fille à face de poupard entrât dans mes plans et prît le chemin de l'enfer aux côtés de son père; mais indirectement ne pourrais-tu savoir quelque chose d'elle?

— Et c'est ce que j'ai fait, monsieur Varney; et elle m'a dit que sa maîtresse avait parlé de la maladie de son père.

— Bien! c'est bon à savoir, et je m'arrangerai là-dessus. Mais il faut débarrasser le pays de ce Tressilian. — Je n'en aurais laissé la peine à personne, car je le hais comme un poison, — sa présence est pour moi de la ciguë; — j'aurais été débarrassé de lui aujourd'hui, si le pied ne m'avait glissé. Et même, à vrai dire, si ton camarade ne m'était pas venu en aide et ne lui avait pas retenu le bras, je saurais à présent si toi et moi nous avons suivi le chemin du ciel ou celui de l'enfer.

— Et vous pouvez parler ainsi d'un tel risque! Vous avez le cœur ferme, monsieur Varney; — pour moi, si je n'espérais pas vivre encore bien des années, et avoir du temps devant moi pour le grand œuvre du repentir, je ne suivrais pas la même route que vous.

— Oh! tu vivras aussi long-temps que Mathusalem, et tu amasseras autant de richesses que Salomon; et tu te repentiras si dévotement, que ta pénitence fera plus de bruit que ta scélératesse, — ce qui n'est pas peu dire. Mais avec tout cela, il faut avoir l'œil sur Tressilian. Ton ruffian là-bas est parti sur ses talons. Il y va de notre fortune, Anthony.

— Oui, oui, dit Foster d'un ton rechigné; c'est être ligué avec un homme qui ne connaît même pas assez l'Écriture pour savoir que le laboureur mérite son salaire. Il faudra, comme de coutume, que j'aie tout l'embarras et tous les risques.

— Les risques! et quel est le si grand risque, je vous prie? Ce drôle reviendra rôder aux environs de votre demeure ou dans votre maison, et si vous le prenez pour un voleur et un escaladeur de murs, n'est-il pas très naturel que vous le receviez avec du fer ou du plomb? Un

CHAPITRE V.

dogue lui-même sautera à la gorge de ceux qui s'approchent de son chenil ; et qui l'en blâmera?

— Oui, j'ai parmi vous une besogne de chien, et des gages de chien aussi. Vous, monsieur Varney, vous vous êtes assuré un bon et franc domaine sur ces anciennes propriétés fondées par la superstition ; et moi j'ai seulement un sous-bail de cette habitation, révocable au bon plaisir de Votre Honneur.

— Oui, et tu voudrais bien convertir ton bail en franc-fief. — La chose peut arriver, Anthony Foster, si tu le mérites par tes services. — Mais doucement, bon Anthony : — ce n'est pas de prêter une couple de chambres dans cette vieille maison pour garder le joli perroquet de mylord, — ce n'est pas même de tenir fermées les portes et les fenêtres pour l'empêcher de s'envoler, qui peuvent te mériter cela. Souviens-toi que le manoir est évalué avec ses dépendances à un revenu net de soixante-dix-neuf livres cinq shillings cinq pence et demi, sans compter la valeur du bois. Allons, allons, il faut avoir de la conscience ; de grands et secrets services peuvent te mériter ceci et quelque chose de mieux. — Et maintenant appelle ton fripon de domestique, qu'il vienne m'ôter mes bottes. — Prépare-nous quelque chose pour dîner, avec un verre de ton meilleur vin. — Il faut que je rende visite à cette grive, le costume soigné, le visage riant et le cœur gai.

Ils se séparèrent, et à l'heure de midi, qui était alors celle du dîner, ils se retrouvèrent à table, Varney sous l'élégant costume d'un courtisan du temps, et Anthony Foster lui-même ayant demandé à la toilette tout ce qu'elle pouvait faire pour un extérieur aussi disgracieux que l'était le sien.

Ce changement n'échappa point à Varney. Après le dîner, quand la nappe fut enlevée et qu'on les eut laissés seuls, le courtisan dit à son hôte en le regardant de la tête aux pieds : — Te voilà pimpant comme un chardonneret, Anthony ; on dirait que tu veux siffler une gigue tout à l'heure. — Mais je vous demande pardon, cela vous ferait rejeter de la congrégation des zélés bouchers, des tisserands purs de cœur et des boulangers sanctifiés d'Abingdon, qui laissent refroidir leur four pendant que leur cervelle s'échauffe.

— Vous répondre selon l'esprit, monsieur Varney, ce serait — pardonnez la parabole — jeter aux pourceaux des choses précieuses et sacrées. Je te parlerai donc le langage du monde, langage que Celui qui est le roi du monde t'a appris à comprendre, et dont il t'a appris aussi à profiter à un degré peu commun.

— Dis ce que tu voudras, honnête Tony ; car que tes discours soient inspirés par ta foi absurde ou par tes habitudes de scélératesse, ils ne peuvent être qu'éminemment propres à relever la saveur de l'alicante. Ta conversation a un goût et un piquant qui l'emportent sur le caviar, les langues salées et tout autre excitant, pour faire trouver meilleur un excellent vin.

— Hé bien, alors, dites-moi si le service de notre bon lord et maître ne serait pas mieux fait, et son antichambre plus convenablement remplie, par des hommes décents et craignant Dieu, qui exécuteraient ses ordres et songeraient à leur intérêt tranquillement et sans scandale pour le monde, que par des hommes ouvertement débauchés, tels que ceux qui l'entourent, le servent et le suivent, de fieffés coquins, des bretailleurs avoués comme Tidesly Killigrew, et ce Lambourne que vous m'avez obligé de chercher pour vous, et d'autres de la même trempe, qui portent la potence au front et le meurtre dans la main, — qui sont la terreur des gens paisibles, et un scandale pour le service de mylord

— Oh! rassurez-vous, mon cher monsieur Anthony Foster, repartit Varney; celui qui chasse toute sorte de gibier ailé doit entretenir des faucons de toute espèce, à courtes et à longues ailes. La carrière de mylord n'est pas une carrière aisée, et il faut que pour toutes les difficultés il soit pourvu de fidèles serviteurs prêts à toutes sortes de services. Il lui faut un élégant courtisan tel que moi pour figurer avec honneur dans la chambre de réception, et pour porter la main à son épée si quelqu'un dit un mot contre l'honneur de mylord....

— Oui, et pour glisser un mot pour lui à l'oreille d'une belle dame, quand il ne peut l'approcher lui-même.

— Et puis, continua Varney sans avoir l'air de remarquer l'interruption, il lui faut ses légistes — profonds et subtils pionniers — pour dresser ses contrats, pré-contrats et post-contrats, et pour trouver les moyens de tirer le meilleur parti possible des concessions de terres de l'Eglise, de communs et de licences de monopoles; — et il lui faut des médecins qui sachent assaisonner un verre de vin ou un chaudeau; — et il lui faut ses cabalistes, tels que Dee et Allan, pour évoquer le diable; — et il lui faut aussi d'intrépides spadassins, qui se battraient contre le diable quand le diable est évoqué et dans sa plus méchante humeur. — Mais par-dessus tout, sans préjudice des autres, il lui faut des âmes pieuses et innocentes, des puritains tels que toi, honnête Anthony, qui tout à la fois défient Satan et font sa besogne.

— Vous ne voudriez pas dire, monsieur Varney, que votre bon lord et maître, que je tiens pour plein des plus nobles sentiments, mettrait en usage pour s'élever les moyens bas et coupables dont vous parlez.

— Allons donc, l'ami, ne froncez pas ainsi le sourcil en me regardant; — vous ne me tromperez pas, — et je ne suis pas non plus en votre pouvoir, comme votre faible cervelle peut l'imaginer, parce que je vous parle librement des machines, des ressorts, des vis, des grues et des crampons au moyen desquels les grands personnages s'élèvent dans les temps difficiles. Ne dis-tu pas que notre bon lord est plein des plus nobles sentiments? — *amen*, ainsi soit-il; — il n'en a que plus besoin d'avoir autour de lui pour son service des gens étrangers à tout scrupule, et qui, sachant que sa chute les écraserait et les broierait, doivent engager corps et âme, sang et cervelle, pour le tenir à flot. Et je te dis cela, parce que peu m'importe qui le sache.

— Vous avez raison, monsieur Varney ; celui qui est à la tête d'un parti n'est qu'une barque à flot, qui ne s'élève pas d'elle-même, mais qui est soulevée par la vague qui la porte.

— Tu as l'esprit à la métaphore, honnête Anthony ; ce pourpoint de velours a fait de toi un oracle :—nous t'enverrons à Oxford prendre tes degrés. — Mais en attendant, as-tu arrangé tout ce qu'on a envoyé de Londres, et décoré les chambres de l'ouest de telle façon que mylord en soit content ?

— Elles pourraient recevoir un roi le jour de ses noces, répondit Anthony ; et je vous proteste que dame Amy y siége maintenant aussi fière et aussi brillante que si c'était la reine de Saba.

— Tant mieux, bon Anthony ; il nous faut fonder notre fortune à venir sur son bon vouloir pour nous.

— En ce cas, nous bâtissons sur le sable ; car en supposant qu'elle fasse voile pour la cour dans toute la dignité et l'autorité de mylord, de quel œil pourra-t-elle me regarder alors, moi qui suis en quelque sorte son geôlier, et qui la retiens ici malgré elle comme une chenille sur un vieux mur, quand elle voudrait être le papillon bariolé d'un jardin royal ?

— Ne crains pas son déplaisir, mon cher. Je lui ferai voir que tout ce que tu as fait en ceci était un bon service que tu lui rendais, ainsi qu'à mylord ; et quand elle brisera la coquille et marchera seule, elle reconnaîtra que c'est nous qui aurons couvé sa grandeur.

— Prenez garde vous-même, monsieur Varney ; vous pourrez trouver en ceci un étrange mécompte. — Elle vous a fait ce matin une réception à la glace, et je crois qu'elle vous voit, ainsi que moi, d'un mauvais œil.

— Vous la jugez mal, Foster, — vous la jugez tout-à-fait mal. Elle tient à moi par tous les liens qui la peuvent attacher à celui par le moyen duquel elle a pu satisfaire à la fois son amour et son ambition. Qui a tiré de son humble condition l'obscure Amy Robsart, la fille d'un radoteur, d'un chevalier ruiné, — la future épouse d'un lunatique, d'un rêveur enthousiaste comme cet Edmond Tressilian, et qui lui a montré en perspective la plus brillante fortune d'Angleterre, peut-être de toute l'Europe ? — hé bien, mon cher, c'est moi ; — c'est moi — comme je te l'ai souvent dit — qui ménageais leurs secrètes entrevues ; — c'était moi qui gardais les issues du bois pendant qu'il courait le daim ; — c'est moi qu'aujourd'hui ses parents accusent d'être le compagnon de sa fuite, et si j'étais dans leur voisinage je ferais bien de porter une chemise d'une autre étoffe que de toile de Hollande, si je ne voulais pas que mes côtes fissent connaissance avec une lame d'Espagne. Qui portait leurs lettres ? — moi. Qui amusait le vieux chevalier et Tressilian ? —

moi. Qui arrangea leur plan d'évasion? — toujours moi. Ce fut moi, en un mot, moi Dick Varney, qui arrachai cette jolie petite pâquerette de son coin ignoré, et qui la plaçai sur le plus fier bonnet de la Grande-Bretagne.

— Oui, monsieur Varney; mais peut-être pense-t-elle que si la chose eût dépendu de vous, la fleur aurait été si légèrement fixée au bonnet, qu'au premier changement de brise la pauvre pâquerette aurait été enlevée et rejetée sur l'herbe.

— Elle devrait considérer, dit Varney en souriant, que ce fut la foi que je devais à mon seigneur et maître qui m'empêcha d'abord de conseiller le mariage ; — et cependant, je l'ai conseillé quand j'ai vu que rien ne la satisferait sans le... le sacrement, ou la cérémonie, — comment l'appelles-tu, Anthony?

— Elle vous en veut encore sur un autre point; — et je vous dis cela pour que vous preniez garde à vous en temps utile. — Elle ne voudrait pas cacher sa splendeur dans cette sombre lanterne de monastère gothique, et elle souhaiterait briller comme comtesse parmi les comtesses.

— C'est très naturel et très juste ; mais que puis-je y faire ? — elle peut briller à travers la corne ou à travers le cristal, au bon plaisir de mylord ; je n'ai rien à dire à cela.

— Elle juge que vous tenez une rame de ce côté de la barque, maître Varney, et que vous pouvez la pousser ou la retenir à votre bon plaisir. En un mot, elle attribue l'emprisonnement et l'obscurité dans lesquels elle est retenue aux secrets conseils que vous donnez à mylord, ainsi qu'à la rigueur avec laquelle j'exécute mes instructions; de sorte qu'elle nous aime vous et moi comme un condamné aime son juge et son geôlier.

— Il faut qu'elle nous aime davantage avant de sortir d'ici, Anthony. Si de puissantes raisons m'ont porté à conseiller de la laisser ici pour un temps, je puis aussi donner le conseil de la produire dans tout l'éclat de sa dignité. Mais je serais fou de le faire, placé comme je le suis si près de la personne de mylord, si elle était mon ennemie. Fais-lui comprendre cette vérité quand l'occasion s'en offrira, Anthony, et repose-toi sur moi du soin de te rehausser à son oreille et de te grandir dans son opinion. — Gratte-moi, je te gratterai : — c'est un proverbe universel. — Il faut que la dame connaisse ses amis, et qu'elle soit à même de juger du pouvoir qu'ils ont d'être ses ennemis ; — en attendant, surveille-la strictement, mais avec tous les égards extérieurs que ta nature raboteuse te permettra. Ce sont d'excellentes choses que ton air rechigné et ton humeur de boule-dogue ; toi et mylord devriez en remercier Dieu : car lorsqu'il s'agit de quelque mesure de rigueur ou de quelque dureté, cela paraît couler de source chez toi, et non provenir d'ordres reçus, de sorte que mylord échappe au reproche. — Mais écoute ! — quelqu'un frappe à la porte. — Regarde par la fenêtre. — Ne laisse entrer personne ; — le moment serait mal choisi pour une interruption.

— C'est celui dont nous parlions avant dîner, dit Foster en regardant à la croisée ; c'est Michel Lambourne.

— Oh ! fais-le entrer, celui-là ; il vient nous apporter quelque nouvelle d'Edmond Tressilian, dont il nous importe fort de connaître les mouvements. — Fais-le entrer, te dis-je, mais ne l'amène pas ici ; — je vous rejoindrai dans un instant à la bibliothèque de l'abbé.

Foster quitta la chambre, et le courtisan, resté après lui, fit plusieurs tours dans le salon les bras croisés et profondément enfoncé dans ses réflexions, auxquelles il finit par donner issue en paroles entrecoupées, que nous avons quelque peu amplifiées et liées ensemble, afin que le soliloque soit intelligible pour le lecteur.

— Il n'est que trop vrai, dit-il, s'arrêtant tout-à-coup et posant sa main droite sur la table qu'ils venaient de quitter, ce rustre grossier a sondé toute la profondeur de mes craintes, et je n'ai pu les lui déguiser. — Elle ne m'aime pas : — plût au ciel qu'il fût aussi vrai que je ne l'ai pas aimée ! — Idiot que j'étais, de lui parler pour moi quand la sagesse me commandait d'être le fidèle brocanteur de mylord ! — et cette fatale erreur m'a mis à sa discrétion plus que tout homme prudent ne voudrait l'être à celle de la meilleure des copies d'Ève. Depuis l'heure où ma politique a fait ce périlleux faux-pas, je ne puis la regarder sans un si étrange mélange de crainte, de haine et de tendresse, que je ne sais ce que j'aimerais le mieux, si j'en avais le choix, de la posséder ou de causer sa perte. Mais il ne faut pas qu'elle quitte cette retraite avant que je sache avec certitude sur quel pied nous devons être ensemble. L'intérêt de mylord — et en ceci c'est aussi le mien, — car s'il succombe je tombe avec lui — exige que ce mariage obscur soit tenu caché ; — et d'ailleurs je ne l'aiderai pas de mon bras à monter à son fauteuil d'apparat pour qu'elle me mette le pied sur la gorge une fois qu'elle y sera bien assise. Je dois me ménager une influence sur elle, que ce soit l'amour ou la crainte qui me la donne ; — et qui sait si je ne puis pas encore atteindre à la plus douce et à la meilleure vengeance de ses anciens mépris ? — Ce serait, en effet, un chef-d'œuvre de l'art du courtisan ! — Que je sois une fois admis à son conseil, — qu'elle me confie un secret, ne s'agirait-il que de dérober un nid de linotte, et tu es à moi, belle comtesse ! Il se remit à parcourir silencieusement la chambre ; puis il s'arrêta de nouveau, se remplit un verre de vin qu'il vida d'un trait, comme pour calmer son agitation d'esprit ; et murmurant à demi-voix : Maintenant ayons le cœur impénétrable et le front ouvert ! il quitta la salle.

CHAPITRE VI.

> La rosée d'une soirée d'été couvrait la terre ; la lune, pâle reine du ciel, répandait sa teinte argentée sur les murailles de Cumnor-Hall et sur les chênes nombreux qui croissaient alentour [1].

Quatre pièces, qui occupaient le côté occidental du vieux bâtiment quadrangulaire de Cumnor-Place, avaient été décorées avec une splendeur extraordinaire. Ces travaux avaient précédé de plusieurs jours celui où s'ouvre notre histoire. Des ouvriers envoyés de Londres, et à qui il n'avait pas été permis de quitter les lieux avant que tout ne fût terminé, avaient converti en une habitation d'apparence royale les appartements délabrés de cette partie du vieux monastère. Le plus grand mystère avait été gardé dans tous ces arrangements ; les ouvriers étaient arrivés et repartis de nuit, et on avait pris toutes les mesures possibles pour empêcher la curiosité indiscrète des villageois de remarquer et de commenter les changements qui avaient lieu dans l'habitation de leur voisin enrichi, Anthony Foster. Aussi le secret désiré fut-il si bien gardé que rien ne perça au-dehors, sauf des bruits vagues, incertains, reçus et répétés sans qu'on y attachât grande croyance.

Le soir du jour où nous sommes arrivés, la suite de pièces nouvellement décorées avec un goût parfait fut illuminée pour la première fois, et cela avec un éclat qu'on aurait pu apercevoir à six milles à la ronde, si des volets de chêne soigneusement fermés de barres et de cadenas, et recouverts de longs rideaux de soie et de velours bordés d'une large frange d'or, n'avaient empêché le moindre rayon de lumière d'être vu du dehors.

Les principales pièces, ainsi que nous l'avons vu, étaient au nombre de quatre, communiquant de l'une à l'autre. On y arrivait par un large escalier, de ceux qu'on nommait alors escaliers en échelle [2], d'une longueur et d'une hauteur peu communes, et qui venait aboutir par un palier à la porte d'une antichambre ayant presque la forme d'une galerie. Cette pièce, dont en certaines occasions l'abbé s'était servi comme de salle du chapitre, était maintenant supérieurement lambrissée en bois étranger de couleur foncée et d'un beau poli, qu'on disait avoir

---

[1] Ces vers sont le début de la ballade déjà citée comme ayant suggéré l'idée du roman. (W. S.)

[2] *Scale staircase.*

été apporté des Indes occidentales et avoir été travaillé à Londres avec des peines infinies, au grand dommage des outils des ouvriers. La teinte obscure de ces lambris était relevée par le grand nombre de lumières placées dans des candélabres d'argent fixés aux murs, et par six tableaux de grande dimension et richement encadrés, dus au pinceau des premiers maîtres du siècle. Une massive table de chêne, placée à l'extrémité inférieure de la pièce, servait au jeu alors à la mode de *shovelboard*, ou du galet; à l'autre extrémité était une galerie élevée destinée aux musiciens et aux chanteurs qui pourraient être appelés pour contribuer au plaisir de la soirée.

Sur cette antichambre ouvrait une salle à manger de dimensions moyennes, mais assez brillante pour éblouir par la richesse de son ameublement les yeux du spectateur. Les murs, naguère si nus et si tristes, étaient maintenant recouverts de tentures bleu-ciel, velours et argent; les chaises étaient en ébène richement sculpté et garnies de coussins pareils aux tentures; et l'office des candélabres d'argent qui éclairaient l'antichambre était ici rempli par un énorme lustre de même métal. Le plancher était couvert d'un *drap de pied* ou tapis d'Espagne, sur lequel des fleurs et des fruits étaient représentés en couleurs si vives et si naturelles, qu'on hésitait à poser le pied sur un travail si délicat. La table, de vieux bois anglais, était couverte du plus beau linge, et les battants ouverts et chargés de sculptures en relief d'un large buffet portatif, pareil à ceux qu'on voyait à la cour, laissaient voir les tablettes intérieures ornées d'un service complet d'argenterie et de porcelaine Au milieu de la table s'élevait une salière de travail italien, — superbe et somptueuse pièce d'argenterie de près de deux pieds de hauteur, représentant le géant Briarée, dont les cent bras d'argent présentaient aux convives diverses sortes d'épices ou de condiments destinés à l'assaisonnement des mets.

La troisième pièce était ce qu'on nommait le salon de compagnie [1]. Elle était tendue de la plus belle tapisserie représentant la chute de Phaéton; car les métiers de Flandres étaient alors fort occupés de sujets classiques. Le principal siége de ce salon était un fauteuil d'apparat élevé d'une ou deux marches au-dessus du plancher, et assez larges pour recevoir deux personnes. Ce fauteuil était surmonté d'un dais, lequel, ainsi que les coussins, les draperies, et même le tapis étendu sur les gradins, était de velours cramoisi brodé de semences de perles. Au front du dais étaient deux *coronets* ou petites couronnes, semblables à des couronnes de comte et de comtesse. Des tabourets couverts en velours, et un certain nombre de coussins disposés à la moresque et ornés d'arabesques travaillés à l'aiguille, tenaient lieu de chaises dans cette pièce, où se trouvaient des instruments de musique, des métiers à broder,

---

[1] Littéralement chambre à se retirer, *withdrawing-room*. (L. V.)

et d'autres objets à l'usage des dames. Indépendamment de flambeaux de dimension ordinaire, le salon de compagnie était éclairé par quatre grandes bougies de cire vierge, placées à la main d'autant de statues représentant des Maures armés, tenant du bras gauche un bouclier rond en argent poli, interposé entre la poitrine de la statue et la lumière, qui se trouvait ainsi brillamment réfléchie comme par un miroir de cristal.

La chambre à coucher complétant cet appartement splendide était décorée dans un goût moins éclatant, mais non moins riche, que celui qui avait présidé à l'ameublement des autres pièces. Deux lampes d'argent alimentées d'huile parfumée répandaient à la fois dans cette tranquille retraite une odeur délicieuse et un demi-jour douteux. Le plancher était recouvert d'un tapis tellement épais que le pas le plus pesant n'aurait pu s'y faire entendre; et le lit, formé d'un moelleux duvet, était recouvert d'une ample courte-pointe de soie et d'or, sous laquelle on apercevait des draps de batiste et des couvertures qui le disputaient en blancheur aux agneaux dont la toison en avait fourni la laine. Les rideaux étaient en velours bleu doublé de soie cramoisie, bordés d'un large feston d'or et couverts d'un travail de broderie représentant les amours de Cupidon et de Psyché. Sur la toilette était un beau miroir de Venise dans un cadre de filigrane d'argent, et à côté était une coupe à posset [1] en or destinée à recevoir la boisson du soir. Une paire de pistolets et un poignard montés en or étaient placés près de la tête du lit; c'étaient les armes de nuit que l'on présentait aux hôtes de considération, plutôt, on peut bien le supposer, par cérémonial que dans la prévision d'aucun danger réel. Nous ne devons pas omettre d'ajouter, ce qui est plus à l'honneur des usages du temps, que dans un petit enfoncement éclairé par un cierge, deux petits tapis velours et or, répondant à la garniture du lit, étaient disposés devant un prie-dieu d'ébène sculpté. Cet enfoncement avait été jadis l'oratoire privé de l'abbé; mais on en avait enlevé le crucifix, et on y avait mis en place sur le prie-dieu deux livres d'heures richement reliés et couverts d'ornements en argent ciselé. A cette chambre à coucher digne d'envie, si complétement à l'abri de toute espèce de bruit, sauf de celui du vent soupirant dans les chênes du parc, que Morphée aurait pu la choisir pour lieu de repos, répondaient deux garde-robes, ou, comme on dit aujourd'hui, deux cabinets de toilette, dont l'ameublement était en harmonie avec celui de la chambre à coucher, et dans le même style de magnificence que nous avons déjà décrit. Nous devons ajouter qu'une partie de l'aile adjacente du bâtiment était occupée par la cuisine et ses dépendances, et par les chambres réservées aux personnes de la suite du noble et riche seigneur pour l'usage duquel ces magnifiques préparatifs avaient été faits.

---

[1] Boisson composée de vin sec, de sucre, de crème, de macis et d'œufs battus. C'était donc une sorte de lait de poule. (L. V.)

La divinité pour laquelle ce temple avait été décoré était bien digne de ce qu'il avait coûté d'or et de peines. Elle était assise dans le salon que nous avons décrit, promenant le regard satisfait d'une vanité innocente et bien naturelle sur les splendeurs si soudainement créées, en quelque sorte, en son honneur ; car sa résidence à Cumnor-Place étant la cause du mystère observé dans tous les travaux dont ces appartements avaient été l'objet, on avait eu grand soin d'empêcher que, par aucun moyen, jusqu'au moment où elle en prendrait possession, elle ne pût ni savoir ce qui se passait dans cette partie du vieil édifice, ni s'exposer à être vue des ouvriers occupés aux décorations. Elle avait donc été ce soir-là introduite pour la première fois dans cette partie du manoir, partie si différente du reste, que par comparaison ce semblait être un palais enchanté. Et quand pour la première fois elle examina et parcourut ces pièces somptueuses, ce fut avec la joie folle et immodérée d'une beauté élevée à la campagne, qui se trouve entourée soudainement d'une splendeur que ne s'étaient jamais figurée ses désirs les plus extravagants, et en même temps avec la profonde et douce émotion d'un cœur affectionné qui sait que tout cet enchantement est l'ouvrage du plus grand des magiciens, l'amour.

La comtesse Amy — car son union secrète, mais solennelle, avec le plus fier seigneur de l'Angleterre l'avait élevée à ce rang — avait donc couru pendant quelque temps de chambre en chambre, admirant chaque nouvelle preuve de goût de son époux et amant, et sentant son admiration augmentée encore lorsqu'elle songeait que tout ce que rencontraient ses regards était une marque continue de l'affection ardente et dévouée de son bien-aimé. — Que ces peintures sont belles ! ne dirait-on pas qu'elles sont animées ? — Quel riche travail dans cette argenterie, pour laquelle on croirait que tous les galions d'Espagne ont été interceptés sur les mers ! — Et puis, Jeannette, répétait-elle souvent à la fille d'Anthony Foster, qui suivait les pas de sa maîtresse avec une égale curiosité, quoique sa joie fût quelque peu moins expansive, — combien il est encore plus délicieux de penser, Jeannette, que toutes ces belles choses ont été réunies par son amour et pour moi ! et que ce soir, — ce soir même, qui s'approche rapidement, je le remercierai de l'amour qui a créé ce paradis inimaginable plus encore que de toutes les merveilles qu'il renferme !

— Il faut d'abord remercier le Seigneur, dit la jolie puritaine, qui vous a donné, mylady, l'époux bon et courtois dont l'affection a tant fait pour vous. Moi aussi, j'ai fait ma pauvre part. Mais si vous courez ainsi de chambre en chambre, le travail de mon fer à friser et de mes épingles de tête va s'évanouir comme les dessins de la gelée sur les carreaux quand le soleil est haut.

—Tu as raison, Jeannette, répondit la jeune et belle comtesse en s'arrêtant tout-à-coup au milieu de ses courses et de sa joie désordonnée, et se contemplant de la tête aux pieds dans une très grande glace, telle qu'elle n'en avait jamais vu jusque là, et qui, en effet, avait peu d'égales, même dans le palais de la reine; — tu as raison, Jeannette! répéta-t-elle, lorsqu'elle vit, avec une satisfaction bien pardonnable, le noble miroir réfléchir des charmes comme il s'en était rarement présenté à sa surface pure et polie. Je tiens plus de la laitière que de la comtesse, avec ces joues rouges et échauffées, et toutes ces boucles brunes que tu as travaillé à mettre en ordre, et qui s'échappent de tous côtés comme les vrilles d'une vigne sauvage. Mon tour de gorge est dérangé aussi, et laisse voir mon cou et mon sein plus qu'il n'est modeste et bienséant. — Viens, Jeannette; — nous allons nous habituer à la représentation. — Passons dans le salon, ma chère petite; tu remettras ces boucles rebelles en ordre, et tu emprisonneras sous la dentelle et la batiste ce sein qui bat avec trop de force.

Elles passèrent en effet dans le salon, où la comtesse s'étendit en badinant sur la pile de coussins moresques, à demi assise, à demi couchée, à demi plongée dans ses pensées, à demi écoutant le babil de sa suivante.

Dans cette attitude, et ses beaux traits offrant une expression analogue de nonchalance et d'attente, elle était telle qu'on aurait vainement parcouru terre et mer pour trouver un objet à demi aussi expressif et aussi séduisant. La guirlande de brillants qui se mêlait aux tresses foncées de sa chevelure avait moins d'éclat que son œil brun, relevé encore et ombragé par un gracieux sourcil noir dessiné avec une exquise délicatesse, et par de longs cils de la même couleur. L'exercice qu'elle venait de prendre, le vif sentiment de l'attente, sa vanité satisfaite, contribuaient également à répandre un vif incarnat sur ses beaux traits, auxquels on avait quelquefois reproché (car la beauté ainsi que l'art a ses critiques minutieux) un peu trop de pâleur. Les perles d'un blanc de lait de son collier, celui-là même qu'elle venait de recevoir comme gage d'amour de son époux, n'étaient pas plus pures que ses dents, et elles n'auraient pas surpassé sa peau en blancheur, si les douces émotions du plaisir n'avaient répandu sur son cou une légère nuance d'incarnat. — Bien, bien, Jeannette, repose tes doigts infatigables, dit-elle à sa femme de chambre, qui s'occupait encore avec un zèle officieux de réparer le désordre des vêtements et de la coiffure de sa maîtresse; — finis, te dis-je : — il faut que je voie ton père avant que mylord n'arrive, et M. Richard Varney aussi, que mylord tient en si haute estime. — Je pourrais cependant rapporter de lui quelque chose qui lui ferait perdre sa faveur.

— Oh! ne le faites pas, ma bonne maîtresse! répliqua Jeannette; laissez-le à Dieu, qui punit le méchant quand le temps est venu; mais ne traversez pas le chemin de Varney, car il a tellement l'oreille de mylord, que peu de gens ont gagné quelque chose à se mettre en opposition avec lui.

CHAPITRE VI.

— Et de qui tenez-vous ceci, ma très dévote Jeannette? dit la comtesse, et pourquoi garderais-je des ménagements avec un homme de si bas étage que Varney, moi qui suis l'épouse de son maître et patron?

— Mylady en sait plus que moi, reprit Jeannette Foster; mais j'ai entendu mon père dire qu'il aimerait mieux rencontrer un loup affamé que de traverser Richard Varney dans ses projets. — Et il m'a souvent recommandé de prendre garde aux rapports que j'aurais avec lui.

— Ton père a eu raison pour toi, petite, et je suis bien persuadée qu'il l'a fait pour ton bien. C'est dommage, néanmoins, que son visage et ses manières ne s'accordent guère avec ses bonnes intentions, — car je crois que ses intentions peuvent être bonnes.

— N'en doutez pas, mylady; — ne doutez pas que mon père soit bien intentionné, malgré que ce soit un homme tout simple, et que son air brusque puisse mal faire juger de son cœur.

— Je ne veux pas en douter, ma chère petite, ne serait-ce qu'à cause de toi; et pourtant il a une de ces figures qui font trembler ceux qui les regardent. Je crois même que ta mère, Jeannette, — mais finis donc, avec ce fer à friser, — que ta mère ne pouvait guère le regarder sans trembler aussi.

— S'il en eût été ainsi, madame, ma mère avait des parents qui auraient pu lui donner un honorable appui. Et vous-même, mylady, pourquoi avez-vous tremblé et rougi quand Varney vous a apporté la lettre de mylord?

— Vous êtes hardie, mademoiselle, dit la comtesse en se levant des coussins sur lesquels elle était assise, à demi penchée sur l'épaule de sa suivante; — sachez qu'il est des causes qui peuvent faire trembler sans avoir rien de commun avec la crainte. — Mais, croyez-moi, Jeannette, continua-t-elle, revenant aussitôt au ton de bonté familière qui lui était naturel, j'aurai de votre père aussi bonne opinion que je pourrai, surtout parce que vous êtes son enfant, doux cœur. — Hélas! hélas! ajouta-t-elle, une ombre de tristesse soudaine passant sur ses beaux traits et ses yeux s'emplissant de larmes, je dois éprouver d'autant plus de sympathie pour ton bon cœur, que mon pauvre père est incertain de mon sort, et qu'on dit qu'il est malade de chagrin à cause de moi, qui le mérite si peu! — Mais je l'égaierai bientôt; — la nouvelle de mon bonheur et de mon rang actuel le rajeunira. — Et afin de pouvoir l'égayer plus tôt (elle s'essuyait les yeux tout en parlant), il faut que je sois gaie moi-même. — Il ne faut pas que mylord me trouve insensible à ses bontés, ni que j'aie l'air affligé quand il vient visiter sa recluse à la dérobée, après une si longue absence. — De la gaieté, Jeannette; — la nuit approche, et mylord doit bientôt arriver. — Fais venir ton père, et Varney aussi. — Je ne conserve de ressentiment ni contre l'un ni contre l'autre ; et quoique je puisse avoir quelque raison d'être mécontente de tous les deux, ce sera leur faute si jamais une plainte de moi contre eux arrive aux oreilles du comte. — Fais-les venir ici, Jeannette.

Jeannette Foster obéit à sa maîtresse ; et après un intervalle de quelques minutes, Varney entra dans le salon avec l'aisance gracieuse et le front riant d'un courtisan accompli, habile à déguiser ses sentiments sous le voile de la politesse extérieure et à pénétrer ceux des autres. Anthony Foster le suivait, son air sombre et commun ressortant mieux encore par les efforts maladroits qu'il faisait pour cacher le mélange d'inquiétude et d'aversion avec lequel il voyait celle sur laquelle il avait jusqu'ici exercé une contrainte si rigoureuse parée maintenant avec une telle recherche, et entourée de tant de gages de l'affection de son époux. Ce double sentiment perçait dans la révérence gauche qu'il fit en entrant, et qui était dirigée *vers* la comtesse plutôt qu'elle ne s'adressait *à* elle. — C'était le salut que le coupable fait à son juge, quand tout à la fois il avoue son crime et implore merci, — salut qui est en même temps une tentative imprudente et embarrassée de défense ou d'atténuation, la confession d'une faute et une supplique d'indulgence.

Varney, qui par droit de noblesse était entré le premier, savait mieux qu'Anthony Foster ce qu'il fallait dire, et il le dit avec plus d'assurance et de meilleure grâce.

Il est vrai que la comtesse l'accueillit avec une apparence de cordialité qui semblait annoncer le pardon complet de tout ce dont elle pouvait avoir à se plaindre. Elle se leva de son siège, fit deux pas vers lui, et dit en lui tendant la main : — Monsieur Richard Varney, vous m'avez apporté ce matin de si agréables nouvelles, que je crains que la surprise et la joie ne m'aient fait négliger la recommandation de mon seigneur et époux de vous recevoir avec distinction. Nous vous offrons notre main, monsieur, en signe de réconciliation.

— Je suis indigne de la toucher, répondit Varney en mettant un genou à terre, si ce n'est comme un sujet honore celle d'un prince.

Il porta alors ses lèvres à ces doigts délicats, richement chargés de bagues et de joyaux ; puis, se relevant, il se disposa, avec une gracieuse galanterie, à lui donner la main jusqu'au fauteuil de parade.

— Non, mon cher monsieur Richard Varney, lui dit-elle, je n'y prendrai place que lorsque mylord lui-même m'y conduira. Je ne suis encore qu'une comtesse déguisée, et je ne m'en attribuerai pas les priviléges avant d'y avoir été autorisée par celui de qui je les tiens.

— Je compte, mylady, dit Foster, qu'en exécutant les ordres de mylord votre époux, quant à la contrainte où vous avez été, et au reste, je n'ai pas encouru votre déplaisir, puisque je n'ai fait que m'acquitter de mon devoir envers votre lord et le mien ; car le ciel, comme le dit la Sainte-Ecriture, a donné au mari suprématie et autorité sur la

CHAPITRE VI.

femme ; — je crois que ce sont les termes, ou quelque chose d'approchant.

— J'éprouve en ce moment une surprise si agréable, monsieur Foster, répondit la comtesse, que je ne puis qu'excuser la rigidité sévère qui m'a tenue éloignée de ces appartements jusqu'à ce qu'ils eussent pris un aspect si nouveau et si splendide.

— Oui, mylady, cela a coûté bien des belles couronnes ; et pour qu'on n'en gaspille pas plus qu'il n'est absolument nécessaire, je vous laisse jusqu'à l'arrivée de mylord avec le digne M. Richard Varney, qui, à ce que je crois, a quelque chose à vous dire de la part de votre très noble lord et mari. — Jeannette, suis-moi, pour veiller à ce que tout soit en ordre.

— Non, monsieur Foster, dit la comtesse, nous voulons que votre fille reste ici dans notre appartement ; — assez loin, seulement, pour ne pas être à portée d'entendre, au cas où M. Varney aurait quelque chose à me dire de la part de mylord.

Foster fit sa révérence avec sa gaucherie habituelle, puis il sortit en jetant sur l'ameublement un regard qui semblait regretter ce qu'il en avait coûté pour changer une grange nue et délabrée, telle qu'était sa maison, en un palais d'Orient. Quand il fut parti, sa fille prit son métier à broder et fut s'installer au fond de l'appartement, tandis que Richard Varney prenant le tabouret le plus bas qu'il put trouver, et le posant, avec un salut humble et profond, près des coussins sur lesquels la comtesse s'était de nouveau placée, s'y assit et y resta quelques moments les yeux baissés et dans un silence absolu.

— Je croyais, monsieur Varney, dit la comtesse quand elle vit qu'il ne se disposait nullement à ouvrir la conversation, que vous aviez quelque chose à me communiquer de la part du lord mon époux ; c'est ainsi du moins que j'ai compris ce qu'a dit M. Foster, et c'est pourquoi j'ai fait éloigner Jeannette. Si je me suis trompée je vais la rappeler près de moi, car son aiguille n'est pas tellement exercée dans certains points, que ma surveillance lui soit inutile.

— Madame, répondit Varney, Foster s'est en partie mépris sur mon intention. Ce n'est pas *de la part*, mais bien *de* votre noble époux et très honoré protecteur que j'ai à vous parler, et même que je suis obligé de le faire.

— Le sujet est des plus agréables, monsieur, que ce soit *de* mon noble époux ou *de sa part* que vous ayez à m'entretenir. Seulement soyez bref, car je l'attends d'un moment à l'autre.

— Je vous parlerai donc, madame, avec autant de brièveté que de hardiesse, car le sujet exige à la fois diligence et courage. — Vous avez vu Tressilian aujourd'hui ?

— Oui, monsieur, je l'ai vu ; et qu'est-ce à dire ? repartit la dame avec quelque sécheresse.

— Rien en ce qui me concerne, mylady, répliqua Varney avec humilité. Mais pensez-vous, honorable dame, que votre époux l'apprenne avec la même indifférence?

— Et pourquoi non? — C'est pour moi seule que la visite de Tressilian a été embarrassante et pénible, car il m'a apporté la nouvelle que mon père était malade.

— Votre père malade, madame! Il faut alors que cette maladie ait été soudaine, — bien soudaine; car le messager que je lui ai dépêché, à la demande de mylord, a trouvé le bon chevalier en chasse, animant ses chiens par son cri de joie habituel. Je me flatte que cette nouvelle n'est qu'une invention de Tressilian. — Il a ses raisons, madame, vous le savez bien, pour chercher à troubler votre bonheur actuel.

— Vous êtes injuste envers lui, monsieur Varney, répliqua la comtesse avec chaleur, — vous êtes très injuste envers lui. C'est le cœur le plus franc, le plus ouvert, le plus noble qui respire. Mon honorable époux toujours excepté, je ne connais personne à qui l'imposture soit plus odieuse qu'à Tressilian.

— Je vous demande pardon, madame; je n'ai pas voulu lui faire injure. — Je ne savais pas à quel point sa cause vous touchait de près. On peut, en certaines circonstances, déguiser la vérité dans un but loyal et honnête; car s'il fallait toujours la dire, et en toute occasion, il n'y aurait pas moyen de vivre en ce monde.

— Vous avez une conscience de courtisan, monsieur Varney, et je ne pense pas que votre véracité nuise à votre avancement dans le monde, tel qu'il est. Mais quant à Tressilian, — je lui dois justice, car j'ai des torts envers lui, personne ne le sait mieux que vous, — quant à Tressilian, sa conscience est d'une autre trempe. — Le monde dont vous parlez ne renferme rien qui puisse le détourner du chemin de la vérité et de l'honneur; et quant à y vivre avec une réputation ternie, on verra auparavant l'hermine chercher à se loger dans le sale terrier de la fouine. C'est pour cela que mon père l'aimait; — c'est pour cela que je l'aurais aimé, — si j'avais pu. — Et cependant, dans le cas actuel, ignorant également et mon mariage et à qui je suis unie, il croyait avoir de si puissantes raisons de me retirer d'ici, que je me flatte qu'il aura fort exagéré l'indisposition de mon père, et que vos meilleures nouvelles sont aussi les plus vraies.

— Elles sont vraies, madame, croyez-moi. Je ne prétends pas être un champion à toute outrance de cette vertu toute nue qu'on nomme la Vérité. Je puis consentir à ce que ses charmes soient recouverts d'un voile, ne serait-ce que par amour pour la décence; mais il faut que vous ayez de ma tête et de mon cœur une moindre opinion que ne le mérite un homme que le noble comte votre époux daigne appeler son ami, si vous supposez que volontairement et sans nécessité je voudrais vous faire, mylady, un mensonge qui serait si vite découvert, sur un sujet qui intéresse votre bonheur.

CHAPITRE VI.

— Monsieur Varney, repartit la comtesse, je sais que mylord fait cas de vous, et qu'il vous tient pour un bon et fidèle pilote sur ces mers où il a tendu une voile si haute et si aventureuse: Ne supposez donc pas que je veuille vous dépriser quand je dis la vérité pour justifier Tressilian. — Je suis, vous le savez, une jeune fille élevée à la campagne, et j'aime la simple et rustique vérité plus que les compliments de cour ; mais il me faut changer de façons en changeant de sphère, je présume.

— Il est vrai, madame, dit Varney en souriant ; et quoiqu'en ce moment vous parliez en plaisantant, il ne serait pas mal à propos que vous fissiez à votre conduite sérieuse l'application de ce que vous venez de dire. Une dame de la cour — prenez la plus noble, — la plus vertueuse, — la plus irréprochable de celles qui entourent le trône de notre reine, — se serait par exemple bien gardée de dire la vérité, ou ce qu'elle aurait cru tel, à la louange d'un aspirant congédié, devant le serviteur et confident de son noble époux.

— Et pourquoi donc, reprit la comtesse en rougissant d'impatience, pourquoi ne rendrais-je pas justice au mérite de Tressilian devant l'ami de mon époux, — devant mon époux lui-même, — devant le monde entier ?

— Et avec la même franchise vous direz ce soir à votre noble époux que Tressilian a découvert le lieu de votre résidence, si soigneusement caché à tout le monde, et qu'il a eu une entrevue avec vous ?

— Sans nul doute. Ce sera la première chose que je lui dirai, en même temps que je lui rapporterai jusqu'à la moindre parole de Tressilian, et ce que je lui ai répondu. En ceci je dirai ma propre honte, car si les reproches de Tressilian étaient moins justes qu'il ne le pensait, ils n'étaient pas entièrement immérités. — Je parlerai donc, quoique ce doive m'être pénible; mais je n'en parlerai pas moins, et je dirai tout.

— Mylady fera selon son bon plaisir ; mais il me semble qu'il vaudrait tout autant, puisque rien ne nécessite une confession si franche, vous épargner ce rapport pénible, en même temps que vous épargneriez à mylord la contrariété, et à M. Tressilian, puisque apparemment il faudra que cette affaire ait des suites, le danger qui peut en résulter pour lui.

— Je ne puis rien voir de toutes ces terribles conséquences, repartit la dame d'un ton calme, à moins d'imputer à mon noble époux d'indignes pensées, qui, j'en suis sûre, ne sont jamais entrées dans son généreux cœur.

— Loin de moi une telle idée, répliqua Varney ; puis, après un moment de silence, il ajouta, avec un accent de vérité, réel ou affecté, très différent de son ton habituel :— Allons, madame, je vais vous faire voir qu'un courtisan ose dire la vérité aussi bien qu'un autre, quand il s'agit de l'avantage de ceux qu'il honore et considère ; oui, lors même qu'il en peut résulter du danger pour lui. — Il se tut de nouveau, comme pour attendre l'ordre ou du moins la permission de continuer ; mais la comtesse restant silencieuse, il poursuivit, quoiqu'avec une réserve évidente : — Regardez autour de vous, noble dame, dit-il ; voyez les barrières dont cette demeure est entourée, et le profond mystère avec lequel le plus brillant joyau que possède l'Angleterre est soustrait aux regards et à l'admiration ; voyez avec quelle rigueur vos promenades sont circonscrites, et tous vos mouvements soumis au moindre signe d'un rustre, de ce Foster. Réfléchissez à tout ceci, et jugez par vous-même quelle en peut être la cause.

— La volonté de mylord ; et il est de mon devoir de ne pas chercher d'autre motif.

— C'est sa volonté, en effet, et sa volonté lui est inspirée par un amour digne de celle qui en est l'objet. Mais celui qui possède un trésor, et qui sait ce qu'il vaut, est souvent anxieux, en proportion du prix qu'il y attache, de le mettre à l'abri de l'envahissement des autres.

— Que veut dire tout cela, monsieur Varney? Vous voudriez me faire croire que mylord est jaloux. — En admettant que ce soit vrai, je connais un remède à la jalousie.

— En vérité, madame!

— C'est de toujours dire la vérité à mylord ; d'exposer devant lui mon âme et mes pensées, aussi pures que ce miroir poli, de telle sorte que quand il regardera dans mon cœur il n'y voie réfléchis que ses propres traits.

— Je reste muet, madame ; et comme je n'ai nulle raison de me mettre fort en peine de Tressilian, qui ferait couler tout mon sang s'il le pouvait, je me consolerai aisément de ce qui pourra lui arriver, en conséquence de ce franc aveu de sa présomptueuse intrusion dans votre retraite. Vous, mylady, qui sans doute connaissez mieux mylord que moi, vous jugerez s'il est probable qu'il supporte l'insulte sans vouloir s'en venger.

— Si je pensais que je pusse causer la perte de Tressilian, — moi qui déjà lui ai causé tant de chagrins, — je pourrais me résoudre à garder le silence. — Et cependant à quoi cela servirait-il, puisqu'il a été vu par Foster, et par d'autres encore, je crois? — Non, non, Varney, ne me pressez pas davantage. Je dirai tout à mylord, et je plaiderai tellement pour la folie de Tressilian, que je disposerai le cœur généreux de mon époux à le servir plutôt qu'à le punir.

— Votre jugement, madame, est de beaucoup supérieur au mien ; d'autant plus que vous pouvez, si vous le voulez, essayer la glace avant de vous y avancer, en nommant Tressilian devant mylord et en observant quel effet ce nom produira sur lui. Quant à Foster et à son suivant, ils ne connaissent pas Tressilian de vue, et je puis aisément leur donner quelque raison plausible de l'apparition d'un étranger inconnu.

La dame réfléchit un instant, puis elle reprit : — S'il est effectivement vrai, Varney, que jusqu'ici Foster ne sache pas que la personne qu'il a vue était Tressilian, j'avoue que je serais fâchée qu'il apprît ce qui ne le regarde nullement. Il se comporte déjà avec assez de rigueur, et je ne le souhaite pas pour juge ni conseiller privé dans mes affaires.

— Allons donc, mylady! qu'est-ce que le grossier valet a à voir dans vos affaires ? — rien de plus assurément que le mâtin qui garde la cour. S'il vous déplaît en quelque chose, mylady, j'ai assez de crédit pour le faire remplacer par un sénéchal qui vous soit plus agréable.

— Monsieur Varney, laissons cela ; — quand je me plaindrai des gens que mylord a placés autour de moi, ce devra être à mylord lui-même. — Écoutez! j'entends le pas d'un cheval. — C'est lui! c'est lui! s'écria-t-elle en sautant de joie.

— Je ne puis croire que ce soit lui, dit Varney, ni que vous puissiez entendre le pas de son cheval à travers les épais volets de ces fenêtres.

— Ne me retenez pas, Varney, — j'ai l'oreille plus fine que vous. — C'est lui!

— Mais, madame! — madame! s'écria Varney avec anxiété, et continuant de lui intercepter le passage, je me flatte que ce que j'ai dit par un sentiment de mes devoirs, et pour vous rendre service, ne sera pas tourné à ma perte ? — J'espère que mes fidèles avis n'auront pas été à mon préjudice ? Je vous supplie...

— Rassurez-vous, Varney! — rassurez-vous, et lâchez ma robe. — Vous êtes bien hardi de me retenir! — Rassurez-vous, je ne pense pas à vous.

En ce moment, les deux battants de la porte s'ouvrirent à la fois, et un homme d'un port majestueux, enveloppé dans les plis d'un ample et sombre manteau de voyage, entra dans l'appartement.

CHAPITRE VII.

> C'est lui qui vogue en cet océan, ses voiles enflées par le vent de la cour. Il en gouverne les flots ; il connaît tous leurs écueils secrets et leurs dangereux courants. Son déplaisir est un arrêt de ruine, son sourire un rayon de fortune. Il a l'éclat de l'arc-en-ciel, — et peut-être ses couleurs sont-elles aussi fugitives.
>
> *Vieille comédie.*

Le front de la comtesse s'était chargé d'un léger nuage de déplaisir et de confusion par suite de la lutte qu'avait provoquée la persistance de Varney ; mais ce nuage fut promptement remplacé par l'expression la plus pure de la joie et de l'affection, lorsque, se jetant dans les bras du noble étranger qui venait d'entrer, et le serrant sur son sein, elle s'écria : Enfin — enfin tu es arrivé !

Varney se retira discrètement en voyant entrer son maître, et Jeannette allait en faire autant, quand sa maîtresse lui fit signe de rester. Elle resta debout au fond du salon, prête pour les ordres qu'on pourrait lui donner.

Cependant le comte, car il n'était pas de moindre rang, rendait avec la plus vive tendresse les caresses que lui prodiguait son épouse ; mais il affecta de résister quand elle chercha à lui enlever son manteau.

— Allons, dit-elle, je veux ôter ce manteau ; — il faut que je voie si vous m'avez tenu parole, et si vous êtes venu dans votre appareil de grand seigneur, et non plus seulement en simple cavalier, comme vous avez fait jusqu'à présent.

— Tu es comme le reste du monde, Amy, dit le comte en se laissant vaincre dans cette lutte enjouée. Les joyaux, les plumes et la soie sont plus pour les hommes que celui qui en est paré. — Bien des mauvaises lames paraissent belles dans un fourreau de velours.

— Mais on ne peut dire cela de toi, noble comte, répliqua la dame au moment où le manteau, se détachant des épaules de son époux, le lui montra couvert du costume que portaient les princes en voyage ; — tu es le bon acier bien trempé, dont l'excellence intérieure mérite et dédaigne en même temps les ornements extérieurs. Ne pense pas qu'Amy te puisse mieux aimer sous ces vêtements splendides qu'elle ne t'aimait quand elle donna son cœur à celui qui portait le simple manteau brun dans les bois de Devon.

— Et toi aussi, dit le comte, tandis qu'avec autant de grâce que de majesté il conduisait sa belle épouse vers le fauteuil d'apparat préparé pour eux, — toi aussi, mon amour, tu as pris un costume qui convient à ton rang, quoiqu'il ne puisse te rendre plus belle. Que penses-tu de notre goût à la cour?

La dame jeta un regard de côté sur la glace au moment où ils passaient auprès : — Je ne sais comment cela se fait, répondit-elle alors, mais je ne pense pas à ma personne quand je vois la tienne ainsi réfléchie. Place-toi là, ajouta-t-elle lorsqu'ils furent près du fauteuil, place-toi là comme un être qui doit être pour tes semblables un objet de culte et d'étonnement.

— Oui, mon amour, si tu veux partager ce siége d'honneur avec moi.

— Non, je me placerai à tes pieds sur ce tabouret, afin de pouvoir étudier en détail ta magnificence, et d'apprendre pour la première fois comment sont parés les princes.

Et avec un étonnement enfantin, que sa jeunesse et son éducation retirée au fond d'une campagne rendaient non seulement excusable, mais tout-à-fait séant, mêlé comme il l'était de l'expression délicate de la plus tendre affection conjugale, elle se mit à examiner de la tête aux pieds et à admirer les nobles formes et le costume somptueux de celui que la cour de la reine-vierge d'Angleterre reconnaissait comme son plus bel ornement, bien que cette cour ne fût pas moins renommée pour l'élégance splendide des courtisans que pour la sagesse des conseillers. Les regards affectueusement fixés sur sa charmante épouse, et jouissant de son admiration naïve, le comte laissait lire alors dans ses yeux et dans ses nobles traits des émotions plus douces que n'en annonçait l'expression d'autorité hautaine qui siégeait habituellement sur son large front et dans l'éclair pénétrant de son œil noir. Il souriait de la simplicité qui dictait les questions qu'elle lui faisait sur les divers ornements dont il était décoré. — La courroie brodée, comme tu l'appelles, qui m'entoure le genou, dit-il, est la jarretière d'Angleterre, ornement que les rois sont fiers de porter. Tiens, voici l'étoile qui appartient au même ordre, et ceci c'est le diamant George, qui en est le joyau. Tu as entendu dire comment le roi Edouard et la comtesse de Salisbury...

— Oh! je connais toute cette histoire, interrompit la comtesse en rougissant légèrement ; je sais comment la jarretière d'une dame devint le plus noble insigne de la chevalerie anglaise.

— Il est vrai ; et j'ai été assez heureux pour recevoir cet ordre très honorable en même temps que trois de ses plus nobles chevaliers, le duc de Norfolk, le marquis de Northampton et le comte de Rutland. J'étais par le rang le moins élevé des quatre ; — mais qu'importe? — Il faut que celui qui gravit une échelle commence par le premier échelon.

— Et cet autre beau collier d'un si riche travail, avec ce joyau qui y est attaché et qui ressemble à un mouton suspendu par le milieu du corps? que signifie cet emblème?

— Ce collier, dont la double torsade semble représenter des cailloux jetant des étincelles, et auquel est suspendu le joyau dont tu t'enquiers, est l'insigne de l'ordre de la Toison-d'Or, autrefois appartenant à la maison de Bourgogne. Cet ordre a de hauts priviléges, Amy; car le roi d'Espagne lui-même, qui a succédé aux honneurs et aux domaines de la maison de Bourgogne, ne peut mettre en jugement un chevalier de la Toison-d'Or sans le consentement et le concours du grand chapitre de l'ordre.

— Ainsi cet ordre appartient au cruel roi d'Espagne? Hélas, mon noble lord, faut-il que vous souilliez votre noble poitrine anglaise en la chargeant d'un tel emblème! Rappelez-vous les temps si malheureux de la reine Marie, alors que ce même Philippe dominait avec elle sur l'Angleterre; souvenez-vous des bûchers qui furent dressés pour les plus nobles, les plus sages, les plus vraiment saints de nos prélats et de nos théologiens. — Et vous, que l'on a surnommé le porte-étendard de la vraie foi protestante, pouvez-vous vous résoudre à porter l'insigne et la marque d'un tyran catholique tel que celui d'Espagne?

— Oh! rassurez-vous, mon amour; ceux qui comme nous tendent leurs voiles aux vents de la faveur des cours ne peuvent pas toujours déployer les enseignes qu'ils aiment le mieux, ni refuser parfois de s'embarquer sous des couleurs qu'ils n'aiment pas. Croyez-moi, je n'en suis pas moins bon protestant, parce que la politique m'a fait une obligation d'accepter l'honneur que m'a offert le roi d'Espagne en me conférant le premier des ordres de chevalerie. D'ailleurs, à bien dire, il appartient à la Flandre; et d'Egmont, Orange, d'autres encore, sont fiers de le voir sur une poitrine anglaise.

— Vous connaissez votre route mieux que personne, mylord. — Et cet autre collier, à quel pays ce beau joyau appartient-il?

— A un pays bien pauvre, mon amour; c'est l'ordre de Saint-André, rétabli par feu Jacques d'Écosse. Il me fut conféré à une époque où l'on croyait que la jeune veuve de France et d'Écosse serait enchantée d'épouser un baron anglais; mais une libre *coronet* [1] anglaise vaut une couronne matrimoniale dépendante de l'humeur d'une femme, et de ne régner que sur les rochers nus et les marais du nord.

La comtesse parut réfléchir, comme si quelques idées pénibles, mais intéressantes, avaient été éveillées en elle par ce que le comte venait de dire; et comme elle continuait de garder le silence, son époux reprit la parole: — Maintenant, ma tout aimable, votre désir est satisfait, et vous avez vu votre vassal sous des vêtements aussi beaux que

---

[1] *Coronet*, petite couronne, par opposition à la couronne fermée, *crown*, emblème de l'autorité royale. (L. V.)

CHAPITRE VII.

le comporte un costume de voyage ; car les robes d'apparat et les *coronets* ne sont que pour les salles royales.

— Hé bien, alors, mon souhait accompli a, selon l'habitude, fait naître un souhait nouveau.

— Et que peux-tu demander que je puisse refuser? dit l'époux passionné.

— J'ai désiré voir mon noble comte visiter cette obscure et secrète retraite dans toute sa splendeur de cour; et maintenant il me tarde, ce me semble, de m'asseoir dans une de ses salles splendides, et de l'y voir entrer revêtu de son simple costume brun, tel qu'il était quand il gagna le cœur de la pauvre Amy Robsart.

— C'est un désir qu'il est aisé de satisfaire; le simple costume brun sera repris demain si vous voulez.

— Mais moi, vous accompagnerai-je à un de vos châteaux, pour voir comment la richesse de votre demeure s'accordera avec votre habit de paysan?

— Pourquoi, Amy? dit le comte en portant les yeux autour de lui ; ces appartements ne sont-ils pas décorés avec assez de splendeur? J'ai donné les ordres les plus illimités, et il me semble qu'on a passablement rempli mes intentions; — mais si tu peux m'indiquer quelque chose qui reste à faire, je donnerai sur-le-champ des instructions en conséquence.

— Allons, mylord, vous vous moquez; l'élégance de ce riche logement excède mon imagination autant qu'elle surpasse mon mérite. Mais votre femme, mon amour, ne sera-t-elle pas un jour — bientôt — entourée non pas de l'honneur qui provient du travail des ouvriers qui ont décoré son appartement, ou des soieries et des joyaux dont votre générosité la pare, mais bien de celui qui s'attache à son rang parmi les femmes anglaises, comme épouse reconnue du plus noble comte d'Angleterre?

— Un jour? — oui, Amy, mon amour, oui, ceci arrivera certainement un jour; et, crois-moi, tu ne peux aspirer après ce jour-là plus ardemment que moi. Avec quel délice j'abandonnerais les travaux de l'État, les soucis et les fatigues de l'ambition, pour passer ma vie avec honneur et dignité sur mes vastes domaines avec toi, mon Amy bien-aimée, pour compagne et pour amie! Mais cela ne peut être encore, Amy; et ces entrevues dérobées, qui me sont si chères, sont tout ce que je puis donner à la plus aimable comme à la plus aimée de son sexe.

— Mais *pourquoi* cela ne peut-il être? réitéra la comtesse du ton le plus doux de la persuasion; — pourquoi ne peut-elle avoir lieu immédiatement, cette union plus parfaite et non interrompue après laquelle vous dites aspirer, et que les lois de Dieu et des hommes commandent également? — Ah! si vous la désiriez seulement moitié autant que vous le dites, puissant et en faveur comme vous êtes, qui pourrait vous empêcher de satisfaire votre désir?

Un nuage couvrit le front du comte. — Amy, répondit-il, vous ne savez pas de quoi vous parlez. Nous autres qui vivons à la cour, nous ressemblons à ceux qui gravissent une montagne de sable mouvant : — nous n'osons faire halte avant que quelque saillie de rocher ne nous offre un point d'appui solide et une place de repos assurée; si nous nous arrêtons plus tôt, nous sommes entraînés par notre propre poids, et nous devenons les objets de la dérision universelle. Je suis arrivé haut, mais je n'ai pas encore atteint un point assez sûr pour qu'il me soit permis de suivre mes propres inclinations. Déclarer mon mariage, ce serait être moi-même l'artisan de ma ruine. Mais, crois-moi, j'arriverai à un point, et cela promptement, où je pourrai faire ce que je dois pour toi et pour moi. En attendant, n'empoisonne pas le bonheur du moment présent en souhaitant ce qui ne peut être maintenant. Dis-moi plutôt si tout ici est conduit à ton goût. Comment Foster se comporte-t-il vis-à-vis de toi? — respectueusement en toutes choses, j'espère, sans quoi le drôle le paierait cher.

— Il me fait quelquefois souvenir de la nécessité de cette solitude, répondit la dame avec un soupir ; mais c'est me rappeler vos désirs, et conséquemment je lui suis obligée plutôt que je ne suis disposée à l'en blâmer.

— Je vous ai dit la rigoureuse nécessité qui nous domine, Amy. Je remarque que Foster est d'humeur quelque peu bourrue; mais Varney me répond de sa fidélité et de son dévouement à mon service. Si néanmoins tu as à te plaindre en quelque chose de la manière dont il s'acquitte de ses devoirs, il en sera puni.

— Oh! je n'ai pas à me plaindre, mylord, dès l'instant qu'il remplit fidèlement sa tâche envers vous; et sa fille Jeannette est la plus affectueuse et la meilleure compagne de ma solitude : — son petit air puritain lui sied si bien!

— Est-elle puritaine, en effet? Celle qui sait vous plaire ne doit pas rester sans récompense. — Approchez, damoiselle.

— Jeannette, ajouta la dame, approchez de mylord.

Jeannette, ainsi que nous l'avons déjà fait remarquer, se tenait discrètement à quelque distance, afin que sa présence ne gênât pas la conversation intime de sa maîtresse et du comte; elle s'approcha d'eux, et tandis qu'elle faisait sa révérence respectueuse, ce dernier ne put s'empêcher de sourire du contraste qu'offraient l'extrême simplicité de ses vêtements et son sérieux imperturbable, avec un très joli visage et deux yeux noirs qui trahissaient les efforts que faisait leur maîtresse pour paraître grave.

— Je vous suis obligé, gentille damoiselle, lui dit le comte, du contentement que votre service a donné à mylady. En même temps il tira de son doigt une bague de quelque valeur et l'offrit à Jeannette Foster en ajoutant : — Portez ceci pour l'amour d'elle et de moi.

— Je suis bien satisfaite, mylord, répondit Jeannette d'un petit air réservé, que mes humbles services aient contenté mylady, dont personne ne peut approcher sans désirer lui plaire ; mais nous autres de la précieuse congrégation de maître Holdforth, nous ne cherchons pas, comme les élégantes filles de ce monde, à entourer nos doigts de bijoux d'or, ni à porter au cou des pierres précieuses comme les femmes vaines de Tyr et de Sidon.

— Quoi! vous êtes une grave adhérente de la confrérie *précisienne,* gentille mistress Jeannette? repartit le comte ; et je pense que votre père appartient en toute sincérité à la même congrégation. Je ne vous en aime que mieux l'un et l'autre ; car on a prié pour moi dans votre congrégation, et on m'y veut du bien. Vous pouvez d'ailleurs supporter d'autant mieux l'absence de tout ornement, mistress Jeannette, que vos doigts sont des plus délicats et votre cou des plus blancs. Mais voici ce que ni papiste, ni puritain, ni précisien, ni latitudinaire n'a jamais refusé ni répugné à recevoir. Prenez ceci, mon enfant, et employez-le à votre fantaisie. En même temps il lui mit dans la main cinq pièces d'or aux effigies de Philippe et de Marie.

— Je n'accepterais pas non plus cet or, dit Jeannette, si je n'espérais lui trouver un usage qui attirera sur nous tous la bénédiction du ciel.

— Si tu es contente, gentille Jeannette, je serai satisfait. — Va les faire se hâter, je te prie, de nous servir notre collation du soir.

— J'ai prié M. Varney et M. Foster à souper avec nous, mylord, dit la comtesse, comme Jeannette se retirait pour exécuter les ordres du comte ; ai-je votre approbation ?

— Tout ce que vous ferez l'aura, Amy ; et je suis d'autant plus aise que vous leur ayez fait cet honneur, que Richard Varney est mon serviteur dévoué et un membre intime de mes conseils secrets, et que momentanément je dois nécessairement reposer une grande confiance en cet Anthony Foster.

— J'ai.... une faveur à te demander.... et un secret à te dire, mon cher lord, dit la comtesse avec quelque hésitation.

— Remettez-les tous les deux à demain, mon amour, repartit le comte. Je les vois qui ouvrent à deux battants la porte de la salle à manger ; et comme j'ai fait une longue et rapide course, un verre de vin ne me sera pas désagréable. A ces mots il conduisit son aimable femme jusqu'à la pièce voisine, où ils furent reçus par Varney et Foster avec les plus profondes salutations, à la mode de la cour chez le premier, et chez le second à la mode de la congrégation. Le comte leur rendit leurs politesses avec l'air de courtoisie nonchalante d'un homme accoutumé depuis long-temps à de pareils hommages, tandis que la comtesse y répondait avec une attention ponctuelle montrant qu'elle y était moins habituée.

Le banquet auquel s'assit la compagnie répondait par sa magnificence à la splendeur de l'appartement dans lequel il était servi, mais aucun domestique ne vint servir; Jeannette seule se tenait aux ordres des convives. A la vérité la table était si bien garnie de tout ce qu'on pouvait désirer, que son assistance était bien peu nécessaire. Le comte et sa dame occupèrent le haut bout de la table; Varney et Foster s'assirent au-dessous de la salière, comme il était d'usage pour les inférieurs. Le dernier, intimidé peut-être par une société toute nouvelle pour lui, n'articula pas une seule syllabe durant le repas; au lieu que Varney, avec infiniment de tact et de discernement, se mêla de la conversation tout juste autant qu'il le fallait, sans apparence d'indiscrétion de sa part, pour empêcher qu'elle ne languît, et entretint au plus haut degré la bonne humeur du comte. Cet homme était en effet éminemment approprié par la nature au rôle dans lequel il se trouvait placé, car il était d'une part discret et réservé, et de l'autre il était doué d'un esprit vif, subtil et inventif; de sorte que la comtesse elle-même, malgré les préventions qu'elle avait plus d'un motif de nourrir contre lui, apprécia et goûta avec plaisir le charme de sa conversation, et se sentit plus disposée qu'elle ne l'avait jamais été jusque là à se joindre aux éloges que le comte prodiguait à son favori. L'heure du repos arriva enfin; le comte et la comtesse se retirèrent à leur appartement, et du reste de la nuit rien ne troubla plus le silence du manoir.

De bonne heure, le lendemain matin, Varney remplit près du comte les fonctions de chambellan, en même temps que celles de grand écuyer, bien que ces dernières constituassent spécialement son office dans cette magnifique maison, où des chevaliers et des gentilshommes de bonne famille se trouvaient heureux d'occuper les postes de haute domesticité que les nobles du plus haut rang remplissaient eux-mêmes dans la maison du souverain. Les devoirs de chacune de ces deux charges étaient familiers à Varney, qui, descendant d'une famille ancienne, mais déchue, avait été page du comte au début de la carrière encore obscure de celui-ci. Fidèle dans l'adversité, il avait réussi ensuite à se rendre non moins utile quand son maître avait marché à grands pas vers la fortune, établissant ainsi près de lui un crédit fondé tout à la fois sur des services passés et sur des services actuels, qui lui assuraient une part presque indispensable dans la confiance du comte.

— Aidez-moi à mettre un habillement de route plus simple, Varney, dit le comte en ôtant sa robe de chambre parsemée de bouquets brodés en soie et doublée en martre; — serrez ces chaînes et ces fers, ajouta-t-il en désignant les colliers des divers ordres déposés sur la table : — hier au soir leur poids me rompait presque le cou. Je suis presque d'avis de ne m'en plus embarrasser. Ce sont des liens que des fripons ont imaginés pour enchaîner les sots. Qu'en penses-tu, Varney?

— Ma foi, mylord, répondit celui-ci, je pense que des chaînes d'or ne ressemblent pas à d'autres chaînes : — les plus lourdes sont toujours les plus agréables.

— Malgré tout cela, Varney, j'ai presque résolu qu'elles ne m'attacheront pas plus long-temps à la cour. Que me peuvent donner un plus long service et une plus haute faveur, au-delà du rang et des vastes possessions dont je suis déjà assuré? — Quelle cause conduisit mon père au bloc fatal, autre que de n'avoir pas su limiter ses désirs comme de droit et de raison? — J'ai eu aussi, tu le sais, mes risques et mes périls ; je suis presque décidé à ne pas tenter la mer davantage, et à m'asseoir tranquillement sur le rivage.

— Et à y ramasser des coquillages avec l'aide de don Cupidon?

— Que voulez-vous dire, Varney? répliqua le comte avec une certaine vivacité.

— Ne vous fâchez pas contre moi, mylord. Si Votre Seigneurie est tellement heureuse de la société d'une dame d'une si rare amabilité, qu'afin d'en jouir avec un peu plus de liberté vous soyez disposé à vous séparer de tout ce qui avait été jusqu'à présent le but de votre vie, quelques uns de vos pauvres serviteurs pourront en souffrir ; mais votre libéralité m'a placé si haut, que j'aurai toujours assez pour maintenir un pauvre gentilhomme dans le rang convenable à l'office éminent que j'ai occupé dans la maison de Votre Seigneurie.

— Et cependant vous semblez mécontent de ce que je me propose de renoncer à une partie dangereuse, qui peut se terminer par ma ruine et la vôtre.

— Moi, mylord? assurément je n'ai nul motif de regretter la retraite de Votre Seigneurie ; — ce ne sera pas Richard Varney qui encourra le déplaisir de Sa Majesté et les sarcasmes de la cour, quand le plus magnifique édifice qu'on ait jamais fondé sur la faveur d'un prince s'évanouira comme une vapeur matinale. — Je voudrais seulement que dans la démarche que vous vous proposez, mylord, vous fussiez bien assuré de consulter votre gloire et votre bonheur, avant de prendre un parti sur lequel vous ne pourriez revenir.

— Hé bien, parle, Varney ; je t'ai dit que je n'avais rien déterminé encore, et je pèserai toutes les considérations pour et contre.

— Hé bien donc, mylord, nous supposerons le pas fait ; nous sauterons par-dessus les reproches, les rires et les gémissements. Nous admettrons que vous vous êtes retiré dans un de vos châteaux les plus éloignés, assez loin de la cour pour n'entendre ni la douleur de vos amis ni la joie de vos ennemis. Nous supposerons de plus que votre heureux rival se contentera (chose extrêmement douteuse) d'ébrancher et d'émonder les branches de grand arbre qui lui a si long-temps caché le soleil, et qu'il ne voudra pas l'extirper jusqu'aux racines. Bien ; le ci-devant premier favori d'Angleterre, celui qui portait le bâton de généralissime et contrôlait les parlements, est devenu un baron campagnard, chassant aux chiens et au faucon, buvant l'ale grasse avec les squires du pays, passant ses hommes en revue sur l'ordre du haut sheriff......

— Varney, en voilà assez !

— Non, mylord, il faut que vous me permettiez de terminer le tableau. — Sussex gouverne l'Angleterre ; — la santé de la reine s'affaiblit ; — il s'agit de régler la succession : — une route est ouverte à l'ambition, plus magnifique que jamais l'ambition ne la rêva. Vous apprenez tout cela au milieu de vos paysans, assis sous le manteau de la cheminée de votre grande salle ; — vous commencez alors à songer aux espérances auxquelles vous avez renoncé, à l'insignifiance à laquelle vous vous êtes résigné, — et tout cela afin de pouvoir vous mirer plus d'une fois par quinzaine dans les yeux de votre belle épouse.

— Assez, te dis-je, Varney ! Je n'ai pas dit qu'il fallût prendre à la hâte, et sans avoir dûment considéré le bien public, le parti auquel me pousserait mon propre amour de l'aise et du repos. Rends-moi témoignage, Varney ; je contiens mes vœux de retraite non parce que je suis mû par des vues d'ambition privée, mais afin de garder la position dans laquelle je puis le mieux servir mon pays à l'heure du besoin. — Ordonne nos chevaux sur-le-champ — Je prendrai, comme je l'ai déjà fait, un des manteaux de livrée, et je monterai devant la valise. Tu seras le maître pour aujourd'hui, Varney. Ne néglige rien de ce qui peut endormir le soupçon. Nous monterons à cheval avant que tout le monde soit sur pied. Je vais seulement prendre congé de mylady, et je suis prêt. J'impose une grande contrainte à mon propre cœur, et j'en blesse un qui m'est encore plus cher ; mais le patriote doit l'emporter sur l'époux. Après avoir ainsi parlé d'un ton ferme, quoique triste, il quitta le cabinet de toilette.

— Je suis charmé que tu sois parti, pensa Varney ; car, quelque expérience que j'aie des sottises de l'humanité, je n'aurais pu m'empêcher de te rire à la face ! Tu peux te fatiguer tant que tu voudras de ton nouveau hochet, de ta gentille fille d'Ève que tu as ici : je ne t'en empêcherai pas ; mais tu ne te fatigueras pas de ton ancien hochet, l'ambition ; car en gravissant la colline, mylord, il faut que vous tiriez Richard Varney après vous, et s'il peut vous exciter à la montée dont il entend bien profiter, croyez qu'il n'épargnera ni le fouet ni l'éperon. — Et quant à vous, ma gentille dame, qui voudriez être comtesse tout de bon, vous ferez bien de ne pas me traverser, si vous ne voulez être rappelée à un ancien compte sur nouveaux frais. — Tu seras le maître, a-t-il dit ? — Sur ma foi, il pourra se faire qu'il ait dit plus vrai qu'il ne le pensait. — Ainsi donc cet homme, qui peut, au jugement de tant de gens judicieux, marcher de front avec Burleigh et Walsingham pour la politique, et avec Sussex pour la guerre, devient le subordonné de son propre serviteur ; et tout cela pour l'œil noir d'une petite rusée blanche et rose. Voilà donc où vient échouer l'ambition! Et cependant, si les charmes de femme mortelle peuvent excuser l'égarement d'une tête politique, mylord avait son excuse à sa droite pendant cette bienheureuse soirée d'hiver. Hé bien, — que les choses aillent comme elles voudront, il me fera grand ou je me ferai heureux; et quant à ce doux échantillon de la création féminine, si elle ne parle pas de son entrevue avec Tressilian, et je crois qu'elle ne l'osera pas, elle aussi devra faire cause commune avec moi pour nos secrets et notre appui mutuel, en dépit de tous ses dédains. — Descendons à l'écurie. — C'est bien, mylord : j'ordonne votre suite maintenant; le temps peut venir bientôt où *mon* grand écuyer ordonnera aussi la mienne. — Qu'était Thomas Cromwell autre chose que le fils d'un forgeron? et cependant il mourut lord, — sur un échafaud, sans doute; mais cette mort-là avait aussi un caractère. — Et qu'était Ralp Sadler autre chose que le secrétaire de Cromwell? et pourtant il a vu à lui dix-huit belles seigneuries. — *Via!* je sais aussi bien qu'eux comment conduire ma barque. — A ces mots il quitta l'appartement.

Sur ces entrefaites, le comte était rentré dans la chambre à coucher, ne pouvant se décider à partir sans faire au moins à la hâte ses adieux à la belle comtesse, et cependant osant à peine la revoir en particulier pour l'entendre de nouveau le presser de demandes qu'il trouvait difficile de parer, mais que l'entretien qu'il venait d'avoir avec son grand écuyer le déterminait à ne pas accorder.

Il la trouva enveloppée d'une simarre de soie blanche doublée de fourrure; son petit pied nu s'était glissé à la hâte dans ses pantoufles; ses cheveux s'échappaient en désordre de sa coiffe de nuit; elle n'avait guère, en un mot, d'autre parure que ses propres charmes, rehaussés plutôt que diminués par le chagrin qu'elle éprouvait à l'approche du moment de la séparation. — Que Dieu soit avec toi, ma très chère et ma très aimable, lui dit le comte, ayant peine à s'arracher à ses embrassements, et cependant revenant encore la presser et la represser dans ses bras, puis lui disant adieu de nouveau, puis revenant l'embrasser encore et lui dire encore adieu. — Le soleil va se montrer sur le bleu de l'horizon. — Je n'ose demeurer plus long-temps. — Je devrais déjà être à dix milles d'ici.

Tels furent les mots par lesquels il chercha enfin à couper court à leurs adieux.

— Vous ne voulez donc pas m'accorder ma requête? dit la comtesse. Ah, chevalier déloyal! jamais dame, les pieds nus dans ses pantoufles, reçut-elle un refus d'un brave chevalier, quand elle implorait un don de lui?

— Tout ce que tu peux me demander, je te l'accorderai, Amy, — sauf toujours ce qui pourrait nous perdre tous les deux.

— Hé bien, je ne porte pas mes désirs jusqu'à être publiquement revêtue du caractère qui ferait de moi l'envie de toute l'Angleterre, — celui de l'épouse de mon brave et noble seigneur, le premier des nobles Anglais, comme il en est le plus tendrement aimé. — Laissez-moi seulement faire part du secret à mon père! — laissez-moi mettre un terme aux chagrins que lui a causés ce qu'il regarde comme une conduite indigne de sa fille. — On dit qu'il est malade, le bon, l'excellent vieillard!

— *On dit?* répéta vivement le comte ; qui dit cela? Varney n'a-t-il pas fait informer sir Hugh de tout ce que nous osons dire quant à présent de votre bonheur et de votre bien-être? et ne vous a-t-il pas rapporté que, selon son habitude, le bon vieux chevalier se livrait en ce moment-là même, de tout son cœur et en bonne santé, à son exercice favori? Qui a osé vous mettre d'autres idées en tête?

— Oh! personne, mylord, personne! répondit la comtesse, quelque peu alarmée du ton dont la question était faite ; — mais pourtant, mylord, je voudrais m'assurer de mes propres yeux que mon père se porte bien.

— Sois raisonnable, Amy : — tu ne peux avoir de communication ni avec ton père ni avec personne de sa maison. Lors même qu'en bonne politique nous ne devrions pas éviter de mettre dans notre secret plus de personnes qu'il ne le faut absolument, ce serait un motif de réserve suffisant de savoir que cet homme de Cornouailles, ce Trevanion, Tressilian, ou n'importe son nom, fréquente la maison du vieux chevalier, et que nécessairement il doit savoir tout ce qui s'y dit.

— Mylord, repartit la comtesse, je ne partage point votre sentiment. Mon père est noté depuis long-temps comme un homme digne et honorable ; et quant à Tressilian, si nous pouvons nous pardonner à nous-mêmes le mal que nous lui avons fait, je gagerais la couronnette [1] que je dois un jour partager avec vous qu'il est incapable de rendre injure pour injure.

— Je ne me fierai pourtant pas à lui, Amy ; sur mon honneur, je ne m'y fierai pas! — J'aimerais mieux autant voir le démon dans notre secret que ce Tressilian.

— Et pourquoi, mylord? dit la comtesse, quoique le ton déterminé de son époux l'eût fait légèrement frissonner ; faites-moi seulement savoir pourquoi vous avez une telle opinion de Tressilian.

— Madame, répliqua le comte, ma volonté doit être une raison suffisante ; — si vous en voulez d'autres, considérez avec qui ce Tressilian est ligué. Il est haut placé dans l'opinion de ce Ratcliffe, de ce Sussex, contre lequel je puis à peine maintenir mon terrain dans l'esprit de notre soupçonneuse souveraine ; et s'il avait sur moi, Amy,

---

[1] *Coronet.* Nous nous hasardons, pour éviter une périphrase, à franciser ce mot qui nous manque, et dont on a vu précédemment la signification. (L. V.)

l'avantage que lui donnerait la connaissance de l'histoire de notre mariage avant qu'Élisabeth y fût convenablement préparée, je serais à jamais disgracié, — ruiné tout à la fois dans ma fortune et ma faveur peut-être, car elle a en elle quelque chose de son père Henry ; — je tomberais victime, peut-être victime sanglante, de son orgueil offensé et de son ressentiment jaloux.

— Mais pourquoi, mylord, jugeriez-vous si injurieusement un homme que vous connaissez si peu ? Ce que vous savez de Tressilian vous le savez par moi, et c'est moi qui vous assure qu'en aucun cas il ne trahira notre secret. Si je vous l'ai sacrifié, mylord, je n'en suis que plus intéressée à ce que vous lui rendiez justice. — Vous êtes offensé de ce que je vous parle de lui : que diriez-vous si je l'avais vu ?

— Si vous l'aviez vu, vous feriez bien de tenir cette entrevue aussi secrète que ce qui est dit au confessionnal. Je ne cherche la perte de personne ; mais celui qui s'introduirait dans mes secrets intimes ferait bien de prendre garde à lui. L'ours [1] ne souffre pas que personne traverse son terrible sentier.

— Terrible, en effet ! dit la comtesse en pâlissant.

— Vous êtes indisposée, ma chère Amy, s'écria le comte en la soutenant dans ses bras. Remettez-vous sur votre couche ; il est encore de bien bonne heure pour que vous la quittiez. — Avez-vous à me demander quelque autre chose où ne soient pas engagées ma renommée, ma fortune et ma vie ?

— Rien, mylord, répondit la comtesse d'une voix faible ; il y a quelque chose que je voulais vous dire, mais votre colère me l'a fait sortir de la mémoire.

— Réserve cela pour notre prochaine réunion, mon amour, dit le comte tendrement en l'embrassant encore une fois ; et sauf ces requêtes que je ne puis et n'ose accorder, il faudra que tes souhaits excèdent ce que peut fournir l'Angleterre et toutes ses dépendances, s'ils ne sont pas littéralement remplis.

A ces mots il prit définitivement congé d'elle. Au bas de l'escalier il reçut de Varney un ample manteau de livrée et un chapeau à grands bords, dont il se couvrit de manière à déguiser sa personne et à cacher complétement ses traits. Des chevaux étaient prêts dans la première cour pour lui et pour Varney ; — car un ou deux des gens de la suite du comte, initiés au secret en ceci qu'ils savaient ou conjecturaient que leur maître était en intrigue avec une belle dame habitante de cette maison, bien qu'ils ne connussent ni son nom ni sa qualité, avaient déjà été renvoyés la veille au soir.

Anthony Foster tenait lui-même en main les rênes du palefroi du

---

[1] Les armoiries de Leicester étaient l'ancien emblème adopté par son père, alors comte de Warwick : l'ours et le bâton noueux. (W. S.)

comte, vigoureux animal de route ; tandis que son vieux domestique tenait la bride du coursier plus fringant et plus apparent que Richard Varney devait monter pour soutenir son rôle de maître.

Cependant, à l'approche du comte, Varney s'avança pour tenir lui-même la bride de son maître, et empêcher Foster de rendre au comte ce service, que probablement il regardait comme faisant partie de son office. Foster fronça le sourcil à cette intervention, qui lui parut avoir pour but de l'empêcher de faire sa cour à son patron ; mais néanmoins il fit place à Varney. Le comte, se mettant en selle sans autre observation, et oubliant que le rôle de domestique qu'il avait pris le devait tenir derrière son maître supposé, sortit de la cour d'un air pensif, non sans avoir à plusieurs reprises répondu de la main aux signaux que la comtesse lui faisait en agitant son mouchoir à une des fenêtres de son appartement.

Tandis que sa majestueuse stature se perdait sous la sombre voûte qui conduisait de la cour à la porte de sortie, Varney murmura : Voilà de la fine politique : — le domestique en avant du maître ! — Puis il saisit le moment où le comte cessait d'être en vue pour dire un mot à Foster. — Tu as l'air tout fâché contre moi, Anthony, lui dit-il, comme si je t'avais privé d'un signe d'adieu de mylord ; mais je lui ai fait te laisser un meilleur souvenir pour tes fidèles services. Vois ! une bourse d'aussi bon or que jamais on en ait vu passer entre les doigts et le pouce d'un avare. Oui, compte-les, mon garçon, ajouta-t-il, comme Foster recevait l'or avec un sourire grimaçant, et ajoutes-y le bon souvenir qu'il a laissé hier au soir à Jeannette.

— Qu'est-ce à dire ! qu'est-ce à dire ! fit vivement Foster ; a-t-il donné de l'or à Jeannette ?

— Et pourquoi non, Anthony ? — ses services près de cette belle dame ne requièrent-ils pas récompense ?

— Elle n'en gardera rien, elle le rendra. Je sais que les caprices de mylord pour les nouveaux visages sont aussi courts que vifs ; ses affections sont changeantes comme la lune.

— Eh, Foster, tu es fou ! — tu n'espères pas avoir la bonne fortune que mylord jette les yeux sur Jeannette ? — Qui diable voudrait écouter la grive quand le rossignol chante ?

— Grive ou rossignol, c'est tout un pour l'oiseleur ; et vous savez, maître Varney, jouer très joliment de l'appeau pour faire arriver les étourdies au filet. Je ne souhaite pas pour Jeannette l'avancement du diable que vous avez procuré à plus d'une pauvre fille. — Vous riez ? — je veux garder au moins un membre de ma famille des griffes de Satan, vous pouvez y compter. — Elle rendra l'or.

— Oui, ou elle te le donnera à garder, Tony, ce qui reviendra au même ; mais j'ai à te dire quelque chose de plus sérieux. — Mylord retourne à la cour dans de mauvaises dispositions pour nous.

— Que veux-tu dire? Est-il déjà las de son gentil joujou, — de sa jolie poupée? Il l'a achetée au prix d'une rançon de roi, et je réponds qu'il se repent de son marché.

— Pas le moins du monde, Tony; il en raffole et veut quitter la cour pour elle : — et alors adieu possessions, espérances et sécurité; — on reprend les terres de l'Église, Tony, et ce sera bien heureux si les détenteurs ne sont pas appelés à rendre compte au trésor.

— Ce serait une ruine, dit Foster, le front assombri par la crainte; et tout cela pour une femme! — Si c'eût été pour le bien de son âme, à la bonne heure; moi-même parfois je voudrais pouvoir laisser là le monde qui me tient accroché, et être un des plus pauvres de notre Église.

— Il y a toute apparence que c'est ce qui t'arrivera, Tony; mais je ne crois pas que le diable te tienne grand compte de ta pauvreté forcée, de sorte que tu perdras de tous côtés. Mais suis mon avis, et Cumnor-Place pourra encore être à toi. — Ne dis rien de la visite de ce Tressilian; — pas un mot jusqu'à ce que je t'aie reparlé.

— Et pourquoi, s'il vous plaît? demanda Foster d'un air de soupçon.

— Stupide bête! dans la présente humeur de mylord, ce serait le meilleur moyen de le confirmer dans sa résolution de retraite que de lui faire savoir qu'en son absence sa dame est hantée par un spectre tel que celui-là. Il voudrait remplir lui-même le rôle du dragon veillant sur ses pommes d'or, et alors, Tony, le tien est fini. Un mot suffit au sage. — Adieu! — il faut que je le suive. Il tourna la tête de son cheval, lui fit sentir l'éperon, et s'enfonça sous l'arche de sortie pour rejoindre son maître.

— Plût à Dieu que ton rôle à toi fût fini, damné entremetteur, ou que tu te rompisses le cou! dit Anthony Foster. Mais il faut faire ce qu'il m'a dit, car ses intérêts sont les miens, et il peut faire tourner l'orgueilleux comte à sa volonté. Jeannette me donnera ces pièces d'or, pourtant; — elles seront employées de manière ou d'autre pour le service de Dieu, et je les garderai à part dans mon coffre-fort jusqu'à ce que je rencontre un emploi convenable pour elles. Nulle vapeur contagieuse n'ira jusqu'à Jeannette; — elle restera pure comme un esprit bienheureux, ne serait-ce que pour prier Dieu pour son père. J'ai besoin de ses prières, car je suis dans une passe difficile; — d'étranges bruits courent sur mon genre de vie. La congrégation paraît en froid avec moi, et quand maître Holdforth parlait des hypocrites qui ressemblent à un sépulcre blanchi dont l'intérieur est plein d'ossements humains, il me semblait qu'il me regardait en face. La foi romaine était commode; Lambourne avait raison en cela. On n'avait qu'à poursuivre son gain par tels moyens qui s'offraient, — dire son chapelet, — entendre une messe, — se confesser et recevoir l'absolution. Ces puritains suivent un sentier plus rude et plus dur; cependant j'essaierai, — je lirai dans ma Bible pendant une heure avant de rouvrir mon coffre de fer.

Cependant, Varney courait à toute bride après le comte, qu'il trouva l'attendant à la poterne du parc. — Vous perdez le temps, Varney, dit-il, et les moments pressent. Je ne puis sans danger déposer mon déguisement avant d'être arrivé à Woodstock; jusque là mon voyage m'expose à quelques risques.

— Ce n'est qu'une course de deux heures, mylord; moi je me suis arrêté seulement pour réitérer à ce Foster vos recommandations de soins et de discrétion, et pour m'enquérir de la demeure du gentleman que je voudrais faire entrer dans la suite de Votre Seigneurie, en place de Trevors.

— Penses-tu qu'il convienne au méridien de l'antichambre?

— Il promet, mylord; mais si Votre Seigneurie voulait se mettre seule en route, je pourrais retourner à Cumnor et l'amener à Votre Seigneurie à Woodstock avant que vous ne soyez sorti du lit

— Eh! tu sais qu'en ce moment j'y dors encore; ne ménage pas la chair de cheval, je te prie, afin de pouvoir te trouver à mon lever. A ces mots il piqua des deux et continua sa route, tandis que Varney, évitant le parc, revenait vers Cumnor par le chemin public. Il ne tarda pas à mettre pied à terre à la porte de l'*Ours-Noir*, et demanda à parler à M. Michel Lambourne. Ce respectable personnage ne fit pas long-temps attendre son nouveau patron; mais ce fut la tête basse qu'il se montra devant lui.

— Tu as perdu la piste de ton camarade Tressilian, lui dit Varney; — je vois cela à ton air de chien à pendre. Est-ce là ton activité, impudent coquin?

— Mordieu! fit Lambourne, jamais piste ne fut mieux suivie. Je l'ai vu se terrer ici chez mon oncle : — attaché à lui comme une cire d'abeille. — Je l'ai vu à souper, — je l'ai guetté jusque dans sa chambre, et, *presto*, — il est parti dès le matin, sans que le valet d'écurie sache lui-même où il est passé!

— Ceci ressemble à un tour de votre métier, monsieur; si cela est, sur mon âme! vous vous en repentirez.

— Monsieur, le meilleur chien est parfois en défaut; à quoi cela pouvait-il me servir que le camarade s'évanouît ainsi? Vous pouvez demander à Mon Hôte, à Giles Gosling, — demandez au garçon du robinet et au garçon d'écurie, — demandez à Cicely et à toute la maison, comment j'ai eu l'œil sur Tressilian tant qu'il a été sur pied. — Sur mon âme! on ne pouvait pas s'attendre à ce que j'irais le veiller comme une garde-malade, quand je l'avais vu bel et bien au lit dans sa chambre. On m'accordera cela, sûrement.

Varney prit en effet près des gens de la maison quelques informations qui confirmèrent la vérité du rapport de Lambourne. Tous s'accordèrent à établir que Tressilian était parti soudainement et inopinément dans l'intervalle du soir au matin.

— Mais je ne veux faire de tort à personne, ajouta Mon Hôte ; il a laissé sur la table de sa chambre de quoi solder pleinement son écot, avec quelque chose pour les domestiques de la maison, ce qui était d'autant moins nécessaire qu'il paraît qu'il a lui-même sellé son hongre, sans l'aide du valet d'écurie.

Ainsi rassuré sur la rectitude de la conduite de Lambourne, Varney se mit à lui parler de ses projets d'avenir et de la manière dont il entendait l'employer, ajoutant qu'il avait su de Foster qu'il ne se refuserait pas à entrer dans la maison d'un seigneur. — Avez-vous jamais été à la cour ? lui demanda-t-il.

— Non, répondit Lambourne ; mais depuis l'âge de dix ans j'ai rêvé une fois par semaine que j'y étais et que j'y faisais ma fortune.

— Ce sera peut-être votre faute si vos rêves ne se réalisent pas. — Êtes-vous à court d'argent ?

— Hem ! j'aime le plaisir.

— La réponse suffit, et elle est honnête. Savez-vous quelles sont les qualités que l'on demande dans celui qui fait partie de la suite d'un courtisan en voie de s'élever ?

— Je me les suis quelquefois représentées, monsieur ; c'est, par exemple, d'avoir le coup d'œil vif, — la bouche close, — la main hardie et toujours prête, — l'esprit subtil et la conscience émoussée.

— Et il y a long-temps, je suppose, que la tienne a perdu son tranchant ?

— Je ne me souviens pas, monsieur, qu'il ait jamais été très affilé. Dans ma jeunesse, j'en ai eu par-ci par-là quelques boutades, mais j'ai en grande partie usé le peu que j'en avais sur la rude meule de la guerre, et ce qui m'en restait, je m'en suis nettoyé dans les eaux de l'Atlantique.

— Tu as donc servi dans les Indes ?

— Dans les Indes Orientales et dans les Indes Occidentales, tant sur mer que sur terre. — J'ai servi le Portugais et l'Espagnol, — le Hollandais et le Français, — et j'ai fait la guerre pour mon propre compte avec un équipage de joyeux compagnons, qui avait pour principe que, la ligne passée, il n'y a plus de paix [1].

— Tu peux nous rendre de bons services, à moi, à mylord et à toi-même, reprit Varney après une pause. Mais fais attention : je connais le monde ; — réponds-moi franchement : — Peux-tu être fidèle ?

— Si vous ne connaissiez pas le monde, répondit Lambourne, mon devoir serait de dire oui sans rien ajouter de plus, et de le jurer sur la vie, l'honneur, et ainsi de suite. Mais comme il me paraît que Votre Honneur est un de ces hommes qui préfèrent une honnête franchise à une fausseté politique, — je vous répondrai que je puis être fidèle jusqu'au pied de la potence, oui, jusqu'au nœud coulant qui en pend, si je suis bien traité et bien récompensé ; — autrement, non.

[1] Sir Francis Drake, Morgan, et nombre de hardis boucaniers de cette époque, ne valaient par le fait guère mieux que des pirates. (W. S.)

— A tes autres vertus, continua Varney d'un ton railleur, tu peux sans doute ajouter la faculté de prendre au besoin des dehors graves et religieux?

— Il ne m'en coûterait rien de dire oui; — mais pour jouer cartes sur table je dois de toute nécessité dire non. Si vous avez besoin d'un hypocrite, vous pouvez prendre Anthony Foster, qui a toujours été pourchassé depuis son enfance par un fantôme qu'il appelle la religion, quoique sa piété fût de celles qui aboutissent toujours à un bon profit. Mais moi je n'ai pas cette rouerie-là.

— Hé bien, si tu n'as pas l'hypocrisie, n'as-tu pas un cheval ici dans l'écurie?

— Oui, monsieur, et qui sautera haies et fossés comme les meilleurs chasseurs de mylord duc. Quand je fis une petite méprise sur Shooter's-Hill, et que j'arrêtai un ancien nourrisseur dont les poches étaient mieux garnies que la cervelle, l'excellente bête me tira de là, en dépit de tous leurs haro.

— Selle-le donc sur-le-champ et suis-moi. Laisse tes habits et ton bagage sous la charge de Mon Hôte, et je vais te conduire à un service où ce ne sera pas la faute de la fortune, mais la tienne, si tu ne profites pas.

— A vous cœur et bras! et je suis en selle dans un instant. — Hostler! drôle! selle mon cheval sans perdre une seconde si tu tiens à la sûreté de ta caboche. — Gentille Cicely, prends la moitié de cette bourse pour te consoler de mon départ subit.

— Minute! fit le père; Cicely n'a pas besoin de ce souvenir-là de toi. — Bon voyage, Mike, et tâche de ramasser la grâce en route, quoique je ne pense pas que tu ailles là où elle pousse.

— Laisse-moi voir ta Cicely, Mon Hôte, dit Varney; j'ai beaucoup entendu parler de sa beauté.

— Une beauté brûlée du soleil, répliqua Giles Gosling, qui a ce qu'il faut pour supporter la pluie et le vent, mais qui n'est guère faite pour plaire à des galants aussi difficiles que vous. Elle garde la chambre, et ne peut soutenir le regard de brillants courtisans tels que le noble monsieur Varney.

— Hé bien, la paix soit avec elle, mon cher hôte; nos chevaux s'impatientent. — Nous vous souhaitons le bonjour.

— Mon neveu s'en va-t-il avec vous, s'il vous plaît?

— Oui, c'est son intention.

— Vous avez raison, — pleinement raison, mon neveu, — je vous dis que vous avez pleinement raison, Mike. Tu as gagné un beau cheval, prends garde de tomber inopinément sur un licou; — ou bien, si tu veux absolument passer à l'immortalité au moyen d'une corde, ce que ton projet d'accompagner monsieur rend assez vraisemblable, je te recommande de trouver une potence aussi loin de Cumnor que tu pourras; sur quoi, je vous souhaite bon voyage.

CHAPITRE VII.

Le grand écuyer et son nouveau suivant se mirent effectivement en selle, laissant l'aubergiste achever seul et à loisir ses adieux de mauvais augure; et ils s'éloignèrent d'un pas si rapide, qu'ils ne purent continuer leur conversation jusqu'au moment où la montée d'une colline sableuse leur permit de la reprendre.

— Ainsi vous êtes satisfait de prendre du service à la cour? dit alors Varney à son compagnon.

— Oui, mon respectable monsieur, si vous goûtez mes conditions comme moi les vôtres.

— Et quelles sont vos conditions?

— Si je dois avoir l'œil vif pour les intérêts de mon patron, il faut qu'il l'ait paresseux à l'égard de mes défauts.

— D'accord, pourvu qu'ils ne soient pas tellement saillants qu'il ne puisse faire autrement que de s'y heurter les os des jambes.

— Agréé. Secondement, si j'abats du gibier, il faut que j'aie les os à éplucher.

— C'est trop juste, après que vos supérieurs seront servis.

— Bon; il ne reste plus qu'un point : c'est que si la justice et moi nous nous prenons de querelle, mon patron doit m'en tirer sain et sauf. C'est un point capital.

— C'est encore trop juste, si la querelle a eu lieu pour le service de votre maître.

— Quant aux gages et autres conditions, je n'en dis rien ; c'est sur les profits secrets que je dois me retirer.

— Ne crains rien; tu seras assez bien mis et tu auras la poche assez bien garnie pour faire flores avec les plus huppés de ta classe, car tu vas dans une maison où l'or vous sort par les yeux, comme on dit.

— Ca me va on ne peut mieux ; il ne me reste plus qu'à vous demander le nom de mon maître.

— Mon nom est M. Richard Varney.

— Mais je veux dire le nom du noble lord au service duquel vous devez me faire entrer.

— Comment, coquin! es-tu trop grand seigneur pour *m'appeler* ton maître? Je te voulais hardi avec les autres, mais non pas impertinent avec moi.

— J'en demande pardon à Votre Honneur; mais vous semblez familier avec Anthony Foster, avec qui, moi aussi, je suis familier.

— Je vois que tu es un rusé coquin. Écoute. — Je me propose en effet de te faire entrer dans la maison d'un seigneur ; mais c'est à ma personne que tu seras principalement attaché, et c'est de moi que tu dépendras. Je suis son grand écuyer. — Tu sauras bientôt son nom ; — c'est un homme qui mène le conseil et gouverne l'État.

— Par cette lumière! excellent charme pour conjurer le diable, si on voulait découvrir les trésors cachés.

— Employé avec discrétion, cela se peut; mais fais attention : — si tu essaies de t'en servir toi-même, il peut paraître un diable qui te mette en pièces.

— Suffit; je ne dépasserai pas mes limites.

Les deux voyageurs reprirent alors la marche rapide que leur conversation avait interrompue, et ils arrivèrent bientôt au parc royal de Woodstock. Cette ancienne possession de la couronne d'Angleterre était alors bien différente de ce qu'elle avait été à l'époque où elle servit de résidence à la belle Rosamonde, et fut le théâtre des amours secrets et illicites d'Henri II, quoique bien plus différente encore de l'aspect qu'elle offre aujourd'hui, que Blenheim-House rappelle la victoire de Marlborough et non moins le génie de Vanburgh, peintre fort décrié de son temps par des gens d'un goût bien inférieur au sien. C'était, à l'époque d'Élisabeth, une antique habitation mal entretenue, qui dès long-temps avait cessé d'être honorée de la résidence royale, au grand dommage du village adjacent. Les habitants, néanmoins, avaient adressé à la reine plusieurs pétitions pour la supplier de jeter parfois sur eux un regard de protection; et c'était ce motif, ostensiblement du moins, qui avait amené à Woodstock le noble lord que nous avons déjà présenté à nos lecteurs [1].

Varney et Lambourne entrèrent sans cérémonie au galop dans l'avant-cour de l'antique manoir, qui offrait ce matin-là une scène de mouvement qu'on n'y avait pas vue depuis deux règnes. Des officiers de la maison du comte, des gens de livrée et des hommes de la suite, allaient et venaient au milieu de bâtiments délabrés, avec toute l'insolence bruyante qui s'attache à leur profession. On entendait le hennissement des chevaux et l'aboiement des chiens; car mylord, venu pour inspecter et examiner le château et le domaine, s'était naturellement fait accompagner de tout ce qu'il fallait pour se livrer au plaisir favori de la noblesse dans la *chasse* ou parc, qui, disait-on, était le premier qu'on eût ceint de murs en Angleterre, et où une immense quantité de daims erraient depuis long-temps sans être inquiétés. Un certain nombre d'habitants du village, dans l'impatient espoir d'un heureux résultat de cette visite inaccoutumée, se trouvaient dans l'avant-cour, où ils attendaient la sortie du grand homme. Leur attention fut excitée par l'arrivée hâtive de Varney, et le bruit se répandit rapidement parmi eux que c'était le grand écuyer du comte. Ils s'empressèrent de solliciter un regard do faveur en se hâtant de se découvrir la tête, et en accourant s'offrir pour tenir la bride et l'étrier de l'officier favori et du cavalier dont il était suivi.

---

[1] L'antique château royal de Woodstock a fourni à notre auteur le sujet d'un roman spécial (*Woodstock, ou le Cavalier*), dans lequel on trouvera d'amples détails sur cette résidence. (L. V.)

CHAPITRE VII.

— Tenez-vous un peu à l'écart, mes maîtres! dit Varney avec hauteur, et laissez les domestiques faire leur office.

Les villageois et les paysans mortifiés se reculèrent à cette injonction; tandis que Lambourne, qui avait l'œil à la manière dont se conduisait son supérieur, repoussait encore plus rudement les services de ceux qui s'offraient à l'aider.—Arrière, Jack Paysan, et que la peste vous étouffe! laissez ces coquins de valets faire leur devoir.

Tandis qu'après avoir remis leurs montures aux soins des domestiques de la maison, ils se dirigeaient vers l'entrée du château avec un air de supériorité qu'une longue habitude et le sentiment de la naissance rendaient naturel à Varney, et que Lambourne cherchait à imiter de son mieux, les pauvres habitants de Woodstock se disaient entre eux à voix basse : Oui-dà! — que Dieu nous sauve de tous les mauvais freluquets de cette espèce-là! Si le maître ressemble aux valets, ma foi, le diable peut bien les emporter tous, et n'avoir encore que son bien!

— Silence, voisins! dit le bailli; tenez votre langue entre vos dents : — nous verrons tout-à-l'heure ce qui en est. — Mais jamais un lord ne sera aussi bien venu à Woodstock que l'était le vieux roi Harry, qui n'était pourtant pas commode! Il lui arriva un jour de houssiner un paysan de sa royale main, puis de lui jeter une pleine poignée de groats d'argent avec sa grosse face en effigie, pour que ça servît de baume à son mal.

—Oui, qu'il repose en paix! fit le chœur des assistants; il se passera du temps avant que cette lady Élisabeth vienne houssiner un de nous autres.

— C'est ce qu'on ne saurait dire, repartit le bailli. En attendant, patience, voisins, et consolons-nous en pensant que c'est une attention que nous méritons des mains de Sa Grâce.

Varney, cependant, suivi de près par son nouvel attaché, se rendit à la grande salle, où des personnes plus notables et de plus de conséquence que les gens qu'ils avaient laissés dans l'avant-cour attendaient l'apparition du comte, encore renfermé chez lui. Tous firent leur cour à Varney, avec plus ou moins de déférence selon leur rang ou l'urgence de l'affaire qui les amenait au lever de mylord. A la question générale : Quand va paraître mylord, monsieur Varney? il fit de courtes réponses, comme par exemple : Ne voyez-vous pas mes bottes? je ne fais que d'arriver d'Oxford, et je n'en sais rien, — ou autres défaites semblables, jusqu'à ce que la même question lui fût adressée par un personnage plus important. — Je vais m'en informer au chambellan, sir Thomas Copely, — répondit Varney. Le chambellan, que distinguait sa clef d'argent, répondit à son tour que le comte n'attendait pour descendre que le retour de M. Varney, mais qu'il voulait auparavant lui parler en particulier dans sa chambre. Varney salua donc la compagnie, et prit congé pour se rendre à l'appartement de son maître.

Il y eut un murmure d'attente qui dura quelques minutes, et qui fit enfin place à un profond silence, quand les deux battants de la porte du fond de la salle s'ouvrirent, et que le comte entra, précédé de son chambellan et de l'intendant de sa famille, et suivi de Richard Varney. Sa physionomie majestueuse et ses traits pleins de noblesse n'avaient rien de cette insolence affichée par les gens de sa suite. Ses politesses étaient, il est vrai, mesurées sur le rang de ceux à qui elles s'adressaient, mais toutes les personnes présentes, même celles de la condition la plus inférieure, eurent part à ses gracieuses attentions. Les questions qu'il leur fit touchant l'état du château, les droits qu'y avait la reine, et les avantages ou les inconvénients qui résulteraient des voyages qu'elle pourrait faire de temps à autre à la résidence royale de Woodstock, semblaient montrer qu'il avait sérieusement étudié l'objet de la pétition des habitants avec le désir de servir les intérêts du lieu.

— Que le Seigneur conserve sa noble physionomie! dit le bailli, qui s'était glissé jusqu'à la salle de réception; il a l'air un peu pâle. Je réponds qu'il aura passé toute la nuit à lire notre mémoire. Maître Toughyarn, qui a mis six mois à le rédiger, disait qu'il faudrait une semaine pour le comprendre. Et voyez si le comte n'en a pas extrait la moelle en vingt-quatre heures!

Le comte les informa alors qu'il engagerait leur souveraine à honorer quelquefois Woodstock de sa présence durant ses tournées royales, afin que la localité et les environs tirassent de son appui et de sa faveur les avantages qu'ils avaient dus à ceux de ses prédécesseurs. En attendant, il se réjouissait d'être l'interprète du gracieux plaisir de Sa Majesté, pour les assurer qu'en vue de l'accroissement du commerce et pour l'encouragement des dignes bourgeois de Woodstock, Sa Majesté avait l'intention d'ériger le bourg en entrepôt pour les laines.

Cette joyeuse nouvelle fut accueillie par les acclamations non seulement des personnes admises dans la salle d'audience, mais aussi des gens de classe inférieure qui attendaient au-dehors.

Les franchises de la corporation furent présentées au comte, un genou à terre, par les magistrats du lieu, en même temps qu'une bourse remplie de pièces d'or, que le comte remit aussitôt à Varney, lequel, de son côté, en donna une part à Lambourne, comme les arrhes les plus agréables de son nouveau service.

Le comte et sa suite remontèrent à cheval bientôt après pour retourner à la cour, au milieu des cris d'allégresse des habitants de Woodstock, qui faisaient retentir les cours des antiques acclamations, en répétant Vive la reine Élisabeth et le noble comte de Leicester! L'urbanité et la courtoisie du comte réfléchirent même un rayon de popularité sur les personnes de sa suite, de même que leur conduite altière avait d'abord obscurci celle de leur maître; et on cria Vive le comte et ses braves suivants! tandis que Varney et Lambourne, chacun à son rang, traversaient fièrement les rues de Woodstock.

CHAPITRE VIII.

> *L'hôtelier* — Je vous écouterai, maître Fenton, et je veux du moins suivre votre conseil.
> *Les Joyeuses commères de Windsor.*

Il est nécessaire que nous revenions au détail des circonstances qui accompagnèrent, qui même occasionnèrent la subite disparition de Tressilian de l'enseigne de l'*Ours-Noir* à Cumnor. On se souviendra qu'après sa rencontre avec Varney il était revenu au caravansérai de Giles Gosling, où il s'enferma dans sa chambre, demanda plume, encre et papier, et annonça son intention de ne voir personne de la journée. Le soir venu, il reparut à la salle publique, où Michel Lambourne, qui l'avait épié tout le jour, conformément à l'engagement qu'il en avait pris avec Varney, s'efforça de renouer sa liaison avec lui, espérant, lui dit-il, que M. Tressilian ne lui gardait pas rancune de la part qu'il avait prise à l'esbrouffe du matin.

Mais Tressilian repoussa ses avances avec fermeté, quoique poliment.

— Monsieur Lambourne, lui dit-il, je crois vous avoir dédommagé à votre satisfaction du temps que vous avez perdu pour moi. Sous les dehors d'étrange rudesse que vous montrez, je sais que vous avez assez de sens pour me comprendre, quand je vous dis franchement que l'objet de notre connaissance temporaire étant rempli, nous devons à l'avenir demeurer étrangers l'un à l'autre.

— *Voto!* exclama Lambourne, relevant d'une main sa moustache et portant l'autre à la poignée de son sabre ; si je croyais que votre procédé est dans l'intention de m'insulter....

— Vous le supporteriez sans doute avec discrétion, interrompit Tressilian, comme en tout cas vous devez le faire. Vous connaissez trop la distance qu'il y a entre nous pour que j'aie besoin de m'expliquer davantage. — Bonsoir.

A ces mots il tourna le dos à son ci-devant compagnon et se mit à causer avec l'aubergiste. Michel Lambourne se sentait fortement porté à faire le rodomont ; mais sa colère se perdit en jurons et en exclamations sans suite, et il se courba malgré lui sous l'ascendant qu'un esprit supérieur exerce toujours sur des gens de ses habitudes et de sa nature. Il resta sombre et silencieux dans un coin de la salle, donnant l'attention la plus marquée à chaque mouvement de Tressilian, contre qui il commençait alors à nourrir du ressentiment pour son propre compte, **ressentiment** qu'il espérait satisfaire en exécutant les instructions de son nouveau maître Varney. L'heure du souper arriva, puis celle du repos, moment où Tressilian, comme les autres, se retira dans sa chambre.

Il n'y était pas depuis long-temps quand les tristes rêveries qui absorbaient son esprit troublé et remplaçaient pour lui le sommeil, furent interrompues tout-à-coup par le bruit d'une porte sur ses gonds, et qu'une faible clarté se répandit dans la chambre. Brave comme l'acier, Tressilian sauta de son lit à cette alarme; il avait déjà mis la main sur son épée, et il allait la tirer du fourreau, quand il fut arrêté par une voix qui lui disait : — Pas d'imprudence avec votre rapière, monsieur Tressilian; — c'est moi, votre hôte, Giles Gosling.

En même temps, découvrant la lanterne sourde, qui jusque là n'avait répandu qu'une lueur indistincte, il offrit visiblement aux regards étonnés de Tressilian la corpulence et la figure prospères du maître de l'*Ours-Noir*.

— Quelle mascarade est ceci, mon hôte? dit Tressilian; avez-vous soupé aussi joyeusement qu'hier au soir, et vous trompez-vous de chambre? Minuit est-il une heure pour venir jouer vos tours de carnaval dans les chambres de ceux qui logent chez vous?

— Monsieur Tressilian, repartit Mon Hôte, je connais ma place et mon temps aussi bien que les connut jamais joyeux hôtelier d'Angleterre. Mais voici mon pendard de neveu qui vous a guetté d'aussi près que jamais chat ait guetté une souris; d'un autre côté vous vous êtes querellé et battu, soit avec lui, soit avec quelque autre personne, et je crains qu'il n'en résulte du danger.

— Allons donc, tu es fou, mon cher hôte. Ton neveu est au-dessous de mon ressentiment; et d'ailleurs qui te fait penser que j'aie eu une querelle avec qui que ce soit?

— Oh! monsieur, il y avait sur la pommette même de vos joues une place rouge qui annonçait une querelle toute fraîche, aussi sûr que la conjonction de Mars et de Saturne présagent malheur; — et quand vous êtes rentré, les boucles de votre ceinturon étaient tournées par devant, votre pas était vif et pressé, et tout montrait que votre main et la poignée de votre arme avaient fait connaissance depuis peu.

— Hé bien, mon cher hôte, lors même que j'aurais été obligé de tirer l'épée, en quoi une telle circonstance devait-elle te faire quitter ton lit chaud à cette heure de la nuit? Tu vois que le mal en est fait.

— Avec votre permission, c'est ce dont je doute. Anthony Foster est un homme dangereux, défendu par un puissant patronage de cour, qui l'a tiré d'affaires très sérieuses; ensuite, mon parent.... ma foi, je vous ai dit ce que c'est; et si les deux vieux amis ont renouvelé leur vieille connaissance, je ne voudrais pas, mon digne hôte, que ce fût à vos dépens. Je vous promets que Mike Lambourne a fait des questions très particulières à mon garçon d'écurie sur le temps où vous partiriez et sur le chemin que vous prendriez. Or, je voudrais que vous vous demandiez bien si vous n'avez rien fait ou rien dit pour lequel on puisse vous guetter et vous prendre en traître.

— Tu es un honnête homme, mon hôte, dit Tressilian après un instant de réflexion, et je serai franc avec toi. Si la méchanceté de ces hommes est tournée contre moi, — comme je ne nie pas que cela puisse être, — c'est que ce sont les agents d'un scélérat plus puissant qu'eux.

— Vous voulez parler de M. Richard Varney, n'est-ce pas? Il était hier à Cumnor-Place, et il n'y est pas venu si secrètement qu'il n'ait été vu par quelqu'un qui me l'a dit.

— C'est de lui-même dont je parle.

— Alors, pour l'amour de Dieu, mon digne monsieur Tressilian, veillez bien sur vous. Ce Varney est le protecteur et patron d'Anthony Foster, qui tient sous lui, et par sa faveur, je ne sais quel bail de ce manoir et du parc. Varney a obtenu une large concession sur les terres de l'abbaye d'Abingdon, Cumnor-Place entre autres, de son maître le comte de Leicester. On dit qu'il peut tout près de lui, quoique je tienne le comte pour trop bon gentilhomme pour l'employer à certaines choses dont on jase. — Et puis, le comte peut tout (tout ce qui est juste et convenable, bien entendu) près de la reine, que Dieu bénisse; ainsi vous voyez quel ennemi vous vous êtes fait.

— Hé bien, — c'est une chose faite; je ne puis y remédier.

— Mais c'est qu'au contraire il faut y remédier de manière ou d'autre. Richard Varney.... hé bien, partie à cause de son influence sur mylord, partie à cause d'anciennes prétentions vexatoires qu'il fait valoir ici comme successeur de l'abbé, on craint presque de mentionner son nom, et encore bien plus de se mettre en travers de ses manœuvres. Vous en pouvez juger par nos discours d'hier soir. Les gens disent ce qui leur plaît de Tony Foster, mais de Richard Varney pas un mot, quoique tout le monde pense qu'il est au fond de ce mystère au sujet de la jolie fille. Mais peut-être que vous en savez là-dessus plus que moi, car quoique les femmes ne portent pas épée, elles sont cause que bien des lames changent leur fourreau de bon cuir pour un fourreau de chair et de sang.

— J'en sais en effet plus que toi sur cette infortunée dame, mon cher hôte; et je suis en ce moment tellement dépourvu d'amis et de conseils que je te prendrai volontiers pour conseiller et que je te dirai toute l'histoire, d'autant plus que j'aurai ensuite une faveur à te demander.

— Mon bon monsieur Tressilian, répliqua l'hôtelier, je ne suis qu'un pauvre aubergiste, peu en état d'aider ou de conseiller un homme comme vous; mais aussi sûr que je me suis élevé honnêtement dans le monde en donnant bonne mesure et en comptant des écots raisonnables, je suis un honnête homme; et comme tel, si je ne suis pas en état de vous aider, je suis du moins incapable d'abuser de votre confiance. Parlez-moi donc aussi confidemment que si vous parliez à votre père, et soyez

7

du moins certain que ma curiosité, car je ne renierai pas celle qui est de mon état, est jointe à une dose raisonnable de discrétion.

— Je n'en doute pas, mon hôte, repartit Tressilian ; et tandis que son auditeur restait dans une anxieuse attente, il réfléchit un instant comment il commencerait sa narration. — Mon récit, dit-il enfin, pour être tout-à-fait intelligible, doit prendre d'un peu loin. — Vous avez entendu parler de la bataille de Stoke, mon bon hôte, et peut-être du vieux sir Roger Robsart, qui, dans cette bataille, prit vaillamment le parti d'Henri VII, l'aïeul de la reine, et mit en déroute le comte de Lincoln, lord Geraldin et ses sauvages Irlandais, ainsi que les Flamands que la duchesse de Bourgogne avait envoyés dans la querelle de Lambert Simnel?

— Je me rappelle l'un et l'autre, dit Giles Gosling ; on en chante la ballade douze fois par semaine dans ma salle en bas. — Sir Roger Robsart de Devon? — oh, oui! — C'est de lui que les ménestrels chantent à cette heure :

« Des champs de Stoke c'était la fleur,
Quand Swart y mordit la poussière ;
Jamais il ne connut la peur :
C'était un vrai roc à la guerre". »

Oui, oui ; et j'ai aussi entendu mon grand-père parler de Martin Swart, et des joyeux Allemands qu'il commandait, avec leurs pourpoints à taillades et leurs jolis hauts-de-chausses tout garnis de rubans aux genoux. Il y a aussi une chanson sur Martin Swart ; je ne m'en rappelle que ceci :

« Martin Swart et les siens
Sanglez-les d'importance ;
Martin Swart et les siens,
Sanglez-les bien². »

— Il est vrai, mon bon hôte ; — c'est une journée dont on parla longtemps. Mais si vous chantez si haut, vous allez éveiller plus d'écoutants que je ne me soucie d'en avoir dans ma confidence.

— Je vous demande pardon, mon respectable monsieur Tressilian ; j'avais oublié. Quand une vieille chanson nous passe par la tête, à nous autres chevaliers du robinet, il faut qu'elle parte, et notre retenue avec.

---

¹ Ces vers, ou quelque chose d'approchant, se trouvent dans une longue ballade ou poëme sur Flodden-Field, réimprimée par feu Henry Weber. (W. S.)

² Ces vers d'une vieille chanson se trouvent, en effet, dans une ancienne pièce, où celui qui les chante se vante « de savoir poliment recevoir et rosser Martin Swart et tous ses joyeux soldats : » —

Courteously I can both counter and knack
Of Martin Swart and all his merry men.   (W. S.)

CHAPITRE VIII.

— Hé bien donc, mon hôte, mon grand-père, de même que quelques autres Cornouailliens, avait une chaude affection pour la maison d'York, et il épousa la querelle de ce Simnel, qui prenait le titre de comte de Warwick, comme plus tard un grand nombre d'habitants du comté prirent fait et cause pour Perkin Warbeck, qui s'intitulait duc d'York. Mon grand-père joignit l'étendard de Simnel, et fut pris à Stoke où il combattit avec un courage désespéré ; la plupart des chefs de cette malheureuse armée y furent tués sous le harnais. Le digne chevalier à qui il se rendit, sir Roger Robsart, le protégea contre la vengeance immédiate du roi et le renvoya sans rançon ; mais il ne put le préserver des autres conséquences fâcheuses de son imprudence, c'est-à-dire des lourdes amendes qui l'appauvrirent, moyen qu'employait volontiers Henry pour affaiblir ses ennemis. Le bon chevalier fit ce qu'il put pour adoucir la détresse de mon aïeul ; et leur amitié devint si étroite, que mon père fut élevé comme frère et compagnon intime du présent sir Hugh Robsart, fils unique de sir Roger, et qui a hérité de son caractère loyal, généreux et hospitalier, bien qu'il ne l'égale pas en qualités martiales.

— J'ai souventes fois entendu parler du bon sir Hugh Robsart, interrompit l'hôte. Son piqueur et fidèle serviteur, Will Badger, a parlé de lui cent fois dans cette maison même : — c'est un jovial chevalier, et il a aimé l'hospitalité et à avoir table ouverte plus que ce n'est de mode aujourd'hui, où l'on met autant de galon d'or sur les coutures d'un pourpoint qu'il en faudrait pour entretenir d'ale et de bœuf pendant une année une douzaine de grands gaillards, et leur laisser de quoi venir passer leur soirée une fois par semaine au cabaret, pour le bien de l'aubergiste.

— Si vous avez vu Will Badger, vous avez assez entendu parler de sir Hugh Robsart ; c'est pourquoi je vous dirai seulement que l'hospitalité dont vous le glorifiez a tourné quelque peu au détriment du domaine de sa famille, ce qui, peut-être, importe d'autant moins qu'il n'a qu'une fille à qui le transmettre. C'est ici que je commence à être mêlé à l'histoire. Après la mort de mon père, arrivée il y a plusieurs années, le bon sir Hugh aurait volontiers fait de moi son constant compagnon. Pendant un temps, néanmoins, je sentais que la passion excessive du bon chevalier pour la chasse me dérangeait d'études qui auraient pu m'être plus profitables ; mais je cessai bientôt de regretter le temps que la reconnaissance et une amitié héréditaire me forçaient de donner à ces distractions de la campagne. L'exquise beauté de mistress Amy Robsart, à mesure que d'enfant elle devenait femme, ne pouvait échapper à un jeune homme que les circonstances obligeaient d'être si constamment près d'elle. — Je l'aimai, en un mot, et son père le vit.

— Et il traversa vos sincères amours, sans doute ? C'est toujours ce qui arrive en pareils cas ; et je juge que c'est ce qui dut avoir lieu dans le vôtre, au profond soupir que vous venez de pousser.

— Le cas fut différent, mon cher hôte; ma recherche fut hautement approuvée par le généreux sir Hugh Robsart; — ce fut sa fille qui resta froide à ma passion.

— C'était l'ennemi le plus dangereux des deux. Je crains que votre recherche n'ait mal tourné.

—Elle m'accorda son estime, néanmoins, et ne sembla pas éloignée de me laisser espérer que ce sentiment pourrait se changer en un autre plus tendre. Il y eut entre nous, sur l'intercession de son père, un contrat de futur mariage; mais, par égard pour ses instantes prières, l'exécution en fut remise à un an. Dans cet intervalle, Richard Varney parut dans le pays, et, se prévalant de je ne sais quelles relations éloignées de famille, il passa avec lui une grande partie de son temps, et finit par devenir presque de la maison.

— Ça ne présageait rien de bon pour l'endroit qu'il honorait de sa résidence, dit Gosling.

— Non, par la croix! La mésintelligence et le malheur suivirent sa présence, d'une manière si étrange, cependant, que je suis maintenant en peine de me rappeler nettement par quelles gradations ils envahirent une famille qui jusqu'alors avait été si heureuse. Pendant un temps Amy Robsart reçut les attentions de ce Varney avec l'indifférence que l'on attache aux galanteries ordinaires; puis vint une période durant laquelle elle semblait le voir avec déplaisir, même avec aversion; puis enfin une sorte de liaison extraordinaire parut se former entre eux. Varney renonça à ces airs de prétention et de galanterie qu'il avait d'abord eus près d'elle, et Amy, de son côté, parut ne plus éprouver l'aversion mal déguisée qu'elle lui avait témoignée. Ils paraissaient avoir ensemble plus d'intimité et d'intelligences que je ne l'aurais voulu, et je soupçonnai qu'ils se voyaient en secret, en des endroits où ils étaient moins gênés qu'en notre présence. Nombre de circonstances, auxquelles je ne fis alors que peu d'attention, — car je jugeais son cœur aussi franc que sa physionomie angélique, — me sont depuis revenues en mémoire pour me convaincre de leurs intelligences secrètes. Mais je n'ai pas besoin de les détailler, — le fait parle de lui-même : elle disparut de la maison de son père, — Varney disparut en même temps qu'elle, — et aujourd'hui même je l'ai revue sous le caractère de sa maîtresse, dans la maison de ce Foster, le vil agent de Varney, et j'ai rencontré celui-ci qui venait la visiter, le visage enveloppé de son manteau, et pénétrant dans la maison par une entrée secrète.

— Et voilà donc la cause de votre querelle? Il me semble que vous auriez dû vous assurer que la belle désirait et méritait votre intervention.

— Mon père, car tel je dois toujours considérer sir Hugh Robsart, mon père est chez lui luttant avec son chagrin, ou, s'il en a la force, s'efforçant vainement d'oublier, en se livrant à ses passe-temps favoris, qu'il a eu autrefois une fille, — souvenir qui de temps à autre éclate de la manière la plus déchirante. Je ne pouvais supporter l'idée qu'il dût vivre dans la douleur et Amy dans le crime ; j'entrepris de la chercher, dans l'espoir de la décider à revenir à sa famille. Je l'ai retrouvée : et quand j'aurai réussi dans ma tentative ou que je l'aurai vue tout-à-fait infructueuse, mon intention est de m'embarquer pour la Virginie.

— Pas tant de précipitation, mon cher monsieur, et ne vous bannissez pas parce qu'une femme... bref, parce qu'une femme *est* une femme, et change d'amants comme de rubans, sans autre raison que sa fantaisie. Mais avant d'aller plus loin, permettez-moi de vous demander quelles circonstances et quels soupçons vous ont mis si juste sur la voie de la résidence de cette dame, ou plutôt de sa cachette ?

— Cachette est le mot, mon digne hôte ; et quant à votre question, la connaissance que j'avais que Varney possédait des concessions considérables prises sur les anciens domaines des moines d'Abingdon, me dirigea vers ces environs, et la visite de votre neveu à son ancien camarade Foster m'a fourni des moyens de conviction à cet égard.

— Et quelle est maintenant votre intention, mon digne monsieur ? — Excusez la liberté que je prends de vous adresser la question si ouvertement.

— Je me propose, mon hôte, de renouveler demain ma visite aux lieux qu'elle habite, et de tâcher d'avoir avec elle un plus long entretien que je ne l'ai eu aujourd'hui. Il faudra qu'elle soit bien différente de ce qu'elle était autrefois, si mes paroles ne font pas impression sur elle.

— Avec votre permission, monsieur Tressilian, vous ne pouvez faire une telle démarche. La dame, si je vous ai bien compris, a déjà rejeté votre intervention dans l'affaire.

— Il n'est que trop vrai ; je ne puis le nier.

— Hé bien, marry ! de quel droit ou de quelle autorité interviendrez-vous malgré elle dans son inclination, quelque déshonorante qu'elle puisse être pour elle-même et pour ses parents ? A moins que mon jugement ne me trompe fort, ceux sous la protection desquels elle s'est mise n'hésiteraient guère à repousser votre intervention, quand même ce serait celle d'un père ou d'un frère ; mais en votre qualité d'amant congédié, vous vous exposez à être éconduit de vive force en même temps qu'avec mépris. Vous ne pouvez en appeler à aucun magistrat pour aide ou pour appui ; vous êtes donc en chasse d'une ombre dans l'eau, et vous ne trouverez que plongeon et danger (excusez ma franchise) en cherchant à l'attraper.

— J'en appellerai au comte de Leicester de l'infamie de son favori. — Il recherche l'appui de la secte sévère et rigide des puritains ; — il n'osera pas, ne serait-ce que par égard pour sa réputation, refuser d'écouter ma plainte, serait-il même dépourvu des principes d'honneur et de noblesse que la renommée lui attribue. J'en appellerai à la reine elle-même.

— Leicester serait-il disposé à protéger son grand écuyer (comme en effet on dit qu'il a en lui une grande confiance), l'appel à la reine pourrait bien les mettre tous les deux à la raison. Sa Majesté est stricte en de telles matières, et (s'il n'y a pas trahison à ainsi parler) on dit qu'elle pardonnerait plutôt à une douzaine de courtisans de tomber amoureux d'elle, qu'à un seul de donner la préférence à une autre femme. Ainsi donc, *coragio*, mon brave! car si vous portez au pied du trône une pétition de sir Hugh, renforcée de l'histoire de vos propres griefs, le comte son favori oserait tout autant sauter en pleine Tamise à l'endroit le plus profond, que de chercher à protéger Varney dans une cause de cette nature. Mais pour ce faire avec quelque chance de succès, il faut vous mettre sérieusement à l'œuvre; et au lieu de rester ici à ferrailler avec le grand écuyer, et de vous exposer à la dague de ses camarades, il faut vous dépêcher de courir dans le Devonshire, faire écrire une pétition à sir Robsart, et vous faire autant d'amis que vous pourrez pour appuyer votre affaire à la cour.

— Vous avez raison, mon hôte; je profiterai de votre avis, et vous quitterai demain de bonne heure.

— Quittez-moi cette nuit, monsieur, avant que demain matin ne soit venu. Je n'ai jamais souhaité l'arrivée d'un voyageur aussi impatiemment que je désire vous voir partir sans accident. La destinée de mon neveu est très probablement d'être pendu pour quelque chose; mais je ne voudrais que ce fût pour le meurtre d'un de mes hôtes. Mieux vaut voyager en sûreté de nuit, dit le proverbe, qu'au grand jour à côté d'un coupe-jarret. Allons, monsieur, c'est pour votre sûreté que je vous pousse. Votre cheval est tout prêt, et voici votre compte.

— Il s'en faut quelque chose qu'il n'aille à un noble, dit Tressilian en en remettant un à l'hôtelier; donnez le surplus à la gentille Cicely votre fille et aux autres domestiques de la maison.

— Ils tâteront de votre libéralité, repartit Gosling; et vous, monsieur, vous tâteriez des lèvres de ma fille en signe de remerciement, s'il n'était pas trop tard pour qu'elle vienne au porche saluer votre départ.

— Ne laissez pas votre fille avec trop de confiance près de vos habitués, mon bon hôte.

— Oh, monsieur, nous garderons la juste mesure; mais je ne m'étonne pas que vous vous méfiiez d'eux tous. — Puis-je vous demander de quel air la belle dame vous a reçu hier à la Place?

— Je confesse qu'elle était irritée en même temps que confuse, — et que sa réception ne m'a laissé guère espérer qu'elle soit sortie encore de sa malheureuse illusion.

— En ce cas, monsieur, je ne vois pas pourquoi vous vous feriez le champion d'une fille qui ne veut pas de vous, ni pourquoi vous vous exposeriez au ressentiment du favori d'un favori, monstre aussi dangereux qu'en ait jamais rencontré un chevalier aventurier dans les livres de vieilles histoires.

— Votre supposition me fait injure, mon hôte; — elle me fait grandement injure : je ne désire pas qu'Amy me donne jamais à l'avenir une seule pensée. Que seulement je la voie rendue à son père, et je n'ai plus rien à faire en Europe, — peut-être au monde : — tout est fini et bien fini.

— Une plus sage résolution serait de boire un verre de canarie et de l'oublier. Mais des yeux de vingt-cinq ans et des yeux de cinquante voient ces sortes d'affaires bien différemment, surtout quand les uns sont logés dans la tête d'un jeune amoureux, et les autres dans celle d'un vieil aubergiste. Je vous plains, monsieur Tressilian, mais je ne vois pas en quoi je puis vous aider dans l'affaire.

— Seulement en ceci, mon hôte, que je vous prierais de vous tenir au courant des mouvements des habitants de Cumnor-Place, ce que vous pouvez aisément faire sans éveiller le soupçon, attendu que toutes les nouvelles viennent aboutir au débit d'ale, et de vouloir bien me faire part de vos nouvelles dans un écrit que vous remettrez à la personne (et non à aucune autre) qui vous apportera cette bague en signe de reconnaissance. — Regardez-la; — c'est une bague de prix, et je vous prierai alors de la garder comme souvenir.

— Je ne désire aucune récompense, monsieur; — mais ça me paraît une chose malavisée à moi, qui dépends du public, de me mêler d'une affaire obscure et périlleuse comme celle-là. Je n'y ai pas d'intérêt.

— Vous, comme tout autre père habitant du pays, qui voudrait voir sa fille arrachée à l'infamie, au péché et au remords, vous y avez un plus grand intérêt qu'à quelque chose que ce soit au monde.

— Hé bien, monsieur, voilà de braves paroles; et je plains du fond de l'âme le bon vieux gentilhomme qui a écorné son patrimoine en tenant bonne maison pour l'honneur de son pays, et qui maintenant se voit enlever sa fille, qui aurait dû être l'appui de son vieil âge, par un milan comme ce Varney. Et quoique votre rôle dans l'affaire soit quelque peu des plus aventurés, je n'en ferai pas moins le fou par compagnie, et je vous aiderai dans votre honnête tentative de ramener l'enfant du bonhomme autant que je pourrai vous aider comme fidèle donneur d'avis. Vous pouvez donc compter sur moi; mais, je vous en prie, ne me compromettez pas et gardez-moi le secret, car l'*Ours-Noir* s'en trouverait mal s'il était dit que le gardien de l'ours s'est mêlé d'affaires pareilles. Varney a assez de crédit près des juges de paix du canton pour faire descendre ma noble enseigne du poste où elle se balance si galamment, me faire retirer ma licence, et me ruiner du grenier à la cave.

— Ne doutez pas de ma discrétion, mon hôte; je conserverai en outre la plus profonde reconnaissance du service que vous m'aurez rendu à un tel risque. — Souvenez-vous que la bague est mon signe certain. — Et maintenant, adieu; — car votre très prudent avis a été que je reste ici aussi peu de temps que possible.

— Alors, suivez-moi, et marchez comme si vous aviez sous les pieds des œufs au lieu de planches de sapin. — Il faut que personne ne sache comment ni quand vous êtes parti.

A l'aide de sa lanterne sourde il conduisit Tressilian, dès que celui-ci fut prêt à partir, par un long dédale de passages débouchant sur une cour extérieure, et de là à une écurie éloignée où il avait déjà placé le cheval de son hôte. Il l'aida alors à attacher sur la selle la petite valise qui contenait son bagage, ouvrit une porte dérobée, lui donna une cordiale poignée de main, réitéra la promesse d'être attentif à ce qui se passerait à Cumnor, puis laissa Tressilian à son voyage solitaire.

CHAPITRE IX.

> Au bout du défilé il trouva une hutte isolée ; pas un tenancier n'osait s'aventurer sur ce terrain pernicieux. Il allume sa forge, découvre ses bras nerveux, et de bonne heure au matin fait retentir l'enclume échauffée sous ses coups. Autour de lui volent des gerbes d'étincelles pendant qu'il façonne le fer destiné au coursier.
>
> GAY, *Trivia*.

Comme Tressilian avait jugé convenable, conformément à l'avis de Giles Gosling, d'éviter d'être vu au voisinage de Cumnor par ceux que le hasard aurait pu mettre sur pied de grand matin, l'hôtelier lui avait tracé un itinéraire de sentiers et de chemins de traverse qui devait, s'il ne s'en écartait pas, lui faire rejoindre la grande route à Marlborough.

Mais, comme les conseils de tout genre, ces sortes d'indications sont plus faciles à donner qu'à suivre ; et par suite de la complication du chemin, jointe à l'obscurité de la nuit, à l'ignorance où Tressilian était du pays, et aux tristes pensées qui venaient assaillir son esprit inquiet, il avança si lentement dans son voyage, que le jour ne le trouva qu'au Val de Whitehorse [1], endroit mémorable par la défaite qu'y éprouvèrent autrefois les Danois. Là il s'aperçut que son cheval était déferré d'un pied de devant, accident qui menaçait d'arrêter sa marche en rendant l'animal boiteux. La demeure d'un maréchal-ferrant fut la première chose dont il pensa à s'enquérir ; mais, soit par stupidité, soit par manque d'obligeance, deux ou trois paysans, qui se rendaient de grand matin à leur travail et auxquels il s'adressa, ne lui répondirent que quelques mots insignifiants, et ne lui apprirent pas ce qu'il voulait savoir. Dans sa sollicitude pour que le compagnon de son voyage souffrît aussi peu que possible de son malheureux accident, Tressilian mit pied à terre, et conduisit son cheval vers un petit hameau où il espérait avoir au moins des nouvelles de l'ouvrier dont il avait alors besoin, s'il n'y trouvait pas l'ouvrier lui-même. Suivant une sorte de chemin creux profondément encaissé et rempli d'ornières boueuses, il arriva enfin jusqu'au village, qui se trouva n'être qu'un assemblage de cinq ou six misérables huttes, devant les portes desquelles un ou deux des habitants, d'un extérieur

---

[1] Vallée du Cheval Blanc.

aussi grossier que leurs demeures, commençaient à s'occuper des travaux de la journée. Une chaumière offrait cependant un aspect un peu supérieur aux autres, et la vieille femme qui en balayait le seuil avait l'air quelque peu moins repoussant que ses voisins. Tressilian lui adressa la question souvent répétée « s'il y avait un maréchal dans le voisinage, et quelque endroit où il pût faire reposer son cheval? » Ce fut en le regardant en face avec une expression singulière que la vieille lui répondit : — Un maréchal! oui vraiment il y a un maréchal; — qu'est-ce que vous lui voulez, m'sieur?

— Qu'il ferre mon cheval, bonne femme; vous pouvez voir qu'il a perdu un fer de devant.

— Maître Holiday! cria la vieille, sans répondre directement, — maître Erasmus Holiday! venez parler à m'sieur, s'il vous plaît.

— *Favete linguis*[1] ! répondit une voix de l'intérieur; je ne puis sortir maintenant, Gammer Sludge[2], car je suis au meilleur morceau de mes études du matin.

— Allons, allons, maître Holiday, il faut que vous sortiez. — Voilà un m'sieur qui voudrait aller chez Wayland Smith[3], et je ne me soucie pas de lui montrer le chemin du diable. — Son cheval a perdu un fer.

— *Quid mihi cum caballo*[4] ? répliqua l'homme au latin, toujours dans l'intérieur de la hutte; je crois qu'il n'y a qu'un homme savant dans le canton, et on ne peut ferrer un cheval sans lui!

En même temps on vit paraître au seuil de la porte l'honnête pédagogue, car son accoutrement l'annonçait pour tel. Un long corps, maigre, clopinant, voûté, était surmonté d'une tête couverte de cheveux plats, dont la couleur noire commençait à tourner au gris. Ses traits avaient l'expression d'autorité habituelle que Denis, je le suppose, porta du trône à la chaire du maître d'école, et qu'il a transmise comme un legs à tous ses confrères en enseignement. Une casaque de bougran noir était serrée au milieu du corps par un ceinturon, auquel était suspendu, au lieu de coutelas ou d'épée, un bel encrier de cuir. Sa férule était passée de l'autre côté, comme une latte d'arlequin, et il tenait à la main le volume fatigué qu'il était en train de lire.

En voyant une personne de l'apparence de Tressilian, qu'il était plus en état d'apprécier que ne l'avaient été les paysans, le maître d'école ôta son bonnet et l'aborda avec un : *Salve, domine; intelligis-ne linguam latinam*[5] ?

Tressilian rassembla tout son savoir pour répondre : — *Linguæ latinæ*

---

[1] Silence
[2] Mere Bourbier
[3] Wayland le Forgeron.
[4] Que me fait le cheval?
[5] Salut, monsieur; comprenez-vous le latin?

CHAPITRE IX.

haud penitùs ignarus, venià tud, domine erudissime, vernaculem libentiùs loquor [1].

La réponse latine eut sur le maître d'école l'effet que le signe maçonnique produit, dit-on, sur les frères de la truelle. Il prit tout-à-coup intérêt au savant voyageur, écouta avec gravité l'histoire d'un cheval fatigué et d'un fer perdu, puis répondit d'un ton solennel : — Ça peut paraître une chose toute simple, très honorable, de vous répondre qu'à un petit mille de ces *tuguria* [2] demeure le meilleur *faber ferrarius* [3], le maréchal le plus accompli, qui ait jamais cloué un fer au pied d'un cheval. Or, si je vous disais cela, je réponds que vous vous croiriez *compos voti* [4], ou, comme dit le vulgaire, un homme fait.

— J'aurais du moins, repartit Tressilian, une réponse directe à une question toute simple, ce qui semble difficile à obtenir dans ce pays.

— C'est envoyer une âme pécheresse au diable, dit la vieille, que d'envoyer une créature vivante à Wayland Smith.

— Paix, Gammer Sludge! dit le pédagogue; *pauca verba* [5], Gammer Sludge, et veillez au porridge, Gammer Sludge; *curetur jentaculum* [6], Gammer Sludge; ce gentleman n'est pas une de vos commères. Se retournant alors vers Tressilian, il reprit son ton élevé : — Ainsi donc, très honorable, vous vous trouveriez réellement *bis terque felix* [7], si je vous indiquais la demeure de ce maréchal?

— Monsieur, répondit Tressilian, j'aurais en ce cas tout ce dont j'ai besoin, quant à présent : — un cheval propre à continuer ma route, — et à me mettre hors de portée de ton érudition. Ces derniers mots, il les murmura en lui-même.

— *O cœca mens mortalium* [8]! Junius Juvenalis avait bien raison quand il disait dans ses chants : *Numinibus vota exaudita malignis* [9].

— Savant magister, reprit Tressilian, votre érudition surpasse tellement mon humble capacité intellectuelle, que vous m'excuserez d'aller chercher ailleurs des renseignements que je puisse mieux comprendre.

Ainsi voilà comme vous êtes impatient de fuir qui voudrait vous instruire! C'est avec vérité que Quintilien....

— Je vous en prie, monsieur, laissez là Quintilien pour le moment, et dites-moi en deux mots et en simple anglais, si votre érudition peut

---

[1] Je ne suis pas absolument étranger à la langue latine, très érudit monsieur; mais, avec votre permission, je parle plus volontiers l'idiome vulgaire.
[2] De ces chaumières.
[3] Le meilleur ouvrier en fer.
[4] Au comble de vos vœux.
[5] Peu de paroles.
[6] Ayez l'œil au déjeuner.
[7] Deux et trois fois heureux.
[8] O esprit aveugle des mortels!
[9] Vœux exaucés par des divinités ennemies.

condescendre jusque là, s'il y a par ici quelque endroit où je puisse faire rafraîchir mon cheval, en attendant qu'il soit referré.

— C'est bien de l'honnêteté, monsieur, et je puis aisément vous répondre que bien qu'il n'y ait pas dans ce pauvre hameau (*nostra paupera regna*[1]) d'*hospitium*[2] régulier, comme les appelle mon homonyme Erasme, néanmoins, en considération de ce que vous avez quelque connaissance, ou du moins quelque teinture des bonnes lettres, j'userai de mon crédit sur la ménagère d'ici pour vous faire avoir une assiette de *furnity*[3], — nourriture très saine pour laquelle je n'ai pas trouvé d'expression latine; — votre cheval aura une place à l'étable, avec une botte d'excellent foin, dont la bonne femme Sludge a tellement à foison, qu'on peut dire de sa vache qu'elle a du foin jusqu'aux cornes, *fœnum habet in cornu*; et si vous voulez bien m'accorder le plaisir de votre compagnie, le banquet ne vous coûtera rien, *ne semissem quidem*[4], tant Gammer Sludge m'a d'obligations pour les peines que je me suis données à faire entrer quelque chose dans la tête de son héritier Dickie, garçon d'espérance, que j'ai péniblement fait voyager à travers les accidents[5].

— Que Dieu vous en récompense, maître Erasmus, dit la digne Gammer, et fasse que le petit Dickie en vaille mieux pour son accident! — et pour le reste, si m'sieur veut demeurer, le déjeuner sera sur la table le temps de tordre un torchon[6]; et quant à la nourriture du cheval et à la nourriture du maître, je n'ai pas l'esprit assez bas pour en demander un penny.

Vu l'état de son cheval, Tressilian, tout bien considéré, ne vit rien de mieux à faire que d'accepter l'invitation si savamment faite et si hospitalièrement confirmée, espérant que lorsque le digne pédagogue aurait épuisé tout autre sujet de conversation, peut-être pourrait-il condescendre à lui dire où il trouverait le maréchal en question. Il entra donc dans la cabane, se mit à table avec le savant magister Erasmus Holiday, partagea son *furnity*, et écouta le compte savant qu'il lui rendit de lui-même une bonne demi-heure durant, avant de pouvoir l'amener à un autre sujet. Le lecteur nous dispensera aisément de suivre ce docte personnage dans tous les détails dont il favorisa Tressilian; l'aperçu suivant pourra suffire.

Il était né à Hogsmorton, où, suivant un dicton populaire, les pourceaux jouent de l'orgue : proverbe qu'il interprétait dans un sens allégorique, comme se rapportant au troupeau d'Epicure, cochonnée dont Horace lui-même s'avouait un porcher. Son prénom d'Erasme lui venait

---

[1] Nos pauvres domaines.
[2] Hôtellerie.
[3] Sorte de bouillie. (L. V.)
[4] Pas un demi-asse (le sou romain).
[5] *Accidence*, les rudiments. (L. V.)
[6] Expression employée proverbialement. (L. V.)

CHAPITRE IX.

en partie de ce que son père était fils d'une blanchisseuse renommée, qui avait entretenu en linge propre ce grand érudit tout le temps qu'il avait passé à Oxford ; tâche assez difficile, attendu qu'il n'était possesseur que de deux chemises, « l'une pour laver l'autre, » suivant la propre expression de la grand'mère de notre pédagogue. Maître Holiday se vantait d'avoir encore en sa possession les restes de l'une de ces *camiciæ*, que sa susdite grand'mère avait heureusement retenue pour balancer le montant de son dernier mémoire. Mais il pensait qu'une cause plus haute encore et plus déterminante lui avait fait donner le nom d'Erasme, et cette cause était le secret pressentiment qu'avait eu sa mère, que dans le marmot qu'il s'agissait de baptiser il y avait un génie caché, qui le conduirait un jour à égaler la renommée du grand érudit d'Amsterdam. Le surnom du maître d'école ne fut pas pour lui l'occasion d'une moindre dissertation que son nom de baptême. Il inclinait à croire qu'il portait le nom de Holiday, *quasi lucus à non lucendo* [1], parce qu'il donnait peu de jours de congé à son école [2]. — C'est ainsi, dit-il, qu'en langage classique le maître d'école est appelé *ludi magister* [3], parce qu'il prive les enfants de leurs jeux. Et cependant, d'un autre côté, il pensait que ce nom de Holiday pouvait recevoir une interprétation fort différente, et se rapporter à sa rare habileté dans l'arrangement des cortèges et des spectacles, des danses moresques, des divertissements du mai, et autres plaisirs analogues des jours de fête, pour lesquels il assura Tressilian que positivement il avait la cervelle la mieux organisée et la plus inventive de toute l'Angleterre ; à tel point, que son adresse à disposer ces sortes de divertissements l'avait fait connaître de nombre d'honorables personnes, tant en province qu'à la cour, et notamment du noble comte de Leicester. — Et bien que maintenant, ajouta-t-il, il puisse m'oublier au milieu de ses nombreuses affaires d'État, je suis pourtant bien sûr que s'il avait quelque petite fête à arranger pour l'amusement de Sa Grâce la reine, cheval et cavalier seraient bientôt partis pour l'humble chaumière d'Erasmus Holiday. En attendant, *parvo contentus* [4], je fais conjuguer et décliner mes élèves, honorable monsieur, et je passe mon temps avec l'aide des muses. Et dans ma correspondance avec les savants étrangers, j'ai toujours signé *Erasmus ab Die fausto* [5], et j'ai joui sous ce titre de la distinction due au savant ; témoin l'érudit Diedrichus Buckerschockius, qui m'a dédié sous ce nom son traité sur la lettre *Tau*. Enfin, monsieur, j'ai été un homme heureux et distingué.

— Puissiez-vous l'être long-temps, monsieur ! dit le voyageur ; mais permettez-moi de vous demander, dans votre style classique, *Quid hoc*

---

[1] Comme *lucus* (bois) vient de *non lucendo* (obscur).
[2] *Holiday*, littéralement 'our saint ; et, par extension, jour de fête, jour de congé. (L. V.)
[3] Maître du jeu.
[4] Satisfait de peu.
[5] C'est la latinisation d'Erasme Holiday. (L. V.)

ad Iphicli boves, qu'est-ce que tout ceci a de commun avec mon pauvre cheval déferré?

— *Festina lente* [1], répliqua l'érudit; nous y viendrons tout à l'heure. Il faut que vous sachiez qu'il y a quelque deux ou trois ans arriva dans ce pays un homme qui se donnait le nom de docteur Doboodie, quoique peut-être il n'eût pas même de sa vie signé *Magister artium* [2]. si ce n'est du droit de ventre affamé. Ou, peut-être bien, s'il avait pris quelques degrés dans les sciences, était-ce le diable qui les lui avait conférés, car il pratiquait ce que le vulgaire nomme la magie blanche; — un homme rusé, une sorte de sorcier. — Je m'aperçois, mon cher monsieur, que vous vous impatientez; mais si un homme ne conte pas son histoire à sa manière, qui vous garantit qu'il pourra la conter à la vôtre?

— Hé bien donc, mon savant monsieur, suivez votre manière; mais marchons d'un pas plus pressé, car mon temps est un peu court.

— Hé bien, monsieur, reprit Erasmus Holiday avec la persévérance la plus démontante, je ne veux pas dire que ce Démétrius, car c'était le nom qu'il se donnait à l'étranger, fût précisément un magicien; mais ce qui est certain, c'est qu'il se donnait pour appartenir à la confrérie de l'ordre mystique des Rose-Croix, pour un disciple de Geber (*ex nomine cujus venit verbum vernaculum gibberish* [3]). Il guérissait les blessures en pansant l'arme au lieu de la plaie; — il disait l'avenir et le passé par la chéromancie; — il découvrait les choses volées au moyen du tamis et des cisailles; — il savait recueillir le trèfle à quatre feuilles et la graine de fougère mâle, par le moyen desquels on se rend invisible; — il prétendait être sur la voie de l'élixir souverain ou panacée universelle, et convertissait de bon plomb en mauvais argent.

— En d'autres termes, c'était un charlatan et un fripon; mais qu'est-ce que tout cela a de commun avec mon cheval et le fer qu'il a perdu?

— Avec un peu de patience, répliqua le diffus narrateur, nous le saurons tout à l'heure; — *patientia* donc, très honorable, mot qui exprime, selon notre Marcus Tullius, *difficilium rerum diurna perpessio* [4]. Ce Démétrius Doboodie, après avoir répandu son nom dans le commun peuple, comme je vous l'ai dit, commença à acquérir du renom *inter magnates*, parmi les premiers du pays, et il est à croire qu'il aurait pu aspirer à de plus grands succès, si le diable, selon le bruit populaire (car je n'affirme pas la chose d'après ma connaissance certaine), ne fût venu par une nuit noire réclamer son dû, et ne fût parti avec Démétrius, qu'on n'a jamais revu depuis et dont on n'a plus entendu parler. Maintenant, voici venir la *medulla*, la vraie moelle de mon récit. Ce docteur Do-

---

[1] Hâtons-nous lentement.
[2] Maître ès-arts.
[3] Du nom duquel vient le mot vulgaire *gibberish* (baragouin).
[4] L'endurance journalière des difficultés.

boodie avait un serviteur, un pauvre diable qu'il employait à arranger ses fourneaux, en les réglant sur une juste mesure, — à composer ses drogues, — à tracer ses cercles, — à enjoler ses malades, *et sic de cæteris* [1]. — Hé bien, très honorable, le docteur ayant disparu de cette étrange façon et d'une manière qui frappa tout le pays de terreur, ce pauvre Zany [2] se répète en lui-même les paroles de Maro, *uno avulso, non deficit alter* [3]; et de même qu'un apprenti marchand s'assied au comptoir de son patron quand son patron est mort ou s'est retiré des affaires, de même ce Wayland reprit le dangereux métier de son défunt maître. Mais bien que le monde, très honorable, soit toujours enclin à se prêter aux prétentions des hommes indignes de cette espèce, qui ne sont en réalité que de simples saltimbanques, de vrais charlatans, quoiqu'ils usurpent les dehors et affectent l'habileté des docteurs en médecine, néanmoins celles de ce pauvre Zany, de ce Wayland, étaient trop fortes pour qu'on les lui passât; et il n'y avait pas un simple paysan, pas un villageois, qui ne fût prêt à l'aborder avec ces deux vers de Perse, quoique traduits dans leur langage grossier :

> *Diluis helleborum, certo compescere puncto*
> *Nescius examen? Vetat hoc natura medendi.*

Ce que j'ai ainsi rendu dans une pauvre paraphrase de ma façon :

> Ainsi ta main novice à mêler l'hellébore
> Veut peser, mesurer, faire ce qu'elle ignore?
> Laisse aux initiés ce qui n'est que pour eux.

En outre, la mauvaise réputation du maître, sa fin étrange et incertaine, ou du moins sa disparition subite, empêchaient tout le monde, sauf ceux qui ne craignent ni Dieu ni diable, d'aller demander les avis ou l'opinion du serviteur; aussi le pauvre diable se vit-il en passe très probable de mourir de faim. Mais le démon, qui le sert depuis la mort de Démétrius, ou Doboodie, lui suggéra une nouvelle invention. Le coquin, soit par les leçons de Satan, soit parce qu'il l'aurait appris dans sa jeunesse, ferre mieux les chevaux que jamais personne ne les ferra d'ici en Islande; de sorte que renonçant à la pratique des bipèdes, de cette espèce à deux jambes et sans plumes qu'on nomme l'humanité, il s'est donné entièrement à la ferrure des chevaux.

— Vraiment! et où demeure-t-il? Ainsi il ferre bien les chevaux? — Indiquez-moi sa demeure sur-le-champ.

L'interruption ne plut pas au magister. — *O cæca mens mortalium!* s'écria-t-il, — quoique, par parenthèse, j'aie déjà employé cette citation. Mais je voudrais que les classiques pussent me fournir des paroles

---

[1] Et ainsi du reste.
[2] Bouffon, paillasse; celui qui attire la foule à l'échoppe des marchands d'orviétan. (L.V.)
[3] L'un est tombé, l'autre aussitôt le remplace. (Virgile.)

qui aient la puissance d'arrêter ceux qui sont ainsi disposés à courir à leur perte. Écoutez seulement, je vous prie, les conditions de cet homme, avant d'être si pressé à vous exposer au danger...

— Il ne prend pas d'argent pour sa besogne, dit la vieille, qui restait là dans une sorte de ravissement du beau langage et des savants apophthegmes qui découlaient si abondamment des lèvres de son docte locataire maître Holiday. Mais cette interruption ne fut pas plus du goût du magister que celle du voyageur.

— Paix, Gammer Sludge! dit-il; connaissez votre place, si vous le voulez bien. *Sufflamina* ¹, Gammer Sludge, et laissez-moi exposer la chose à notre respectable hôte. — Monsieur, continua-t-il, s'adressant de nouveau à Tressilian, cette vieille femme dit vrai, quoique dans le langage grossier qui lui est propre; car certainement ce *faber ferrarius* ou forgeron ne reçoit d'argent de personne.

— Et c'est un signe certain qu'il a commerce avec Satan, reprit dame Sludge; car pas un bon chrétien ne refuse le salaire de son travail.

— La vieille a encore touché juste, dit le pédagogue; *rem acu tetigit*, — elle a mis la pointe de son aiguille dessus. — Ce Wayland ne reçoit en effet pas d'argent, et il ne se montre à personne.

— Et ce fou, car je le tiens pour tel, est habile dans son état?

— Oh! monsieur, rendons au diable ce qui lui est dû : — Mulciber ² lui-même, avec tous ses Cyclopes, ne pourrait guère le surpasser. Mais assurément il est peu sage de prendre conseil ou de recevoir aide et secours d'un homme qui n'est que trop clairement ligué avec l'auteur du mal.

— Il faut que j'en coure la chance, mon cher monsieur Holiday, dit Tressilian en riant; et comme mon cheval doit maintenant avoir mangé sa provende, j'ai à vous remercier de votre bon accueil, et à vous prier de m'indiquer la demeure de cet homme, afin que je puisse me mettre en état de continuer ma route.

— Oui, oui, montrez-lui, maître Erasmus, dit la vieille, à qui peut-être il tardait de voir sa maison débarrassée de son hôte; il faut que chacun aille où le diable le pousse.

— *Do manus* ³, reprit le magister; je cède, — tout en prenant le monde à témoin que j'ai prévenu cet honorable gentleman du tort qu'il fait et fera à son âme s'il se joue ainsi à Satan. Je n'accompagnerai pas non plus notre hôte moi-même, mais j'y enverrai mon élève. — *Ricarde, adsis, nebulo* ⁴.

— Sous votre faveur, pas du tout, s'écria la vieille; vous pouvez mettre votre âme en péril si vous voulez, mais mon garçon ne bougera

---

¹ Enraie, tais-toi.
² Epithète de Vulcain. (L. V.)
³ J'y donne les mains.
⁴ Richard! (Dick est l'abréviation familière de ce nom) approche, petit garnement

pas pour une pareille commission. Et je m'étonne que vous, *domine doctor*, vous vouliez donner une pareille besogne au petit Dickie.

— Mais, ma bonne Gammer Sludge, Ricardus n'ira que jusqu'au haut de la colline, où il indiquera du doigt à l'étranger la demeure de Wayland Smith. Ne croyez pas qu'il puisse lui arriver aucun mal, à lui qui a lu ce matin à jeun un chapitre des Septante, et qui de plus a eu sa leçon de grec dans le Testament.

— Oui, et moi j'ai cousu un bout de branche de l'orme des sorcières dans le collet de sa veste, dès que ce fieffé voleur a commencé ses pratiques sur bêtes et gens dans le pays.

— Et comme il lui arrive souvent (à ce que je soupçonne grandement) d'aller vers ce magicien pour son plaisir, il peut bien y aller une fois ou s'en approcher pour nous faire plaisir à nous et rendre service à cet étranger. — *Ergo, heus, Ricarde! quæso, mi didacule*[1] *!*

L'élève, appelé sur ce ton affectueux, entra enfin en clopinant dans la chambre. C'était un petit garnement mal fait, quasi-boiteux, d'un aspect étrange, qu'à sa taille rabougrie on eût jugé avoir douze ou treize ans, quoique probablement il fût en réalité d'une ou deux années plus âgé. Ses cheveux couleur carotte étaient dans un immense désordre; son visage hâlé était parsemé de rousseur; son nez en boule et son menton allongé étaient surmontés de deux yeux gris, qui, sans être précisément louches, avaient une singulière obliquité de vision. Il était impossible de regarder le petit bonhomme sans éprouver l'envie de rire, surtout quand Gamner Sludge, le saisissant par le bras pour l'embrasser, en dépit des regimbements et des ruades par lesquels il répondait aux caresses de sa tendre mère, l'appela sa précieuse perle de beauté.

— *Ricarde*, dit le précepteur, il faut aller incontinent (et cela *profectò*) jusqu'au haut de la butte, et montrer à monsieur la maison du respectable Wayland Smith.

— Jolie commission pour la matinée! dit l'enfant, en meilleur langage que ne s'y attendait Tressilian; et qui sait si le diable ne m'emportera pas avant que je revienne?

— Oui, marry! fit dame Sludge, et vous auriez bien pu y penser à deux fois, maître *Domine*, avant d'envoyer mon chéri à une pareille commission. Ça n'est pas pour de pareilles choses que je vous nourris le ventre et que je vous couvre le dos, je vous le garantis!

— Bast! — *nugæ*! bonne Gammer Sludge. Je vous réponds que Satan, si Satan il y a ici, ne touchera pas à un fil de ses vêtements; car Dickie peut dire son *pater* aussi bien que personne et est en état de défier l'esprit du mal. — *Eumenides Stygiumque nefas.*

— Oui, et moi, comme je disais, j'ai cousu dans sa veste une branche de frêne des montagnes, dit la bonne femme, ce qui lui servira

---

[1] Ainsi donc, holà, Richard! or çà, mon jeune élève!

plus que toute votre science, à coup sûr; mais, malgré tout, c'est mal de chercher le diable et ses acolytes.

— Mon cher enfant, reprit Tressilian, qui vit, au ricanement grotesque de la face de Dickie, qu'il agirait plutôt de lui-même que sur les injonctions de ses anciens, je vous donnerai un groat d'argent, mon petit ami, si vous voulez seulement me conduire jusqu'à la forge de cet homme.

L'enfant lui jeta de côté un coup d'œil expressif qui semblait promettre ce qu'on lui demandait, en même temps qu'il s'écriait : — Moi, être votre guide chez Wayland Smith! eh! n'ai-je pas dit que le diable pourrait m'emporter, tout comme voilà l'épervier (regardant par la fenêtre) qui emporte un des poulets de grand'mère?

— L'épervier! l'épervier! exclama à son tour la vieille; et dans son alarme oubliant tout le reste, elle se hâta de courir au secours de ses poulets aussi vite que ses vieilles jambes pouvaient la porter.

— Maintenant en route, dit alors le garnement à Tressilian; prenez vite votre chapeau, sortez votre cheval, et atteignez le groat d'argent dont vous parliez.

— Mais un moment, un moment! dit le précepteur; *sufflamina, Ricarde!*

— *Sufflamina* vous-même, repartit Dickie, et pensez à ce que vous allez répondre à grand'mère pour m'envoyer en poste au diable.

Le pédagogue, sachant quelle responsabilité il encourait, se leva en grande hâte pour mettre la main sur le petit polisson et l'empêcher de partir; mais Dickie lui glissa dans les doigts, s'élança hors de la chaumière, et courut jusqu'au haut d'une éminence voisine, tandis que le précepteur, désespérant, par une longue expérience, de rattraper son élève à la course, avait recours aux épithètes les plus mielleuses que fournit le vocabulaire latin, pour lui persuader de revenir. Mais aux *mi anime*, *corculum meum*, et autres douceurs classiques, le truand fit la sourde oreille, et resta à gambader sur la station qu'il avait prise, comme un farfadet au clair de la lune, faisant des signes à sa nouvelle connaissance, Tressilian, pour qu'il vînt le rejoindre.

Le voyageur ne perdit pas de temps pour sortir son cheval de l'étable afin de suivre son lutin de guide, après avoir à demi forcé le pauvre instituteur délaissé d'accepter, en dédommagement de l'accueil qu'il lui avait fait, une récompense qui neutralisa en partie la terreur avec laquelle il attendait la rentrée de la vieille. Il paraît que celle-ci ne tarda guère; car Tressilian et son guide n'étaient pas encore bien loin quand ils entendirent les cris d'une voix fêlée de vieille femme, auxquels se mêlaient les adjurations classiques de maître Erasmus Holiday. Dickie Sludge, également sourd à la voix de la tendresse maternelle et à celle de l'autorité magistrale, n'en continua pas moins de trotter d'un air d'insouciance devant Tressilian, disant seulement que s'ils s'enrouaient à crier ils pourraient lécher le pot au miel, vu qu'il avait lui-même mangé la veille au soir tout le miel qu'il y avait dedans.

CHAPITRE X.

> En entrant là ils trouvèrent le bonhomme tout occupé de son œuvre ; c'était un sorcier à l'air décrépit et misérable, aux yeux creux, aux os des joues saillants, comme s'il eût été long-temps renfermé dans une prison.
>
> *La Reine des fées.*

Sommes-nous loin de la demeure de ce maréchal, mon gentil garçon? dit Tressilian à son jeune guide.

— Comment est-ce que vous m'appelez? répondit l'enfant, dont l'œil gris et perçant lança en même temps à Tressilian un regard oblique.

— Je vous appelle mon gentil garçon ; — y a-t-il quelque offense en cela, mon enfant?

— Oh, non! — seulement si vous étiez avec grand'mère et Dominie Holiday, vous pourriez faire chorus à la vieille chanson :

« Nous sommes trois,
Trois fous et folles.... »

— Et pourquoi cela, mon petit homme? reprit Tressilian.

— Parce que vous êtes les trois seuls qui m'ayez jamais appelé gentil garçon, repondit le laid garnement. — Maintenant, grand'mère m'appelle ainsi parce qu'elle est à demi aveugle par l'âge et tout-à-fait aveugle par la parenté ; et mon maître, le pauvre Dominie, pour se faire bien venir d'elle, avoir l'assiettée la plus pleine de *furmity*, et la place la plus chaude au coin du feu. Mais pourquoi, *vous*, vous m'appelez gentil garçon, c'est ce que vous savez mieux que moi.

— Tu es du moins un espiègle malin, sinon gentil. Mais comment t'appellent tes camarades?

— Le Farfadet [1], répondit l'enfant sans hésiter ; mais, malgré tout, j'aime mieux ma laide physionomie que pas une de leurs têtes de butors, où il n'y a pas plus de cervelle que dans un morceau de brique.

— Ainsi, vous n'avez pas peur de ce maréchal que nous allons voir?

— Moi, avoir peur de lui? Quand bien même ça serait le diable, comme les gens le croient, je n'aurais pas peur de lui ; mais quoiqu'il y ait en

[1] *Hobgoblin.*

lui quelque chose de drôle, il n'est pas plus diable que vous, et c'est ce que je ne voudrais pas dire à tout le monde.

— Et pourquoi alors me le dites-vous, mon enfant?

— Parce que vous êtes une autre sorte d'homme que ceux que nous voyons ici tous les jours; et quoique je sois laid comme le péché, je ne voudrais pas que vous me prissiez pour un âne, d'autant plus qu'il peut se faire que j'aie une grâce à vous demander quelque jour.

— Et quelle est-elle, mon garçon, qu'il ne faut pas que j'appelle gentil?

— Oh! si je vous la demandais maintenant, vous me la refuseriez; — mais j'attendrai que nous nous rencontrions à la cour.

— A la cour, Richard! êtes-vous destiné à la cour?

— Oui, oui, c'est juste comme tous les autres; je réponds que vous vous dites : Qu'est-ce qu'un laid garnement comme celui-là irait faire à la cour? Mais laissez faire Richard Sludge; je n'ai pas été ici le coq du poulailler pour rien. Je ferai voir que l'esprit corrige les traits.

— Mais que dira votre grand'mère, et votre précepteur, Dominie Holiday?

— Ils diront ce qu'ils voudront; l'une a ses poulets à compter, l'autre ses écoliers à fouetter. Il y a long-temps que je leur aurais donné la chandelle à tenir, et que j'aurais montré une belle paire de talons à ce village, si Dominie ne m'avait pas promis que j'irais avec lui pour avoir un rôle à jouer dans la première fête dont il sera l'ordonnateur; et on dit qu'il va bientôt y en avoir de grandes.

— Et où doivent-elles avoir lieu, mon petit ami?

— Oh! à je ne sais quel château loin dans le nord; — à une longueur de monde du Berkshire [1]. Mais notre vieux Dominie tient pour certain qu'on ne pourra rien faire sans lui; et il peut bien avoir raison, car il a ordonné plus d'une belle fête. Il n'est pas à moitié aussi sot qu'il en a l'air, quand il est à la besogne qu'il entend; il sait vous dire des vers comme un acteur de comédie, pendant que si vous le chargez de voler un œuf d'oie, Dieu sait qu'il se laissera battre par le jars.

— Et vous devez avoir un rôle à jouer dans sa prochaine fête? reprit Tressilian, à qui la conversation hardie de l'enfant et sa finesse dans l'appréciation des caractères inspiraient une sorte d'intérêt.

— Il me l'a bien promis, répondit Richard Sludge, et s'il manque à sa parole il en sera le mauvais marchand; car si une fois je prends le mors au dents et que je descende la butte au galop, je lui ferai faire une telle culbute que ses os pourront s'en mal trouver. — Et pourtant je n'aimerais pas beaucoup lui faire du mal, continua-t-il, car l'ennuyeux vieux fou s'est donné une peine du diable pour m'apprendre tout ce qu'il a pu. — Mais suffit là-dessus; — nous voici à la porte de la forge de Wayland Smith.

[1] Le comté (*shire*) de Berk, celui où se passe la scène actuelle. (L. V.)

— Vous plaisantez, mon petit ami; il n'y a là devant nous qu'une ande nue, et ce cercle de pierres avec une plus grande au milieu, comme un *barrow* ¹ du Cornouailles.

— Oui, et cette grande pierre plate du milieu, posée en travers sur les autres qui sont debout, est le comptoir de Wayland Smith, où il faut que vous comptiez votre argent.

— Que voulez-vous dire par cette folie? dit le voyageur, commençant à se fâcher contre l'enfant, et s'en voulant à lui-même d'avoir pu se fier à la cervelle éventée d'un pareil guide.

— Eh! fit Dickie avec une grimace, qu'il faut que vous attachiez votre cheval à cette pierre droite dans laquelle il y a un anneau, puis qu'après cela vous siffliez trois fois, que vous me posiez votre groat d'argent sur l'autre pierre plate, puis que vous sortiez du cercle, que vous alliez vous asseoir à l'ouest de ce petit bouquet de halliers, en prenant garde de ne regarder ni à droite ni à gauche pendant dix minutes, ou aussi long-temps que vous entendrez le bruit du marteau; ensuite, quand vous n'entendrez plus rien, vous direz vos prières le temps de compter cent, ou vous compterez jusqu'à cent, ce qui reviendra au même; — et alors rentrez dans le cercle, vous trouverez votre argent parti et votre cheval ferré.

— Mon argent parti, je n'en doute pas; — mais quant au reste... Écoutez, mon garçon, je ne suis pas votre maître d'école; mais si vous me jouez un de vos tours, je lui épargnerai une partie de sa tâche, et vous châtierai d'importance.

— Oui, quand vous pourrez m'attraper! et en même temps il joua des jambes à travers la bruyère, avec une vélocité qui défiait tous les efforts que pouvait faire Tressilian pour le rejoindre, chargé comme il l'était de ses lourdes bottes. Et ce qu'il y avait de plus irritant dans la conduite de l'enfant, c'est qu'il n'avait pas l'air de se sauver de toutes ses forces, comme quelqu'un qui se croit en danger ou qui a peur, mais qu'il ne prenait que tout juste assez d'avance pour encourager Tressilian à continuer la chasse; puis alors, au moment même où celui-ci croyait presque le tenir, il partait avec la rapidité du vent, en faisant des crochets et des détours de manière à ne jamais s'écarter beaucoup du point d'où il était parti.

Cette poursuite aurait pu durer long-temps si la fatigue n'eût forcé Tressilian d'y renoncer; il s'arrêta, en gratifiant d'une malédiction cordiale le vilain magot qui l'avait engagé dans ce ridicule exercice. Mais l'enfant, qui s'était de nouveau planté vis-à-vis de lui au haut d'un monticule peu distant, se mit à claquer l'une contre l'autre ses longues et maigres mains, à le pointer de son doigt osseux, et à contourner ses traits étrangement difformes en une expression si extravagante de rire et de

---

¹ Ancien champ de sépulture. (L. V.)

moquerie, que Tressilian commençait presque à se demander s'il n'avait pas devant lui un lutin véritable.

Irrité au dernier point, en même temps qu'il éprouvait une irrésistible envie de rire, tant étaient bizarres les grimaces et les gesticulations de l'enfant, le Cornouaillien revint vers son cheval et se remit en selle, dans l'intention de poursuivre Dickie avec plus d'avantage.

Mais dès que l'enfant le vit remonter à cheval, il lui cria que plutôt que de le voir blesser son bidet aux pieds blancs, il allait revenir à lui, à condition qu'il garderait ses doigts pour lui.

— Je ne ferai pas de conditions avec toi, vilain varlet, repartit Tressilian; dans un moment tu seras à ma discrétion.

— Ah! ah! monsieur le voyageur! répliqua l'enfant, il y a ici tout près un marécage qui avalerait tous les chevaux des gardes de la reine;—je vais y aller, et nous verrons jusqu'où vous y viendrez. Vous entendrez le butor crier et le canard sauvage barboter avant de mettre la main sur moi sans mon consentement, je vous en réponds.

Tressilian vit, en effet, à l'apparence du terrain en arrière du monticule, que l'enfant pourrait bien avoir raison sur ce point; en conséquence il se détermina à faire la paix avec un ennemi si adroit et si agile.
— Descends, babouin espiègle! lui cria-t-il; — finis tes momeries et tes grimaces, et viens ici. Foi de gentilhomme, je ne te ferai pas de mal.

L'enfant répondit à son invitation par la confiance la plus entière. Il descendit gaillardement de sa station, tout en tenant les yeux fixés sur ceux de Tressilian, qui avait remis pied à terre et restait immobile, la bride de son cheval en main, hors d'haleine et presque épuisé par son inutile exercice, quoique pas une goutte de sueur ne mouillât le front du petit démon, dont le visage avait l'aspect d'un parchemin sec et incolore tendu sur un crâne décharné.

— Dis-moi, reprit Tressilian, pourquoi tu te comportes ainsi, malicieux espiègle. Quelle est ton intention en me contant l'absurde légende que tu voulais tout à l'heure me faire croire? Ou plutôt montre-moi sérieusement la forge de ce maréchal, et je te donnerai de quoi acheter des pommes tout l'hiver.

— Quand vous devriez me donner tout un verger de pommes, je ne puis vous guider mieux que je ne l'ai fait. Posez le groat d'argent sur la pierre plate, — sifflez trois fois, — puis allez vous asseoir au côté occidental du bouquet de genêts; je m'assiérai à côté de vous, et je vous permettrai de m'arracher la tête des épaules si vous n'entendez pas le maréchal à l'ouvrage dix minutes après que nous serons assis.

— Je pourrai bien te prendre au mot, si ta malice me fait jouer un rôle à moitié aussi ridicule que tout à l'heure. — Néanmoins je veux essayer ton charme. — Voici donc que j'attache mon cheval à cette pierre droite; il faut que je pose mon groat d'argent ici, puis que je siffle trois fois, dis-tu?

— Oui, mais il faut siffler plus fort qu'un merle d'eau déplumé, fit l'enfant, après que Tressilian, ayant déposé son argent, et presque honteux de la folie à laquelle il se prêtait, eut sifflé avec insouciance. — Il faut siffler plus fort que ça, car qui sait où est le maréchal que vous appelez? — Il pourrait bien être dans les écuries du roi de France, autant que je sache.

— Eh! tu disais tout à l'heure que ce n'était pas un diable.

— Homme ou diable, je vois qu'il faut que je l'appelle pour vous; et sur ce, Dick fit entendre un sifflement aigu et retentissant, dont le son strident déchira presque le tympan du voyageur. — Voilà ce que j'appelle siffler, reprit-il après avoir trois fois répété le signal; et maintenant à couvert, à couvert, ou Pied-Blanc ne sera pas ferré d'aujourd'hui.

Curieux de savoir à quoi aboutirait cette momerie, quoique persuadé que ce serait à quelque résultat sérieux, d'après la confiance avec laquelle l'enfant s'était mis en son pouvoir, Tressilian se laissa conduire de l'autre côté du petit bouquet de genêts et de broussailles qui se trouvait à une certaine distance du cercle de pierres, et il s'y assit; et comme il lui vint à l'esprit que ce pourrait bien n'être, après tout, qu'un tour pour lui voler son cheval, il continua de tenir l'enfant par le collet, résolu de faire de lui l'otage de la sûreté de Pied-Blanc, comme l'appelait Dickie.

— Maintenant, paix et écoutez! dit celui-ci presque à voix basse; vous allez bientôt entendre le bruit d'un marteau qui n'a pas été forgé de fer de ce monde, car la pierre dont il a été fait était tombée de la lune. Et en effet, Tressilian entendit presque au même instant le bruit modéré d'un marteau, qui semblait celui d'un maréchal à l'œuvre. La singularité de tels sons dans ce lieu isolé le fit involontairement tressaillir; mais portant les yeux sur l'enfant, et voyant, à l'expression malicieuse de sa physionomie que l'espiègle s'était aperçu de sa légère émotion et qu'il en jouissait, il commença à croire que le tour n'était qu'un stratagème concerté d'avance, et il résolut de savoir par qui et dans quel dessein le tour était joué.

En conséquence, il resta parfaitement tranquille tant que le marteau continua de se faire entendre, ce qui dura le temps à peu près que l'on met à fixer un fer de cheval. Mais dès que le bruit cessa, Tressilian, au lieu de laisser s'écouler le temps prescrit par son guide, s'élança l'épée à la main, tourna en courant le hallier, et se trouva face à face avec un homme portant le tablier de cuir des forgerons, mais du reste bizarrement affublé d'une peau d'ours dont le poil était en dehors, et d'une coiffe pareille qui cachait presque entièrement les traits noircis et enfumés de ce singulier artisan. — Revenez! revenez! criait l'enfant à Tressilian; vous allez être mis en pièces. Tous ceux qui le regardent meurent! — Dans le fait, l'invisible forgeron (maintenant tout-à-fait visible) avait levé son marteau et montrait des dispositions hostiles.

Mais quand l'enfant vit que ni ses prières ni l'attitude menaçante du maréchal ne paraissaient devoir faire changer Tressilian de résolution, mais qu'au contraire il opposait son épée nue au marteau, il cria au forgeron : —Wayland! ne le touchez pas, ou il vous en arrivera mal; — le gentleman est un vrai gentleman, et pas timide.

— Ainsi tu m'as trahi, Flibbertigibbet? cria le forgeron; tu t'en trouveras mal.

— Qui que tu sois, tu ne cours aucun danger de moi, lui dit Tressilian, pourvu que tu me dises ce que signifie tout ceci, et pourquoi tu fais ton métier de cette façon mystérieuse.

Mais le forgeron, se retournant vers Tressilian, s'écria d'un ton menaçant: —Qui donc questionne le gardien du château de cristal de la Lumière, le seigneur du lion vert, le cavalier du dragon rouge? — Hors d'ici! — éloigne-toi avant que je n'appelle Talpack à la lance ardente, qui dompte, écrase et consume! En prononçant ces mots il gesticulait violemment, et brandissait son marteau d'un air formidable.

— Paix, vil imposteur! cesse ton jargon de bohémien, répliqua Tressilian d'un ton méprisant; suis-moi chez le prochain magistrat, ou je te pourfends la tête.

- Paix, je t'en prie, mon bon Wayland! ajouta l'enfant; croyez-moi, la menace ne réussira pas ici. Il faut abouler de bonnes gabes ¹.

— Je pense, respectable monsieur, dit le forgeron en baissant son marteau, et prenant un ton moins haut et plus soumis, je pense que quand un si pauvre homme fait la besogne de sa journée, il peut lui être permis de la faire à sa guise. — Votre cheval est ferré et votre maréchal payé; — qu'avez-vous besoin de vous embarrasser d'autre chose que de vous remettre en selle et de poursuivre votre route?

— Du tout, l'ami, vous vous trompez, repartit Tressilian; tout homme a le droit d'enlever le masque de la face d'un fripon et d'un imposteur, et votre genre de vie fait soupçonner que vous êtes l'un et l'autre.

—Si c'est là votre résolution, monsieur, reprit le forgeron, je ne puis m'en défendre que par la force, que je ne voudrais pas employer contre vous, monsieur Tressilian; non pas que je craigne votre arme, mais parce que je vous connais pour un digne et bon gentilhomme, qui aiderait plutôt un pauvre homme dans l'embarras qu'il ne lui nuirait.

— Bien parlé, Wayland, dit l'enfant, qui avait attendu avec inquiétude l'issue de leur conférence. Mais fais-nous entrer dans ta caverne, car de rester ici à parler au grand air ne vaut rien pour ta santé.

— Tu as raison, Farfadet, répliqua le forgeron; et s'approchant de la partie du bouquet de genêts la plus rapprochée du cercle, à l'opposite de la place où son chaland s'était assis quelques moments auparavant, il mit à découvert une trappe soigneusement cachée par des broussailles,

---

¹ User de belles paroles. Il y a dans l'anglais, également en termes d'argot : *You must cut boon whlds*, que l'auteur explique par *You must give good words*. (L. V.)

la leva, et, descendant sous terre, disparut à leurs yeux. Tressilian, malgré sa curiosité, hésita un instant à suivre cet homme dans ce qui pouvait être une caverne de voleurs, surtout quand il entendit la voix du forgeron, sortant des entrailles de la terre, crier à Richard : — Flibbertigibbet! entre le dernier, et ferme bien la trappe!

— En avez-vous assez vu de Wayland Smith à présent? dit à demi-voix le jeune garnement à Tressilian, avec un ricanement malin, comme s'il eût remarqué l'incertitude de son compagnon.

— Pas encore, répondit Tressilian d'un ton ferme; et surmontant son irrésolution momentanée, il descendit l'étroit escalier auquel l'ouverture donnait accès, suivi de Dickie Sludge qui eut soin de bien fermer la trappe après lui, interceptant ainsi le passage du moindre rayon de clarté. La descente n'était pourtant que de quelques pas, et conduisait à un passage horizontal de quelques toises de longueur, au bout duquel on apercevait la réflexion d'une lueur pâle et rougeâtre. Arrivé là, son épée nue à la main, Tressilian tourna à gauche, et se trouva, ainsi que Farfadet qui le suivait de près, dans une sorte de petit cachot carré, contenant une forge de maréchal chargée de charbon de bois allumé, dont la vapeur aurait rempli l'antre d'une odeur suffocante à laquelle on n'aurait pu résister, si quelques conduits cachés ne lui eussent procuré une issue à l'extérieur. A la clarté rougeâtre du charbon, et à celle d'une lampe suspendue par une chaîne de fer, on pouvait reconnaître qu'indépendamment d'une enclume, d'un soufflet, de pinces, de marteaux, de quantité de fers prêts à être appliqués aux pieds des chevaux, et de divers autres articles propres à la profession de maréchal, il y avait là aussi des fourneaux, des cornues, des creusets, des retortes, et autres ustensiles d'alchimie. Vus à la clarté sombre et imparfaite du feu de charbon et d'une lampe mourante, la figure grotesque du maréchal et les traits non moins laids que bizarres de l'enfant s'harmonisaient bien avec cet appareil mystique, et, dans ce siècle de superstition, auraient fait quelque impression sur le courage de bien des gens.

Mais la nature avait doué Tressilian d'un esprit ferme, et une bonne éducation première, fortifiée encore par des études subséquentes, le mettait à l'abri de terreurs imaginaires. Après avoir jeté un coup d'œil autour de lui, il demanda une seconde fois à l'artiste qui il était, et par quel hasard il connaissait son nom ?

— Votre Honneur ne peut avoir oublié, répondit le forgeron, qu'il y a environ trois ans, une veille de Sainte-Lucie, un jongleur ambulant se présenta dans certain château de Devonshire, et montra son savoir-faire devant un respectable chevalier et une nombreuse compagnie. — Je vois à la physionomie de Votre Honneur, tout obscur qu'est le lieu où nous sommes, que ma mémoire ne m'a pas trompé.

— Il suffit, dit Tressilian en se détournant, comme pour cacher la pénible émotion que le maréchal avait excitée à son insu.

— Le jongleur, continua Wayland, joua si bien son rôle que les paysans et les squires à demi paysans qui se trouvaient là, regardèrent son art comme n'étant guère moins que magique ; mais il y avait là une jeune fille d'une quinzaine d'années, le plus beau visage que j'aie jamais vu, dont les joues rosées devinrent pâles, et dont les yeux brillants s'obscurcirent au spectacle des merveilles du jongleur.

— Silence ! répéta Tressilian ; silence, te dis-je !

— Je ne veux pas offenser Votre Honneur ; mais je dois me souvenir que pour rassurer la jeune fille vous consentîtes à lui expliquer par quels moyens ces illusions étaient produites, et à confondre le pauvre jongleur en mettant à nu les mystères de son art, aussi habilement que si vous aviez été un initié à son ordre. — Il est vrai que c'était une si jolie fille, que pour obtenir un sourire d'elle on aurait pu....

— Pas un mot de plus sur elle, entends-tu ? interrompit Tressilian ; je me rappelle la soirée dont tu parles : — c'est un des heureux moments si peu nombreux que ma vie a connus.

— Elle est donc morte ? reprit le forgeron, interprétant à sa manière le soupir avec lequel Tressilian avait prononcé ces mots ; — elle est morte, jeune, belle, aimée comme elle l'était ! — Je demande pardon à Votre Honneur ; — j'aurais dû battre sur une autre enclume : — je vois que sans le savoir j'ai enfoncé le clou jusqu'au vif.

Ces paroles furent dites d'un ton de rude sensibilité qui disposa favorablement Tressilian pour le pauvre forgeron, qu'auparavant il était porté à juger si sévèrement. Mais rien n'a autant le pouvoir d'attirer l'infortuné que la sympathie réelle ou apparente pour ses douleurs.

— Il me semble, reprit Tressilian après une minute de silence, que tu étais alors un joyeux compagnon, en état de tenir une compagnie en gaieté par tes chansons, tes histoires et ton rebec, aussi bien que par tes tours de jonglerie ; — comment se fait-il que je te retrouve ici, travaillant laborieusement de tes mains, exerçant ton métier dans une si triste demeure, et avec des accessoires si extraordinaires ?

— Mon histoire n'est pas longue, dit l'artiste ; pourtant Votre Honneur fera bien de s'asseoir pour l'écouter. En même temps il approcha du feu un escabeau à trois pieds et en prit un autre pour lui, tandis que Dickie Sludge, ou Flibbertigibbet, comme il appelait l'enfant, plaçait un tabouret aux pieds du forgeron, et tenait ses regards avidement fixés sur lui, ses traits, éclairés comme ils l'étaient par la lueur de la forge, paraissant fortement contractés par une curiosité ardente. — Toi aussi, lui dit Wayland, tu vas savoir, et tu le mérites bien de moi, l'histoire succincte de ma vie ; et en vérité il vaut tout autant te la dire que de te la laisser deviner, car jamais la nature n'a mis un esprit plus fin sous une enveloppe moins prévenante. — Hé bien, monsieur, si mon humble histoire peut vous être agréable, elle est à vos ordres. — Mais ne voulez-vous pas boire un verre de quelque chose ? je puis vous assurer que, même dans cette pauvre retraite, j'ai quelques provisions.

— Je te remercie, dit Tressilian; mais commence ton histoire, car mes moments sont comptés.

— Vous n'aurez pas à regretter le délai, car pendant ce temps-là votre cheval fera un meilleur repas que celui qu'il a fait ce matin, et il n'en sera que plus dispos pour la route.

A ces mots l'artiste quitta le souterrain, et il ne rentra qu'au bout de quelques minutes. Nous ferons de même une pause ici, et nous renverrons la narration à un autre chapitre.

CHAPITRE XI.

> Je dis, mylord que tel est son savoir-faire, (quoique vous ne deviez pas l'apprendre tout de moi, qui ai quelque part dans ses travaux), que tout le terrain sur lequel nous allons chevaucher d'ici à Cantorbéry, il peut le retourner sens dessus dessous, et le paver d'or et d'argent.
> *Le Yeoman du chanoine*, prologue (Contes de Cantorbéry).

Wayland commença son récit dans les termes suivants : J'ai été élevé pour la maréchalerie, et je connaissais mon art aussi bien que le connut jamais aucun compagnon aux mains noires et à face enfumée qui ait ceint le tablier de cuir de ce noble métier. Mais je me lassai de faire résonner le marteau sur l'enclume, et je me mis à courir le monde, où je fis la connaissance d'un célèbre jongleur dont les doigts étaient devenus quelque peu roides pour les tours de passe-passe, et qui désirait l'aide d'un apprenti dans ses nobles mystères. Je le servis durant six années, et j'étais devenu passé maître. — Je m'en rapporte à Votre Honneur, dont on ne peut contester le bon jugement : n'avais-je pas appris les tours du métier passablement bien?

— En perfection, dit Tressilian; mais sois bref.

— Ce fut peu de temps après avoir travaillé chez sir Hugh Robsart en présence de Votre Honneur, reprit l'artiste, que je pris le parti du théâtre, et je me suis pavané avec les plus braves de tous leurs acteurs, au Black-Bull, au Globe, à la Fortune [1], et ailleurs; mais je ne sais comment cela se fait : — il y avait tant de pommes cette année-là, que les habitués de la galerie à deux sous [2] n'en mordaient jamais plus d'une bouchée, et jetaient le reste de leurs reinettes à n'importe qui se trouvait sur la scène, de façon que je m'en lassai; — je renonçai à ma demi-part dans la compagnie, — je donnai ma défroque à mes camarades, mes cothurnes à la garde-robe, et tournai les talons au théâtre.

— Bien, l'ami; et que fîtes-vous ensuite?

— Je devins moitié associé, moitié domestique d'un homme de grande habileté et de minces revenus, qui faisait le métier de médecin.

---

[1] Théâtres de Londres à cette époque. (L. V.)
[2] *Two-penny gallery.*

— En d'autres termes, tu étais le Jacques Pudding [1] d'un charlatan.

— Quelque chose au-delà, laissez-moi l'espérer, mon bon monsieur Tressilian ; et cependant, à vrai dire, notre pratique était d'une nature aventureuse, et la pharmacie que j'avais acquise dans mes premières études pour le traitement des chevaux [2] fut appliquée fréquemment à nos malades de race humaine. Mais les germes de toutes les maladies sont les mêmes, et si la térébenthine, le goudron, la poix et la graisse de bœuf, mêlés de carthame, de gomme et d'une tête d'ail, peuvent guérir le cheval qui a été blessé par un clou, je ne vois pas pourquoi la même recette ne pourrait pas servir à l'homme qui a été piqué avec une épée. Mais la pratique de mon maître, de même que son savoir, allaient fort au-delà des miens, et s'occupaient d'objets plus dangereux. C'était non seulement un aventureux et hardi praticien en médecine, mais aussi, si vous voulez bien le permettre, un adepte qui lisait dans les astres, et qui prédisait les événements futurs de la vie des hommes par ce qu'il nommait l'art généthliaque, ou par tout autre moyen. Il était savant dans la distillation des simples, et profond en chimie ; — il fit plusieurs tentatives pour fixer le mercure, et s'estimait avoir fait un bon pas vers la pierre philosophale. J'ai encore un programme à lui sur ce sujet, et si Votre Honneur le comprend je vous croirai plus habile non seulement que tous ceux qui l'ont lu, mais aussi que celui qui l'a écrit.

Il remit à Tressilian un rouleau de parchemin, au haut, au bas et sur les marges duquel étaient tracés les signes des sept planètes, bizarrement entremêlés de caractères cabalistiques et de sentences en grec et en hébreu ; au milieu étaient quelques vers latins d'un auteur de la cabale, si nettement écrits, que même l'obscurité du lieu n'empêcha pas Tressilian de les lire. L'original était de la teneur suivante :

> « Si fixum solvas, faciasque volare solutum,
> Et volucrem figas, facient te vivere tutum ;
> Si pariat ventum, valet auri pondere centum.
> Ventus ubi vult spirat. — Capiat qui capere potest. »

— Je vous proteste, dit Tressilian, que tout ce que je comprends de ce jargon, c'est que les derniers mots semblent signifier *saisisse qui pourra*.

— C'est précisément sur ce principe qu'agissait toujours mon digne ami et patron le docteur Doboodie ; jusqu'à ce que, abêti par ses propres imaginations et infatué de sa haute habileté chimique, il se mît à dépenser, en se dupant lui-même, l'argent qu'il avait gagné à duper les autres, et qu'il découvrît ou se construisît à lui-même, je n'ai jamais su lequel des deux, ce laboratoire secret, dans lequel il avait l'habitude de

---

[1] Bouffon.
[2] Autrefois l'art vétérinaire se confondait avec la maréchalerie. (**L. V.**)

venir se soustraire tant à ses malades qu'à ses disciples, lesquels croyaient sans doute que ses longues et mystérieuses absences de Faringdon, sa résidence ordinaire, étaient occasionnées par ses progrès dans les sciences mystiques et par ses relations avec le monde invisible. Il essaya de me tromper aussi; mais bien que je ne le contredisse pas, il vit que je connaissais trop de ses secrets pour être plus long-temps un compagnon sûr. Cependant son nom devint fameux ou plutôt infâme [1], et beaucoup de ceux qui s'adressaient à lui le faisaient dans la persuasion qu'il était sorcier. Et pourtant ses progrès supposés dans les sciences occultes lui amenèrent en consultation secrète des hommes trop puissants pour être nommés, et pour des objets trop dangereux pour que je les mentionne. On le maudissait, on le menaçait, et on me donnait à moi, l'aide innocent de ses études, le surnom du Courrier du Diable, ce qui me procurait une volée de pierres chaque fois que je m'aventurais à me montrer dans la rue du village. Enfin mon maître disparut soudainement, après m'avoir prévenu qu'il partait pour venir ici visiter son laboratoire et m'avoir défendu de l'y venir troubler avant que deux jours fussent passés. Quand ce temps fut écoulé je devins inquiet, et je me rendis ici, où je trouvai les feux éteints et les ustensiles dans une grande confusion, avec un mot d'écrit du savant Doboodius, ainsi qu'il avait coutume de signer, m'informant que nous ne devions jamais nous revoir, me léguant ses appareils chimiques et le parchemin que je viens de vous montrer, et me conseillant fortement de poursuivre le secret qu'il contenait, ce qui devait infailliblement me conduire à la découverte du grand *magisterium.*

— Et as-tu suivi ce sage conseil?

— Non, respectable monsieur; car, prudent par caractère, et soupçonneux parce que je savais à qui j'avais affaire, je fis tant de perquisitions, avant même de me risquer à allumer un feu, qu'à la fin je découvris un petit baril de poudre soigneusement caché sous l'âtre, dans l'intention, sans doute, qu'aussitôt que je commencerais le grand œuvre de la transmutation des métaux, l'explosion opérât la transmutation du caveau et de tout ce qu'il renfermait en un monceau de ruines, où je trouverais tout à la fois la mort et un tombeau. Cette découverte me guérit de l'alchimie, et je serais bien volontiers honnêtement retourné au marteau et à l'enclume; mais qui aurait voulu amener un cheval à ferrer au Courrier du Diable? Cependant, j'avais gagné l'amitié de mon honnête Flibbertigibbet que voici, en lui enseignant, pendant qu'il était à Faringdon avec son maître, le sage Erasmus Holiday, quelques secrets de ceux qui plaisent aux jeunes gens de son âge. Après nous être long-temps concertés, nous convînmes que, puisque je ne pouvais pas trouver

---

[1] Le jeu de mots est mieux marqué en anglais: *His name waxed famous, or rather infamous.* (L. V.)

de pratiques par les voies ordinaires, j'essaierais comment je me tirerais d'affaire au milieu de ces rustres ignorants en agissant sur leurs sottes frayeurs; et grâces à Flibbertigibbet, qui a répandu ma réputation, je n'ai pas manqué de pratiques. Mais c'est les avoir à trop grand risque, et je crains à la fin d'être pris comme sorcier; de sorte que je ne cherche qu'une occasion de quitter ce caveau, quand je pourrai avoir la protection de quelque personne respectable contre la furie de la populace, en cas que je vienne à être reconnu.

— Es-tu parfaitement au fait des chemins de ce pays? lui demanda Tressilian.

— Je pourrais les parcourir tous à minuit, répondit Wayland Smith, nom que l'adepte avait adopté.

— Tu n'as pas de cheval à monter?

— Pardonnez-moi; j'ai un aussi bon bidet que fermier ait jamais monté. J'avais oublié de dire que c'était la meilleure partie de la succession du docteur, sauf un ou deux de ses meilleurs secrets de médecine que j'ai accrochés à son insu et contre sa volonté.

— Hé bien, lave-toi, rase-toi, réforme ton costume du mieux que tu pourras, et jette de côté ce grotesque accoutrement; si tu veux être discret et fidèle, tu me suivras pendant quelque temps, jusqu'à ce que tes escapades soient oubliées. Tu as, à ce que je crois, de l'adresse et du courage, et j'ai en main une affaire qui peut requérir l'un et l'autre.

Wayland Smith embrassa la proposition avec empressement, et protesta de son dévouement à son nouveau maître. En quelques minutes il opéra dans son extérieur une telle métamorphose en changeant d'habits, en arrangeant sa barbe et ses cheveux, et ainsi du reste, que Tressilian ne put s'empêcher de lui dire qu'il n'avait guère besoin de protecteur, attendu qu'il n'était pas probable qu'aucune de ses anciennes connaissances le reconnût.

— Mes débiteurs ne me paieraient pas, dit Wayland en secouant la tête; mais il serait moins aisé d'aveugler mes créanciers de toute sorte. La vérité est que je ne me regarde pas comme en sûreté, à moins d'être sous la protection d'un gentleman de naissance et de réputation tel qu'est Votre Honneur. A ces mots, il précéda Tressilian hors de la caverne. Il appela alors à haute voix Farfadet qui avait pris les devants, et qui reparut, au bout d'un instant, avec un complet harnachement de cheval. Wayland referma la trappe et la recouvrit soigneusement, faisant observer qu'elle pourrait au besoin lui servir de nouveau, outre que les outils valaient quelque chose. Il fit ensuite entendre un coup de sifflet qui amena près de lui un poney occupé à paître tranquillement dans le commun, et qui était habitué à ce signal. Pendant qu'il l'équipait pour le voyage, Tressilian serrait les sangles de sa propre monture, et en quelques minutes tous deux furent prêts à se mettre en selle.

En ce moment Sludge s'approcha pour leur dire adieu.

— Voilà donc que vous allez me quitter, mon ancien camarade, dit Richard au ci-devant maréchal ; adieu tous les bons tours que nous nous amusions à jouer à ces poltrons de rustauds que j'amenais ici faire ferrer les gros pieds de leurs chevaux par le diable et ses diablotins.

— C'est comme ça, répondit Wayland Smith ; il faut que les meilleurs amis se quittent, Flibbertigibbet : tu es la seule chose, mon enfant, que je regretterai de laisser derrière moi dans le Val de Whitehorse.

— Hé bien, je ne te dis pas adieu, repartit Dickie Sludge ; car vous serez à ces fêtes, j'imagine, et j'y serai aussi. Si Dominie Holiday ne m'y conduit pas, par la lumière du jour que nous ne voyons pas dans ce trou noir, je m'y conduirai moi-même !

— A la bonne heure ; mais, je t'en prie, ne fais rien à la légère.

— Ah ! ah ! vous voudriez maintenant faire de moi un enfant, — un enfant comme tous les autres, et me parler du danger de marcher sans lisières. Mais avant que vous soyez à un mille de ces pierres, vous verrez à un signe certain que j'ai du farfadet en moi plus que vous ne croyez ; et j'arrangerai les choses de façon que si vous savez prendre vos avantages, vous pourrez profiter de mon escapade.

— Que veux-tu dire, enfant ? lui dit Tressilian ; mais Flibbertigibbet ne répondit que par une grimace et une cabriole ; et leur disant adieu à tous les deux, en même temps qu'il les exhortait à s'éloigner au plus vite, il leur donna l'exemple en se mettant à courir dans la direction du hameau avec cette agilité peu commune qui avait précédemment mis en défaut celle de Tressilian, quand celui-ci avait essayé de l'atteindre.

— Ce serait en vain que nous lui donnerions la chasse, dit Wayland Smith ; car à moins que Votre Honneur ne soit expert à la chasse aux alouettes, nous ne pourrions jamais le rattraper ; — et d'ailleurs à quoi ça nous servirait-il ? Mieux vaut nous éloigner d'ici au plus vite, comme il nous l'a conseillé.

En conséquence, ils montèrent à cheval et partirent d'un bon pas, après que Tressilian eut expliqué à son guide quelle direction il désirait prendre.

Ils avaient déjà fait près d'un mille, lorsque Tressilian ne put s'empêcher de faire remarquer à son compagnon qu'il lui semblait sentir plus d'ardeur dans son cheval qu'il n'en avait même le matin en commençant sa course.

— Avez-vous avisé cela ? repartit en souriant Wayland Smith. Ceci provient d'un petit secret à moi. J'ai mêlé avec une poignée d'avoine quelque chose qui épargnera aux talons de Votre Honneur l'embarras de jouer de l'éperon, d'ici à six heures au moins. Eh ! je n'ai pas étudié la médecine et la pharmacie pour rien.

— J'espère que vos drogues ne feront pas de mal à mon cheval ?

CHAPITRE XI.

— Pas plus que le lait de jument qui l'a élevé, repondit l'artiste. Et il se disposait à s'étendre sur l'excellence de sa recette, quand il fut interrompu par une explosion aussi forte et aussi terrible que celle de la mine qui fait sauter le rempart d'une ville assiégée. Les chevaux firent un bond d'effroi, et les deux cavaliers ne furent pas moins surpris. Ils se retournèrent pour regarder dans la direction d'où était partie cette espèce de coup de tonnerre, et ils virent, précisément au-dessus de la place qu'ils venaient de quitter, une épaisse colonne de fumée s'élevant vers l'azur du ciel. — Ma forge est bouleversée de fond en comble, dit Wayland, qui devina sur-le-champ la cause de l'explosion. — J'ai été fou de parler des charitables intentions du docteur à l'égard de ma retraite devant ce membre du diable, ce Flibbertigibbet ; — j'aurais pu deviner qu'il ne serait pas long-temps avant de mettre un si beau coup à exécution. Mais hâtons-nous de nous éloigner, car ce bruit va amener tout le pays sur la place. En même temps il donna de l'éperon à son cheval, et Tressilian activant aussi le pas de son coursier, ils repartirent au galop.

— Voilà donc ce que signifiait le signe que ce petit démon nous promettait ? dit Tressilian ; si nous nous étions amusés près de l'endroit, nous nous en serions mal trouvés.

— Il nous aurait avertis, repartit le maréchal ; je l'ai vu se retourner à plusieurs reprises pour voir si nous nous éloignions ; — c'est un vrai diable pour la malice, mais ce n'est pas un méchant diable, pourtant ! Ce serait long de raconter à Votre Honneur comment je fis d'abord sa connaissance, et combien de tours il m'a joués. Il m'a rendu aussi plus d'un service, notamment en m'amenant des pratiques ; car son grand plaisir était de les voir trembler derrière les halliers quand ils entendaient le bruit de mon marteau. Je pense que dame Nature, en logeant une double quantité de cervelle dans sa tête mal tournée, lui a donné la faculté de jouir de la crainte des autres, comme elle leur a donné à eux le plaisir de jouir de sa laideur.

— Cela se peut ; ceux qui se trouvent séparés des autres hommes par des particularités de conformation, s'ils ne haïssent pas l'humanité en masse, sont du moins assez généralement enclins à jouir des accidents et des calamités auxquels elle est sujette.

— Au reste, Flibbertigibbet a en lui quelque chose qui peut racheter sa disposition aux mauvais tours, car il est aussi fidèle quand il s'est attaché qu'il est espiègle et malicieux pour les étrangers ; et, comme je vous l'ai dit, j'ai de bonnes raisons pour parler ainsi.

Tressilian ne poussa pas plus loin l'entretien, et ils continuèrent leur voyage vers le Devonshire sans aucune aventure jusqu'à une auberge où ils descendirent dans la ville de Marlborough, célèbre depuis pour avoir donné son nom au plus grand général (un seul excepté [1]) que la Grande-

---

[1] Le lecteur devinera sans peine quel général, le plus grand depuis Marlborough, a voulu désigner ici un compatriote de Wellington. (L. V.)

Bretagne ait produit. Là, nos deux voyageurs eurent du même coup une double confirmation de la vérité de deux proverbes, à savoir que *les mauvaises nouvelles ont des ailes*, et que *les écouteurs entendent rarement bien parler d'eux*.

La cour de l'auberge était dans une sorte de combustion quand ils y mirent pied à terre ; à tel point qu'ils eurent grand'peine à trouver homme ou enfant à qui remettre leurs chevaux, tant la maison entière était occupée de certaines nouvelles qui volaient de bouche en bouche, et dont ils furent quelque temps sans pouvoir connaître la nature. A la fin, pourtant, il se trouva qu'elles avaient rapport à des choses qui les touchaient de près.

— Qu'est-ce qu'il y a, que vous dites, monsieur? répondit enfin le premier garçon d'écurie aux questions réitérées, de Tressilian ; — ma foi, c'est en vérité tout au plus si je le sais moi-même. Seulement, il y avait tout à l'heure un voyageur à cheval qui disait que le diable avait emporté avec lui, ce matin même, au milieu d'une colonne de feu et de fumée, l'homme qu'on appelait Wayland Smith, qui restait à trois milles du Whitehorse de Berkshire, et qui a retourné sens dessus dessous l'endroit où il demeurait, à côté de ce vieux cockpit ¹ de pierres dressées, aussi net que si on l'avait retourné à la bêche.

— Ma foi, alors, c'est grand dommage, dit un vieux fermier ; — car ce Wayland Smith (était-ce ou non l'associé du diable, c'est ce que je ne sais pas) avait une bonne notion des maladies des chevaux, et il est présumable que les moraines se propageront dans le pays, si Satan ne lui a pas donné le temps de laisser son secret après lui.

— Vous pouvez bien le dire, Gaffer Grimesby, repartit le valet d'écurie; j'ai moi-même conduit un cheval à Wayland Smith, car il passait tous les maréchaux de ce pays.

— L'avez-vous vu ? demanda dame Alison Crane ², maîtresse de l'auberge portant pour enseigne le volatile que rappelait son nom, et daignant donner le titre d'*époux* au maître du logis, homme d'apparence commune, dont la démarche boiteuse et sautillante, le long cou, l'air de curiosité niaise et l'insignifiance maritale, sont supposés avoir donné naissance à cette vieille chanson anglaise si fameuse :

« La grue boiteuse à madame, » etc.

En cette occasion, il répéta en bredouillant la question de sa femme :
— Est-ce que tu as vu le diable, Jack Hostler?

— Et quand je l'aurais vu, maître Crane? répliqua Jack Hostler ; — car, ainsi que tous les autres domestiques de la maison, il n'avait pas pour son maître plus de respect que n'en avait sa maîtresse elle-même.

---

[1] Littéralement *fosse à coqs*; enceinte où se livrent les combats de coqs. (L. V.)
[2] La Grue.

— Ho, rien, rien, Jack Hostler, repartit le pacifique maître Crane ; seulement si vous aviez vu le diable, il me semble que j'aurais bien aimé à savoir à quoi il ressemble.

— Vous le saurez de reste un jour, maître Crane, reprit sa moitié, si vous n'amendez pas vos façons, et que vous ne pensiez pas à vos affaires au lieu de vous occuper de pareilles niaiseries. — Mais vraiment, Jack Hostler, je serais charmée, moi, de savoir à quoi ce Wayland ressemblait.

— Ma foi, dame, répondit le valet d'un ton plus respectueux, quant à ce qui est de dire à quoi il ressemblait, c'est ce que je ne peux pas vous dire, ni personne autre, car je ne l'ai, ma foi, jamais vu.

— Comment as-tu pu faire ton affaire, si tu ne l'as pas vu? dit Gaffer Grimesby.

— Ma foi, j'avais dit au maître d'école de me coucher par écrit la maladie de la bête, et je m'en fus là avec un guide qui était bien le plus vilain échantillon d'enfant qu'on ait jamais taillé dans une racine de tilleul pour amuser un marmot.

— Et qu'est-ce qu'il fit ? — guérit-il votre cheval, Jack Hostler ? — telles furent les questions articulées et répétées en écho par tous ceux qui faisaient cercle autour du valet d'écurie.

— Ma foi, comment est-ce que je pourrais vous dire ce qu'il fit ? répondit Jack ; simplement que ça avait l'odeur et le goût — car je fus assez hardi pour en mettre gros comme un pois dans ma bouche — de corne de cerf et de sabine mêlés avec du vinaigre ; — quoique pourtant jamais corne de cerf ni sabine n'aient opéré si prompte guérison. — Je crains bien que si Wayland Smith est parti, les moraines ne deviennent plus dangereuses pour les chevaux et le bétail.

L'orgueil de l'art, dont l'influence ne le cède assurément à celle d'aucun autre orgueil, agit tellement ici sur Wayland Smith, que, nonobstant le danger patent de se faire reconnaître, il ne put s'empêcher de cligner de l'œil et de sourire d'un air de mystère en regardant Tressilian, comme pour lui faire remarquer, avec un sentiment de triomphe, ce témoignage non douteux de sa science vétérinaire. Cependant la conversation continuait d'avoir son cours.

— Hé bien, soit, dit un homme à l'air grave et habillé de noir, qui était en compagnie de Gaffer Grimesby ; succombons aux maladies que Dieu nous envoie, plutôt que de prendre le diable pour médecin.

— C'est très vrai, dit dame Crane ; et je m'étonne que Jack Hostler ait été mettre son âme en péril pour guérir les entrailles d'un cheval.

— C'est très vrai, mistress, répliqua Jack Hostler ; mais le cheval était celui de mon maître, et si c'eût été le vôtre, je crois que vous auriez fait assez bon marché de moi si j'avais eu peur du diable, pendant que la pauvre bête était dans une pareille passe. — Au surplus, que le clergé y ait l'œil. Chacun son métier, dit le proverbe : le ministre à son missel, et la palefrenier à son étrille.

— Je proteste, reprit dame Crane, que je crois que Jack Hostler parle en bon chrétien et en fidèle domestique, qui ne sera chiche ni de son corps ni de son âme pour le service de son maître. Au surplus, le diable l'a enlevé à temps, car un constable du district est venu ici ce matin chercher le vieux Gaffer Pinniewinks, l'éprouveur de sorcières, pour l'emmener avec lui au Val de Whitehonne arrêter Wayland Smith, et le faire passer par les épreuves. J'ai aidé Pinniewinks à aiguiser ses pinces et son alêne-à-fouiller, et j'ai vu le *warrant* du juge de paix Blindas [1].

— Bah! — bah! — le diable se moquerait de Blindas et de son warrant, du constable et du chercheur de sorcières par-dessus le marché, dit la vieille dame Crank [2], la blanchisseuse papiste; la chair de Wayland Smith se soucierait de l'alêne de Pinniewinks comme une fraise de batiste se soucie du fer à repasser. Mais dites-moi, messieurs, si le diable eut jamais la main haute parmi vous au point de venir vous enlever sous le nez vos maréchaux et vos vétérinaires, quand les dignes abbés d'Abingdon avaient ce qui était à eux? Par Notre-Dame, non! — Ils avaient leurs cierges bénits et leur eau bénite, et leurs reliques, et que sais-je encore? qui pouvaient renvoyer toute la bande des mauvais esprits. — Allez demander à un ministre hérétique d'en faire autant. — Mais les nôtres étaient des gens bons à quelque chose.

— C'est très vrai, dame Crank, dit le valet d'écurie; — c'est ce que disait Simpkins de Simonburn quand le curé embrassait sa femme : — ce sont des gens qui sont bons à quelque chose, qu'il disait.

— Silence, vermine à bouche impure! exclama dame Crank; est-ce à un palefrenier hérétique comme toi de toucher à un sujet tel que le clergé catholique?

— En vérité non, dame, répliqua l'homme aux picotins; et comme vous-même n'êtes pas maintenant de celles qu'ils aimaient à toucher, dame, n'importe ce que vous avez pu être dans votre temps, je pense que ce que nous avons de mieux à faire est de les laisser là.

A ce dernier sarcasme, dame Crank allongea le cou et proféra contre Jack Hostler une horrible imprécation, sous le couvert de laquelle Tressilian et Wayland s'échappèrent et se réfugièrent dans la maison.

Ils ne furent pas plus tôt installés dans une chambre particulière, à laquelle Goodman [3] Crane lui-même avait bien voulu les conduire, et à peine se furent-ils débarrassés des soins obséquieux de leur digne hôte en le chargeant de leur procurer du vin et des provisions, que Wayland Smith commença à donner carrière à son amour-propre satisfait.

---

[1] L'Aveugle.
[2] Bras-de-Fer.
[3] Bonhomme. *Goodman*, ainsi que nous avons eu plus d'une fois occasion de le faire remarquer, est un titre générique appliqué, dans les classes inférieures, au maître de la maison. (L. V.)

— Vous voyez, monsieur, dit-il à Tressilian, que je ne vous ai pas fait de conte en vous disant que j'étais pleinement initié dans les mysteres de l'art du *ferreur* ¹, que les Français désignent par le nom plus honorable de maréchal. Ces chiens de palefreniers, qui sont, après tout, les meilleurs juges en un tel cas, savent quel crédit ils donnaient à mes médicaments. Je vous prends à témoin, mon digne monsieur Tressilian, que rien autre chose que la voix de la calomnie et la main de la violence ne m'ont tiré d'un poste que j'occupais d'une manière également utile et honorée.

— Je vous rends témoignage, mon ami, repartit Tressilian, mais je le réserverai pour un moment plus sûr ; à moins, toutefois, que vous ne jugiez essentiel à votre réputation de partir de cette terre, comme votre ci-devant habitation, au milieu d'une gerbe de flammes ; car vous voyez que vos meilleurs amis ne vous regardent pas comme autre chose qu'un simple sorcier.

— Que le ciel pardonne a ceux qui confondent le savoir habile avec la magie illicite ! Je me flatte qu'un homme peut être aussi habile, sinon plus, que le meilleur chirurgien qui ait jamais travaillé la chair d'un cheval, sans pourtant être, après tout, beaucoup plus qu'un homme ordinaire, et au pis-aller sans être un sorcier.

— A Dieu ne plaise ! Mais tais-toi maintenant, car voici venir notre hôte, accompagné d'un aide qui ne paraît pas des premiers en grade.

Tout le monde dans l'auberge, sans en excepter dame Crane elle-même, avait en effet pris un tel intérêt à ce qu'on avait rapporté de Wayland Smith, et l'histoire, avec les variantes et les nouvelles éditions de l'événement qui arrivaient de plus en plus merveilleuses de différents quartiers, les avait tellement agités, que l'hôtelier, dans son louable empressement à satisfaire ses hôtes, n'avait pu obtenir l'assistance d'aucun domestique de la maison, sauf celle d'un jeune garçon, aide-tapster ², enfant d'une douzaine d'années, que l'on nommait Sampson.

— Je voudrais, dit Mon Hôte par forme d'excuse, en posant sur la table un flacon de canarie et en annonçant la prompte arrivée de quelques rafraîchissements, je voudrais que le diable eût emporté ma femme et toute ma maison au lieu de ce Wayland Smith, qui méritait bien moins, j'ose le dire d'après tout ce qu'on en rapporte, la distinction que Satan lui a accordée.

— Je suis tout-à-fait du même avis, mon cher camarade, dit Wayland Smith ; et sur ce, je veux boire à votre santé.

—Non pas que je veuille justifier quiconque trafique avec le diable, reprit Mon Hôte, après avoir fait raison à Wayland d'un verre de canarie ;

---

¹ En anglais *farrier*. (L. V.)

² On a vu précédemment que l'on appelait ainsi en Angleterre les garçons spécialement préposés au robinet des barriques d'ale et autres. (L. V.)

mais c'est que — avez-vous jamais rencontré de meilleur canarie, mes maîtres? — c'est qu'un homme se tirerait mieux d'avoir affaire à une douzaine de fripons et de bélîtres comme ce Wayland Smith, qu'à un diable incarné qui veut être maître partout, au grenier et à la cave, à table et au lit.

Le détail des griefs du pauvre diable fut interrompu ici par la voix aigre de sa moitié qui l'appelait de la cuisine ; demandant pardon à ses hôtes, il y courut aussitôt en clopinant. Il ne fut pas plus tôt parti que Wayland Smith eut recours à toutes les épithètes méprisantes du vocabulaire pour exprimer le profond dédain que lui inspirait un sot, un niais, un benêt, un imbécile, qui se cachait la tête sous le cordon du tablier de sa femme; et il déclara que, si ce n'eût été à cause des chevaux qui avaient besoin de repos et de nourriture, il aurait conseillé à Son Honneur, M. Tressilian, de pousser à un relai plus loin plutôt que d'avoir à payer un écot à un pauvre esprit, à une poule mouillée, à un vrai chapon, comme ce Gaffer Crane.

L'arrivée d'un grand plat de pieds de veau au lard adoucit quelque peu l'humeur de l'artiste, laquelle acheva complétement de se dissiper devant un superbe chapon, rôti si juste à point, que le lard dont il était bardé y formait une mousse semblable, dit Wayland, à la rosée de mai sur un lis ; Gaffer Crane et sa digne femme devinrent alors des aubergistes laborieux, complaisants et accommodants.

Conformément aux usages du temps, le maître et le domestique s'assirent à la même table ; et ce dernier remarqua avec regret le peu d'attention que Tressilian donnait à la bonne chère. Il se souvint, à la vérité, de l'émotion pénible qu'il lui avait occasionnée en parlant de la jeune personne en compagnie de laquelle il l'avait vu pour la première fois ; mais craignant de toucher un sujet trop délicat pour qu'il y pût revenir, il aima mieux attribuer à une autre cause l'abstinence de son nouveau maître.

— Cette chère est peut-être trop grossière pour Votre Honneur, dit-il, en même temps que les membres du chapon disparaissaient devant son activité ; mais si vous aviez demeuré aussi long-temps que moi dans ce cachot là-bas, que Flibbertigibbet a transporté dans l'air, et où j'osais à peine faire cuire ma nourriture dans la crainte qu'on ne vît la fumée au-dehors, vous regarderiez un beau chapon comme une délicatesse fort bien venue.

— Si tu es satisfait, mon ami, c'est bien, repartit Tressilian. Néanmoins hâte-toi de finir ton dîner, si tu peux, car ce lieu n'est pas sûr pour toi, et mes affaires demandent que je me remette en route. Ne laissant donc à leurs chevaux que le repos absolument nécessaire, ils poursuivirent leur voyage à marche forcée jusqu'à Bradford, où ils passèrent la nuit.

Le matin du jour suivant les retrouva de très bonne heure en route.

Et pour ne pas fatiguer le lecteur de particularités inutiles, nous ajouterons qu'ils traversèrent sans aventures les comtés de Wiltshire et de Sommerset, et que vers le milieu du troisième jour depuis que Tressilian avait quitté Cumnor, ils arrivèrent à la résidence de sir Hugh Robsart, nommée Lidcote-Hall, sur les frontières du Devonshire.

CHAPITRE XII.

> Hélas ! la fleur est l'ornement de votre maison,
> le vent l'a entraînée vers d'autres tours.
> JOANNA BAILLIE, *Légende de famille.*

L'ANCIENNE résidence de Lidcote-Hall était située près du village du même nom, et touchait à la vaste et sauvage forêt d'Exmoor, abondamment peuplée de gibier, et où quelques anciens priviléges appartenant à la famille Robsart donnaient à sir Hugh le droit de s'y livrer à la chasse, son amusement favori. Le vieux manoir était un vénérable bâtiment, dont les diverses parties, toutes peu élevées, occupaient une étendue de terrain considérable, qu'entourait un fossé profond. Les approches et le pont-levis en étaient défendus par une tour à huit pans construite en briques, mais si complétement tapissée de lierre et d'autres plantes grimpantes qu'il était difficile de reconnaître quels matériaux y étaient entrés. Chaque angle de cette tour était décoré d'une tourelle, et chacune de ces tourelles différait bizarrement des autres par la forme et les dimensions, bien différentes en ceci des monotones *poivrières* employées au même objet dans l'architecture gothique moderne. Une de ces tourelles, de forme carrée, était occupée par une horloge ; mais l'aiguille en était alors arrêtée, circonstance dont Tressilian fut particulièrement frappé, attendu que le bon vieux chevalier, parmi d'autres singularités inoffensives, avait la manie de se montrer continuellement inquiet de connaître exactement l'heure, disposition très commune chez ceux qui ont beaucoup de temps à dépenser, et qui conséquemment en trouvent la marche pesante ; — précisément comme nous voyons les marchands s'amuser à faire un compte exact des marchandises qu'ils ont en magasin, dans la saison où elles sont le moins demandées.

On pénétrait dans l'avant-cour du vieux manoir par un passage voûté sous la tour que nous avons décrite ; mais le pont-levis était baissé, et un des battants de la porte garnie d'épaisses têtes de clous était resté négligemment ouvert. Tressilian franchit précipitamment le pont-levis, entra dans la cour, et se mit à appeler à voix haute les domestiques par leur nom. Pendant quelque temps, ses cris ne reçurent d'autre réponse que celle des échos, à laquelle se joignaient les hurlements des chiens, dont le chenil était à peu de distance du logis d'habitation, et entouré du même fossé. Enfin, Tressilian vit arriver Will Badger, le vieux domestique favori du chevalier, près duquel il remplissait la double fonction de garde du corps et de surintendant des chasses. Le robuste forestier laissa éclater les signes d'une grande joie en reconnaissant Tressilian. — Le Seigneur vous protège, maître Edmund! dit-il; est-ce bien vous en peau et en chair? — Alors vous pourrez faire quelque chose près de sir Hugh; car ça passe l'esprit de l'homme, c'est-à-dire le mien, celui du ministre et celui de M. Mumblazen, de rien faire de lui.

— Sir Hugh est-il donc plus mal que lorsque je suis parti, Will? demanda Tressilian.

— Plus mal de corps, — non; — il est beaucoup mieux; mais il est tout-à-fait absorbé, pour ainsi dire. — Il mange et boit comme d'habitude; — mais il ne dort pas, ou plutôt il n'est jamais éveillé, car il est toujours dans une sorte d'entre-deux qui n'est ni le sommeil ni la veille. Dame Swineford pensait que ça ressemblait à la paralysie. — Mais non, non, dame, que j'ai dit : c'est le cœur, c'est le cœur.

— Ne pouvez-vous porter son esprit à aucun de ses divertissements habituels?

— Il n'a plus le moindre goût à rien, monsieur Tressilian; il n'a touché ni au trictrac ni au galet; — il n'a pas regardé une seule fois le gros livre de blason avec M. Mumblazen. J'ai laissé l'horloge s'arrêter, pensant que de ne plus entendre la cloche lui ferait quelque chose, car vous savez, monsieur Edmund, quelle attention il avait à compter les heures; mais il n'en a pas dit un mot, de façon que je puis bien remonter la vieille sonnerie. J'ai pris sur moi aussi de marcher sur la queue de Bungay, et vous savez quelle algarade ça m'aurait valu autrefois; — hé bien! il n'a pas fait plus d'attention aux cris de la pauvre bête qu'à une chouette qui aurait hué au haut de la cheminée; — aussi la chose me passe.

— Tu me diras le reste dans la maison, Will. — En attendant, fais conduire cette personne à l'office, et qu'elle soit traitée avec égards; — c'est un homme d'art.

— Je voudrais que ce fût un homme d'art en magie blanche ou noire, afin qu'il eût quelque art qui pût nous aider. — Hé! Tom Butler [1]! aie soin de l'homme d'art; — et veille à ce qu'il n'escamote pas tes cuillers, mon garçon, ajouta-t-il en s'approchant de l'oreille du sommelier : j'ai connu plus d'un camarade dont la mine était aussi honnête, qui avait assez d'art pour ça.

---

[1] Tom Sommelier. On a déjà vu de nombreux exemples de cet usage universel en Angleterre de faire du titre de l'office ou de la profession une sorte de nom propre, ou plutôt une appellation personnelle. (L. V.)

Il conduisit alors Tressilian dans une salle basse ; puis, sur le désir de ce dernier, il alla voir dans quel état se trouvait son maître, de peur que le retour soudain de celui qu'il aimait comme un fils, et dont il avait voulu faire son gendre, ne lui fît une trop vive impression. Il revint presque aussitôt, et dit que sir Hugh était assoupi dans son grand fauteuil, mais que dès qu'il s'éveillerait M. Mumblazen viendrait prévenir M. Tressilian.

— Mais ce sera grand hasard s'il vous reconnaît, ajouta le piqueur en chef [1], car il a oublié les noms de tous les chiens de la meute. Je crus, il y a huit jours, qu'il allait se mieux trouver : — Selle-moi demain le vieux Sorrel, qu'il me dit tout-à-coup, après avoir pris son coup du soir d'habitude dans le grand gobelet d'argent, et tu mèneras les chiens au mont Hazelhurst. Nous étions tous joyeux. Nous le vîmes sortir le matin, et il prit le chemin du couvert comme de coutume, mais sans prononcer un mot, sauf que le vent était sud, et qu'il y aurait fausse piste. Mais avant que nous n'ayons découplé les chiens, il se met à regarder autour de lui d'un air effaré, comme un homme qui sort subitement d'un rêve, — puis il tourne bride, reprend le chemin du château, et nous laisse chasser à notre aise sans lui si ça nous convient.

— Vous me faites un triste récit, Vill ; mais il faut mettre notre espoir en Dieu : — il n'y a pas de remède à attendre des hommes.

— Ainsi, vous ne nous apportez pas de nouvelles de la jeune mistress Amy ? — Mais qu'ai-je besoin de vous le demander ? — votre air dit toute l'histoire. J'espérais toujours que si quelqu'un pouvait ou voulait suivre sa trace, ce serait vous. Tout est maintenant fini et perdu. Mais si jamais je rencontre ce Varney à portée, je le saluerai d'une flèche fourchue ; cela, j'en jure par le sel et le pain.

Comme il parlait, la porte s'ouvrit, et M. Mumblazen parut. C'était un homme âgé, fluet, ridé, dont les joues ressemblaient à des pommes sur lesquelles l'hiver a passé, et dont les cheveux gris étaient à demi cachés sous un petit chapeau à haute forme figurant un cône, ou plutôt semblable à ces paniers de fraises que les fruitiers de Londres exposent à leurs étalages. C'était un homme trop sentencieux pour faire une inutile dépense de paroles en simple salutation ; aussi se borna-t-il à saluer Tressilian d'une inclination de tête, et à lui presser la main, après quoi il lui fit signe de l'accompagner jusqu'à la grande chambre de sir Hugh, que le bon chevalier habitait d'ordinaire. Will Budger les suivit, sans qu'on le lui demandât, inquiet de voir si son maître serait tiré de son état d'apathie par l'arrivée de Tressilian.

Dans une pièce longue et basse, garnie d'une ample quantité d'ustensiles et de trophées de chasse, au coin d'une massive cheminée en

[1] *Huntsman.*

pierre, au-dessus de laquelle était suspendue une épée et une armure complète, quelque peu ternie par le défaut de soin, était assis sir Hugh Robsart de Lidcote, homme de stature élevée, que la constante habitude d'un exercice violent avait seule empêché d'acquérir un embonpoint excessif. Il parut à Tressilian que la léthargie à laquelle son vieil ami semblait réduit avait même, dans le court intervalle de quelques semaines qu'avait duré son absence, ajouté à l'épaisseur de sa taille ; du moins elle avait évidemment diminué la vivacité de son œil. Son regard, lorsqu'ils entrèrent, suivit d'abord lentement M. Mumblazen jusqu'à un grand pupitre en chêne sur lequel était ouvert un pesant volume, puis il se reporta d'un air d'incertitude sur l'étranger qui était entré en même temps. Le ministre, ecclésiastique à cheveux blancs, qui avait souffert la persécution du temps de la reine Marie, était assis, un livre à la main, dans un autre enfoncement de la chambre. Il fit aussi un signe de tête à Tressilian d'un air profondément abattu, puis il mit son livre de côté pour observer l'effet que la vue du nouvel arrivant produirait sur le triste vieillard.

A mesure que Tressilian, les yeux remplis de grosses larmes, s'approchait du père de sa fiancée, l'intelligence de sir Hugh semblait se ranimer. Il soupira douloureusement, comme un homme qui s'éveille d'un état de stupeur ; une légère contraction parcourut ses traits ; il ouvrit les bras sans prononcer un mot, et Tressilian s'y étant précipité, il le pressa sur son sein.

— Il me reste encore quelque chose sur terre pour m'attacher à la vie ! tels furent les premiers mots qu'il prononça ; et en même temps il donna cours aux sentiments qui l'oppressaient par des larmes abondantes, qui roulèrent le long de ses joues hâlées et de sa longue barbe blanche.

— Je n'aurais jamais cru que j'aurais remercié Dieu de voir mon maître pleurer, dit Will Badger ; et pourtant je l'en remercie maintenant, quoique j'aie envie de pleurer de compagnie.

— Je ne te ferai pas de questions, reprit le vieux chevalier ; je ne t'en ferai pas, — pas une, Edmund. — Tu ne l'as pas retrouvée, ou si tu l'as trouvée, elle serait mieux perdue.

Tressilian fut hors d'état de répondre autrement qu'en se couvrant le visage de ses deux mains.

— C'est assez, — c'est assez. Mais ne pleure pas pour elle, Edmund. J'ai lieu de pleurer, moi, car c'était ma fille ; — toi, tu as lieu de te réjouir qu'elle ne soit pas devenue ta femme. — Grand Dieu, tu sais mieux que nous ce qui est pour notre bien. — C'était ma prière de chaque soir que je visse Edmund et Amy mariés ; — si ma prière eût été exaucée, ce serait maintenant une nouvelle amertume ajoutée à ma douleur.

— Consolez-vous, mon ami, dit le ministre, s'adressant à sir Hugh ; il est impossible que la fille de toutes nos espérances et de toutes nos affections soit devenue la créature vile que vous vous figurez.

— Oh non, répliqua sir Hugh avec impatience, j'aurais tort de dire tout crûment ce qu'elle est devenue ; — il y a pour cela quelque nouveau nom de cour, je le garantis. C'est assez d'honneur pour la fille d'un vieux rustre du De'nshire [1] d'être la maîtresse d'un élégant courtisan, — de Varney, qui plus est, — de Varney, dont le grand-père fut secouru par mon père, quand ses biens furent confisqués après la bataille de ... ' de ... où Richard fut tué. — Au diable ma mémoire ! — et je réponds que pas un de vous ne m'aidera...

— La bataille de Bosworth, dit M. Mumblazen, livrée entre Richard le Bossu et Henry Tudor, grand-père de la reine actuelle, *primo Henrici septimi*, et en l'année mil quatre cent quatre-vingt cinq *post Christum natum*.

— Oui, c'est bien cela, dit le vieux chevalier ; il n'y a pas un enfant qui ne sache cela. — Mais ma pauvre tête oublie tout ce dont elle devrait se souvenir, et ne se souvient que de ce qu'elle oublierait le plus volontiers. Mon cerveau a été en défaut, Tressilian, presque durant tout le temps que tu as été parti, et même à présent il chasse contre vent.

— Votre Honneur ferait bien de se retirer dans sa chambre, dit le ministre, et d'essayer de dormir un peu ; — le médecin a laissé une potion calmante, — et notre Grand Médecin nous a commandé d'user des moyens terrestres pour nous fortifier contre les épreuves qu'il nous envoie.

— C'est vrai, c'est vrai, mon vieil ami, dit sir Hugh, et nous supporterons nos épreuves en homme. — Nous n'avons perdu qu'une femme. — Vois, Tressilian — (il tira de son sein une longue mèche de cheveux lustrés), — vois cette boucle de cheveux ! — Le soir même où elle disparut, Edmund, quand elle vint me souhaiter le bonsoir, comme c'était son habitude, elle s'était pendue à mon cou, et me faisait plus de caresses que de coutume ; et moi, comme un vieux fou, je la tenais par cette mèche de cheveux. Alors elle prit ses ciseaux, la coupa et me la laissa dans la main, — comme tout ce que je devais jamais revoir d'elle !

Tressilian fut hors d'état de répondre, jugeant bien quelle complication de sensations douloureuses avait dû se croiser en ce cruel moment dans le sein de l'infortuné vieillard. Le ministre allait parler, mais sir Hugh l'interrompit.

— Je sais ce que vous voudriez dire, monsieur le vicaire ; — ce n'est, après tout, qu'une boucle de cheveux de femme, et c'est par la femme

---

[1] Devonshire ou comté de Devon. Le texte reproduit dans la bouche des interlocuteurs le dialecte des provinces du sud-ouest de l'Angleterre. On comprend assez que cette nuance est forcément perdue pour une traduction ; mais nous nous sommes du moins attachés à en conserver autant que possible les traces dans les noms propres. (L. V.)

CHAPITRE XII.

que la honte, le péché et la mort sont entrés dans un monde innocent. — Et le savant M. Mumblazen, lui aussi, peut dire bien des choses pour établir doctement leur infériorité.

— *C'est l'homme qui combat et qui conseille* [1], dit M. Mumblazen.

— C'est vrai, repartit sir Hugh, et c'est pourquoi nous nous comporterons en hommes qui sont doués tout à la fois de courage et de sagesse. — Tressilian, tu es autant le bien-venu que si tu avais apporté de meilleures nouvelles. Mais nous avons parlé trop long-temps les lèvres sèches.—Amy, remplis un gobelet de vin pour Edmund, et un autre pour moi. — Puis se souvenant aussitôt que celle qu'il appelait ne pouvait l'entendre, il secoua la tête, et dit au ministre : — Ce chagrin est pour mon esprit égaré ce que l'église de Lidcote est à notre parc : nous pouvons nous y perdre un moment parmi les bouquets d'arbres et les buissons, mais du bout de chaque avenue nous voyons le vieux clocher gris qui indique les tombeaux de mes ancêtres. Plût à Dieu que je dusse en prendre la route demain !

Tressilian et le ministre joignirent leurs instances pour déterminer le vieillard épuisé à aller prendre du repos, et ils finirent par l'y décider. Le premier resta à son chevet jusqu'à ce qu'il eût vu le sommeil descendre enfin sur lui, et alors il retourna près du vicaire pour se concerter avec lui au sujet de ce qu'on devait faire dans ces malheureuses circonstances.

Ils ne pouvaient exclure de ces délibérations M. Michel Mumblazen, et ils l'y admirent d'autant plus volontiers, qu'outre le fond qu'ils faisaient sur sa sagacité, ils le savaient tellement ami du silence qu'ils ne mettaient nullement sa discrétion en doute. C'était un vieux garçon de bonne famille mais de peu de fortune, et allié de loin à la maison de Robsart ; parenté en vertu de laquelle Lidcote Hall était depuis vingt ans honoré de sa résidence. Sa compagnie était surtout agréable à sir Hugh à cause de son profond savoir, lequel, bien qu'il n'eût trait qu'à l'art héraldique et généalogique, avec les bribes d'histoire que comportaient ces deux objets, était précisément d'un genre à captiver le bon vieux chevalier ; outre la commodité que celui-ci trouvait à avoir un ami à qui en appeler quand sa mémoire, ce qui arrivait fréquemment, lui faisait défaut ou l'induisait en erreur au sujet des noms et des dates, indications qu'en de telles circonstances M. Michel Mumblazen lui fournissait toujours à point avec la concision et la réserve convenables. Et même, dans les choses ordinaires du monde, il donnait souvent des avis dignes d'attention, quoique énoncés sous les formes énigmatiques du style de blason ; et, pour employer les expressions de Will Badger, il faisait lever le gibier tandis que d'autres battaient les buissons

— Nous avons eu un malheureux temps à passer avec le bon cheva-

---

[1] Le docteur cite cet aphorisme en français. (L. V.)

lier, monsieur Edmund, dit le ministre. Je n'avais pas tant souffert depuis que je fus arraché à mes ouailles bien-aimées, et contraint de les abandonner aux loups papistes.

— Ce fut *in tertio Mariæ* ¹, dit M. Mumblazen.

— Au nom du ciel, continua le ministre, dites-nous, votre temps a-t-il été mieux employé que le nôtre, et avez-vous quelques nouvelles de cette malheureuse fille, qui a été durant tant d'années la plus grande joie de cette maison déchue, et qui se trouve maintenant notre plus grand désespoir? N'avez-vous pas enfin découvert le lieu de sa résidence?

— Si fait, répondit Tressilian. Connaissez-vous Cumnor-Place, près Oxford?

— Assurément; c'était une maison de retraite pour les moines d'Abingdon.

— Dont j'ai souvent vu les armes au-dessus d'une cheminée en pierre dans la grande salle : — une croix mitrée entre quatre merlettes.

— C'est là, reprit Tressilian, que réside cette malheureuse fille, en compagnie de l'infâme Varney. Sans un étrange incident, mon épée aurait vengé toutes nos injures, aussi bien que celles de la malheureuse, sur l'indigne tête du scélérat.

— Remercie Dieu, dit le ministre, qui a préservé ta main d'un crime sanglant, téméraire jeune homme! « La vengeance m'appartient, dit le Seigneur, et je la ferai tomber sur le coupable. » Mieux vaudrait chercher les moyens de l'arracher aux rets d'infamie du scélérat.

— Ce qu'en art héraldique on nomme *laquei amoris*, ou *lacs d'amour*, dit Mumblazen.

— C'est en ceci que je requiers votre aide, mes amis, reprit Tressilian. J'ai résolu d'accuser ce scélérat, au pied même du trône, de perfidie, de trahison, d'infraction aux lois de l'hospitalité. La reine m'écoutera, le comte de Leicester, patron du scélérat, serait-il à sa droite!

— Sa Grâce a donné à ses sujets un bel exemple de continence, et sans doute elle fera justice de l'atteinte que ce ravisseur a portée aux lois de l'hospitalité. Mais ne ferais-tu pas mieux de t'adresser en premier lieu au comte de Leicester, pour obtenir justice de son serviteur? S'il te l'accorde, tu te sauveras le risque de te faire un puissant adversaire, ce qui arrivera certainement si tu commences par accuser devant la reine son grand écuyer, son favori préféré.

— Mon âme se révolte contre votre avis. Je ne puis supporter l'idée de plaider la cause de mon noble protecteur, — la cause de la malheureuse Amy, — devant personne autre que ma légitime souveraine.

— Leicester, direz-vous, est noble : — soit; — ce n'est pourtant qu'un sujet ainsi que nous, et ce n'est pas à lui que je porterai mes plaintes,

---

¹ Dans la troisième année de la reine Marie.

si je puis mieux faire. Néanmoins, je songerai à ce que vous avez dit.

— Mais il faut que vous m'aidiez à persuader au bon sir Hugh de me faire en ceci son délégué et fondé de pouvoir, car c'est en son nom que je dois parler, et non au mien. Puisqu'elle est changée au point de s'être éprise de ce courtisan à tête vide et au cœur dissolu, elle devra du moins recevoir la réparation qu'il est encore en son pouvoir de lui faire.

— Mieux vaudrait qu'elle mourût *cœlebs et sine prole* [1], dit Mumblazen avec une chaleur qui ne lui était pas habituelle, que d'écarteler *per pale* les nobles armoiries des Robsart avec celles d'un tel mécréant.

— Si, comme je n'en puis douter, reprit le ministre, votre but est de sauver, autant qu'il est encore possible, la réputation de cette malheureuse jeune fille, je vous répète que vous devriez vous adresser en premier lieu au comte de Leicester. Il est aussi absolu dans sa maison que la reine dans son royaume, et s'il dit à Varney que tel est son bon plaisir, l'honneur de l'infortunée ne sera pas ainsi publiquement compromis.

— Vous avez raison, vous avez raison, repartit vivement Tressilian, et je vous remercie de m'avoir montré ce qui dans ma précipitation m'était échappé. Je ne pensais guère avoir jamais une grâce à demander à Leicester ; mais je fléchirais le genou devant l'orgueilleux Dudley, pour peu que par là je pusse diminuer la honte de cette malheureuse. Ainsi vous m'aiderez à obtenir de sir Hugh Robsart les pouvoirs nécessaires ?

Le ministre l'assura de son assistance, et M. Mumblazen fit un signe d'assentiment.

— Il faut que vous-même vous vous teniez prêts à attester, dans le cas où vous seriez appelés en témoignage, l'hospitalité cordiale que notre digne patron a exercée envers ce traître, et l'assiduité avec laquelle il a travaillé à séduire la malheureuse fille de celui dont il recevait un tel accueil.

— D'abord elle ne goûtait pas beaucoup sa compagnie, à ce qu'il me semblait, dit le ministre ; mais dans les derniers temps je les voyais souvent ensemble.

— *Séant* dans le salon et *passant* dans le jardin, ajouta le docteur en blason.

— Je les rencontrai une fois par hasard dans le bois du Sud, par une soirée de printemps, reprit le ministre. — Varney était enveloppé d'un manteau brun, de sorte que je ne vis pas sa figure ; — ils se séparèrent précipitamment quand ils entendirent le bruit de mon approche, et je remarquai qu'elle retourna la tête de son côté et qu'elle regarda long-temps après lui.

— Le cou *regardant*, dit Mumblazen ; — et le jour de sa fuite, — c'é-

---

[1] Fille et sans progéniture.

tait la veille de saint Austen, — je vis un domestique de Varney en livrée qui tenait le cheval de son maître et le palefroi de mistress Amy, sellés et bridés derrière le mur du cimetière.

— Et maintenant on la retrouve enfermée et cachée dans une maison à lui, dit Tressilian. Le scélérat est pris sur le fait, et je voudrais qu'il niât son crime, afin de pouvoir en faire entrer la conviction dans sa gorge déloyale; mais il faut que je songe aux préparatifs de mon voyage. Occupez-vous, messieurs, de disposer sir Hugh à m'accorder les pouvoirs qui me sont nécessaires pour agir en son nom. — A ces mots, Tressilian quitta la chambre.

— Il a trop de chaleur, dit le prêtre; puisse Dieu lui accorder la patience de traiter avec Varney comme il convient!

— Patience et Varney, dit Mumblazen, sont un pire blason que métal sur métal. Il est plus faux qu'une syrène, plus rapace qu'un griffon, plus venimeux qu'une vipère, plus cruel qu'un *lion rampant*.

— Néanmoins je doute fort que, dans la situation actuelle de sir Hugh Robsart, nous puissions avec convenance lui demander aucun acte conférant ses droits paternels sur mistress Amy à qui que ce soit...

— Votre Révérence a tort d'en douter, interrompit Will Badger, qui était entré pendant que le ministre parlait; car je gagerais ma vie que quand il va se réveiller, ce sera un tout autre homme qu'il n'a été ces jours passés.

—Oui-dà, Will! repartit le vicaire; as-tu donc tant de confiance dans la potion du docteur Diddleum?

— Pas la moindre, répondit Will, attendu que monsieur n'en a pas bu une goutte, vu qu'elle a été renversée par la femme de charge. Mais un gentleman arrivé ici avec M. Tressilian a donné à sir Hugh un breuvage qui vaut vingt fois l'autre. Je l'ai fait adroitement jaser, et je n'ai jamais vu un meilleur ferreur, ni personne qui ait une plus juste notion du cheval et des maladies des chiens; et un pareil homme ne voudrait pas nuire a un chrétien.

—Un ferreur! s'écria le ministre en se levant de son siége par un mouvement de surprise et d'indignation ; comment, impertinent valet! — Par quelle autorité a-t-il agi ainsi? et qui sera le garant de ce nouveau médecin?

— Quant à l'autorité, il a eu la mienne, s'il plaît à Votre Révérence; et pour la garantie, je me flatte de ne pas avoir demeuré vingt-cinq ans dans cette maison sans avoir le droit de garantir l'administration d'un breuvage à bête ou homme, — moi qui suis en état de m'administrer à moi-même une potion, un bol, une saignée, ou un vésicatoire au besoin.

Les conseillers de la maison de Robsart crurent devoir porter sur-le-champ avis à Tressilian de ce qu'ils venaient d'apprendre; celui-ci fit promptement venir devant lui Wayland Smith, et lui demanda (en particulier, cependant) de quelle autorité il s'était aventuré à administrer une médecine à sir Hugh Robsart.

— Eh! répondit l'artiste, Votre Honneur ne peut avoir oublié que je lui ai dit que j'avais fait plus de progrès dans les secrets de l'art de mon maître — je veux dire du savant docteur Doboodie — qu'il ne l'aurait voulu ; et même la moitié de nos querelles et de son mauvais vouloir envers moi vint de ce que, outre que j'avais un peu trop pénétré ses secrets, plusieurs personnes judicieuses, et notamment une jeune veuve de bonne mine qui demeure à Abingdon, préféraient mes prescriptions aux siennes.

— Pas de tes bouffonneries, dit Tressilian d'un ton sévère. Si tu t'es joué de nous, — bien plus, si tu as fait quelque chose qui puisse préjudicier à la santé de sir Hugh Robsart, je te fais ensevelir au fond d'une mine d'étain.

— Je ne sais pas assez du grand *arcanum* pour convertir l'étain en or, repartit Wayland sans se déconcerter. Mais trêve à vos appréhensions, monsieur Tressilian ; — j'ai compris le cas du digne chevalier d'après ce que m'en a dit maître William Badger, et j'espère être en état d'administrer une pauvre dose de mandragore, ce qui est, avec le sommeil qui doit nécessairement s'ensuivre, tout ce que requiert sir Hugh Robsart pour rétablir son cerveau dérangé.

— Je compte que tu agis loyalement avec moi, Wayland ?

— De la manière la plus loyale et la plus fidèle, comme l'événement le montrera. A quoi me servirait-il de nuire au pauvre vieillard qui vous intéresse ? vous à qui je dois que Gaffer ne soit pas en train, à l'heure qu'il est, de me déchirer la chair et les nerfs avec ses maudites pinces, et d'éprouver mon corps de toutes les façons avec son alêne effilée (la peste soit des mains qui l'ont forgée !) pour y trouver la marque des sorcières. — Je compte m'attacher en humble suivant à Votre Honneur, et tout ce que je désire, c'est que l'on juge de ma bonne foi sur le résultat du sommeil du digne chevalier.

Wayland Smith avait raison dans son pronostic. La potion sédative que son habileté avait préparée et qu'avait administrée la confiance de Will Badger, fut suivie des effets les plus bienfaisants. Le sommeil du malade fut long et réparateur ; et le pauvre vieux chevalier se réveilla bien abattu d'esprit, à la vérité, et bien faible de corps, mais pourtant plus en état d'apprécier ce que l'on soumettait à son jugement qu'il ne l'avait été depuis un certain temps. Il se refusa d'abord à ce que lui proposaient ses amis au sujet de Tressilian et de son voyage à la cour pour essayer de tirer sa fille de la situation où elle se trouvait, et de réparer le tort qu'elle avait souffert, en tant que la réparation en était encore possible. — Laissez-la aller, répondit-il ; ce n'est qu'un faucon qui vole avec le vent, et je ne donnerais même pas un coup de sifflet pour la rappeler. Mais, bien qu'il eût persisté pendant quelque temps dans son refus, il se laissa enfin convaincre que son devoir lui prescrivait de prendre le parti auquel le portait l'affection naturelle, et de consentir à ce que Tressilian fît tout ce qui serait en son pouvoir en faveur de sa fille. Il signa donc une procuration telle que l'habileté du ministre l'avait mis en état de la rédiger ; car à cette époque, plus simple que la nôtre, le clergé était souvent le conseiller de ses ouailles dans les affaires légales, aussi bien qu'en matière d'évangile.

Vingt-quatre heures après le retour de Tressilian à Lidcote-Hall, tout était préparé pour son second départ ; mais on avait oublié une circonstance essentielle que M. Mumblazen fut le premier à rappeler au souvenir de Tressilian. — Vous allez à la cour, monsieur Tressilian, lui dit-il ; vous voudrez bien vous rappeler que vos armoiries doivent être *argent* et *or* : nul autre fond n'y sera reçu. L'observation était aussi juste qu'embarrassante. Pour suivre une affaire à la cour, l'argent comptant était aussi indispensable, même au siècle d'or d'Élisabeth, qu'à toute autre époque postérieure, et c'était une denrée qui n'était guère commune parmi les habitants de Lidcote-Hall. Tressilian était lui-même pauvre ; les revenus du bon sir Hugh étaient consommés, et même anticipés, par les habitudes hospitalières de sa manière de vivre : il fallut donc finalement que le docteur qui avait soulevé la difficulté se chargeât de la résoudre. C'est ce que fit M. Michel Mumblazen en produisant un sac d'argent contenant près de trois cents livres sterling en monnaie d'or et d'argent, frappés à divers types, fruit de vingt années d'épargne, et qu'en ce moment, sans ajouter un mot sur ce sujet, il consacra au service de celui dont l'abri et la protection lui avaient fourni les moyens d'amasser ce petit trésor. Tressilian l'accepta sans affecter un seul moment d'hésitation, et un serrement de main mutuel fut tout ce qui fut échangé entre eux pour exprimer le plaisir que l'un éprouvait à consacrer à un tel objet tout ce qu'il possédait, et l'autre à voir un si grave obstacle à la réussite de son voyage levé d'une manière si soudaine et si peu attendue.

Le lendemain de bonne heure, pendant que Tressilian était occupé des préparatifs de son départ, Wayland Smith demanda à lui parler ; et après lui avoir exprimé l'espoir que l'effet de sa médecine sur sir Hugh Robsart l'avait satisfait, il lui manifesta le désir de l'accompagner à la cour. C'était, à la vérité, à quoi Tressilian lui-même avait plusieurs fois pensé ; car l'adresse, l'intelligence et l'esprit de ressources dont le drôle avait fait preuve durant le temps qu'ils avaient voyagé ensemble, lui avaient fait sentir que son assistance pourrait lui devenir fort utile. Mais d'un autre côté, Wayland était sous le coup de la loi ; c'est ce dont Tressilian le fit souvenir, sans oublier de lui glisser deux mots des pinces de Pinniewinks et du *warrant* de M. le juge de paix Blindas. Wayland Smith ne fit qu'en rire.

— Voyez, monsieur, dit-il, j'ai changé mon costume de maréchal pour des habits de service ; mais quand bien même je l'aurais gardé tel qu'il était, regardez mes moustaches, — elles sont maintenant tournées en bas : — je ne ferai que les relever et les teindre avec une composition dont j'ai le secret, et le diable aurait peine à me reconnaître.

Tout en parlant il le fit comme il le disait, et en moins d'une minute il eut changé ses cheveux et ses moustaches au point de paraître une personne toute différente de ce qu'il était en entrant. Tressilian hésitait cependant encore à accepter ses services ; mais l'artiste n'en devint que plus pressant.

— Je vous dois la vie et les membres, dit-il, et je voudrais bien payer une partie de la dette, d'autant plus que je sais par Will Badger quelle affaire dangereuse Votre Honneur va entreprendre. Je ne me donne pas, à la vérité, pour ce qu'on appelle un homme d'action, un de ces matamores qui soutiennent la querelle de leur maître de la rapière et du bouclier : non, non, je suis même de ceux qui préfèrent la fin d'un repas au commencement d'une querelle ; mais je sais que je puis mieux servir Votre Honneur dans une recherche comme la vôtre que pas un de ces hommes d'épée et de dague, et que ma tête vaudra cent de leurs bras.

Tressilian hésitait encore. Il connaissait bien peu cet étrange compagnon, et ne savait trop jusqu'à quel point il pourrait mettre en lui la confiance nécessaire pour faire de lui un serviteur utile dans l'occurrence actuelle. Avant qu'il eût pris un parti, le pas d'un cheval se fit entendre dans l'avant-cour, et Tressilian vit entrer dans sa chambre M. Mumblazen et Will Badger, qui accouraient précipitamment et qui ouvrirent la bouche presque en même temps.

— Voici un domestique monté sur le plus joli petit cheval gris que j'aie vu de ma vie... dit Will Badger, qui prit l'avance.

— Et qui porte sur le bras un écusson d'argent représentant un dragon tenant à sa bouche un carré de brique et surmonté d'une couronnette de comte, ajouta M. Mumblazen, et il était porteur d'une lettre scellée des mêmes armes.

Tressilian prit la lettre, qui portait pour suscription : *A l'honorable M. Edmund Tressilian, notre affectionné parent. — Pressée. — Très pressée* [1]. Il l'ouvrit, et y trouva ce qui suit :

« MONSIEUR TRESSILIAN, MON BON AMI ET COUSIN,

» Nous sommes pour le moment en si mauvaise santé, et du reste dans de si malheureuses circonstances, que nous désirons avoir autour de nous ceux de nos amis sur l'affection et l'attachement desquels

---

[1] La formule du temps, qu'on voit reproduite dans d'autres passages des romans de Walter Scott, est *Ride, ride, ride ; — for thy life, for thy life, for thy life*, « Galope

nous pouvons reposer le plus de confiance ; parmi lesquels nous comptons notre bon M. Tressilian au nombre des premiers et des plus proches, tant par sa bonne volonté pour nous que par sa capacité. C'est pourquoi nous vous prions de vouloir bien vous rendre, avec toute la diligence qu'il vous sera possible de faire, à notre pauvre demeure, à Say's-Court près Deptford, où nous nous entretiendrons ultérieurement avec vous d'affaires que nous ne jugeons pas de nature à être commises au papier. Sur ce, nous vous présentons nos salutations cordiales, et nous demeurons votre affectionné parent,

» Ratcliffe, comte de Sussex. »

— Faites monter sur-le-champ le messager, Will Badger, dit Tressilian ; et dès que celui-ci entra dans la chambre : — Ah ! Stevens, est-ce vous ? lui dit-il ; comment se porte mylord ?

— Mal, monsieur Tressilian, répondit le messager ; et en conséquence n'ayant que plus besoin de bons amis autour de lui.

— Mais quelle est la maladie de mylord ? continua Tressilian d'un ton inquiet ; je n'en avais rien su jusqu'ici.

— Je ne sais pas, monsieur ; il est très mal à l'aise. Les médecins sont en demeure, et beaucoup dans sa maison soupçonnent de mauvaises pratiques, — de la sorcellerie, ou encore pis.

— Quel est le diagnostic ? demanda Wayland en s'avançant vivement.

— Hein ? fit le messager, ne comprenant pas l'expression.

— Qu'éprouve-t-il ? où est le siége du mal ?

L'homme regarda Tressilian, comme pour demander s'il devait répondre à ces questions d'un étranger ; et sur un signe affirmatif, il se hâta d'énumérer les symptômes de la maladie : perte graduelle des forces, transpirations nocturnes, perte de l'appétit, défaillances, etc.

— Et avec cela, reprit Wayland, une douleur aiguë dans l'estomac, et une fièvre lente ?

— Justement, répondit le messager quelque peu surpris.

— Je sais d'où vient la maladie ; j'en connais la cause : votre maître a mangé de la manne de Saint-Nicolas. Je connais aussi le remède ; — mon maître ne dira pas que j'ai long-temps étudié dans son laboratoire pour rien.

— Que voulez-vous dire ? reprit Tressilian en fronçant le sourcil ; nous parlons d'un des premiers seigneurs d'Angleterre. Faites attention que ce n'est pas ici sujet à bouffonnerie.

— A Dieu ne plaise ! dit Wayland Smith. Je dis que je connais sa ma-

---

galope, galope ; — sur ta vie, sur ta vie, sur ta vie ; » recommandation adressé au messager. (L. V.)

ladie, et que je puis la guérir. Souvenez-vous de ce que j'ai fait pour sir Hugh Robsart.

— Nous allons partir sur-le-champ, s'écria Tressilian ; Dieu nous appelle. En conséquence, après avoir mentionné en peu de mots ce nouveau motif pour un prompt départ, sans pourtant rien dire ni des soupçons de Stevens ni des assurances de Wayland Smith, il fit les adieux les plus affectueux à sir Hugh et aux autres habitants de Lidcote-Hall, et, accompagné de leurs prières et de leurs bénédictions, il prit en toute hâte le chemin de Londres, suivi de Wayland et du domestique du comte de Sussex.

CHAPITRE XIII.

> Oui, je sais que vous avez arsenic, vitriol, sel de tartre, terre à potier, alcali, cinabre : je sais tout cela. — Ce drôle, capitaine, arrivera avec le temps à être un grand alchimiste; et il parviendra (je ne dis pas absolument, mais très près) à la pierre philosophale.
> L'Alchimiste.

Tressilian et sa suite poursuivirent leur route avec la plus grande diligence. Il est vrai qu'il avait demandé au maréchal, quand leur départ fut décidé, s'il n'éviterait pas volontiers de passer par le Berkshire, où le rôle qu'il avait joué l'avait mis si en évidence; mais Wayland répondit en homme plein de confiance. Il avait employé le court intervalle qu'ils avaient passé à Lidcote-Hall à se transformer d'une manière surprenante. Sa barbe épaisse et en désordre était maintenant réduite à deux petites moustaches sur la lèvre supérieure, relevées à la mode militaire. Un tailleur qu'on avait fait venir du village de Lidcote, et qui avait été bien payé, avait exercé ses talents, en se conformant aux instructions de Wayland lui-même, de manière à changer complétement l'*homme extérieur* de ce dernier, et à le faire paraître de près de vingt ans plus jeune. Précédemment, barbouillé de suie et de charbon, — la tête surchargée d'une exubérance de cheveux, et la taille courbée par la nature de ses travaux, — défiguré en outre par la bizarrerie fantastique de son costume, l avait l'apparence d'un homme de cinquante ans; mais maintenant, couvert d'un habit neuf à la livrée de Tressilian, une épée au côté et un bouclier sur l'épaule, il avait tout l'extérieur d'un valet de bonne maison pimpant et de bonne mine, dont l'âge pouvait être entre trente et trente-cinq, c'est-à-dire la fleur même de la vie humaine. Ses manières lourdes et presque sauvages semblaient également avoir fait place à une agilité, à un air de finesse et à une hardiesse de regard et d'action qui frisaient l'impudence.

Interpellé par Tressilian, qui lui demanda comment il avait pu opérer en lui une métamorphose si singulière et si complète, Wayland ne répondit qu'en lui chantant une strophe tirée d'une comédie alors nouvelle [1], et que les juges les plus favorables regardaient comme annon-

---

[1] *La Tempête*, une des premières productions dramatiques de Shakspeare. (L. V.)

çant chez l'auteur un certain génie. Nous sommes heureux de citer les vers, qui étaient ainsi conçus ¹ :

> « Ban, ban
> Ca Caliban,
> A nouveau seigneur
> Nouveau serviteur. »

Bien que Tressilian ne se rappelât pas les vers, ils le firent cependant se souvenir que Wayland avait autrefois été comédien, circonstance qui par elle-même expliquait suffisamment la facilité avec laquelle il pouvait changer du tout au tout son extérieur. L'artiste lui-même était si confiant dans la transfiguration complète que son déguisement opérait en lui, ou, si l'on veut, dans la manière dont il avait changé de déguisement, manière de parler qui peut-être est la plus exacte, qu'il regrettait que leur route ne les conduisît pas près du lieu de son ancienne retraite.

— Sous mon costume actuel, dit-il, et avec l'appui de Votre Honneur, je m'aventurerais à me trouver face à face avec M. le juge de paix Blindas, même un jour de session trimestrielle. Et je voudrais bien savoir ce qu'est devenu Farfadet, qui me fait l'effet de devoir jouer dans le monde le rôle du diable, si une fois il peut échapper aux lisières, et planter là grand'mère et Dominie. — Et le laboratoire que nous avons vu sauter ! je serais bien aise de voir quel dégât l'explosion d'une telle quantité de poudre a fait parmi les retortes et les fioles du docteur Demetrius Doboodie. Je réponds que mon renom vivra dans le Val de Whitehorne long-temps après que je serai pourri en terre, et que plus d'un rustre viendra attacher son cheval, déposer son groat d'argent et siffler comme un matelot dans un calme, pour que Wayland Smith vienne lui ferrer son bidet. Mais le cheval aura le temps d'attraper la morfondure avant que Smith réponde à l'appel.

A cet égard, en effet, Wayland prophétisa juste ; et telle est la facilité avec laquelle les fables s'accréditent, qu'une obscure tradition de son habileté extraordinaire en maréchalerie s'est perpétuée même jusqu'à nos jours dans le Val de Whitehorse ; et la mémoire de la victoire d'Alfred, non plus que celle du célèbre Pusey Horn, ne s'est pas mieux conservée dans le Berskshire que l'étrange légende de Wayland Smith ².

La hâte avec laquelle les voyageurs poursuivaient leur voyage faisait qu'ils ne s'arrêtaient que le temps rigoureusement nécessaire pour le

---

¹ Il n'y en a que deux dans l'original :
> « Ban, ban, ca Caliban,
> Get a new master,—be a new man. »

² Voyez la note B, à la fin du volume.

repos de leurs montures ; et comme nombre des endroits qu'ils avaient à traverser étaient sous l'influence du comte de Leicester, ou de personnes placées sous sa dépendance immédiate, ils jugèrent prudent de cacher leurs noms ainsi que l'objet de leur voyage. En ces sortes d'occasions l'intermédiaire de Wayland Smith (dénomination par laquelle nous continuerons de désigner l'artiste, quoique son nom véritable fût Lancelot Wayland) était d'un grand secours. Il semblait au reste prendre plaisir à faire preuve de la dextérité avec laquelle il pouvait déjouer l'investigation, et s'amuser à dépister la curiosité des garçons et celle des aubergistes. Dans le cours de leur rapide voyage, il mit en circulation sur leur compte trois versions différentes : d'abord, Tressilian fut le lord député d'Irlande allant à Londres sous un déguisement prendre les ordres de la reine au sujet du grand rebelle Rory Oge Mac Carthy Mac Mahon; secondement, ledit Tressilian devint un agent de Monsieur venant solliciter la main d'Élisabeth ; en troisième lieu, ce fut le duc de Médina qui venait incognito pour régler les différents survenus entre Philippe et cette princesse.

Tressilian se fâcha et se plaignit à l'artiste des inconvénients de plusieurs sortes auxquels les exposaient les fables ainsi mises en circulation, notamment de l'attention qu'elles attiraient sur lui sans nécessité ; mais il fut apaisé (car qui aurait été à l'épreuve d'un tel argument ?) par l'assurance que lui donna Wayland qu'une importance inévitable s'attachant à sa présence à lui Tressilian, il devenait nécessaire de donner une raison extraordinaire pour expliquer la rapidité et le secret de son voyage.

Enfin ils approchèrent de la métropole ; et alors, grâce au concours plus général des étrangers, leur apparition cessa d'exciter l'attention et de provoquer des questions ; puis bientôt ils entrèrent dans Londres même.

L'intention de Tressilian était de se rendre directement à Deptford, où résidait lord Sussex, pour être plus près de la cour, alors tenue à Greenwich, résidence favorite d'Elisabeth et qui s'honorait d'avoir vu naître cette princesse. Néanmoins une courte halte à Londres était nécessaire, et cette halte fut quelque peu prolongée par les instantes prières de Wayland Smith, qui sollicita la permission de faire un tour dans la ville.

— Alors, prends ton épée et ton bouclier, et suis-moi, lui dit Tressilian ; je vais moi-même y faire un tour, et nous irons de compagnie.

Le motif de Tressilian pour agir ainsi était qu'il ne se croyait pas tout-à-fait assez sûr de la fidélité de son nouveau serviteur pour le perdre de vue en ce moment critique, où la rivalité qui divisait les factions de la cour d'Élisabeth était arrivée à un si haut point. Wayland Smith acquiesça volontiers à la précaution, dont probablement il conjectura le motif ; seulement il stipula que son maître entrerait avec lui dans telles boutiques de chimistes ou d'apothicaires qu'il désignerait en parcourant Fleet-Street, et qu'il lui permettrait d'y faire quelques emplètes nécessaires. Tressilian y consentit, et, obéissant au signal de Wayland, il entra successivement dans quatre ou cinq boutiques au moins, dans chacune desquelles il remarqua que son domestique achetait seulement une drogue en diverses quantités. Celles qu'il demanda d'abord lui furent aisément fournies chacune à tour de rôle ; mais il eut plus de difficulté à se procurer les autres ; — et Tressilian remarqua que plus d'une fois, à la surprise manifeste du marchand, Wayland refusa la gomme ou la plante qui lui était présentée, et força le droguiste de la lui changer pour la véritable sorte, ou qu'autrement il fût la chercher ailleurs. Mais un ingrédient en particulier parut presque impossible à trouver. Quelques pharmaciens convenaient tout simplement qu'ils ne l'avaient jamais vu ; — d'autres niaient qu'une telle substance existât, sauf dans l'imagination dérangée des alchimistes ; — la plupart voulurent satisfaire leur acheteur en lui offrant quelque succédanée, et en soutenant à Wayland, qui refusait de la recevoir comme n'étant pas ce qu'il avait demandé, qu'elle possédait les mêmes qualités à un degré supérieur. Tous, en général, montrèrent une certaine curiosité au sujet de ce qu'on en voulait faire. Un vieux et maigre pharmacopole, à qui l'artiste adressa sa question habituelle en termes que Tressilian ne put comprendre et dont il ne put se souvenir, lui répondit franchement qu'il ne trouverait pas cette drogue dans tout Londres, à moins que par hasard Yoglan le juif n'en eût chez lui.

— Je l'avais pensé, repartit Wayland. — Je vous demande pardon, monsieur, dit-il à Tressilian dès qu'ils furent sortis de la boutique, mais nul artiste ne peut travailler sans ses outils. Il faut de toute nécessité que j'aille chez ce Yoglan ; et je vous promets que si cette course nous retient un peu plus long-temps que votre loisir ne semble le permettre, vous en serez pourtant bien payé par l'usage que je ferai de cette drogue rare. Permettez-moi, ajouta-t-il, de passer devant, car il faut maintenant que nous quittions la grande rue, et nous ferons double diligence si je vous montre le chemin.

Tressilian y consentit, et suivit Smith dans une ruelle qui tournait à gauche et descendait vers la rivière. Wayland marchait très rapidement, et paraissait parfaitement connaître la ville, car il parcourut sans hésiter un labyrinthe de rues étroites, de cours et de passages noirs, jusqu'à ce qu'il fût arrivé au milieu d'une ruelle très étroite allant aboutir à la Tamise, que l'on entrevoyait de là, boueuse et chargée de vapeurs, et présentant un arrière-plan que croisaient en sautoir, comme aurait pu dire M. Mumblazen, les mâts de deux gabarres amarrées là en attendant la marée. La boutique, sous l'auvent de laquelle il s'arrêta en cet endroit, n'avait pas, comme dans les temps modernes, de devanture vitrée ; — un abri de grosse toile entourait un réduit pareil à ceux qu'occupent aujourd'hui les rapetasseurs de vieilles chaussures, et laissait le devant ouvert, à la manière des boutiques actuelles des marchands de poisson. Un petit vieillard à figure efféminée, tout l'opposé d'un juif par la physionomie, car il avait les cheveux d'une nuance claire et le menton rasé, se montra au pas de sa boutique et avec mainte politesse demanda à Wayland ce qu'il désirait. Ce dernier n'eut pas plus tôt nommé la drogue, que le juif fit un mouvement de surprise. — Et qu'est-ce que Fotre Honneur peut afoir à faire de cette trogue, mein got! qu'on ne m'a pas temantée tepuis quarante ans que che suis herboriste ici?

— La réponse à cette question ne fait pas partie de ma commission, dit Wayland; je désire seulement savoir si vous avez ce dont j'ai besoin, et si, l'ayant, vous voulez m'en vendre?

— Oui, mein got, quant à l'afoir, che l'ai, et quant à en vendre, che suis troguiste et che vends de toutes les trogues. En même temps il lui présenta une poudre, puis il continua : — Mais cela coûtera pien te l'archent ; — ce que ch'en ai coûte son pesant t'or, — oui, te l'or le plus fin, — je puis tire t'or six fois affiné. — Elle fient du mont Sinaï, où notre sainte Loi nous fut tonnée, et la plante ne fleurit qu'une fois en cent ans.

— Je ne sais pas si on en recueille souvent sur le mont Sinaï, repartit Wayland après avoir regardé avec grand dédain la poudre qui lui était offerte; mais je gagerais mon épée et mon bouclier contre votre gaberdine [1], que ce rebut que vous me présentez là au lieu de ce que je vous demande peut être recueilli tous les jours dans les fossés du château d'Alep, et ne coûte que la peine de l'y ramasser.

— Fous être un rude homme, reprit le juif; et t'ailleurs che n'en ai pas te meilleure que celle-là, — ou si ch'en ai, che n'en vendrai pas sans une ortonnance de médecin, — ou sans que fous me tisiez ce que fous en foulez faire.

L'artiste répondit brièvement dans un langage dont Tressilian ne put comprendre un seul mot, et qui parut frapper le juif d'un extrême étonnement. Il ouvrit de grands yeux en regardant Wayland, en homme qui aurait soudainement reconnu un illustre héros ou un potentat redouté dans la personne d'un étranger obscur et inconnu. — Pienheureux Élie! s'écria-t-il quand il se fut remis du premier effet de la surprise; et alors, passant de ses manières soupçonneuses et rechignées à un excès d'obséquiosité, il accabla l'artiste de salutations serviles, et le conjura d'entrer dans sa pauvre demeure, pour en bénir le misérable seuil en le franchissant.

— Ne foudrez-fous pas poire un ferre de fin avec le pauvre juif Zacharias Yoglan? — Foulez-fous afoir du tokay? — foulez-fous goûter du lacryma-christi? — foulez-fous....?

---

[1] Souquenille.

— Vos offres m'offensent, interrompit Wayland ; servez-moi ce que je vous demande, et épargnez-vous de plus longs discours.

Après cette rebuffade, l'Israélite prit son trousseau de clefs, et ouvrant avec circonspection une armoire qui paraissait plus soigneusement fermée que les autres cases de drogues et de médicaments parmi lesquelles elle se trouvait, il tira un petit tiroir secret recouvert d'une glace et contenant une poudre noire en petite quantité. Il en présenta à Wayland de la manière la plus respectueuse, quoique sur sa physionomie une expression de regret et d'avarice, qui semblait ne voir partir qu'avec douleur la moindre parcelle de ce dont un étranger allait être rendu possesseur, le disputât à l'air de déférence obséquieuse qu'il s'efforçait de se donner.

— Avez-vous des balances? dit Wayland.

Le juif montra du doigt celles qui servaient aux usages ordinaires dans la boutique; mais ce fut avec une expression embarrassée d'incertitude et de crainte qui n'échappa point à l'artiste.

— Il en faut d'autres que celles-là, dit Wayland d'un ton sec; ne savez-vous que les choses saintes perdent leur vertu si on les pèse dans une balance qui ne soit pas juste?

Le juif baissa la tête, tira d'un coffret garni en acier une paire de balances supérieurement montées, et les ajusta pour l'usage que l'artiste en devait faire. — C'est afec celles-là que che fais mes expériences, dit-il ; — un poil de la barbe tu grand-prêtre les ferait pencher.

— Il suffit, repartit l'artiste ; puis il se pesa deux drachmes de la poudre noire, qu'il plia soigneusement dans un papier et qu'il mit dans sa poche avec les autres drogues. Il en demanda le prix au juif, qui répondit, en secouant la tête et en s'inclinant : — Ce n'est rien, non, rien tu tout pour un homme comme fous. — Mais fous fiendrez refoir le pauvre juif? fous chetterez un coup d'œil tans son laboratoire, où, Tieu lui soit en aide, il s'est tesséché comme la substance ridée de la gourde te Jonas le saint prophète? — Fous le prendrez en pitié, et fous lui ferez faire un petit pas sur la grante route?

— Paix ! fit Wayland, en portant un doigt à ses lèvres d'un air de mystère; il peut se faire que nous nous revoyions. — Tu as déjà le Schahmaïm, comme tes rabbins l'appellent, — la création générale; veille donc et prie, car il faut que tu arrives à la connaissance de l'élixir Alchahest Samech avant que je puisse avoir de nouvelles communications avec toi. Répondant alors par un léger mouvement de tête aux salutations révérencieuses du juif, il remonta la ruelle d'un air grave, suivi de son maître, dont la première observation sur la scène dont il venait d'être témoin fut que Wayland aurait dû payer à cet homme le prix de sa drogue, quel qu'il fût.

— La lui payer? du diable si j'en fais rien ! répliqua l'artiste. — Si je n'avais craint que cela ne déplût à Votre Honneur, j'aurais eu de lui une ou deux onces d'or en échange du même poids de poudre de brique.

— Je ne vous conseille pas de vous ingérer de pareilles friponneries tant que vous serez à mon service.

— Ne vous ai-je pas dit que cette raison seule m'avait fait l'épargner quant à présent? — Friponnerie, dites-vous? — eh! ce misérable squelette est riche assez pour paver de dollars la ruelle où il demeure, et il en sort à peine un de son coffre-fort. Malgré cela il court à en devenir fou après la pierre philosophale; — et d'ailleurs il voulait attraper un pauvre domestique, tel qu'il me supposait d'abord être, en lui vendant bien cher une mauvaise drogue qui ne valait pas un penny. — A bon chat, bon rat, comme dit le diable au charbonnier; si sa fausse poudre valait mes bonnes couronnes, une véritable poudre de brique vaut tout autant son bon or.

— Il peut se faire qu'il en soit ainsi, autant que je sache, en traitant avec des juifs et des apothicaires; mais sachez que de pareils tours de passe-passe pratiqués par une personne à mon service portent atteinte à mon honneur, et que je ne les tolérerai pas. — J'espère que tes emplètes sont terminées?

— Oui, monsieur; et avec ces drogues je composerai aujourd'hui même le véritable orviétan, ce noble remède qui se trouve si rarement pur et efficace en Europe, faute de cet ingrédient rare et précieux que je viens d'avoir de Yoglan [1].

— Mais pourquoi ne pas avoir fait tous tes achats dans une seule boutique? Nous avons perdu près d'une heure à courir d'un droguiste à un autre.

— Voici, monsieur : c'est que je ne veux pas que personne apprenne mon secret, et qu'il ne serait pas long-temps à moi si j'achetais tous mes ingrédients chez un seul herboriste.

Ils revinrent alors à leur auberge (à l'enseigne fameuse de la *Belle-Sauvage*); et pendant que le domestique de lord Sussex préparait les chevaux pour leur voyage, Wayland, ayant emprunté un mortier au cuisinier, s'enferma dans une chambre particulière, où il mélangea, broya, amalgama les drogues qu'il avait achetées, chacune dans la proportion voulue, avec une promptitude et une adresse montrant assez qu'il était bien au fait de toutes les opérations manuelles de la pharmacie.

En même temps que l'électuaire de Wayland fut préparé les chevaux se trouvèrent prêts, et une course d'une petite heure les conduisit au château où résidait alors le comte de Sussex, antique habitation située près de Deptford, et qui avait reçu son nom de Say's-Court d'une famille

---

[1] L'orviétan, ou thériaque de Venise, comme on l'appelait quelquefois, était regardé comme un remède souverain contre le poison; et le lecteur voudra bien, pour le temps qu'il mettra à parcourir ces pages, être de la même opinion, autrefois universellement reçue, par le savant aussi bien que par le vulgaire. (W. S.)

CHAPITRE XIII.

à laquelle elle avait long-temps appartenu, mais qui était passée depuis plus d'un siècle dans l'ancienne et honorable maison d'Evelyn. Celui qui en était alors le représentant, partisan zélé du comte de Sussex, lui avait volontiers ouvert les portes de sa demeure hospitalière, ainsi qu'à sa nombreuse suite. Say's-Court fut plus tard la résidence du célèbre Evelyn, dont la *Sylva* est encore dans la Grande-Bretagne le manuel de tous ceux qui s'occupent de plantations, et dont la vie, les mœurs et les principes, tels que ses *Mémoires* les exposent, devraient également servir d'exemple à tout gentleman anglais [1].

---

[1] Ce passage a sans nul doute inspiré à M. Amédée Pichot la septième lettre (t. Ier) de son intéressant *Voyage historique et-littéraire en Angleterre et en Écosse*, ouvrage dont le plus grand défaut est d'être resté inachevé. (L. V.)

CHAPITRE XIV.

> Voilà de rares nouvelles que tu viens me conter, mon cher camarade ! deux taureaux fougueux qui se battent sur le pré pour une belle génisse. — Si l'un des deux succombe, la vallée en sera plus paisible, et le troupeau, que leur querelle n'intéresse guère, y pourra pâturer tranquillement.
> *Vieille comédie.*

Say's-Court était entouré des mêmes précautions qu'un fort assiégé ; et telle était la méfiance de l'époque, que Tressilian et sa suite furent arrêtés et questionnés à plusieurs reprises par des sentinelles, tant à pied qu'à cheval, à mesure qu'ils approchaient de la demeure du comte malade. De fait, la place élevée qu'occupait Sussex dans les bonnes grâces de la reine Élisabeth, et sa rivalité connue et avouée avec le comte de Leicester, faisaient attacher la plus haute importance à sa conservation ; car à l'époque dont nous parlons, personne encore ne pouvait dire lequel des deux l'emporterait sur l'autre dans la faveur de leur souveraine.

Élisabeth, comme bien d'autres femmes, aimait à gouverner au moyen de factions, de manière à balancer deux crédits rivaux, et à se réserver le pouvoir de faire passer la prépondérance à l'un ou à l'autre, selon que pourraient finalement la déterminer ou l'intérêt l'État, ou peut-être son caprice, car elle-même ne fut pas supérieure à ce faible de son sexe. Agir de ruse, — tenir les cartes, — opposer un influence à l'autre, — serrer la bride à celui qui se croyait le plus haut dans son estime, et le maintenir par les craintes que lui devait inspirer un concurrent auquel elle témoignait la même confiance, sinon la même affection, tels furent les artifices auxquels elle eut recours durant tout son règne, et qui la mirent en état, bien que cédant fréquemment à la faiblesse du favoritisme, de parer à la plupart des mauvais effets que cette faiblesse aurait pu avoir sur son royaume et son gouvernement.

Les deux seigneurs qui se disputaient alors sa faveur y avaient des titres bien différents ; cependant on pouvait dire, en général, que le comte de Sussex avait été plus utile à la reine, et que Leicester était plus cher à la femme. Sussex, selon l'expression du temps, était un *martialiste*, c'est-à-dire un homme de guerre ; il avait rendu de bons services en Irlande et en Écosse, notamment lors de la grande rébel-

CHAPITRE XIV.

lion du nord en 1569, laquelle fut éteinte en grande partie par ses talents militaires. Il était naturellement entouré et estimé de ceux qui désiraient trouver dans les armes le chemin de la distinction. Le comte de Sussex était en outre de plus ancien et de plus honorable lignage que son rival, réunissant en sa personne la double représentation des Fitz-Walters et des Ratcliffe, tandis que l'écusson de Leicester, entaché de la dégradation de son aïeul, le ministre oppresseur d'Henry VII, n'avait guère été réhabilité par celle de son père, l'infortuné Dudley, duc du Northumberland, exécuté à Tower-Hill le 22 août 1553. Mais dans sa personne, ses traits et son adresse, armes si formidables à la cour d'une reine, Leicester avait des avantages plus que suffisants pour contre-balancer les services militaires, l'irréprochable noblesse et la franchise loyale du comte de Sussex ; aux yeux de la cour et du royaume il possédait la plus haute part de la faveur d'Élisabeth, bien que cette préférence ne fût pas tellement prononcée, conformément à la politique constante qu'elle suivit toujours, qu'elle pût le rassurer complètement contre la prépondérance finale des prétentions de son rival. Aussi la maladie de Sussex arriva si opportunément pour Leicester, qu'elle donna lieu à d'étranges soupçons dans le public, en même temps que son issue probable remplissait des plus vives appréhensions les adhérents de l'un des deux comtes, et ceux de l'autre des espérances les plus ardentes. En attendant, — car dans cet ancien temps on ne perdait jamais de vue la probabilité qu'une affaire se réglât à la pointe de l'épée, — les partisans de chacun des deux seigneurs se pressaient autour de leur patron respectif, se montraient en armes jusqu'au voisinage de la cour, et troublaient l'oreille de la reine par les alarmes de leurs fréquents débats, auxquels ils se livraient jusque dans l'enceinte du palais. Cet exposé préliminaire était nécessaire pour rendre ce qui suit intelligible au lecteur [1]

. A son arrivée à Say's-Court, Tressilian trouva la place remplie des suivants du comte de Sussex et des gentlemen venus pour se tenir près de leur patron durant sa maladie. Des armes étaient dans toutes les mains et un sombre nuage sur toutes les physionomies, comme si on eût craint une attaque ouverte et immédiate de la faction opposée. Néanmoins, dans la salle où Tressilian fut introduit par un des gens du comte, pendant qu'un autre était allé informer Sussex de l'arrivée de son parent, il ne trouva que deux gentilshommes en attente. Leur costume, leur extérieur et leurs manières offraient un remarquable contraste. Celui du plus âgé des deux, qui paraissait être un homme de qualité et dans la fleur de l'âge, avait une simplicité toute militaire ; sa taille était petite, ses membres robustes, son port sans grâce et sa physionomie de celles qui annoncent un froid bon sens sans le moindre

[1] *Voyez* la note C, à la fin du volume.

mélange de vivacité ou d'imagination. Le plus jeune, qui paraissait avoir vingt ans, ou quelque chose au-delà, portait le plus élégant costume des personnes de qualité de l'époque, un manteau de velours cramoisi richement orné de galons et de broderies, avec une toque pareille, dont une chaîne d'or retenue par un médaillon faisait trois fois le tour. Ses cheveux étaient disposés à fort peu de chose près à la manière de quelques élégants modernes, c'est-à-dire qu'ils étaient relevés par le peigne et maintenus en quelque sorte droits sur leur racine ; et il portait aux oreilles une paire de pendants d'argent, dans chacun desquels était enchâssée une perle d'une grosseur considérable. La physionomie de ce jeune homme, outre qu'elle était régulièrement belle et accompagnée d'une taille bien prise, était si animée et si expressive, qu'on pouvait y deviner sur-le-champ la fermeté d'un caractère décidé et le feu d'une âme entreprenante, la faculté de réfléchir en même temps que la promptitude à prendre un parti.

Tous deux étaient à demi couchés, et presque dans la même posture, sur des bancs rapprochés l'un de l'autre ; mais chacun d'eux, paraissant livré à ses propres méditations, regardait droit devant lui le mur qui lui faisait face, sans échanger une seule parole avec son compagnon. Les regards du plus âgé avaient une expression qui annonçait évidemment que dans la muraille sur laquelle ils étaient fixés il ne voyait que la paroi d'une vieille salle tapissée tout autour de manteaux, d'andouillers, de boucliers, de parties d'armures, de pertuisanes, et d'autres objets analogues qui garnissaient habituellement un tel lieu. Quoique le plus jeune parût plongé dans une profonde rêverie, son regard semblait animé par l'imagination ; on aurait dit que l'espace vide s'étendant de lui au mur était devenu un théâtre sur lequel sa pensée vagabonde évoquait des personnages, et où elle lui montrait des scènes toutes différentes de ce que la réalité lui pouvait offrir.

A l'entrée de Tressilian, tous deux sortirent de leur état d'abstraction, et lui souhaitèrent la bien-venue ; le plus jeune, en particulier, avec tous les dehors de la plus chaude cordialité. —Tu es le bien-venu, Tressilian, dit-il ; ta philosophie t'a tenu loin de nous quand cette maison avait des objets d'ambition à offrir, — mais c'est une honnête philosophie, puisqu'elle te ramène à nous quand il n'y a que des dangers à partager.

— Mylord est-il donc si gravement indisposé ? dit Tressilian.

— Nous craignons ce qu'il y a de pire, répondit le plus âgé, et par suite de la pire trahison.

— Fi ! exclama Tressilian ; mylord de Leicester est un caractère honorable.

— Que fait-il donc des gens tels que ceux qui l'entourent ? repartit le plus jeune. L'homme qui évoque le diable peut être honnête, mais il n'en est pas moins responsable du mal que fait le malin esprit.

— Mais êtes-vous donc les seuls, mes maîtres, qui restiez près de mylord dans un pareil moment?

— Non, non, répondit de nouveau le plus âgé; il y a Tracy, Markham, et d'autres encore. Mais nous veillons ici deux par deux, et quelques uns qui étaient fatigués sont allés se reposer ici-dessus dans la galerie.

— Et quelques autres, ajouta le jeune homme, sont descendus jusqu'au bassin de Deptford voir quelle carène ils pourront acheter en cotisant leurs fortunes ébréchées; et aussitôt que tout sera fini, nous déposerons notre noble maître dans sa tombe, puis nous aurons une prise avec ceux qui l'y auront poussé, si l'occasion s'en présente, et alors nous nous embarquerons pour les Indes le cœur soulagé et la bourse légère.

— Il peut se faire, dit Tressilian, que je prenne le même parti dès que j'aurai terminé quelques affaires à la cour.

— Toi, des affaires à la cour! exclamèrent-ils à la fois; toi, faire le voyage des Indes!

— Hé mais, Tressilian, ajouta le plus jeune, n'es-tu pas marié, et à l'abri de ces bourrasques de la fortune qui poussent les gens en mer au moment où leurs barques voguent le plus tranquillement vers le port? — Qu'est devenue la charmante Indamira, qui devait égaler mon Amorette en foi et en beauté?

— Ne me parle pas d'elle! dit Tressilian en détournant le visage.

— Oui-dà! en es-tu là? reprit le jeune homme en lui prenant la main de l'air le plus affectueux; en ce cas, ne crains pas que je touche une seconde fois à la blessure encore vive. — Mais c'est une nouvelle aussi étrange que triste. Pas un de nos loyaux et joyeux compagnons n'échappera-t-il donc au naufrage de sa fortune et de son bonheur dans cette tempête soudaine! J'avais espéré que toi du moins tu serais entré au port, mon cher Edmund. — Mais un autre de nos bons amis qui porte ton nom dit avec grande raison :

> « Qui n'a pas vu la fortune inconstante
> Sur les humains à ses pieds prosternés
> Faire passer sa roue toujours tournante,
> Et tour à tour, dans son humeur changeante,
> Écraser ceux qu'elle avait élevés[1]? »

Le gentleman le plus âgé s'était levé de son banc, et parcourait la

---

[1] « What man that sees the ever whirling wheel
Of Chance, the which all mortal things doth sway,
But that thereby doth find and plainly feel
How mutability in them doth play
Her cruel sports to many men's decay. »
(Edmund Spencer, *la Reine des Fées.*)

salle avec quelque impatience, pendant que le jeune homme récitait ces vers avec chaleur et sentiment. Quand il eut fini, l'autre s'enveloppa de son manteau et se rejeta sur son banc. — Je m'étonne, Tressilian, dit-il, que vous entreteniez ce garçon dans sa sotte humeur. Si quelque chose pouvait faire mal juger d'une vertueuse et honorable maison comme celle de mylord, que je sois damné si je ne pense pas que ce serait ce galimathias flûté, ce puéril jargon de poésie qui nous a été apporté par M. Walter Bel-Esprit que voilà et par ses camarades, tordant en toutes sortes de manières de parler étranges et incompréhensibles le bon et simple anglais que Dieu nous a donné pour exprimer nos pensées.

— Blount, repartit son camarade en riant, croit que le diable courtisa Ève en vers, et que le sens mystique de l'arbre du bien et du mal se rapporte uniquement à l'art de faire résonner des rimes et de scander des hexamètres [1].

En ce moment le chambellan du comte vint informer Tressilian que Sa Seigneurie désirait lui parler.

Il trouva lord Sussex à demi habillé et couché sur son lit, et fut frappé du changement que la maladie avait opéré en lui. Le comte le reçut avec la plus franche cordialité, et s'enquit de la situation de ses amours. Tressilian éluda un moment ses questions, et tournant la conversation sur la santé du comte lui-même, il vit à sa grande surprise que les symptômes de sa maladie répondaient précisément à ceux qu'avait annoncés Wayland. Il n'hésita donc pas à communiquer à Sussex toute l'histoire de son nouveau serviteur, et l'assurance avec laquelle il prétendait pouvoir le guérir. Le comte l'écouta avec attention, mais d'un air d'incrédulité, jusqu'à ce que le nom de Demetrius fût mentionné; alors il demanda soudainement à son secrétaire de lui apporter une certaine cassette qui contenait des papiers importants. — Cherchez-y, dit-il, la déclaration de ce coquin de cuisinier à qui nous avons fait subir un interrogatoire, et voyez bien si le nom de Demetrius n'y est pas cité.

Le secrétaire tomba du premier coup sur le passage, et lut ce qui suit : « Et ledit déclarant, étant questionné, répond : Qu'il se souvient d'avoir fait la sauce dudit esturgeon, duquel après avoir mangé, ledit noble lord fut pris de mal ; et d'y avoir mis les ingrédients et condiments habituels, à savoir.... »

— Passez ce fatras, interrompit le comte, et voyez si ses ingrédients ne lui ont pas été fournis par un herboriste nommé Demetrius.

— Précisément, dit le secrétaire. Et il ajoute que depuis lors il n'a pas revu ledit Demetrius.

— Ceci s'accorde avec l'histoire de ton homme, Tressilian. Fais-le venir ici.

---

[1] *Voyez* la note D, à la fin du volume.

CHAPITRE XIV.

Appelé en présence du comte, Wayland Smith répéta sa première version sans varier ni se troubler.

— Il peut se faire, reprit le comte, que tu sois envoyé par ceux qui ont commencé cet ouvrage, pour le finir pour eux; mais fais attention que s'il m'arrive mal de ta médecine, tu pourras aussi t'en mal trouver.

— Ce serait rigoureux, repartit Wayland; car l'effet d'un remède, comme le terme de la vie, est entre les mains de Dieu. Mais j'en courrai le risque. Je n'ai pas si long-temps vécu sous terre pour être effrayé d'un tombeau.

— Hé bien, puisque tu es si confiant, j'en veux courir le risque aussi, car la science ne peut rien pour moi. Dis-moi comme cette médecine doit se prendre.

— C'est ce que je vais faire tout à l'heure; mais accordez-moi la condition que puisque je cours tout le risque de ce traitement, il ne sera permis à nul autre médecin d'y intervenir.

— C'est trop juste; et maintenant, prépare ta drogue.

Pendant que Wayland obéissait à l'ordre du comte, les domestiques de celui-ci, se conformant aux instructions de l'artiste, déshabillèrent leur maître et le mirent au lit. — Je vous préviens, leur dit-il, que le premier effet de cette médecine sera de produire un sommeil profond, durant lequel il ne faut pas que le moindre bruit soit fait dans la chambre, car autrement le résultat pourrait être fatal. Je veillerai moi-même près du comte, avec quelqu'un des gentilshommes de sa chambre.

— Que tout le monde se retire, dit le comte, sauf Stanley et ce brave homme.

— Je reste aussi, dit Tressilian. Moi aussi je suis puissamment intéressé aux effets de cette potion.

— Soit, mon bon ami, repartit le comte. Et maintenant, à notre expérience. Mais d'abord appelez mon secrétaire et mon chambellan. — Soyez témoins, continua-t-il quand ces officiers furent arrivés, soyez témoins, messieurs, que notre honorable ami Tressilian n'est en aucune façon responsable des effets que cette médecine peut produire sur moi, attendu que je la prends de ma libre volonté et de mon propre choix, parce que je la regarde comme un remède que Dieu m'envoie par des moyens inattendus pour me tirer de ma maladie actuelle. Rappelez-moi au souvenir de ma noble et royale maîtresse; dites-lui que j'ai vécu et suis mort son fidèle serviteur, et que je souhaite à tout ce qui entoure son trône la même sincérité de cœur et la même volonté de la servir, avec plus d'habileté pour le faire que Dieu n'en a départi au pauvre Thomas Radcliffe. — Alors il joignit les mains, et parut pendant quelques secondes absorbé dans une dévotion mentale; puis il prit la potion des mains de Wayland, et fixa un moment sur celui-ci un regard qui semblait vouloir lire jusqu'au fond de son âme. Mais l'artiste ne changea pas de physionomie, et ses manières ne trahirent nulle hésitation.

— Il n'y a rien à craindre, dit Sussex à Tressilian ; et sans hésiter davantage il avala la potion.

— Je dois maintenant prier Votre Seigneurie de se disposer pour dormir le plus commodément qu'il lui sera possible, reprit Wayland ; et vous, messieurs, je vous recommande de rester tranquilles et muets, comme si vous veilliez au lit de mort de votre mère.

Le secrétaire et le chambellan se retirèrent, et donnèrent ordre que l'on tînt toutes les portes fermées, et que le plus grand silence régnât dans la maison. Plusieurs gentilshommes se tinrent volontairement dans l'antichambre, au cas où ils pourraient être appelés, mais personne ne resta dans la chambre du malade que son valet de chambre, l'artiste et Tressilian. — Ce qu'avait annoncé Wayland Smith ne tarda pas à se réaliser ; le comte s'endormit d'un sommeil si calme et si profond, que ceux qui veillaient à son chevet commencèrent à craindre que dans son état de faiblesse il ne passât sans sortir de sa léthargie. Wayland Smith lui-même paraissait inquiet ; de temps à autre il touchait légèrement les tempes du comte, tout en s'attachant particulièrement à étudier l'état de sa respiration, qui était pleine et forte, mais en même temps facile et régulière.

CHAPITRE XV.

> Eh quoi! butors, grossiers valets, nul soin,
> nulle attention, nul souvenir de vos devoirs! Ou
> est le sot, le coquin, que j'avais envoyé devant?
> *La Mégère domptée.*

Il n'est pas de moment où l'on se trouve plus mal réciproquement et où l'on se sente plus mal à l'aise que lorsqu'on est surpris à veiller par les premières lueurs matinales. Même une beauté de premier ordre, quand l'aube du jour la trouve encore au bal, ferait sagement alors de se soustraire aux regards de ses admirateurs les plus exclusifs et les plus passionnés. Telle était la lumière pâle, blafarde et défavorable qui commençait à poindre sur ceux qui avaient veillé toute la nuit dans la salle d'attente de Say's-Court, et qui mêlait ses teintes froides et d'un bleu terne aux clartés rougeâtres, livides et fumeuses des lampes et des torches expirantes. Le jeune homme que nous avons signalé dans notre dernier chapitre, et qui avait quitté la salle depuis quelques minutes pour aller s'informer de la cause du bruit qui se faisait à la porte extérieure, fut en rentrant tellement frappé de la mine pâle et défaite de ses compagnons de veille, qu'il s'écria : — Pitié de mon cœur, mes maîtres, de quels hiboux vous avez l'air! Il me semble qu'au lever du soleil je vais vous voir envoler en battant des ailes et l'œil ébloui, pour aller vous cacher dans quelque buisson de lierre ou dans le premier clocher en ruines que vous rencontrerez.

— Tais-toi donc, mauvais plaisant, dit Blount ; tais-toi. Est-ce le moment de railler quand l'honneur de l'Angleterre expire peut-être de l'autre côté de ce mur?

— Tu mens, répliqua le jeune homme.

— Comment, je mens! exclama Blount en se levant vivement; et c'est à moi que tu parles ainsi?

— Eh! vraiment oui, tu mens, fou chatouilleux que tu es [1]. Mais n'es-tu pas un plaisant fat de prendre ainsi un mot équivoque? Tout en

---

[1] Il y a ici dans le texte une pointe intraduisible, roulant sur la double acception du verbe *to lie*, qui veut dire *mentir* et *être couché*. — A l'interpellation de Blount qui se récrie sur le démenti du jeune homme, celui-ci réplique : Eh! sûrement; n'étais-tu pas tout à l'heure couché sur ce banc? (L. V.)

aimant et honorant mylord aussi sincèrement que toi et que qui que ce soit, je dis que si le ciel nous l'enlevait tout l'honneur de l'Angleterre ne mourrait pas avec lui.

— Oui, oui, répliqua Blount ; une bonne part en resterait en toi, sans doute ?

— Et une bonne part en toi aussi, Blount, et en Markham que voici, et en Tracy, et en nous tous. Mais de nous tous je suis celui qui emploierai le mieux le talent dont le ciel nous a tous gratifiés.

— Et comment cela, je te prie ? Dis-nous ton mystère de multiplication.

— Eh ! messieurs, vous êtes comme de la bonne terre qui ne rend rien parce qu'on ne l'avive pas au moyen d'engrais ; moi, je me sens cette ardeur fermentante qui tiendra en action mes humbles facultés. L'ambition me stimulera la cervelle, je t'en réponds.

— Je prie Dieu qu'elle ne te rende pas fou, répliqua Blount ; pour ma part, si nous perdons notre noble lord, je dis adieu à la cour et à l'armée. J'ai cinq cents mauvais acres dans le Norfolk ; c'est là que j'irai changer la chaussure de cour contre le gros soulier de paysan.

— Vile transmutation ! exclama son antagoniste ; au fait, tu as déjà l'air rustaud du vrai paysan. — Ton dos se courbe comme si tu avais les mains aux manches d'une charrue, et il y a en toi je ne sais quelle odeur terreuse, au lieu du parfum d'essence que tu devrais exhaler comme galant courtisan. Sur mon âme ! tu t'es esquivé pour aller te rouler sur des bottes de foin. Ta seule excuse sera de jurer par tes poignets que le fermier avait une jolie fille.

— Je t'en prie, Walter, dit un autre de ceux qui se trouvaient là, cesse tes plaisanteries qui ne conviennent ni au moment ni au lieu, et dis-nous qui était tout à l'heure à la porte.

— C'était le docteur Masters, médecin ordinaire de Sa Majesté, qui venait par ordre spécial de la reine s'informer de la santé du comte.

— Ha ! quoi ! exclama Tracy ; ce n'était pas une légère marque de faveur. Si le comte peut seulement se tirer de là, Leicester n'a pas encore le dessus. Est-ce que Masters est maintenant avec mylord ?

— Du tout, répondit Walter ; il est maintenant à mi-chemin de Greenwich, et de fort mauvaise humeur.

— Tu ne lui as pas refusé l'entrée ? s'écria Tracy.

— Tu n'as sûrement pas été assez fou ? ajouta Blount.

— Je lui ai refusé l'entrée aussi nettement, Blount, que tu refuserais un penny à un mendiant aveugle ; aussi obstinément, Tracy, que tu as jamais refusé accès à un créancier.

— Pourquoi, de par le diable, t'es-tu fié à lui pour aller à la porte ? dit Blount à Tracy.

— Cela convenait à son âge plus qu'au mien, répondit celui-ci ; mais il nous a tous perdus sans ressource. Mylord peut vivre ou mourir, maintenant ; il ne saura plus ce que c'est qu'un regard de faveur de Sa Majesté.

— Et il n'aura plus les moyens de faire la fortune de son entourage, dit le jeune homme en souriant dédaigneusement ; — voilà où le bât vous blesse. Mes chers messieurs, je n'ai pas fait sonner mes lamentations sur mylord tout-à-fait aussi haut que quelques uns de vous ; mais vienne le moment de faire quelque chose pour son service, je ne le céderai à aucun de vous. Si ce savant docteur était entré, ne vois-tu pas qu'il y aurait eu une telle prise entre lui et le médecin de Tressilian, que le bruit aurait pu réveiller non seulement mylord, mais les morts même ? Je sais quel retentissement ont les querelles de docteurs.

— Et qui prendra sur lui le blâme de s'être opposé aux ordres de la reine ? dit Tracy ; car sans nul doute le docteur Masters avait reçu de Sa Grâce l'ordre positif de soigner le comte.

— Moi qui ai fait le mal, j'en porterai le blâme, repartit Walter.

— Adieu donc les rêves de faveur de cour que tu caressais, dit Blount ; et en dépit de l'adresse et de l'ambition dont tu fais parade, le Devonshire te verra resplendir de tout l'éclat d'un pur cadet de famille, bon pour s'asseoir au bas bout de la table, pour découper à tour de rôle avec le chapelain, veiller à ce que les chiens aient leur ration, et à ce que les sangles du squire soient serrées quand il partira pour la chasse.

— Non pas, répliqua le jeune homme en rougissant, tant que l'Irlande et les Pays-Bas auront des guerres, ni tant que les flots de la mer offriront un espace sans routes. Les riches contrées de l'Ouest ont des terres inconnues, et la Grande-Bretagne renferme des cœurs assez hardis pour s'aventurer à leur recherche. — Adieu pour un moment, mes maîtres. Je vais faire un tour à la cour, et voir aux sentinelles.

— Ce garçon-là a du vif-argent dans les veines, c'est sûr, dit Blount en regardant Markham.

— Il a dans la cervelle et dans le sang, repartit Markham, quelque chose qui peut le faire parvenir ou le perdre. Mais en fermant la porte à Masters, il a eu la hardiesse de rendre à mylord un excellent service ; car l'homme de Tressilian a déclaré qu'éveiller le comte serait le tuer, et Masters éveillerait les sept dormants eux-mêmes s'il pensait qu'ils ne dorment pas par ordonnance régulière de la Faculté.

La matinée était bien avancée quand Tressilian, fatigué d'une aussi longue veille, apporta à l'antichambre la joyeuse nouvelle que le comte s'était réveillé de lui-même, qu'il trouvait ses douleurs internes fort adoucies, et qu'il parlait avec un enjouement et avait dans le regard une vivacité qui suffisaient pour montrer qu'un changement essentiel et favorable avait eu lieu. Tressilian demanda en même temps qu'un ou deux des gens du comte se rendissent près de leur maître pour l'informer de ce qui s'était passé durant la nuit, et pour relever ceux qui étaient restés près du malade depuis la veille au soir.

Quand le comte de Sussex fut informé du message de la reine, il sourit d'abord de la réception que le zèle de son jeune écuyer avait faite au médecin ; mais revenant aussitôt à lui-même, il ordonna que Blount, son grand écuyer, montât immédiatement en bateau et descendît la rivière jusqu'au palais du Greenwich, accompagné de Walter et de Tracy, pour faire à la reine, au nom du comte de Sussex, des excuses convenables, lui exprimer ses sincères remerciements en l'assurant de sa reconnaissance, et lui faire connaître la cause qui ne lui avait pas permis de profiter de l'assistance du sage et savant docteur Masters.

— Peste soit de l'ordre ! dit Blount en descendant l'escalier. S'il m'avait envoyé à Leicester avec un cartel, je crois que j'aurais assez bien fait sa commission ; mais aller à notre gracieuse souveraine, devant laquelle il faut que toutes les paroles soient recouvertes d'une couche d'or ou de sucre, c'est une besogne de confiseur qui bouleverse tout-à-fait ma pauvre vieille cervelle anglaise. — Viens avec moi, Tracy, et venez aussi, monsieur Walter Bel-Esprit, qui êtes cause que nous avons toute cette peine. Montre-nous si ta gracieuse cervelle, qui confectionne tant de beaux feux d'artifice, est dans le cas d'apporter quelqu'une de tes fines inventions au secours d'un camarade tout franc qui se trouve dans l'embarras.

— Ne crains rien, ne crains rien, s'écria le jeune homme ; c'est moi qui t'en tirerai ; — laisse-moi seulement prendre mon manteau.

— Eh ! tu l'as sur tes épaules, dit Blount. — Le pauvre garçon est hébété.

— Non, non, c'est un vieux manteau à Tracy. Je ne t'accompagne à la cour que comme un gentilhomme doit s'y présenter.

— Parbleu, reprit Blount, tes beaux habits ne jetteront de la poudre aux yeux de personne, excepté de quelque pauvre valet ou du portier.

— Je sais cela ; mais je n'en veux pas moins prendre mon manteau, oui, et brosser mon pourpoint, par dessus le marché, avant de bouger d'ici pour aller avec vous.

— Bien, bien, s'écria Blount, voilà bien du bruit pour un pourpoint et un manteau ! — Apprête-toi vite, au nom du Ciel !

Un moment après ils voguaient sur le sein majestueux de la large Tamise, où le soleil se reflétait alors dans toute sa splendeur. — Il est deux choses qui n'ont guère leur égale dans l'univers, dit Walter à Blount : — Le soleil au ciel et la Tamise sur la terre.

— L'un nous éclairera bien assez jusqu'à Greenwich, repartit Blount, et l'autre nous y mettrait un peu plus vite si nous étions à la marée descendante.

— Et c'est là tout ce que tu penses, — tout ce dont tu te soucies — tout ce que tu imagines de l'utilité du roi des éléments et du roi des fleuves : guider trois pauvres diables tels que toi, de Tracy et moi dans un oiseux voyage de cérémonie de cour !

CHAPITRE XV.

— Ce n'est ma foi pas moi qui ai cherché la commission, répliqua Blount, et je dispenserais volontiers le soleil et la Tamise de l'embarras de me conduire où je n'ai pas grande idée d'aller, et où je n'attends pour ma peine que des gages de chien [1]. — Et sur mon honneur, ajouta-t-il en regardant de l'avant de la barque, il me semble que notre voyage est à peu près inutile ; car vois, la barge de la reine stationne au pied de l'escalier, comme si Sa Majesté se disposait à faire un tour sur la rivière.

Blount ne se trompait pas : la barge royale, montée par les mariniers de la reine revêtus de riches livrées, et sur laquelle se déployait la bannière d'Angleterre, stationnait en effet au bas du grand escalier qui partait du bord de l'eau, entourée de deux ou trois autres barques destinées à recevoir celles des personnes de la suite de la reine qui ne devaient pas rester immédiatement près de Sa Majesté. Les yeomen de la garde, les plus grands et les plus beaux hommes que pût fournir l'Angleterre, bordaient avec leurs hallebardes l'espace qui s'étendait de la porte du palais au bord de la rivière, et tout paraissait prêt pour la sortie de la reine, quoiqu'il fût encore de fort bonne heure.

— Sur ma foi, dit Blount, ceci ne nous présage rien de bon ; il faut qu'il y ait quelque péril en l'air pour que Sa Grâce sorte à une pareille heure. M'est avis que le mieux que nous ayons à faire est de rebrousser chemin, et de dire au comte ce que nous avons vu.

— Dire au comte ce que nous avons vu ! répliqua Walter ; eh ! qu'avons-nous vu autre chose qu'un bateau, et des hommes en pourpoints rouges avec des hallebardes ? Faisons sa commission, et nous lui rapporterons ce que la reine aura dit en réponse.

En même temps il fit diriger la barque vers un débarcadère situé à quelque distance du lieu de débarquement principal, dont il pensa qu'en ce moment il eût été peu respectueux de s'approcher, et il sauta à terre, suivi, quoiqu'à regret, de ses prudents et timides compagnons. Lorsqu'ils furent près de la porte du palais, un des gardiens leur dit qu'ils ne pouvaient entrer pour le moment, Sa Majesté étant sur le point de sortir. Nos trois gentlemen se réclamèrent du nom du comte de Sussex ; mais ce nom n'eut pas le pouvoir de fléchir l'officier, qui allégua en réponse que ce serait risquer son emploi que de désobéir en quoi que ce fût aux ordres qu'il avait reçus

— Hé bien, ne vous l'avais-je pas dit ? fit Blount ; je vous en prie, mon cher Walter, remontons en bateau et retournons-nous-en..

— Non pas avant que j'aie vu la reine sortir, repartit le jeune homme avec calme.

— Par la messe, tu es fou, tout-à-fait fou !

— Et toi, tu es tout-à-coup devenu un poltron. Je t'ai vu tenir tête

---

[1] Façon de parler proverbiale : des coups de bâton. (L. V.)

aux faces velues d'une demi-douzaine de kernes ¹ irlandais, et maintenant tu reculerais devant le regard courroucé d'une belle dame!

En ce moment les portes s'ouvrirent, et les écuyers commencèrent à sortir en ordre, précédés et accompagnés à droite et à gauche d'une double haie de gardes royales ². Après eux, et au milieu d'une foule de lords et de dames, disposés autour d'elle, cependant de manière à ce qu'elle pût voir et être vue de tous côtés, venait Élisabeth elle-même, alors dans la force de l'âge et dans tout l'éclat de ce que chez une reine on nommait beauté, et à qui on n'eût pu refuser, eût-elle même appartenu à la classe la plus obscure, une noble stature, jointe à une physionomie expressive et imposante. Elle s'appuyait sur le bras de lord Hunsdon, à qui sa parenté avec la reine du côté maternel valait souvent de pareilles marques de distinction et d'intimité de la part d'Élisabeth.

Le jeune cavalier que nous avons si souvent mentionné n'avait probablement jamais approché de si près de la personne de sa souveraine, et il s'avança autant que la ligne des gardes le lui permit, afin de profiter de l'occasion actuelle. Son compagnon, au contraire, pestant contre son imprudence, s'efforçait de le retenir en arrière ; mais notre jeune cavalier se débarrassant de ses mains par un mouvement d'impatience, son riche manteau se détacha à demi, et laissa ainsi mieux ressortir les belles proportions de sa personne. Otant en même temps sa toque, il fixa son regard avide sur l'espace que devait parcourir la reine, avec un mélange de curiosité respectueuse et d'admiration ardente quoique réservée, qui convenait si bien à ses beaux traits, que les gardes, frappés de son riche costume et de sa noble physionomie, le laissèrent approcher de l'endroit où devait passer la reine, un peu plus qu'il n'était permis au commun des spectateurs. L'aventureux jeune homme se trouva ainsi exposé en plein au regard d'Élisabeth, — regard qui jamais ne restait indifférent à l'admiration qu'à si juste titre elle excitait parmi ses sujets, non plus qu'aux belles proportions des formes extérieures qui pouvaient distinguer quelqu'un de ses courtisans. Elle arrêta donc son coup d'œil pénétrant sur le jeune homme, au moment où elle approcha de la place où il se trouvait, avec une expression où la surprise excitée par sa hardiesse ne semblait mêlée d'aucun ressentiment. Mais en ce moment même un accident insignifiant attira son attention sur lui encore plus particulièrement. La nuit avait été pluvieuse, et précisément à l'endroit où se tenait Walter, un peu de boue interrompit le passage de la reine. Comme elle hésitait à le franchir, le galant jeune homme, arrachant son manteau de ses épaules, l'étendit sur la place fangeuse de manière à permettre à Sa Majesté de la traverser à pied

---

¹ Maraudeurs. (L. V.)
² *Gentlemen pensionners.*

sec. Élisabeth porta de nouveau ses yeux sur le jeune cavalier, qui accompagnait d'un salut profond cet acte de courtoisie chevaleresque, et dont les joues s'étaient colorées d'une vive rougeur. La reine se sentit embarrassée et rougit à son tour; elle fit une inclination de tête, passa rapidement, et monta sur sa barge sans prononcer un mot.

— Allons, sire freluquet, dit Blount, votre beau manteau aura besoin de la brosse aujourd'hui, je crois. Ma foi, si vous en vouliez faire un tapis de pied, mieux eût valu garder le vieux drap de bure de Tracy; celui-là ne craint pas les taches.

— Ce manteau ne sentira jamais la brosse tant qu'il sera en ma possession, dit le jeune homme en le relevant et en le pliant avec soin.

— Et ce ne sera pas long, si vous n'apprenez pas à être un peu plus économe; — nous vous aurons bientôt *en cuerpo* [1], comme dit l'Espagnol.

Ici leur conversation fut interrompue par un des gardes de la reine.

— Il était envoyé vers un gentleman sans manteau, ou dont le manteau était taché de boue, dit-il après les avoir attentivement regardés.

— Je crois que c'est vous, monsieur, ajouta-t-il en s'adressant au jeune cavalier; veuillez me suivre.

— Il m'accompagne, dit Blount; je suis le grand écuyer du noble comte de Sussex.

— Je n'ai rien à dire à cela, repartit le messager; mes ordres viennent directement de Sa Majesté, et ne concernent que monsieur.

A ces mots il s'éloigna, suivi de Walter, laissant les autres en arrière, les yeux de Blount lui sortant presque de la tête dans l'excès de son étonnement. Enfin il y donna cours en s'écriant : — Qui diable aurait pensé cela? Et secouant la tête d'un air mystérieux, il se dirigea vers son bateau, y remonta, et retourna à Deptford.

Cependant le jeune cavalier était conduit vers le bord de la rivière par le messager de la reine, lequel lui témoignait un grand respect : circonstance qui peut être, en pareil cas, regardée comme un augure excellent. Il le fit passer sur un des batelets qui devaient escorter la barge de la reine, laquelle remontait déjà le fleuve à la faveur de la marée dont Blount, lors de leur descente, s'était plaint à ses compagnons.

Au signal de l'officier, les deux rameurs firent une telle diligence qu'ils eurent bientôt amené leur frêle esquif sous l'arrière du canot de la reine, où Élisabeth était assise sous un tendelet, entourée de deux ou trois dames et des seigneurs de sa maison. Plus d'une fois elle porta les yeux vers la barque où se trouvait le jeune aventurier, et parla en riant aux personnes qui l'entouraient. L'un d'eux, probablement par ordre de la reine, fit enfin signe au batelet de se ranger le long du bord de la barge royale, où le jeune homme fut invité à monter, ce

---

[1] En corps, c'est-à-dire nu. (L. V.)

qu'il fit avec une gracieuse agilité à l'avant de la barque, d'où il fut conduit à l'arrière en présence de la reine, en même temps que le batelet retournait se ranger à la suite. Le jeune homme soutint le regard de Sa Majesté avec une assurance modeste, à laquelle un certain degré d'embarras ajoutait une nouvelle grâce. Le manteau souillé de boue était encore placé sur son bras, ce qui fournit à la reine un sujet naturel pour ouvrir l'entretien.

— Vous avez aujourd'hui gâté pour nous un beau manteau, jeune homme ; nous vous remercions de votre service, quoique la manière dont il a été offert soit inhabituelle et quelque peu hardie.

— Dans une nécessité du souverain, répondit le jeune homme, le devoir de tout fidèle sujet est d'être hardi.

— Merci de Dieu ! voilà qui est bien dit, mylord, repartit la reine en se tournant vers un grave personnage assis près d'elle, et qui répondit par une inclination de tête et par quelques mots d'assentiment à peine articulés. — Bien, jeune homme, continua la reine ; votre galanterie ne restera pas sans récompense. Allez trouver le maître de la garde-robe ; il aura des ordres pour remplacer l'habillement que vous avez perdu pour notre service. Tu auras un habillement, et de la coupe la plus nouvelle, je te le promets sur ma parole de reine.

— Sous le bon plaisir de Votre Grâce, dit Walter en hésitant, ce n'est pas à un aussi humble serviteur de Votre Majesté de mesurer vos bontés ; mais s'il m'eût été permis de choisir...

— Tu aurais voulu de l'or, j'en suis sûre, interrompit la reine ; fi, jeune homme ! J'ai honte de le dire : dans notre capitale il y a tant et de tels moyens de folles dépenses, que donner de l'or à un jeune homme c'est donner un aliment au feu, c'est lui fournir les moyens de se perdre lui-même. Si je vis et règne, ces occasions d'excès anti-chrétiens seront supprimées. — Cependant, tu peux être pauvre, ajouta-t-elle, ou tes parents peuvent l'être ; — ce sera de l'or, si tu veux, mais tu me rendras compte de son emploi.

Walter attendit patiemment que la reine eût cessé de parler, puis il l'assura modestement que l'or était encore moins un objet de désir pour lui que le vêtement que Sa Majesté lui avait d'abord offert.

— Comment, enfant ! ni or ni habit? Que voudrais-tu donc de moi?

— Rien que la permission, madame, — si ce n'est pas demander un trop grand honneur, — de porter le manteau qui vous a rendu ce léger service.

— La permission de porter ton propre manteau, fol enfant !

— Il n'est plus à moi, madame ; dès que le pied de Votre Majesté l'a touché, ce manteau est devenu digne d'un prince, mais beaucoup trop riche pour son premier possesseur.

La reine rougit de nouveau, et s'efforça en riant de dissimuler un léger degré de surprise et de confusion qui ne lui était nullement désagréable.

— Avez-vous jamais entendu rien de pareil, mylords? La lecture des romans a tourné la tête du jeune homme. — Il faut que je sache quelque chose de lui, afin de le pouvoir renvoyer sauf à ses parents. — Qui es-tu?

— Un gentilhomme de la maison du comte de Sussex, s'il plaît à Votre Grâce, envoyé ici avec son grand écuyer, et porteur d'un message pour Votre Majesté.

En un moment la gracieuse expression qui jusque là avait régné sur les traits d'Élisabeth fit place à un air de hauteur et de sévérité.

— Lord Sussex, dit-elle, nous a appris quel cas nous devons faire de ses messages par le prix qu'il attache aux nôtres. Nous lui avons envoyé ce matin même le médecin ordinaire de notre chambre, et cela à une heure inaccoutumée, sur ce que nous avions appris que l'indisposition de Sa Seigneurie était plus grave que nous ne l'avions craint d'abord. Il n'est pas dans aucune cour d'Europe un homme plus habile que le docteur Masters dans cette science sainte et si utile, et c'était de notre part qu'il visitait notre sujet. Ce nonobstant, il a trouvé la porte de Say's-Court défendue par des hommes armés de mousquets, comme si c'eût été sur les Borders [1] d'Écosse et non au voisinage de notre cour; et quand il a demandé entrée en notre nom, il a été obstinément refusé. Pour ce mépris d'une marque de bienveillance qui ne montrait que trop de condescendance de notre part, nous ne recevrons pas d'excuse, du moins quant à présent; car nous supposons que quelque chose de tel était l'objet du message de lord Sussex.

Ces mots furent prononcés d'un ton et avec un geste qui firent trembler ceux des amis de lord Sussex qui étaient à portée de les entendre. Celui à qui l'allocution était adressée ne trembla pas, cependant; mais dès que la colère de la reine lui permit de prendre la parole, il répondit avec autant de respect que d'humilité : — Sous le bon plaisir de Votre très gracieuse Majesté, je n'ai pas été chargé des excuses du comte de Sussex.

— De quoi donc avez-vous été chargé, monsieur? reprit la reine avec l'impétuosité qui formait, au milieu de qualités plus nobles, un trait saillant de son caractère; est-ce d'une justification? — ou, par la mort Dieu! est-ce d'un défi?

— Madame, dit le jeune homme, mylord de Sussex a reconnu que l'offense approchait de la trahison, et n'a pu avoir d'autre pensée que de s'assurer de celui qui l'avait commise, pour le remettre entre les mains de Votre Majesté et à votre merci. Le noble comte était profondément endormi quand votre très gracieux message lui est arrivé, une potion lui ayant été administrée à cet effet par son médecin; et Sa Seigneurie n'a appris que ce matin à son réveil le disgracieux accueil qu'avait reçu le royal et très obligeant message de Votre Majesté.

---

[1] Frontière scoto-anglaise. (L. V.)

— Et lequel de ses domestiques, au nom du ciel, a donc osé prendre sur lui de refuser mon message sans même admettre mon propre médecin en présence de celui à qui je l'envoyais donner des soins? repartit la reine fort surprise.

— L'auteur de l'offense est devant vous, madame, répondit Walter en s'inclinant profondément. Moi seul ai mérité tout le blâme ; et mylord m'a envoyé avec toute justice subir les conséquences d'une faute dont il est aussi innocent que les rêves d'un homme endormi peuvent l'être des actions d'un homme éveillé.

— Quoi! est-ce toi ? — est-ce toi qui as repoussé de Say's-Court mon messager et mon médecin? Qui a pu occasionner une semblable témérité à quelqu'un qui semble dévoué — c'est-à-dire dont la conduite extérieure annonce le dévouement — à sa souveraine?

— Madame, répliqua le jeune homme, — qui, nonobstant l'apparence de sévérité qu'avait prise la reine, croyait lire sur son visage quelque chose qui n'avait rien d'inexorable, — nous disons dans notre pays que le médecin est temporairement le souverain lige de son malade. Or, mon noble maître était alors sous l'autorité d'un médecin dont les avis lui avaient été grandement utiles, et qui avait donné l'ordre que son malade ne fût pas troublé de la nuit, si l'on ne voulait mettre sa vie en danger.

— Ton maître se sera confié à quelque misérable empirique.

— Tout ce que je sais, madame, c'est que par le fait il s'est réveillé ce matin très rafraîchi et fortifié du seul sommeil qu'il ait eu depuis bien des heures.

Les seigneurs se regardèrent entre eux, mais plutôt pour voir ce que chacun pensait de ces nouvelles, que pour échanger aucune remarque sur ce qui était arrivé. La reine répondit précipitamment et sans chercher à déguiser sa satisfaction : — Sur ma parole, je suis charmée qu'il soit mieux. Mais tu as été bien hardi de refuser accès à mon docteur Masters. Ne sais-tu pas que la sainte Écriture a dit que la sûreté est dans la multiplicité des conseils?

— Oui, madame, répondit Walter ; mais j'ai entendu dire à de savants hommes que la sûreté dont il est question est pour les médecins et non pour le malade.

— Sur ma foi, enfant, tu m'as mise au pied du mur, dit la reine en riant ; car ma science en hébreu ne répond pas au premier appel. — Qu'en dites-vous, mylord de Lincoln? ce garçon a-t-il donné une juste interprétation du texte?

— Le mot *sûreté*, très gracieuse dame, répondit l'évêque de Lincoln, a peut-être été employé un peu à la légère ; car le mot hébreu est...

— Mylord, interrompit la reine, nous vous avons dit que nous avions oublié notre hébreu. — Mais quant à toi, jeune homme, quel est ton nom, quelle est ta naissance?

— Mon nom est Raleigh, très gracieuse reine ; je suis le plus jeune fils d'une nombreuse mais honorable famille du Devonshire.

— Raleigh ? dit Élisabeth après un moment de réflexion ; n'avons-nous pas entendu parler de vos services en Irlande.

— J'ai été assez heureux pour en rendre là quelques uns, madame, bien qu'ils soient à peine dignes d'être arrivés à l'oreille de Votre Grâce.

— Elle entend plus que vous ne pensez, répliqua la reine d'un ton gracieux ; elle a entendu parler d'un jeune homme qui a défendu un gué du Shannon contre toute une bande rebelle de sauvages Irlandais, jusqu'à ce que l'eau fût rougie de leur sang et du sien.

— Je puis en avoir perdu quelque peu, dit le jeune homme en baissant les yeux ; mais c'est dans une cause à laquelle je dois le plus pur de mon sang, je veux dire au service de Votre Majesté.

La reine se tut un instant, puis elle reprit précipitamment : — Vous êtes bien jeune pour avoir si bien combattu et pour parler si bien. Mais vous ne devez pas échapper à votre châtiment pour avoir renvoyé Masters ; — le pauvre homme a pris froid sur la rivière, car nos ordres lui sont parvenus au moment même où il revenait de certaines visites à Londres, et il a regardé comme un point de fidélité et de conscience de se remettre immédiatement en route. Écoutez donc, maître Raleigh ; ne manquez pas de porter votre manteau crotté en signe de pénitence, jusqu'à ce que nous vous fassions connaître notre bon plaisir. — Et voici, ajouta-t-elle en lui donnant un joyau d'or semblable à un pion d'échecs, voici ce que je te donne pour porter au cou.

La nature avait appris à Raleigh, par une sorte d'intuition, cet art du courtisan que tant d'autres acquièrent difficilement d'une longue expérience ; il mit un genou en terre, et en recevant le joyau de la main d'Élisabeth, il baisa les doigts qui le lui présentaient. Il savait peut-être mieux qu'aucun des courtisans dont elle était entourée comment allier le dévouement réclamé par la reine à la galanterie due à sa beauté personnelle ; — du moins réussit-il assez bien en essayant pour la première fois de les concilier, pour flatter à la fois et la vanité personnelle d'Élisabeth et son amour de l'autorité [1].

Le maître de Raleigh, le comte de Sussex, recueillit le fruit de la satisfaction que son écuyer avait donnée à Élisabeth dans l'entrevue qu'ils venaient d'avoir.

— Mylords et mesdames, dit la reine en promenant son regard autour d'elle sur ceux qui l'accompagnaient, il me semble que puisque nous voilà sur la rivière, nous ferions bien de renoncer à notre projet actuel d'aller à la cité, et de surprendre ce pauvre comte de Sussex par une visite. — Il est malade, et souffrant sans doute de la crainte de

---

[1] *Voyez* la note E, à la fin du volume.

nous avoir déplu ; mais l'honnête et franc aveu de cet enfant mal appris l'a complétement justifié. Qu'en pensez-vous ? Ne serait-ce pas acte de charité que de lui porter une consolation telle que les remerciements d'une reine qui doit tant à ses loyaux services pourront peut-être lui procurer mieux que toute autre chose?

On peut aisément supposer qu'aucun de ceux à qui cette observation s'adressait ne se hasarda à s'y opposer.

—Votre Grâce, dit l'évêque de Lincoln, est le souffle de nos narines. Les hommes de guerre assurèrent que le visage de la souveraine était une pierre qui rendait plus tranchante l'épée du soldat ; tandis que les hommes d'État n'étaient pas moins d'opinion que l'éclat dont brillait la physionomie de la reine était une lampe qui éclairait les voies de ses conseillers, et que les dames s'accordaient tout d'une voix à reconnaître qu'aucun noble en Angleterre ne méritait l'estime de la royale maîtresse de l'Angleterre autant que le comte de Sussex : — sans préjudice des droits du comte de Leicester, ajoutèrent quelques unes des plus politiques ; — exception à laquelle Élisabeth n'accorda aucune attention apparente. La barge eut donc ordre de déposer sa royale cargaison à Deptford, au point le plus proche et le plus commode de communication avec Say's-Court, afin que la reine satisfît sa sollicitude royale et maternelle en allant s'informer en personne de la santé du comte de Sussex.

Raleigh, dont l'esprit ardent voyait d'importantes conséquences dans les événements les plus insignifiants, se hâta de demander à la reine la permission de la précéder dans la chaloupe, pour annoncer à son maître la visite royale ; ajoutant ingénieusement que la joie et la surprise pourraient lui être dangereuses dans son état de faiblesse, de même que les cordiaux les plus énergiques et les plus généreux peuvent quelquefois être fatals à ceux qui depuis long-temps sont dans un état de langueur.

Mais soit que la reine regardât comme trop présomptueux dans un si jeune homme d'interposer un avis qu'on ne lui demandait pas, soit qu'elle fût poussée par le sentiment d'autorité jalouse qu'avaient éveillé en elle les rapports qui lui avaient été faits que le comte tenait des hommes armés autour de sa personne, elle enjoignit sèchement à Raleigh de garder ses conseils jusqu'à ce qu'on les lui demandât, et répéta son premier ordre qu'on la débarquât à Deptford, ajoutant : — Nous verrons nous-même quelle sorte de maison tient mylord de Sussex.

— Que le ciel ait pitié de nous ! se dit le jeune courtisan en lui-même. De bons cœurs, le comte en a plus d'un autour de lui ; mais les bonnes têtes ne sont pas communes chez nous, — et lui-même est trop mal pour donner des ordres. Blount sera à son déjeuner de harengs de Yarmouth et d'ale ; Tracy aura devant lui ses sales puddings noirs et son mauvais vin du Rhin ; — ces parfaits Gallois, Thomas Ap Rice et Evan Eans seront après leur soupe aux poreaux et leurs rôties au fromage ;

CHAPITRE XV.

— et on dit qu'elle déteste les mets grossiers, les mauvaises odeurs et les vins forts. S'ils pouvaient seulement penser à brûler un peu de romarin dans la grande salle! Mais vogue la galère! il faut maintenant tout remettre à la fortune. Elle m'a assez bien servi ce matin, car j'espère qu'en gâtant un manteau j'ai fait une fortune de cour; — puisse-t-elle être aussi favorable à mon brave patron!

La barge royale s'arrêta peu après à Deptford; et la reine, au milieu des bruyantes acclamations que sa vue ne manquait jamais d'exciter parmi le peuple, prit avec sa suite, et protégée par un dais contre le soleil, le chemin de Say's-Court, où les hourras encore distants de la populace apportèrent les premiers indices de son arrivée. Sussex, occupé en ce moment à aviser avec Tressilian aux moyens de réparer le tort qu'il supposait avoir éprouvé dans la faveur de la reine, fut on ne peut plus surpris en apprenant son approche immédiate. — Non que l'habitude où était la reine de visiter les seigneurs les plus éminents de sa noblesse, soit en santé, soit en maladie, pût lui être inconnue; mais la soudaineté de la nouvelle ne laissait pas de temps pour ces préparatifs qu'il savait qu'Élisabeth aimait à rencontrer, et la rudesse de sa maison militaire, où régnait une confusion encore augmentée par sa récente maladie, faisait qu'en ce moment il lui était absolument impossible de recevoir la reine comme elle aimait à l'être.

Maudissant intérieurement la chance qui lui amenait ainsi à l'improviste la gracieuse visite de sa souveraine, il se hâta de descendre avec Tressilian, à l'histoire intéressante et compliquée duquel il venait de prêter une oreille attentive. — Mon digne ami, lui dit-il, vous avez droit d'attendre de ma justice autant que de ma gratitude que j'appuie autant qu'il sera en moi votre accusation contre Varney. La circonstance qui se présente va nous montrer tout à l'heure si je puis quelque chose près de notre souveraine, ou si, par le fait, je ne suis pas exposé, en me mêlant de votre affaire, à vous nuire plutôt qu'à vous servir.

Tout en parlant ainsi, Sussex jetait à la hâte autour de lui une sorte de robe de chambre en zibeline, et se mettait autant que possible en état de se présenter devant sa souveraine. Mais ce n'était pas cette toilette précipitée qui pouvait dissimuler les effets désastreux d'une longue maladie sur une physionomie que la nature avait marquée de traits plus fortement accusés qu'agréables. En outre, il était de petite taille; et quoique large d'épaules, de formes athlétiques, et propre aux travaux de la guerre, sa présence dans un salon n'était pas de celles sur lesquelles les dames viennent à arrêter leurs regards : désavantage personnel qu'on supposait donner à Sussex, bien qu'estimé et honoré de sa souveraine, un désavantage considérable par sa comparaison avec Leicester, que faisaient également remarquer l'élégance de ses manières et la beauté de sa personne.

Toute la diligence du comte ne put que lui permettre de recevoir la reine au moment où elle entrait dans la grande salle, et il s'aperçut tout d'abord qu'un nuage couvrait son front. Son œil jaloux avait remarqué l'équipement martial des gentilshommes et des suivants armés qui remplissaient la maison, et ses premiers mots exprimèrent sa désapprobation. — Est-ce donc ici une garnison royale, mylord de Sussex, lui dit-elle, que j'y vois tant de piques et de cavaliers? ou avons-nous par hasard passé Say's-Court et débarqué à notre Tour de Londres?

Lord Sussex se hâta de présenter quelques excuses.

— Pas d'apologie, répliqua-t-elle. Mylord, notre intention est de nous occuper prochainement de certaine querelle entre Votre Seigneurie et un autre des principaux lords de notre maison, et en même temps de relever cet usage dangereux et digne des temps barbares, de vous entourer de suivants armés et même de spadassins, comme si, au voisinage de notre capitale, et qui plus est aux confins même de notre résidence royale, vous vous prépariez à engager entre vous une guerre civile. Nous sommes charmée de vous voir si bien remis, mylord, quoique sans l'assistance du savant médecin que nous vous avions envoyé.

— Pas d'excuses; — nous savons comment les choses se sont passées, et nous en avons réprimandé cet étourdi, ce jeune Raleigh, — dont, par parenthèse, mylord, nous débarrasserons prochainement votre maison pour le prendre dans la nôtre. Il y a en lui certaines qualités qui méritent d'être mieux développées que probablement elles ne pourraient l'être au milieu des habitudes tout-à-fait militaires de votre entourage.

Sussex ne put que s'incliner pour exprimer son assentiment, quoiqu'il ne comprît guère ce qui avait pu amener la reine à faire une telle proposition. Il la pria alors de s'arrêter jusqu'à ce qu'on lui pût offrir quelques rafraîchissements; mais il ne put l'y décider. Après quelques compliments et quelques lieux communs d'un caractère beaucoup plus froid qu'on n'eût dû l'attendre d'une démarche annonçant une faveur aussi décidée que semblait l'indiquer une visite personnelle, la reine prit congé de Say's-Court, où son arrivée avait apporté la confusion, et où son départ laissait le doute et la crainte.

CHAPITRE XVI.

> Hé bien, appelez-les en notre présence. Nous voulons entendre l'accusateur et l'accusé s'expliquer librement face à face et la menace au front.
> — Tous deux sont impétueux et pleins d'ire ; tous deux sont dans leur rage sourds comme la mer et prompts comme le feu. *Richard II.*

J'AI reçu ordre de me rendre demain à la cour, dit Leicester à Varney, pour m'y rencontrer, à ce qu'on suppose, avec mylord de Sussex. La reine se propose d'intervenir entre nous. Ceci provient de sa visite à Say's-Court, dont il vous plaît de parler si légèrement.

— Je maintiens que ce n'a été rien, repartit Varney ; il y a plus : je sais d'une personne sûre, qui se trouvait à portée d'entendre à peu près tout ce qui s'est dit, que Sussex a perdu plutôt que gagné à cette visite. La reine a dit, en remontant en bateau, que Say's-Court ressemblait à un corps-de-garde et avait une odeur d'hôpital. — Votre Majesté pourrait dire une odeur de cuisine de Ram's-Alley, a ajouté la comtesse de Rutland, qui est toujours l'amie zélée de Votre Seigneurie. Et alors il a fallu que mylord de Lincoln donnât un coup de son saint aviron, et dît que mylord de Sussex devait être excusé de la manière un peu rude et surannée dont sa maison était tenue, en considération de ce qu'il n'avait pas encore de femme.

— Et qu'a dit la reine ? se hâta de demander Leicester.

— Elle l'a vertement rembarré, et lui a demandé quel besoin mylord de Sussex avait d'une femme, et mylord évêque de parler d'un tel sujet ? Si le mariage est permis, a-t-elle ajouté, je n'ai lu nulle part qu'il fût prescrit.

— Elle n'aime pas que les hommes d'église se marient ni qu'ils parlent mariage.

— Elle ne l'aime pas davantage chez les courtisans, repartit Varney ; mais remarquant que Leicester changeait de visage, il ajouta aussitôt que toutes les dames qui se trouvaient là s'étaient accordées à tourner en ridicule la maison de lord Sussex, et à la mettre en opposition avec la réception que Sa Grâce aurait assurément rencontrée chez mylord de Leicester.

— Vous avez recueilli bien des nouvelles, répliqua celui-ci, mais vous avez oublié ou omis la plus importante de toutes. Elle a augmenté d'un le nombre de ces gentils satellites qu'elle aime à voir faire leurs révolutions autour d'elle.

— Votre Seigneurie veut parler de ce Raleigh, de ce jeune homme du Devonshire, le chevalier du manteau, comme on l'appelle à la cour.

— Il peut arriver un jour à être chevalier de la Jarretière, pour ce que je sais, car il avance rapidement. — Elle a débité des vers avec lui, et autres niaiseries semblables. J'abandonnerais de grand cœur, de ma propre volonté, la part que je puis avoir dans sa faveur changeante; mais je ne veux pas être supplanté par ce rustre de Sussex ni par ce nouveau parvenu. J'apprends que Tressilian est aussi en haute faveur près de Sussex. — Je voudrais l'épargner par certaines considérations; mais il court lui-même au-devant de son sort. — Sussex, d'un autre côté, se porte maintenant presque aussi bien que jamais.

— Mylord, répliqua Varney, la route la plus douce a ses obstacles, surtout quand elle gravit une grande élévation. La maladie de Sussex était pour nous un don du ciel dont j'esperais beaucoup. Il est rétabli, à la vérité, mais il n'est pas maintenant plus formidable qu'auparavant, et il a éprouvé plus d'un échec en luttant contre Votre Seigneurie. Que le cœur ne vous faillisse pas, mylord, et tout ira bien.

— Le cœur ne m'a jamais failli, monsieur.

— Non, mylord, mais il a souvent trahi vos intérêts. Celui qui veut monter à un arbre, mylord, doit s'attacher aux branches, et non aux fleurs.

— Bien, bien! dit Leicester d'un ton d'impatience; je comprends ce que tu veux dire. — Mon cœur ne me faillira ni ne m'abusera. Fais disposer les gens de ma suite; — veille à ce que leur équipement soit assez splendide pour l'emporter non seulement sur les grossiers compagnons de Ratcliffe, mais aussi sur la suite de tout autre seigneur ou courtisan. Qu'ils soient bien armés, mais sans faire montre extérieure de leurs armes, et qu'ils aient l'air de les porter plutôt par égard pour la mode que comme choses d'usage. Toi-même te tiendras près de moi; je puis avoir besoin de toi...

Sussex et son escorte n'étaient pas moins occupés que Leicester de leurs préparatifs.

— Ta supplique, accusant Varney de séduction, est en ce moment dans les mains de la reine, dit le comte à Tressilian; — je l'ai envoyée par une voie sûre. Il me semble que ta poursuite doit réussir, étant, comme elle l'est, fondée en justice et en honneur; et Élisabeth est le vrai modèle de tous les deux. Mais je ne sais d'où cela vient : le gipsy¹ (c'est ainsi que Sussex avait coutume de désigner son rival, à cause du teint un

---

¹ Egyptien. On sait que c'est ainsi que l'on désigne, en Angleterre et en Écosse es vagabonds connus ailleurs sous le nom de bohémiens. (L. V.)

peu foncé de Leicester) a un grand crédit près d'elle dans ces bienheureux temps de paix. — Si la guerre était à nos portes, je serais un des enfants gâtés de la reine; mais les soldats, comme leurs boucliers et leurs lames de Bilboa, deviennent hors de mode en temps de paix, et les habits de satin portent alors la cloche, ainsi que les rapières de parade. Hé bien, il faut nous faire beaux, puisque c'est de mode. — Blount, as-tu veillé à ce que notre maison s'habillât à neuf? — Mais tu t'entends aussi peu que moi à ces sortes de babioles; — tu aimerais mieux avoir à disposer une compagnie de piques.

— Mylord, répondit Blount, Raleigh était là et il a pris ce soin-là sur lui; — votre suite reluira comme une matinée de mai. — Marry! la dépense est une autre affaire. — On entretiendrait un hôpital de vieux soldats avec ce que coûtent dix laquais.

— Nous ne devons pas compter la dépense aujourd'hui, Nicolas; je suis obligé à Raleigh de ses bons soins. — J'espère pourtant qu'il s'est souvenu que je suis un vieux soldat, et que je ne voudrais pas de ces fadaises-là plus qu'il n'en faut absolument.

— Ma foi, je n'y entends rien; mais voici les braves parents et amis de Votre honorable Seigneurie qui arrivent par vingtaines pour vous servir d'escorte à la cour, où nous ferons, ce me semble, aussi belle figure que Leicester, qu'il se fasse aussi beau qu'il voudra.

— Fais-leur les plus strictes recommandations de ne pas se laisser aller à des querelles sur aucune provocation, à moins que les autres n'en viennent à la violence ouverte; — ils ont le sang chaud, et je ne voudrais pas donner à Leicester l'avantage sur moi par aucune imprudence de leur part.

Le comte de Sussex, en donnant ces instructions, passait si rapidement de l'une à l'autre, que ce ne fut pas sans peine que Tressilian trouva enfin l'opportunité de lui exprimer sa surprise de ce qu'il eût déjà été si loin dans l'affaire de sir Hugh Robsart, et de ce que sa pétition avait été mise tout d'abord sous les yeux de la reine. — Les amis de la jeune dame, dit-il, pensaient qu'on en devait d'abord appeler au sentiment de justice de Leicester, l'offense ayant été commise par un de ses officiers, et c'était dans ce sens que je m'en étais expressément expliqué avec Votre Seigneurie.

— Ceci pouvait se faire sans qu'on s'adressât à moi, répliqua Sussex avec quelque hauteur. Ce n'était pas *moi*, du moins, qu'on devait prendre pour conseiller quand il s'agissait d'une démarche humiliante près de Leicester; et je suis surpris que vous, Tressilian, vous homme d'honneur et mon ami, vous ayez pu vous abaisser à consentir à une telle démarche. Si vous l'avez dit, je n'ai certainement pas compris ainsi une affaire où vous seriez si différent de vous-même.

— La marche que, quant à moi, je préférerais, mylord, est celle **que** vous avez suivie; **mais les amis de cette très malheureuse dame...**

— Oh! les amis, — les amis, interrompit Sussex, il faut qu'ils nous laissent conduire cette affaire de la manière qui nous paraît la meilleure. Voici l'heure et le moment d'accumuler les imputations contre Leicester et sa maison, et la vôtre paraîtra grave aux yeux de la reine. Au surplus, la plainte est entre ses mains.

Tressilian ne put s'empêcher de soupçonner que, dans son empressement à se fortifier contre son rival, Sussex avait à dessein adopté la marche qui devait le plus probablement jeter de l'odieux sur Leicester, sans considérer minutieusement si cette manière de procéder était celle qui devait être suivie du succès le plus probable. Mais la chose était irrévocable, et Sussex échappa à une plus longue discussion en congédiant sa compagnie, avec l'injonction que tout fût prêt pour onze heures, attendu qu'à midi précis il devait être à la cour et dans la salle de réception.

Tandis que les deux rivaux se disposaient ainsi à leur entrevue prochaine en présence de la reine, Élisabeth elle-même n'était pas sans appréhension des suites que pouvait avoir le choc de deux esprits si ardents, soutenus l'un et l'autre par un corps fort et nombreux de partisans, et partageant entre eux, ouvertement ou en secret, les espérances et les vœux de presque toute sa cour. La compagnie des *gentilshommes pensionnaires* était tout entière sous les armes, et un renfort de *yeomen* de la garde fut appelé de Londres. On promulgua une ordonnance royale défendant strictement à tout noble, quel que fût son rang, d'approcher du palais avec une suite d'hommes armés d'arquebuses ou d'*armes longues* [1]; et on disait même tout bas que le haut sheriff du Kent avait reçu l'ordre secret de tenir une portion de la milice du comté prête à marcher au premier signal.

Enfin arriva l'heure critique à laquelle on s'était si anxieusement préparé de tous côtés, et les deux comtes rivaux, suivis l'un et l'autre de leur long et brillant cortége d'amis et de partisans, entrèrent, à midi précis, dans la cour du palais de Greenwich.

Comme si c'eût été le résultat d'un arrangement antérieur, ou peut-être parce que la reine l'avait ainsi ordonné, Sussex et sa suite vinrent de Deptford au palais par eau, tandis que Leicester arrivait par terre; de sorte qu'ils entrèrent dans l'avant-cour par deux portes opposées. Cette circonstance insignifiante valut à Leicester un certain ascendant dans l'opinion du vulgaire, sa cavalcade de suivants, tous bien montés, ayant ainsi une apparence plus nombreuse et plus imposante que le cortége de Sussex, où tout le monde était nécessairement à pied. Nul salut ne fut échangé entre Sussex et Leicester, quoiqu'ils se fussent regardés en face à leur arrivée, chacun d'eux s'attendant peut-être à un échange de courtoisies que ni l'un ni l'autre n'était disposé à commencer. Presqu'à l'instant où ils entraient l'horloge du palais sonna les

---

[1] Piques et hallebardes. (L. V.)

portes du palais s'ouvrirent, et les deux comtes franchirent le seuil, accompagnés l'un et l'autre de ceux des gentilshommes de leur suite à qui leur rang donnait ce privilége. Les simples gardes et les suivants de rang inférieur restèrent dans l'avant-cour, chacun des deux partis regardant l'autre d'un air de haine et de mépris, comme s'ils eussent impatiemment attendu quelque occasion de tumulte ou quelque excuse pour une agression mutuelle. Mais ils étaient retenus par les strictes injonctions de leurs chefs, et intimidés peut-être par la présence d'une garde armée plus forte que d'habitude.

Cependant, les plus distingués de chacun des deux cortéges avaient suivi leurs patrons dans les salles élevées et dans les antichambres du château royal, momentanément rapprochés par l'affluence, comme deux torrents forcés de suivre le même lit, mais qui répugnent à mêler leurs eaux. Les deux partis se rangèrent d'eux-mêmes, comme par un sentiment d'instinct, sur les côtés opposés des vastes appartements, et se montrèrent empressés d'échapper à l'union temporaire à laquelle le défaut de largeur d'une entrée encombrée les avait un moment forcés de se soumettre. Les deux battants de la porte située à l'extrémité supérieure de la longue galerie s'ouvrirent immédiatement après, et on annonça à voix basse que la reine était dans la chambre de présence ou salle de réception, à laquelle cette porte donnait accès. Les deux comtes se dirigèrent lentement et d'un pas majestueux vers l'entrée, Sussex suivi de Tressilian, de Blount et de Raleigh, et Leicester de Varney. L'orgueil de Leicester fut obligé de céder au cérémonial de la cour, et, avec une inclination de tête grave et cérémonieuse, il s'arrêta pour laisser passer devant lui son rival, pair de plus ancienne création. Sussex rendit le salut avec la même civilité cérémonieuse, et entra dans la salle de réception. Tressilian et Blount s'avançaient après lui, mais il ne leur fut pas permis de le suivre, l'huissier à verge noire alléguant pour excuse qu'il avait des ordres précis d'avoir l'œil ce jour-là aux admissions. Raleigh, voyant ses deux compagnons ainsi refusés, restait en arrière. — Vous, monsieur, vous pouvez entrer, lui dit l'huissier ; et il entra en effet.

— Ne me quittez pas, Varney, dit le comte de Leicester, qui s'était tenu un moment à l'écart pour observer la réception de Sussex ; puis, s'avançant vers l'entrée, il était sur le point de la franchir, quand Varney, qui marchait immédiatement après lui, vêtu du costume le plus élégant de l'époque, fut à son tour arrêté par l'huissier, comme Tressilian et Blount l'avaient été avant lui. — Qu'est ceci, maître Bowyer? dit le comte de Leicester. Ne savez-vous pas qui je suis, et ignorez-vous que monsieur est de ma maison et mon ami?

— Votre Seigneurie me pardonnera, répliqua Bowyer avec fermeté ; mes ordres sont précis et m'astreignent à un rigoureux accomplissement de mes devoirs.

— Tu es un drôle et tu agis avec partialité! repartit Leicester, le sang lui montant au visage ; tu me fais cet affront, quand il n'y a qu'un moment tu viens d'admettre un homme de la suite de mylord de Sussex!

— Mylord, dit Bowyier, M. Raleigh fait maintenant partie de la maison de la reine, et mes ordres ne le concernent pas.

— Tu es un drôle, — un ingrat drôle! s'écria Leicester ; mais celui qui a fait peut défaire ; — tu ne te pavaneras pas long-temps dans ton autorité!

Il prononça cette menace à voix haute, avec moins de politique et de retenue qu'il ne lui était habituel; puis il entra dans la chambre de présence et fit ses salutations à la reine, qui, parée plus splendidement encore que d'habitude, et entourée de ces seigneurs et de ces hommes d'État dont le courage et la sagesse ont immortalisé son règne, se tenait prête à recevoir l'hommage de ses sujets. Elle rendit gracieusement le salut du comte favori, et elle portait les yeux alternativement sur lui et sur le comte de Sussex comme si elle se fût disposée à prendre la parole, quand Bowyer, dont la fierté ne pouvait supporter l'insulte qu'il avait si publiquement reçue de Leicester dans l'exercice de ses fonctions, s'avança, sa baguette noire à la main, et mit un genou à terre devant elle.

— Eh! qu'y a-t-il, Bowyer? dit Elisabeth; il me semble que le moment est étrangement choisi pour ta courtoisie.

— Ma lige souveraine, répondit-il, chaque courtisan autour de lui tremblant de son audace, je viens seulement demander si dans l'exercice de mes fonctions je dois obéir aux ordres de Votre Altesse ou à ceux du comte de Leicester, qui m'a publiquement menacé de son déplaisir et m'a adressé des expressions insultantes, parce que je refusais l'entrée à un des hommes de sa suite, conformément aux ordres précis de Votre Grâce.

L'esprit d'Henri VIII se souleva aussitôt dans le sein de sa fille, et elle se tourna vers Leicester avec une sévérité d'expression qui le fit pâlir ainsi que tous ses partisans. — Par la mort-Dieu, mylord! (telle fut son exclamation énergique) que signifie ceci? Nous avons bien pensé de vous, et nous vous avons approché de notre personne, mais ce n'était pas pour que vous cachiez le soleil à nos autres fidèles sujets. Qui vous a donné licence de contredire nos ordres ou de contrôler nos officiers? Je ne souffrirai dans cette cour, oui, et dans ce royaume, qu'une maîtresse et pas de maître. Songez à ce qu'il n'arrive rien de fâcheux à M. Bowyer pour s'être fidèlement acquitté de son devoir envers moi ; car, aussi vrai que je suis chrétienne et reine couronnée, je vous en rendrai chèrement responsable. — Allez, Bowyer, vous vous êtes montré honnête homme et fidèle sujet. Nous ne souffrirons pas de maire du palais ici.

Bowyer baisa la main qu'elle lui tendait, puis il retourna à son poste, étonné lui-même du succès de son audace. Un sourire de triomphe parcourut les lèvres de la faction de Sussex; les partisans de Leicester parurent aussi confondus que ceux de son rival étaient rayonnants, et le favori lui-même, prenant un air de profonde humilité, ne hasarda pas même un mot de d sculpation.

Il agit sagement; car la politique d'Elisabeth était de l'humilier, non de le disgracier, et il fut prudent à lui de la laisser, sans opposition ni réplique, se glorifier dans l'exercice de son autorité. La dignité de la reine était satisfaite, et la femme ne tarda pas à éprouver un mouvement de compassion pour le favori qu'elle venait de mortifier. Son œil pénétrant remarqua aussi les regards secrets de félicitation qu'échangeaient entre eux les partisans de Sussex, et il n'entrait pas dans sa politique d'assurer un triomphe décisif à l'un ou à l'autre des deux partis.

— Ce que je dis à mylord de Leicester, reprit-elle après un moment de silence, je vous le dis aussi, mylord de Sussex. Vous aussi, il faut que vous vous montriez à la cour d'Angleterre à la tête d'une faction qui vous reconnaît pour chef!

— Mes adhérents, gracieuse princesse, répliqua Sussex, se sont en effet montrés tels dans votre cause en Irlande, en Écosse, et contre ces comtes rebelles du nord. J'ignore...

— Voulez-vous lutter avec moi du regard et de la parole, mylord? interrompit la reine; il me semble que vous auriez pu du moins apprendre de mylord de Leicester à garder un silence modeste sous notre censure. Je dis, mylord, que dans leur sagesse mon aieul et mon père interdirent aux nobles de ce pays civilisé d'avoir avec eux ces suites désordonnées; et pensez-vous que parce que je porte une coiffe, leur sceptre s'est dans ma main changé en quenouille? Je vous dis que nul prince de la chrétienté ne souffrira moins que celle qui vous parle en ce moment que sa cour soit remplie, son peuple opprimé, et la paix de son royaume troublée, par l'arrogance d'un pouvoir devenu excessif.
— Mylord Leicester, et vous, mylord de Sussex, je vous ordonne d'être amis l'un de l'autre; ou, par la couronne que je porte! vous vous ferez un ennemi que tous les deux vous trouverez trop fort pour vous.

— Madame, dit le comte de Leicester, vous qui êtes vous-même la source de l'honneur, vous savez le mieux ce qui est dû au mien. Je le mets à votre discrétion, et je dis seulement que le pied sur lequel lord de Sussex et moi avons été n'est pas de mon fait, et qu'il n'a eu lieu de me regarder comme son ennemi qu'après m'avoir gravement injurié.

— Pour moi, madame, dit à son tour le comte de Sussex, je ne puis en appeler de votre volonté souveraine; mais je serais bien content que mylord de Leicester dît en quoi je l'ai injurié, selon son expression, puisque ma bouche n'a jamais prononcé un mot que je ne fusse prêt à le soutenir à pied ou à cheval.

— Et quant à moi, reprit Leicester, toujours sous le bon plaisir de ma gracieuse souveraine, mon bras ne sera pas moins prêt à appuyer mes paroles que ne le fut jamais celui d'aucun homme qui ait signé Ratcliffe.

— Mylords, dit la reine, ce ne sont pas là des expressions dont on doive user en notre présence; et si vous ne pouvez garder votre dignité, nous trouverons moyen de la tenir elle et vous sous une étroite surveillance Que je vous voie vous donner la main, mylords, et oubliez vos vaines animosités.

Le deux rivaux se regardèrent d'un air d'irrésolution, chacun d'eux répugnant à faire la première avance pour executer la volonté de la reine. — Sussex, reprit-elle, je vous en conjure, — Leicester, je vous l'ordonne. Et cependant, tel était l'accent qu'elle donnait à ses paroles, que la prière avait le ton d'un ordre, et l'ordre celui d'une prière. Ils restaient immobiles, et ni l'un ni l'autre ne paraissait vouloir céder le premier ; enfin, la reine éleva la voix de manière à montrer son impatience et à intimer un ordre absolu.

— Sir Henry Lee, dit-elle à un des officiers de sa suite, ayez un piquet de gardes disponible, et qu'une barge soit prête à partir! — Mylords de Sussex et de Leicester, je vous enjoins encore une fois de vous donner la main ; — et, par la mort-Dieu! celui qui s'y refusera tâtera du régime de notre Tour avant qu'il ne revoie notre visage. J'abaisserai vos cœurs orgueilleux avant que nous nous séparions, je vous en donne ma parole de reine!

— La prison pourrait se supporter, dit Leicester ; mais être privé de la présence de Votre Grâce, ce serait perdre à la fois la lumière et la vie. — Sussex, voici ma main.

— Et voici la mienne, dit Sussex, sincèrement et loyalement ; mais...

— N'ajoutez rien de plus, interrompit la reine. — Bien, les choses sont ainsi comme elles doivent être, ajouta-t-elle en les regardant d'un œil plus favorable ; et quand vous serez unis pour protéger le peuple dont vous êtes les pasteurs, tout ira bien pour le troupeau que nous gouvernons. Car je vous dirai franchement, mylords, que vos folies et vos querelles conduisent à d'étranges désordres parmi vos serviteurs.— Mylord de Leicester, vous avez dans votre maison un gentilhomme nommé Varney?

— Oui, gracieuse souveraine, répondit Leicester ; je l'ai présenté au baise-main de Votre Majesté la derniere fois qu'elle s'est trouvée à Nonsuch.

—Son extérieur était assez bien, reprit la reine, mais je n'aurais pas cru que sa beauté eût suffi pour déterminer une fille d'honorable naissance à sacrifier son devoir et sa réputation pour ses doux regards, et à devenir sa maîtresse. Il en est cependant ainsi ; — cet homme a séduit la fille d'un bon vieux chevalier du Devonshire, sir Hugh Robsart de

Lidcote-Hall, et elle s'est enfuie avec lui de la maison de son père en vraie fille perdue. — Mylord de Leicester, vous trouvez-vous indisposé, que vous pâlissez ainsi ?

— Non, madame, dit Leicester ; et il fallut tout l'effort dont il fut capable pour articuler ces deux mots.

— Assurément vous êtes indisposé, mylord, reprit Élisabeth avec précipitation en allant vers lui d'un pas empressé, indiquant l'intérêt le plus vif. — Appelez Masters, — appelez notre chirurgien ordinaire. Où donc sont ces deux sots fainéants ? — leur négligence nous fera perdre l'orgueil de notre cour. — Se peut-il, Leicester, continua-t-elle en le regardant de l'air le plus doux, que la crainte de mon déplaisir ait agi si fortement sur toi ? Ne pense pas un seul instant, Dudley, que nous puissions *te* blâmer de la faute d'un de tes serviteurs, — toi dont nous savons les pensées bien autrement occupées ! Celui qui veut gravir à l'aire de l'aigle, mylord, ne se met pas en peine de ceux qui cherchent des linottes au pied du rocher.

— Remarquez-vous cela ? dit Sussex à part à Raleigh. Sûrement le diable lui prête aide ! car tout ce qui enfoncerait un autre à dix brasses de profondeur, ne semble que le mieux maintenir à flot. Si un des miens avait agi ainsi...

— Silence, mylord ! interrompit Raleigh ; pour l'amour de Dieu, silence ! Attendez que la marée change ; elle va tourner tout à l'heure.

La pénétration de Raleigh ne le trompait pas ; car la confusion de Leicester était si grande, et le comte en était tellement accablé, qu'Élisabeth, après l'avoir considéré avec étonnement, et ne recevant aucune réponse intelligible aux expressions inhabituelles de faveur et d'affection qui lui étaient échappées, jeta un coup d'œil rapide sur le cercle des courtisans, et lisant peut-être sur leurs figures quelque chose qui s'accordait avec les soupçons qui s'éveillaient en elle, reprit soudainement : — Ou bien y aurait-il en ceci plus que nous ne voyons, — ou que vous ne souhaiteriez que nous ne vissions, mylord ? Où est ce Varney ? quelqu'un l'a-t-il vu ?

— S'il plaît à Votre Grâce, dit Bowyer, c'est à lui-même que tout à l'heure j'ai fermé la porte de la chambre de présence.

— S'il me plaît ? répéta aigrement Élisabeth, qui en ce moment n'était pas d'humeur à ce que rien lui plût ; — il ne me plaît *pas* plus que vous excluiez de ma présence quelqu'un qui vient se justifier d'une accusation, que de l'y laisser pénétrer insolemment et sans nécessité.

— Sous votre bon plaisir, repartit l'huissier embarrassé, si je savais précisément ce que je dois faire en pareil cas, j'aurais soin...

— Vous deviez nous faire part du désir de cet homme, monsieur l'huissier, et prendre nos ordres. Vous vous croyez un grand homme, parce que tout à l'heure nous avons repris un seigneur à cause de vous ; — et pourtant, après tout, vous n'êtes pour nous que le contre-poids qui tient la porte fermée. Faites venir ce Varney ici sur-le-champ. — Il y a aussi un certain Tressilian mentionné dans cette pétition ; — que tous deux se rendent devant nous !

Elle fut obéie ; Tressilian et Varney ne tardèrent pas à paraître. Le premier regard de Varney se porta sur Leicester, le second sur la reine. Les regards de celle-ci annonçaient l'approche d'un orage, et dans la physionomie consternée du premier il ne put rien lire qui lui indiquât de quelle manière il devait manœuvrer son vaisseau pour parer le choc.

— Il aperçut alors Tressilian, et vit aussitôt tout le péril de la situation où il était placé. Mais Varney avait autant d'assurance, de présence d'esprit et d'adresse qu'il avait peu de scrupules : — pilote habile dans un cas extrême, et sentant pleinement les avantages qu'il obtiendrait s'il pouvait tirer Leicester de la passe actuelle, ainsi que la ruine qui l'attendait s'il ne pouvait y réussir.

— Est-il vrai, maraud, lui dit la reine avec un de ces regards scrutateurs auxquels peu avaient assez d'audace pour résister, que vous ayez séduit et déshonoré une jeune dame bien née et bien élevée, la fille de sir Hugh Robsart de Lidcote-Hall ?

Varney mit un genou à terre, et répondit de l'air de la plus profonde contrition qu'il y avait eu en effet quelques liaisons d'amour entre lui et mistress Amy Robsart.

Tous les muscles de Leicester éprouvèrent un frémissement d'indignation en entendant cette déclaration sortir de la bouche de Varney ; un moment il se sentit le courage de s'avancer au pied du trône, et, disant adieu à la cour et à la faveur royale, de confesser tout le mystère du mariage secret. Mais ses yeux rencontrèrent Sussex, et l'idée du sourire triomphant qui se répandrait sur ses traits en entendant cet aveu lui ferma la bouche. — Ce n'est pas à présent, du moins, ni en sa présence, pensa-t-il, que je lui fournirai un pareil triomphe. Et serrant les lèvres avec force, il resta ferme et recueilli, attentif à chaque parole qu'articulerait Varney, et déterminé à cacher jusqu'à la fin le secret dont sa faveur à la cour semblait dépendre. Cependant la reine continuait l'interrogatoire.

— Des liaisons d'amour ! dit-elle, répétant les dernières paroles de Varney ; quelles sortes de liaisons, misérable ? et pourquoi ne pas demander la main de la fille à son père, s'il y avait quelque honnêteté dans ton amour pour elle ?

— S'il plaît à Votre Grâce, répondit Varney toujours à genoux, c'est ce que je n'osai faire, attendu que son père avait promis la main de sa fille à un gentilhomme honorable et de bonne naissance, — je lui rendrai justice, quoique je sache qu'il me porte un mauvais vouloir, — à un certain M. Edmund Tressilian, que je vois en ce moment ici.

— Ha ! et quel droit aviez-vous de pousser une fille simple et sans expérience à rompre l'engagement pris par son digne père, par vos *liaisons* d'amour, comme les qualifie votre présomptueuse assurance?

— Madame, repartit Varney, il est inutile de plaider la cause de la fragilité humaine devant un juge à qui elle est inconnue, ou celle de l'amour devant celle qui a toujours été plus forte que la passion... qu'elle fait éprouver à tous les autres, ajouta-t-il après un moment d'hésitation, à voix basse et d'un ton très timide.

Élisabeth voulut froncer le sourcil, mais ce fut en souriant en dépit d'elle-même qu'elle repartit : — Tu es un coquin d'une merveilleuse impudence. — As-tu épousé la fille?

Les sentiments dont Leicester se sentait agité devinrent si compliqués et d'une intensité si douloureuse, qu'il lui semblait que sa vie allait dépendre de la réponse de Varney, lequel, après un moment d'hésitation réelle, répondit : — Oui.

— Misérable!... s'écria Leicester, laissant éclater sa rage, mais hors d'état d'ajouter un mot de plus à cette exclamation violente.

— Mylord, reprit la reine, nous nous interposerons, si vous le voulez bien, entre ce drôle et votre colère. Nous n'avons pas encore fini avec lui. — Ton maître, lord de Leicester, a-t-il eu connaissance de cette belle œuvre? continua-t-elle. Dis la vérité, je te l'ordonne, et je te garantirai de tout danger de la part de qui que ce puisse être.

— Gracieuse souveraine, répondit Varney, pour dire la vérité à la face du ciel, mon maître a été cause de toute l'affaire.

— Scélérat! voudrais-tu me trahir? dit Leicester.

— Poursuis, reprit vivement la reine, dont les joues se colorèrent et dont les yeux étincelaient ;— poursuis : on ne reçoit ici d'autres ordres que les miens.

— Ils sont tout-puissants, gracieuse souveraine, repartit Varney ; et pour vous il ne peut y avoir de secrets. — Cependant, ajouta-t-il en regardant autour de lui, je ne voudrais pas que ce que j'ai à dire au sujet de mon maître fût pour d'autres oreilles que pour celles de Votre Majesté.

— Eloignez-vous, mylords, dit la reine à ceux qui l'entouraient ; — et toi, parle ! Qu'a de commun le comte avec cette intrigue coupable? — Prends garde de le calomnier !

— Loin de moi la pensée de diffamer mon noble patron, repartit Varney ; cependant je suis forcé d'avouer que quelque sentiment profond et exclusif, quoique secret, s'est depuis peu emparé de l'esprit de mylord, et l'a détourné de la surveillance de sa maison, qu'il avait coutume de gouverner avec une rigidité si scrupuleuse, nous laissant ainsi les occasions de faire des sottises, dont la honte, comme en ce cas, retombe en partie sur notre patron. Sans cela, je n'aurais eu ni les moyens ni le loisir de commettre la faute qui a attiré sur moi son déplaisir, le plus pénible que je puisse encourir,—sauf toujours le ressentiment encore plus redoutable de Votre Grâce.

—Et c'est en ce sens, en ce sens seulement, qu'il a eu part à ta faute?

— Assurément, madame; mais depuis certain événement qui lui est arrivé, ce n'est plus le même homme. Regardez-le, madame, voyez comme il reste pâle et tremblant? — Quelle différence avec la dignité habituelle de ses manières! — et cependant qu'a-t-il à craindre de quelque chose que je puisse dire à Votre Altesse? Ah! madame, depuis qu'il a reçu ce fatal paquet...

— Quel paquet, et de quelle part? dit vivement la reine.

— De quelle part, madame, c'est ce que je ne puis deviner; mais je suis si près de sa personne, que je sais que depuis il a toujours porté, suspendu à son cou et près de son cœur, cette tresse de cheveux à laquelle est suspendu un petit joyau d'or en forme de cœur. — Il lui parle quand il est seul, — il ne s'en sépare pas durant son sommeil; — jamais paien ne rendit à une idole un culte si dévot.

— Tu es un drôle bien curieux, d'épier ainsi ton maître, dit Élisabeth en rougissant, mais sans colère; et bien bavard aussi de redire ses folies. — De quelle couleur pouvait être la tresse de cheveux dont tu fais ainsi un sujet de caquetage?

— Un poëte, madame, pourrait l'appeler un fil du tissu d'or travaillé par Minerve; mais à mon jugement, elle était plus pâle que même l'or le plus pur: — elle ressemblait davantage au dernier rayon de soleil couchant de la plus douce journée de printemps.

— Eh! vous êtes vous-même poëte, monsieur Varney, dit la reine en souriant; mais je n'ai pas un génie assez subtil pour suivre vos sublimes métaphores. — Regardez ces dames autour de vous: — y a-t-il ici — (elle hésita et s'efforça de prendre un air de grande indifférence) — y a-t-il ici, dans cette salle, une dame dont les cheveux vous rappellent la nuance de cette tresse? Il me semble, sans vouloir pénétrer les secrets amoureux de mylord de Leicester, que je serais fort aise de savoir quelle sorte de chevelure est celle qui ressemble au fil du tissu de Minerve, ou — comment avez-vous dit? — aux derniers rayons du soleil d'un jour de mai.

Varney parcourut des yeux la chambre de présence, son regard passant d'une dame à une autre jusqu'à ce qu'enfin il se reposât sur la reine elle-même, mais avec un air de profonde vénération. — Je ne vois dans cette salle, dit-il, aucune chevelure digne de telles comparaisons, sauf celle sur laquelle mes yeux n'osent s'arrêter.

— Comment, monsieur le drôle, osez-vous insinuer...

— Pardon, madame, répliqua Varney en portant une main devant ses yeux; ce sont les rayons du soleil de mai qui ont ébloui mes faibles yeux.

— Retire-toi, — retire-toi, dit la reine; tu es fou. — Et se détournant vivement de lui, elle se dirigea vers Leicester.

Une intense curiosité, mêlée à toutes les espérances diverses, à toutes les craintes, à toutes les passions qui agissent sur une faction de cour, avait régné dans la salle d'audience pendant la conférence de Varney avec la reine, comme si un talisman oriental l'eût conjurée. Tout mouvement, même le plus léger, était suspendu ; on aurait cessé de respirer si la nature avait voulu permettre une telle suspension de ses fonctions. L'atmosphère était contagieuse ; et Leicester, qui vit tout ce qui l'entourait faire des vœux pour son avancement ou pour sa chute, oublia tout ce que l'amour lui avait inspiré un moment auparavant, et n'envisagea plus alors que la faveur ou la disgrâce, qui allaient dépendre d'un signe de tête d'Élisabeth et de la fidélité de Varney. Il rappela promptement sa résolution, et se disposait à jouer son rôle dans la scène qui semblait se préparer, lorsqu'aux regards que la reine jeta de son côté il jugea que les communications de Varney, quelles qu'elles pussent être, opéraient en sa faveur. Élisabeth ne le laissa pas long-temps dans le doute ; car la manière plus que gracieuse dont elle l'aborda décidait son triomphe aux yeux de son rival et de la cour d'Angleterre assemblée là. — Vous avez dans ce Varney, lui dit-elle, un serviteur fort indiscret ; il est heureux pour vous, mylord, que vous ne lui ayez rien confié qui puisse vous nuire dans notre opinion, car il vous garderait mal le secret, vous pouvez m'en croire.

— Ce serait trahison à lui d'avoir un secret pour Votre Altesse, repartit Leicester en mettant gracieusement un genou à terre. Je voudrais que mon cœur même fût exposé devant vous plus à nu que ne le peut mettre l'indiscrétion d'aucun serviteur.

— Quoi, mylord, dit Élisabeth en le regardant affectueusement, ne s'y trouve-t-il pas quelque petit coin sur lequel vous souhaiteriez étendre un voile ? Ah ! je vois que ma question vous rend confus, et votre reine sait qu'elle ne devrait pas rechercher de trop près les motifs de ses serviteurs dans l'accomplissement fidèle de leurs devoirs, de crainte d'y voir ce qui pourrait, ce qui devrait du moins lui déplaire.

Soulagé par ces derniers mots, Leicester laissa échapper un torrent d'expressions d'un attachement profond et passionné, et peut-être en ce moment ces expressions n'étaient-elles pas tout-à-fait feintes. Les émotions compliquées qui l'avaient d'abord dominé s'étaient alors effacées devant la résolution énergique de conserver sa place dans la faveur de la reine ; et jamais il n'avait paru à Élisabeth plus éloquent, plus beau, plus intéressant, que lorsque agenouillé à ses pieds il la conjura de le dépouiller de tout ce qu'il avait de pouvoir, mais de lui laisser le titre de son serviteur. — Reprenez au pauvre Dudley, s'écria-t-il, tout ce qu'il tient de votre libéralité, et faites de lui le pauvre gentilhomme qu'il était quand la faveur de Votre Grâce a commencé à luire sur lui ; ne lui laissez que sa cape et son épée, mais souffrez qu'il se glorifie toujours d'avoir ce que par parole ou action il n'a jamais mérité de perdre, — l'estime de son adorée reine et maîtresse !

— Non, Dudley! répondit Élisabeth en le relevant d'une main tandis qu'elle lui présentait l'autre à baiser; Élisabeth n'a pas oublié que lorsque vous étiez un pauvre gentilhomme dépouillé de votre rang héréditaire, elle aussi était une princesse non moins pauvre, et que dans sa cause vous hasardâtes alors ce que l'oppression vous avait laissé, — votre vie et votre honneur. — Relevez-vous, mylord, et ne retenez pas ma main! — Relevez-vous, et soyez ce que vous avez toujours été, l'ornement de notre cour et le soutien de notre trône. Votre maîtresse peut être forcée de réprimander vos écarts, mais sans jamais méconnaître vos services. — Que Dieu me soit en aide, ajouta-t-elle en se tournant vers l'auditoire, agité de sentiments divers pendant cette scène intéressante, — que Dieu me soit en aide, messieurs, comme je pense que j'ai en ce noble comte un serviteur aussi fidèle qu'en ait jamais eu aucun souverain!

Il s'éleva du sein de la faction leicestrienne un murmure d'assentiment contre lequel les amis de Sussex n'osèrent se prononcer. Ils restèrent les yeux fixés à terre, effrayés autant que mortifiés du triomphe public et complet de leurs adversaires. Le premier usage que fit Leicester de la faveur que la reine lui avait si publiquement rendue fut de demander ses ordres relativement à la faute de Varney. — Quoique le drôle, ajouta-t-il, ne mérite de moi rien autre chose que mon déplaisir, cependant si j'osais intercéder...

— En vérité, j'avais oublié son affaire, interrompit la reine; et c'est mal à nous, qui devons justice à tous nos sujets, aux plus humbles aussi bien qu'aux plus éminents. Nous sommes bien aise, mylord, que vous ayez été le premier à rappeler l'affaire à notre souvenir. — Où est Tressilian, l'accusateur? — qu'il vienne devant nous!

Tressilian parut, et s'inclina respectueusement. Il y avait dans sa personne, comme nous l'avons fait remarquer ailleurs, un air de grâce et même de dignité qui n'échappa point à l'observation critique d'Élisabeth. Elle le regarda avec attention tandis qu'il restait devant elle, sans embarras, mais d'un air de profond abattement.

— Je ne puis que plaindre ce gentilhomme, dit-elle à Leicester. J'ai pris des informations à son sujet, et sa vue confirme ce qu'on m'a dit de lui, que c'est un homme instruit et un bon soldat, distingué dans les choses d'étude ainsi que dans les armes. Nous autres femmes, mylord, nous sommes capricieuses dans notre choix; — j'aurais dit tout à l'heure, à en juger par les yeux, qu'il n'y avait pas de comparaison à faire entre votre écuyer et ce gentilhomme. Mais Varney est un drôle beau-diseur, et, à vrai dire, cela va loin près de nous autres faibles femmes. — Monsieur Tressilian, trait perdu n'est pas arc rompu. Votre sincère affection, que je crois sincère, a été, à ce qu'il semble, assez mal récompensée; mais vous avez de l'étude, et vous savez qu'on trouverait plus d'une perfide Cressida depuis la guerre de Troie jusqu'à nos jours.

Oubliez cette infidèle, mon cher monsieur, — que votre affection apprenne à voir d'un œil plus clairvoyant. Nous vous parlons ainsi plutôt d'après les écrits des savants que sur notre connaissance personnelle, étant, comme nous le sommes, bien éloignée, par notre rang et par notre volonté, de posséder les secours de l'expérience en rien de ce qui touche à cette passion fantasque et frivole. Quant au père de cette dame, nous pouvons adoucir en partie sa peine en procurant à son gendre une situation qui le mette à même d'assurer une honorable existence à celle dont il est devenu l'époux. Toi-même ne seras pas oublié, Tressilian; — attache-toi à notre cour, et tu verras qu'un vrai Troïle a quelques droits à notre faveur. Songe à ce que dit cet insigne fripon de Shakspeare : — Peste soit de lui, dont les fadaises me viennent à l'esprit au moment où je devrais avoir autre chose en tête! — Un moment... comment dit-il?

> « Cressid was yours, tied with the bonds of heaven;
> These bonds of heaven are slipt, dissolved, and loosed,
> And with another knot five fingers tied,
> The fragments of her faith are bound to Diomed [1]. »

Vous souriez, mylord de Southampton? — peut-être ma mauvaise mémoire estropie-t-elle les vers de votre comédien. — Mais que cela suffise; — qu'il ne soit plus question de cette folle affaire.

Et comme Tressilian conservait l'attitude d'un homme qui voudrait volontiers être entendu, bien qu'en même temps son air fût celui du plus profond respect, la reine ajouta, avec quelque impatience : — Que voudrait-il donc? — Cette fille ne peut vous épouser tous les deux. — Elle a fait son choix, — non le plus sage, peut-être; — mais enfin elle est devenue la femme de Varney.

— Ma poursuite devrait se terminer ici, très gracieuse souveraine, dit Tressilian, et je devrais me retirer. Mais je ne regarde pas la parole de Varney comme une bonne garantie de la vérité de ce qu'il allègue.

— Si ce doute était exprimé partout ailleurs qu'ici, repartit Varney, mon épée...

— *Ton* épée! interrompit Tressilian d'un ton de mépris; avec la permission de Sa Grâce, la mienne montrera...

— Silence, drôles que vous êtes! s'écria la reine; savez-vous où vous êtes? — Ceci provient de vos dissensions, mylords, ajouta-t-elle en se tournant vers Leicester et Sussex; vos suivants prennent votre humeur, et il faut qu'ils se bravent et se défient jusque dans ma cour et en notre propre présence, comme autant de matamores. — Voyez-vous, messieurs, celui qui parlera de tirer l'épée pour un autre motif que notre

---

[1] « Cressid était à vous, enchaînée par les liens du Ciel. Ces liens du Ciel sont affaiblis, dissous et relâchés; elle a les mains liées par un autre nœud, et les restes de sa foi sont engagés à Diomède. »

propre cause ou celle de l'Angleterre, sur mon honneur! je lui ferai mettre un double bracelet de fer au poignet et à la cheville. Elle se tut alors une minute, puis elle reprit d'un ton plus doux : — Ma justice doit intervenir entre ces audacieux mutins, néanmoins. — Mylord de Leicester, garantirez-vous sur votre honneur — c'est-à-dire autant que vous pouvez le savoir — que votre serviteur dit vrai en assurant qu'il a épousé cette Amy Robsart?

La botte était directe, et elle avait presque ébranlé Leicester. Mais il s'était trop avancé pour reculer, et il répondit, après un moment d'hésitation : — Autant que je sache, — et même, à ma connaissance certaine, elle est mariée.

— Gracieuse souveraine, reprit Tressilian, puis-je encore demander quand et dans quelles circonstances ce mariage prétendu....

— Comment, impudent drôle, ce mariage *prétendu!* exclama la reine; — n'avez-vous pas la parole de cet illustre comte pour garantir la vérité de ce que dit son serviteur? Mais tu es le perdant, — tu te crois tel, du moins, — et tu seras traité avec indulgence; — nous examinerons nous-même l'affaire plus à loisir. — Mylord de Leicester, je compte que vous n'avez pas oublié que notre intention est d'aller la semaine prochaine goûter la bonne chère de votre château de Kenilworth; — nous vous prierons d'engager notre bon et estimable ami le comte de Sussex à nous y tenir compagnie.

— Si le noble comte de Sussex, dit Leicester, saluant son rival avec la plus gracieuse aisance, veut bien honorer jusque là mon humble maison, je regarderai cette condescendance de sa part comme une nouvelle preuve de l'amitié et des égards que Sa Majesté désire nous voir montrer l'un pour l'autre.

Sussex fut plus embarrassé. — Depuis la maladie grave dont je sors à peine, dit-il, je ne ferais que nuire à votre gaieté.

— Avez-vous donc été si mal? dit Élisabeth, en le regardant plus attentivement qu'elle ne l'avait fait jusque là; vous êtes en effet étrangement changé, et je suis profondément affligée de vous voir ainsi. Mais ayez bon courage; — nous veillerons nous-même sur la santé d'un serviteur si précieux, et à qui nous devons tant. Masters prescrira votre régime, et afin que nous puissions nous assurer par nous-même que ses prescriptions seront suivies, il faut que vous nous accompagniez dans cette excursion à Kenilworth.

La reine avait tout à la fois un ton si péremptoire et si affectueux, que Sussex, quelle que fût sa répugnance à devenir l'hôte de son rival, n'eut d'autre ressource que de s'incliner respectueusement devant la reine en signe d'obéissance à ses ordres, et de répondre à Leicester, avec une politesse mêlée à la fois de brusquerie et d'embarras, qu'il acceptait son invitation. Tandis que les deux comtes échangeaient des compliments à ce sujet, la reine dit à son grand trésorier : — Il me semble mylord, que les physionomies de ces deux nobles pairs ressemblent aux deux fameuses rivières classiques, l'une si sombre et si triste, l'autre si belle et si noble. — Mon vieux maître Ascham m'aurait grondée d'avoir oublié l'auteur ; — je crois que c'est César. — Voyez que de calme et de majesté sur le front du noble Leicester, au lieu que Sussex semble le saluer non de sa propre volonté, mais pour obéir à la nôtre.

— Le doute de la faveur de Votre Majesté, repartit le lord trésorier, occasionne peut-être cette différence, qui n'échappe pas — et qui peut y échapper? — à l'œil de Votre Grâce.

— Un tel doute nous serait injurieux, mylord. Tous deux nous sont chers et précieux, et nous les emploierons l'un et l'autre avec impartialité à un service honorable pour le bien de notre royaume. Mais nous allons mettre quant à présent fin à leur conférence. — Mylords de Sussex et de Leicester, nous avons encore un mot à vous dire. Tressilian et Varney sont près de vos personnes; vous aurez soin qu'ils vous accompagnent à Kenilworth. — Et comme alors nous aurons sous la main Pâris et Ménélas, nous voulons de même y avoir aussi cette belle Hélène, dont l'inconstance a occasionné cette querelle. — Varney, il faut que ta femme soit à Kenilworth, et prête à paraître sur mon ordre. — Mylord de Leicester, nous comptons que vous y veillerez.

Le comte et son écuyer s'inclinèrent profondément, et quand ils relevèrent la tête ils n'osèrent ni regarder la reine ni se regarder l'un l'autre; car en cet instant il semblait à tous les deux que les rêts et les filets que leur imposture avait ourdis étaient prêts à se refermer sur eux. La reine reprit cependant, sans remarquer leur confusion : — Mylords de Sussex et de Leicester, nous requérons votre présence au conseil privé qui va être tenu immédiatement, et où des matières d'importance seront débattues. Nous ferons ensuite une promenade sur l'eau pour nous distraire, et vous nous accompagnerez, mylords. — Cela nous fait souvenir d'une circonstance... Sire écuyer du manteau taché (elle regardait Raleigh en souriant), n'oubliez pas que vous devez nous accompagner dans nos excursions. On vous fournira les moyens convenables de recompléter votre garde-robe.

Ainsi se termina cette audience mémorable, dans laquelle, comme dans tout le cours de sa vie, Élisabeth unit à l'humeur capricieuse de son sexe qui se montrait parfois, cette rectitude de jugement et cette saine politique dans lesquelles homme ni femme ne la surpassèrent jamais.

CHAPITRE XVII.

> Eh bien ! alors, — notre route est choisie. — Tendez la voile, — jetez fréquemment la sonde, et remarquez-en bien les indices; — veillez au gouvernail, habile pilote : — nombre d'écueils signalent cette côte dangereuse, semée de rocs où se tient la sirène, qui, ainsi que l'ambition, entraîne les hommes à leur perte. *Le Naufrage.*

Dans le court intervalle qui sépara la fin de l'audience de l'ouverture du conseil privé, Leicester eut le temps de réfléchir qu'il venait de mettre lui-même le sceau à sa destinée. — Il lui était maintenant impossible, pensa-t-il, après avoir, devant tout ce que l'Angleterre avait de plus honorable, engagé sa foi (bien que d'une manière ambiguë) en garantie de la vérité de ce qu'avait affirmé Varney, de contredire ou de désavouer ce qu'il avait ainsi attesté, sans s'exposer non pas seulement à perdre sa faveur à la cour, mais aussi au plus sérieux déplaisir de la reine, sa maîtresse abusée, ainsi qu'au mépris et à la dérision tout à la fois de son rival et de tous ses adhérents. Cette certitude vint tout d'abord l'assaillir, en même temps qu'il embrassa d'un seul regard toutes les difficultés auxquelles il serait nécessairement exposé en gardant un secret qui semblait maintenant importer également à sa sûreté, à son pouvoir et à son honneur. Il se trouvait dans la situation d'un homme qui marche sur une glace prête à céder autour de lui, et dont le seul moyen de salut est d'aller en avant d'un pas ferme et sans hésiter. La faveur de la reine, pour la conservation de laquelle il avait fait de tels sacrifices, il fallait maintenant qu'il s'en assurât par tous les moyens et à tout risque : — c'était la seule planche à laquelle il pût s'attacher dans la tempête. Il fallait donc qu'il se mît à l'œuvre, non seulement pour conserver, mais pour augmenter la bienveillance de la reine ; il devait être le favori d'Élisabeth, ou se résigner au naufrage complet de sa fortune et de son honneur. Toute autre considération dut être momentanément écartée, et il repoussa les pensées importunes qui venaient malgré lui présenter à son esprit l'image d'Amy, en se disant intérieurement qu'il aurait plus tard tout le temps de songer aux moyens d'échapper finalement au labyrinthe, comme le pilote qui ne doit pas penser, quand il voit Scylla devant lui aux dangers moins prochains de Charybde.

CHAPITRE XVII.

Ce fut dans cette disposition d'esprit que ce jour-là le comte de Leicester prit place à la table du conseil d'Élisabeth, et qu'ensuite, quand fut passée l'heure des affaires, il occupa près d'elle un siége d'honneur durant la promenade d'agrément sur la Tamise. Et jamais il ne s'était montré ni plus habile politique ni courtisan plus accompli.

Il arriva que dans le conseil de ce jour on agita l'affaire relative à l'infortunée Marie, qui était alors dans la septième année de sa triste captivité d'Angleterre. Des opinions en faveur de cette malheureuse princesse avaient été produites devant Élisabeth et soutenues avec une grande force de raisonnement par Sussex et par d'autres, qui appuyèrent sur la loi des nations et la violation de l'hospitalité plus que ce ne pouvait être agréable à l'oreille de la reine, quelque soin que missent les orateurs à adoucir ou à tempérer leurs expressions. Leicester embrassa l'opinion contraire avec autant de feu que d'éloquence, et représenta la nécessité de persister dans la mesure rigoureuse prise à l'égard de la reine d'Écosse, comme étant essentielle à la sûreté du royaume, et particulièrement à celle de la personne sacrée d'Élisabeth, dont le moindre cheveu, dit-il, devait être, dans l'estime de Leurs Seigneuries, un objet d'une sollicitude plus active et plus inquiète que la vie et les intérêts d'une rivale, qui, après avoir élevé une vaine et injuste prétention au trône d'Angleterre, était encore, au sein même du pays de Sa Majesté, le constant espoir et le point vers lequel étaient tournés les regards de tous les ennemis d'Élisabeth, soit au-dedans soit au-dehors. Il termina en priant Leurs Seigneuries de lui pardonner si, dans la chaleur de son discours, il les avait offensés en quelque chose; mais la sûreté de la reine était un sujet qui le faisait sortir malgré lui de sa modération habituelle dans la discussion.

Élisabeth le reprit, mais non sévèrement, de l'importance exagérée qu'il attachait aux intérêts personnels de sa souveraine. Néanmoins elle convint que puisque le Ciel avait voulu confondre ses intérêts avec le bien de son peuple, elle ne faisait que son devoir en adoptant les mesures de sécurité que lui imposaient les circonstances; et si, dans sa sagesse, le conseil était d'avis qu'il fût nécessaire de continuer de retenir dans une certaine contrainte la personne de sa malheureuse sœur d'Écosse, elle espérait qu'il ne la blâmerait pas de ce qu'elle recommanderait à la comtesse de Shrewsbury de la traiter avec toute la bienveillance qui pourrait se concilier avec une surveillance rigoureuse. Sur cette annonce de son bon plaisir, le conseil fut levé.

Jamais on ne s'était plus empressé de faire place à *mylord de Leicester* que lorsqu'il traversa les antichambres encombrées pour descendre au bord de la rivière, afin de monter dans la barge de Sa Majesté; — jamais la voix des huissiers n'avait fait retentir plus haut: Place! — place au noble comte! — et jamais signal ne fut plus promptement et plus révérencieusement obéi; — jamais regards plus avides ne s'étaient tournés vers lui pour obtenir un coup d'œil de faveur, ou même de simple connaissance, tandis que le cœur de maint partisan de classe plus humble battait avec force, partagé entre le désir de lui offrir ses félicitations, et la crainte de se montrer indiscret en sollicitant l'attention d'un personnage si fort au-dessus de tous. La cour entière regardait l'issue de l'audience de ce jour, attendue avec tant de doutes et d'anxiété, comme un triomphe décisif pour Leicester, et se sentait assurée que l'orbe du satellite rival, s'il n'était pas totalement éclipsé par l'éclat de celui de l'heureux comte, devait accomplir désormais sa révolution dans une sphère plus obscure et plus distante. Ainsi pensaient la cour et les courtisans, du plus haut au plus bas, et on agissait en conséquence.

D'un autre côté, jamais Leicester ne rendit les salutations universelles par lesquelles il était accueilli, avec une courtoisie plus facile et plus affable; jamais il ne réussit mieux à recueillir (pour employer les expressions d'un poète qui en ce moment n'était pas loin de lui) « des opinions dorées de toutes sortes de gens. »

Pour tous, le comte favori avait un salut, un sourire au moins, et souvent un mot obligeant. La plupart de ces marques d'attention s'adressaient à des courtisans dont les noms ont depuis long-temps été entraînés par le flot de l'oubli; mais quelques unes allaient à des personnages dont le nom sonne étrangement à nos oreilles quand nous les trouvons en rapport avec les choses ordinaires de la vie hmaine, au-dessus desquelles la postérité reconnaissante les a portés depuis long-temps. Voici quelques unes des phrases que Leicester jetait sur son chemin : —Poynings, bonjour; comment se porte votre femme et votre jolie fille? Pourquoi ne viennent-elles pas à la cour? —Adams, votre demande est à néant : — la reine ne veut plus accorder de monopoles; mais je puis vous servir en une autre affaire. — Mon bon alderman Aylford, la demande de la Cité touchant Queenhithe sera poussée aussi activement qu'y pourra contribuer mon faible crédit. — Monsieur Edmund Spenser, au sujet de votre pétition irlandaise, je vous aiderai volontiers, par amour pour les muses; mais tu as irrité le lord trésorier.

— Mylord, repartit le poëte, s'il m'était permis de m'expliquer...

— Viens me voir, Edmund; — non pas demain, ni après-demain, mais bientôt. — Ha, Will Shakspeare, — Will l'original! — tu as donné de la poudre de sympathie à mon neveu Philippe Sidney; — il ne peut dormir sans avoir sous son oreiller ta *Vénus et Adonis*. Nous te verrons pendre comme le plus fieffé sorcier d'Europe. Écoute, malin fou, je n'ai pas oublié ton affaire de la patente, ni celle des ours.

Le *comédien* s'inclina, le comte fit un signe de tête et passa : — c'est ainsi que le siècle contemporain aurait rapporté la scène; — dans le nôtre, peut-être, nous pourrions dire que l'immortel avait rendu hommage au mortel. Celui que le favori accosta ensuite était un de ses plus zélés partisans. — A la bonne heure, sir Francis Denning, lui dit-il à demi-voix en réponse à ses salutations triomphantes, ce sourire te rend le visage d'un tiers moins long que la première fois que je t'ai vu ce matin. — Hé quoi, monsieur Bowyer, vous tenez-vous en arrière, et croyez-vous que je vous garde rancune? Vous n'avez fait que votre devoir ce matin ; et si je me souviens de ce qui s'est passé entre nous, ce sera en votre faveur.

En ce moment un personnage vêtu avec recherche d'un pourpoint de velours noir artistement relevé de crevés de satin, s'approcha du comte en lui adressant plusieurs saluts fantastiques. Une longue plume de coq fixée à la toque de velours qu'il tenait à la main, et une énorme fraise empesée exagérant encore l'absurde goût du temps, jointes à une expression de physionomie souriante, animée, infatuée d'elle-même, semblaient annoncer la vanité d'un fat à cervelle légère et à esprit creux, en même temps que la verge qu'il portait comme marque de dignité exprimait un certain sentiment d'importance officielle qui tempérait la pétulance naturelle de ses manières. Une rougeur perpétuelle, qui colorait plutôt le nez effilé que les joues amaigries de ce personnage, semblait présager le *bon vivant* plus que l'homme modeste; et la manière dont il s'approcha du comte confirma cet indice.

— Bonsoir, monsieur Robert Laneham, lui dit Leicester; et il parut désirer passer outre sans échanger d'autres paroles.

— J'ai une demande à faire à Votre noble Seigneurie, dit le personnage en continuant hardiment de le suivre.

— De quoi s'agit-il, mon cher maître gardien de la porte du conseil?

— *Clerc* de la porte du conseil, répliqua M. Robert Laneham avec emphase, en manière de réponse et de rectification tout à la fois.

— Bien, bien; qualifie ton office comme tu l'entendras. Que voudrais-tu de moi?

— Simplement que Votre Seigneurie continuât d'être bonne pour moi comme elle l'a été jusqu'ici, et me procurât l'autorisation d'être du voyage d'été au très beau et très incomparable château de Kenilworth de Votre Seigneurie.

— A quelle fin, mon cher monsieur Laneham? songez que mes hôtes y doivent nécessairement être nombreux.

— Pas assez nombreux pour que Votre Seigneurie voulût refuser à son vieux serviteur le coucher et la table. Songez, mylord, combien cette verge que je porte est nécessaire pour tenir en respect tous ces écouteurs, qui autrement joueraient à *la guette* [1] avec l'honorable conseil, et iraient mettre l'œil au trou de la serrure et aux fentes de la porte, de sorte que mon bâton d'office y est aussi nécessaire qu'un chasse-mouches à un étal de boucher.

[1] *Bo-peep.*

—Votre comparaison me paraît au moins singulière, monsieur Laneham; mais ne cherchez pas à la justifier. Venez à Kenilworth si cela vous plaît; il y aura là d'autres compagnies de sots, de sorte que vous n'y serez pas dépaysé.

— S'il s'y trouve des sots, répliqua Laneham d'un ton tout joyeux, je vous garantis, mylord, que je m'amuserai au milieu d'eux; car pas un lévrier n'aime autant à faire lever un lièvre que moi à déloger et à courir sus à un sot. Mais j'ai une autre faveur essentielle à implorer de Votre Honneur.

— Parle donc, et laisse-moi aller; je pense que la reine va sortir dans un instant.

— Mon excellent lord, je voudrais bien amener avec moi un camarade de lit.

— Comment, irrévérencieux bélître!

— Oh, mylord, je parle d'un camarade canonique, repartit l'imperturbable solliciteur. J'ai une femme aussi curieuse que sa grand'mère, qui mangea la pomme. Or, la prendre avec moi, c'est ce que je ne puis pas faire, stricts comme sont les ordres de Son Altesse, interdisant aux officiers de conduire leurs femmes avec eux dans les voyages, pour ne pas encombrer la cour d'engeance féminine. Mais ce dont je pourrais prier Votre Seigneurie, ce serait de trouver place pour elle dans quelque mascarade ou autre divertissement semblable, où elle serait en quelque sorte déguisée; de sorte que n'étant pas reconnue pour ma femme, il ne pourrait pas y avoir infraction.

— Que le diable vous enlève tous les deux! s'écria Leicester, saisi d'un accès de colère violente aux souvenirs que ce discours réveillait. — A quoi bon me retenir avec de pareilles sornettes?

Le clerc de la porte du conseil fut tellement frappé d'étonnement et de terreur par cet éclat de fureur qu'il avait excité à son insu, que son bâton d'office lui tomba des mains, et il regarda le comte irrité d'un air d'ébahissement et de stupéfaction qui rappela sur-le-champ Leicester à lui-même. — Je ne voulais qu'éprouver si tu avais l'audace qui convient à ton office, dit-il précipitamment. Viens à Kenilworth, et amène le diable avec toi si tu veux.

— Ma femme, mylord, a déjà joué le rôle du diable dans un mystère du temps de la reine Marie; — mais il nous manquerait une bagatelle pour le costume et les accessoires.

—Voilà une couronne; — débarrasse-moi de toi. — La grosse cloche sonne.

M. Robert Laneham resta encore un moment ébahi de l'agitation qu'il avait excitée, puis il se dit à lui-même, en se baissant pour ramasser sa verge : — Le noble comte est d'une étrange humeur, aujourd'hui; mais ceux qui donnent des couronnes s'attendent à ce que nous autres garçons d'esprit nous fermerons les yeux sur leurs écarts. Et, par ma foi, s'ils ne payaient pas pour avoir merci, nous les traiterions sévèrement ¹!

Leicester se hâta alors de quitter les appartements, négligeant les courtoisies que jusque là il avait dispensées si libéralement, et fendant la foule des courtisans; parvenu enfin à un petit salon écarté, il s'y arrêta pour y reprendre haleine un moment seul et sans être troublé par une foule curieuse. — Que suis-je maintenant, se dit-il à lui-même, que je puis me laisser ainsi dominer par les paroles d'un être de rien, d'un imbécile à cervelle d'oison! — Conscience, tu es comme le limier, dont le grognement est aussi aisément éveillé par le bruit imperceptible d'une souris ou d'un rat que par le pas du lion. — Ne puis-je m'affranchir par un coup hardi d'une situation si pénible et si peu honorable? Si j'allais me jeter aux pieds d'Élisabeth, et que lui avouant tout, je me misse à sa merci?...

Comme il se laissait aller à cet enchaînement de réflexions, la porte de l'appartement s'ouvrit, et Varney entra précipitamment. — Grâces à Dieu, mylord, je vous ai trouvé! s'écria-t-il.

— Rends plutôt grâces au diable, dont tu es l'agent, repartit le comte.

— Rendez grâces à qui vous voudrez, mylord; mais hâtez-vous de descendre au bord de l'eau. La reine est sur sa barge, et elle demande après vous.

— Va lui dire que j'ai été pris d'un mal subit; car, par le Ciel! ma cervelle ne peut supporter ceci plus long-temps.

— Je puis bien le dire, en effet, repartit Varney d'un ton amer; car votre place, oui, et la mienne aussi, qui en ma qualité de votre grand écuyer dois suivre Votre Seigneurie, sont déjà occupées dans la barge de la reine. Le nouveau mignon, Walter Raleigh, et votre ancienne connaissance Tressilian, étaient appelés pour remplir nos places au moment où j'accourais vous chercher.

— Tu es un démon, Varney, dit précipitamment Leicester; mais tu as le dessus pour le moment. — Je te suis.

Varney ne répondit pas, mais il prit les devants pour sortir du palais et descendre à la rivière, tandis que son maître marchait après lui en quelque sorte machinalement. Le premier s'étant retourné vers le comte, lui dit tout-à-coup d'un ton qui sentait au moins la familiarité, sinon l'autorité:—Qu'est ceci, mylord?—votre manteau pend d'un côté, — votre haut-de-chausses est mal attaché; — permettez-moi...

— Tu es un sot, Varney, aussi bien qu'un fourbe, dit Leicester en repoussant son officieuse assistance; nous sommes mieux ainsi qu'autrement, monsieur. — Quand nous vous requérerons pour réparer le désordre de notre personne, à la bonne heure; mais en ce moment nous n'avons pas besoin de vous.

---

¹ *Voyez* la note F, à la fin du volume.

En parlant ainsi le comte reprit tout-à-coup son air d'autorité, et en même temps tout son sang-froid ; — il mit dans ses vêtements encore plus de désordre, — passa devant Varney de l'air d'un supérieur et maître, et à son tour il le précéda vers le rivage.

La barge de la reine était sur le point de partir ; le siége destiné à Leicester à la poupe, et celui de son grand écuyer à l'avant de la barque, étaient déjà occupés. Mais à l'approche de Leicester, il y eut une pause, comme si les bateliers avaient prévu quelque changement dans les arrangements pris. Le rouge de la colère colorait cependant les joues de la reine, lorsque de ce ton froid sous lequel les supérieurs cherchent à cacher leur agitation intérieure en parlant à ceux devant lesquels ils ne pourraient la laisser voir sans déroger à leur dignité, elle prononça ces paroles glaciales : Nous avons attendu, mylord de Leicester.

— Madame et très gracieuse princesse, repartit Leicester, vous qui pouvez pardonner tant de faiblesses que votre propre cœur n'a jamais connues, vous pouvez aussi mieux que personne accorder votre commisération à des émotions dont, pour un moment, l'agitation affecte à la fois la tête et les membres. Je suis venu devant vous accusé et en proie au doute ; votre bonté a percé les nuages de la diffamation, et m'a rendu non seulement mon honneur, mais, ce qui m'est encore plus cher, votre faveur ; — est-il surprenant, quelque malheureux que ce soit pour moi, que mon écuyer m'ait trouvé dans un état qui me permettait à peine de faire les mouvements nécessaires pour le suivre ici, où un regard de Votre Altesse, quoique ce soit, hélas ! un regard de colère, a eu le pouvoir de faire pour moi ce que peut-être Esculape n'aurait pu faire ?

— Qu'est ceci ? dit précipitamment Élisabeth en regardant Varney ; votre maître s'est-il trouvé mal ?

— Une sorte de faiblesse, répondit Varney, que sa présence d'esprit n'abandonnait jamais, comme Votre Grâce peut le remarquer au désordre de mylord. Sa hâte était telle, qu'il n'a pas voulu me donner le temps même de le réparer.

— Peu importe, dit Élisabeth en portant les yeux sur la noble figure de Leicester et sur sa personne, auxquels l'étrange conflit d'émotions qui l'avaient agité depuis quelques heures ajoutait un intérêt de plus ; faites place à mylord. — La vôtre a été prise, monsieur Varney ; il faut que vous trouviez un siége sur une autre barge. Varney s'inclina et se retira.

— Et vous aussi, notre jeune écuyer du manteau, ajouta-t-elle en se tournant vers Raleigh, il faut pour le moment que vous alliez sur la barge de nos dames d'honneur. Quant à Tressilian, il a déjà trop souffert du caprice des femmes pour que nous le fassions souffrir encore de nos nouveaux arrangements.

Leicester prit place dans la barge près de la reine ; Raleigh se leva

CHAPITRE XVII.

pour se retirer, et Tressilian aurait été assez maladroitement poli pour offrir de céder son siége à son ami, si un regard significatif de Raleigh lui-même, qui semblait être alors dans son élément natal, ne lui eût fait sentir qu'une si facile renonciation à la faveur accordée par la reine pourrait être mal interprétée. Il se rassit donc en silence, tandis que Raleigh, avec un profond salut et de l'air de la plus profonde humiliation, se disposait à quitter sa place.

Un noble courtisan, le galant lord Willoughby, crut lire dans le regard de la reine quelque chose qui semblait s'apitoyer sur la mortification réelle ou affectée de Raleigh. — Ce n'est pas à nous autres vieux courtisans, dit-il, de cacher le soleil aux jeunes. Avec la permission de Sa Majesté, je renoncerai pour une heure à ce que ses sujets ont de plus cher, au délice de la présence de Son Altesse, et je m'imposerai à moi-même la mortification de marcher à la lumière des étoiles, en abandonnant pour quelques moments l'éclat des rayons mêmes de Diane. Je prendrai place dans la barque occupée par les dames, et je laisserai ainsi à ce jeune cavalier son heure de félicité promise.

— Si vous êtes si disposé à nous quitter, mylord, repartit la reine avec une expression moitié enjouée, moitié sérieuse, c'est une mortification à laquelle nous ne pouvons rien. Mais, avec votre permission, nous ne vous confierons pas — tout vieux et tout expérimenté que vous vous estimiez être — le soin de nos jeunes dames d'honneur. Votre âge vénérable, mylord, continua-t-elle en souriant, pourra mieux s'associer avec celui du lord trésorier, qui suit dans la troisième barque, et dont l'expérience peut profiter même à celle de mylord Willoughby.

Lord Willoughby cacha son désappointement sous un sourire; — il affecta de rire, se montra confus, s'inclina, et quitta la barge de la reine pour aller se placer à bord de celle de lord Burleigh. Leicester, qui s'efforçait de détourner ses pensées de tout retour sur lui-même en les fixant sur ce qui se passait autour de lui, remarqua entre autres cette circonstance. Mais quand la barque prit le large, — quand la musique se fit entendre d'une barge qui les accompagnait, — quand les acclamations de la foule partirent du rivage, et que tout lui rappela la situation où il était placé, il dégagea par un effort sur lui-même ses pensées et ses sentiments de tout autre objet que de la nécessité de se maintenir dans la faveur de sa protectrice, et déploya avec un tel succès son talent de plaire et de captiver, que la reine, tour à tour ravie de sa conversation et alarmée pour sa santé, lui imposa enfin un silence temporaire, d'un ton de sollicitude enjouée quoique sérieuse, de peur qu'une conversation trop animée ne l'épuisât.

— Mylords, dit-elle, ayant rendu pour quelques moments notre décret de silence contre notre bon Leicester, nous vous appellerons en conseil sur une affaire fort peu sérieuse, dont nous traiterons plus convenablement ici, au milieu de la gaieté et de la musique, que dans la gravité de nos délibérations ordinaires. — Lequel de vous, mylords, continua-t-elle en souriant, sait quelque chose d'une pétition d'Orson Pinnit, qui se qualifie gardien de nos ours royaux? Qui servira de parrain à sa requête?

— Marry! avec la bonne permission de Votre Grâce, ce sera moi, dit le comte de Sussex. Orson Pinnit était un vigoureux soldat avant qu'il eût été mutilé comme il l'est par les skènes¹ du clan irlandais de Mac-Donough, et je me flatte que Votre Grâce sera, comme elle l'a toujours été, une bonne maîtresse pour ses bons et fidèles serviteurs.

— Assurément, répliqua la reine, c'est bien notre intention, surtout à l'égard de nos pauvres soldats et de nos marins, qui hasardent leur vie pour une paie modique. Nous donnerions ce château royal pour le convertir en hôpital à leur usage, continua-t-elle les yeux étincelants, plutôt que de les mettre dans le cas d'appeler leur maîtresse une ingrate².

— Mais ce n'est pas là la question, ajouta-t-elle, revenant au ton d'une conversation facile et enjouée, après s'être laissé emporter à cet élan de sentiment patriotique; la requête de cet Orson Pinnit va quelque peu plus loin. Il se plaint qu'au milieu de l'extrême plaisir avec lequel on fréquente les salles de comédie, et surtout du vif empressement que l'on montre pour les représentations d'un certain Will Shakspeare (dont je pense, mylords, que nous avons tous entendu parler, plus ou moins) le mâle amusement des combats d'ours est comparativement tombé en discrédit, et qu'on se presse plus volontiers pour voir ces marauds de comédiens se tuer les uns les autres pour rire, que pour voir nos chiens et nos ours royaux se déchirer tout de bon entre eux. — Que dites-vous à cela, mylord de Sussex?

— Ma foi, madame, Votre Grâce ne peut véritablement pas attendre grand'chose d'un vieux soldat tel que moi en faveur des batailles jouées comparées aux combats sérieux ; et cependant, sur ma foi ! je ne veux pas de mal à Will Shakspeare. C'est un homme solide au bâton à deux bouts et au coutelas, malgré qu'il soit boiteux, à ce qu'on dit ; et il a, dit-on, soutenu un combat serré contre les forestiers du vieux sir Thomas Lucy de Charlecot, quand il s'introduisit dans son parc et embrassa la fille de son garde.

— Je vous demande merci, mylord de Sussex, interrompit la reine Élisabeth ; cette affaire a été entendue au conseil, et nous ne voulons pas que l'on exagère la faute de ce drôle ; — il n'était pas question de fille embrassée dans l'affaire, et le défendeur s'est inscrit contre l'accusation. — Mais que dites-vous de ses exercices de théâtre, mylord? car c'est là ce dont il s'agit, et non en aucune façon de ses fautes an-

---

¹ Sorte de coutelas dont se servaient les Irlandais et les Highlanders écossais. (L. V.)
² Le palais de Greenwich a été effectivement converti en *hôtel des invalides* pour les marins, mais sous le règne de Guillaume et de Marie. (*Note du premier traducteur.*)

térieures, soit en forçant des parcs, soit dans les autres sottises dont vous parlez.

— Ma foi, madame, je ne veux véritablement pas de mal à ce drôle de corps, comme je disais tout-à-l'heure. Quelques uns de ses vers d'enfant de trente-six pères [1] (je demande pardon de l'expression à Votre Grâce) sont venus à mes oreilles comme si les vers sonnaient le boute-selle. — Mais avec tout cela, ce n'est que mousse et sottise ; — rien de substantiel ni de sérieux, comme Votre Grâce l'a déjà fort bien fait remarquer. — Qu'est-ce que c'est qu'une demi-douzaine de coquins, avec des fleurets rouillés et de mauvais targets, ne faisant qu'une simple parodie de bataille, comparés au divertissement royal du combat de l'ours, qui a été honoré de l'appui de Votre Altesse et de celui de vos royaux prédécesseurs dans ce noble royaume, plus fameux qu'aucun autre pays de la chrétienté par ses mâtins sans pareils et ses hardis conducteurs d'ours? Il serait grandement à craindre que la race de tous les deux dégénérât, si le peuple courait entendre le galimatias et les niaiseries débitées par les poumons d'un frivole comédien, au lieu de donner son penny pour l'encouragement de la plus belle image de la guerre qu'on puisse inventer en temps de paix, je veux dire les divertissements du jardin aux ours. C'est là que vous pouvez voir l'ours se tenant en arrêt, ses petits yeux enflammés, attendant l'attaque du mâtin, comme un capitaine habile et rusé qui se tient sur la défensive pour qu'un assaillant se laisse tenter et vienne se faire prendre en l'y attaquant. Alors arrive sire Mâtin, courant à pleine carrière, comme un digne champion, et sautant à la gorge de son adversaire ; — mais sire Bruin [2] lui apprend comment sont récompensés ceux qui négligent, dans leur courage aveugle, les ruses et les précautions de la guerre. — Il le saisit entre ses bras, et l'étreint sur sa poitrine comme un robuste lutteur, au point que les côtes du mâtin se brisent les unes après les autres comme autant de coups de pistolet. Et alors un autre mâtin, aussi hardi, mais visant mieux et avec plus de jugement, attrape sire Bruin par la lèvre inférieure et s'y tient ferme, pendant que l'autre secoue autour de lui son sang et sa bave, et cherche en vain à faire lâcher prise à sire Talbot. Et alors...

— Sur mon honneur, mylord, interrompit la reine en riant, vous nous avez décrit tout cela si admirablement, que n'eussions-nous jamais vu de combat d'ours, aussi bien que nous en avons vu un grand nombre et que nous espérons, avec la permission du Ciel, en voir bien d'autres encore, vos paroles suffiraient pour nous mettre sous les yeux tout le jardin aux ours. — Mais allons ; qui parle maintenant dans cette cause?
— Mylord de Leycester, qu'en dites-vous ?

[1] *Whoreson.*
[2] Nom populaire de l'ours en Angleterre. (L. V.)

— Dois-je donc me considérer comme démuselé, s'il plaît à Votre Grâce ?

— Assurément, mylord ; — c'est-à-dire si vous vous sentez assez fort pour prendre part à notre passe-temps ; et cependant, en songeant que vos armoiries portent l'ours et le bâton, il me semble que nous aurions mieux fait d'entendre un orateur plus impartial.

— Sur ma parole, gracieuse princesse, repartit le comte, quoique mon frère Ambroise de Warwick et moi nous portions les anciennes armoiries que Votre Altesse daigne rappeler, je ne désire néanmoins rien autre chose que franc jeu des deux côtés, ou, comme on dit, bon chien bon ours. A l'égard des comédiens, je dois dire que ce sont de spirituels coquins, dont les extravagances et les bouffonneries détournent l'esprit du commun peuple de s'occuper d'affaires d'État, et de prêter l'oreille à des discours factieux, à de vaines rumeurs, à des insinuations déloyales. Quand les gens sont bouche béante à voir comment Marlow, Shakspeare, et les autres auteurs de comédies, conduisent leurs intrigues imaginaires, comme ils les appellent, l'esprit du spectateur ne se porte pas sur la conduite de ceux qui le gouvernent.

— Nous ne voudrions pas que l'esprit de nos sujets ne se portât pas sur notre conduite, mylord, dit la reine ; parce que plus on l'examinera de près, plus les motifs sincères de notre conduite ressortiront d'une manière manifeste.

— J'ai cependant entendu rapporter, madame, dit le doyen de Saint-Asaph, puritain éminent, que les comédiens ont l'habitude d'introduire dans leurs pièces non seulement des expressions profanes et dissolues, tendantes à alimenter le péché et la débauche, mais aussi de déblatérer sur le gouvernement, son origine et son objet, de manière à rendre le sujet mécontent, et à ébranler les solides fondements de la société civile. Et il semble, sous la faveur de Votre Grâce, qu'il ne soit rien moins que sûr de permettre à la bouche impure de ces hommes pervers de ridiculiser les gens pieux pour leur gravité décente, de blasphémer le Ciel et de calomnier ses représentants sur terre, au mépris des lois divines et humaines.

— Si nous pouvions croire qu'il en fût ainsi, mylord, nous châtierions sévèrement de semblables écarts. Mais il est mal d'arguer des abus d'une chose contre son usage. Et quant à ce Shakspeare, nous pensons qu'il y a dans ses pièces telles choses qui valent vingt jardins aux ours, et que cette nouvelle entreprise de ce qu'il nomme ses Chroniques [1] peut fournir une honnête distraction mêlée d'une instruction utile, non seulement à nos sujets, mais encore à la génération qui doit venir après nous.

— Le règne de Votre Majesté n'aura pas besoin de ce faible auxi-

---

[1] Pièces historiques du théâtre de Shakspeare. (L. V.)

CHAPITRE XVII.

liaire pour que la mémoire en parvienne à la postérité la plus reculée, dit Leicester. Et cependant, Shakspeare a touché à sa manière quelques incidents de l'heureux gouvernement de Votre Majesté, de façon à contre-balancer ce qu'a dit Sa Révérence le doyen de Saint-Asaph. Il y a certains vers, par exemple... Je voudrais que mon neveu Philippe Sidney fût ici : il les a presque constamment à la bouche ; — ils se trouvent dans une folle histoire de féeries, de charmes d'amour, et de je ne sais quoi encore. Mais quelque beaux qu'ils soient, ils doivent rester et restent sûrement fort en-deçà du sujet auquel ils osent s'attaquer ; — je crois que Philippe les murmure même dans ses rêves.

— Vous nous mettez au supplice de Tantale, mylord, reprit la reine. — M. Philippe Sidney est, nous le savons, un favori des Muses, et nous en sommes bien aise. La valeur ne brille jamais plus à son avantage qu'alors qu'elle s'unit au bon goût et à l'amour des lettres. Mais sûrement il se trouvera quelqu'un parmi nos jeunes courtisans qui se souviendra de ce qu'au milieu d'affaires plus graves Votre Seigneurie a oublié. — Monsieur Tressilian, on vous a dépeint à moi comme un adorateur de Minerve ; — n'avez-vous aucun souvenir de ces vers?

Le cœur de Tressilian était trop accablé, ses pensées d'avenir étaient trop cruellement déçues, pour qu'il profitât de l'occasion que lui offrait ainsi la reine d'attirer son attention sur lui ; mais il voulut céder cet avantage à son jeune ami plus ambitieux. S'excusant sur un manque de mémoire, il ajouta donc qu'il pensait que les beaux vers dont lord de Leicester avait parlé étaient présents au souvenir de M. Walter Raleigh.

Sur l'ordre de la reine, le jeune homme répéta, avec un accent et une expression qui ajoutèrent encore à leur exquise délicatesse, les vers délicieux de la célèbre vision d'Obéron :

> « That very time I saw (but thou couldst not)
> Flying betwen the cold moon and the earth,
> Cupid all arm'd : a certain aim he took
> At a fair vestal, throned by the west ;
> And loos'd his love-shaft smartly from his bow,
> As it should pierce a hundred thousand hearts.
> But I might see young Cupid's fiery shaft
> Quench'd in the chaste beams of the watery moon,
> And the imperial vot'ress passed on,
> In maiden meditation, fancy free [1]. »

---

[1] En ce moment même, je vis (mais toi tu ne pus le voir) planant entre la froide lune et la terre, Cupidon tout armé : son œil attentif visait au sein d'une blonde vestale qui règne aux régions du couchant. La flèche lancée par l'arc vola vers le but avec une force qui aurait pu percer des milliers de cœurs ; mais je pus voir le trait ardent du jeune dieu s'éteindre dans les chastes rayons de l'humide Cynthie ; et la royale prêtresse poursuivit, libre et pure, le cours de ses pensées virginales » (Shakspeare, *Songe d'une nuit d'été.*)

En récitant les derniers vers, la voix de Raleigh devint légèrement tremblante, comme s'il eût craint que la souveraine à laquelle l'hommage s'adressait ne le reçût mal, quelque délicat qu'il fût. Si cette crainte était affectée, c'était une bonne politique; mais si elle était réelle, elle était peu nécessaire. Les vers n'étaient probablement pas nouveaux pour la reine; car flatterie élégante de ce genre tarda-t-elle jamais longtemps à parvenir à la royale oreille à laquelle elle fut destinée ! Mais ils n'en furent pas moins bien venus, ayant Raleigh pour interprète. Également charmée des vers, de la manière dont ils étaient dits, des formes gracieuses du galant jeune homme et de sa physionomie animée, Élisabeth suivait du regard et de la main la mesure et la cadence de chaque vers. Quand Raleigh se tut, elle murmura d'un ton distrait et préoccupé les derniers vers; et en répétant les mots

« In maiden meditation, fancy free, »

« libre et pure, elle poursuivit le cours de ses pensées virginales, » sa main laissa échapper dans la Tamise la supplique d'Orson Pinnit, gardien des ours royaux, qui fut chercher un plus favorable accueil à Sheerness [1], ou n'importe où le flot put la porter.

Leicester fut piqué d'émulation par le succès du jeune courtisan, de même que le vieux cheval de course sent une nouvelle ardeur se réveiller en lui quand le feu d'un jeune coursier le dépasse dans la carrière. Il fit tomber la conversation sur les spectacles, les banquets, les fêtes, et sur le caractère de ceux par qui ces joyeuses réunions étaient alors fréquentées. Il mêla l'observation fine à la satire légère, sachant se tenir également éloigné de la calomnie qui déchire et de la louange insipide. Il contrefit avec aisance et vérité l'accent de l'affecté et celui du rustique, et le naturel de son ton et de ses manières en parut doublement gracieux quand il y revint. Les pays étrangers, — leurs usages, — leurs mœurs, — les règles de leurs cours, — les modes, même l'habillement des dames, lui servirent tour à tour de texte; et rarement passa-t-il d'un sujet à un autre sans y trouver l'occasion de quelque compliment toujours délicat dans sa forme et exprimé avec convenance, pour la reine vierge, sa cour et son gouvernement. La conversation, secondée par le reste des personnes formant la suite de la reine, ne fut ainsi, durant cette promenade, qu'un enchaînement de discours enjoués, variés de remarques sur les anciens classiques et les auteurs modernes, et enrichis de maximes de profonde politique et de saine morale par les hommes d'État et les sages présents au cercle, et qui mêlaient leur langage plus grave aux propos légers de la cour d'une reine.

[1] A l'embouchure de la Tamise. (L. V.)

CHAPITRE XVII.

De retour au palais, Élisabeth accepta, ou plutôt choisit le bras de Leicester, pour lui servir d'appui en remontant les degrés qui conduisaient du débarcadère à la grande porte d'entrée. Il sembla même au comte (quoique ce ne fût peut-être qu'une flatterie de son imagination) que durant ce court trajet elle s'appuyait sur lui un peu plus que ne l'exigeait absolument la pente de la montée. Certainement les actions et les discours d'Élisabeth s'accordaient à exprimer un degré de faveur que même dans ses plus beaux jours il n'avait pas encore atteint. Il est vrai que son rival fut à plusieurs reprises favorisé de l'attention de la reine, mais la manière dont elle s'adressait à lui ne semblait pas tant découler de son inclination spontanée que lui être arrachée par le sentiment du mérite du comte d'Essex. Et dans l'opinion de nombre de courtisans expérimentés, tout ce qu'elle lui montra de faveur fut balancé et au-delà par ce qu'elle dit à l'oreille de lady Darby, « qu'elle reconnaissait maintenant la maladie pour meilleure alchimiste qu'elle ne le savait auparavant, vu qu'elle avait changé le nez cuivré de mylord de Sussex en un nez d'or. »

La plaisanterie transpira, et le comte de Leicester jouit de son triomphe en homme dont la vie avait eu pour premier, pour unique mobile, la faveur de la cour, en même temps qu'il oubliait, dans l'ivresse du moment, les embarras et les dangers de sa situation. Il est vrai, quelque étrange que cela puisse paraître, qu'il songeait moins en ce moment aux périls attachés à son mariage secret qu'aux marques de bonté qu'Élisabeth montrait de temps en temps au jeune Raleigh. Elles étaient passagères, à la vérité, mais elles s'adressaient à un jeune homme aussi agréable d'esprit que bien fait de sa personne, plein de grâce et de galanterie, et qui unissait le mérite de la valeur au charme de la littérature. Un incident qui eut lieu dans le cours de la soirée arrêta sur ce sujet l'attention de Leicester.

Les nobles et les cavaliers qui avaient été de la partie de plaisir de la reine furent invités, avec une hospitalité royale, à un banquet splendide dans la grande salle du palais. La table ne fut pas, à la vérité, honorée de la présence de la souveraine; car, dans ses idées de modestie et de dignité, la reine-vierge avait coutume, en de telles occasions, de prendre en particulier son repas frugal et léger en compagnie d'une ou de deux dames favorites. Après un assez court intervalle la cour se réunit de nouveau dans les magnifiques jardins du palais; et on y était depuis quelques moments, lorsque la reine demanda tout-à-coup à une dame qui occupait une place élevée auprès d'elle et dans sa faveur ce qu'était devenu le jeune écuyer au manteau.

Lady Paget répondit qu'elle avait vu M. Raleigh, il y avait tout au plus trois minutes, à la fenêtre d'un petit pavillon ayant vue sur la Tamise, et traçant quelques caractères sur la vitre avec le diamant d'une bague.

— Cette bague, reprit la reine, est un léger cadeau de moi en dédommagement de son manteau gâté. Venez, Paget; voyons quel usage il en a fait. Je le connais déjà; c'est un esprit merveilleusement subtil.

Elles se rendirent au pavillon, en vue duquel, mais à quelque distance, se tenait encore le jeune cavalier, comme l'oiseleur veille sur le filet qu'il a tendu. La reine s'approcha de la fenêtre, sur laquelle Raleigh s'était servi du présent qu'il avait reçu d'elle pour tracer le vers suivant :

> Je voudrais bien monter, mais je crains une chute.

La reine sourit, lut le vers deux fois, la première fois à voix haute pour lady Paget, et la seconde fois à demi-voix pour elle-même. — C'est un joli commencement, dit-elle après un moment de réflexion ; mais il me semble que la muse a fait défaut au jeune bel-esprit dès le début de sa tâche. Ne serait-ce pas d'un bon naturel de la compléter pour lui ? — Qu'en pensez-vous, lady Paget ? — Essayez vos facultés poétiques.

Lady Paget, prosaïque dès le berceau autant que dame d'honneur le fut jamais, déclara qu'il lui était de toute impossibilité de venir au secours du jeune poëte.

— Il faut donc que je sacrifie moi-même aux muses ? dit Élisabeth.

— Il n'est personne dont l'encens puisse leur être plus agréable, repartit lady Paget; et les dames du Parnasse auront une telle obligation à l'égard de Votre Altesse...

— Silence, Paget! vous proférez un sacrilége contre les neuf immortelles ; — cependant, vierges elles-mêmes, elles ne devraient pas être inexorables pour une reine-vierge. — Ainsi donc... permettez que je relise son vers :

> Je voudrais bien monter, mais je crains une chute.

Ne pourrait-on pas (faute de mieux) répondre ainsi :

> Si le cœur te faillit, ne commence la lutte.

Un complément si heureux arracha à la dame d'honneur une exclamation de joie et de surprise ; et certainement on a applaudi pire que cela, même venant d'un auteur moins éminent.

La reine, ainsi encouragée, prit une bague en diamant, et tout en disant qu'elles allaient causer une certaine surprise au jeune homme, quand il trouverait sa sentence complétée sans lui, elle écrivit son propre vers sous celui de Raleigh.

La reine quitta le pavillon ; — mais se retirant lentement, et retournant souvent la tête, elle put apercevoir le jeune écuyer voler avec la

CHAPITRE XVII.

rapidité d'un vanneau vers l'endroit où il l'avait vue faire une halte. — Elle s'arrêta un instant, seulement pour s'assurer, dit-elle, que sa traînée avait pris feu ; et alors, riant de l'incident avec lady Paget, elle reprit à pas lents la direction du palais. En chemin, Élisabeth recommanda à sa compagne de ne parler à personne de l'aide qu'elle avait prêtée au jeune poëte, — et lady Paget promit un inviolable secret. Il faut supposer qu'elle fit une réserve mentale en faveur de Leicester, à qui Sa Seigneurie fit immédiatement part d'une anecdote si peu faite pour lui être agréable.

Cependant, Raleigh s'était hâté de retourner à la fenêtre, où il lut avec enivrement l'encouragement que lui donnait ainsi la reine en personne de poursuivre son ambitieuse carrière ; puis il revint, le cœur vivement agité d'orgueil et d'espérance, retrouver le comte de Sussex, qui se disposait à se rembarquer avec sa suite pour remonter la rivière.

Le respect dû à la personne du comte empêcha que l'on ne s'entretînt de sa réception à Greenwich avant qu'on fût de retour à Say's-Court et que les officiers de la maison de Sa Seigneurie fussent réunis dans la grande salle. Affaibli par sa récente maladie et épuisé par les fatigues de la journée, le comte s'était retiré dans sa chambre, et avait demandé qu'on appelât près de lui son médecin Wayland, dont le traitement avait eu un tel succès. Mais Wayland ne put être trouvé nulle part ; et tandis que quelques officiers de lord Sussex s'étaient mis à sa recherche avec une impatience toute militaire et pestaient contre son absence, les autres se pressaient autour de Raleigh pour le féliciter de la perspective de faveur que lui ouvrait la cour.

Il eut cependant assez de bon goût et de jugement pour ne rien dire de la circonstance capitale du distique pour lequel Élisabeth avait daigné trouver une rime ; mais d'autres indices avaient transpiré, qui montraient clairement quels progrès il avait faits dans les bonnes grâces de la reine. Tous s'empressèrent de le complimenter sur la tournure favorable que prenait sa fortune : quelques-uns par affection réelle, d'autres, peut-être, dans l'espoir que son avancement pourrait hâter le leur, et la plupart mus par un mélange de ces deux motifs, et par l'idée que la faveur témoignée à un membre quelconque de la maison du comte de Sussex était, de fait, un triomphe pour tous les autres. Raleigh les remercia affectueusement, tout en faisant observer, avec la modestie convenable, qu'une bonne réception d'un jour ne faisait pas plus un favori qu'une seule hirondelle ne faisait l'été. Néanmoins il remarqua que Blount ne se joignait pas à la congratulation générale, et, quelque peu blessé de ce manque d'amitié apparente, il lui en demanda franchement la raison.

— Mon bon Walter, répondit Blount avec une égale sincérité, je te veux autant de bien que pas une de ces mouettes babillardes qui sont là à te siffler et à te huer leurs congratulations aux oreilles, parce qu'un beau temps semble s'annoncer pour toi. Mais je crains pour toi, Walter, continua l'honnête Blount (et il s'essuyait de la main ses yeux humides), je crains pour toi de tout mon cœur. Ces rubriques de cour, et ces gambades, et ces éclairs de faveur des belles dames, sont les colifichets et les manigances avec lesquels de belles fortunes sont réduites à zéro, et les jolis visages des fats beaux-esprits conduits à faire connaissance avec le billot et la hache. A ces mots Blount se leva et quitta la salle, Raleigh le suivant des yeux avec une expression qui altéra un moment sa physionomie mâle et animée.

Stanley entra en ce moment. — Mylord demande après Wayland, dit-il à Tressilian, et Wayland vient juste de rentrer en bachelet; mais il vous demande, et il ne veut pas aller trouver mylord avant de vous avoir vu. Il m'a paru avoir un air tout effaré; — je voudrais bien que vous lui parlassiez sur-le-champ.

Tressilian quitta aussitôt la salle; et ayant fait venir Wayland Smith dans une chambre séparée, il fut frappé de l'émotion peinte sur la physionomie de l'artiste.

— Qu'avez-vous, Smith? lui demanda Tressilian; avez-vous vu le diable?

— Pis que cela, monsieur, pis que cela, répondit Wayland; j'ai vu un basilic. Grâce à Dieu je l'ai vu le premier; car ayant été ainsi vu, et ne me voyant pas, il en fera moins de mal.

— Au nom du Ciel, parlez sensément, et expliquez-vous!

— J'ai vu mon ancien maître. Hier au soir, un ami que je me suis fait m'a pris pour me mener voir l'horloge du palais, pensant que je devais être curieux de ces sortes d'ouvrages d'art; et à la fenêtre d'une tourelle voisine de la tour de l'horloge j'ai vu mon ancien maître.

— Tu te seras certainement trompé.

— Je ne me suis pas trompé. — Celui qui a su une fois ses traits par cœur le reconnaîtrait entre un million. Il était bizarrement accoutré; mais, Dieu merci, il ne peut se déguiser pour moi comme je peux me déguiser pour lui. Je ne veux pourtant pas tenter la Providence en m'exposant à être vu de lui. Tarleton le comédien lui-même ne pourrait si bien se déguiser que Doboodie ne le reconnût tôt ou tard. Il faut que je parte demain; car, sur le pied où nous sommes ensemble, si je reste à sa portée je suis un homme mort.

— Mais le comte de Sussex?

— Avec ce qu'il a déjà pris il ne court plus grand risque, pourvu que tous les matins il avale à jeun gros comme une fève d'orviétan; — mais qu'il prenne garde à une rechute!

— Et comment l'en garantir?

— Seulement par les précautions que vous prendriez contre le diable. Que le chef de cuisine tue lui-même les animaux destinés à la nourriture de mylord, et qu'il les prépare lui-même, en ne se servant d'autres épices que de celles qu'il tiendra des mains les plus sûres. — Que l'écuyer tranchant serve lui-même ce qui sera destiné à la table de mylord, et que l'intendant veille à ce que le chef de cuisine et l'écuyer tranchant goûtent l'un et l'autre de chaque plat que l'un aura dressé et l'autre servi. Que mylord ne se serve pas de parfums qui ne proviendraient pas de personnes bien accréditées; qu'il n'emploie pas d'onguents, — pas de pommades. Que sous aucun prétexte il ne boive avec des étrangers, ni ne mange de fruits avec eux, soit comme collation, soit autrement. Qu'il ait surtout soin de bien observer ces précautions s'il va à Kenilworth; — sa maladie et son état de régime lui serviront d'excuse pour ce que cette conduite aura d'étrange.

— Et toi, reprit Tressilian, que penses-tu faire?

— La France, l'Espagne ou les deux Indes seront mon refuge, avant que je m'aventure à rester à portée de vue de Doboodie, Demetrius, ou n'importe quel nom il prenne maintenant.

– Eh bien, ceci n'arrive pas mal à propos. — J'ai une affaire pour toi dans le Berkshire, mais à l'opposé du canton où tu es connu; et dès avant que tu n'eusses trouvé cette nouvelle raison de quitter encore une fois le théâtre du monde, j'avais décidé que je t'enverrais en ambassade secrète.

L'artiste répondit qu'il était prêt à recevoir ses ordres; et Tressilian, le sachant déjà en grande partie au fait de l'affaire qui l'avait amené à la cour, la lui expliqua franchement tout entière, lui dit ce qui était convenu entre Giles Gosling et lui, et l'informa de ce qui avait été, le matin même, affirmé par Varney devant la reine, et confirmé par Leicester.

— Tu vois, ajouta-t-il, que dans les circonstances où je suis placé il m'importe de surveiller de près les mouvements de ces hommes dépravés, Varney et ses deux complices, Foster et Lambourne, aussi bien que ceux de lord Leicester lui-même, que je soupçonne être pour le moins autant trompeur que trompé dans tout ceci. Voici ma bague, comme signe de reconnaissance près de Giles Gosling; — voici en outre de l'or, qui sera triplé si tu me sers fidèlement. Dispose-toi donc à partir pour Cumnor, et à voir ce qui s'y passe.

— J'y vais avec un double plaisir, repartit l'artiste, d'abord parce que je sers Votre Honneur, qui a été si bon pour moi, puis parce que j'échappe à mon ancien maître, qui, s'il n'est pas précisément une incarnation du diable, a en lui autant du démon, en volonté, en parole et en action, qu'en eut jamais l'humanité souillée. — Et pourtant qu'il prenne garde à moi! je me sauve de lui maintenant comme je l'ai déjà fait; mais si je suis poussé à bout, je pourrai bien, par haine et par désespoir, me retourner sur lui comme le bétail sauvage d'Ecosse [1]. — Votre Honneur

---

[1] Un reste des taureaux sauvages d'Écosse est conservé à Chillingbam-Castle près de

veut-il ordonner qu'on selle mon cheval? je ne ferai que remettre la médecine à mylord, divisée en portions convenables, avec quelques instructions. Sa sûreté dépendra ensuite de l'attention de ses amis et de ses domestiques. — Pour le passé il est à l'abri, mais qu'il prenne garde à l'avenir.

Wayland Smith fit en conséquence sa visite d'adieu au comte de Sussex, lui prescrivit quelques instructions quant à son régime et aux précautions à prendre, et quitta Say's-Court sans attendre le lendemain.

<small>Wooler, dans le Northumherland, résidence de lord Tankarville. Ces animaux fuient devant les étrangers; mais si on les excite et qu'on les poursuive, ils se retournent avec furie sur ceux qui persistent à les tourmenter. (W. S.)</small>

… CHAPITRE XVIII.

> Le moment approche, — il est arrivé, — où tu dois additionner le grand total des comptes de ta vie. Les constellations s'arrêtent victorieuses au-dessus de toi ; les planètes répandent leurs influences favorables au moment de leurs heureuses conjonctions, et te disent : Voici l'heure!
> Schiller, *Wallenstein*.

Quand Leicester fut de retour chez lui, après une journée si importante et si fatigante à la fois, journée dans laquelle il avait eu à lutter contre plus d'un vent contraire et où sa barque avait touché plus d'un écueil avant de gagner enfin le port, pavillon déployé, il paraissait ressentir autant de fatigue qu'un marin après un périlleux orage. Il ne dit pas un mot pendant que son chambellan lui ôtait son riche manteau de cour, qu'il remplaçait par une robe de chambre bordée de fourrure ; et quand cet officier l'informa que M. Varney désirait parler à Sa Seigneurie, il ne répondit que par un signe de tête d'un air d'humeur. Néanmoins Varney entra, interprétant ce signe comme une permission, et le chambellan se retira.

Le comte demeura silencieux et presque sans mouvement sur sa chaise, le front appuyé sur sa main et le coude reposant sur la table placée devant lui, sans paraître avoir conscience de l'entrée non plus que de la présence de son confident. Varney attendit quelques minutes que son maître prît la parole, désirant savoir quelle était en ce moment la disposition dominante d'un esprit qui avait ce jour-là passé par tant d'émotions violentes. Mais il attendit vainement, car Leicester gardait toujours le silence ; et le confident se vit dans la nécessité de parler le premier. — Puis-je féliciter Votre Seigneurie, dit-il, de la supériorité méritée qu'elle a obtenue aujourd'hui sur son formidable rival ?

Leicester leva la tête, et répondit tristement, mais sans colère : — Toi, dont le génie inventif m'a enveloppé dans un dangereux réseau de fourberie indigne, tu sais mieux que personne, Varney, combien peu j'ai lieu de me féliciter.

— Me blâmez-vous, mylord, de ne pas avoir trahi, à la première difficulté, le secret dont votre fortune dépendait, et que vous avez si souvent et si instamment recommandé à mon inviolable discrétion ?

Votre Seigneurie était là; vous pouviez me démentir et vous perdre en avouant la vérité : mais assurément ce n'était pas le rôle d'un fidèle serviteur de faire cet aveu sans votre ordre.

— Je ne puis le nier, Varney, dit le comte en se levant et traversant la chambre à grands pas; mon ambition a trahi mon amour.

— Dites plutôt, mylord, que votre amour a trahi votre grandeur, et vous a interdit une perspective d'honneurs et de puissance telle que le monde n'en peut offrir à personne autre. Pour faire votre honorable lady comtesse, vous avez manqué la chance d'être vous-même....

Il s'arrêta, et parut hésiter à compléter la phrase. — D'être *quoi*? dit Leicester; explique-toi clairement, Varney.

— D'être vous-même ROI, mylord, et roi d'Angleterre, qui plus est!
— Ce n'est pas trahir notre reine que de le dire. C'est ce qui serait arrivé par le choix qu'elle aurait fait de ce que tous ses fidèles sujets lui désirent, — d'un époux courageux, noble et galant.

— Tu extravagues, Varney. D'ailleurs notre temps a vu assez d'exemples qui doivent faire répugner à la couronne matrimoniale qu'il faut prendre sur le giron de sa femme. Vois Darnley d'Écosse!

— Eh! une buse, un sot, une tête d'âne trois fois bouillie, qui s'est laissé sauter en l'air comme une fusée un jour de fête. Si Marie avait eu la chance d'épouser le noble comte *autrefois* destiné à partager son trône, elle eût eu affaire à un mari d'un autre métal; et son époux aurait trouvé en elle une femme aussi complaisante et aussi affectionnée que la moitié du moindre squire, qui suit la meute à cheval et tient la bride de son époux quand il se met en selle.

— Cela aurait bien pu être comme tu le dis, Varney, repartit Leicester, dont un sourire de satisfaction dérida un instant la physionomie soucieuse. Henry Darnley connaissait peu les femmes; — avec Marie, un homme qui l'aurait connue elle et son sexe aurait eu quelque chance de maintenir le rang du sien. Mais il n'en serait pas de même avec Élisabeth, Varney; — car je crois qu'en lui donnant un cœur de femme, Dieu lui a donné une tête d'homme pour en surveiller les folies.

— Non, je la connais. — Elle acceptera des gages d'amour, oui, et elle rendra la pareille; — elle mettra dans son sein des sonnets mielleux, — oui, et elle y répondra aussi; — elle poussera la galanterie jusqu'au point où elle devient échange d'affection : — mais elle prononce le *nil ultrà* sur tout ce qui doit s'ensuivre, et elle ne troquerait pas un iota de son pouvoir suprême pour tout l'alphabet d'amour et d'hymen.

— Tant mieux pour vous, mylord, — c'est-à-dire dans le cas supposé; — tant mieux que tel soit son caractère, puisque vous pensez ne pouvoir aspirer à devenir son époux. Vous êtes son favori, et son favori vous pouvez rester si la dame de Cumnor-Place continue de garder son obscurité actuelle.

— Pauvre Amy! dit Leicester avec un profond soupir; elle qui désire si ardemment être reconnue devant Dieu et les hommes.

— Oui, mylord; mais ce désir est-il raisonnable? — voilà la question.

— Ses scrupules religieux sont levés; — elle est femme légitime et bien-aimée, — jouissant de la société de son époux toutes les fois qu'il peut s'arracher à ses devoirs plus graves; — que voudrait-elle de plus? Je suis bien sûr qu'une dame si douce et si aimante consentirait à passer sa vie dans une certaine obscurité, — obscurité qui n'est pas plus grande, après tout, que celle à laquelle il lui fallait se résigner à Lidcote-Hall, — plutôt que de diminuer d'un atome les honneurs et la grandeur de son époux en voulant les partager prématurément.

— Il y a quelque chose dans ce que tu dis, et son apparition ici serait fatale. — Cependant il faut qu'on la voie à Kenilworth; Élisabeth n'oubliera pas qu'elle l'a ainsi réglé.

— Laissez-moi dormir sur cette difficulté, mylord; je ne puis sans cela achever de dégrossir un projet que j'ai sur l'enclume, et qui, je l'espère, satisfera la reine et plaira à mon honorée dame, tout en laissant ce fatal secret enseveli là où il est maintenant. — Votre Seigneurie a-t-elle d'autres ordres pour la soirée?

— Je voudrais être seul, répondit Leicester. Laisse-moi, et mets sur la table ma cassette d'acier. — Tiens-toi à portée.

Varney se retira; — et le comte ouvrant la fenêtre de son appartement, contempla long-temps d'un air inquiet la brillante armée d'étoiles qui scintillait au firmament dans la splendeur d'une nuit d'été. Ses lèvres laissaient échapper des mots dont il semblait ne pas avoir conscience. — Jamais, disait-il, je n'eus plus besoin que les corps célestes me soient favorables; car ma route ici-bas est obscure et embarrassée.

On sait assez que ce siècle mettait une confiance absolue dans les vaines prédictions de l'astrologie judiciaire; et Leicester, quoiqu'en général exempt de superstition, n'était pas à cet égard supérieur à son époque. Il se faisait remarquer, au contraire, par l'encouragement qu'il donnait à ceux qui professaient cette prétendue science. C'est qu'en effet le désir de pénétrer l'avenir, si général au sein de la race humaine, se rencontre plus particulièrement chez ceux qui trafiquent en mystères d'État, et qui sont livrés aux dangereuses intrigues de la cour et à ses cabales. Après s'être attentivement assuré qu'elle n'avait pas été ouverte et qu'on n'avait pas tenté d'en faire jouer la serrure, Leicester appliqua une clef à la cassette d'acier, et en tira d'abord un certain nombre de pièces d'or qu'il mit dans une bourse de soie; puis un parchemin sur lequel étaient tracés les signes planétaires, ainsi que les lignes et les calculs usités dans la construction des horoscopes, et qu'il considéra avec attention pendant quelques moments; puis finalement il y prit une grosse clef, dont il se servit, après avoir écarté la tapisserie, pour ouvrir une petite porte cachée dans l'angle de la chambre, et donnant accès sur un escalier pratiqué dans l'épaisseur de la muraille. — Alasco! dit le comte en élevant la voix, mais non cependant plus qu'il ne le fallait pour être entendu de l'habitant de la petite tourelle à laquelle conduisait l'escalier; — Alasco, descendez!

— Je viens, mylord, répondit une voix de l'étage supérieur. Le pas d'un homme âgé se fit alors entendre, descendant lentement l'étroit escalier, puis Alasco entra dans la chambre du comte. L'astrologue était un homme de petite taille et qui paraissait fort avancé en âge, car sa longue barbe blanche descendait sur son pourpoint noir jusqu'à sa ceinture de soie. Ses cheveux avaient la même nuance vénérable. Mais ses sourcils étaient aussi foncés que les yeux noirs et perçants qu'ils ombrageaient, particularité qui donnait à la physionomie du vieillard quelque chose de singulièrement étrange. Ses joues étaient encore fraîches et rubicondes, et les yeux, que nous avons mentionnés, ressemblaient à ceux d'un rat par la finesse et même par la férocité d'expression. Ses manières n'étaient pas sans une sorte de dignité; et l'interprète des astres, quoique respectueux, semblait tout-à-fait à l'aise, et prenait même un ton d'autorité en conversant avec le premier favori d'Élisabeth.

— Vos prédictions ont failli, Alasco, dit le comte, quand ils eurent échangé les premières salutations ; — il revient à la santé.

— Mon fils, répliqua l'astrologue, laissez-moi vous rappeler que je n'ai pas garanti sa mort; — il n'est même aucun des pronostics qu'on peut tirer des corps célestes, de leurs aspects et de leurs conjonctions, qui ne soit sujet à être dominé par la volonté du Ciel. *Astra regunt homines, sed regit astra Deus* [1].

— De quelle utilité votre science est-elle donc?

— Cette utilité est grande, mon fils, puisqu'elle peut indiquer le cours naturel et probable des événements, bien que ces événements soient subordonnés à un pouvoir supérieur. Ainsi, en examinant l'horoscope que Votre Seigneurie a soumis à mon habileté, vous remarquerez que Saturne, étant dans la sixième maison en opposition à Mars, rétrograde dans la maison de vie, et ne peut que dénoter une longue et dangereuse maladie, dont l'issue est à la volonté du ciel, quoique la mort en puisse être inférée en toute probabilité. Néanmoins, si je connaissais le nom de la personne, je construirais un autre thème.

— Son nom est un secret, dit le comte; cependant je dois avouer que ta prédiction n'a pas été absolument erronée. Il a été malade, dangereusement même, sinon mortellement. Mais as-tu tiré de nouveau mon horoscope, ainsi que Varney te l'a demandé, et t'es-tu préparé à dire ce que les astres présagent de ma fortune actuelle?

— Mon art est tout à vos ordres, répondit le vieillard; et voici, mon

[1] Les astres régissent les hommes, mais Dieu régit les astres.

fils, la carte de votre fortune, sur laquelle les bienheureux signes par lesquels notre vie est influencée rayonnent avec autant d'éclat que jamais, quoiqu'elle ne soit pas exempte de craintes, de difficultés et de dangers.

— Mon sort ne serait pas celui d'un mortel s'il en était autrement. Poursuivez, mon père, et croyez que vous parlez à un homme prêt à subir sa destinée, et déterminé à agir et à souffrir comme il sied à un noble anglais.

— Ton courage vis-à-vis de l'action et de la souffrance doit prendre un essor encore plus élevé. Les astres annoncent un titre encore plus superbe, un rang encore plus éminent. C'est à toi de deviner le sens de leur présage, non à moi de l'expliquer.

— Expliquez-le, je vous en conjure! expliquez-le, je vous l'ordonne! s'écria le comte, l'œil étincelant.

— Je ne le puis, je ne le veux pas, répliqua le vieillard. L'ire des princes est comme la colère du lion. Mais remarque, et juge par toi-même. Ici Vénus, ascendante dans la maison de vie et en conjonction avec le soleil, verse ces flots de lumière argentée mêlée d'or qui promettent pouvoir, richesse, dignités, tout ce que désire l'orgueilleux cœur de l'homme, et cela en telle abondance, que jamais le futur Auguste de cette antique et puissante Rome n'entendit de la bouche de ses aruspices un présage de gloire tel que mon savoir en pourrait tirer un de ce riche texte pour mon fils favori.

— Tu te railles de moi, mon père, dit le comte, étonné de l'enthousiasme que le vieillard mettait dans sa prédiction.

— Est-ce à celui-là de plaisanter qui a l'œil sur le ciel et le pied dans la tombe? répliqua le vieillard avec un accent solennel.

Le comte fit deux ou trois tours dans l'appartement, le bras étendu, comme un homme qui aurait obéi aux signes de quelque fantôme l'excitant à de hautes entreprises. Mais en se retournant il surprit, fixés sur lui, les yeux de l'astrologue, en même temps qu'un regard scrutateur, empreint de la pénétration la plus subtile, s'échappait de l'abri de ses épais et noirs sourcils. L'âme altière et soupçonneuse de Leicester prit feu tout-à-coup; il s'élança vers le vieillard de l'autre extrémité du spacieux appartement, et ne s'arrêta qu'au moment où sa main étendue fut sur le point de toucher l'astrologue. — Misérable! s'écria-t-il, si tu oses te jouer de moi je te ferai écorcher vif! — Avoue que tu as été gagé pour m'abuser et me trahir; — avoue que tu es un fourbe, et moi ta sotte proie et ta dupe!

Le vieillard montra quelques signes d'émotion, mais non au-delà de ce que l'emportement furieux de son patron aurait pu en arracher à l'innocence elle-même. — Que signifie cette violence, mylord? dit-il; en quoi puis-je l'avoir méritée de votre part?

— Donne-moi la preuve que tu n'es point d'accord avec mes ennemis, reprit le comte avec véhémence.

— Mylord, répliqua le vieillard avec dignité, vous ne pouvez avoir de meilleure preuve que celle que vous-même avez choisie. J'ai passé dans cette tourelle les vingt-quatre heures qui viennent de s'écouler, sous la clef que vous-même aviez en garde. Les heures de la nuit, ces yeux affaiblis les ont employées à contempler les corps célestes, et durant les heures du jour j'ai appliqué cette tête chargée d'années à compléter les calculs sortant de leurs combinaisons. Je n'ai pas goûté de nourriture terrestre, — je n'ai pas entendu de voix humaine. — Vous savez que je n'en avais pas la possibilité. — Et cependant je vous dis — moi qui ai été ainsi confiné dans la solitude et l'étude — que durant ces vingt-quatre heures votre étoile est devenue prédominante sur l'horizon. Ou le brillant livre du ciel en impose, ou il doit s'être fait une révolution analogue dans votre fortune sur terre. Si dans cet intervalle rien n'est arrivé pour consolider votre pouvoir ou avancer votre faveur, alors en effet je suis un fourbe, et l'art divin créé originairement dans les plaines de la Chaldée une infâme imposture.

— Il est vrai que tu étais étroitement renfermé, dit Leicester après un moment de réflexion; et il est vrai aussi que ma situation a éprouvé le changement que, dis-tu, mon horoscope indique.

— Pourquoi donc cette défiance, mon fils? reprit l'astrologue d'un ton de reproche; les intelligences célestes ne la supportent pas, même de leurs favoris.

— Paix, mon père, répartit Leicester; j'ai eu tort de douter de toi. A nul être mortel, à nulle intelligence céleste, — sauf celle qui est la Suprême Intelligence, — les lèvres de Dudley ne feront jamais entendre des paroles d'excuse plus humbles ou plus soumises. — Parlons plutôt de notre objet actuel. — Au milieu de ces présages brillants, il y avait, disais-tu, un aspect menaçant. — Ton savoir peut-il dire d'où viendra le danger, et quels en seront les instruments?

— Voici jusqu'où mon art me met à même de répondre à votre question : Le malheur dont vous menace l'aspect fâcheux et contraire a pour instrument un jeune homme, — un rival, je pense. Mais est-ce un rival d'amour, ou un rival dans la faveur royale, c'est ce que j'ignore; et je ne puis donner à son égard d'autre indication, si ce n'est qu'il vient de l'ouest.

— L'ouest! — ah! c'en est assez; — c'est en effet dans l'ouest que la tempête se forme! — Cornouailles et Devon... Raleigh et Tressilian... L'un d'eux est indiqué; — je dois me mettre en garde contre tous les deux. — Mon père, si j'ai fait injure à ton habileté, je vais te récompenser noblement.

Il tira une bourse d'or du coffret d'acier placé devant lui. — Voici le double de la récompense que Varney t'avait promise, continua-t-il. — Sois fidèle, — sois discret, — obéis aux instructions que tu recevras de mon grand écuyer, et ne regrette pas un peu de réclusion et de gêne souffertes pour moi : — tu en seras richement dédommagé. — Varney, — conduis cet homme vénérable à ton appartement ; — aie soin que rien ne lui manque, mais veille à ce qu'il ne communique avec personne.

Varney s'inclina ; l'astrologue baisa la main du comte en signe d'adieu, puis il suivit le grand écuyer jusqu'à un autre appartement, où du vin et des rafraîchissements étaient préparés pour lui.

L'astrologue se mit à table. Pendant ce temps Varney fermait les deux portes avec précaution, et examinait la tapisserie pour s'assurer qu'il n'y avait derrière personne aux écoutes ; puis il revint s'asseoir vis-à-vis du sage, et se mit à le questionner : — Avez-vous vu le signal que je vous ai fait de la cour en bas?

— Oui, répondit Alasco (car tel était le nom qu'il se donnait alors) ; je l'ai vu, et j'ai formulé l'horoscope en conséquence.

— Et il a passé sans difficulté près du patron?

— Sans difficulté, non ; mais il a passé. Et j'ai parlé de plus, ainsi que nous en étions convenus, du danger d'un secret découvert, et d'un jeune homme de l'ouest.

— Les craintes de mylord se porteront garant de l'un de ces pronostics, et sa conscience de l'autre. Il est sûr que jamais homme entré dans une carrière telle que celle qu'il a choisie n'a conservé comme lui ces sots scrupules ! Je suis obligé de le tromper pour son propre avantage. Mais quant à nos affaires, sage interprète des astres, je puis vous dire votre propre horoscope mieux que plan ou figure ne pourraient l'exposer. Il faut partir d'ici sur-le-champ.

— Je ne partirai pas, répliqua Alasco d'un ton d'humeur. J'ai été depuis peu trop ballotté en tous sens. — J'ai été enfermé jour et nuit entre les quatre murs d'une triste chambre de tourelle ; — il faut que je jouisse de ma liberté et que je poursuive mes études, qui sont de plus d'importance que le sort de cinquante hommes d'État ou favoris, qui s'élèvent comme autant de bulles d'air et éclatent de même dans l'atmosphère d'une cour.

— A votre aise, repartit Varney avec une expression sarcastique que l'habitude avait rendue familière à ses traits, et qui constitue le principal des caractères que les peintres ont attribués à ceux de Satan, — à votre aise ; vous pouvez jouir de votre liberté et de vos études jusqu'à ce que les dagues des gens de Sussex traversent votre pourpoint et se heurtent à vos côtes. Le vieillard pâlit ; Varney continua : Ne savez-vous pas qu'il a offert une récompense à qui livrerait l'insigne charlatan, le vendeur de poisons Demetrius, qui a fourni certaines épices précieuses au cuisinier de Sa Seigneurie ? — Quoi ! vous pâlissez, mon vieil ami ? Hali aperçoit-il déjà un malheur dans la maison de vie ? — Hé bien ! écoute : nous t'enverrons à une vieille maison à moi dans la campagne, où tu demeureras avec un rustre à gros souliers, rustre que ton alchimie pourra convertir en ducats ; car je crois que ton art ne peut guère être utile à autre chose qu'à des transmutations de ce genre-là.

— C'est faux, railleur à bouche impure, s'écria Alasco, tremblant d'une impuissante colère ; il est notoire que j'ai approché de la projection plus qu'aucun artiste hermétique vivant. Il n'y a pas au monde six chimistes qui possèdent une approximation du grand *arcanum* qui puisse être comparée à celle où j'ai atteint...

— Allons, allons, interrompit Varney, que signifie ceci, au nom du Ciel? ne nous connaissons-nous pas l'un l'autre? Je te crois si accompli, — si parfaitement accompli dans les mystères de la fourberie, qu'après en avoir imposé à toute l'humanité, tu es enfin arrivé jusqu'à un certain point à t'en imposer à toi-même ; et, sans cesser de duper les autres, tu es devenu en quelque sorte dupe de ta propre imagination. Ne rougis pas pour cela, mon cher ; — tu es savant, et tu auras la consolation classique :

Ne quisquam Ajacem possit superare nisi Ajax [1].

Personne que toi-même ne pouvait te duper ; — et de plus, tu as dupé la confrérie entière des Rose-Croix : — pas un n'est si profond que toi dans les mystères de l'art. Mais écoute ce que je te dis à l'oreille : si l'assaisonnement qui a épicé la sauce de Sussex avait opéré plus sûrement, j'aurais eu meilleure opinion de la science chimique dont tu te vantes si fort.

— Tu es un scélérat endurci, Varney, répliqua Alasco ; bien des gens feraient ces choses-là qui n'oseraient pas en parler.

— Et bien des gens en parlent, qui n'osent les faire ; — mais ne te fâche pas, je ne me querellerai pas avec toi : — autrement je n'aurais qu'à vivre d'œufs un mois durant, si je voulais me nourrir sans appréhension. Dis-moi nettement d'où vient que ton art a failli dans ce cas important ?

— L'horoscope du comte de Sussex annonce que le signe ascendant étant en combustion...

— Laisse-là ton jargon, interrompit Varney ; crois-tu parler au patron ?

— Je vous demande pardon, et je vous jure que je ne connais qu'un remède qui ait pu sauver la vie du comte. Et comme âme qui vive en Angleterre ne connaît cet antidote, excepté moi ; — comme, en outre, les ingrédients, l'un d'eux surtout, sont presque introuvables, je dois nécessairement supposer que le comte n'a dû son salut qu'à une constitution des poumons et des parties vitales telle que jamais corps d'argile n'en avait été doué.

— Il a été question d'un empirique qui l'a soigné, reprit Varney

[1] Qui peut surpasser Ajax, si ce n'est Ajax lui-même?

après un instant de réflexion. Es-tu sûr que personne en Angleterre n'a ton secret ?

— Il y avait un homme, autrefois mon domestique, qui aurait pu me le dérober, ainsi qu'un ou deux autres secrets de l'art. Mais rassurez-vous, monsieur Varney : il n'entre pas dans ma politique de souffrir que de pareils contrebandiers interviennent dans mon trafic. Il ne s'immiscera plus dans d'autres mystères, je vous le garantis, car j'ai tout lieu de croire qu'il a été enlevé au ciel sur l'aile d'un dragon de feu.

— La paix soit avec lui ! — Mais dans cette retraite dont vous me parlez, aurai-je l'usage de mon laboratoire ?

— Tu auras l'usage de tout un atelier, Alasco ; car un révérend père abbé, qui fut obligé de déguerpir pour faire place au gros roi Hal [1] et à quelques uns de ses courtisans, il y a de cela une vingtaine d'années, avait un appareil complet de chimiste, qu'il lui fallut laisser derrière lui à ses successeurs. Tu t'y occuperas, et là tu pourras fondre, souffler, allumer, multiplier, jusqu'à ce que le dragon vert se change en oie d'or, ou n'importe quelle phrase plus nouvelle pourrait employer la confrérie.

— Tu as raison, maître Varney, dit l'alchimiste, les dents serrées par la colère ; — tu as raison, même dans ton mépris du juste et de la raison. Ce que tu dis par moquerie peut réellement arriver avant que nous revoyions si les sages les plus vénérables des anciens jours ont dit vrai ; — si les plus doctes de notre temps ont eu raison de croire à ce qu'ils ont dit ; — si j'ai été reçu partout où j'ai voyagé, en Allemagne, en Pologne, en Italie, dans la Tartarie la plus reculée, comme un homme à qui la nature a dévoilé ses secrets les plus obscurs ; — si j'ai acquis les signes et les mots de passe les plus secrets de la cabale juive, de telle sorte que la barbe la plus vénérable de la synagogue balaierait les degrés et les approprierait pour moi ; — si en tout cela il en est ainsi, et s'il ne reste plus qu'un pas à faire, — un seul pas, — entre mes études souterraines, si longues, si profondes et si obscures, et ce vif éclat de lumière qui me montrera la nature veillant à leur berceau même sur ses productions les plus riches et les plus splendides, — un pas entre ma pauvreté et une masse de richesses telle que la terre, sans ce noble secret, ne pourrait en produire une égale en réunissant le produit de toutes ses mines de l'ancien et du nouveau monde ; — s'il en est ainsi, dis-je, n'ai-je pas raison d'y consacrer ce qui me reste de vie, assuré de m'élever, par une courte période de patience studieuse, au-dessus de l'abjecte dépendance des favoris et de *leurs* favoris, dont je suis maintenant l'esclave ?

— Bravo ! bravo, bon père ! dit Varney avec l'expression d'ironie et

---

[1] Forme familière du mot Henri. Il s'agit de Henri VIII, dont l'embonpoint était devenu un texte fécond de plaisanteries proverbiales. (L. V.)

de sarcasme ordinaire à sa physionomie ; néanmoins, toute cette approximation de la pierre philosophale n'arrachera pas une seule couronne de la poche de lord Leicester, et encore bien moins de celle de Richard Varney. — Il *nous* faut des services terrestres et substantiels, mon cher maître; peu nous importe qui tu peux tromper en dehors de cela par ton charlatanisme philosophique.

— Mon fils Varney, repartit l'alchimiste, le nuage d'incrédulité qui t'enveloppe comme d'un brouillard d'hiver a obscurci ta puissance de pénétration en ce qui est une pierre d'achoppement pour le sage, quoique celui qui cherche les connaissances avec humilité y puisse trouver une leçon assez claire pour qu'on la lise couramment. Crois-tu donc que l'art n'ait pas les moyens de compléter les opérations imparfaites de la nature dans ses tentatives pour former les métaux précieux, de même que par art nous pouvons parfaire ces autres opérations d'incubation, de distillation, de fermentation, et autres procédés analogues de nature ordinaire, au moyen desquels nous savons extraire la vie elle-même d'un œuf insensible, faire sortir la pureté et la vitalité de lies fangeuses, et donner une vertu active à l'inerte substance d'un liquide pesant !

— J'ai déjà entendu tout cela, et mon cœur est à l'épreuve contre tout jargon de cette espèce depuis que j'ai lâché vingt bonnes pièces d'or (marry! j'étais bien novice d'esprit) pour avancer le grand *magisterium* ; somme qui, Dieu aidant, s'évanouit *in fumo*. Depuis ce moment où j'ai payé pour mon affranchissement, je défie la chimie, l'astrologie, la chiromancie et toute autre science occulte, serait-elle aussi secrète que l'enfer même, de desserrer les cordons de ma bourse. Marry! je ne défie pourtant pas la manne de Saint-Nicolas, pas plus que je ne puis m'en passer. Ta première tâche sera d'en préparer une certaine quantité quand tu seras arrivé là-bas à ma petite retraite isolée; puis tu feras autant d'or que tu voudras.

— Je ne préparerai plus de cette potion-là, dit l'alchimiste d'un ton résolu.

— En ce cas, tu seras pendu pour ce que tu en as préparé, et ainsi le grand secret en sera à jamais perdu pour l'humanité. — Ne lui fais pas ce tort, bon père ; soumets-toi à ta destinée, et prépare-nous une ou deux onces de cette substance, qui ne pourra être nuisible qu'à un ou deux individus, afin de te donner le temps de découvrir la médecine universelle, qui expulsera d'un seul coup toutes les maladies humaines. Courage, toi le plus grave, le plus savant et le plus triste des niais! Ne m'as-tu pas dit qu'une quantité modique de ta drogue a des effets doux, qui ne sont nullement dangereux au corps humain, mais qui produisent de la dépression d'esprit, des nausées, des maux de tête, de la répugnance à changer de place, — cette disposition-là même qui empêcherait un oiseau de s'envoler d'une cage dont la porte aurait été laissée ouverte?

— Je l'ai dit, et c'est la vérité : tel en serait l'effet ; et l'oiseau qui en prendrait dans cette proportion resterait pendant un temps triste et abattu sur son perchoir, sans songer à la liberté de l'azur du ciel ni à la verdure des bois, lors même que l'un serait éclairé par les rayons du soleil levant, et que les autres retentiraient des chants printaniers de toute la gent emplumée des forêts.

— Et cela sans danger pour la vie? dit Varney avec une certaine inquiétude.

— Non, pourvu que la proportion et la mesure n'en soient pas excédées, et que quelqu'un qui connaisse la nature de la manne soit toujours à proximité pour observer les symptômes et porter secours en cas de besoin.

— Tu règleras le tout ; et tu seras magnifiquement récompensé si tu prends toutes les mesures nécessaires, et que tu n'excèdes point la due proportion au préjudice de la santé de celle à qui les doses seront administrées ; — autrement ton châtiment sera signalé comme l'aurait été ta récompense.

— De *celle* à qui les doses seront administrées ! répéta Alasco ; c'est donc sur une femme que je suis appelé à faire usage de mon habileté?

— Hé non, fou que tu es! Ne t'ai-je pas dit que c'était un oiseau, — une linotte apprivoisée, dont le chant attendrirait un faucon fondant sur elle ? — Je vois ton œil briller, et je sais que ta barbe n'est pas tout-à-fait aussi blanche que ton art l'a faite ; voilà du moins une chose que tu as été en état de changer en argent. Mais fais attention que cet oiseau-là n'est pas gibier pour toi. Cette linotte en cage est chère à quelqu'un qui ne souffre pas de rivalité, et moins qu'aucune autre une rivalité telle que la tienne ; et par-dessus tout il faut veiller sur sa santé. Mais il peut se faire qu'elle soit appelée à ces fêtes de Kenilworth ; et il est très expédient, — très à propos, — très nécessaire qu'elle n'y prenne pas son vol. Il est inutile qu'elle sache rien de ces nécessités et de leurs causes, et il est à croire que sa propre disposition la porterait à combattre toutes les raisons ordinaires qui pourraient lui être alléguées pour la déterminer à garder le logis.

— C'est bien naturel, repartit l'alchimiste avec un étrange sourire, qui cependant tenait plus du caractère humain que ce regard froid et contemplatif qui jusque là avait été particulier à sa physionomie, dont l'expression ne semblait annoncer que des pensées étrangères au monde réel et à ce qui l'entourait.

— Cela est vrai ; tu comprends bien les femmes, quoiqu'il y ait peut-être long-temps que tu n'as été en rapport avec elles. — Ainsi donc, il ne faut pas la contredire, — et cependant il ne faut pas non plus faire ce qu'elle désire. Comprends-moi bien : — une légère indisposition, suffisante pour éloigner tout désir de déplacement, et faire que ceux de tes savants confrères qui pourraient être appelés près d'elle recommandent une tranquille résidence au logis, sera, en un mot, regardée comme un bon service et récompensée comme tel.

— Ainsi on ne me demandera pas d'affecter la maison de vie?

— Au contraire ; si cela arrive, nous te faisons pendre.

— Et j'aurai l'opportunité d'opérer, et toute facilité de me cacher ou de fuir en cas de découverte?

— Tout, tout, tu auras tout, homme qui ne crois à rien qu'aux impossibilités de l'alchimie. — Eh! Alasco, pour qui me prends-tu?

Le vieillard se leva, prit une lumière et se dirigea vers l'extrémité de la chambre, où était une porte ouvrant sur la petite chambre à coucher où il devait passer la nuit. — Arrivé à cette porte, il se retourna, et répéta lentement la question de Varney avant d'y répondre: — Pour qui je te prends, Richard Varney? — Eh! pour un pire diable que je ne l'ai été moi-même. Mais je suis dans vos filets, et il faut que je vous serve jusqu'au bout.

— Bien, bien, répliqua précipitamment Varney ; sois sur pied à la pointe du jour. Il peut se faire que nous n'ayons pas besoin de ta médecine. — Ne fais rien avant que je sois là. — Michel Lambourne te servira de guide jusqu'au lieu de ta destination [1].

Quand Varney eut entendu la porte se refermer et qu'Alasco l'eut soigneusement verrouillée en dedans, il s'en approcha, la ferma en dehors avec non moins de soin, et ôta la clef de la serrure en murmurant en lui-même : — Pire que *toi*, charlatan empoisonneur, trafiquant en sorcelleries, qui te serais vendu au diable si le diable avait voulu de toi pour adepte! Moi, je suis homme, et cherche par des moyens humains à satisfaire mes passions et à arriver à mon but ; — toi, tu es un vassal de l'enfer. — Holà! Lambourne! appela-t-il en ouvrant une autre porte. Michel parut, les joues enluminées et la démarche chancelante.

— Tu es ivre, coquin! lui dit Varney.

— Sans doute, noble sire, répliqua l'imperturbable Michel; nous avons bu tout le soir aux gloires de la journée, et au noble lord de Leicester, et à son vaillant écuyer. — Ivre! Lames et poignards! celui qui refuserait de faire honneur à une douzaine de toasts dans une pareille soirée serait un vil mendiant, un mécréant et un lâche, et il avalerait six pouces de ma dague!

— Écoute, drôle! retrouve ta raison sur-le-champ ; — je te l'ordonne. Je sais que tu peux à volonté mettre de côté tes folies d'ivrogne, comme un habit de fou; sinon, tu t'en trouverais mal.

Lambourne baissa la tête, quitta l'appartement, et rentra au bout de quelques minutes, la figure calme, les cheveux en ordre, les habits rajustés, aussi différent, enfin, de ce qu'il était un instant auparavant, que si une transformation complète se fût opérée en lui. — As-tu ta rai-

[1] *Voyez* la note G, à la fin du volume.

son, maintenant, et me comprendras-tu? dit Varney sévèrement. — Lambourne ne répondit qu'en s'inclinant. — Il faut, reprit Varney, que tu partes immédiatement pour Cumnor-Place avec le révérend astrologue, qui dort ici près dans la petite chambre voûtée. Voici la clef, pour que tu puisses l'appeler de bonne heure. Prends un homme sûr pour t'accompagner. Vous le traiterez bien durant le voyage, mais vous ne le laisserez pas s'échapper ; — s'il l'essaie, tirez-lui un coup de pistolet, et je serai votre garant. Je te donnerai des lettres pour Foster. Le docteur occupera les appartements bas de l'aile de l'est, avec liberté de se servir du vieux laboratoire et de ses ustensiles. — Il n'aura de rapports avec la dame que ceux que j'aurai indiqués ; — seulement elle pourra s'amuser à voir ses jongleries physiques. Tu attendras à Cumnor-Place que je te fasse parvenir de nouveaux ordres ; et, sur ta vie, garde-toi du cabaret et du flacon d'eau-de-vie. L'air qu'on respire à Cumnor-Place ne doit pas transpirer au-dehors.

— Suffit, mylord, — je veux dire mon honorable monsieur Varney, — que je compte appeler bientôt mon honorable chevalier. Vous m'avez fait une leçon et donné ma licence : — j'exécuterai l'une et n'abuserai pas de l'autre. Je serai à cheval au point du jour.

— Bien ; mérite ma faveur. — Attends : — avant de t'en aller, remplis-moi un verre de vin. — Pas de ce flacon, maraud, ajouta-t-il, Lambourne se disposant à verser du flacon qu'Alasco avait laissé à moitié fini ; — va m'en chercher d'autre.

Lambourne obéit, et Varney, après s'être rincé la bouche avec la liqueur, en but un plein verre, puis il prit une lampe pour se retirer dans sa chambre à coucher. — C'est étrange, dit-il ; — je ne suis pas plus qu'un autre l'esclave de l'imagination, et cependant je n'ai jamais parlé pendant quelques minutes avec cet Alasco sans que ma bouche et mes poumons ne me semblassent infectés des vapeurs de l'arsenic calciné. — Pouah !

A ces mots, il quitta la chambre. Lambourne y resta après lui, pour boire un verre du flacon fraîchement débouché. — C'est du Saint-Johnsberg ! dit-il en savourant la liqueur qu'il venait de goûter ; il a le vrai bouquet de la violette. Mais il faut s'en sevrer aujourd'hui, afin de pouvoir un jour en boire à mon plaisir. Et il avala un gobelet d'eau pure pour abattre les fumées de vin du Rhin. Puis il s'avança lentement vers la porte, y fit une pause ; et alors, trouvant la tentation irrésistible, il se rapprocha en trois pas de la table et puisa une longue rasade au flacon, sans l'intermédiaire du verre.

— Sans cette maudite habitude, dit-il, je pourrais monter aussi haut que Varney lui-même. Mais comment monter quand la chambre où l'on est tourne comme une toupie? Je voudrais qu'il y eût plus loin de ma main à ma bouche, ou que la route fût plus difficile ! — Mais demain je ne boirai rien que de l'eau, — rien que de l'eau pure.

CHAPITRE XIX.

> PISTOL.
> Et j'apporte des nouvelles, de joyeuses nouvelles, des nouvelles de prix.
> FALSTAFF.
> Je t'en prie, dis-les comme à un homme de ce monde.
> PISTOL.
> Au diable le monde et les avares qui l'habitent!
> Je parle de l'Afrique et de nouvelles d'or.
>
> *Henri IV*, 2e partie.

La salle publique de l'*Ours-Noir*, à Cumnor, où revient maintenant la scène de notre histoire, pouvait se vanter, le soir dont nous avons à parler, d'une réunion de convives peu ordinaire. Il y avait eu une foire aux environs, et le malin mercier d'Abingdon, ainsi que quelques autres des personnages avec lesquels le lecteur a déjà fait connaissance comme amis et habitués de Giles Gosling, avaient formé leur cercle accoutumé autour de l'âtre du soir, et s'entretenaient des nouvelles du jour.

Un homme vif, à l'air fin, remuant et affairé, que sa balle et son aune de chêne garnie à des intervalles réguliers de pointes de cuivre, annonçaient appartenir à la profession d'Autolycus [1], occupait une bonne part de l'attention du cercle, et contribuait grandement à l'amusement de la soirée. Les porte-balles de cette époque, il faut s'en souvenir, étaient des hommes d'une tout autre importance que les colporteurs avilis et dégénérés des temps modernes. C'était par le moyen de ces trafiquants péripatéticiens que se faisait presque entièrement le commerce des campagnes, particulièrement pour les étoffes les plus fines à l'usage des femmes; et si un marchand de cette sorte s'élevait jusqu'à la dignité du cheval de charge pour compagnon de ses courses, ce n'était pas un personnage de peu de conséquence, et les riches fermiers ainsi que les *franklins* [2] qu'il rencontrait dans ses tournées l'admettaient volontiers en leur compagnie.

Le porte-balle en question prenait donc, sans qu'on la lui disputât, une part active à la scène joyeuse dont les éclats faisaient retentir les

---

[1] Porte-balle du *Conte d'hiver* de Shakspeare. (L. V.)
[2] Propriétaires non nobles. (L. V.)

plafonds de l'*Ours-Noir* de Cumnor. Il avait son sourire avec la jolie mistress Cicely, son franc rire avec Mon Hôte, et sa plaisanterie aux dépens du prétentieux M. Goldthred, qui était le plastron général de la soirée, à la vérité sans avoir le moins du monde cette intention complaisante. Le porte-balle et lui étaient engagés dans une chaude discussion sur la préférence que les chausses d'Espagne méritaient sur les bas noirs de Gascogne, et Mon Hôte avait cligné de l'œil au cercle de spectateurs d'un air qui semblait dire : Nous allons rire tout-à-l'heure, mes maîtres, — quand un bruit de chevaux se fit entendre dans la première cour, et qu'on entendit en même temps appeler le garçon d'écurie, avec quelques uns des plus nouveaux jurons alors en vogue, pour renforcer l'invocation. Aussitôt coururent à la cour en se poussant les uns les autres, Will Hostler, John Tapster, et toute la milice de l'auberge, qui avait quitté son poste pour aller recueillir quelques bribes des joyeuses plaisanteries dont les habitués de la salle promettaient de faire ce soir-là ample dépense. Mon Hôte lui-même arriva aussi dans la cour pour y recevoir convenablement les nouveaux arrivants ; et un moment après il rentra dans la maison comme introducteur de son digne neveu Michel Lambourne, lequel était passablement ivre et servait d'escorte à l'astrologue. Alasco, quoique ce fût toujours le même petit vieillard, s'était rajeuni d'au moins vingt ans en changeant sa large robe pour un habit de voyage, en se retravaillant la barbe et les sourcils, et par d'autres moyens analogues ; de sorte qu'il pouvait alors passer pour un homme encore vert et actif n'ayant guère atteint que la soixantaine. Il paraissait maintenant excessivement inquiet, et avait beaucoup insisté près de Lambourne pour qu'ils se rendissent directement au lieu de leur destination sans entrer dans l'auberge. Mais Lambourne ne voulait pas être contrôlé. — Par le Cancer et le Capricorne, vociféra-t-il, et par toute l'armée céleste, — sans compter les étoiles que mes bienheureux yeux ont vues reluire au firmament des pays du sud, à côté desquelles celles-ci brillent comme des chandelles d'un liard, — je ne serai pas mauvais parent pour le caprice de qui que ce soit ; — je veux m'arrêter ici et saluer mon digne oncle. — Jésus ! bons parents ne renieront jamais leur sang. — Un gallon de votre meilleur, mon oncle, et qu'on porte à la ronde la santé du noble comte de Leicester ! — Hé bien ! est-ce que nous ne trinquerons pas ensemble, pour réchauffer les souvenirs de notre vieille amitié ? — Est-ce que nous ne trinquons pas ?

— De tout mon cœur, parent, répondit Mon Hôte, à qui évidemment il tardait d'être débarrassé de lui ; mais vous chargez-vous de l'écot de toute cette bonne liqueur ?

C'est une question qui a fait reculer plus d'un joyeux buveur ; mais elle n'ébranla pas l'âme résolue de Lambourne — Doutez-vous de mes moyens, mon cher oncle ? dit-il en atteignant une poignée de pièces d'or et d'argent· doutez du Mexique et du Pérou, — doutez du trésor de la reine. — Dieu protége Sa Majesté! — c'est l'excellente maîtresse de mon excellent maître.

— Hé bien, parent, reprit l'hôtelier, mon affaire est de vendre du vin à qui peut le payer. — Ainsi donc, Jack Tapster, fais ton office. — Mais je voudrais bien savoir comment on fait pour se procurer de l'argent si aisément, Mike.

— Eh! oncle, je vais te dire un secret. — Tu vois ce petit vieillard que voilà, — copeau aussi vieux et aussi desséché que le diable en ait jamais mis dans son porridge? — Hé bien, oncle, de vous à moi, — il a le Potosi dans sa cervelle. — Sangdieu! il aurait plus tôt fait un ducat que je n'aurais lâché un juron!

— Je ne veux pas de son argent dans ma bourse, malgré ça, Michel; je sais ce qui en revient de falsifier la monnaie de la reine.

— Tu es un âne, oncle, tout vieux que tu es. — Ne me tire pas par mes basques, docteur; tu en es un autre par-dessus le marché. — Or donc, comme vous êtes deux ânes, je vous dis que je ne parlais que métaphoriquement.

— Êtes-vous fou? dit le vieillard; avez-vous le diable au corps? — Ne pouvez-vous nous laisser partir sans attirer tous les regards sur nous?

— Oui-dà? repartit Lambourne; hé bien, tu te trompes : — personne ne te verra si je le défends. — Par le ciel, mes maîtres! si quelqu'un ose regarder ce vieux gentleman, je lui arracherai les yeux de la tête avec mon poignard. — Ainsi donc, asseyez-vous, mon vieil ami, et pas de tristesse : — ce sont tous mes intimes, — mes anciens amis, — et ils ne trahiront personne.

— Ne feriez-vous pas mieux de vous retirer dans une chambre particulière, neveu? dit Giles Gosling; — vous parlez d'étranges choses, ajouta-t-il, et il y a partout des rapporteurs.

— Je me moque d'eux, répliqua le magnanime Michel; — des rapporteurs? — bast! — je sers le noble comte de Leicester. — Voici le vin qui arrive; — verse à la ronde, maître Skinker [1], une rasade à la santé de la fleur de l'Angleterre, le noble comte de Leicester! — j'ai dit le noble comte de Leicester. Celui qui ne me fera pas raison est un porc de Sussex, et je lui ferai porter le toast à genoux, quand je devrais lui couper les jarrets et les fumer en guise de jambon.

Personne ne s'éleva contre une santé proposée sous de telles conditions; et Michel Lambourne, dont l'ivresse tapageuse ne fut pas, on le pense bien, tempérée par cette nouvelle libation, continua sur le même ton, renouvelant connaissance avec ceux des convives qu'il avait précédemment connus, et recevant un accueil dans lequel, maintenant, quelque peu de déférence se mêlait à une bonne dose de crainte; car,

---

[1] Sommelier.

pour de fort bonnes raisons, le moindre serviteur du comte favori, surtout un homme tel que Lambourne, était à la fois un objet de crainte et de déférence.

Le vieillard, cependant, voyant son guide dans une humeur si peu traitable, avait cessé ses remontrances, et, s'asseyant dans le coin le plus obscur de la salle, il demanda une petite mesure de *sack*, sur laquelle il parut en quelque sorte s'endormir, se tenant autant à l'écart que possible de l'observation générale, et évitant de rien faire qui pût rappeler son existence au souvenir de son compagnon de route, qui, sur ces entrefaites, avait renouvelé son intimité avec son ancien camarade Goldthred d'Abingdon. — Ne me crois jamais, vaillant Mike, disait le mercier, si je ne suis pas aussi aise de te voir que je l'ai jamais été de voir l'argent d'une pratique ! — Tu peux maintenant donner à un ami une petite place à une mascarade ou à une fête, Mike ; oui, ou bien, je le garantis, tu peux glisser à l'oreille de mylord, quand Son honorable Seigneurie descend dans ces quartiers, et qu'elle a besoin d'une fraise d'Espagne ou autre article semblable, — tu peux lui glisser à l'oreille qu'il y a là ton ancien ami, le jeune Lawrence Goldthred d'Abingdon, qui a de bonnes marchandises, linons, taffetas, batistes, et ainsi de suite, — oui, et qui est avec cela un aussi joli brin d'homme qu'il y en ait dans le Berkshire, et qui tiendrait tête pour Sa Seigneurie à tout homme de sa taille ; et tu peux dire...

— Je puis dire encore cent autres damnés mensonges, mercier, interrompit Lambourne ; quoi ! est-ce qu'on doit s'arrêter à un mot, pour un ami ?

— A ta santé, Mike, de tout mon cœur ; et tu peux dire aussi à un homme ce qui en est des nouvelles modes. — Il y avait là tout-à-l'heure un coquin de porte-balle qui prétendait mettre les chausses à l'ancienne mode espagnole au-dessus des bas de Gascogne, quoique tu voies combien les chausses françaises font ressortir la jambe et le genou, quand elles sont ornées de jarretières mi-couleur et de garnitures pareilles.

— Excellent, excellent ! repartit Lambourne ; parbleu, ton bout de maigre cuisse, passé au milieu de ce paquet de bougran taillaté et de taffetas, a l'air d'un fuseau de ménagère quand la filasse en est à moitié partie.

— Ne le disais-je pas bien ! s'écria le mercier, dont la faible cervelle était alors submergée à son tour ; où donc est-il ? où est ce faquin de porte-balle ? — il y avait un porte-balle ici tout-à-l'heure, ce me semble. — Mon Hôte, où diable est donc ce porte-balle ?

— Où les gens sages devraient tous être, maître Goldthred, répondit Giles Gosling ; renfermé dans sa chambre, faisant le compte de sa vente de la journée, et se préparant à la vente de demain.

— La potence soit de lui, le sordide rustre ! N'était-ce la honte, ce serait une bonne action de le débarrasser de ses marchandises ; — un tas de méchants traficaillons qui rôdent par le pays et nuisent au marchand établi. Il y a encore de bons compagnons dans le Berkshire, Mon Hôte; — votre porte-balle pourrait bien en rencontrer d'ici à Maiden-Castle.

— Oui, repartit l'hôte en riant, et celui qui le rencontrera pourra bien rencontrer à qui parler; — le porte-balle est de bonne taille.

— Est-il donc si grand? fit Goldthred.

— S'il est grand? oui vraiment, il est grand, par coq et pâté! — c'est le porte-balle même qui frotta si bien Robin Hood, comme dit la chanson :

> « Puis Robin Hood tira sa bonne épée,
> Le porte-balle en fit autant,
> Et Robin Hood maudit son équipée;
> Car il eut si bonne frottée
> Qu'il se sauva clopin-clopant. »

— La potence soit de lui, l'infernal bretteur! dit le mercier; si c'est un homme comme vous dites, il n'y aurait pas grand'chose à gagner avec lui. — Et maintenant, dis-moi, Mike, — mon honnête Mike, comment vont les chemises de Hollande que tu m'as gagnées?

— Eh! eh! assez bien, comme tu peux voir, maître Goldthred; je veux te payer un pot pour la bonne-main. — Remplis le flacon, maître Tapster.

— Je ne crois pas que tu gagnes d'autre hollande à pareille gageure, ami Mike; car ce brutal de Tony Foster ne fait que déblatérer contre toi, et jure que tu ne feras plus d'ombre sous sa porte, parce que tes jurons suffiraient pour faire écrouler le toit d'une maison de chrétien!

— A-t-il dit cela, l'hypocrite, le misérable avare? vociféra Lambourne; hé bien, alors, c'est lui qui viendra ici, et qui y recevra mes ordres, cette nuit même, sous le toit de mon oncle! Et je vais lui sonner un tel *sanctus*, que d'ici à un mois il croira avoir le diable à ses basques rien qu'à m'entendre.

— Oh! oh! voilà le demi-galon qui fait son effet! exclama le mercier. Tony Foster obéir à ton sifflet! — Hélas, mon bon Mike, va dormir, va dormir!

— Je te dis, mouette à face étique, repartit Michel exaspéré, que je te gagerai cinquante angelots contre les cinq premières tablettes de ta boutique, à compter en montant depuis le faux jour, avec tout ce qu'il y a dessus, que je vais faire venir Tony Foster dans cette auberge même, avant que nous ayons fini trois tournées.

— Je ne veux pas faire une aussi forte gageure, répondit le mercier, quelque peu dégrisé par une offre qui annonçait chez Lambourne une connaissance un peu trop particulière des recoins secrets de sa boutique; je ne ferai pas une telle gageure. Mais je parierai cinq angelots contre toi, si tu veux, que Tony Foster ne quittera pas sa maison et ne viendra pas au cabaret après l'heure de la prière, pour toi ni pour personne.

CHAPITRE XIX.

—Va! fit Lambourne. Tenez, oncle, gardez les enjeux, et faites venir un de vos jeunes saigne-barriques, — un de vos apprentis *tapster*, pour courir à l'instant même à Cumnor-Place remettre cette lettre à maître Foster, et lui dire que moi, son intime, Michel Lambourne, je le prie de venir me parler ici, au château de mon oncle, pour affaires de grande importance. — Pars vite, mon enfant, car le soleil se couche, et le misérable avare se met au lit comme les poules, pour épargner le suif de mouton. — Pouah!

Peu de temps après son départ, intervalle qui fut employé à boire et à plaisanter,—le messager revint, apportant la réponse que M. Foster allait arriver dans un moment.

— Gagné! gagné! exclama Lambourne en sautant sur les enjeux.

— Pas avant qu'il n'arrive, s'il vous plaît, dit le mercier.

— Eh, sangdieu, il est au seuil! — Qu'a-t-il dit, garçon?

— S'il plaît à Votre Honneur, répondit le messager, il s'est mis à une fenêtre, un mousqueton à la main; et quand j'ai eu fait votre commission, avec grand'peur et tout en tremblant, il a dit, d'un air pas du tout doux, que Votre Honneur pouvait aller aux régions infernales.

— En enfer, je suppose; — c'est là qu'il envoie tout ce qui n'est pas de sa congrégation.

— Justement; j'ai employé les autres mots comme plus poétiques.

— Voilà un garçon d'esprit; tu auras un verre de vin pour humecter ton sifflet poétique. — Et qu'a dit Foster ensuite?

— Il m'a rappelé, et m'a chargé de vous dire que vous pouviez venir le trouver si vous aviez quelque chose à lui dire.

— Puis ensuite?

—Il a lu la lettre, et il a paru tout démonté, et m'a demandé si Votre Honneur était ivre; — à quoi j'ai répondu que vous parliez un peu espagnol, comme un homme qui a été dans les Canaries.

— Au diable, extrait de pinte, fils d'un écot trop enflé! — au diable!
— Mais qu'a-t-il dit alors?

— Ma foi, il a marmotté dans ses dents que s'il ne venait pas, Votre Honneur laisserait échapper ce qu'il valait mieux tenir renfermé; et sur ce il a pris son grand chapeau plat et son manteau bleu râpé, et, comme je vous le disais, il va être ici incontinent.

— Il y a du vrai dans ce qu'il a dit, repartit Lambourne, comme se parlant à lui-même; — ma cervelle m'a joué un de ses anciens tours.
— Mais *corragio*! — qu'il vienne! — je n'ai pas si long-temps roulé le monde pour craindre Tony Foster, que je sois ivre ou à jeun. — Apportez-moi un flacon d'eau fraîche, pour baptiser mon canarie.

Tandis que Lambourne, que l'approche de Foster semblait avoir rappelé au sentiment de sa situation, se préparait ainsi à le recevoir, Giles Gosling monta furtivement chez le porte-balle, qu'il trouva parcourant sa chambre dans une grande agitation. — Vous avez quitté bien soudainement la compagnie, dit l'aubergiste à son hôte.

— Il était temps, quand le diable devenait un des vôtres, répondit le porte-balle.

— Ce n'est pas courtois à vous de donner un pareil nom à mon neveu, et ce n'est pas non plus, quant à moi, le fait d'un trop bon parent d'y répondre; et pourtant, en quelque sorte, Michel peut être regardé comme un membre de Satan.

— Bast! — je ne parle pas du bandit rodomont, mais bien de l'autre, qui, autant que je sache... Mais quand partent-ils? que viennent-ils faire ici?

— Marry! ce sont des questions auxquelles je ne puis répondre. Mais voyez-vous, monsieur, vous m'avez apporté un signe du digne M. Tressilian, — c'est une jolie pierre. Il sortit la bague de sa bourse, l'examina, et ajouta, en la resserrant, que c'était une récompense au-dessus de tout ce qu'il pourrait faire pour celui de qui il la tenait. Il était, dit-il, dépendant du public, et il lui convenait mal de se mêler des affaires des autres; il avait déjà dit qu'il n'avait rien pu apprendre, sauf que la dame était toujours à Cumnor-Place, dans la retraite la plus absolue, et qu'elle avait paru à ceux qui l'avaient aperçue par hasard pensive et ennuyée de sa solitude. — Mais voici, ajouta-t-il, si vous avez à cœur de satisfaire votre maître, la plus belle occasion qui se soit présentée depuis long-temps. Tony Foster se rend ici, et il n'y a qu'à laisser flairer à Mike Lambourne un nouveau flacon pour être sûr que l'ordre même de la reine ne le ferait pas bouger de table. Ils sont donc tenus là pour une bonne heure. — Maintenant, si vous voulez endosser votre balle, qui sera votre meilleure excuse, vous trouverez peut-être un moyen assuré, en l'absence du maître, de décider le vieux domestique à vous laisser essayer de vendre quelque chose à la dame, et alors vous en pourrez apprendre sur sa situation plus que moi ou personne autre ne pourrions vous en dire.

— C'est vrai, — c'est très vrai, repartit Wayland (car c'était lui); c'est une excellente idée, mais quelque peu dangereuse, ce me semble. — Car si Foster allait revenir?

— C'est très possible, en effet.

— Ou si la dame me faisait froide mine pour me remercier de mes peines?

— Ce n'est pas improbable; je m'étonne que M. Tressilian s'occupe tant d'une femme qui ne se soucie pas de lui.

— Dans les deux cas je serais malmené; c'est pourquoi, tout bien considéré, je ne goûte pas beaucoup votre idée.

— Comme vous voudrez, mon cher monsieur; c'est l'affaire de votre maître et non la mienne. Vous savez mieux que personne quel risque il y a à courir, et jusqu'à quel point vous êtes disposé à le braver. Mais ce

CHAPITRE XIX.

que vous-même ne voulez pas hasarder, vous ne pouvez pas vous attendre à ce que d'autres en courent le risque.

— Un instant, un instant; dites-moi seulement une chose : ce vieillard qui est en bas va-t-il à Cumnor?

— Sûrement, à ce que je pense; leur domestique a dit qu'il fallait qu'il y portât leur bagage, mais il n'a pas pu résister à l'ale plus que Michel au canarie.

— Il suffit, repartit Wayland, prenant un air de résolution; — je déjouerai les projets de ce vieux scélérat. — La frayeur que me causait son aspect sinistre commence à diminuer, et ma haine à augmenter d'autant. Aidez-moi à charger ma balle, mon cher hôte. — Et toi, vieil Albumazar, prends garde à toi : il y a dans ton horoscope une influence malheureuse qui vient de la constellation de la Grande Ourse. A ces mots, chargé de son fardeau et guidé par l'hôtelier de l'*Ours-Noir* jusqu'à une porte de derrière, il prit le chemin le moins fréquenté conduisant de là à Cumnor-Place.

CHAPITRE XX.

> *Le clown.*—Vous avez de ces porte-balles qui sont
> plus que vous ne pensez, sœur.
> *Conte d'hiver*, acte IV, sc. III.

Dans sa sollicitude à obéir aux recommandations répétées du comte relativement au secret, aussi bien que par suite de ses habitudes d'insociabilité et d'avarice, Anthony Foster, dans l'organisation de sa maison, avait plus cherché à échapper à l'observation qu'à se mettre en état de résister aux intrusions de la curiosité. Ainsi, au lieu de s'être procuré un nombreux domestique pour assurer son dépôt et défendre sa maison, il s'attachait autant que possible à mettre les observateurs en défaut en réduisant le nombre de ses serviteurs; de sorte que, sauf les occasions où il se trouvait dans la maison des gens du comte ou de Varney, un vieux domestique mâle et deux femmes âgées qui aidaient à tenir en ordre les appartements de la comtesse composaient tout le personnel de Cumnor-Place.

Ce fut une de ces vieilles femmes qui vint ouvrir quand Wayland frappa, et qui répondit par une bordée de rebuffades à la demande que lui fit le prétendu marchand d'être admis à faire voir ses marchandises aux dames de la maison. Le porte-balle trouva pourtant moyen d'apaiser ces vociférations en lui glissant dans la main un groat d'argent, et en lui promettant un morceau d'étoffe pour une coiffe, si la dame achetait quelque chose.

— Dieu te bénisse, repartit la vieille, car la mienne est terriblement en loques. — Glisse-toi avec ta balle dans le gharn [1], gars; — elle se promène au gharn. Elle introduisit en effet le colporteur dans le jardin, et lui désignant du doigt un vieux pavillon en ruines, elle lui dit : Elle est là, gars; — elle est là. — Elle t'achètera quelque chose si tes étoffes lui plaisent.

— Elle me laisse m'en tirer comme je pourrai, pensa Wayland en entendant la vieille refermer sur lui la porte du jardin. Mais on ne me battra pas, et on n'osera pas me tuer, pour une si légère transgression et par ce beau crépuscule. Au diable ! je vais aller en avant; un brave

---

[1] Jardin. L'auteur fait parler à cette vieille un vrai patois provincial. (L. V.)

général ne pense pas à la retraite avant d'être battu. J'aperçois deux femmes dans ce vieux pavillon; — mais comment les aborder? — Un moment; — Will Shakspeare, viens à mon secours dans le besoin! Je vais leur donner de l'Autolycus. Alors il se mit à chanter d'une bonne voix et avec l'assurance convenable, le couplet populaire de la pièce [1] :

> « Linon blanc comme la neige,
> Crêpe aussi noir que corbeau,
> Gants de fin et doux agneau,
> Masque de soie, qui protège
> La fraîcheur de votre peau. »

— Quel objet inaccoutumé la fortune nous envoie-t-elle ici, Jeannette? dit la dame.

— Un de ces marchands de vanités qu'on nomme porte-balles, répondit Jeannette d'un air grave, qui annonce ses futiles marchandises par des vers encore plus futiles ; — je m'étonne que la vieille Dorcas l'ait laissé passer.

— C'est une bonne fortune, ma chère petite; nous menons une ennuyeuse vie ici, et ce marchand peut nous faire passer une heure.

— Oui, ma gracieuse dame; mais mon père?

— Ce n'est pas le *mien*, Jeannette, ni mon maître non plus, j'espère — Appelle cet homme ici ; — j'ai besoin de quelques objets.

— Mais Votre Seigneurie n'a qu'à en prévenir dans le prochain courrier, et si l'Angleterre peut les fournir, ils seront envoyés. — Il en arrivera malheur. — Je vous en prie, ma chère maîtresse, laissez-moi dire à cet homme de s'en aller !

— Je veux que tu lui dises de venir; — ou plutôt reste là, avec tes sottes frayeurs. — Je vais le lui dire et t'épargner une réprimande.

— Hélas, ma chère maîtresse, si c'était là le pis! répliqua tristement Jeannette, tandis que la dame, élevant la voix, disait au colporteur : — Approche, brave homme; — défais ta balle. — Si tu as de bonnes marchandises, le hasard t'aura envoyé ici pour ma convenance et ton profit.

— De quoi Votre Seigneurie a-t-elle besoin? dit Wayland en desserrant les courroies de sa balle, dont il déploya le contenu avec la même dextérité que s'il eût fait le métier depuis son enfance. Il est vrai qu'il l'avait plusieurs fois exercé accidentellement dans le cours de sa vie vagabonde; et cette fois il fit l'éloge de ses articles avec toute la volubilité d'un vrai marchand, et montra une certaine habileté dans l'art capital d'en coter les prix.

— De quoi j'ai besoin? repartit la dame; en vérité, quand je songe que depuis six longs mois je n'ai pas acheté moi-même, pour mon propre

[1] Le *Conte d'hiver*, acte II. (L. V.)

usage et à mon choix, une seule aune de linon ou de batiste, pas la plus légère bagatelle, il me semble qu'il vaudrait mieux te demander : Qu'as-tu à vendre? Mets de côté pour moi ce tour de gorge et cette paire de manches de batiste ; — et ces rondelles de frange d'or garnies de crêpe ; — et cette mantille courte de fin drap couleur cerise garni de boutons et de ganses d'or. — N'est-ce pas une jolie fantaisie, Jeannette?

— Si vous consultez mon pauvre jugement, mylady, répondit Jeannette, il me semble que c'est un vêtement bien éclatant pour être gracieux.

— Fi de ton jugement, s'il n'est pas meilleur que cela, ma fille; tu porteras toi-même cette mantille pour ta pénitence, et je garantis que ces boutons d'or, qui sont quelque peu massifs, consoleront ton père et le réconcilieront avec la couleur cerise du fond. Aie soin qu'il ne les enlève pas, Jeannette, pour les envoyer tenir compagnie aux angelots emprisonnés qu'il tient captifs dans son coffre-fort.

— Permettez-moi de vous prier, mylady, de ménager mon pauvre père.

— Pourquoi ménagerait-on celui qui est si ménager de sa nature? — Mais revenons à nos emplettes. — Je prendrai pour moi cette garniture de tête et cette aiguille de tête montée en perles ; — prends deux robes de ce drap brun pour Dorcas et pour Alison, Jeannette, afin que les pauvres vieilles se tiennent chaudement quand va venir l'hiver. — Un moment! — n'as-tu pas de parfums, de sachets de senteur, ou quelques flacons d'essences à la plus nouvelle mode?

— Si j'étais un véritable colporteur, ma fortune serait faite du coup, pensa Wayland, tout en s'ingéniant à répondre aux questions que la dame lui faisait coup sur coup avec l'empressement d'une jeune femme privée depuis long-temps d'une si agréable occupation. — Mais comment l'amener à un moment de réflexion sérieuse? Alors, en exposant devant elle ce qu'il avait de mieux en essences et en parfums, il arrêta tout-à-coup son attention en lui faisant observer que ces articles avaient presque doublé de prix depuis les magnifiques préparatifs que faisait le comte de Leicester pour recevoir la reine et la cour à son superbe château de Kenilworth.

— Ha! dit vivement la comtesse; cette rumeur est donc vraie, Jeannette?

— Assurément, madame, repartit Wayland; et je m'étonne qu'elle ne soit point parvenue aux oreilles de Votre noble Seigneurie. La reine d'Angleterre s'arrête une semaine chez le noble comte durant la tournée d'été; et il y a bien des gens qui vous diront que l'Angleterre aura un roi, et Élisabeth d'Angleterre — Dieu la protège! — un époux, avant que la tournée ne soit finie.

— C'est un mensonge abominable! s'écria la comtesse, qui ne put contenir son émotion.

— Pour l'amour de Dieu, madame, réfléchissez, dit Jeannette, tremblante d'appréhension; qui voudrait s'embarrasser des nouvelles d'un colporteur?

— Oui, Jeannette! c'est juste, tu m'as reprise avec raison. De tels bruits, ternissant la réputation du plus pur, du plus noble pair d'Angleterre, ne peuvent trouver cours que parmi des gens vils, abjects et infâmes!

— Que je meure, madame, si j'ai fait quelque chose qui mérite cette étrange colère! dit Wayland Smith, qui vit que la violence de la dame se tournait vers lui. — Je n'ai dit que ce que bien d'autres disent.

Cependant la comtesse avait recouvré son sang-froid, et s'efforçait, alarmée par les anxieux avertissements de Jeannette, de dissimuler toute apparence de déplaisir. — Je verrais avec peine, brave homme, dit-elle, que notre reine changeât le titre de vierge si cher à son peuple; — n'y pensons plus. Et alors, comme désireuse de changer de sujet, elle ajouta, en même temps qu'elle examinait le contenu d'une cassette où des drogues et des parfums étaient disposés dans des tiroirs différents : Quelle est cette composition si soigneusement renfermée dans la boîte d'argent?

— C'est un remède, madame, contre une maladie dont Votre Seigneurie, je l'espère, n'aura jamais à se plaindre. Gros comme un petit pois de Turquie, avalé chaque jour pendant une semaine, fortifie le cœur contre ces vapeurs noires, engendrées par la solitude, la mélancolie, une affection mal payée, un espoir trompé...

— Êtes-vous fou, l'ami? interrompit la comtesse avec humeur; ou pensez-vous, parce que j'ai été assez bonne pour acheter vos marchandises de rebut à des prix sans conscience, que vous pouvez me prendre pour dupe en tout ce que vous voudrez? — Qui a jamais entendu dire que des affections de cœur fussent guéries par des remèdes administrés au corps?

— Sous votre honorable plaisir, madame, je suis un honnête homme, et j'ai vendu mes marchandises à des prix honnêtes. — Quant à cette très précieuse médecine, en vous en vantant les qualités, je ne vous demandais pas de l'acheter; pourquoi donc vous aurais-je menti? Je ne dis pas qu'elle guérira une affection de l'âme profondément enracinée, ce que Dieu et le temps seuls peuvent faire; mais je dis que ce réconfortant dissipe les vapeurs noires engendrées dans le corps par cette mélancolie qui pèse sur l'esprit. J'ai soulagé nombre de personnes avec ce remède, tant à la cour qu'à la ville, et récemment un certain M. Edmund Tressilian, honorable gentilhomme du Cornouailles, que les mépris, m'a-t-on dit, de celle en qui il avait mis ses affections, avaient conduit à un état de mélancolie qui faisait craindre à ses amis pour sa vie.

Il se tut et la dame resta silencieuse 'n moment; puis, avec un accent qu'elle s'efforçait en vain de rendre ferme et indifférent, elle lui demanda si le gentilhomme dont il venait de parler était parfaitement guéri.

— Passablement, madame, répondit Vayland; il n'a pas du moins de souffrance corporelle.

— Je prendrais un peu de cette médecine, Jeannette. Moi aussi j'éprouve parfois cette noire mélancolie qui répand un nuage sur le cerveau.

— Vous n'en ferez rien, madame, dit Jeannette; qui répondra que ce que vend cet homme n'est pas malfaisant?

— Je serai moi-même le garant de ma bonne foi, reprit Wayland; et prenant une portion du remède, il l'avala devant elles. La comtesse acheta alors ce qui en restait, démarche à laquelle les observations que lui renouvela Jeannette ne firent que la déterminer davantage. Elle en prit même sur-le-champ une première dose, et déclara se sentir le cœur allégé et les esprits fortifiés, — effets qui n'existaient très probablement que dans son imagination. La dame rassembla alors ses emplettes, remit sa bourse à Jeannette, et la chargea de faire le compte du marché et de payer le colporteur; puis, comme fatiguée de l'amusement qu'elle avait d'abord trouvé à causer avec lui, elle lui souhaita le bonsoir et reprit nonchalamment le chemin de la maison, enlevant ainsi à Wayland toute opportunité de lui parler à part. Il se hâta néanmoins d'essayer une explication avec Jeannette.

— Jeune fille, lui dit-il, tu as le visage de quelqu'un qui doit aimer sa maîtresse. Elle a grand besoin de fidèles services.

— Et elle les mérite bien de ma part, repartit Jeannette; mais à quoi en voulez-vous venir?

— Jeune fille, je ne suis pas tout-à-fait ce que je parais être, reprit le colporteur en baissant la voix.

— Il en est d'autant moins probable que tu sois un honnête homme.

— Cela n'en est que plus probable, au contraire, puisque je ne suis pas porte-balle.

— En ce cas, va-t'en au plus vite, ou je vais appeler à l'aide; mon père doit être de retour.

— Ne faites pas cette imprudence; vous pourriez la regretter. Je suis des amis de votre maîtresse, et elle aurait besoin d'en avoir davantage, et non que vous éloigniez ceux qu'elle a.

— Comment saurai-je cela?

— Regarde-moi en face, et vois si tu ne lis pas l'honnêteté dans mes traits? Et de fait, quoique Wayland ne fût nullement beau, sa physionomie avait cette expression fine et pénétrante d'un génie inventif et d'une intelligence prompte, qui, jointe à des yeux vifs et brillants, à une bouche bien formée et à un sourire spirituel, donne souvent de la grâce et de l'intérêt à des traits à la fois communs et irréguliers. Jeannette le regarda avec la simplicité pénétrante de son sexe. — Malgré l'honnêteté dont tu te targues, ami, lui dit-elle, et quoique je ne sois pas habituée à lire et à juger des livres tels que celui que tu me soumets, je crois voir dans ta physionomie quelque chose du porte-balle, — quelque chose du picoreur.

— Sur une petite échelle, c'est possible, dit Wayland en riant. Mais ce soir, ou demain, il viendra ici avec ton père un vieillard qui a le pas cauteleux du chat, l'œil perçant et vindicatif du rat, l'astuce rampante de l'épagneul, le naturel féroce du dogue; — prends garde à lui pour toi et pour ta maîtresse. — Voyez-vous, belle Jeannette, il apporte le venin de l'aspic sous les dehors de l'innocence de la colombe. Quel mauvais dessein médite-t-il à votre égard, je ne puis précisément le deviner; mais la mort et la maladie ont toujours marché sur ses pas. — Ne dis rien de ceci à ta maîtresse; — mon art me fait conjecturer que dans son état la crainte du mal peut être aussi dangereuse que le mal même. — Mais veille à ce qu'elle prenne mon spécifique, — car c'est un antidote contre le poison, ajouta-t-il en baissant la voix et en donnant à son accent quelque chose de solennel. — Écoute! on entre dans le jardin.

Les sons d'une gaieté bruyante et un bruit de voix animées approchaient en effet de la porte du jardin; Wayland Smith alarmé se jeta promptement au milieu d'un épais bouquet d'arbustes, tandis que Jeannette se retirait dans la serre afin de ne pas être aperçue, et pour y cacher, du moins momentanément, les objets achetés au prétendu colporteur, et qui étaient restés épars sur le plancher du pavillon.

L'inquiétude de Jeannette ne fut cependant pas justifiée. Son père, le vieux domestique de la maison, celui de lord Leicester et l'astrologue, entrèrent tumultueusement dans le jardin, livrés à une extrême perplexité, et s'efforçant de calmer Lambourne, dont le vin avait complétement enflammé la cervelle. Lambourne était un de ces malheureux ivrognes qui, une fois sous l'action stimulante des liqueurs fortes, au lieu de s'endormir, comme le font beaucoup d'autres, restent pendant de longues heures sous leur influence partielle, jusqu'à ce qu'enfin, à force de libations successives, ils soient amenés à un état de frénésie ingouvernable. Comme beaucoup d'hommes réduits à cet état, Lambourne ne perdait non plus la faculté ni de ses mouvements, ni de ses discours, ni de ses expressions; il parlait, au contraire, avec une emphase et une facilité inaccoutumées, et disait alors ce qu'en tout autre moment il aurait été le plus désireux de tenir secret.

— Quoi! fit Michel de toute la force de ses poumons, ne vais-je donc pas avoir une bienvenue, — pas la moindre bombance, quand j'amène la fortune à votre vieux chenil délabré sous la forme d'un allié du diable, qui peut changer des morceaux d'ardoise en dollars d'Espagne? — Approche ici, Tony Allume-Fagot, papiste, puritain, hypocrite, avare, libertin, démon composé de tous les péchés des hommes, viens faire une révérence bien basse à celui qui a amené dans ta maison le Mammon même que tu adores.

— Pour l'amour de Dieu, parle bas ! disait Foster. — Entre dans la maison ; — tu auras du vin, ou n'importe quoi tu voudras.

— Non, vieux polichinelle d'enfer, je veux l'avoir ici, vociféra le ruffian ivre ; — ici, *al fresco*, comme dit l'Italien. Non, non, je ne boirai pas entre quatre murailles avec ce démon empoisonneur, pour être suffoqué par les vapeurs de l'arsenic et du vif-argent ; j'ai été prévenu par ce scélérat de Varney de m'en méfier.

— Allez lui chercher du vin, au nom de tous les diables ! dit l'alchimiste.

— Ah ! ah ! et tu voudrais me l'épicer, n'est-ce pas, vieille bonne pièce ? Oui, oui, j'aurai de la couperose, et de l'ellébore, et du vitriol, et de l'eau-forte, et vingt ingrédients diaboliques, à bouillir dans ma cervelle comme un charme à évoquer le diable dans le chaudron d'une sorcière. — Passe-moi toi-même le flacon, vieux Tony Allume-Fagot,— et que ce soit du frais ; je ne veux pas de vin chauffé au bûcher de vieux évêques brûlés. — Un moment ! — que Leicester soit roi s'il le veut, — bon ; — et Varney, le scélérat Varney, grand visir : — eh ! excellent ! — et qu'est-ce que je serai, alors ? — eh ! empereur, — l'empereur Lambourne ! — Je veux voir cette beauté, ce morceau de choix, qu'ils ont claquemurée ici pour leurs plaisirs particuliers ; — je veux l'avoir ce soir même à me verser mon vin, et à me mettre mon bonnet de nuit. Qu'est-ce qu'un homme ferait de deux femmes, quand il serait vingt fois comte ? — Réponds-moi à cela, Tony, mon garçon, vieux chien d'hypocrite réprouvé, que le bon Dieu a rayé du livre de vie, et qui est constamment tourmenté du désir d'y être replacé. — Vieux brûle-évêque, vieux fanatique blasphémateur, réponds-moi à cela !

— Je vais lui enfoncer mon couteau dans le ventre jusqu'au manche, dit Foster à voix basse et tremblant de colère.

— Pour l'amour du Ciel, pas de violence ! dit l'astrologue. Il faut y regarder à deux fois. — Hé bien, honnête Lambourne, veux-tu trinquer avec moi à la santé du noble comte de Leicester et de M. Richard Varney ?

— Je veux bien, mon vieil Albumazar, — je veux bien, mon fidèle vendeur de mort-aux-rats. — Je t'embrasserais, mon honnête infracteur de la loi Julia (comme on dit à Leyde), si tu n'exhalais pas une si abominable odeur de soufre, et d'autres ingrédients de la pharmacie du diable. — Ça va, hop ! — à Varney et à Leicester ! — aux deux plus nobles esprits haut-visant, — aux deux mécréants les plus ténébreux, les plus profonds, les plus audacieux, les plus malicieux, les plus ambitieux, les plus... suffit, je n'en dis pas davantage ; mais je lui mouillerai ma dague dans le cœur à celui-là qui refusera de me faire raison ! Ainsi, mes maîtres... En même temps Lambourne vida jusqu'au fond le gobelet que lui avait passé l'astrologue, et qui contenait non du vin, mais de l'eau-de-vie. Il articula à demi un juron, laissa tomber à terre le gobelet vide, porta la main à son sabre sans être en état de le tirer du fourreau, fit deux ou trois zigzags, et tomba sans mouvement ni sentiment entre les bras du domestique, qui le traîna jusqu'à sa chambre et le mit au lit.

Dans la confusion générale, Jeannette regagna sans avoir été remarquée la chambre de sa maîtresse, tremblante comme la feuille, mais décidée à ne rien dire à la comtesse des terribles soupçons qu'elle ne pouvait s'empêcher de concevoir d'après les propos échappés à l'ivresse de Lambourne. — Ses craintes, cependant, sans avoir d'objet déterminé, concordaient avec l'avis du colporteur; et elle confirma sa maîtresse dans l'intention de prendre la médecine qu'il lui avait recommandée, ce dont il est probable qu'autrement elle l'aurait dissuadée. Les expressions de Lambourne n'avaient pas non plus échappé aux oreilles de Wayland, qui savait beaucoup mieux comment les interpréter. Il éprouvait une extrême compassion en voyant une si charmante créature, qu'il avait trouvée auparavant au sein du bonheur domestique, en butte aux machinations d'une pareille bande de scélérats. Son indignation avait en outre été puissamment excitée par la voix de son ancien maître, qui lui inspirait à un égal degré le sentiment de la haine et celui de la crainte. Il était fier aussi de son adresse et de son esprit de ressources; et quelque dangereuse que fût la tâche, il forma, ce soir-là, la résolution d'aller au fond du mystère, et de venir au secours de la malheureuse dame, s'il était encore possible. Sur quelques mots échappés à Lambourne au milieu de ses divagations, Wayland fut alors, pour la première fois, porté à douter que Varney eût entièrement agi pour son propre compte en courtisant cette belle personne et en gagnant ses affections. La renommée imputait à ce zélé serviteur d'avoir plus d'une fois servi son maître dans des intrigues d'amour; et il se présenta à l'esprit de Wayland Smith que Leicester lui-même pourrait bien être la partie principalement intéressée. Il ne pouvait soupçonner le mariage de mistress Amy Robsart avec le comte; mais la seule découverte d'une intrigue même passagère avec une dame du rang de la fille de sir Hugh était un secret des plus graves pour la stabilité de l'influence du favori sur Élisabeth. — Si Leicester personnellement hésitait à étouffer une semblable rumeur par des moyens violents, se dit-il en lui-même, il a autour de lui des gens qui lui rendraient ce service-là sans attendre son consentement. Si je veux me mêler de cette affaire, ce doit être avec la même précaution qu'emploie mon ancien maître quand il compose sa manne de Satan, c'est-à-dire avec un masque serré sur le visage. Ainsi donc, je quitterai demain Giles Gosling, et je changerai de marche et de résidence aussi souvent qu'un renard poursuivi par la meute. J'aimerais bien aussi à revoir cette petite puritaine. Elle paraît bien gentille et bien intelligente, pour provenir d'un pendard comme Anthony Allume-Fagot.

Giles Gosling reçut les adieux de Wayland avec plaisir plutôt qu'autrement. L'honnête aubergiste voyait tant de dangers à se jeter à la traverse dans le chemin du favori du comte de Leicester, que toute sa vertu suffisait à peine à le soutenir dans la tâche, et que ce fut avec une satisfaction véritable qu'il vit le fardeau s'éloigner de ses épaules : toujours, néanmoins, protestant de sa bonne volonté pour M. Tressilian et pour son émissaire, et de sa disposition à leur rendre quelque service que ce pût être, en tant que ce service ne serait pas en opposition avec son caractère comme aubergiste.

CHAPITRE XXI.

> L'alerte ambition qui s'élance au but et tombe de l'autre côté.　　*Macbeth.*

La splendeur des fêtes qui allaient avoir lieu à Kenilworth était alors le sujet de conversation de toute l'Angleterre; on réunissait des diverses parties du royaume, ou on faisait venir du continent, tout ce qui pouvait ajouter aux plaisirs et à l'éclat de la réception qui attendait Élisabeth chez le premier de ses favoris. Dans le même temps Leicester paraissait faire chaque jour de nouveaux progrès dans la faveur de la reine. Continuellement à ses côtés dans le conseil, écouté volontiers dans les moments de récréation de la cour, — admis à une intimité presque familière, — centre vers lequel se dirigeaient les regards de quiconque avait quelque chose à espérer à la cour, — recevant des ministres étrangers les assurances les plus flatteuses de l'estime de leurs maîtres, — il semblait être l'*alter ego* de la superbe Élisabeth, que l'on supposait alors généralement n'attendre que le moment et l'occasion pour l'associer par le mariage à son pouvoir souverain.

Au milieu d'un tel flot de prospérité, ce favori de la fortune et des bonnes grâces de la reine était probablement l'homme le plus malheureux du royaume qui semblait à sa dévotion. Il avait sur ses amis et ses adhérents la supériorité du Roi des Fées, et voyait bien des choses qu'ils ne pouvaient voir. Le caractère de sa maîtresse lui était intimement connu; c'était à la connaissance minutieuse qu'il s'était attaché à acquérir de l'humeur de la reine ainsi que des nobles facultés qui la distinguaient, non moins qu'aux qualités éminentes de son esprit et aux perfections extérieures de sa personne, qu'il avait dû de s'élever si haut dans sa royale faveur; et c'était aussi cette connaissance qu'il avait des dispositions de sa souveraine qui lui faisait craindre à chaque instant d'être accablé de quelque disgrâce soudaine. Leicester était comme un pilote en possession d'une carte où il trouve indiquées toutes les particularités de sa navigation, mais qui lui montre tant d'écueils, de brisants et de récifs, que son œil inquiet ne tire guère d'autre fruit de leur étude, que de rester convaincu qu'un miracle est à peu près la seule chose qui le puisse sauver.

Et de fait, le caractère de la reine Élisabeth était un étrange composé des plus mâles qualités de notre sexe, et de ces faiblesses que l'on suppose être principalement le propre du sien. Ses sujets avaient tout le bénéfice de ses vertus, qui l'emportaient de beaucoup sur ses défauts ; mais ses courtisans et son entourage avaient souvent à supporter de soudains et embarrassants retours de son humeur capricieuse, et les accès d'un caractère à la fois jaloux et despotique. C'était une mère pour ses sujets, mais c'était aussi la vraie fille d'Henri VIII ; et bien que des souffrances précoces et une excellente éducation eussent contenu et modifié le caractère qu'elle tenait du prince qu'on avait surnommé l'*ingouvernable* [1], elles ne l'avaient pas absolument détruit. — « Son esprit, » dit son spirituel filleul, John Harrington, qui avait éprouvé et les sourires et les raffales qu'il décrit, « son esprit était souventes fois comme l'air caressant qui vient de l'ouest par une matinée d'été : — doux et rafraîchissant pour tout ce qui l'entourait. Ses discours gagnaient toutes les affections. Puis ensuite elle pouvait se montrer si différente, quand l'obéissance lui faisait faute, qu'il n'y avait pas à douter *de qui* elle était fille. Quand elle souriait, c'était un pur rayon de soleil auquel se réchauffaient tous ceux qui en pouvaient jouir ; mais venait ensuite une tempête précédée d'une soudaine accumulation de nuages, et la foudre tombait d'une manière étonnante sur tous également [2]. »

Cette mobilité de caractère, Leicester ne l'ignorait pas, était surtout redoutable à ceux qui avaient part aux affections de la reine, et dont la faveur reposait plutôt sur ses sentiments personnels que sur les services indispensables qu'ils pouvaient rendre à ses conseils et à sa couronne. Celle de Burleigh ou de Walsingham, d'une nature beaucoup moins ostensible que la faveur par laquelle lui-même était soutenu, était fondée, Leicester le savait bien, sur le jugement d'Élisabeth et non sur une préférence de sentiment ; et il s'ensuivait qu'elle était à l'abri de tous ces principes de variation et d'affaiblissement nécessairement inhérents à celle qui provenait essentiellement de grâces personnelles et d'une prédilection de femme. Ces sages et grands hommes d'État n'étaient appréciés par la reine que sur les mesures qu'ils suggéraient et sur les raisons par lesquelles ils appuyaient leurs opinions dans le conseil ; au lieu que les succès de la navigation de Leicester dépendaient de ces mille souffles légers et changeants du caprice ou de la fantaisie, qui entravent ou favorisent les progrès d'un amant dans les bonnes grâces de sa maîtresse, de celle-ci, surtout, qui de temps à autre avait de terribles retours, dans l'appréhension où elle était sans cesse d'oublier la dignité de la reine ou d'en compromettre l'autorité en s'abandonnant aux affections de la femme. Ces difficultés qui entouraient

---

[1] *Hard-ruled king.*
[2] *Nugæ antiquæ*, vol. I, p. 355, 356, 362. (W. S.)

son pouvoir, « trop grand pour le conserver ou le déposer, » Leicester les sentait pleinement ; et lorsqu'avec inquiétude il cherchait autour de lui les moyens de se maintenir dans sa situation précaire, ou quand parfois il examinait ceux d'en descendre sans danger, il ne voyait que peu d'espoir de pouvoir faire l'un ou l'autre. En de tels moments ses pensées se reportaient et s'arrêtaient sur son mariage secret et sur les conséquences qu'il pouvait avoir ; et c'était avec un sentiment d'amertume contre lui-même, sinon contre l'infortunée comtesse, qu'il attribuait à cette mesure adoptée sans réflexion dans l'ardeur de ce que maintenant il qualifiait de passion inconsidérée, et l'impossibilité où il était d'asseoir son pouvoir sur une base solide, et la perspective d'une chute prochaine.

— On dit (tel était le cours de ses pensées dans ces moments d'anxiété et de repentir) — on dit que je pourrais épouser Élisabeth et devenir roi d'Angleterre. Tout en effet l'indique. Le mariage est chanté dans les ballades, aux applaudissements de la foule, qui en jette ses bonnets en l'air ; — on en a touché quelque chose dans les écoles, — on en a parlé tout bas dans la chambre de présence, — on l'a recommandé du haut de la chaire, — on a prié pour sa réussite dans les églises calvinistes du continent, — il en a été question ici parmi les politiques du conseil : — et ces hardies insinuations n'ont été l'objet d'aucun reproche, d'aucun ressentiment, d'aucune réprimande ; à peine même y a-t-elle répondu par sa protestation habituelle qu'elle vivrait et mourrait reine-vierge. Ses paroles ont été plus prévenantes que jamais, bien qu'elle sache que ces bruits ont cours ; — ses manières ont été plus gracieuses, — ses regards plus affectueux ; — rien ne semble me manquer pour devenir roi d'Angleterre et me mettre au-dessus des orages de la faveur de cour, que d'étendre la main pour prendre cette couronne royale, la gloire de l'univers ! Et quand je pourrais avancer cette main le plus hardiment, elle est chargée d'un lien secret et inextricable ! — Et j'ai ici des lettres d'Amy, disait-il en une de ces occasions, en les prenant avec un mouvement d'humeur, où elle me persécute pour que je la reconnaisse ouvertement, — que je fasse justice à elle et à moi-même, — et je ne sais quoi encore. Il me semble qu'en fait de justice, j'en ai déjà subi une rigoureuse. Et elle parle comme si Élisabeth était femme à recevoir cette nouvelle avec la joie d'une mère apprenant l'heureux mariage d'un fils plein d'avenir ! — Elle, la fille de ce Henri qui n'épargnait ni homme dans sa colère ni femme dans ses désirs, — se trouver trompée, après avoir été amenée par les feintes démonstrations de la passion presque au point d'avouer son amour à un sujet, et découvrir alors qu'il est marié ! — Élisabeth apprendre qu'on s'est joué d'elle comme un élégant courtisan pourrait se jouer d'une campagnarde ! — C'est alors que notre reine montrerait ce que peut une femme en fureur, *furens quid fœmina!*

Il s'arrêtait alors, et faisait appeler Varney, aux avis duquel le comte avait plus fréquemment recours que jamais, se souvenant des remontrances qu'il lui avait faites contre son mariage secret; et leur consultation finissait habituellement par une anxieuse délibération sur la manière dont la comtesse devrait être présentée à Kenilworth. Pendant quelque temps ces délibérations se terminèrent constamment par la résolution de reculer de jour en jour le voyage de la reine; mais enfin une décision définitive devint nécessaire.

—Élisabeth ne sera contente que lorsqu'elle l'aura vue, dit le comte. Que quelque soupçon ait pénétré dans son esprit, comme mes appréhensions me le font présumer, ou que la pétition de Tressilian soit rappelée à son souvenir par Sussex ou par quelque autre ennemi secret, je ne sais; mais au milieu de toutes les expressions de bonté qu'elle a pour moi, elle revient souvent à l'histoire d'Amy Robsart. Je crois qu'Amy Robsart est l'esclave placé près de mon char par ma mauvaise fortune pour mélanger et troubler mon triomphe, même au moment où il est à son plus haut point. Montre-moi ton génie inventif, Varney, pour résoudre cette inextricable difficulté. J'ai jeté sur le chemin de ces maudites fêtes autant de causes de retard que je pouvais le faire avec une ombre de convenance; mais l'entrevue d'aujourd'hui ne me permet plus de rien espérer que du hasard. Elle m'a dit d'un ton affectueux, mais péremptoire : Nous ne vous laisserons pas un plus long temps pour vos préparatifs, mylord, de peur que vous ne vous ruiniez tout-à-fait. Samedi, 9 de juillet, nous serons avec vous à Kenilworth. — Nous vous prions de n'oublier aucun des invités et des aspirants que nous avons désignés, notamment cette volage en amour, Amy Robsart. Nous souhaitons voir la femme qui a pu sacrifier ce poëte, ce M. Tressilian, à votre serviteur Richard Varney. — Maintenant, Varney, exerce ton imagination, dont la fécondité nous a été si souvent utile; car, aussi sûr que mon nom est Dudley, le danger dont me menace mon horoscope s'apprête à fondre sur moi.

— N'y a-t-il aucun moyen de persuader à mylady d'accepter pour un court espace le rôle obscur que les circonstances lui imposent? dit Varney après une certaine hésitation.

— Comment, maraud! mylady prendre le titre de *ta* femme! — cela n'est compatible ni avec mon honneur ni avec le sien.

— Hélas, mylord! telle est cependant sa qualité aux yeux d'Élisabeth: et démentir cette opinion, c'est tout découvrir.

— Cherche quelque autre moyen, Varney, dit le comte, en proie à une vive agitation; celui-ci ne vaut rien. — Lors même que je l'admettrais, elle ne l'accepterait pas; car je te dirai, si tu ne le sais pas, Varney, qu'Élisabeth sur le trône n'a pas plus de fierté que la fille de cet obscur gentilhomme du Devon. Elle cédera sur bien des points; mais si elle croit son honneur en question, elle montre un caractère aussi inflammable que la foudre et aussi prompt à éclater.

— Nous l'avons éprouvé, mylord, sans quoi nous ne serions pas où nous en sommes. Mais je ne sais quel autre moyen conseiller. — Il me semble que celle qui a fait naître le danger par la bonne fortune qu'elle a eue de devenir l'épouse de Votre Seigneurie, devrait faire quelque chose pour le détourner.

— C'est impossible, dit le comte avec un mouvement de main; je ne connais ni autorité ni supplications qui pussent lui faire endurer ton nom pour une heure.

— C'est un peu dur, pourtant, répliqua Varney d'un ton sec; et, sans s'arrêter sur ce sujet, il ajouta : Supposez que l'on trouvât quelqu'un pour la représenter? De telles choses se sont faites à la cour de princes aussi clairvoyants que la reine Élisabeth.

— Folie pure, Varney; l'Amy supposée serait confrontée avec Tressilian, et la supercherie inévitablement découverte.

— On pourrait éloigner Tressilian de la cour.

— Par quels moyens?

— Il en est plus d'un par lequel un homme d'État dans votre situation, mylord, peut éloigner de la scène un homme qui s'ingère de vos affaires, et se met à ses risques et périls en opposition avec vous.

— Ne me parle pas d'une telle politique, Varney, repartit précipitamment le comte; outre que dans le cas présent elle ne profiterait à rien, il y aura à la cour bien d'autres personnes de qui Amy peut être connue; et d'ailleurs son père ou quelqu'un de ses parents, serait, en l'absence de Tressilian, immédiatement appelé. Demande une nouvelle invention à ton esprit de ressources.

— Mylord, je ne sais plus qu'imaginer; mais si c'était moi qui me trouvasse en une telle perplexité, je monterais à cheval et me rendrais en toute hâte à Cumnor-Place, où j'obligerais ma femme de donner son consentement aux mesures, quelles qu'elles fussent, que pourraient requérir sa sûreté et la mienne.

— Varney, répliqua Leicester, je ne puis la pousser à quelque chose d'aussi répugnant à sa noble nature que de se prêter à ce stratagème; — ce serait bien mal récompenser l'amour qu'elle me porte.

— Bien, mylord; Votre Seigneurie est un homme sage et honorable, bien au fait de ces scrupules d'une délicatesse romanesque qui peut-être ont cours en Arcadie, comme l'écrit votre neveu Philippe Sidney. Je suis votre humble serviteur, — un homme de ce monde, heureux seulement que la connaissance que j'ai de ce monde et de ses voies soit telle que Votre Seigneurie n'ait pas dédaigné d'en profiter. Maintenant, je voudrais savoir sur qui porte l'obligation, de mylady ou de vous, dans cette union fortunée, et lequel des deux a le plus de raisons de montrer de la complaisance, et d'avoir égard aux désirs, aux convenances et à la sécurité de l'autre?

— Je te dis, Varney, que tout ce qu'il était en mon pouvoir de lui donner n'était pas seulement mérité, mais a été mille fois surpayé par sa beauté et sa vertu ; car jamais la grandeur n'est descendue sur une créature si bien formée par la nature pour l'orner et l'embellir.

— Il est heureux, mylord, que votre satisfaction soit telle, repartit Varney avec le sourire sardonique qui lui était habituel, et que même son respect pour le comte ne pouvait toujours supprimer ; — vous aurez tout le temps de jouir à votre aise de la société d'une femme si gracieuse et si belle, — c'est-à-dire aussitôt que vous serez quitte d'un emprisonnement à la Tour assez long pour équivaloir au crime d'avoir trompé les affections d'Élisabeth Tudor. — Je ne présume pas que vous puissiez vous attendre à en être quitte à meilleur marché.

— Démon de malice! dit Leicester; te railles-tu de moi dans mon malheur? — Conduis cela comme tu l'entendras.

— Si vous parlez sérieusement, mylord, il faut partir sur-le-champ et courir à franc-étrier jusqu'à Cumnor-Place.

— Vas-y toi-même, Varney; le diable t'a donné cette sorte d'éloquence qui a le plus de puissance dans une mauvaise cause. Je me sentirais à demi coupable d'infamie, si je sollicitais moi-même une telle supercherie. — Pars, te dis-je; — faut-il que je te supplie pour mon propre déshonneur?

— Non, mylord; — mais si vous m'investissez sérieusement de la tâche de presser une mesure si nécessaire, il faut que vous me donniez une lettre de créance pour mylady, et que vous vous reposiez sur moi du soin d'en appuyer le contenu de toutes mes forces et de tout mon pouvoir. Et telle est l'opinion que j'ai de l'amour de mylady pour Votre Seigneurie et de sa disposition à faire ce qui peut contribuer à votre satisfaction et à votre sûreté, que je suis sûr qu'elle condescendra à porter pour le court espace de quelques jours le nom d'un homme aussi humble que je le suis, d'autant plus que ce nom ne le cède pas en antiquité à celui de son père.

Leicester prit précipitamment la plume, et commença pour la comtesse deux ou trois lettres qu'il déchira. Enfin il traça quelques lignes sans suite, dans lesquelles il la conjurait, pour des raisons touchant de près à sa vie et à son honneur, de consentir à porter le nom de Varney pour un petit nombre de jours, durant les fêtes de Kenilworth. Il ajoutait que Varney expliquerait toutes les raisons qui rendaient cette supposition indispensable; et après avoir signé et scellé cette lettre, il la jeta à Varney par-dessus la table, avec un geste qui intimait l'ordre d'un prompt départ, ordre que comprit aisément son conseiller, et auquel il ne fut pas long à obéir.

Leicester resta comme stupéfié jusqu'au moment où le bruit d'un pas de chevaux lui annonça le moment où Varney, qui n'avait pas pris le temps de changer de costume, sautait en selle et se mettait en route pour le Berkshire, suivi d'un seul domestique. A ce bruit, le comte se leva vivement et courut à la fenêtre, dans l'intention momentanée de révoquer l'indigne commission qu'il avait confiée à un homme dont il avait coutume de dire qu'il ne lui connaissait pas d'autre vertu que son attachement pour son patron. Mais Varney était déjà hors de portée de la voix ; — et le firmament brillamment étoilé, que le siècle regardait comme le livre du destin, se développant au-dessus de Leicester quand il eut ouvert la fenêtre, détourna son esprit de ce courageux retour à une meilleure pensée.

— Les voilà qui poursuivent leur cours silencieux, mais puissant, dit le comte en portant les yeux autour de lui, sans voix qui parle à notre oreille, mais non sans une influence qui, à chacune de leurs révolutions, affecte les habitants de cette misérable planète terrestre. Si les astrologues n'en imposent pas, voici la crise de mes destinées. Voici venir l'heure qu'il m'a été dit de redouter, — heure, aussi, que j'ai été encouragé à attendre avec espoir. — Le mot était Roi ; — mais comment ? — La couronne matrimoniale ? — tout espoir est perdu de ce côté : — n'y songeons plus. Les riches provinces des Pays-Bas m'ont demandé pour chef, et si Élisabeth y voulait consentir, elles me donneraient *leur* couronne. — Et n'ai-je pas droit en effet à un sceptre, même dans ce royaume ? le droit de la maison d'York, qui est passé de George de Clarence à la maison de Huntingdon, laquelle, Élisabeth venant à mourir, peut avoir de belles chances ; — et Huntingdon est de ma maison. — Mais je ne me plongerai pas plus avant dans ces importants mystères. Poursuivons pendant un temps encore ma course en silence et dans l'obscurité, comme une rivière souterraine ; — l'heure viendra où je déborderai dans toute ma force, et où je chasserai devant moi tout ce qui ferait obstacle à mon passage.

Tandis que Leicester, pour étourdir les reproches de sa conscience, en appelait ainsi pour excuse aux nécessités politiques, ou se perdait dans les rêves d'une ambition déréglée, son agent dévorait la distance dans son voyage précipité vers le Berkshire. *Lui* aussi nourrissait de hautes espérances. Il avait amené Leicester au point où il avait désiré le voir ; il se voyait initié aux secrets les plus intimes de son maître, et appelé à lui servir d'intermédiaire dans ses relations les plus confidentielles avec sa dame. Désormais il prévoyait qu'il serait difficile au comte, soit de se passer de ses services, soit de se refuser à ses requêtes, quelque déraisonnables qu'elles pussent être. Et si cette dédaigneuse dame, comme il appelait la comtesse, accédait à la demande de son époux, Varney, son mari prétendu, se trouverait nécessairement vis-à-vis d'elle dans une telle situation qu'on ne pouvait savoir où devrait s'arrêter son audace : — peut-être ne serait-ce pas avant que les circonstances l'eussent mis à même d'obtenir un triomphe auquel il pensait avec un mélange de sentiments diaboliques, parmi lesquels dominait surtout le désir de se venger des mépris qu'elle lui avait témoignés ; puis il envisageait le cas possible où elle serait absolument intraitable, et où elle refuserait de jouer le rôle qui lui était assigné dans le drame de Kenilworth.

— Il faudra alors qu'Alasco joue le sien, pensait-il ; — il faudra que la maladie serve d'excuse près de Sa Majesté, si mistress Varney ne peut venir lui présenter ses hommages. — Oui, et ce pourra être une grave et dangereuse maladie, si Élisabeth continue de regarder lord Leicester d'un œil toujours aussi favorable. Je ne renoncerai pas à la chance de devenir le favori d'un monarque, faute de mesures vigoureuses, si elles deviennent nécessaires. — En avant, mon bon cheval, en avant! — l'ambition et l'espérance altière du pouvoir, du plaisir et de la vengeance, me percent le cœur de leurs aiguillons, aussi profondément que j'enfonce mes éperons dans tes flancs. — Avance, mon bon cheval, avance! — le diable nous pousse tous les deux en avant.

CHAPITRE XXII.

> Si ma beauté trop faible est méprisée parmi les dames de la cour, pourquoi, ô dédaigneux Leicester, m'as-tu arrachée du château paternel, où ce peu de beauté n'était pas méprisé?
> Tu ne viens plus, avec la hâte d'un amant, voir l'épouse que tu aimais ; sa vie ou sa mort, je le crains, te sont également indifférentes, cruel Leicester !
> WILLIAM JULIUS MICKLE, *Cumnor-Hall*.

Les dames à la mode du temps actuel, ou de toute autre époque, auraient dû reconnaître que la jeune et charmante comtesse de Leicester, outre sa jeunesse et sa beauté, avait deux qualités qui lui donnaient droit à prendre place parmi les femmes de rang et de distinction. Elle montrait, comme nous l'avons vu dans son entrevue avec le marchand ambulant, une facilité libérale à faire des emplettes inutiles, uniquement pour le plaisir d'acheter des bagatelles apparentes, mais sans usage, qui cessaient de plaire aussitôt qu'on les possédait ; et elle avait en outre une disposition naturelle à passer chaque jour un temps considérable à parer sa personne, bien que la splendeur variée de ses atours ne lui pût attirer que les louanges à demi satiriques de la puritaine Jeannette, ou un regard approbateur des yeux brillants qui voyaient leurs propres éclairs de triomphe réfléchis dans le miroir.

La comtesse Amy avait à alléguer, il est vrai, comme excuse de ces goûts frivoles, que l'éducation du temps avait peu fait pour un esprit naturellement enjoué et ennemi de l'étude. Si elle n'avait pas aimé à réunir des objets de parure et à les porter, elle aurait pu faire de la tapisserie ou des broderies rapportées, et en décorer avec une élégante profusion les murailles et les siéges de Lidcote-Hall ; ou bien elle aurait pu varier les travaux de Minerve par la confection de formidables puddings pour le moment où sir Hugh Robsart revenait de la chasse. Mais Amy n'avait de génie naturel ni pour le métier, ni pour l'aiguille, ni pour le livre de recettes. Elle était enfant quand elle avait perdu sa mère ; son père ne la contredisait en rien ; et Tressilian, la seule des personnes qui l'approchât qui pût ou voulût s'attacher à cultiver l'esprit de la fille du bon chevalier, avait grandement nui à ses intérêts près d'elle en prenant avec trop d'ardeur le rôle de précepteur. Aussi inspirait-il à la vive et frivole jeune fille, gâtée par un excès d'indulgence, une certaine crainte et un grand respect, auxquels ne se mêlait que peu ou point de ce sentiment plus doux que son espoir et son ambition avaient été d'inspirer. Le cœur d'Amy avait donc été aisément accessible, et son imagination s'était laissé prendre sans peine au noble extérieur, aux manières gracieuses et aux flatteries complaisantes de Leicester, même avant qu'elle le connût pour le brillant favori de la richesse et du pouvoir.

Les visites fréquentes de Leicester à Cumnor dans les premiers temps de leur union avaient réconcilié la comtesse avec la solitude et la réclusion auxquelles elle était condamnée; mais ces visites, devenues de plus en plus rares, furent suppléées par des lettres d'excuse quelquefois assez froides et généralement fort courtes; le mécontentement et le soupçon commencèrent à hanter ces appartements splendides que l'amour avait disposés pour la beauté. Ces sentiments perçaient trop ouvertement dans ses réponses à Leicester, et elle l'y pressait avec plus de franchise que de prudence de la tirer de cette résidence obscure et retirée en reconnaissant leur mariage; et, en arrangeant ses arguments avec toute l'habileté dont elle était capable, elle se fiait surtout à la chaleur des supplications dont elle les appuyait. Parfois elle se risquait même à y mêler des reproches dont Leicester pensait avoir droit de se plaindre.

— Je l'ai faite comtesse, disait-il à Varney; assurément elle pourrait attendre que mon bon plaisir fût de lui en faire prendre la couronnette?

La comtesse Amy voyait les choses sous un point de vue tout opposé. — A quoi me sert, disait-elle, d'avoir en réalité le rang et l'honneur, si je dois vivre obscure et prisonnière, sans société ni marques d'égards, et souffrant dans ma réputation, comme une femme d'un honneur douteux et terni? Peu m'importent ces guirlandes de perles que vous mêlez à mes cheveux, Jeannette. Je vous dis qu'à Lidcote-Hall, si j'y plaçais seulement un bouton de rose, mon bon père m'appelait à lui afin de le voir de plus près, et le bon vieux ministre souriait, et M. Mumblazen parlait de roses de gueules; et maintenant me voilà ici parée d'or et de pierreries comme une image, sans qu'il y ait là pour voir ma parure personne autre que vous, Jeannette. Il y avait aussi le pauvre Tressilian; — mais cela ne sert à rien de parler de lui.

— A rien, en effet, madame, repartit la prudente Jeannette; et véritablement vous me faites quelquefois désirer de ne pas vous entendre parler de lui si souvent ni si imprudemment.

— Vos remontrances sont inutiles, Jeannette, dit l'impatiente et incorrigible comtesse; je suis née libre, quoique je sois maintenant emprisonnée plutôt comme pourrait l'être une belle esclave étrangère que comme l'épouse d'un noble anglais. J'ai supporté tout cela avec plaisir tant que j'ai été sûre qu'il m'aimait ; mais maintenant ma langue et mon cœur seront libres, de quelques liens que l'on charge ces membres.

— Je te le dis, Jeannette : j'aime mon époux ; — je l'aimerai jusqu'à mon dernier souffle ; — je ne pourrais cesser de l'aimer. même si je le voulais, ou si lui-même — ce qui peut arriver, Dieu le sait! — cessait de m'aimer. Mais je dirai, et hautement, que j'aurais été plus heureuse que je ne le suis maintenant si j'étais restée à Lidcote-Hall, lors même qu'il m'aurait fallu épouser le pauvre Tressilian, avec son air mélancolique, et sa tête remplie de connaissances dont je ne me souciais guère. Il disait que si je voulais lire ses livres favoris viendrait un temps où je serais bien aise de l'avoir fait : — je crois que ce temps-là est venu.

— Je vous ai acheté quelques livres, madame, d'un boiteux qui en vendait sur la place du marché, — et qui me regardait un peu hardiment, je vous promets.

— Fais-les moi voir, Jeannette ; mais que ce ne soient pas des livres de ta secte précisienne. — Qu'est-ce que c'est que tout cela, très puritaine Jeannette? — *Une Paire de Mouchettes pour le Chandelier d'Or,* — *Une Poignée de Myrrhe et d'Hysope pour purger une Ame malade,* — *Un verre d'eau de la vallée de Baca,* — *Renards et Tisons.* — Quel nom donnez-vous à tout ceci, Jeannette?

— Il était convenable et bienséant, madame, de mettre la grâce sur la route de Votre Seigneurie ; mais si vous n'en voulez pas, voici des livres de comédies, et des livres de vers, je crois.

La comtesse procéda nonchalamment à son examen, feuilletant des volumes dont la rareté ferait aujourd'hui la fortune de vingt bouquinistes. Là se trouvaient un *Livre de cuisine*, *imprimé par Richard Lent*, et les *Livres de Skelton* ; — *le Passe-temps du peuple* ; — *le Château des Connaissances*, etc. Mais ce genre de littérature ne dit rien non plus au cœur de la comtesse, et ce fut avec joie qu'elle abandonna l'occupation insipide de feuilleter les brochures, et que dans sa hâte elle les éparpilla sur le plancher, quand son attention fut distraite par un bruit rapide de pas de chevaux qui se fit entendre de l'avant-cour. Elle courut à la fenêtre en s'écriant : C'est Leicester! — c'est mon noble comte! — c'est mon Dudley! — Chaque pas de son cheval sur le pavé sonne à mon oreille comme les notes d'une musique harmonieuse.

Il y eut un instant de tumulte dans la maison, puis Foster entra dans l'appartement, les yeux baissés, selon son habitude ; et avec sa brusquerie accoutumée, il annonça que M. Richard Varney était arrivé de la part de mylord, après avoir couru toute la nuit, et qu'il demandait à parler sur-le-champ à mylady.

— Varney! dit la comtesse désappointée ; et pour me parler? — Mais il vient avec des nouvelles de Leicester : — faites-le monter sur-le-champ.

Varney entra dans le cabinet de toilette, où elle était assise parée de ses charmes naturels et de ce qu'y avait pu ajouter tout l'art de Jeannette, ainsi qu'un déshabillé riche et de bon goût. Mais son plus be ornement était la profusion luxuriante de sa chevelure châtaine, dont les longues tresses retombaient en boucles abondantes autour d'un cou qui avait la blancheur du cygne, et sur un sein gonflé par les émotions de l'attente, qui avaient coloré ses traits d'un vif incarnat.

Varney portait encore le costume sous lequel, le matin même de son départ, il avait accompagné son maître à la cour, costume dont la richesse offrait un étrange contraste avec le désordre provenant d'une marche forcée pendant une nuit sombre et par de mauvais chemins. Sur son front on lisait une expression visible d'inquiétude et d'embarras, semblant indiquer un homme qui ne sait comment seront reçues les communications dont il est chargé, et à qui cependant leur urgence a fait hâter sa marche. L'œil inquiet de la comtesse prit aussitôt l'alarme, et elle s'écria : — Vous m'apportez des nouvelles de mylord, monsieur Varney? — Juste ciel ! est-il malade ?

— Non, madame, grâce au ciel ! répondit Varney. Remettez-vous, et permettez-moi de reprendre haleine avant de vous communiquer mes nouvelles.

— Pas de délai, monsieur, répliqua la dame avec impatience; je connais vos artifices de théâtre. Puisque votre haleine a suffi pour vous amener ici, elle peut suffire pour ce que vous avez à dire, au moins brièvement et en gros.

— Nous ne sommes pas seuls, madame, et le message de mylord était pour votre oreille seulement.

— Laissez-nous, Jeannette, et vous aussi, monsieur Foster; mais restez dans la pièce voisine, à portée d'entendre si j'appelle.

Foster et sa fille se retirèrent, conformément aux ordres de lady Leicester, dans le salon auquel attenait le cabinet de toilette. La porte de la chambre à coucher fut alors soigneusement fermée au verrou; le père et la fille restèrent tous les deux dans une attitude d'attention inquiète, la physionomie du premier offrant une expression farouche, soupçonneuse et refrognée, et Jeannette, les mains jointes, partagée entre le désir de connaître le sort de sa maîtresse et les prières qu'elle adressait au Ciel pour sa sûreté. Anthony Foster parut lui-même avoir quelque idée de ce qui se passait dans l'esprit de sa fille, car il traversa la chambre, et prenant avec une sorte d'émotion la main de sa fille, il lui dit : C'est juste, — prie, Jeannette, prie; — nous avons tous besoin de prières, et quelques uns de nous plus que d'autres. — Je voudrais prier moi-même, mais il faut que j'aie l'oreille à ce qui se passe là-dedans — Quelque malheur se brasse, Jeannette, — quelque malheur se brasse.

— Que Dieu nous pardonne nos péchés; mais l'étrange et soudaine arrivée de Varney ne nous présage rien de bon.

Jamais jusqu'alors Jeannette n'avait entendu son père attirer ou même

CHAPITRE XXII.

tolérer son attention sur rien de ce qui se passait dans leur mystérieux intérieur ; et en ce moment la voix de Foster sonnait à l'oreille de sa fille — elle n'aurait pu dire pourquoi — comme celle du hibou messager de malheur et de catastrophes. Elle porta ses yeux vers la porte avec une expression de terreur, presque comme si elle se fût attendue à ce que des sons d'horreur se fissent entendre, ou à ce que quelque spectacle effrayant s'offrît à sa vue.

Tout, cependant, était calme comme la tombe, et la voix de ceux qui sans doute s'entretenaient dans le cabinet était soigneusement maintenue assez basse pour qu'on ne pût l'entendre du salon. Tout-à-coup, pourtant, on entendit parler d'une manière confuse, rapide, précipitée, et presque en même temps la voix de la comtesse domina ce bruit, élevée au plus haut diapason où l'indignation pouvait la porter : — Ouvrez la porte, monsieur, je vous l'ordonne ! s'écriait-elle ; — ouvrez la porte ! — Je n'ai pas d'autre réponse à faire ! continua-t-elle, couvrant par la véhémence de ses apostrophes les observations à peine articulées que l'on entendait Varney faire à demi-voix dans les intervalles. — Holà ! quelqu'un ! ajouta-t-elle (et elle accompagnait ses paroles de cris perçants). Jeannette, donnez l'alarme dans la maison ! — Foster, enfoncez la porte, — je suis retenue ici par un traître ! — Employez la hache et le levier, monsieur Foster ; — je serai votre caution !

— Cela ne sera pas nécessaire, madame, dit enfin Varney de manière à être entendu distinctement. S'il vous plaît de prendre tout le monde pour confident des importants secrets de mylord et des vôtres, je ne veux pas vous en empêcher.

On tira le verrou, la porte s'ouvrit, et Jeannette et son père se précipitèrent dans le cabinet, impatients d'apprendre la cause de ces exclamations réitérées. Quand ils entrèrent, Varney était debout près de la porte, les dents serrées avec une expression dans laquelle la rage, la honte et la crainte avaient chacune leur part. La comtesse était au milieu de la pièce, semblable à une jeune pythonisse sous l'influence de la fureur prophétique. Les battements précipités de ses artères dessinaient en lignes bleues les veines gonflées de son beau front ; — ses joues et son cou étaient d'un rouge ardent ; — ses yeux semblaient ceux d'un aigle captif, lançant des éclairs flamboyants sur l'ennemi que ses serres ne peuvent atteindre. S'il était possible qu'une des Grâces fût animée par les Furies, sa physionomie ne pourrait unir à plus de beauté autant de haine, de mépris, de fierté et de colère. Le geste et l'attitude répondaient à la voix et au regard, et formaient un ensemble à la fois beau et terrible, tant l'énergie de l'indignation avait ajouté de sublime aux charmes naturels de la comtesse Amy. Dès que la porte fut ouverte, Jeannette courut à sa maîtresse ; plus lentement, quoiqu'avec plus de précipitation qu'il ne lui était habituel, Anthony Foster s'approcha de Richard Varney.

— Au nom de la vérité, mylady, qu'avez-vous? dit Jeannette.

— Au nom de Satan, que lui avez-vous fait? dit Foster à son ami.

— Qui, moi? rien, répondit Varney, mais d'une voix sourde et la tête baissée, rien que de lui communiquer les ordres de son seigneur; et s'il ne lui plaît pas d'y obéir, elle sait mieux comment elle y doit répondre que je ne puis prétendre le savoir.

— J'atteste le Ciel, Jeannette, dit la comtesse, que le traître ment par sa gorge. Il faut bien qu'il mente, car ce qu'il dit est au déshonneur de mon noble lord. — Il doit mentir doublement, car il parle dans des vues qui lui sont propres, et à des fins aussi exécrables qu'impossibles.

— Vous m'avez mal compris, mylady, repartit Varney avec une sorte de soumission forcée; laissons ce sujet jusqu'à ce que votre colère soit calmée, et je vous expliquerai tout.

— Tu n'en auras jamais l'occasion, répliqua la comtesse. — Regarde-le, Jeannette. Il est bien habillé, il a les dehors d'un gentilhomme, et il venait ici pour me persuader que c'était le bon plaisir de mylord, — bien plus, que c'était l'ordre de mon époux, que j'allasse avec lui à Kenilworth, et que là, devant la reine et les nobles, en présence de mon propre époux, je le reconnusse, — *lui* que voilà, — cet homme à brosser le manteau et à épousseter la chaussure de son maître, — *lui* que voilà, le laquais de mylord, que je le reconnusse pour mon époux et maître! fournissant par là, grand Dieu! quand je serais pour revendiquer mon droit et mon rang, des armes contre moi-même, et détruisant mon juste titre à prendre place parmi les nobles femmes de l'Angleterre!

— Vous l'entendez, Foster, et vous, jeune fille, entendez mylady, reprit vivement Varney, profitant d'une pause qu'avait faite la comtesse au milieu de ses inculpations, plutôt faute d'haleine que faute de sujet; — vous entendez que tout ce que sa colère me reproche, c'est une démarche que mylord, dans la lettre même qu'elle tient à la main, indique lui-même comme nécessaire pour garder le secret sur certaines choses.

Foster voulut ici intervenir d'un air d'autorité, qu'il crut convenir au poste qu'il occupait. — Je dois dire, mylady, fit-il observer, qu'en ceci vous avez agi avec trop de précipitation. — Une telle fraude n'est pas absolument condamnable quand elle est commise pour une fin juste, ce fut ainsi que le patriarche Abraham fit passer Sarah pour sa sœur quand ils descendirent en Égypte.

— Oui, monsieur, répliqua la comtesse, mais Dieu réprimanda cette imposture même dans le père de son peuple élu, par la bouche du païen Pharaon. Honte à vous, qui ne lisez l'Écriture que pour imiter les choses qui nous y sont montrées comme avertissement, et non comme exemples!

— Mais, sous votre bon plaisir, Sarah ne s'éleva point contre la volonté de son époux, repartit Foster; elle fit ce qu'Abraham ordonnait et prit le titre de sa sœur, afin qu'il n'arrivât pas mal à son époux à cause d'elle, et que sa beauté ne fût pas pour lui une cause de mort.

— Que le Ciel me pardonne mon inutile colère, dit la comtesse; tu es un audacieux hypocrite autant que cet homme est un impudent imposteur ! Je ne croirai jamais que le noble Dudley ait appuyé un plan si lâche et si déshonorant. S'il l'a fait, c'est ainsi que je foule aux pieds son infamie, et que j'en détruis à jamais le souvenir ! A ces mots elle déchira la lettre de Leicester, et elle la foula aux pieds dans l'excès de son indignation, comme si elle eût voulu en anéantir jusqu'au dernier fragment.

— Soyez témoins, dit Varney, qui avait repris son assurance, soyez témoins qu'elle a déchiré la lettre de mylord, afin de me charger du plan qu'il a conçu ; et quoique ce plan ne me promette qu'embarras et danger, elle voudrait le mettre sur mon compte, comme si j'y avais un intérêt qui me fût propre.

— Tu mens, fourbe infâme ! s'écria la comtesse, en dépit des efforts de Jeannette pour lui faire garder le silence, dans la triste prévision que la véhémence de sa maîtresse ne pourrait que fournir des armes contre elle ; — tu mens ! répéta-t-elle. — Lâche-moi, Jeannette ; — quand ce serait la dernière parole que je dusse prononcer, il ment. — Il a en vue ses abominables desseins ; et il les eût exposés plus clairement si l'indignation m'avait permis de garder plus long-temps le silence qui l'avait d'abord encouragé à dérouler ses ignobles projets.

— Madame, reprit Varney, subjugué malgré son effronterie, je vous supplie de croire que vous vous êtes méprise.

— Je croirai aussi aisément que la lumière est devenue ténèbres ! Ai-je bu l'eau d'oubli ? N'ai-je pas souvenir de certaines circonstances qui, connues de Leicester, t'eussent valu les honneurs du gibet au lieu de l'intimité dont ton maître t'a honoré ? Que ne suis-je homme seulement pour cinq minutes ! ce serait assez pour forcer un lâche tel que toi de confesser sa scélératesse. — Va-t'en ! — sors d'ici ! — Dis à ton maître que lorsque je prendrai la route abominable à laquelle doit nécessairement me conduire la scandaleuse imposture que tu m'as proposée à son égard, je lui donnerai un rival quelque peu digne du nom. Il ne sera pas supplanté par un ignominieux laquais, pour lequel c'est une bonne fortune d'attraper en don le dernier habillement de son maître avant qu'il ne montre la corde, et qui n'est propre qu'à séduire une fille de faubourg par l'étalage de nouvelles rosettes sur les vieilles chaussures de son maître. Allez, sortez, monsieur ! — je vous méprise tant, que je suis honteuse de m'être mise en colère contre vous.

Varney quitta la chambre avec une muette expression de rage, et fut suivi de Foster, dont l'intelligence naturellement lente était comme anéantie par cette abondante expression d'indignation véhémente, que pour la première fois il entendait sortir des lèvres d'un être qui jusque là semblait trop languissant et trop doux pour nourrir une pensée de colère ou proférer un mot d'emportement. Foster poursuivait donc Varney de chambre en chambre, le persécutant de questions auxquelles l'autre ne répondit que lorsqu'ils furent arrivés à l'aile opposée du bâtiment, et qu'ils furent entrés dans la vieille bibliothèque que le lecteur connaît déjà. Là il se retourna vers son persévérant compagnon, et lui adressa la parole d'un ton assez calme, cette marche de quelques instants ayant suffi pour donner à un homme si bien habitué à commander à ses émotions le temps de se remettre et de recouvrer sa présence d'esprit.

— Tony, dit-il avec son ricanement habituel, il est inutile de le nier, la femme et le diable, qui au commencement ont trompé l'homme, ainsi que te le confirmera ton oracle Holdforth, l'ont aujourd'hui emporté sur ma réserve. Cette virago avait un air si tentant, et elle avait su conserver un tel calme de physionomie pendant que je lui communiquais le message de mylord, que j'ai, ma foi, cru pouvoir dire quelque petite chose pour moi. Elle croit me tenir maintenant la tête sous sa ceinture, mais elle se trompe. Où est le docteur Alasco?

— Dans son laboratoire. Ce n'est pas l'heure où on peut lui parler; — il faut que nous attendions que midi soit passé, sans quoi nous gâterions ses importantes — que dis-je, importantes? — je voulais dire nous interromperions ses divines études.

— Oui, il étudie la théologie du diable [1] ; — mais quand j'ai besoin de lui, une heure en vaut une autre. Conduis-moi à son *pandæmonium*. Sur ce, d'un pas inégal et précipité, Varney suivit Foster, qui le conduisit par des passages secrets, dont plusieurs étaient à demi ruinés, à un côté opposé de l'édifice quadrangulaire. C'était là que dans une pièce souterraine, maintenant occupée par le chimiste Alasco, un des abbes d'Abingdon, qui avait du penchant pour les sciences occultes, avait, au grand scandale de son couvent, établi un laboratoire, dans lequel, comme tant d'autres fous de l'époque, il perdit bien du temps précieux, outre beaucoup d'argent, à la poursuite du grand *arcanum*.

Anthony Foster s'arrêta à la porte, qui était soigneusement fermée en dedans, et montra de nouveau une hésitation marquée à déranger le philosophe dans ses opérations. Mais Varney, moins scrupuleux, frappa et appela tant et si bien, qu'enfin l'habitant de ce séjour mystérieux en ouvrit la porte, quoique lentement et à contre-cœur. Le chimiste avait les yeux enflammés par la chaleur et les vapeurs de l'alambic au-dessus duquel il méditait, et l'intérieur de sa retraite offrait l'assemblage confus de substances hétérogènes et d'ustensiles extraordinaires qui appartiennent à sa profession. — Dois-je toujours être rappelé des affaires du ciel à celles de la terre? murmura le vieillard avec impatience.

[1] Varney joue ici sur le mot *divinity*, qui signifie à la fois divinité et théologie. (L. V.)

CHAPITRE XXII.

— A celles de l'enfer, repartit Varney, car c'est là ton élément. — Foster, nous avons besoin de toi à notre conférence. — Foster entra lentement dans le laboratoire. Varney, qui était resté après lui, barra la porte, et ils commencèrent leur conférence secrete.

Pendant ce temps, la comtesse parcourait son appartement, la honte et la colère luttant sur son charmant visage. — Le scélérat! disait-elle; le froid et lâche scélérat! — Mais je l'ai démasqué, Jeannette; — j'ai laissé le serpent dérouler tous ses plis devant moi, et ramper ainsi dans sa difformité naturelle. — J'ai contenu ma colère, au risque de suffoquer sous l'effort, jusqu'à ce qu'il m'eût laissé voir jusqu'au fond d'une âme plus impure que le coin le plus noir de l'enfer. — Et toi, Leicester, se peut-il que même pour un moment tu aies pu m'ordonner de renier mes droits d'épouse sur toi, ou toi-même céder les tiens à un autre! — Mais c'est impossible; — le scélérat a menti en tout. — Jeannette, je ne resterai pas ici plus long-temps. — Je le crains, — je crains ton père, — je le dis à regret, Jeannette; — mais je crains ton père, et plus que tout le reste cet odieux Varney. Je veux m'échapper de Cumnor.

— Hélas, madame! où fuirez-vous, et par quels moyens vous échapperez-vous de ces murailles?

— Je l'ignore, Jeannette, répondit l'infortunée jeune femme en levant les yeux au ciel et en joignant les mains; j'ignore où je fuirai, et par quels moyens; mais je suis certaine que Dieu que j'ai servi ne m'abandonnera pas dans cette terrible crise, car je suis dans les mains de méchants hommes.

— Ne pensez pas cela, ma chère maîtresse; mon père est austère et rigide par caractère, et rigoureusement fidèle à sa mission de confiance; — mais pourtant...

En ce moment Anthony Foster entra dans l'appartement, tenant à la main un verre et un petit flacon. Ses manières étaient singulières; car jusqu'alors, tout en approchant la comtesse avec le respect dû à son rang, il avait toujours laissé voir ou n'avait pu réprimer la brusquerie et la rudesse de sa nature, dispositions qui se manifestaient surtout, ainsi qu'il est ordinaire chez les gens de ce malheureux caractère, à l'égard de ceux sur lesquels les circonstances lui avaient donné autorité. Mais cette fois il ne montrait rien de cet air d'autorité sournoise qu'il avait coutume de cacher sous une affectation maladroite de civilité et de déférence, comme un bandit cache ses pistolets et son gourdin sous sa grossière souquenille. Et cependant il semblait que son sourire provînt plus de la crainte que de la courtoisie; on eût dit que tout en pressant la comtesse de goûter du précieux cordial qui devait rafraîchir ses esprits après l'alarme qu'elle venait d'avoir, il avait conscience de méditer quelque sinistre dessein. Sa main tremblait, sa voix était altérée, et tout son maintien était tellement de nature à éveiller le soupçon, que sa fille Jeannette, après l'avoir regardé d'un air surpris pendant quelques secondes, parut tout-à-coup se recueillir pour exécuter quelque résolution hardie ; elle releva la tête, prit une attitude et une démarche de détermination et d'autorité, et s'avançant lentement entre son père et sa maîtresse, elle porta la main vers le flacon que tenait le premier, en même temps que d'un ton de voix bas, mais décidé et fortement accentué, elle lui dit : — Mon père, je verserai de ce cordial à ma noble maîtresse, quand ce sera son bon plaisir.

— Toi, mon enfant? dit vivement Foster d'une voix émue ; non, mon enfant, — ce n'est pas *toi* qui dois rendre ce service à mylady.

— Et pourquoi, s'il vous plaît, s'il convient que mylady prenne de ce que contient ce flacon?

— Pourquoi ? — pourquoi ? repartit le sénéchal en hésitant... Puis tout-à-coup prenant le ton de la colère, comme le moyen le plus facile de suppléer au manque de toute autre raison : Pourquoi ? répéta-t-il ; parce que ce n'est pas mon plaisir qu'il en soit ainsi, mignonne ! — Allez-vous-en à l'exercice du soir.

— Hé bien, comme j'espère entendre d'autres exercices, répliqua Jeannette, je n'irai pas ce soir, à moins d'être mieux assurée de la sûreté de ma maîtresse. Donnez-moi ce flacon, mon père ! — Et elle le lui prit d'autorité, sa main s'étant ouverte malgré lui comme s'il eût été dominé par le cri de sa conscience. — Et maintenant, mon père, reprit-elle, ce qui doit faire du bien à ma maîtresse ne peut *me* faire du mal. A votre santé, mon père.

Sans prononcer un mot, Foster se précipita sur sa fille et lui arracha le flacon des mains ; alors, comme embarrassé de ce qu'il avait fait, et absolument hors d'état de résoudre ce qu'il devait faire, il resta immobile, le flacon à la main, un pied avancé et l'autre en arrière, et lançant à sa fille des regards où un mélange de rage, de crainte et de scélératesse prise sur le fait formaient une expression hideuse. — Voilà qui est étrange, mon père, dit Jeannette, tenant ses yeux fixement arrêtés sur ceux de Foster, ainsi, dit-on, que ceux qui ont la garde des fous furieux parviennent à dompter leurs malheureux patients ; ne voulez-vous me laisser ni servir mylady ni boire à sa santé?

Le courage de la comtesse la soutint durant cette terrible scène, dont le sens n'en était pas moins évident parce qu'aucun mot n'y faisait directement allusion. Elle conserva même la téméraire insouciance de son caractère, et quoiqu'à la première alarme ses joues eussent pâli, son œil resta calme et presque méprisant. — Et *vous*, monsieur Foster, voulez-vous goûter ce précieux cordial ? dit-elle ; peut-être ne refuserez-vous pas de nous faire vous-même raison, quoique vous ne le permettiez pas à Jeannette. — Buvez, monsieur, je vous en prie.

— Je ne boirai pas, répondit Foster.

— Et à qui donc le précieux breuvage est-il réservé, monsieur.

— Au diable, qui l'a composé! repartit Foster; et tournant les talons, il quitta la chambre.

Jeannette regarda sa maîtresse d'un air où se peignaient à la fois au plus haut degré la honte, l'effroi et la douleur.

— Ne pleurez pas pour moi, Jeannette, dit la comtesse avec bonté.

— Non, madame, répondit la jeune fille d'une voix entrecoupée de sanglots, ce n'est pas pour vous que je pleure, mais pour moi, — et pour ce malheureux. Ceux qui sont déshonorés devant les hommes, — ceux qui sont condamnés de Dieu, ceux-là ont sujet de pleurer, — mais non ceux qui sont innocents! — Adieu, madame! ajouta-t-elle en prenant précipitamment la mante qu'elle avait coutume de mettre pour sortir.

— Me quittez-vous, Jeannette? lui dit sa maîtresse; — m'abandonnez-vous dans cette passe difficile?

— Vous abandonner, madame! s'écria Jeannette; et courant à sa maîtresse, elle couvrit sa main de baisers. —Vous abandonner! — puisse l'espoir de ma vie à venir s'éloigner de moi quand je vous abandonnerai! — Non, madame; vous disiez bien que le Dieu que vous servez vous ouvrirait une route pour votre délivrance. Il y a un moyen d'échapper; j'ai prié nuit et jour pour être éclairée, et pour que je pusse voir comment agir entre mon devoir envers ce malheureux et celui que j'ai contracté envers vous. Cette lumière vient de luire d'une manière cruelle et terrible, et je ne dois pas fermer la porte que Dieu ouvre. — Ne m'en demandez pas davantage; — je vais revenir dans un moment. A ces mots elle s'enveloppa de sa mante, et disant à la vieille femme qu'elle trouva dans l'antichambre qu'elle allait à la prière du soir, elle quitta la maison.

Sur ces entrefaites son père était retourné au laboratoire, où il retrouva les complices de son crime projeté. — Le doux oiseau a-t-il bu? dit Varney avec un demi-sourire. L'astronome fit la même question des yeux, mais il n'ouvrit pas la bouche.

— Elle n'a pas bu, répondit Foster, et ce ne sera pas de mes mains qu'elle recevra le breuvage. — Voulez-vous que je la tue en présence de ma fille?

— Ne t'avait-on pas dit, coquin aussi lâche que sournois, qu'il n'est nullement question de *tuer*, comme tu viens de le dire avec ton air effaré et ta voix tremblante? repartit Varney avec amertume. Ne t'avait-on pas dit qu'une courte indisposition, comme une femme en feint par fantaisie afin de pouvoir porter sa coiffe de nuit à midi et de rester étendue sur un siége quand elle devrait s'occuper de ses affaires domestiques, est ici tout ce qu'on veut? Voici un savant homme qui te le jurera par la clef du château de sapience.

— Je le jure! dit Alasco; je jure que l'élixir que tu as là dans le flacon ne portera pas atteinte à la vie! Je le jure par cette immortelle et indestructible quintessence d'or qui existe dans chaque substance de la nature, bien que l'existence cachée n'en puisse être découverte que par celui-là seulement à qui Trismégiste cède la clef de la Cabale.

— Voilà un serment de poids, reprit Varney. Foster, tu serais pire qu'un païen si tu n'y croyais pas. Crois-moi, d'ailleurs, moi qui ne jure par rien autre que par ma parole, quand je te dis que si tu fais le récalcitrant il n'y a pas espoir — non, pas une lueur d'espoir que ton bail ici se transforme en franc-fief. De telle sorte qu'Alasco n'opérera pas la transmutation de ta batterie d'étain, et que moi, honnête Anthony, je t'aurai toujours pour tenancier.

— Je ne sais pas, messieurs, dit Foster, à quoi tendent vos desseins; mais il est une chose dont je ne m'écarterai pas : — c'est que, tombe croix ou pile, j'aurai dans cette maison quelqu'un qui puisse prier pour moi, et que ce quelqu'un sera ma fille. — J'ai mal vécu, et le monde a trop pesé dans mes pensées; mais elle, elle est aussi innocente que quand elle était sur les genoux de sa mère, et elle, du moins, elle aura sa part dans cette heureuse Cité dont les murs sont d'or pur et les fondations formées de toutes sortes de pierres précieuses.

— Oui, Tony, repartit Varney, ce serait un paradis à la joie de ton cœur. — Débats la chose avec lui, docteur Alasco; je vous rejoins dans un moment. A ces mots, Varney se leva, et, prenant le flacon sur la table, il quitta le laboratoire.

— Je te dirai, mon fils, dit Alasco à Foster, dès que Varney les eut quittés, quelques railleries que puisse débiter cet audacieux incrédule sur la noble science dans laquelle, par la bénédiction du Ciel, j'ai fait assez de progrès pour que je ne voulusse pas reconnaître pour supérieur ni pour maître le plus sage des artistes vivants, — je te dirai, quelques sarcasmes que puisse lancer ce réprouvé sur des choses trop saintes pour être comprises par des hommes qui n'ont que des idées charnelles et de pensées de mal, je te dirai ce que tu n'en dois pas moins croire, c'est que la Cité vue par saint Jean, dans cette brillante vision de l'Apocalypse, cette nouvelle Jérusalem à laquelle tous les chrétiens espèrent avoir part, est un type de la découverte du GRAND SECRET, par le moyen duquel les ouvrages les plus précieux et les plus parfaits de la nature sont extraits de ses productions les plus viles et les plus grossières ; précisément comme le léger et brillant papillon, le plus beau des enfants de la brise d'été, s'échappe de l'ignoble chrysalide où il était emprisonné.

— M. Holdforth n'a rien dit de cette interprétation, repartit Foster d'un air de doute; et de plus, docteur Alasco, la sainte Écriture dit que l'or et les pierres précieuses de la Cité sainte ne sont nullement pour ceux qui travaillent à des œuvres d'abomination, ou qui façonnent le mensonge.

— Hé bien, mon fils, quelles conclusions tirez-vous de là?

CHAPITRE XXII.

— Que ceux qui distillent des poisons et les administrent en secret ne peuvent participer à ces richesses inexprimables.

— Il faut distinguer, mon fils, entre ce qui est essentiellement mal dans ses moyens comme dans ses fins, et ce qui, étant mal en soi, est néanmoins susceptible d'opérer le bien. Si par la mort d'une seule personne on doit rapprocher de nous l'heureuse époque où pour obtenir ce qui est bon il suffira d'en désirer la présence, — et pour éviter ce qui est mauvais d'en désirer l'éloignement ; — cette époque où la maladie, et la douleur, et les peines de l'âme, seront les obéissants serviteurs de la sagesse humaine, et s'enfuiront au plus léger signe d'un sage ; — où ce qu'il y a maintenant de plus riche et de plus rare sera à portée de quiconque obéira à la voix de la sagesse ; — où l'art de guérir sera perdu et absorbé dans la panacée universelle ; — où les sages deviendront les rois de la terre, et où la mort elle-même reculera devant le froncement de leur sourcil ; — si, dis-je, cette bienheureuse consommation de toutes choses peut être hâtée par cette légère circonstance qu'un fragile corps terrestre, qui doit nécessairement être livré à la corruption, serait déposé dans la tombe un peu plus tôt qu'il n'eût dû l'être dans le cours de la nature, que serait un tel sacrifice comparé à l'avancement du saint Millénaire ?

— Le Millénaire est le règne des Saints, dit Foster avec le même air de doute qu'auparavant.

— Dites que c'est le règne des Sages, mon fils, ou plutôt le règne de la Sagesse elle-même.

— J'ai touché quelques mots de la question à M. Holdforth dans notre dernier exercice du soir, et il dit que votre doctrine est hétérodoxe, que c'est une damnable et fausse interprétation.

— Il est dans les liens de l'ignorance, mon fils ; il n'en est encore qu'à cuire des briques en Égypte, ou tout au plus à errer dans le désert aride du Sinaï. Tu as mal fait de parler de telles choses à un tel homme. Je veux cependant te donner une preuve, et cela avant peu, une preuve que je défierai ce théologien hargneux de réfuter, lors même qu'il lutterait avec moi comme les magiciens luttèrent avec Moïse devant le roi Pharaon. Je ferai la projection en ta présence, mon fils, — en ta présence même, — et tes yeux seront témoins de la vérité.

— Appuie là-dessus, docte sage, dit Varney, qui rentrait en ce moment ; s'il refuse le témoignage de ta bouche, comment reniera-t-il celui de ses propres yeux ?

— Varney ! exclama l'adepte ; — Varney déjà revenu ? As-tu....? Il s'arrêta court.

— Si j'ai fait ma commission, voulais-tu dire ? — je l'ai faite. — Et toi, ajouta Varney, montrant plus de symptômes d'intérêt qu'il ne l'avait encore fait, es-tu sûr de n'avoir versé ni plus ni moins que la juste mesure ?

— Oui, aussi sûr qu'on peut l'être dans ces proportions délicates; car il est des différences de constitutions.

— En ce cas, je ne crains rien. Je sais que tu ne feras pas un pas de plus vers le diable que celui pour lequel tu es justement rémunéré. Tu étais payé pour occasionner une maladie, et tu regarderais comme une prodigalité insensée de commettre un meurtre au même prix. Allons, retirons-nous chacun à notre chambre ; — nous verrons demain l'événement.

— Comment t'y es-tu pris pour lui faire avaler cela? dit Foster en frissonnant.

— Pas autrement que de la regarder de cet air qui impose aux fous, aux femmes et aux enfants. Il m'a été dit, à l'hôpital Saint-Luc, que j'avais précisément le regard qu'il faut pour dompter un malade rebelle. Les gardiens m'en ont fait leurs compliments ; de sorte que je sais comment gagner mon pain quand ma faveur à la cour me fera défaut.

— Et ne crains-tu pas que la dose ne soit disproportionnée? reprit Foster.

— Si cela était, elle n'en dormirait que plus profondément, et ce n'est pas cette crainte-là qui troublera mon repos. Bonne nuit, mes maîtres.

Anthony Foster laissa échapper un profond soupir, et il leva au ciel les mains et les yeux. L'alchimiste manifesta son intention de poursuivre durant une grande partie de la nuit une expérience de haute importance, et les deux autres le quittèrent pour aller se livrer au repos.

CHAPITRE XXIII.

> Que Dieu me soit en aide dans ce long pèlerinage! car je renonce à tout espoir de secours humain. Oh! qui voudrait être femme? — quel insensé pourrait envier le sort d'un sexe aimant et dévoué, dont la destinée est de languir et de pleurer? d'un sexe qui ne rencontre que dureté là où il avait mis ses plus douces espérances, et dont toutes les bontés ne font que des ingrats?
> *Le Pèlerinage d'amour.*

On touchait à la fin de la soirée ; et Jeannette, dont l'absence n'aurait pu se prolonger plus long-temps sans exciter le soupçon et provoquer des informations dans cette maison de défiance, se hâta de rentrer à Cumnor-Place, et courut aussitôt à l'appartement où elle avait laissé sa maîtresse. Elle la trouva la tête appuyée sur ses deux bras, et ceux-ci croisés sur une table placée devant elle. A l'entrée de Jeannette elle ne leva pas la tête et ne fit aucun mouvement.

La fidèle suivante courut à sa maîtresse avec la rapidité de l'éclair, et en même temps qu'elle la soulevait d'une main, elle conjurait la comtesse de la manière la plus instante de lever les yeux et de lui dire ce qui l'affectait ainsi. L'infortunée dame leva la tête en effet, et arrêtant sur sa suivante un œil éteint, que l'extrême pâleur de ses joues rendait encore plus effrayant : — Jeannette, lui dit-elle, je l'ai bue.

— Dieu soit loué ! dit vivement Jeannette ; — je veux dire Dieu soit loué qu'il ne soit pas arrivé pis. — La potion ne vous fera pas de mal. — Levez-vous ; secouez cette léthargie de vos membres et ce désespoir de votre esprit.

— Jeannette, répéta la comtesse, ne me trouble pas, — laisse-moi en paix. — Laisse la vie s'éteindre en moi tranquillement ; — je suis empoisonnée.

— Vous n'êtes pas empoisonnée, ma chère maîtresse ; — ce que vous avez bu ne peut vous nuire, car l'antidote a été pris auparavant, et je suis accourue ici vous dire que les moyens d'évasion vous sont ouverts.

— L'évasion ? s'écria la dame en se relevant vivement sur sa chaise, en même temps que le feu revenait à ses yeux et la vie à ses joues ; — hélas, Jeannette, il est trop tard !

— Non, non ma chère maîtresse. — Levez-vous, prenez mon bras ;

faites un tour dans l'appartement. — Ne laissez pas l'imagination faire l'effet du poison! — Bien. Ne sentez-vous pas que vous avez le plein usage de vos membres?

— La torpeur semble diminuer, dit la comtesse, tandis que soutenue par Jeannette elle marchait çà et là dans la chambre; mais en est-il donc ainsi, et n'ai-je pas pris un breuvage mortel? Varney est venu ici depuis que tu es partie, et m'a commandé, avec un regard dans lequel j'ai lu mon sort, d'avaler l'horrible drogue. O Jeannette! il faut qu'elle soit mortelle; jamais breuvage innocent ne fut offert par un tel échanson!

— Il ne le jugeait pas innocent, je le crains; mais Dieu confond les projets du méchant. Croyez-moi, comme j'en jure par le précieux Évangile dans lequel nous espérons, votre vie n'a rien à craindre de ce complot. Ne vous êtes-vous pas débattue contre lui?

— Tout était silencieux dans la maison; — tu étais partie, — il n'y avait personne autre que lui dans la chambre, — et il est capable de tous les crimes J'ai seulement stipulé qu'il me délivrerait de son odieuse présence, et j'ai bu ce qu'il m'a présenté. — Mais vous parliez d'évasion, Jeannette; puis-je avoir un tel bonheur?

— Êtes-vous assez forte pour supporter la nouvelle et pour fuir?

— Forte! — Demande à la biche, quand le limier étend ses griffes pour la saisir, si elle est assez forte pour franchir un précipice. Je ne resterai au-dessous d'aucun effort nécessaire pour me tirer d'ici.

— Ecoutez-moi donc, madame; une personne que j'estime, un de vos sûrs amis, s'est montré à moi sous divers déguisements, et a cherché à me parler, ce que j'avais toujours refusé, car jusqu'à ce soir mon esprit conservait des doutes : c'est le colporteur qui vous a apporté des marchandises, — le marchand ambulant qui m'a vendu des livres. —N'importe où je fusse dehors, j'étais sûre de le voir. L'événement de ce soir m'a décidée à lui parler. Il attend en ce moment même à la poterne du parc, avec les moyens d'assurer votre fuite. — Mais avez-vous la force de corps? — avez-vous le courage d'esprit? — Pouvez-vous hasarder l'entreprise?

— Celle qui fuit la mort trouve la force de corps; — celle qui veut échapper à la honte ne manque pas de force d'esprit. La pensée que je laisse derrière moi le scélérat qui menace à la fois ma vie et mon honneur me donnerait la force de me lever de mon lit de mort.

— Hé bien donc, madame, au nom du Ciel, il me faut vous faire mes adieux, et vous laisser à la garde de Dieu!

— Ne voulez-vous donc pas fuir avec moi, Jeannette? dit la comtesse avec anxiété; — dois-je ainsi te perdre? — est-ce là ton fidèle service?

— Je fuirais avec vous, madame, aussi volontiers que jamais oiseau se soit envolé de la cage, si par là je n'occasionnais une découverte et une poursuite immédiates. Il faut que je reste, et que je cherche à cacher la vérité pour quelque temps. — Puisse le ciel pardonner le mensonge à cause de la nécessité !

— Et devrai-je donc voyager seule avec cet étranger? — Songes-y, Jeannette : ceci ne pourrait-il pas être quelque plan plus profond et plus ténébreux pour me séparer de toi peut-être, de toi, qui es ma seule amie !

— Non, madame, ne le supposez pas, répondit Jeannette avec assurance ; c'est un honnête jeune homme, qui n'a que de bons desseins pour vous ; et c'est un ami de M. Tressilian, sous la direction de qui il est venu ici.

— Si c'est un ami de Tressilian, je me confierai à sa garde comme à celle d'un ange envoyé du Ciel ; car jamais mortel ne fut plus éloigné que Tressilian de tout ce qui est bas, faux ou égoïste. Il s'oubliait lui-même toutes les fois qu'il pouvait servir les autres. — Hélas! et comment a-t-il été récompensé !

Elles réunirent à la hâte le peu d'objets nécessaires qu'il était convenable que la comtesse prît avec elle, et dont Jeannette, avec promptitude et dextérité, forma un petit paquet auquel elle n'oublia pas d'ajouter les bijoux de prix qui se trouvèrent sous sa main, et notamment une petite cassette de joyaux qu'elle jugea sagement pouvoir être utiles dans quelque circonstance future. La comtesse de Leicester changea ensuite ses habits contre ceux que Jeannette portait d'habitude lorsqu'elle faisait quelque court voyage ; car elles jugèrent nécessaire d'éviter toute distinction extérieure qui pourrait attirer l'attention. Ces préparatifs n'étaient pas entièrement terminés que la lune s'était élevée sur l'horizon, éclairait un beau ciel d'été, et que déjà tous les habitants de la maison s'étaient livrés au repos, ou du moins au silence et à la retraite de leurs chambres.

Elles ne prévoyaient aucun obstacle à l'évasion, ni dans la maison ni dans le jardin, pourvu seulement qu'elles ne fussent pas aperçues. Anthony Foster s'était habitué à regarder sa fille comme un pécheur pourrait regarder un ange gardien visible, qui continuerait, malgré ses fautes, de planer autour de lui, et conséquemment sa confiance en elle ne connaissait point de bornes. Jeannette était maîtresse de ses mouvements durant la journée, et elle avait un passe-partout qui ouvrait la poterne du parc, de sorte qu'elle pouvait aller au village à volonté, soit pour les affaires de la maison, dont la conduite lui était entièrement confiée, soit pour s'acquitter de ses dévotions à la chapelle de sa secte. Il est vrai que la fille de Foster ne jouissait de cette confiance illimitée que sous la condition solennelle qu'elle ne profiterait pas de ce privilége pour faire quelque chose d'incompatible avec la sauve-garde de la comtesse ; car c'est ainsi qu'on avait qualifié sa résidence à Cumnor-Place, depuis que récemment elle avait commencé à montrer de l'impatience au sujet des restrictions auxquelles elle était assujettie. Il n'est pas non plus à supposer qu'autre chose que les terribles soupçons excités par la scène de ce soir-là eût pu déterminer Jeannette à manquer à sa parole et à tromper la confiance de son père. Mais après ce dont elle avait été témoin, non seulement elle se regardait maintenant comme justifiée, mais elle se croyait impérieusement appelée à écarter toute autre considération et à ne plus s'occuper que de la sûreté de sa maîtresse.

La comtesse fugitive et son guide traversèrent à pas précipités un sentier inégal et interrompu qui autrefois avait été une avenue, et où leur marche, souvent enveloppée d'une obscurité complète par les rameaux touffus qui se confondaient au-dessus de leurs têtes, recevait çà et là une lumière incertaine et douteuse des rayons de la lune, qui pénétraient là où la hache avait fait des trouées dans le bois. Leur chemin était à chaque instant interrompu par des arbres jetés à bas, ou par de grosses branches qu'on laissait sur le sol jusqu'à ce qu'on eût le temps de les scier et de les réunir pour l'usage de la maison. Les difficultés et les inconvénients de ces interruptions répétées, joints à l'extrême précipitation du commencement de leur marche, ainsi qu'aux sensations énervantes de l'espoir et de la crainte, épuisèrent tellement les forces de la comtesse, que Jeannette fut forcée de lui proposer de faire une pause de quelques minutes pour reprendre haleine et courage. Elles s'arrêtèrent donc près du tronc noueux d'un vieux chêne, et de là, couvertes de son ombrage touffu, leurs yeux se reportèrent naturellement vers la maison qu'elles laissaient derrière elles, et dont elles apercevaient encore le large front, malgré l'obscurité et la distance, avec ses rangées de cheminées massives, ses tourelles et son beffroi, s'élevant au-dessus de la ligne du toit, et se dessinant nettement sur le pur azur d'un ciel d'été. Un seul point lumineux se détachait dans toute l'étendue de cette masse noirâtre, et il était placé si bas qu'il semblait luire de l'esplanade située en avant de la maison plutôt que de l'une des fenêtres. Les terreurs de la comtesse se réveillèrent. — On nous suit, dit-elle à Jeannette, en lui montrant du doigt la lumière qui l'alarmait ainsi.

Moins agitée que sa maîtresse, Jeannette s'aperçut que la lueur était stationnaire, et elle informa tout bas la comtesse que cette clarté partait du caveau solitaire où l'alchimiste suivait le cours de ses expériences occultes. — Il est de ceux, ajouta-t-elle, qui restent sur pied et veillent durant la nuit pour commettre l'iniquité. C'est une mauvaise chance qui a envoyé ici un homme dont les discours mêlés de richesses terrestres et de connaissances surhumaines ont en eux tout ce qui captive si puissamment mon pauvre père ! Le bon M. Holdforth le disait avec grande raison, — et non, ce me semble, sans intention qu'on y trouvât chez nous une leçon pratique. — Vous verrez des gens, disait-il, et ils sont une légion, qui prêteront plutôt l'oreille, comme le pervers Achab, aux rêveries du faux prophète Zédékias, qu'aux paroles de celui par qui le Seigneur a parlé. — Puis il ajoutait : Ah ! mes frères, il y a de nombreux Zédékias parmi vous ; — des hommes qui vous promettent la lumière de leurs connaissances charnelles, pourvu que vous vouliez leur abandonner celle du jugement qui vous vient du Ciel. En quoi valent-ils mieux que le tyran Naas, qui demandait l'œil droit de ceux qui lui étaient soumis ? — Puis il ajoutait encore...

On ne peut dire jusqu'où la mémoire de la jolie puritaine l'aurait soutenue dans la récapitulation des discours de M. Holdforth ; mais la comtesse l'interrompit en l'assurant qu'elle était assez bien remise pour être maintenant en état d'atteindre la poterne sans être obligée de s'arrêter une seconde fois.

Elles se remirent donc en marche, et elles accomplirent la seconde partie de leur trajet avec moins de précipitation, et conséquemment avec plus de facilité que la première. Cette marche plus modérée leur laissa le temps de la réflexion ; et Jeannette se hasarda alors, pour la première fois, à demander à sa maîtresse de quel côté elle se proposait de diriger sa fuite. Ne recevant pas de réponse immédiate, — car il est possible que dans la confusion de ses esprits la comtesse n'eût pas songé encore à ce point important, — Jeannette se risqua à ajouter : Probablement vers la maison de votre père, où vous êtes sûre de trouver sûreté et protection ?

— Non, Jeannette, dit tristement la comtesse ; j'ai quitté Lidcote-Hall avec un cœur pur et un nom honorable, et je n'y retournerai pas avant que la permission de mon époux et la reconnaissance publique de notre mariage ne m'aient rendue à la maison paternelle dans tout l'honneur du rang où il m'a élevée.

— Et où irez-vous donc, madame ?

— A Kenilworth, ma chère petite, répondit la comtesse hardiment et sans hésiter. Je verrai ces fêtes — ces fêtes royales — dont les préparatifs ont tant de retentissement dans le pays. Il me semble, quand la reine d'Angleterre est fêtée dans les salles de mon époux, que la comtesse de Leicester n'y saurait être déplacée.

— Je prie Dieu que vous y soyez la bienvenue, reprit vivement Jeannette.

— Vous abusez de ma situation, dit la comtesse d'un ton offensé, et vous oubliez la vôtre.

— Je ne fais ni l'un ni l'autre, ma chère maîtresse, repartit l'affligée suivante ; mais avez-vous oublié que le noble comte n'a donné des ordres si rigoureux de tenir votre mariage secret qu'afin de conserver sa faveur à la cour, et pouvez-vous penser que votre apparition soudaine à son château, dans une telle conjoncture et en une telle présence, lui sera agréable ?

— Vous pensez que je le ferai rougir ? — Quittez mon bras ; je puis marcher sans aide et agir sans conseil.

— Ne soyez pas fâchée contre moi, mylady, dit Jeannette avec douceur, et laissez-moi encore vous soutenir ; le chemin est rude, et vous n'êtes guère accoutumée à marcher dans l'obscurité

— Si vous ne pensez pas que je doive faire honte à mon époux, reprit la comtesse du même ton de ressentiment, vous supposez mylord de Leicester capable de favoriser, d'autoriser et d'ordonner, peut-être, les vils procédés de votre père et de Varney, dont je rendrai compte à mylord.

— Pour l'amour de Dieu, madame, épargnez mon père dans votre rapport ; que mes services, quelque humbles qu'ils soient, servent d'expiation à ses fautes !

— Je serais bien injuste, ma chère Jeannette, s'il en était autrement, dit la comtesse, revenant tout-à-coup à ses manières affectueuses et confiantes avec sa fidèle suivante. Non, Jeannette, pas un mot de moi ne nuira à votre père. Mais tu vois, ma bonne Jeannette, que je n'ai d'autre désir que de me placer sous la protection de mon époux. J'ai quitté la demeure qu'il m'avait assignée à cause de la scélératesse des gens qui m'entouraient ; — mais je ne désobéirai à ses ordres en rien autre chose. Je veux en appeler à lui seul ; — je veux être protégée par lui seul. — Je n'ai appris, je n'apprendrai jamais à personne que de son consentement l'union secrète qui rapproche nos cœurs et nos destinées. Je le verrai, et je recevrai de ses lèvres mêmes ma règle de conduite future. Ne combats pas ma résolution, Jeannette, tu ne ferais que m'y confirmer. — Et s'il faut avouer la vérité, je suis décidée à connaître tout d'un coup mon sort de la propre bouche de mon époux, et l'aller chercher à Kenilworth est le plus sûr moyen d'exécuter mon dessein.

Repassant rapidement dans son esprit les difficultés et les embarras attachés à la situation de l'infortunée comtesse, Jeannette fut portée à changer sa première opinion, et à penser que, tout bien considéré, puisque la comtesse avait abandonné la retraite où elle avait été placée par son époux, son premier devoir était de se rendre près de lui et de lui faire connaître les raisons d'une telle conduite. Elle savait quelle importance le comte attachait à ce que leur mariage restât secret, et elle ne pouvait se dissimuler que toute démarche tendant à le rendre public sans sa permission attirerait à un haut degré sur la comtesse l'indignation de son époux. Si elle se retirait chez son père sans un aveu formel de son rang, sa situation équivoque devrait grandement nuire à sa réputation ; et si elle faisait un tel aveu, il en pourrait résulter une rupture irréparable avec son époux. Et puis, à Kenilworth elle pouvait plaider sa cause près du comte même ; et Jeannette, bien qu'elle n'eût pas en lui la même confiance que la comtesse, le croyait incapable de tremper dans les moyens infâmes et violents que ses agents, au pouvoir desquels la dame échappait en ce moment, pouvaient mettre en œuvre pour étouffer les plaintes qu'elle ferait nécessairement du traitement qu'ils lui auraient fait éprouver. Mais à mettre les choses au pis, et le comte lui-même dût-il lui refuser justice et protection, la comtesse, une fois à Kenilworth, si elle croyait devoir rendre ses injures publiques, aurait du moins Tressilian pour avocat et la reine pour juge; circonstances que Jeannette avait apprises dans sa courte conférence avec Wayland. Elle finit donc, au total, par approuver l'intention où était sa maîtresse de se rendre à Kenilworth, et elle le lui dit, tout en recommandant néanmoins à la comtesse les plus grandes précautions lorsqu'elle ferait connaître son arrivée à son époux.

— Toi-même, Jeannette, as-tu été prudente? Ce guide, en qui je dois mettre ma confiance, ne lui as-tu pas confié le secret de ma condition?

— Il n'a rien appris de moi, madame; et je ne pense pas non plus qu'il en sache sur votre situation plus que n'en croit le public en général.

— Et que croit donc le public?

— Que vous avez quitté la maison de votre père... Mais je vais encore vous offenser si je continue, dit Jeannette, s'interrompant

— Non, non, poursuis; il me faut apprendre à endurer les mauvais bruits que ma folie a attirés sur moi. On pense, je suppose, que j'ai quitté la maison de mon père pour poursuivre un plaisir illégitime? — c'est une erreur qui cessera bientôt : — il faudra qu'elle cesse, car je veux vivre avec une réputation sans tache, ou je cesserai de vivre. — Ainsi on me regarde comme la maîtresse de mon Leicester?

— Bien des gens disent celle de Varney, madame. Pourtant, quelques personnes l'appellent seulement le complaisant manteau des plaisirs de son maître; car le bruit des grandes dépenses qui ont été faites pour l'ameublement des appartements a transpiré au-dehors, et de telles profusions surpassent de beaucoup les moyens de Varney. Mais cette dernière opinion n'est guère dominante; car on ose à peine même laisser percer un soupçon quand un nom si éminent est en jeu, de peur d'être puni par la chambre étoilée pour avoir médit de la noblesse.

— Ils feraient bien de parler bas, ceux qui mentionneraient l'illustre Dudley comme complice d'un misérable tel que Varney. — Nous voici arrivées à la poterne. — Ah! Jeannette, il faut que je te dise adieu! — Ne pleure pas, ma chère petite, ajouta la comtesse, s'efforçant de masquer sous une apparence d'enjouement sa propre répugnance à se séparer de sa fidèle suivante; ne pleure pas, et quand nous nous reverrons, réforme-moi, Jeannette, cette fraise précisienne, et remplace-la par une *rabatine* [1] couverte de dentelle ou de broderie, qui laissera voir aux gens que tu as un beau cou, et change-moi ce corsage de chaîne des Philippines, avec ce galon qui ne convient qu'à une

---

[1] Évidemment une collerette rabattue. (L. V.)

femme de chambre, pour du beau velours et du drap d'or. — Tu trouveras des étoffes à foison dans ma chambre, et je te les donne de bon cœur. Il faut que tu sois parée, Jeannette; car bien qu'en ce moment tu ne sois que la suivante d'une dame errante et malheureuse, sans nom et sans bonne renommée, néanmoins, quand nous nous reverrons, il faut que tu sois habillée comme il convient à celle qui occupera la première place dans l'amitié et près de la personne de la première comtesse d'Angleterre.

— Puisse Dieu vous entendre, ma chère maîtresse ! — non pour que j'aille avec de plus beaux habits, mais pour que vous et moi nous portions nos corsages sur des cœurs plus contents.

Pendant ce temps la serrure de la poterne avait obéi, après quelques efforts, à la clef de Jeannette, et la comtesse se trouva, non sans un frisson intérieur, au-delà des murs que les ordres rigoureux de son époux lui avaient assignés comme bornes de ses promenades. Wayland, caché derrière une haie qui bordait la grande route, attendait leur approche avec une vive anxiété. — Tout est-il sûr? lui dit Jeannette d'une voix émue lorsqu'il s'approcha d'elles avec circonspection.

— Tout, répondit-il, mais je n'ai pu me procurer un cheval pour mylady. Giles Gosling, le lâche coquin, m'en a refusé n'importe à quel prix, de peur, vraiment, qu'il ne lui en arrivât malheur : — mais n'importe. Il faudra que mylady monte sur mon palefroi et que je marche près d'elle à pied jusqu'à ce que je trouve un second cheval. Il n'y aura pas de poursuite si vous n'avez pas oublié votre leçon, gentille mistress Jeannette.

— Pas plus que la sage veuve de Tekoa n'oublia les paroles que Joab lui mit dans la bouche, repartit Jeannette. Demain je dirai que mylady est hors d'état de se lever.

— Oui, et qu'elle a la tête lourde et malade, — et des palpitations de cœur, — et qu'elle ne veut pas être dérangée. — Ne crains pas, ils sauront ce que cela voudra dire, et ne t'embarrasseront pas de beaucoup de questions : ils connaissent la maladie.

— Mais il faudra que mon absence se découvre bientôt, reprit la dame, et ils la tueront par vengeance. — Je retournerai plutôt que de l'exposer à un tel danger.

— Soyez tranquille sur mon compte, madame; je voudrais que vous fussiez aussi sûre de recevoir la faveur que vous désirez de ceux à qui il faut que vous fassiez appel, que je le suis que mon père, quoiqu'en colère, ne souffrira pas qu'aucun mal me soit fait.

La comtesse fut alors placée par Wayland sur son cheval, après qu'il eut arrangé son manteau autour de la selle en plusieurs doubles, de manière à lui faire un siège commode.

— Adieu, et puisse la bénédiction du Ciel vous accompagner! dit Jeannette en baisant une dernière fois la main de sa maîtresse, qui

répondit à son souhait par une caresse muette. Elles s'arrachèrent alors l'une à l'autre, et Jeannette, s'adressant à Wayland, s'écria :
— Puisse le Ciel vous traiter au moment du besoin selon que vous serez fidèle ou traître à cette dame si outragée et si dénuée de secours !

— *Amen*, chère Jeannette, répondit Wayland ; — et croyez-moi, je m'acquitterai de ma mission de façon à ce que même vos jolis yeux, tout saints qu'ils sont, puissent me regarder avec moins de dédain quand nous nous retrouverons ensemble.

La dernière partie de cet adieu ne fut que pour l'oreille de Jeannette ; et bien qu'elle n'y fît pas de réponse directe, ses manières, influencées sans doute par le désir qu'elle éprouvait de n'affaiblir aucun des motifs qui pouvaient concourir à la sûreté de sa maîtresse, ne découragèrent cependant pas l'espoir qu'exprimaient les paroles de Wayland. Elle rentra par la poterne et la referma sur elle, tandis que Wayland prenait la bride en main, et que, marchant près de la tête du cheval, ils commençaient à la clarté de la lune leur dangereux voyage.

Quoique Wayland Smith fît toute la diligence possible, cette manière de voyager était si lente, que lorsque le matin commença à poindre à travers les vapeurs de l'orient il ne se trouva pas à plus de dix milles de Cumnor. — La peste soit de tous les hôteliers à belles paroles ! dit-il, ne pouvant contenir plus long-temps sa mortification et son inquiétude. Si ce coquin, ce traître de Gisles Gosling m'avait dit tout simplement il y a deux jours que je n'avais pas à compter sur lui, je me serais retourné autrement. Mais vos aubergistes ont tellement l'habitude de promettre n'importe quoi on leur demande, que ce n'est qu'au moment où le cheval est pour être ferré que vous vous apercevez qu'ils n'ont pas de fer. Si seulement je l'avais su, j'aurais pu avoir vingt moyens pour un ; et même, pour cette fois, et dans une si bonne cause, je ne me serais guère embarrassé de chiper un cheval dans le premier commun venu : — on en aurait été quitte pour renvoyer la bête au constable. Que le farcin et les morfondures confondent jusqu'au dernier cheval des écuries de l'*Ours-Noir !*

La dame s'efforça de consoler son guide, en lui faisant observer que le petit jour allait lui permettre d'avancer plus vite.

— C'est vrai, madame, répliqua-t-il ; mais aussi il permettra à d'autres de nous remarquer, et ça peut se trouver pour nous un mauvais commencement de voyage. Je m'en serais soucié comme d'une étincelle d'enclume si nous avions été plus avancés dans notre route. Mais ce Berkshire a toujours été notoirement hanté, depuis que je connais le pays, par cette maligne engeance de lutins qui veillent tard et se lèvent de bonne heure, uniquement pour s'ingérer des affaires des autres. J'ai été plus d'une fois en danger à cause d'eux. Mais ne craignez pas, mylady, ajouta-t-il ; car l'esprit ne manquera pas, à l'occasion, pour trouver un baume à chaque mal.

L'alarme du guide fit plus d'impression sur la comtesse que la dose de consolation qu'il avait cru devoir administrer en même temps. Elle portait anxieusement ses regards autour d'elle, et à mesure que les ombres du paysage se dissipaient, et qu'à l'orient la teinte plus vive de l'horizon promettait un prompt lever du soleil, elle s'imaginait à chaque pas que le jour naissant allait les livrer à la vengeance de ceux qui les poursuivaient, ou apporter quelque dangereux et insurmontable obstacle à la continuation de leur voyage. Wayland Smith s'aperçut du malaise qu'elle éprouvait, et s'en voulant à lui-même de lui avoir donné un sujet d'alarme, il se mit à marcher devant elle en affectant un air de confiance et de gaieté, tantôt parlant au cheval en homme expert dans le langage de l'écurie, tantôt en sifflant tout bas et à part lui des passages d'airs détachés, tantôt assurant la dame qu'il n'y avait pas de danger, tandis qu'en même temps il regardait attentivement autour d'eux pour voir si on n'apercevait rien qui pût démentir ses paroles au moment même où il les prononçait. Ils continuèrent à cheminer de la sorte, jusqu'à ce qu'un incident inopiné vint leur fournir le moyen de poursuivre leur pèlerinage d'une manière plus prompte et plus commode.

CHAPITRE XXIV.

>   RICHARD.
> Un cheval! — un cheval! — mon royaume pour un cheval!
>   CATESBY.
> Mylord, je vais vous procurer un cheval.
>   *Richard III.*

Nos deux voyageurs passaient devant un petit bouquet d'arbres qui longeait le bord du chemin, quand s'offrit à eux le premier être vivant qu'ils eussent vu depuis leur départ de Cumnor-Place. C'était un paysan à l'air stupide, ayant l'apparence d'un garçon de ferme, vêtu d'une jaquette grise, la tête nue, ses bas sur les talons, et les pieds chaussés de gros souliers. Il tenait par la bride ce dont ils avaient besoin par-dessus toute chose, c'est-à-dire un cheval, avec une selle de femme et le reste de l'équipement assorti; et dès qu'il aperçut Wayland Smith il lui cria : Sûr, vo's êtes por sûr la compagnie?

— Oui, certainement, mon garçon, répondit Wayland sans la plus légère hésitation; et il faut convenir que des consciences formées à une école de morale plus stricte auraient pu céder à une occasion si tentante. Tout en répondant il prit les rênes des mains du petit paysan, et immédiatement il aida la comtesse à descendre du cheval qu'il lui avait cédé et à se placer sur celui que le hasard leur offrait ainsi. Tout cela, à la vérité, se fit si naturellement, que la comtesse, comme on le vit ensuite, ne douta pas un instant que le cheval n'eût été amené là pour les y attendre, par la précaution du guide ou de quelqu'un de ses amis.

Le jeune garçon, si prestement débarrassé de sa charge, commença cependant à ouvrir de grands yeux et à se gratter la tête, comme saisi de quelque remords de conscience d'avoir remis l'animal sur une si brève explication. — J'suis ben sûr qu'c'est vous qu'êtes le couple, murmura-t-il entre ses dents; mais t'aurais dû dire *fèves*, tu sais ben.

— Oui, oui, répondit Wayland, parlant à l'aventure; et toi *lard*, n'est-ce pas?

— Non dà, fit le garçon; attendez, — attendez, — c'est *pois* que je devais dire.

— Bien, bien; va pour pois, par Dieu! quoique lard fût le meilleur mot de passe. — Et s'étant mis en selle pendant ce colloque, il prit la bride du palefroi des mains incertaines du jeune rustre, qui montrait encore une certaine hésitation, lui jeta une petite pièce d'argent, et, sans autre pourparler, partit au trot pour rattraper le temps perdu. Le paysan était encore visible de la côte qu'ils gravissaient, et Wayland, regardant en arrière, le vit à la place où il l'avait laissé, les doigts dans ses cheveux, ne bougeant pas plus qu'un poteau, et les yeux tournés dans la direction que suivaient ceux qui venaient de le quitter. Enfin, au moment où ils atteignaient le haut de l'éminence, il vit le jeune garçon se baisser pour ramasser le groat d'argent que sa générosité lui avait laissé. — Voilà ce que j'appelle un don de Dieu, dit Wayland; c'est un joli petit morceau de bête qui va, ma foi! fort bien, et qui nous portera jusqu'à ce que nous puissions vous avoir une autre monture aussi bonne, et alors nous la renverrons assez à temps pour satisfaire au *hue et cri* [1].

Mais il fut trompé dans son attente; et le sort, qui semblait d'abord se montrer si favorable, menaça bientôt de changer en cause de ruine complète l'incident dont il se félicitait tant.

Ils étaient à peine à un mille de l'endroit où ils avaient laissé le petit paysan, qu'ils entendirent derrière eux une voix d'homme criant à tue-tête : Au voleur! — au voleur! — arrêtez le voleur! avec d'autres exclamations que la conscience de Wayland l'assura aisément être une suite de l'affaire dans laquelle il venait de tremper. — J'aurais mieux fait d'aller pieds nus toute ma vie, se dit-il ; c'est le *hue et cri*, et je suis un homme perdu. Ah! Wayland, Wayland! nombre de fois ton père t'a dit que la chair de cheval serait ta mort. Que je sois une fois sain et sauf au milieu des chevaux de course de Smithfield ou de Tumball-Street, et je permettrai de m'accrocher aussi haut que Saint-Paul si jamais je me remêle de nobles, de chevaliers et de dames !

Au milieu de ces réflexions décourageantes il tourna la tête à plusieurs reprises pour voir qui lui donnait la chasse, et il fut grandement soulagé en n'apercevant qu'un seul cavalier, bien monté à la vérité, et accourant à eux d'un train qui ne leur laissait nulle chance de lui échapper, les forces de la comtesse lui eussent-elles permis de supporter la vitesse du galop que son palefroi aurait pu prendre. — Il peut y avoir beau jeu entre nous, pour sûr, pensa Wayland, là où il n'y a qu'un seul homme de chaque côté; et celui-là se tient à cheval plutôt comme un singe que comme un cavalier. Bast! si les choses en viennent au pis, il ne sera pas difficile de le désarçonner. Parbleu, je crois que son cheval va se charger lui-même de la besogne, car il a pris le mors aux dents. Eh! qu'est-ce que j'ai à m'inquiéter de lui? ajouta-t-il, quand celui qui le poursuivait fut plus près ; ce n'est que ce petit animal de mercier d'Abingdon, après tout.

[1] *Hue and cry*, l'équivalent de notre ancienne *clameur de haro*. (L. V.)

C'était lui, en effet, comme l'œil exercé de Wayland l'avait reconnu à distance La monture du vaillant mercier, qui était un animal ardent, se sentant abandonnée à toute sa vitesse, et apercevant un couple de chevaux galopant en avant de lui à quelques centaines de toises, partit lui-même avec une telle rapidité que l'équilibre de son cavalier en fut complétement dérangé ; de sorte que non seulement il atteignit, mais qu'il dépassa au grand galop ceux qu'il poursuivait, tout en retenant les rênes de toutes ses forces, et en criant arrête ! arrête ! interjection qui semblait s'adresser à sa monture plutôt qu'à celui à qui, en termes de marine, il donnait la chasse. Avec la même rapidité involontaire il poussa une tête (pour employer une autre expression nautique) de près d'un quart de mille avant d'être en état d'arrêter son cheval et de lui faire tourner bride ; et alors il rétrograda vers nos voyageurs, se raffermissant en selle et s'efforçant de substituer une expression fière et martiale à l'air de confusion et d'effroi qui se peignait sur son visage durant sa course forcée.

Wayland eut juste le temps de prévenir la comtesse de ne pas s'alarmer, et d'ajouter : — Cet homme est un niais, et je vais le traiter comme tel.

Quand le mercier eut retrouvé assez de souffle et d'audace pour les aborder de front, il ordonna à Wayland, d'un ton de menace, de lui remettre son palefroi.

— Comment? dit Smith avec emphase, est-ce qu'on vient nous dire *halte et la bourse !* sur le chemin du roi ? En ce cas, hors du fourreau, Excalibar [1], et apprends à ce chevalier de la prouesse que ce sont les coups qui doivent décider entre nous.

— Haro ! à l'aide ! hue et cri ! à moi les honnêtes gens ! se mit à crier le mercier ; on ne veut pas me rendre ce qui m'appartient !

— Tu invoques en vain tes dieux, païen impie, repartit Wayland ; j'accomplirai mon dessein, la mort serait-elle au bout. Néanmoins, marchand sans foi de batistes et de ratines, apprends que c'est moi qui suis le colporteur, celui-là même que tu t'es vanté d'arrêter et de dépouiller de sa balle dans les bruyères de Maiden-Castle ; ainsi donc, dégaîne et promptement.

— Je n'ai parlé que par plaisanterie, mon cher, dit Goldthred ; je suis un citadin, un honnête boutiquier, et je ne suis pas capable d'assaillir un homme de derrière une haie.

— En ce cas, par ma foi, très formidable mercier, je suis fâché de mon vœu que n'importe où je te rencontrerais je t'enlèverais ton palefroi pour le donner à ma maîtresse, à moins que tu ne pusses le défendre par la force. Mais le vœu est fait et enregistré ; — et tout ce que je puis faire pour toi, c'est de laisser le cheval à Donnington dans la première hôtellerie.

— Mais je te dis, l'ami, que c'est le cheval même sur lequel je devais

[1] Nom de l'épée du roi Arthur. (L. V.)

aujourd'hui conduire Jeanne Thackham de Shottesbrok jusqu'à l'église de la paroisse là-bas, où elle doit devenir dame Goldthred. Elle a sauté par la fenêtre de la grange du vieux bonhomme Thackham ; et la voyez-vous là-bas à l'endroit où elle devait trouver le palefroi, avec son manteau de camelot et son fouet à manche d'ivoire, comme un portrait de la femme de Lot?

— J'en suis bien fâché, autant pour la belle demoiselle que pour toi, très noble auneur de mousseline. Mais les vœux doivent avoir leur cours ; — tu trouveras le palefroi là-bas à Donnington, à l'enseigne de *l'Ange*. C'est tout ce qu'en conscience je puis faire pour toi.

— Au diable ta conscience ! s'écria le mercier terrifié ; — veux-tu qu'une mariée aille à l'église à pied ?

— Tu peux la prendre en croupe, sire Goldthred ; ça abattra un peu la fougue de ton coursier.

— Et si vous..... si vous oubliez de laisser mon cheval, comme vous le proposez? reprit Goldtherd, non sans hésitation, car la frayeur s'était emparée de lui.

— Ma balle restera engagée pour en répondre ; — elle est là-bas chez Giles Gosling, dans sa chambre à tentures de cuir de Damas, bourrée de velours à un, à deux et à trois poils, — de taffetas et de *parapas*, — de peluches, de damas, de moquettes, de *grograms*.....

— Assez ! assez ! interrompit le mercier ; s'il s'y trouve en vérité et sincérité seulement la moitié des marchandises que vous dites.... Mais si on me reprend jamais à confier de nouveau mon joli Bayard à un rustaud !......

— Pour cela, ce sera comme vous voudrez, mon bon monsieur Goldthred, repartit Wayland ; et sur ce, bien le bonjour, — et bon voyage, ajouta-t-il en s'éloignant joyeusement avec la dame, pendant que le mercier rebroussait chemin tout décontenancé et beaucoup plus lentement qu'il n'était venu, cherchant quelle excuse il pourrait donner à la belle désappointée, qui était restée au milieu du grand chemin en attente de son valeureux écuyer.

— Il m'a semblé que cet imbécile me regardait comme s'il avait eu quelque idée de m'avoir déjà vue, dit la dame quand ils se furent remis en route ; pourtant je tenais ma mante aussi haut que je pouvais sur ma figure.

— Si je le pensais, repartit Wayland, je retournerais après lui et je lui briserais la caboche ; — il n'y aurait pas de crainte de lui endommager la cervelle, car il n'en a jamais eu de quoi faire une becquée pour un oison sortant de sa coquille. Malgré cela, il faut maintenant que nous poussions en avant, et à Donnington nous laisserons derrière nous le cheval du benêt, afin qu'il n'ait pas d'autre tentation de nous poursuivre, et nous tâcherons de changer notre extérieur de manière à dérouter sa poursuite, s'il y persévérait.

CHAPITRE XXIV.

Les voyageurs atteignirent Donnington sans autre alarme, et là ce fut pour la comtesse une nécessité de prendre deux ou trois heures de repos, que Wayland employa, avec autant d'adresse que de promptitude, à s'occuper des mesures d'où semblait devoir dépendre la sécurité ultérieure de leur voyage.

Après avoir échangé contre un sarrau sa souquenille de porte-balle, il conduisit le palefroi de Goldthred à l'auberge de *l'Ange*, qui se trouvait à l'extrémité du village opposée à celle où nos deux voyageurs avaient pris leurs quartiers. Dans le cours de la matinée, pendant qu'il vaquait à ses autres affaires, il vit le cheval ramené et remis au malin mercier lui-même, qui, à la tête d'un valeureux détachement des gens du haro, venait délivrer par la force des armes ce qui lui fut rendu sans autre rançon que le prix d'une énorme quantité d'ale que consommèrent ses auxiliaires, probablement altérés par la marche, et sur le prix de laquelle M. Goldthred eut une chaude dispute avec le constable qu'il avait appelé pour l'aider à mettre le pays sur pied.

Après cette restitution aussi prudente que juste, Wayland se procura, pour la dame et pour lui, les habits nécessaires pour se déguiser l'un et l'autre en gens de campagne de la classe aisée, ayant arrêté entre eux qu'afin d'attirer aussi peu l'attention que possible elle passerait pour la sœur de son guide. L'acquisition d'un bon cheval, quoique de peu d'apparence, propre à se tenir au pas du sien, et assez doux pour l'usage d'une dame, compléta les préparatifs du voyage, pour lesquels, ainsi que pour les autres dépenses, Tressilian l'avait pourvu de fonds suffisants. Ainsi donc, sur le midi, quand un repos de plusieurs heures eut réparé les forces de la comtesse, ils se remirent en route, avec l'intention de faire le plus de diligence qu'il leur serait possible jusqu'à Kenilworth, en passant par Coventry et Warwick. Mais ils n'étaient pas destinés à voyager long-temps sans rencontrer quelque sujet de crainte.

Il est nécessaire de dire, avant tout, que le maître de l'auberge les avait informés qu'une troupe joyeuse, qu'il croyait destinée à figurer dans quelques unes des mascarades qui faisaient partie des divertissements habituellement offerts à la reine pendant les tournées royales avait quitté Donnington une couple d'heures avant eux pour se rendre à Kenilworth. Or, il était venu à l'esprit de Wayland qu'en s'attachant en quelque sorte à cette troupe, dès qu'ils auraient pu la rejoindre en route, ils seraient probablement moins exposés à attirer l'attention que s'ils continuaient de voyager seuls. Il fit part de son idée à la comtesse; celle-ci, désirant seulement arriver à Kenilworth sans interruption, lui laissa le libre choix des moyens. Ils pressèrent donc le pas de leurs montures, dans le dessein de rejoindre la troupe de comédiens et d'achever le voyage de compagnie avec eux; et ils venaient précisément de découvrir la petite caravane, composée partie de cavaliers, partie de gens à pied, au moment où elle atteignait le sommet d'une colline en pente douce, à la distance d'environ un demi-mille, et où elle allait disparaître de l'autre côté, quand Wayland, qui continuait d'observer avec l'attention la plus circonspecte tout ce que son regard pouvait embrasser à l'horizon, s'aperçut qu'un cavalier arrivait derrière eux sur un cheval d'une activité peu commune, accompagné d'un domestique que tous ses efforts ne suffisaient pas à maintenir au niveau du trot de son maître, et qui, en conséquence, était obligé pour le suivre de mettre sa propre monture au petit galop. Wayland examina les deux cavaliers avec inquiétude, il se troubla, les examina de nouveau, et dit en pâlissant à la comtesse : C'est le hongre trotteur de Richard Varney ; — entre mille chevaux je reconnaîtrais celui-là. — C'est une pire affaire que la rencontre du mercier.

— Tirez votre épée et percez-m'en le sein, dit la dame, plutôt que je ne tombe entre ses mains !

— J'aimerais mille fois mieux la lui passer à travers le corps ou m'en percer moi-même. Mais, à vrai dire, me battre n'est pas mon fort, quoique je puisse soutenir comme un autre la vue de l'acier quand il le faut absolument. Et quant à ce qui est de mon épée — (avancez, je vous prie) — c'est une pauvre rapière de Provant, et je vous garantis qu'il a une vraie Tolède. Il a un domestique aussi, et je crois que c'est ce coquin, cet ivrogne de Lambourne, montant le cheval sur lequel on dit — (je vous supplie d'avancer) — qu'il détroussa le riche marchand de bestiaux de l'Ouest. Ce n'est pas que dans une bonne cause je craigne Varney ni Lambourne — (votre palefroi ira encore plus vite si vous l'excitez) — mais malgré ça — (ne lui laissez pas prendre le galop, je vous en prie, de peur qu'ils ne voient que nous les craignons, et qu'ils ne nous donnent la chasse ; — maintenez-le seulement au trot soutenu), — mais, malgré ça, quoique je ne les craigne pas, je voudrais bien que nous fussions débarrassés d'eux, et cela plutôt par ruse que par violence. Si une fois nous rattrapions la troupe qui est devant nous, nous pourrions nous y mêler et passer sans être remarqués, à moins que Varney ne soit réellement à notre poursuite ; car alors, malheur à nous !

Tout en parlant ainsi, il pressait tour à tour et retenait son cheval, cherchant tout à la fois à garder un aussi bon pas que pouvait le comporter l'idée d'un voyage ordinaire sur la route, et à éviter une rapidité de marche qui eût pu faire soupçonner qu'ils cherchaient à fuir.

Ce fut de ce pas qu'ils gravirent la colline que nous avons mentionnée ; arrivés au sommet, ils eurent le plaisir de voir que la troupe qui avait quitté Donnington avant eux se trouvait en ce moment dans un fond, sorte de petite vallée où la route était traversée par un ruisseau sur les bords duquel s'élevaient quelques chaumières. La troupe semblait avoir fait halte en cet endroit, ce qui donna à Wayland l'espoir de l'atteindre et de se réunir à ceux qui la composaient avant que Varney les eût rejoints. Il en était d'autant plus impatient, que sa compagne, bien qu'elle ne se plaignît pas et ne manifestât aucune crainte, commençait à devenir si pâle qu'il tremblait de la voir tomber de cheval. Nonobstant cet indice d'affaiblissement de ses forces, elle pressa si vivement son palefroi qu'ils atteignirent la troupe au fond de la vallée, avant que Varney ne parût au sommet de la petite éminence qu'ils venaient de descendre. Ils trouvèrent dans un grand désordre ceux auxquels ils avaient intention de s'associer. Les femmes, échevelées et l'air fort affairé, entraient précipitamment dans l'une des chaumières et en sortaient de même, et les hommes se tenaient aux environs, la bride des chevaux en main, et faisant assez sotte mine, ainsi qu'il est ordinaire dans les cas où on n'a pas besoin d'eux.

Wayland et sa compagne de route s'arrêtèrent comme par un simple motif de curiosité; puis, peu à peu, sans faire de questions et sans qu'on leur en adressât, ils se mêlèrent au groupe, comme s'ils en avaient toujours fait partie.

Ils n'étaient pas là depuis cinq minutes, ayant grand soin de se tenir autant que possible sur le bord du chemin de manière à placer les autres entre eux et Varney, quand le grand-écuyer de lord Leicester, suivi de Lambourne, descendit rapidement la pente de la colline, les flancs de leurs chevaux et les molettes de leurs éperons offrant des marques sanglantes de la vitesse avec laquelle ils voyageaient. L'apparence extérieure des gens stationnés autour des chaumières, portant leurs habits de bougran pour garantir leurs costumes de théâtre, ayant près d'eux la charrette légère dans laquelle ils transportaient les autres accessoires de leurs jeux scéniques, et tenant à la main divers objets bizarres qui auraient pu souffrir d'un autre mode de transport, mit tout d'abord le cavalier au fait de la profession et des projets de la compagnie.

— Vous êtes comédiens, leur dit Varney, et vous allez à Kenilworth?

— *Rectè, quidem, domine spectatissime* [1], répondit un membre de la troupe.

— Et que diable faites-vous, arrêtés ici, quand la plus extrême diligence pourra tout au plus vous faire gagner Kenilworth à temps? La reine dîne demain à Warwick, et vous flânez ici, drôles que vous êtes?

— En bonne vérité, monsieur, dit un petit garnement rabougri, le visage couvert d'un masque au haut duquel s'implantaient deux cornes d'une belle nuance écarlate, portant de plus une jaquette de serge noire serrée au corps par des cordons, avec des chausses rouges et des souliers façonnés de manière à ressembler à deux pieds fourchus, — en bonne vérité, monsieur, vous êtes dans le vrai de la chose. C'est mon

---

[1] Oui, en effet, très respectable seigneur.

père le diable qui a été pris de travail d'enfant, et qui a retardé notre marche en augmentant notre troupe d'un diablotin de trop.

— Quelle diable d'histoire! repartit Varney, dont cependant la gaieté n'allait jamais au-delà d'un sourire sarcastique.

— C'est comme le *juvenis* l'a dit, reprit le masque qui avait parlé le premier ; notre diable *major*, — car celui-ci n'est que le *minor*, — en est en ce moment même au *Lucina fer opem* ¹! dans ce *tugurium* ².

— Par saint George, ou plutôt par le dragon, qui peut être parent du petit démon futur, voilà un hasard des plus comiques! dit Varney. Qu'en dis-tu, Lambourne? veux-tu être parrain pour cette fois? — Si le diable avait à choisir un compère, je ne connais personne qui convînt mieux à l'office.

— Toujours le cas excepté où mes supérieurs sont en présence, répliqua Lambourne, avec l'impudence à demi respectueuse d'un homme qui sait que ses services sont assez indispensables pour que son maître passe une plaisanterie.

— Et quel est le nom de ce diable ou de cette diablesse qui a si étrangement pris son temps? Nous ne pouvons guère nous passer d'aucun de nos acteurs.

— *Gaudet nomine Sylvæ*, elle se nomme Sibylle Laneham, femme de M. Richard Laneham....

— Huissier de la porte du conseil? Eh! elle est inexcusable ; elle a assez d'expérience pour avoir dû mieux faire ses dispositions. Mais qui étaient ces deux cavaliers, un homme et une femme, je crois, qui montaient si vite la colline devant moi tout-à-l'heure? — Appartiennent-ils à votre compagnie?

Wayland allait hasarder une réponse à cette question alarmante, quand le petit diablotin jeta une seconde fois son aviron par le travers.

— Sous votre bon plaisir, dit-il, s'approchant de Varney et parlant de manière à ne pas être entendu de ses compagnons, l'homme est notre grand diable, qui a assez de truc pour remplacer des centaines de dames Laneham; et la femme, — s'il vous plaît, c'est la sage personne dont l'assistance est le plus particulièrement nécessaire à notre camarade en souffrance.

— Ah! ah! vous vous êtes donc procuré la sage-femme? Au fait, elle galopait vraiment en femme qui va là où on a grand besoin d'elle. — Et vous avez aussi un rejeton de Satan en réserve pour prendre la place de mistress Laneham?

— Oui, monsieur, répondit l'enfant ; les rejetons de Satan ne sont pas si rares en ce monde que la vertueuse éminence de Votre Honneur le supposerait. — Ce maître démon va lancer par la bouche des jets de

---

¹ Lucine, porte-moi-secours.
² Chaumière.

CHAPITRE XXIV.

feu, et vomir sur la place une ou deux colonnes de fumée, si cela vous fait plaisir; — vous croiriez qu'il a l'Etna dans le ventre.

— Je n'ai pas maintenant, répliqua Varney, le temps d'être témoin de ses prodiges, très illustre membre du conclave ténébreux, mais voici quelque chose pour boire tous à l'heureux quart d'heure. — Et sur ce, comme dit la comédie, que Dieu soit aide à travail! A ces mots il fit sentir l'éperon à son cheval et se remit en route.

Lambourne s'arrêta un moment après son maître et fouilla à sa poche pour en tirer une pièce d'argent qu'il donna au communicatif diablotin, afin de l'encourager, dit-il, à suivre son chemin vers le feu des régions infernales, dont ses yeux, ajouta-t-il, lançaient déjà quelques étincelles. Ayant alors reçu les remerciements de l'enfant pour sa générosité, il piqua aussi des deux et courut sur les traces de son maître avec la rapidité de l'étincelle qui jaillit du caillou.

— Et maintenant, reprit le rusé diablotin en s'approchant du cheval de Wayland, et faisant en l'air une gambade qui semblait justifier de son titre de parenté avec le prince de cet élément, je leur ai dit qui vous êtes, *vous* : me direz-vous en retour qui je suis, *moi*?

— Tu es Flibbertigibbet, répondit Wayland Smith, ou il faut que tu sois pour tout de bon un rejeton du diable.

— Tu as touché le blanc; je suis ton Flibbertigibbet lui-même, mon cher, et j'ai rompu mes lisières pour accompagner mon savant précepteur, comme je t'avais dit que je le ferais, qu'il le voulût ou non. — Mais quelle dame as-tu amenée avec toi? J'ai vu que tu étais en défaut dès la première question qu'on t'a faite, de sorte que j'ai dégaîné pour venir à ton secours. Mais il faut que je sache tout-à-fait qui elle est, mon cher Wayland.

— Tu sauras cinquante choses plus intéressantes, mon cher camarade; mais trève de questions quant à présent. Et puisque vous allez à Kenilworth, j'y veux aller aussi, ne serait-ce que pour l'amour de ton gentil visage et de ton espiègle compagnie.

— Tu aurais dû dire mon visage espiègle et ma gentille compagnie; mais comment veux-tu voyager avec nous? — je veux dire en quel caractère?

— Sous celui-là même que tu m'as assigné, pour sûr, — sous celui de jongleur; tu sais que je suis rompu au métier.

— Oui, mais la dame? Crois-moi, j'ai bien idée que c'en est une, une *dame*; et en ce moment tu es à cause d'elle dans un océan d'embarras, à ce que je puis voir à ton air.

— Elle, mon cher Dickie? — c'est une pauvre sœur à moi; — elle sait chanter et jouer du luth à faire sortir les poissons de l'eau.

— Fais-moi-la entendre sur-le-champ; j'aime étonnamment le luth, je l'aime au-dessus de tout, quoique je ne l'aie jamais entendu.

— En ce cas, comment peux-tu l'aimer, Flibbertigibbet?

— Comme les chevaliers aiment les dames dans les vieilles histoires : par ouï-dire.

— Alors aime-le par ouï-dire un peu plus long-temps, jusqu'à ce que ma sœur soit remise de la fatigue de son voyage, repartit Wayland; — et il ajouta entre ses dents : Au diable la curiosité du diablotin! — mais il faut que je garde le temps au beau avec lui, sans quoi nous nous en trouverions mal.

Il alla ensuite offrir à maître Holiday ses talents comme jongleur, et ceux de sa sœur comme musicienne. On lui demanda quelques preuves de son adresse, et il en donna de si excellentes, que ses nouveaux compagnons, ravis d'une si précieuse adjonction à leur société, se contentèrent sans difficulté de l'excuse qu'il leur donna quand ils lui demandèrent un échantillon des talents de sa sœur. Les nouveaux venus furent invités à partager les provisions dont la compagnie était pourvue, et ce ne fut pas sans peine que Wayland Smith trouva une opportunité de parler en particulier, pendant le repas, à sa sœur supposée, intervalle dont il profita pour la conjurer d'oublier pour le moment son rang et ses chagrins, et de condescendre à se mêler à la société de ceux avec lesquels elle devait voyager, comme lui offrant la chance la plus probable de rester inconnue.

La comtesse reconnut la nécessité du cas, et quand on se remit en marche elle tâcha de se conformer à l'avis de son guide en s'adressant à une femme qui se trouvait près d'elle, et en lui témoignant son intérêt pour celle qu'ils étaient ainsi obligés de laisser derrière eux.

— Oh! elle est bien soignée, madame, répondit la femme à qui elle s'adressait, et qui, par son humeur joyeuse, aurait pu être le véritable emblème de la femme de Bath [1]; et puis, personne ne pense moins à ces sortes de choses-là que ma commère Laneham. Le neuvième jour, si les fêtes durent jusque là, nous l'aurons avec nous à Kenilworth, devrait-elle voyager avec son poupard sur le dos.

Il y avait dans ce discours quelque chose qui enleva à la comtesse de Leicester tout désir de continuer la conversation; mais elle avait rompu le charme en parlant la première à sa compagne de voyage, et la bonne dame qui devait jouer, dans l'un des intermèdes, le rôle de Rare-Gilian de Croydon, eut soin que le silence ne fût pas du voyage, et raconta à sa muette compagne mille anecdotes des fêtes où elle s'était trouvée, à partir de celles du roi Henri, lui parlant en même temps de la réception que les grands seigneurs leur avaient faite, et lui disant le nom de tous ceux qui remplissaient des rôles; mais concluant toujours par le même refrain : Tout cela ne sera rien auprès des magnifiques divertissements de Kenilworth.

— Et quand arriverons-nous à Kenilworth? demanda la comtesse avec une agitation qu'elle essaya en vain de dissimuler.

[1] Une des héroïnes de Chaucer. (L. V.)

— Nous autres qui avons des chevaux, nous pouvons, en marchant tard, arriver à Warwick ce soir, et Kenilworth peut en être éloigné de quatre ou cinq milles; — mais il faudra que nous attendions que les piétons soient arrivés, quoiqu'il soit probable que le digne comte de Leicester enverra à leur rencontre des chevaux ou des chariots légers, pour leur sauver la fatigue d'une longue route à pied, ce qui n'est pas une bonne préparation, comme vous pouvez le supposer, pour danser devant vos supérieurs. — Et pourtant, Dieu me soit en aide! j'ai vu le temps où j'aurais arpenté cinq lieues sur l'herbe, et pirouetté ensuite toute la soirée sur la pointe du pied, comme un jongleur fait tourner un plat d'étain sur la pointe d'une aiguille. Mais l'âge m'a un peu pincée dans ses griffes, comme dit la chanson; malgré que si l'air me plaît et mon partner aussi, je puisse encore danser les rondes aussi bien que pas une joyeuse fille du Warwickshire qui écrive son âge par ce malheureux chiffre 4 suivi d'un 0 rond.

Si la comtesse était excédée de la loquacité de cette bonne dame, Wayland Smith, de son côté, avait assez à faire pour soutenir et parer les attaques incessamment renouvelées que dirigeait sur lui l'infatigable curiosité de son ancienne connaissance Richard Sludge. La nature avait donné à ce malin enfant une disposition curieuse qui cadrait admirablement avec la subtilité de son esprit; l'une le poussant à s'ériger en espion des affaires des autres, et la seconde qualité le portant continuellement à se mêler de ce qui ne le regardait pas, quand sa pénétration l'en avait rendu maître. Il passa la journée entière à tâcher d'apercevoir les traits de la comtesse sous le *muffler* dont elle s'enveloppait une partie du visage, et il y a apparence que ce qu'il parvint à y découvrir aiguisa grandement sa curiosité.

— Wayland, dit-il, cette sœur à toi a un bien beau cou pour être née dans une forge, et une gentille main bien effilée pour avoir été accoutumée au fuseau; — ma foi, je croirai à votre parenté quand un cygne sortira d'un œuf de corbeau.

— Va, va, tu es un petit babillard, repartit Wayland, et tu devrais être fouetté pour ton assurance.

— C'est bien, répliqua le petit démon en s'éloignant; — souvenez-vous que vous m'avez caché un secret, et si je ne te donne pas un Roland pour ton Olivier [1] mon nom n'est pas Dickon Sludge, je ne te dis que ça!

Cette menace, et la distance à laquelle Farfadet se tint de lui durant le reste de la route, alarmèrent beaucoup Wayland, et il suggéra à sa prétendue sœur que sous prétexte de fatigue elle exprimât le désir de s'arrêter à deux ou trois milles de la jolie ville de Warwick, en promettant de rejoindre la troupe le matin suivant. Une petite auberge de vil-

---

[1] Expression proverbiale. (L. V.)

lage leur offrit un lieu de repos; et ce fut avec un secret plaisir que Wayland vit toute la troupe, y compris Dickon, passer outre après un adieu courtois, et les laisser en arrière. — Demain, madame, dit-il à celle dont il avait la garde, nous partirons de bonne heure, si vous le voulez bien, et nous arriverons à Kenilworth avant la cohue qui doit s'y réunir.

La comtesse donna son assentiment à la proposition de son fidèle guide; mais, quelque peu à la surprise de celui-ci, elle ne dit rien de plus à ce sujet, ce qui laissa Wayland dans la désagréable incertitude qu'elle eût ou non arrêté quelque plan de conduite future, car il savait que la situation de la dame, quoique les particularités ne lui en fussent qu'imparfaitement connues, exigeait une grande circonspection. Concluant de là, néanmoins, qu'il fallait qu'elle eût dans le château des amis sur les conseils et l'assistance desquels elle devait compter avec certitude, il supposa que sa tâche serait remplie au mieux quand il l'y aurait conduite en sûreté, conformément à ses injonctions réitérées.

CHAPITRE XXV.

> Écoute ! la cloche sonne et le bugle appelle, mais la plus belle ne répond pas ; — le flot des nobles et des dames encombre les salles, mais la plus aimable se cache sûrement en secret. Quels yeux étaient les tiens, prince orgueilleux, pour avoir perdu, ébloui par l'éclat de ces brillants météores, ce jugement qui estime l'astre du ciel plus que le ver-luisant, et préfère la rougeur du mérite modeste à l'insolence du courtisan ?
> *La Pantoufle de verre.*

L'INFORTUNÉE comtesse de Leicester avait depuis son enfance été traitée par ceux qui l'entouraient avec une indulgence aussi illimitée que peu judicieuse. La douceur naturelle de son caractère l'avait préservée de l'arrogance et de l'aigreur ; mais le caprice qui avait préféré le beau, le séduisant Leicester à Tressilian, du caractère éminemment honorable et de l'inaltérable affection duquel elle-même avait une si ferme opinion, — cette fatale erreur qui détruisit le bonheur de sa vie, tirait sa source de la tendresse malentendue qui avait épargné à son enfance la leçon pénible, mais si nécessaire, de la soumission et de l'empire sur soi-même. La même indulgence fit qu'elle avait été accoutumée à former seulement et à manifester ses désirs, laissant à d'autres le soin de les satisfaire ; et ainsi, à l'époque la plus importante de sa vie, elle se trouva totalement dépourvue de présence d'esprit, et hors d'état de se former un plan de conduite prudent et raisonnable.

Ces difficultés surgirent surtout avec une force accablante le jour qui semblait devoir être la crise de sa destinée. Passant sur toute considération intermédiaire, elle avait seulement souhaité de se trouver à Kenilworth et rapprochée de la présence de son époux ; et maintenant qu'elle était près de tous les deux, mille considérations qui s'offrirent à la fois à son esprit vinrent l'effrayer par la pensée d'une multitude d'incertitudes et de dangers, les uns réels, d'autres imaginaires, tous grandis et exagérés par l'isolement de sa situation et l'absence d'aide et de conseil.

Une nuit sans sommeil l'avait tellement affaiblie, que le matin il lui fut absolument impossible de se lever lorsque Wayland vint l'appeler de grand matin. Le fidèle guide commença à concevoir de sérieuses inquiétudes sur le compte de la dame, et à être quelque peu alarmé pour lui-même ; et il était sur le point de partir seul pour Kenilworth, dans l'espoir d'y trouver Tressilian et de pouvoir l'informer de l'approche de la dame, quand sur les neuf heures du matin elle le fit demander. Il la trouva tout habillée et prête à se remettre en route ; mais son extrême pâleur l'alarma pour sa santé. Elle lui dit de faire préparer les chevaux sur-le-champ, et se refusa avec impatience aux instances de son guide, qui la pressait de prendre quelque nourriture avant de partir. — J'ai pris un verre d'eau, lui dit-elle ; — le misérable qu'on traîne au supplice n'a pas besoin d'un plus puissant cordial, et ce qui lui suffit peut me suffire. — Faites comme je vous ordonne. Wayland Smith hésitait encore. — Qu'attendez-vous ? reprit-elle ; — ne me suis-je pas expliquée clairement ?

— Oui, madame, répondit Wayland ; mais puis-je demander quel est ensuite votre dessein ? — Je désire savoir cela, uniquement pour me diriger sur vos intentions. Tout le pays est sur pied et afflue sur Kenilworth. Il nous serait difficile d'y arriver quand même nous aurions les passeports nécessaires pour la route et l'entrée. Inconnus et sans amis, il peut nous arriver malheur. Mylady me pardonnera de dire mon humble avis : — Ne ferions-nous pas mieux de tâcher de retrouver nos comédiens, et de nous joindre à eux une seconde fois ?

La comtesse secoua la tête, et son guide continua : — Alors, je ne vois qu'un autre moyen.

— Parle donc, dit la dame, n'étant pas fâchée peut-être qu'il présentât ainsi l'avis qu'elle était honteuse de demander ; je te crois fidèle : — que conseillerais-tu ?

— Il me semble que je devrais aller prévenir M. Tressilian que vous êtes ici. Je suis bien sûr qu'il monterait à cheval avec quelques uns des gens de lord Sussex, et viendrait assurer votre sûreté personnelle.

— Et c'est à *moi* que vous conseillez de me mettre sous la protection de Sussex, l'indigne rival du noble Leicester ! Puis, voyant l'air de surprise avec lequel Wayland la regardait, et craignant d'avoir trop laissé paraître l'intérêt qu'elle prenait à Leicester, elle ajouta : Et quant à Tressilian, cela ne peut être ; — ne lui mentionnez pas, je vous le recommande positivement, mon malheureux nom : ce serait seulement doubler *mes* infortunes, et l'envelopper, *lui*, dans des dangers dont rien ne pourrait le tirer. Elle se tut ; mais quand elle vit que Wayland continuait d'attacher sur elle un regard de doute et d'inquiétude, elle prit un air calme, et continua : Guide-moi seulement jusqu'au château de Kenilworth, mon bon ami, et là ta tâche sera finie ; je verrai alors ce qu'il y aura à faire. Jusqu'ici tu m'as servi fidèlement ; — voici quelque chose qui te dédommagera richement de tes peines.

Elle présenta à l'artiste une bague où était enchâssé un diamant de prix. Wayland le regarda, hésita un moment, et le lui rendit : — Ce n'est pas, dit-il, que je sois au-dessus de vos bontés, madame, car je ne suis qu'un pauvre diable, qui a été forcé, Dieu me soit en aide ! de recourir à de pires ressources que la libéralité d'une personne telle que vous. Mais, comme mon ancien maître le maréchal avait coutume de dire à ses pratiques, pas de cure, pas de paiement. Nous ne sommes pas encore dans le château de Kenilworth, et il sera assez temps de donner décharge à votre guide quand vous serez au débotté, comme on dit. J'espère en Dieu que mylady est aussi assurée de trouver bonne réception quand elle arrivera, qu'elle peut se regarder comme certaine que je ferai tout ce qui sera en moi pour l'y conduire en sûreté. Je m'en vais disposer les chevaux ; en attendant, laissez-moi vous prier encore une fois, comme votre humble médecin aussi bien que comme votre guide, de prendre quelque chose pour vous soutenir.

— Je vais le faire, — je vais le faire, dit précipitamment la dame. Allez, — allez sur-le-champ ! — C'est en vain que j'affecte de l'assurance, se dit-elle quand il eut quitté la chambre ; même ce pauvre valet voit ma faiblesse sous cette affectation de courage, et sonde toute la profondeur de mes craintes.

Elle essaya alors de suivre l'avis de son guide en prenant un peu de nourriture, mais elle fut forcée d'y renoncer, car l'effort qu'elle fit pour avaler la première bouchée faillit presque la suffoquer. Un moment après elle vit de la fenêtre les chevaux prêts à partir ; — elle se mit en selle, et trouva dans le grand air et dans le changement de lieu ce soulagement qu'on éprouve souvent dans des cas semblables.

Il fut heureux pour les intentions de la comtesse que Wayland Smith, à qui son ancien genre de vie errant et irrégulier avait fait connaître presque toute l'Angleterre, fût familier avec tous les chemins de traverse aussi bien qu'avec les grandes communications du beau comté de Warwick. Car telle était la foule qui se pressait de tous les points en se portant sur Kenilworth pour voir l'entrée d'Elisabeth dans cette habitation splendide de son premier favori, que les routes principales étaient littéralement encombrées et inabordables, et que les voyageurs ne pouvaient avancer que par de longs circuits.

Les pourvoyeurs de la reine s'étaient mis en campagne, enlevant dans les fermes et les villages ces articles qu'on en exigeait habituellement durant les tournées royales, et pour lesquels les propriétaires devaient recevoir ensuite un tardif paiement du bureau du *tapis vert*. Les officiers de la maison du comte de Leicester avaient battu le pays pour le même objet ; et nombre de ses amis ou alliés, proches ou éloignés, prirent cette occasion de se mettre en faveur en envoyant des quantités considérables de provisions et de recherches de toute sorte, ainsi que d'innombrables pièces de gibier, et de pleins tonneaux des meilleures liqueurs étrangères et domestiques. Aussi les grandes routes étaient-elles couvertes de troupeaux de bouvillons, de moutons, de veaux et de porcs, et encombrées de chariots chargés, dont les essieux craquaient sous leurs fardeaux de barriques de vin et de tonnes d'ale, d'immenses paniers de denrées d'épiceries, de gibier frais, de provisions salées et de sacs de fine farine. De continuels embarras résultaient de la rencontre de ces chariots; et leurs grossiers conducteurs jurant et criant jusqu'à ce que leur humeur querelleuse fût excitée au dernier degré, se disputaient alors le pas à coups de fouet et de gourdin, disputes auxquelles mettait ordinairement fin quelque pourvoyeur, quelque sous-ordonnateur, ou autre personnage d'autorité, qui cassait la tête aux deux parties.

Il y avait aussi des comédiens et des mimes, des jongleurs et des banquistes de tout genre, suivant en bandes joyeuses les chemins qui conduisaient au Palais des Plaisirs royaux, noms que les ménestrels ambulants avaient donné à Kenilworth dans les chansons qui avaient déjà paru par anticipation des fêtes qu'on s'attendait à y voir. Au milieu de ce spectacle bigarré, les mendiants étalaient leurs misères réelles ou supposées ; contraste étrange, quoique commun, entre les vanités et les douleurs de l'existence humaine. Et tout cela se mêlait au flot immense de la population que la simple curiosité avait poussée sur un même point. Là, l'ouvrier en tablier de cuir coudoyait la belle dame, délicate et dédaigneuse, sa supérieure à la ville ; là, le paysan aux souliers ferrés marchait sur les pieds des riches bourgeois et des gentilshommes les plus honorables ; là, Jeanne la laitière, à l'allure décidée, aux bras rouges et nerveux, se frayait son chemin devant elle au milieu de ces jolies poupées minaudières, dont les pères étaient chevaliers ou squires.

La foule et la confusion avaient néanmoins un caractère de joie et de gaieté. Tout le monde venait là pour voir et pour se réjouir, et chacun riait des petits inconvénients qui en un autre moment lui auraient échauffé la bile. Sauf les querelles accidentelles dont nous avons parlé entre la race irritable des charretiers, les sons divers qui s'élevaient du sein de la multitude étaient ceux du contentement et de la jovialité. Les musiciens préludaient sur leurs instruments, — les ménestrels fredonnaient leurs chansons, — le bouffon de profession brandissait sa marotte en poussant des cris de joie et de folie, — les danseurs faisaient résonner leurs clochettes, — les rustres se hélaient et sifflaient, — les hommes riaient haut, et les jeunes filles faisaient entendre leurs éclats perçants ; en même temps que mainte plaisanterie grivoise partie d'un groupe était saisie en chemin par un autre groupe, et renvoyée comme un volant d'un côté de la route à l'autre.

Rien ne saurait être aussi pénible pour une âme absorbée par la tristesse, que de se trouver enveloppée dans une scène de gaieté et de réjouissance, formant avec ses propres sensations un accompagnement si discordant. Néanmoins, dans la situation où se trouvait la comtesse de Leicester, le bruit et le tumulte de cette scène étourdissante donnèrent quelque distraction à ses pensées, et lui rendirent ce triste service qu'il lui devint impossible de se recueillir dans sa douleur, et de s'attacher aux terribles prévisions de sa destinée prochaine. Elle avançait, comme au milieu d'un rêve, s'abandonnant entièrement à la conduite de Wayland, qui, avec une adresse infinie, tantôt se faisait jour à travers la foule des voyageurs, tantôt s'arrêtait jusqu'à ce qu'une occasion favorable de se remettre en marche se présentât de nouveau, et fréquemment se détournant tout-à-fait de sa route directe, prenait le circuit de quelque chemin de traverse qui les ramenait plus loin à la grande route, après leur avoir permis de faire un chemin considérable plus à leur aise et avec plus de rapidité.

Ce fut ainsi qu'il évita Warwick, dont le château est le plus beau monument de la splendeur des anciens jours de la chevalerie que le temps ait respecté. La reine y avait passé la nuit précédente, et elle devait s'y arrêter ce jour-là jusqu'à midi, heure qui alors était celle du dîner par toute l'Angleterre; après quoi elle devait se remettre en route pour Kenilworth. Cependant, chaque groupe qui passait avait quelque chose à dire à la louange de la souveraine, non pourtant sans y mêler aussi, selon l'usage, un peu de cette satire qui assaisonne plus ou moins l'estime que nous faisons de nos voisins, surtout si en même temps ils se trouvent être nos supérieurs. — Avez-vous entendu, disait l'un, comme elle a parlé gracieusement à M. le bailli et au *recorder* [1], et au digne M. Griffin le prédicateur, quand ils se sont agenouillés à la portière de son carrosse?

— Oui, et comme elle a dit au petit Aglionby : Monsieur le *recorder*, on voulait me persuader que vous aviez peur de moi; mais vraiment, vous m'avez fait un relevé si complet des vertus d'un souverain que je crois avoir plus de raison d'avoir peur de vous. — Et puis avec quelle grâce elle a pris la jolie bourse renfermant les vingt souverains d'or! on aurait cru qu'elle ne voulait pas y toucher, ce qui ne l'a pas empêchée de la prendre.

— Oui, oui, dit un autre, ses doigts la serraient joliment bien quand tout a été fait, à ce qu'il m'a semblé; et il m'a semblé aussi qu'elle la pesait un moment dans sa main, comme si elle leur avait dit : J'espère qu'ils ont le poids?

— Elle n'avait pas besoin de craindre, voisin, dit un troisième ; ce n'est que quand la corporation règle le compte d'un pauvre ouvrier comme moi qu'elle le renvoie avec des pièces rognées. — C'est bon ; il y a un Dieu au-dessus de nous tous. — Le petit *recorder*, puisque c'est là le mot, va maintenant être plus grand que jamais.

— Allons, mon digne voisin, reprit celui qui avait parlé le premier, ne soyez pas envieux ; — c'est une bonne et généreuse reine. — Elle a donné la bourse au comte de Leicester.

[1] Archiviste.

— Moi envieux? — le diable t'emporte pour ce mot-là! — Mais je crois qu'elle donnera bientôt tout au comte de Leicester.

— Vous vous trouvez indisposée, mylady? dit en ce moment Wayland Smith à la comtesse de Leicester; et en même temps il lui proposa de sortir du chemin et de s'arrêter jusqu'à ce qu'elle fût remise. Mais surmontant la pénible impression que lui avait fait éprouver ce propos, ainsi que d'autres de même nature qui arrivèrent à ses oreilles pendant leur marche, elle insista pour que son guide la conduisît à Kenilworth avec toute la diligence que leur permettaient de faire les nombreux obstacles de la route. Cependant l'inquiétude que causaient à Wayland les accès de faiblesse répétés de celle dont il avait la charge, et ses absences d'esprit évidentes, s'accroissait d'heure en heure, et il éprouvait la plus extrême impatience de l'avoir enfin, selon ses demandes réitérées, déposée en sûreté dans le château, où il ne doutait pas qu'elle ne fût assurée d'une réception bienveillante, bien qu'elle ne parût pas disposée à révéler sur qui reposaient ses espérances. — Que je sois une fois sorti de ce péril, pensa-t-il, et si personne me reprend à jouer le rôle d'écuyer d'une demoiselle errante, je lui permets de me briser le crâne avec mon propre marteau d'enclume.

Enfin parut le château vraiment royal de Kenilworth, aux embellissements duquel, ainsi qu'à l'amélioration du domaine environnant, le comte de Leicester avait dépensé soixante mille livres sterling, somme égale à un demi-million sterling de notre monnaie actuelle [1]. L'enceinte extérieure de cette magnifique et gigantesque construction comprenait une étendue de sept acres [2], dont une partie était occupée par de vastes écuries et par un jardin de plaisance, avec ses charmilles et ses parterres; le reste formait la première cour ou cour extérieure [3] du noble château. Le château proprement dit, qui s'élevait à peu près au centre de cette spacieuse enceinte, se composait d'un imposant assemblage de superbes bâtiments portant le cachet de siècles différents, et formant le pourtour d'une cour intérieure; chaque partie de ce magnifique ensemble rappelait, par les noms qui s'y rattachaient et par les armoiries qui les décoraient, les emblèmes de chefs puissants depuis long-temps descendus dans la tombe, et dont l'histoire, si l'Ambition avait voulu y prêter l'oreille, aurait pu servir de leçon à l'orgueilleux favori qui possédait alors et augmentait encore ce beau domaine. Un vaste et massif donjon, formant la citadelle du château, était certainement d'une grande antiquité, quoique l'époque précise de sa construction fût incertaine. Il portait le nom de César, peut-être à cause de sa ressemblance avec la

---

[1] Plus de douze millions et demi de francs. — La propriété du château de Kenilworth était un don royal d'Élisabeth à son favori Leicester. (L. V.)

[2] Près de trois hectares. (L. V.)

[3] *Base-court*, basse-cour ; mais cette expression est prise ici par opposition à la cour d'honneur. (L. V.)

partie ainsi nommée de la Tour de Londres. Quelques antiquaires en faisaient remonter la fondation au temps de Kenelph, un des rois saxons du royaume de Mercie, prince qui avait laissé son nom au château [1]; d'autres en rapportaient la fondation à une époque beaucoup plus rapprochée, postérieure à la conquête normande. Sur les murs extérieurs se voyaient les armoiries des Clintons, qui les avaient fait élever sous le règne d'Henri Ier, et celles d'un baron encore plus redouté, Simon de Montfort, qui avait long-temps tenu bon dans Kenilworth, lors des *guerres des barons*, contre les forces d'Henri III. Mortimer, comte de March, également fameux par son élévation et par sa chute, y avait célébré de joyeuses orgies pendant que son souverain détrôné, Edouard II, languissait dans les cachots du château. Le vieux John de Gaunt, de l'antique race de Lancastre, avait fort augmenté l'étendue de l'édifice en faisant construire ce massif et beau bâtiment qui porte encore le nom de Bâtiments de Lancastre ; et Leicester lui-même avait dépassé les précédents possesseurs, tout riches et puissants qu'ils étaient, en faisant élever une autre construction immense, qui aujourd'hui gît écrasée sous ses propres ruines, monument de l'ambition de son fondateur. Le mur d'enceinte de ce château royal était orné et défendu, du côté du sud et de l'ouest, par un lac en partie superficiel, au-dessus duquel Leicester avait fait construire un superbe pont, afin qu'Élisabeth pût entrer dans le château par un chemin que personne n'eût foulé avant elle, au lieu de l'entrée ordinaire du nord, qu'il avait fait surmonter d'une tour de défense [2], ou barbacane, qui subsiste encore, égale en étendue, et surpassant par l'architecture, le castel baronial de plus d'un chef du nord [3].

Au-delà du lac se déployait une *chasse* d'une vaste étendue, peuplée de cerfs, de daims, de chevreuils, et de toute sorte de gibier, et remplie d'arbres gigantesques, du milieu desquels la large façade du château et ses tours massives apparaissaient dans leur majestueuse beauté. Tout ce que nous pouvons ajouter, c'est que ce magnifique palais, où des princes s'assirent à la table des banquets, et où tant de héros combattirent, tantôt dans les sanglants conflits des assauts et des siéges, tantôt dans les jeux de la chevalerie où la beauté dispensait le prix qu'avait obtenu la valeur, est maintenant complétement délabré. Le lit du lac n'est plus qu'un marais couvert de roseaux ; et les massives ruines du château servent seulement à montrer quelle en fut jadis la splendeur, et à faire rêver le voyageur à l'instabilité des choses humaines et à la félicité de ceux qui savent trouver le bonheur dans un sort médiocre [4].

Ce fut avec des sensations bien différentes que l'infortunée comtesse

---

[1] Kenilworth, Valeur de Kenil ou Kenelph. (L. V.)
[2] *Gate-House*.
[3] *Voyez* le plan du château joint à ce volume.
[4] *Voyez* la note H, à la fin du volume.

de Leicester arrêta ses regards sur ces tours grisâtres et massives, quand pour la première fois elle les vit s'élever au-dessus de la verdoyante ceinture de bois qui les enceignaient, et qu'elles semblaient dominer. Épouse légitime du noble comte, du mignon d'Élisabeth, du puissant favori de l'Angleterre, elle approchait de la résidence de son époux et de la présence de sa souveraine, protégée plutôt que guidée par un pauvre jongleur; et bien qu'incontestablement maîtresse de cet orgueilleux château, dont, à son moindre mot, les portes eussent dû sortir de leurs gonds massifs pour lui livrer passage, elle ne pouvait cependant se dissimuler à elle-même la difficulté et le danger qu'il lui faudrait éprouver pour obtenir l'entrée de sa propre demeure.

Les risques et les difficultés semblaient en effet augmenter à chaque instant, et nos deux voyageurs se virent enfin menacés d'être entièrement arrêtés à la grande barrière fermant l'entrée d'une belle et spacieuse avenue qui coupait, dans un espace de deux milles, la largeur de la *chasse*, et par laquelle on arrivait, après avoir joui de quelques uns des plus beaux points de vue du lac et du château, au pont nouvellement construit dont elle était une dépendance, et qui était destiné à ouvrir l'entrée du château à la reine en cette occasion mémorable.

La comtesse et Wayland trouvèrent la tête de cette avenue, qui débouchait sur la route de Warwick, gardée par un corps de *yeomen* à cheval de la garde royale, armés de corselets richement ciselés et dorés, la tête couverte de morions au lieu de toques, et tenant la crosse de leurs carabines appuyée sur la cuisse. Ces gardes, remarquables par leur force et leur stature, et qui faisaient le service partout où la reine allait en personne, avaient là à leur tête un poursuivant d'armes, portant sur le bras l'ours et le bâton, armoiries de Leicester, à la maison duquel il appartenait, et ils refusaient invariablement l'entrée à quiconque n'était pas porteur d'une invitation à la fête, ou ne faisait pas partie des troupes qui devaient donner diverses sortes de représentations joyeuses dans les fêtes projetées.

Naturellement la foule était grande autour de la barrière, et des personnes de toute classe alléguaient pour être admises des raisons de toute nature; réclamations auxquelles les gardes se montraient inexorables, répondant aux belles paroles, et même aux offres plus tentantes, par la sévérité de leur consigne, fondée sur l'aversion bien connue de la reine pour l'empressement grossier de la multitude. Ceux qui ne se contentaient pas de telles raisons étaient traités plus rudement, et les gardes les refoulaient sans cérémonie au moyen de leurs puissants chevaux bardés de fer, et même par de vigoureux coups du canon de leurs carabines. Ces dernières manœuvres produisaient dans la foule des ondulations qui faisaient craindre à Wayland de se trouver séparé de celle dont il avait la garde. Il ne savait non plus quelle excuse donner pour obtenir entrée, et il en cherchait une dans sa tête avec grande perplexité, quand le poursuivant du comte, ayant jeté les yeux de son côté, s'écria à sa grande surprise : — Yeomen, faites place à cet homme en manteau orange ; — et vous, sire Sans-Gêne, avancez, et faites diligence. Qu'attendiez-vous donc, au nom du diable? Avancez, avec votre ballot d'articles féminins.

Tandis que le poursuivant d'armes adressait à Wayland cette invitation pressante, quoique peu courtoise, que pendant une ou deux minutes il ne pouvait s'imaginer être pour lui, les yeomen lui firent promptement un libre passage. Il ne put que recommander à sa compagne de s'envelopper autant que possible le bas du visage de sa mante, et il passa la barrière en tenant le palefroi d'Amy par la bride; mais il avait en ce moment la crête si basse, et ses regards exprimaient tant de crainte et d'anxiété, que la foule, à qui toute préférence ne peut guère plaire, accompagna leur admission de huées et de rires moqueurs.

Ainsi introduits dans l'enceinte de la *chasse*, quoique cette distinction fût accompagnée de circonstances peu flatteuses, Wayland et sa compagne de route poussèrent en avant, tout en se demandant quelles difficultés ils étaient maintenant destinés à rencontrer. La large avenue qu'ils suivaient était bordée à droite et à gauche d'une longue ligne de vassaux, armés d'épées et de pertuisanes, couverts de la riche livrée du comte de Leicester, et portant ses armoiries, l'ours et le bâton, et espacés de trois pas en trois pas de manière à former une double haie continue depuis l'entrée du parc jusqu'au pont. Et, réellement, quand le regard d'Amy embrassa pour la première fois dans son ensemble l'imposante perspective du château et de ses tours, s'élevant majestueusement de l'enceinte formée par un long développement de murailles ornées de créneaux, et garnies de tourelles et de plates-formes à chaque point de défense, avec mainte bannière ondoyant au haut des remparts, et sur les terrasses et les créneaux un tel mouvement de brillants cimiers et de panaches flottants ; à ce spectacle aussi élégant que magnifique le cœur lui faillit un moment, inaccoutumée qu'elle était à tant de splendeur, et elle se demanda ce qu'elle avait apporté à Leicester pour mériter d'être associée par lui à cette pompe royale. Mais la généreuse fierté de son âme résista à cette insinuation qui la poussait au désespoir.

— Je lui ai donné, se dit-elle, tout ce que peut donner une femme. Mon nom et ma réputation, mon cœur et ma main, j'ai tout donné, au pied de l'autel, au maître de toutes ces magnificences, et la reine d'Angleterre elle-même ne pourrait lui donner plus. Il est mon époux, — je suis sa femme : — ce que Dieu a joint, l'homme ne peut le séparer. Je revendiquerai hardiment mes droits, d'autant plus hardiment que j'arrive ainsi isolée et sans être attendue. Je connais bien mon noble

Dudley ! il se fâchera un peu de ce que je lui aurai désobéi ; mais Amy pleurera, et Dudley lui pardonnera.

Ces réflexions furent interrompues par un cri de surprise que poussa Wayland, qui s'était senti tout-à-coup saisi à bras-le-corps par deux longs bras maigres et noirs appartenant à un individu qui s'était élancé du milieu d'un chêne sur la croupe de son cheval, au milieu des éclats de rire poussés par les sentinelles. — Il faut que soit le diable ou Flibbertigibbet, dit Wayland après avoir essayé vainement de se dégager et de jeter à bas de son cheval le lutin qui s'accrochait à lui ; — est-ce que les chênes de Kenilworth portent de pareils glands ?

— Oui vraiment, maître Wayland, repartit son acolyte inopiné, et bien d'autres encore trop durs pour vous, tout vieux que vous êtes, si je ne vous apprenais pas à les casser. Comment auriez-vous passé là-haut à la barrière où est le poursuivant, si je ne l'avais averti que notre principal jongleur était resté en arrière ? Je vous attendais sur cet arbre, où j'ai grimpé en montant sur le haut de notre fourgon ; et je suis sûr qu'à l'heure qu'il est ils perdent tous l'esprit de ce que je leur manque.

— Hé bien, en ce cas, tu es tout de bon un rejeton du diable. Je te cède le pas, démon protecteur, et je marcherai d'après tes avis ; seulement, comme tu es puissant, sois miséricordieux. Pendant qu'il parlait, ils approchaient d'une forte tour située à l'extrémité sud du pont que nous avons mentionné, et qui servait à protéger de ce côté l'entrée extérieure du château de Kenilworth.

Ce fut au milieu de ces tristes circonstances, et dans cette singulière compagnie, que l'infortunée comtesse de Leicester approcha pour la première fois de la magnifique demeure de son presque royal époux.

CHAPITRE XXVI.

> SNUG.
> Avez-vous le rôle du lion écrit? Si vous l'avez, donnez-le-moi, je vous prie, car j'apprends difficilement.
>
> QUINCE.
> Vous pouvez le jouer d'idée, car il n'y a qu'à rugir. *Le Songe d'une nuit d'été.*

En arrivant à la grande entrée extérieure du château de Kenilworth, la comtesse de Leicester trouva la tour sous laquelle s'ouvrait la voûte de son large portail gardée d'une manière singulière. Sur les créneaux étaient placées de gigantesques sentinelles, armées de massues, de haches d'armes et d'autres armes antiques, et qui étaient destinées à représenter les soldats du roi Arthur, ces Bretons primitifs par lesquels, selon la tradition romanesque, le château avait été originairement occupé, quoique l'histoire n'en fît pas remonter l'antiquité au-delà du temps de l'heptarchie. Quelques uns de ces terribles personnages étaient des hommes véritables, chaussés de hauts brodequins et le visage couvert d'un masque ; d'autres étaient de simples mannequins de carton habillés de bougran, qui, vus d'en bas et mêlés aux soldats véritables, figuraient assez bien ce qu'on avait voulu représenter. Mais le portier gigantesque qui gardait l'entrée d'en bas, et y remplissait réellement l'office de sentinelle, ne devait aucune de ses terreurs à des moyens d'emprunt. C'était un homme à qui sa haute stature, sa vigueur musculaire et sa carrure à l'avenant auraient permis de représenter Colbrand, Ascapart, ou tout autre géant de roman, sans qu'il eût à se grandir d'un pouce. Les jambes et les genoux de ce fils d'Anak étaient nus, de même que ses bras à partir d'un empan au-dessous de l'épaule ; mais ses pieds étaient chaussés de sandales serrées au moyen de lanières croisées de cuir rouge, garnies d'ornements de bronze. Une casaque étroite de velours écarlate à ganses d'or, avec des culottes courtes pareilles, couvraient son corps et une partie de ses membres ; sur ses épaules, au lieu de manteau, il portait une peau d'ours noir. Ce formidable personnage avait la tête nue ; les touffes épaisses de sa chevelure noire encadraient de chaque côté des traits d'un caractère épais, lourd et matériel, attribut fréquent des hommes de taille très élevée, et qui, nonobstant quelques exceptions distinguées, a donné naissance à une prévention générale contre les géants, et les a fait regarder comme une race stupide et maussade. Ce formidable gardien était armé d'une lourde massue garnie de pointes d'acier, répondant au reste de son apparence extérieure ; en un mot, il figurait supérieurement un de ces géants des romans populaires, que l'on trouve dans les contes de fées ou dans les légendes de la chevalerie errante.

Les manières de ce moderne Titan, quand l'attention de Wayland Smith se porta sur lui, avaient quelque chose qui indiquait une grande agitation d'esprit et une vive contrariété : tantôt il s'asseyait un instant sur un massif banc de pierre qui semblait avoir été placé là pour son usage, puis il se relevait brusquement, grattait son énorme tête, et se promenait à grands pas dans l'espace où le circonscrivait son poste, en homme livré à un accès d'impatience et d'inquiétude. Ce fut dans un moment où il se promenait devant la porte avec cette apparence d'agitation que Wayland s'avança vers la voûte d'entrée et se disposa à la franchir, tâchant de se donner un air indifférent et dégagé, quoiqu'il ne fût pas sans quelque préoccupation secrète. Mais le portier s'arrêta, en lui criant d'une voix tonnante : Arrière! et, pour donner plus de force à son injonction, levant au-dessus de l'épaule sa lourde masse d'acier, il en frappa la terre presque sous les naseaux du cheval de Wayland, avec une telle force que le feu jaillit du pavé et que le coup fit retentir la voûte. Wayland, profitant de l'avis de Dickie, se donna comme appartenant à une troupe de comédiens auxquels sa présence était indispensable, ajoutant que c'était accidentellement qu'il était resté en arrière, et beaucoup d'autres raisons pareilles. Mais le gardien fut inexorable, et ne cessa de marmotter et de grommeler dans ses dents des mots auxquels Wayland ne comprenait rien, si ce n'est qu'il refusait positivement de le laisser entrer. Voici un échantillon de ce soliloque interrompu : — Eh! qu'y a-t-il, mes maîtres ? — (A lui-même) : Il y a un bruit... il y a un vacarme... (A Wayland) : Vous êtes un musard, et vous n'entrerez pas. — (De nouveau à lui-même) : Il y a une foule.... il y a une cohue.... Je n'en viendrai jamais à bout! — Il y a un.... hem! hem! — un.... (A Wayland) : Arrière de la porte, ou je te brise la caboche! — (De nouveau à lui-même) : Il y a un..... Non, — je ne m'en tirerai jamais!

— Reste tranquille, dit Flibbertigibbet tout bas à Wayland ; je sais où le soulier le gêne, et je vais l'apprivoiser en un instant.

Il sauta à bas du cheval, et faisant un bond jusqu'au gardien de la porte, il le tira par un pan de sa peau d'ours de manière à lui faire baisser la tête, puis il lui dit quelque chose à l'oreille. Jamais Afrite ne changea plus soudainement la hideuse expression de son front menaçant en un regard doux et soumis, au commandement du possesseur de quelque talisman oriental, que le gigantesque portier de Kenilworth ne se relâcha de son air farouche dès que Flibbertigibbet lui eut dit deux mots à l'oreille. Il jeta sa massue à terre, et prit par le milieu du corps le petit Dickie Sludge, qu'il enleva à une telle distance du sol que ce n'eût pas été sans risques qu'il en fût retombé. — C'est cela même, s'écria-t-il d'une voix retentissante, — c'est cela même, mon petit bonhomme ; — mais qui diable a pu te l'apprendre ?

— Ne t'en mets pas en peine, repartit Flibbertigibbet; mais.... Il regarda Wayland et la dame, puis il baissa de nouveau la voix pour achever ce qu'il avait à dire, ce qu'il pouvait faire d'autant mieux que pour plus de commodité le géant le tenait près de son oreille. Le portier embrassa Dickie avec effusion, puis il le reposa à terre avec autant d'attention qu'en met une ménagère soigneuse à replacer sur sa cheminée un vase de porcelaine fêlé. — Entrez, — entrez, dit-il alors à Wayland et à la dame, — et prenez garde de ne pas arriver trop tard un autre jour quand je me trouverai de garde à la porte.

— Oui, oui, entrez, ajouta Flibbertigibbet, il faut que je m'arrête un moment avec mon honnête Philistin, mon Goliath de Geth que voilà. Mais je vais vous rejoindre tout-à-l'heure, et je verrai le fond de tous vos secrets, quand ils seraient profonds et noirs comme le donjon du château.

— Je crois bien que tu y réussirais, dit Wayland ; mais je compte que le secret ne sera bientôt plus à ma garde, et alors peu m'importera que toi ou que tout autre le connaisse.

La comtesse et son guide traversèrent alors la première tour, appelée Tour de la Galerie. Voici d'où lui venait ce nom. Toute l'étendue du pont liant entre elles au-dessus du lac cette tour d'entrée et une autre tour située sur le bord opposé et appelée Tour de Mortimer, était disposée de manière à former une lice spacieuse d'environ quatre cents pieds de longueur sur trente de largeur, couverte du plus fin sable, et bordée de chaque côté de hautes et fortes palissades. La vaste et belle galerie destinée aux dames qui devaient assister aux faits de chevalerie représentés sur cette arène, était dressée sur le côté nord de la tour extérieure à laquelle elle donnait son nom. Nos deux voyageurs parcoururent lentement la longueur du pont ou champ-clos, et, à l'autre extrémité, traversèrent la Tour de Mortimer, d'où ils entrèrent dans la cour extérieure ou basse-cour du château [1]. La Tour de Mortimer portait au fronton l'écusson du comte de March, dont l'ambition audacieuse renversa le trône d'Edouard II, et aspira à partager l'autorité suprême avec la *Louve de France*, épouse de l'infortunée monarque. L'arche qui s'ouvrait sous cet emblème de sinistre souvenir était gardée par de nombreux domestiques en riches livrées; mais ils n'apportèrent aucune opposition à l'entrée de la comtesse et de son

---

[1] *Voyez* le plan.

guide, car le portier principal posté à la Tour de la Galerie leur ayant livré passage, il n'était pas à supposer qu'ils dussent être arrêtés par ses délégués. Ils arrivèrent donc en silence à la grande cour extérieure du château, et ils virent alors pleinement se déployer devant eux ce vaste et splendide édifice avec ses tours majestueuses, toutes les portes ouvertes en signe d'hospitalité sans bornes, et les appartements remplis de nobles hôtes de tout rang, outre les dépendants, suivants, domestiques de tout genre, et le cortége habituel de la joie et des festins.

Wayland arrêta son cheval au milieu de cette scène de splendeur et de mouvement, et regarda sa compagne de route comme en attente de ses ordres sur ce qu'il y avait à faire, maintenant qu'ils avaient atteint sans accident le but de leur voyage. Comme elle restait silencieuse, Wayland se hasarda à lui demander directement, après avoir attendu une ou deux minutes, quels étaient maintenant ses ordres. Elle porta la main à son front, comme pour recueillir ses pensées et sa résolution, en même temps qu'elle lui répondait d'une voix éteinte et comme étouffée, pareille au murmure de quelqu'un qui parle en rêvant : — Mes ordres ! je puis en effet réclamer le droit d'ordonner ici : mais qui voudra m'y obéir ?

Alors relevant vivement la tête, comme quelqu'un qui a pris une résolution décisive, elle s'adressa à un domestique élégamment vêtu qui traversait la cour d'un air important et affairé. — Un moment, monsieur, lui dit-elle ; je désire parler au comte de Leicester.

— A qui désirez-vous parler, s'il vous plaît? dit l'homme, surpris de la demande ; et alors, jetant les yeux sur l'équipage plus que modeste de celle qui prenait avec lui un pareil ton d'autorité, il ajouta insolemment : —Eh ! quelle est cette échappée de Bedlam qui voudrait voir mylord un jour comme celui-ci ?

— Mon ami, repartit la comtesse, ne sois pas insolent ; — l'affaire que j'ai avec le comte est des plus urgentes.

— Serait-elle trois fois plus urgente, il faut que vous trouviez quelqu'un autre pour la faire. — Je devrais aller déranger mylord de la présence de la reine pour *vos* affaires, n'est-ce pas ? — je pourrais m'attendre à être remercié à coups d'étrivières. Je m'étonne que notre vieux portier ne prenne pas la mesure de pareille marchandise avec sa massue, au lieu de lui livrer passage ; mais il a la cervelle à l'envers depuis qu'il a une harangue à apprendre par cœur.

Deux ou trois domestiques s'étaient arrêtés, attirés par le ton goguenard du valet ; et Wayland, alarmé pour lui-même et pour la comtesse, se hâta de s'adresser à celui d'entre eux qui semblait le plus civil, et, lui glissant une pièce d'argent dans la main, il tint un moment conseil avec lui au sujet d'un lieu de retraite momentané qu'il désirait trouver pour sa compagne. La personne à qui il parlait, se trouvant avoir quelque autorité sur les autres, réprimanda ceux-ci de leur incivilité, et, ordonnant à l'un d'eux de prendre soin des chevaux des étrangers, il dit à ces derniers de le suivre. La comtesse conserva assez de présence d'esprit pour voir qu'il était indispensable qu'elle se conformât à sa requête ; laissant donc les grossiers valets et les laquais débiter leurs plaisanteries brutales sur les *talons légers*, et autres allusions semblables, elle suivit, ainsi que Wayland, le nouvel écuyer qui se chargeait d'être leur conducteur.

Ils pénétrèrent dans la cour intérieure du château par la grande entrée qui s'ouvrait entre le principal *keep* ou donjon, appelé la Tour de César, et un bâtiment majestueux désigné sous le nom de Logement du roi Henry ; et ils se trouvèrent alors au centre du noble édifice, dont les différentes façades présentaient de magnifiques spécimens de tous les genres d'architecture employés dans la construction des châteaux, depuis la conquête normande jusqu'au règne d'Élisabeth, avec les ornements propres au style de chacun d'eux.

Ils traversèrent aussi cette cour extérieure, et furent conduits par leur guide jusqu'à une petite mais forte tour formant l'angle nord-est du bâtiment adjacent à la grande salle, et occupant un certain espace entre l'immense rangée de cuisines et la grande salle elle-même. La partie inférieure de cette tour était occupée par quelques uns des officiers de la maison de Leicester, qu'on avait placés là parce qu'ils s'y trouvaient à proximité des endroits où leur devoir habituel les appelait ; mais à l'étage supérieur auquel conduisait un étroit escalier tournant, était une petite chambre à huit pans, que, dans la grande demande de logements, on avait cette fois disposée pour y recevoir des hôtes, quoique l'on racontât vulgairement qu'elle avait autrefois servi de prison pour un malheureux qui y avait été assassiné. La tradition appelait ce prisonnier Mervyn, et avait appliqué son nom à la tour. Qu'elle eût été employée comme prison, c'est ce qui n'était pas improbable ; car chaque étage en était voûté et les murs avaient une prodigieuse épaisseur, tandis que le diamètre de la chambre n'excédait pas quinze pieds. Quoique la fenêtre fût étroite, on y jouissait cependant d'une vue agréable, car elle commandait la perspective délicieuse de ce que l'on nommait la *Plaisance*, espace de terrain enclos et décoré d'arcades, de trophées, de statues, de fontaines et d'autres ornements d'architecture, qui formaient un des accès du château au jardin. La chambre avait un lit, et on y avait fait les autres dispositions propres à la rendre habitable ; mais la comtesse n'y donna qu'une légère attention, ses yeux étant tombés sur une table où se trouvait tout ce qu'il fallait pour écrire (chose assez rare dans les chambres à coucher de ce temps-là), ce qui lui suggéra immédiatement l'idée d'écrire à Leicester, et de se tenir là à l'abri des regards jusqu'à ce qu'elle eût reçu sa réponse.

Celui qui leur avait servi d'introducteur, après les avoir conduits jusqu'à cet appartement commode, demanda civilement à Wayland, dont il avait éprouvé la générosité, s'il pouvait encore faire quelque autre chose pour son service. Comme Wayland lui fit doucement entendre que quelques rafraîchissements ne seraient pas désagréables, il conduisit sur-le-champ Smith à l'office, où des vivres de toute sorte étaient distribués avec une profusion hospitalière à quiconque en demandait. Wayland obtint sans peine quelques provisions de choses légères, qu'il pensa devoir le mieux convenir à l'appétit languissant de la dame, et ne perdit pas l'occasion de faire lui-même, quoique à la hâte, un copieux repas d'une nature plus substantielle. Il revint ensuite à la chambre de la tourelle, où la comtesse venait de terminer sa lettre à Leicester ; et au lieu de cachet de cire et de fil de soie, elle avait employé pour la fermer une tresse de ses beaux cheveux, dont elle avait formé ce qu'on nomme un nœud de parfait amour.

— Mon bon ami, dit-elle à Wayland, vous que Dieu a envoyé à mon aide au moment où j'en avais un si grand besoin, je vous conjure, et c'est le dernier embarras que vous donnera une infortunée dame, de remettre cette lettre au noble comte de Leicester. N'importe comment elle soit reçue, ajouta-t-elle, les traits agités par l'espoir et la crainte, vous, mon bon ami, vous n'aurez plus à vous mettre en peine à cause de moi. Mais j'ai espoir ; et si jamais dame enrichit un homme pauvre, assurément vous l'avez mérité de ma part, si mes jours de bonheur reviennent. Remettez-la, je vous en prie, à Leicester lui-même, et remarquez bien de quel air il la recevra.

Wayland se chargea volontiers de la commission ; mais à son tour il pria instamment la comtesse de prendre quelque nourriture. Elle céda enfin, plutôt par importunité et par le désir qu'elle avait de le voir partir pour sa commission, que par aucune disposition à goûter à ce qu'il avait apporté. Il la quitta alors, en lui conseillant de fermer sa porte en dedans et de ne pas bouger de sa petite chambre ; — et il alla chercher une occasion de s'acquitter de son message, ainsi que de mettre à exécution un projet que les circonstances lui avaient inspiré.

Dans le fait, la conduite de la dame durant le voyage, — ses longs accès de silence absolu, — l'irrésolution et l'incertitude qui se montraient dans tous ses mouvements, — l'incapacité où elle semblait être de penser et d'agir par elle-même, — tout avait contribué à inspirer à Wayland l'opinion assez probable que les difficultés de la situation dans laquelle elle se trouvait placée avaient jusqu'à un certain point affecté sa raison.

Après avoir échappé à sa réclusion de Cumnor-Place et aux dangers dont elle y était menacée, elle n'eût pas eu, à ce qu'il semblait, de parti plus raisonnable à prendre que de se retirer chez son père ou ailleurs, loin du pouvoir de ceux de qui provenaient ces dangers. Lorsqu'au lieu d'agir ainsi elle demanda à être conduite à Kenilworth, Wayland ne put se rendre compte de cette détermination qu'en supposant qu'elle avait l'intention de se mettre sous la garde de Tressilian et d'en appeler à la protection de la reine. Mais, maintenant, voilà qu'au lieu de suivre cette marche naturelle elle le chargeait d'une lettre pour Leicester, le patron de Varney, et dans la juridiction duquel, sinon sous son autorité expresse, on lui avait déjà fait subir tous les maux qu'elle avait soufferts. Cette mesure semblait peu sûre, et même dangereuse, et Wayland éprouva de l'inquiétude pour sa propre sécurité, aussi bien que pour celle de la dame, s'il exécutait la commission qu'elle lui avait donnée avant de s'être assuré des avis et de l'appui d'un protecteur. Il décida donc qu'avant de remettre la lettre à Leicester il se mettrait en quête de Tressilian pour l'informer de l'arrivée de la dame à Kenilworth, et qu'ainsi il s'affranchirait tout d'un coup de toute responsabilité ultérieure, en remettant le soin de guider et de protéger cette infortunée à celui qui le premier l'avait fait s'employer au service de la dame.

— Il sera meilleur juge que moi, se dit Wayland, s'il faut ou non la satisfaire dans cette fantaisie d'en appeler à mylord de Leicester, ce qui paraît ressembler à un acte de folie; et par ainsi, je remettrai l'affaire entre ses mains, je lui donnerai la lettre, puis je recevrai ce qu'il lui plaira de me donner par manière de récompense, et alors je montrerai au château de Kenilworth une paire de talons alertes. Après la besogne à laquelle j'ai été employé, je crains que la résidence n'en soit ni sûre ni saine, et j'aimerais mieux ferrer des poulains sur le plus mauvais commun d'Angleterre, que de prendre part à leurs réjouissances.

CHAPITRE XXVII

> J'ai vu dans mon temps un garçon faire des merveilles... Robin, le chaudronnier rouge, avait un garçon qui aurait passé par une chatière.
> *Le Fat.*

Au milieu du mouvement qui remplissait le château et ses environs, ce n'était pas chose aisée de trouver quelqu'un que l'on cherchait; et Wayland était moins à même que personne de mettre la main sur Tressilian, qu'il lui importait tant de découvrir, parce que, sentant le danger d'attirer l'attention dans les circonstances où il était placé, il n'osait prendre beaucoup d'informations parmi les domestiques et les gens de la maison de Leicester. Il apprit cependant, par des questions indirectes, que, selon toute probabilité, Tressilian devait se trouver parmi les nombreux gentilshommes qui s'étaient joints à la suite du comte de Sussex, et étaient arrivés le matin même avec ce dernier à Kenilworth, où Leicester les avait reçus avec les marques des plus grands égards et de la plus haute distinction. Il apprit de plus que les deux comtes, avec leur suite et beaucoup d'autres seigneurs, chevaliers et simples gentilshommes, étaient montés à cheval et partis pour Warwick depuis plusieurs heures, dans l'intention d'escorter la reine jusqu'à Kenilworth.

L'arrivée de Sa Majesté, comme d'autres grands événements, fut retardée d'heure en heure; puis un courrier hors d'haleine vint annoncer que Sa Majesté se trouvant retenue par son gracieux désir de recevoir l'hommage de ses liges qui s'étaient rendus en foule à Warwick au-devant d'elle, elle ne pourrait entrer au château avant la fin du jour. L'avis donna pour le moment quelque relâche à ceux qui déjà étaient à leur poste, dans l'attente immédiate de l'apparition de la reine, prêts à jouer leur rôle dans les solennités dont cette apparition devait être accompagnée; et Wayland, voyant plusieurs cavaliers entrer au château, eut quelque espoir que Tressilian pourrait être du nombre. Afin de ne pouvoir laisser échapper l'occasion de rencontrer son patron, dans le cas où celui-ci serait en effet parmi eux, Wayland se plaça dans la cour extérieure du château près de la Tour de Mortimer, et épia avec soin tous ceux qui allaient ou venaient sur le pont dont cette construction protégeait l'extrémité. De cette station, il ne pouvait

CHAPITRE XXVII.

manquer d'apercevoir quiconque entrerait au château ou en sortirait, et il observa avec une attention inquiète l'habillement et la tournure de chaque cavalier, à mesure que, débouchant de la Tour de la Galerie à l'autre bout du pont, les arrivants parcouraient la longueur de la lice, soit au petit pas, soit en caracolant, et se dirigeaient vers l'entrée de la grande cour extérieure.

Mais tandis que Wayland donnait ainsi toute son attention à découvrir celui qu'il ne voyait point, quelqu'un de qui lui-même se serait peu soucié d'être vu le tira par la manche.

C'était Dickie Sludge, ou Flibbertigibbet, qui, de même que le diablotin dont il portait le nom, et à la ressemblance duquel on l'avait accoutré, semblait toujours être à l'oreille de ceux qui pensaient le moins à lui. Quels que fussent les sentiments intérieurs de Wayland, il jugea nécessaire de se montrer satisfait de cette rencontre inattendue.

— Ha! c'est toi, mon extrait de nature humaine, — mon petit poucet, — mon prince des mauvais esprits? — c'est toi, ma petite souris

— Oui, répondit Dickie, la souris qui a rongé les mailles du filet juste au moment où le lion qui y était pris commençait à avoir étonnamment la mine d'un âne.

— Eh! petit saute-gouttière, tu es piquant comme vinaigre cet après-midi! Mais, dis-moi, comment t'es-tu tiré des mains de ce butor de géant avec qui je t'ai laissé? — Je craignais qu'il ne te mît nu et ne t'avalât, comme on dépouille et comme on mange une châtaigne rôtie.

— S'il m'avait avalé, il aurait eu plus de cervelle au ventre qu'il n'en a jamais eu dans la tête. Mais le géant est un monstre courtois, et plus reconnaissant que bien d'autres gens que j'ai aidés dans l'embarras, maître Wayland Smith.

— Le diable soit de moi, Flibbertigibbet, si tu n'es pas plus affilé qu'un coutelas de Sheffield! Je voudrais savoir par quel charme tu as muselé ce vieil ours.

— Oui, voilà bien votre manière; vous croyez que beaux discours passeront comme bons services. Au surplus, quant à cet honnête portier, il faut que vous sachiez qu'au moment où nous arrivions à l'entrée là-bas, il avait la cervelle surchargée d'un discours qui avait été composé pour lui, et qui se trouvait un peu trop fort pour ses facultés de géant. Or, cette pathétique harangue était, comme beaucoup d'autres, de la façon de mon savant magister Erasmus Holiday, si bien que je l'avais entendue assez souvent pour m'en souvenir jusqu'à la dernière ligne. — Dès que je lui ai entendu lâcher le premier vers en se démenant comme un poisson sur le sable, et que je l'ai vu rester court, j'ai su tout de suite où le soulier le blessait, et c'est au moment où je lui ai soufflé le mot qui l'arrêtait, qu'il m'a enlevé de terre dans son ravissement, comme vous l'avez vu tout à l'heure. Je lui ai promis, s'il voulait vous laisser entrer, de me cacher sous sa souquenille d'ours et de le souffler au moment du besoin. Je viens de manger un morceau au château et je retourne le trouver.

— C'est juste, — c'est juste, mon cher Dickie ; dépêche-toi, pour l'amour du Ciel ! sans quoi le pauvre géant ne saura plus où donner de la tête faute de son nain secourable. Va vite, Dickie !

— C'est cela ! — va-t'en vite, Dickie, quand nous avons eu de toi ce que nous en pouvions avoir. — Vous ne voulez donc pas me dire l'histoire de cette dame, qui est autant votre sœur que moi ?

— Eh ! quel bien cela te ferait-il, méchant petit lutin ?

— Oh ! oh ! est-ce de ça qu'il retourne ? hé bien, je me soucie assez peu de la chose ; — seulement, je te dirai que je n'ai jamais révélé un secret, mais que je tâche toujours de le découvrir, n'importe par quel bout. Et sur ce, bonsoir.

— Hé ! Dickie ! fit Wayland, qui connaissait trop bien le caractère actif et intrigant de l'enfant pour ne pas craindre son inimitié, — un moment, mon cher Dickie, on ne quitte pas si brusquement d'anciens amis ! — Tu sauras un jour tout ce que je sais de la dame.

— Oui, répliqua Dickie, et il peut se faire que ce jour-là soit proche. — Porte-toi bien, Wayland ; — je vais retrouver mon ami aux grands membres, qui n'a peut-être pas l'esprit aussi délié que certaines gens, mais qui est du moins plus reconnaissant du service qu'on lui rend. Sur ce, encore une fois, bonsoir !

A ces mots, il fit une culbute sous la porte de la Tour, se retrouva sur ses pieds à l'entrée du pont, et là, se mettant à courir avec l'agilité extraordinaire qui était un de ses attributs les plus remarquables, il fut hors de vue en un instant.

— Plût à Dieu que je fusse sain et sauf hors de ce château ! pensa Wayland ; car maintenant que ce malin démon a mis le doigt dans le pâté, ça ne peut que se trouver un manger bon pour le palais du diable. Plût au Ciel que M. Tressilian arrivât !

Tressilian, qu'il attendait avec tant d'impatience à la Tour de Mortimer, était revenu à Kenilworth par une autre entrée. Le matin, en effet, ainsi que l'avait conjecturé Wayland, il avait accompagné les deux comtes dans leur cavalcade jusqu'à Warwick, non sans espoir que là il pourrait avoir quelques nouvelles de son émissaire. Déçu dans cette attente, et remarquant que Varney, qu'il avait aperçu parmi les gens de la suite de Leicester, semblait avoir l'intention de s'approcher de lui et de lui parler, il pensa que dans les circonstances le plus sage était d'éviter l'entrevue. Il quitta donc la salle de réception au milieu du discours que le haut-sheriff du comte débitait à Sa Majesté, remonta à cheval, revint à Kenilworth par un chemin détourné, et rentra au château par une poterne du mur de l'Ouest, où il fut reçu sans difficulté comme une des personnes de la suite du comte de Sussex, pour lesquelles Leicester avait ordonné d'avoir les plus grands égards.

Ce fut ainsi qu'il ne rencontra pas Wayland, qui attendait impatiemment son arrivée, et que lui-même n'aurait pas moins désiré voir.

Ayant laissé son cheval aux soins de son domestique, il se promena pendant quelque temps dans la Plaisance et dans le jardin, plutôt pour se livrer, dans une solitude relative, à ses propres réflexions, que pour admirer les étonnantes merveilles de la nature et de l'art que la magnificence de Leicester y avait réunies. La plupart des personnes de condition étaient en ce moment hors du château, qu'elles avaient quitté pour faire partie de la cavalcade des deux comtes; ceux qui ne s'y étaient pas joints s'étaient disséminés sur les créneaux, les murs d'enceinte et les tours, afin de jouir du magnifique spectacle de l'entrée de la reine. Tandis que les autres parties du château retentissaient de voix humaines, le jardin jouissait donc d'un silence profond, que troublaient seuls le murmure des feuilles, le gazouillement des habitants d'une immense volière, émules de leurs plus heureux compagnons restés habitants de l'air libre, et le clapement des fontaines, dont les eaux lancées dans l'air par des figures sculptées de formes grotesques et fantastiques, retombaient avec un bruit incessant dans de larges bassins de marbre d'Italie.

Les pensées mélancoliques de Tressilian répandaient une ombre de tristesse sur tout ce qui l'entourait. Il comparait les scènes magnifiques qu'il parcourait à l'épaisse forêt et à la bruyère sauvage qui entouraient Lidcote-Hall, et l'image d'Amy Robsart se glissait comme un fantôme au milieu de chaque paysage que son imagination évoquait. Rien n'est peut-être plus pernicieux au bonheur futur des hommes de pensée profonde et d'habitudes retirées que de nourrir de bonne heure une passion constante et malheureuse : souvent il arrive qu'elle s'enfonce si avant dans le cœur, qu'elle devient leur rêve de la nuit et leur vision du jour ; — qu'elle se mêle pour eux à toutes les sources d'intérêt et de plaisir, et que lorsque l'espoir qu'elle entretenait est enfin perdu sans retour, il semble que les sources de l'âme se soient desséchées avec elle. Ce malaise du cœur, ces regrets qui nous font aspirer encore après une ombre qui a perdu tout l'éclat de ses couleurs, ce souvenir fixe d'un songe dont depuis long-temps nous avons été rudement éveillé, c'est la faiblesse d'un esprit noble et généreux, et c'était celle de Tressilian.

Lui-même finit enfin par sentir la nécessité de tourner son esprit vers d'autres objets; et dans ce dessein il quitta la Plaisance, afin de se mêler à la foule bruyante qui garnissait les remparts, et de voir les préparatifs des fêtes. Mais lorsqu'il fut sorti du jardin, et qu'il entendit le bruit confus mêlé de musique et de rires qui bourdonnait autour de lui, il éprouva une invincible répugnance à se mêler à des gens dont les sentiments étaient si peu en harmonie avec les siens, et, au lieu de rester au milieu d'eux, il résolut de se retirer dans la chambre qu'on lui avait assignée et de s'occuper à lire, jusqu'à ce que le son de la grosse cloche du château annonçât l'arrivée d'Elisabeth.

Tressilian traversa donc le passage formé par la longue ligne des cuisines et la grande salle, monta au troisième étage de la Tour de Mervyn, et, poussant la porte de la petite chambre qui lui avait été désignée, fut surpris de la trouver fermée à clef. Il se souvint alors que le sous-chambellan lui avait remis un passe-partout, en le prévenant que dans l'état de confusion où se trouvait le château il ferait bien de tenir autant que possible sa porte fermée. Il mit sa clef dans la serrure, le pêne glissa, la porte s'ouvrit, et au même instant il vit assise dans la chambre une femme en qui il reconnut Amy Robsart. Sa première idée fut que son imagination frappée avait évoqué l'image de celle qu'il avait toujours présente à l'esprit; sa seconde pensée, qu'il avait devant lui une apparition; — mais il fut bientôt convaincu que c'était bien Amy elle-même, plus pâle, à la vérité, et plus maigre qu'aux jours de bonheur et d'insouciance où elle unissait la beauté d'une sylphide aux formes et à la fraîcheur d'une nymphe des bois : mais c'était toujours Amy, cette Amy dont rien de ce qu'il eût jamais vu n'égalait les charmes.

L'étonnement de la comtesse ne le céda guère à celui de Tressilan; il fut cependant de moindre durée, parce qu'elle avait su par Wayland qu'il était dans le château. Elle s'était levée vivement à son entrée, et maintenant elle se tenait debout devant lui, la pâleur de ses joues ayant fait place à une vive rougeur. — Tressilian, dit-elle enfin, pourquoi venez-vous ici?

— Mais *vous-même*, Amy, pourquoi y êtes-vous venue, répliqua Tressilian, à moins que ce ne soit pour réclamer enfin une aide qui vous sera donnée sur-le-champ, autant qu'y pourront suffire le cœur et le bras d'un homme?

Elle se tut un moment, puis elle reprit, d'un ton empreint de plus de douleur que de colère : — Je ne demande aucune aide, Tressilian, et celle que votre affection pourrait m'offrir me serait plus nuisible qu'utile. Croyez-moi, je suis près de quelqu'un que la loi et l'amour obligent à me protéger.

— Le scélérat vous a donc fait la triste réparation qui restait en son pouvoir? Je vois donc devant moi la femme de Varney?

— La femme de Varney! répéta-t-elle avec toute l'emphase du mépris; de quel nom vil, monsieur, osez-vous stigmatiser la.... la.... Elle hésita, sa voix s'affaiblit, elle baissa les yeux et resta confuse et silencieuse, car elle pensa aux conséquences fatales qui pourraient s'ensuivre, si elle complétait sa phrase par ces mots — la comtesse de Leicester — qui se présentaient d'eux-mêmes. C'eût été découvrir à Tressilian, à Sussex, à la reine, à toute la cour assemblée, le secret dont son époux l'avait assurée que dépendait son sort. — Jamais,

CHAPITRE XXVII.

pensa-t-elle, je ne romprai le silence promis; plutôt me soumettre à tous les soupçons!

Les larmes lui vinrent aux yeux tandis qu'elle restait muette devant Tressilian, et que celui-ci la contemplait avec une expression de douleur et de compassion. — Hélas, Amy! lui dit-il, vos yeux contredisent votre bouche. L'une parle d'un protecteur ayant la volonté et le pouvoir de veiller sur vous; mais les autres me disent que vous êtes perdue, que vous êtes abandonnée par le misérable à qui vous vous êtes attachée.

Elle leva sur lui un regard dans lequel la colère étincelait à travers les larmes, et elle répéta seulement le mot *misérable!* sur lequel elle appuya avec force et d'un ton de dédain.

— Oui, *le misérable!* réitéra Tressilian; car s'il ne méritait pas ce nom, seriez-vous ici, seule dans mon appartement? et des dispositions convenables n'auraient-elles pas été faites pour vous recevoir?

— Dans votre appartement? répéta Amy; dans *votre* appartement? Il va être à l'instant même délivré de ma présence.

Elle s'approcha vivement de la porte; mais le triste souvenir de son état d'abandon assaillit tout-à-coup son esprit, et, s'arrêtant au seuil, elle ajouta d'un ton dont rien ne saurait rendre l'expression déchirante: — Hélas! je l'avais oublié; — je ne sais où aller!....

— Je le vois, — je le vois, vous avez *besoin* d'aide, reprit Tressilian en s'élançant vers elle et en la ramenant à un siége où elle se laissa tomber; — vous avez *besoin* de protection, bien que vous ne veuilliez pas l'avouer, et vous ne l'attendrez pas long-temps. Appuyée sur mon bras, sur le bras d'un homme qui est ici le représentant de votre excellent père, de votre père dont le chagrin a brisé l'âme, vous vous présenterez devant Élisabeth au seuil même du château; et son premier acte, en entrant dans les salles de Kenilworth, sera un acte de justice envers son sexe et ses sujets. Fort de ma bonne cause et de l'équité de la reine, le pouvoir de son favori n'ébranlera pas ma résolution. Je vais à l'instant même trouver Sussex.

— N'en faites rien, au nom du Ciel! s'écria la comtesse vivement alarmée, et sentant l'absolue nécessité de gagner au moins du temps pour la réflexion. Tressilian, vous étiez généreux; — accordez-moi une requête, et croyez, si vous avez le désir de me sauver du désespoir et de la folie, que vous ferez plus en m'accordant la promesse que je vous demande, que ne peut faire pour moi tout le pouvoir d'Élisabeth!

— Demandez-moi quelque chose dont vous puissiez m'alléguer la raison, Amy; mais ne me demandez pas....

— Oh! ne limitez pas votre don, cher Edmund, — vous aimiez autrefois que je vous appelle ainsi — ne limitez pas votre don aux conditions de la raison! Tout ce qui se rattache à moi n'est que folie, et la folie doit dicter les conseils qui seuls peuvent m'aider.

— Si vous me tenez cet étrange langage, repartit Tressilian, l'étonnement surmontant de nouveau et sa douleur et sa résolution, je dois vous croire en effet hors d'état de penser et d'agir par vous-même.

— Oh non! s'écria-t-elle en se laissant tomber à genoux devant lui; non, je ne suis pas folle! — je ne suis qu'une créature plus malheureuse qu'on ne peut dire, et, par suite des circonstances les plus extraordinaires, entraînée au précipice par le bras même de celui-là qui croit m'en garantir, — par le vôtre, Tressilian, — par le vôtre, à vous que j'ai honoré, que j'ai respecté, — tout, excepté de vous aimer; — et cependant je vous aimais aussi, — je vous aimais aussi, Tressilian, — quoique ce ne fût pas comme vous le souhaitiez.

Il y avait dans sa voix et dans son attitude tant d'énergie, — et en même temps une résignation si calme et un tel abandon; — elle se livrait si complétement à sa générosité, et il y avait tant d'effusion et de confiance dans ses expressions, que Tressilian se sentit profondément ému. Il la releva, et d'une voix entrecoupée il la conjura de reprendre courage.

— Je ne le puis, dit-elle; — je ne reprendrai courage que lorsque vous m'aurez accordé ma demande! Je parlerai aussi clairement que j'oserai le faire. — J'attends en ce moment les ordres de quelqu'un qui a droit d'en donner; — l'intervention d'une tierce personne, — la vôtre surtout, Tressilian, — serait ma perte, — ma perte absolue. Attendez seulement vingt-quatre heures, et il peut se faire que la pauvre Amy soit alors en état de montrer qu'elle apprécie et peut reconnaître votre amitié désintéressée, — de montrer qu'elle-même est heureuse et qu'elle a les moyens de vous rendre heureux aussi. — Un tel résultat mérite sûrement que vous ayez quelque patience pour un temps si court.

Tressilian se tut; et pesant dans son esprit les diverses probabilités qui pouvaient rendre une intervention violente de sa part plus nuisible qu'avantageuse, tant au bonheur qu'à la réputation d'Amy; réfléchissant aussi qu'elle était dans les murs de Kenilworth, et qu'elle n'avait pas d'injure à craindre dans un château honoré de la résidence de la reine et rempli de ses gardes et de sa suite, — il crut, tout bien considéré, qu'il lui rendrait peut-être un service plus mauvais qu'utile en en appelant malgré elle en sa faveur à Élisabeth. Il exprima cependant sa résolution avec réserve, dans le doute bien naturel où il était que l'espoir qu'avait Amy de se tirer de sa situation difficile reposât sur quelque chose de plus solide que son aveugle attachement pour Varney, qu'il supposait être son séducteur.

— Amy, lui dit-il, en même temps qu'il fixait ses yeux tristes et expressifs sur ceux de la comtesse, que dans son angoisse de doute, de terreur et de perplexité elle avait levés vers lui, — Amy, j'ai toujours remarqué que lorsque d'autres vous appelaient étourdie et volontaire, il

CHAPITRE XXVII.

y avait sous ces dehors de folie enfantine et d'obstination une sensibilité profonde et un grand sens. Je me confierai en ceci, et je remettrai pour vingt-quatre heures votre propre sort en vos mains, sans que j'intervienne ni de paroles ni d'action.

— Me promettez-vous cela, Tressilian? Se peut-il que vous puissiez mettre encore tant de confiance en moi? Me promettez-vous sur votre parole de gentilhomme et d'homme d'honneur de ne vous mêler de ce qui me regarde ni en paroles ni par action, quoi que vous puissiez voir ou entendre qui vous paraisse demander votre intervention? — Vous fierez-vous à moi jusque là?

— Oui, sur mon honneur, répondit Tressilian; mais ce temps expiré..

— Ce temps expiré, interrompit-elle, vous serez libre d'agir selon votre jugement.

— Il n'est rien autre chose que je puisse faire pour vous, Amy?

— Rien, que de me laisser; — c'est-à-dire, — je rougis de reconnaître en demandant cela quel est en ce moment mon état d'abandon — si vous pouvez me laisser pour vingt-quatre heures l'usage de cette chambre.

— Voilà qui est bien étonnant! dit Tressilian. Quel espoir et quel crédit pouvez-vous avoir dans un château où vous ne pouvez disposer même d'un appartement?

— Pas de réflexions, et laissez-moi, Tressilian. Puis le voyant se retirer lentement et comme à regret, elle ajouta : — Généreux Edmund! le temps viendra peut-être où Amy pourra montrer qu'elle était digne de ton noble attachement.

CHAPITRE XXVIII.

> Allons donc, camarade, ne te fais pas faute d'une rasade, tant que la cannette pleine est sous ta main et ne demande qu'à être vidée! — Va, va, ne crains rien de moi ; je ne m'amuse pas à regarder de près aux vices des autres, moi qui n'ai pas à me vanter d'une seule vertu. — Je suis un casseur, et je voudrais que tout le monde pêle-mêle fît tapage avec moi.
>
> *Pandémonium.*

Tressilian, livré à une étrange agitation d'esprit, avait à peine descendu deux ou trois marches de l'escalier tournant, qu'à sa grande surprise ainsi qu'à son grand déplaisir il se trouva face à face avec Michel Lambourne, dont le front affichait une familiarité impudente qui donna à Tressilian une forte tentation de le jeter en bas des escaliers ; mais il se souvint du tort que le moindre acte de violence auquel il se laisserait aller en ce moment et dans un tel lieu causerait probablement à Amy, l'unique objet de sa sollicitude.

Il se contenta donc de regarder sévèrement Lambourne, comme un homme qu'on juge indigne d'attention, et voulut passer outre et continuer de descendre sans indiquer autrement qu'il le reconnût ; mais Lambourne, qui n'avait pas manqué, au milieu de la profusion de ce jour d'hospitalité, de vider de copieuses rasades de canarie, sans pourtant y avoir laissé sa raison, Lambourne n'était pas d'humeur à baisser les yeux sous le regard de qui que ce fût. Il arrêta Tressilian sur l'escalier sans la moindre hésitation ni le moindre embarras, et lui adressa la parole comme s'ils eussent été sur le pied le plus intime et le plus affectueux : — Hé quoi ! pas de rancune entre nous pour d'anciens comptes, j'espère, monsieur Tressilian ? — moi, je suis de ceux qui se souviennent d'une ancienne amitié plutôt que d'une querelle fraîche. — Je veux vous convaincre que je n'avais pour vous que des intentions amicales et honnêtes, oui, et que je voulais vous être utile.

— Je n'ai nul désir de votre amitié, repartit Tressilian ; — tenez compagnie avec vos égaux.

— Voyez un peu comme il s'emporte ! fit Lambourne, et comme ces nobles, qui sont faits sans nul doute de pâte à porcelaine au lieu d'argile, regardent du haut en bas le pauvre Michel Lambourne! Vous prendriez monsieur Tressilian pour le plus doux, le plus timide, le plus modeste écuyer de dames qui ait jamais fait l'amour du temps où les chandelles étaient longues en coton, — comment dites-vous cela? — Eh! vous voudriez faire le saint avec nous, monsieur Tressilian, et vous oubliez qu'en ce moment même vous avez un meuble utile dans votre chambre, à la honte du château de mylord! Ha! ha! ha! ai-je touché juste, monsieur Tressilian?

— Je ne sais ce que vous voulez dire, répliqua Tressilian, inférant néanmoins, avec trop de certitude, que ce licencieux bandit s'était aperçu de la présence d'Amy dans son appartement; mais si tu es valet de chambre, continua-t-il, et qu'il te faille un salaire, voici pour ne pas entrer dans la mienne.

Lambourne regarda la pièce d'or, et la mit dans sa poche. — Je ne sais pas trop, dit-il, si vous n'auriez pas plus obtenu de moi par de bonnes paroles que par des espèces sonnantes. Mais après tout, celui-là paie bien qui paie avec de l'or; — et Mike Lambourne ne fut jamais un boute-feu ni un trouble-fête, ni rien de pareil. Que chacun vive et laisse vivre les autres, c'est ma devise; — seulement, je ne voudrais pourtant pas laisser certaines gens me regarder le chapeau sur l'oreille comme s'ils étaient faits d'argent et moi d'étain. Si donc je vous garde le secret, monsieur Tressilian, vous pourrez bien du moins me regarder honnêtement; et s'il arrivait que j'aie besoin d'un peu d'épaulement ou de soutien, parce que je serais pris dans quelque peccadille, comme vous voyez que le meilleur de nous peut l'être, — hé bien, vous me le devrez; — et sur ce, que votre chambre vous serve à vous et à cet oiseau en cage par-dessus le marché, c'est tout un pour Mike Lambourne.

— Faites place, monsieur, dit Tressilian, incapable de mettre un frein à son indignation; vous avez eu votre salaire.

— Hem! fit Lambourne, tout en se rangeant de côté, néanmoins, mais en grommelant dans ses dents d'un air d'humeur, et en répétant les paroles de Tressilian : Faites place! — vous avez eu votre salaire!
— Mais n'importe, je ne serai pas un trouble-fête, comme je vous le disais; — je ne suis pas un chien à la mangeoire, non plus : — souvenez-vous de cela. — Il parlait de plus haut en plus haut à mesure que Tressilian, par qui il se sentait intimidé, s'éloignait davantage et était moins à portée de l'entendre. — Je ne suis pas un chien à la mangeoire, mais je ne porterai pas les charbons [1], non plus, — souvenez-vous de cela, monsieur Tressilian; et je donnerai un coup d'œil à cette fille que vous avez logée si agréablement dans votre vieille chambre à

---

[1] *To carry coals*, adage proverbial analogue à notre expression *tenir la chandelle*. (L. V.)

esprits, — par peur des revenants, apparemment, et pour ne pas dormir seul. Si *moi* j'avais fait cela dans le château d'un seigneur étranger, on aurait dit : — Le coquin à la loge du portier! — et qu'on l'étrille d'importance! — faites-le rouler du haut en bas des escaliers comme un navet! — Oui, mais ces vertueux gentilshommes prennent d'étranges priviléges sur nous autres, qui sommes franchement les humbles serviteurs de nos sens C'est bien ; — grâce à cette heureuse découverte je tiens la tête de ce M. Tressilian sous ma ceinture, c'est une chose certaine, et je tâcherai d'apercevoir sa Lindabrides, ça n'est pas moins sûr.

CHAPITRE XXIX.

> Et maintenant, adieu! — si un fidèle service est récompensé par des airs de dureté, coupez le câble qui me remorque, et que nos barques lancées à travers les plaines sans chemin de l'Océan y tiennent des routes différentes. *Le Naufrage.*

Tressilian entra dans la cour extérieure du château, ne sachant trop que penser de l'entrevue étrange et bien inattendue qu'il venait d'avoir avec Amy Robsart, et doutant qu'il eût bien fait, étant investi de l'autorité déléguée de son père, d'engager si solennellement sa parole, et de la laisser livrée à sa propre conduite pendant un si grand nombre d'heures. Et pourtant, comment se serait-il refusé à sa demande, — dans la dépendance trop probable où elle-même s'était placée à l'égard de Varney? tel fut son raisonnement assez naturel. Le bonheur de la vie future d'Amy pouvait dépendre de ce qu'il ne la poussât à aucune extrémité ; et puisqu'à aucun titre l'autorité de Tressilian ne la pouvait dégager du pouvoir de Varney dans la supposition qu'il la dût reconnaître pour sa femme, de quel droit irait-il détruire l'espérance de paix domestique qui pouvait encore lui rester, en mettant la discorde entre eux? Tressilian résolut donc d'observer scrupuleusement la parole qu'il avait engagée à Amy, tant parce que cette parole avait été donnée, que parce que plus il réfléchissait à cette entrevue extraordinaire, plus il lui semblait qu'il n'aurait pu y avoir ni justice ni convenance à la lui refuser.

Sous un rapport, il avait beaucoup gagné quant à la protection efficace qu'il voulait assurer à cet objet malheureux et toujours bien-aimé de ses premières affections. Amy n'était plus renfermée dans une retraite distante et isolée, sous la garde de personnes d'une réputation suspecte. Elle était au château de Kenilworth, défendue quant à présent par la présence de la reine, à l'abri de tout risque de violence, et à portée de paraître au premier appel devant Élisabeth. C'étaient là des circonstances qui ne pouvaient que favoriser puissamment les efforts qu'il aurait occasion de tenter pour elle.

Tandis qu'il était ainsi occupé à peser les avantages et les périls qui résultaient pour Amy de sa présence inopinée à Kenilworth, Tressilian fut accosté par Wayland, qui accourut à lui d'un air inquiet, en s'écriant : — Grâce à Dieu, je trouve Votre Honneur, à la fin! et qui ensuite, sans reprendre haleine, lui glissa à l'oreille avec précaution l'avis que la dame était évadée de Cumnor-Place.

— Et qu'elle est maintenant dans ce château, dit Tressilian; je le sais, et je l'ai vue. — Est-ce de son propre choix qu'elle a trouvé refuge dans mon appartement?

— Non, répondit Wayland; mais je n'ai pu imaginer de meilleur moyen de la mettre en sûreté, et j'ai été trop heureux de trouver un sous-chambellan qui savait où étaient vos quartiers. — En joyeuse société, vraiment! la grande salle d'un côté et la cuisine de l'autre.

— Paix! ce n'est pas le moment de plaisanter, dit Tressilian d'un ton bref.

— Je ne le sais que trop, repartit l'artiste; car depuis trois jours il me semble que j'ai la hart au cou. Cette dame ne sait pas ce qu'elle veut; — elle ne voudra pas de votre aide. — Elle ordonne qu'on ne vous nomme pas devant elle, et elle est sur le point de se mettre entre les mains de mylord de Leicester. Je ne l'aurais jamais mise en sûreté dans votre chambre, si elle avait su qui en était le propriétaire.

— Se peut-il? Mais elle peut avoir l'espoir que le comte usera de son influence en sa faveur sur l'infâme Varney.

— Je n'en sais rien; — mais je crois que si elle est pour se réconcilier, soit avec Leicester, soit avec Varney, le côté du château de Kenilworth qui sera le plus sûr pour nous sera le dehors, d'où nous pourrons nous éloigner le plus vite. Mon dessein n'est pas de demeurer ici un seul instant après que j'aurai remis à Leicester une lettre qui n'attend que vos ordres pour lui parvenir. Voyez, la voici... Mais non! — peste soit de la lettre! il faut que je l'aie laissée dans mon chenil, dans le grenier à foin là-haut, où je dois coucher.

— Mort et furie! s'écria Tressilian, emporté hors de son calme habituel; tu n'as pas perdu une chose d'où peuvent dépendre des intérêts plus importants que mille vies comme la tienne?

— Perdue! ce serait plaisant, en vérité! Non, non, monsieur; je l'ai soigneusement serrée avec mon sac de nuit et quelques objets pour mon usage. — Je vais la rapporter dans un instant.

— Va; sois fidèle, et tu seras bien récompensé. Mais si j'ai lieu de te soupçonner, un chien mort serait en meilleure position que toi.

Wayland s'inclina et s'éloigna avec un semblant de confiance et de promptitude, mais par le fait confus et plein de terreur. La lettre était perdue, cela était certain, nonobstant l'excuse qu'il avait trouvée pour calmer l'impatience et le mécontentement de Tressilian. Elle était perdue, — elle pouvait tomber en mauvaises mains, — et alors il en résulterait certainement la découverte de toute l'intrigue à laquelle il avait été mêlé: non, au surplus, que Wayland vît grande chance que cette intrigue pût rester cachée, quoi qu'il arrivât. Il se sentait d'ailleurs grandement blessé de l'accès d'impatience de Tressilian. — Oui-dà! se dit-il; si je

CHAPITRE XXIX.

dois être payé en pareille monnaie de services où mon cou est compromis, il serait temps de penser à moi. Voilà que j'ai mortellement offensé, autant que je sache, le maître de ce magnifique château, qui d'un mot pourrait disposer de ma vie aussi aisément qu'on fait éteindre une chandelle d'un liard. Et tout cela pour une dame folle et un galant mélancolique, qui, pour la perte d'un morceau de papier plié en quatre, met la main à son poignard et jure mort et furie! — Et puis il y a le docteur et Varney... Ma foi, je veux me sauver de toute la bande. — La vie est plus chère que l'or; — je vais décamper à l'instant même, quoique je laisse ma récompense derrière moi.

Ces réflexions devaient assez naturellement se présenter à un homme tel que Wayland, qui se trouvait bien plus avant qu'il ne s'y était attendu dans un enchaînement d'intrigues mystérieuses et incompréhensibles, au milieu desquelles les acteurs semblaient à peine savoir où ils allaient. Et cependant, pour lui rendre justice, nous devons dire que ses craintes personnelles étaient jusqu'à un certain point balancées par la compassion que lui inspirait l'état d'abandon de la dame.

— Je me soucie de M. Tressilian comme d'un groat, continua-t-il dans le cours de ses réflexions ; j'ai fait plus que lui rendre ce que je lui devais, et je lui ai amené sa demoiselle errante sous la main, de façon qu'il peut lui-même veiller sur elle ; mais je crains que la pauvre créature ne soit en grand danger au milieu de ces esprits orageux. Je vais aller à sa chambre lui dire ce qui est arrivé à sa lettre, pour qu'elle en puisse écrire une autre si ça lui convient. Elle ne peut manquer de messagers, j'imagine, là où il y a tant de laquais qui peuvent porter une lettre à leur maître. Et je lui dirai aussi que je quitte le château, en la recommandant à la garde de Dieu, et en la laissant à sa propre conduite, ainsi qu'aux soins et à la vigilance de M. Tressilian. — Peut-être qu'elle pourra se souvenir de la bague qu'elle m'a offerte ; — je crois qu'elle était bien gagnée. Mais c'est une aimable créature, et... Marry ! au diable la bague ! je ne ferai pas de bassesse pour la chose. Si mon bon naturel me profite mal en ce monde, j'en aurai meilleure chance dans l'autre. — Ainsi donc, deux mots à la dame, et en route !

Avec le pas furtif et l'œil alerte du chat guettant sa proie, Wayland reprit le chemin de la chambre de la comtesse, se glissant le long des murs des cours et des passages, observant tout ce qui l'entourait et attentif à échapper lui-même à l'observation. Ce fut de cette manière qu'il traversa la première et la seconde cour, puis le grand passage voûté qui courait entre les cuisines et la grand'salle, et aboutissait au pied du petit escalier tournant par lequel on arrivait aux chambres de la tour de Mervyn.

L'artiste s'applaudissait d'avoir échappé aux divers périls de son voyage, et il gravissait les marches deux à deux, quand il aperçut une ombre humaine projetée d'une porte entr'ouverte, et qui se dessinait sur le mur opposé de l'escalier. Wayland rétrograda avec précaution, redescendit à la cour intérieure, passa à se promener çà et là un quart d'heure, qui lui parut quatre fois plus long que d'ordinaire, puis revint à la tour dans l'espoir que l'incommode observateur aurait disparu. Il arriva jusqu'à l'endroit suspect; — il n'y avait plus d'ombre sur la muraille. — Il monta encore quelques marches ; — la porte était encore entre-bâillée, et tandis qu'il hésitait à avancer ou à faire retraite, elle s'ouvrit brusquement de toute sa grandeur, et Michel Lambourne se trouva tout-à-coup devant les yeux de Wayland. — Qui diable es-tu? dit le ruffian; que cherches-tu dans cette partie du château? entre dans cette chambre, et que la potence soit de toi !

— Je ne suis pas un chien, pour aller au sifflet du premier venu, répliqua l'artiste avec une affectation d'assurance que démentait le tremblement de sa voix.

— Est-ce ainsi que tu me réponds? — Holà, Lawrence Staples!

Un grand gaillard de plus de six pieds de haut [1], mal fait et de mauvaise mine, parut alors à la porte, et Lambourne continua : Si tu as tant de goût pour cette tour, l'ami, tu en verras les fondations à douze bons pieds au-dessous du lit du lac, où tu auras pour joyeuse compagnie des crapauds, des serpents, et ainsi de suite. Ainsi donc, encore une fois, je te demande de bonne amitié qui tu es et ce que tu cherches ici ?

Si une fois la grille du donjon se ferme sur moi, pensa Wayland, je suis un homme perdu. — Il répondit d'un ton soumis qu'il était le pauvre jongleur que Son Honneur avait rencontré la veille à Weatherly-Bottom.

— Et quel tour de ton métier viens-tu jouer dans cette tour? ta bande est logée contre les bâtiments de Clinton.

— Je venais ici voir ma sœur, qui est ici dessus dans la chambre de M. Tressilian.

— Ha! ha! fit Lambourne en riant à demi, voici la vérité qui se découvre. Sur mon honneur, pour un étranger, ce M. Tressilian en use parmi nous comme chez lui, et il meuble joliment sa retraite de toutes sortes de commodités. Ce sera une histoire précieuse à faire de ce saint M. Tressilian, et qui sera aussi bien venue près de certaines personnes qu'une bourse de pièces d'or avec moi. — Écoute, drôle, continua-t-il en s'adressant à Wayland, tu ne feras pas lever le lièvre ; — il faut que nous le prenions au gîte. Ainsi donc, hors d'ici, avec ta mine piteuse de fripon honteux, ou je te jette par la fenêtre de la tour, pour voir si ton adresse de jongleur pourra sauver tes os.

— Votre Honneur n'aura pas le cœur si dur, j'espère ; il faut que

---

[1] Il ne faut pas oublier que le pied anglais est d'environ un pouce plus court que le nôtre. (L. V.)

le pauvre monde vive. Je compte que Votre Honneur me permettra de parler à ma sœur !

— Sœur en Adam, je le garantis ; ou s'il en est autrement, tu n'en es qu'un plus grand coquin. Mais, sœur ou non, tu mourras de la pointe de ma flamberge si tu fourres une seconde fois ton nez dans cette tour. Et maintenant que j'y pense, — mort et dagues ! — je te verrai décamper du château, car ceci est une affaire plus importante que tes jongleries.

— Mais, sous le bon plaisir de Votre Honneur, c'est moi qui dois faire Arion dans le divertissement qui aura lieu ce soir sur le lac.

— Je prendrai moi-même le rôle, par Saint Christophe ! — Arion, dis-tu ? — je ferai Orion, avec sa ceinture et ses sept étoiles, par-dessus le marché. Allons, arrive, mauvais drôle que tu es ! — suis-moi. — Ou plutôt, un moment. — Lawrence, amène-le !

Lawrence saisit le jongleur au collet, quoiqu'il ne fît pas la moindre résistance, tandis que Lambourne marchait devant eux à grands pas vers la même poterne, ou porte dérobée, que Tressilian avait prise pour rentrer au château, poterne qui s'ouvrait dans le mur de l'Ouest, à peu de distance de la Tour de Mervyn.

Tout en parcourant d'un pas rapide l'intervalle de la tour à la poterne, Wayland se creusait en vain la tête pour imaginer quelque moyen de servir la pauvre dame, pour laquelle, en dépit du danger imminent où il se trouvait lui-même, il éprouvait le plus profond intérêt. Mais quand il fut hors du château, et qu'avec un effroyable jurement Lambourne l'eut prévenu qu'une mort immédiate l'attendait s'il en approchait de nouveau, il leva au ciel les yeux et les mains, comme pour prendre Dieu à témoin qu'il avait été fidèle jusqu'à la dernière extrémité à la défense de l'opprimée ; puis il tourna les talons aux tours altières de Kenilworth, et se mit en chemin pour aller chercher un lieu de refuge plus humble et plus sûr.

Lawrence et Lambourne suivirent Wayland des yeux pendant quelques moments, puis ils reprirent le chemin de leur tour. Chemin faisant, le premier dit à son compagnon : — Ne me crois jamais, maître Lambourne, si je peux deviner pourquoi tu as chassé ce pauvre diable du château, juste au moment où il allait prendre un rôle dans le divertissement qui va commencer ; et tout cela pour une fille !

— Ha ! Lawrence, répliqua Lambourne, tu penses à Jeanne Jugges de Slingdon la Noire, et tu as de la sympathie pour la fragilité humaine. Mais *corragio*, très noble duc du Donjon et seigneur de Limbo [1], car tu n'y vois pas plus clair en cette affaire que dans tes domaines de Mal-à-l'Aise. Mon très révérend signior des Pays-Bas de Kenilworth, sache que notre très honorable maître, Richard Varney, donnerait, pour

---

[1] *Limbo*, limbes, prison. (L. V.)

connaître un trou dans le manteau de ce Tressilian, de quoi nous défrayer d'une cinquantaine de bombances nocturnes, avec plein pouvoir de faire passer la porte à l'intendant, s'il venait nous déranger trop tôt de nos gobelets.

— Oh! si c'est là le cas, tu as raison, repartit Lawrence Staples, gardien en chef, ou, selon l'expression commune, premier geôlier du château de Kenilworth ; mais comment t'arrangeras-tu pour t'absenter au moment de l'entrée de la reine, maître Lambourne? car il me semble qu'il faut que tu y suives ton maître.

— C'est pourquoi, mon honnête prince des prisons, il faudra que tu montes la garde en mon absence. — Que Tressilian entre s'il veut, mais veille à ne laisser sortir personne. Si la demoiselle elle-même voulait faire une sortie, comme il est assez vraisemblable qu'elle l'essaiera, fais-lui peur par de gros mots pour qu'elle rentre ; — ce n'est qu'une méchante comédienne, après tout.

— Parbleu, quant à ça, je pourrais bien fermer sur elle le guichet de fer qui est en dehors de la double porte, et l'obliger ainsi par force de rester là sans avoir à m'en embarrasser autrement.

— De cette façon, Tressilian ne la rejoindra pas, dit Lambourne après un instant de réflexion ; mais n'importe : — elle sera trouvée dans sa chambre, et c'est tout un. — Mais avoue, vieux garde-donjon aux yeux de chauve-souris, que tu as peur de rester seul à veiller dans ta Tour de Mervyn?

— Bast! quant à avoir peur, je m'en inquiète comme d'un tour de clef ; mais d'étranges choses ont été vues et entendues dans cette Tour de Mervyn. Tu dois avoir ouï dire, quoiqu'il n'y ait pas long-temps que tu sois à Kenilworth, qu'elle est hantée par l'esprit d'Arthur-ap-Mervyn, un chef sauvage qui fut pris par le vaillant lord Mortimer pendant qu'il était un des lords des Marches du pays de Galles, et qui fut assassiné, à ce qu'on dit, dans cette tour qui porte son nom?

— Oh! j'ai entendu cinq cents fois raconter l'histoire, et comment le revenant ne fait jamais plus de bruit que quand on fait cuire des poireaux ou frire du fromage dans les régions culinaires. Santo Diavolo, camarade! tiens ta langue : je sais tout ce qui en est.

— Du tout, tu ne sais pas ce qui en est, tout habile que tu voudrais te faire. Ah! c'est une terrible chose de tuer un prisonnier dans sa prison. Vous autres qui avez peut-être bien donné un coup de poignard à un homme au coin d'une rue noire, vous ne savez pas cela. Donner à un mutin un coup de mes clefs sur la tête en lui disant de se tenir tranquille, c'est ce que j'appelle maintenir l'ordre dans la prison ; mais tirer l'épée et le tuer, comme on fit à ce lord welche, *cela* vous fait lever un esprit qui rendra votre prison inhabitable pour tout captif un peu décent pendant des centaines d'années. Et j'ai cette attention pour mes prisonniers, pauvres créatures, que j'ai colloqué à cinquante pieds

CHAPITRE XXIX.

sous terre de dignes squires et des hommes respectables, qui avaient fait excursion sur la grande route, ou médit de mylord de Leicester, ou autre chose du même genre, plutôt que de les mettre dans cette chambre haute qu'on appelle la Voûte de Mervyn. En vérité, par le bon saint Pierre-ès-Liens, je m'étonne que mylord, ou M. Varney, aient pu avoir l'idée d'y loger des hôtes ; et si ce M. Tressilian a pu trouver quelqu'un pour lui tenir compagnie, surtout une jolie fille, ma foi il me semble qu'il a bien fait !

— Je te dis que tu es un âne., repartit Lambourne tout en entrant le premier dans la chambre du porte-clefs. — Va verrouiller le guichet sur l'escalier, et ne te mets pas la cervelle en peine de revenants. — Donne-moi la cruche à vin, camarade ; je me suis un peu échauffé après ce maraud.

Pendant que Lambourne puisait une longue rasade à une cruche de clairet, sans se mettre en peine de gobelet ni de verre, le geôlier suivait son thème, et cherchait à justifier sa croyance au surnaturel. — Il n'y a que quelques heures que tu es dans ce château, disait-il, et durant tout ce temps-là tu as constamment été tellement ivre, Lambourne, que tu ne pouvais ni entendre, ni parler, ni voir. Mais nous entendrions moins de vos bravades si vous aviez à passer une nuit avec nous au temps de la pleine lune, car c'est alors que l'esprit se remue le plus ; et surtout quand un fort vent du nord-ouest siffle, avec quelques ondées de pluie, et par-ci par-là un roulement de tonnerre. Corps-Dieu ! il faut entendre les craquements et les bruits de chaînes, les gémissements et les hurlements qui partent dans ces moments-là de la Voûte de Mervyn, comme si c'était droit au-dessus de nos têtes ! C'est au point que quatre pintes d'eau-de-vie ne suffisaient pas pour nous donner un peu de cœur à mes garçons et à moi.

— Bast, camarade ! répliqua Lambourne, sur qui sa dernière libation, jointe aux visites répétées qu'il avait déjà faites auparavant à la cruche commençait à faire quelque impression ; tu parles de ce que tu ne connais pas, quand tu parles d'esprits. Personne ne sait au juste qu'en dire ; bref, en cette matière, moins on parle, moins on se trompe. Ceux-ci croient à une chose, ceux-là à une autre ; — tout cela est affaire d'imagination. J'en ai connu de toute sorte, mon cher Lawrence Ferme-Porte, — et des hommes de sens, qui plus est. Il y a un grand seigneur, — motus sur son nom, Lawrence, — qui croit aux étoiles et à la lune, aux planètes et à leur cours, et ainsi de suite, et qui s'imagine qu'elles brillent exclusivement pour lui ; pendant qu'en bonne vérité, en vérité d'ivrogne, si elles brillent, c'est pour empêcher d'honnêtes compagnons comme moi de se jeter dans le ruisseau. Au surplus, Lawrence, passons-lui sa fantaisie ; il est assez grand pour en avoir. — Maintenant, vois-tu, il y en a un autre, — un très savant homme, je te promets, qui parle grec et hébreu aussi couramment que moi le latin de voleurs :

— celui-là a un faible pour les sympathies et les antipathies, — pour la transmutation du plomb en or, et autres choses semblables ; — ma foi, passons celui-là aussi, et laissons-le payer en monnaie de transmutation ceux qui sont assez fous pour la recevoir comme argent comptant. — Mais te voilà, toi, un autre grand homme, quoique tu ne sois ni savant ni noble, mais tu as six pieds pleins; hé bien, ne crois-tu pas, en vraie taupe aveugle, aux esprits et aux revenants, et à d'autres fadaises du même genre? — Maintenant il y a encore un grand homme, — c'est-à-dire un grand petit homme, ou un petit grand homme, mon cher Lawrence, — et son nom commence par un V; à quoi croit-il, lui? ma foi, à rien, honnête Lawrence, — à rien sur terre, au Ciel ni en enfer. Et pour ma part, si je crois qu'il y a un diable, c'est uniquement parce que je pense qu'il faut qu'il y en ait un pour prendre notre susdit ami par les épaules,

« ... Quand l'âme et l'corps front divorce »

comme dit la chanson, — attendu qu'un antécédent veut un conséquent, — *raro antecedentem*, comme avait coutume de dire le docteur Bircham. — Mais ceci est du grec pour toi, honnête Lawrence, et en vérité la science dessèche le gosier. — Passe-moi encore la cruche.

— En bonne foi, si vous buvez davantage, Michel, dit le gardien, vous serez dans un triste état, soit pour jouer Orion, soit pour accompagner votre maître un jour aussi solennel que celui-ci ; et de moment en moment je m'attends à entendre sonner la grosse cloche qui appellera tout le monde à la Tour de Mortimer pour y recevoir la reine.

Tandis que Staples faisait ses remontrances, Lambourne buvait; posant ensuite le broc presque vide avec un profond soupir, il répliqua, d'abord d'un ton assez bas, mais qui s'élevait à mesure qu'il parlait :
— Ne te mets pas en peine, Lawrence ; — si je suis ivre, je sais comment Varney s'y prendra pour me dégriser. Mais, comme je disais, ne te mets pas en peine; je sais porter discrètement mon vin. D'ailleurs je dois aller sur l'eau comme Orion, et j'y prendrai froid si je ne prends pas auparavant quelque chose de confortable. Ne pas bien jouer Orion ! montre-nous le meilleur brailleur qui se soit jamais époumonné pour une pièce de douze pence, et tu verras s'il a meilleur bec que moi! Et quand on me verrait un peu déguisé? — est-ce qu'on est tenu d'être de sang-froid ce soir? réponds-moi à cela. — C'est le devoir d'un bon royaliste d'être en gaieté; et — et je te dis qu'il y a des gens au château qui n'ont guère de chance d'être gais à jeun s'ils ne le sont pas ivres : — je ne dis pas les noms, Lawrence. Mais ton broc de canarie est une excellente corne pour faire chausser une humeur de sujet loyal, et une joyeuse. Hourra pour la reine Élisabeth ! — hourra pour le noble Leicester ! — et pour le respectable M. Varney! — et pour Michel Lambourne aussi,

CHAPITRE XXIX.

qu pourrait les faire tourner tous autour de son doigt! A ces mots il descendit l'escalier et traversa la cour intérieure.

Le gardien le suivit des yeux, secoua la tête, et tout en donnant un tour de clef à un guichet qui fermait le passage de l'escalier à l'étage situé au-dessous de la Voûte de Mervyn, ainsi qu'on appelait la chambre de Tressilian, il tenait avec lui-même le soliloque suivant : — C'est une bonne chose d'être un favori! — j'ai presque perdu ma place parce que par une matinée de gelée M. Varney s'imagina que je sentais l'eau-de-vie; et voilà que ce drôle va paraître devant lui ivre comme une outre à vin, sans que malgré ça on lui dise rien. Mais il faut dire qu'avec cela c'est un drôle diantrement habile, et que personne ne peut comprendre plus de la moitié de ce qu'il dit.

CHAPITRE XXX.

> Clochers, ébranlez-vous, — la voici, la voici !
> — Cloches, parlez pour nous; — parlez pour nous, clairons à la voix aiguë ! Canonnier, à ta mèche ! que ton canon éclate et tonne comme si des lignes pressées d'ennemis enturbanés venaient assiéger les remparts ! Nous aurons des spectacles, nous aussi ; — mais ceux-là demandent de l'esprit, et je suis un soldat à écorce rude.
> *La Reine-Vierge*, tragi-comédie.

Après que Wayland l'eut quitté, comme nous l'avons rapporté dans le précédent chapitre, Tressilian restait incertain de ce qu'il devait faire, quand il vit Raleigh et Blount venir à lui bras dessus bras dessous, quoique, selon leur habitude, ils se disputassent avec chaleur. Dans l'état d'esprit où il se trouvait, Tressilian n'avait guère le désir de leur société, mais les éviter n'était pas possible ; et il sentait en outre que, lié comme il l'était par la promesse qu'il avait faite à Amy de ne pas chercher à la voir et de ne tenter aucune démarche en sa faveur, ce qu'il avait de mieux à faire était tout à la fois de se mêler à la foule et de ne laisser paraître que le moins possible sur son front les angoisses et l'incertitude qui pesaient si lourdement sur son cœur. Faisant donc de nécessité vertu, il accosta ses camarades en leur disant : — Toute joie à vous, messieurs. D'où venez-vous ?

— De Warwick, à coup sûr, répondit Blount ; il nous faut absolument revenir ici changer d'habits, comme de pauvres comédiens qui sont obligés de multiplier l'apparence extérieure des personnages en changeant de costume. Vous auriez dû faire de même, Tressilian.

— Blount a raison, dit Raleigh ; la reine aime ces sortes de marques de déférence, et elle regarde comme un manque de respect de se montrer devant elle, quand on n'a pas fait partie de sa suite immédiate, dans un habit de voyage sali et en désordre. Mais regardez Blount lui-même, Tressilian, rien que pour rire, et voyez comme son scélérat de tailleur l'a accoutré : — en bleu, en vert, en cramoisi, avec des rubans incarnat, et des rosettes jaunes à ses souliers !

— Eh ! que te faudrait-il donc ? répliqua Blount. J'ai dit au coquin de jambes croisées de faire de son mieux et de ne pas épargner la dépense,

CHAPITRE XXX.

et il me semble que ces choses-là sont assez gaies, — plus gaies que les tiennes — J'en fais juge Tressilian.

— J'y consens, — j'y consens. Sois juge entre nous, Tressilian, pour l'amour du Ciel !

Tressilian, à qui on en appelait ainsi, les regarda tous les deux, et il ne lui fallut qu'un simple coup d'œil pour sentir que l'honnête Blount avait pris sur la foi du tailleur l'habillement bigarré dont il s'était accoutré, et qu'il n'était pas moins embarrassé de la quantité de pointes et de rubans qui garnissait son costume, qu'un paysan dans ses habits du dimanche ; au lieu que celui de Raleigh, à la fois riche et de bon goût, accompagnait trop bien l'élégance naturelle de sa personne pour attirer les yeux d'une manière particulière. Tressilian prononça donc que l'habit de Blount était plus beau et celui de Raleigh de meilleur goût.

Blount fut satisfait de la décision. — Je savais bien que le mien était le plus beau, dit-il ; si ce fripon de Doublestitch m'avait apporté un pourpoint aussi simple que celui de Raleigh, je lui aurais brisé le crâne avec son propre fer. Parbleu, s'il faut que nous soyons fous, soyons du moins des fous de première classe, ai-je dit.

— Mais toi, Tressilian, pourquoi ne te pares-tu pas ? dit Raleigh.

— Une sotte méprise me prive de mon appartement, répondit Tressilian, et me sépare pour le moment de mon bagage. Je me disposais à te chercher pour te demander à partager ton logement.

— Et tu y seras le bienvenu ; c'est un noble logement. Mylord de Leicester a eu pour nous cette prévoyance, et nous a logés en princes. Si sa courtoisie lui est arrachée à contre-cœur, du moins elle ne fait pas les choses à moitié. Je te conseillerais d'aller conter ton embarras au chambellan du comte ; — il y remédierait sur-le-champ.

— Du tout, ce n'est pas la peine, puisque vous pouvez me céder une place ; — je ne voudrais pas causer le moindre embarras. — Vous n'êtes pas revenus seuls ?

— Oh ! non, répondit Blount ; nous sommes revenus en compagnie de Varney et de toute une troupe de Leicestriens, outre une vingtaine d'honnêtes gens de la suite de Sussex. Il paraît que nous devrons tous recevoir la reine à ce qu'on nomme la Tour de la Galerie, et y assister à je ne sais quelles balivernes ; puis ensuite nous aurons à accompagner la reine dans la grand'salle, et à rester près de Sa Grâce, — Dieu bénisse la distinction ! — pendant que ceux qui sont maintenant à sa suite iront changer de peau comme les serpents et se débarrasser de leurs habits de route. Le Ciel me soit en aide ! si Sa Grâce me parlait, je ne saurais jamais que répondre.

— Et qui les a retenus si long-temps à Warwick ? demanda Tressilian, voulant éviter que la conversation ne revînt à ses propres affaires.

— Une succession d'extravagances, dit Blount, telles qu'on n'a jamais vu les pareilles à la foire de la Saint-Barthélemy. Nous avons eu des harangues et des comédiens, des chiens et des ours, des hommes qui d'eux-mêmes se faisaient singes, et des femmes poupées; — je m'étonne que la reine ait pu endurer cela. Mais de temps en temps il revenait quelque chose de « l'aimable lumière de sa gracieuse physionomie » et autres fadaises semblables. Ah! la vanité fait un fou du plus sage. Mais allons, rendons-nous à cette Tour de la Galerie; — quoique je ne voie pas trop ce que tu peux faire, Tressilian, avec ton habit de voyage et tes bottes.

— Je me placerai derrière toi, Blount, repartit Tressilian, qui vit que la parure inaccoutumée de son ami lui avait fortement frappé l'imagination; ta belle taille et tes beaux habits empêcheront de voir ce qui me manquera.

— C'est cela, Edmund. Ma foi, je suis charmé que tu trouves mon costume de bon goût, malgré tout ce qu'en peut dire monsieur Bel-Esprit que voilà; quand on fait une folie, il est juste de la bien faire. — A ces mots, Blount retroussa son chapeau, tendit la jambe et prit fièrement les devants, comme s'il eût marché à la tête de sa brigade de piquiers, laissant de temps à autre tomber un regard de complaisance sur les bas cramoisis et sur les larges rosettes jaunes qui s'épanouissaient sur ses souliers. Tressilian le suivit, absorbé dans ses tristes pensées et faisant à peine attention à Raleigh, dont l'esprit vif et caustique, qu'amusait la vanité gauche de son respectable ami, s'exhalait en plaisanteries qu'il soufflait à l'oreille de Tressilian.

Ils parcoururent ainsi la longueur du pont, et vinrent se placer avec d'autres personnes de qualité devant la porte extérieure de la galerie ou tour d'entrée. Le tout montait à une quarantaine de gentilshommes, choisis parmi les premiers en rang après les chevaliers, et disposés sur deux rangs de chaque côté de l'entrée, comme une garde d'honneur, dans l'intérieur de la double haie de piques et de pertuisanes formée par les gens à la livrée de Leicester. Les gentilshommes ne portaient d'autres armes que l'épée et la dague. Tous étaient vêtus d'habits aussi élégants qu'on peut imaginer; et comme le costume du temps permettait un grand déploiement de magnificence dispendieuse, on ne voyait que velours, drap d'or et d'argent, rubans, plumes, pierreries et chaînes d'or. Malgré les pensées plus sérieuses qui le préoccupaient péniblement, Tressilian s'aperçut cependant qu'avec son habit de voyage, quelque beau qu'il pût être, il faisait assez triste figure au milieu de toute cette magnificence, d'autant plus qu'il vit que son négligé était un sujet d'étonnement parmi ses amis, aussi bien que de mépris parmi les partisans de Leicester.

Nous ne pouvons taire ce fait, quoiqu'il puisse paraître déroger quelque peu à la gravité du caractère de Tressilian; mais la vérité est que cette attention que l'on donne à l'apparence extérieure de sa personne est un genre d'amour-propre dont le plus sage n'est pas exempt, et auquel notre esprit est si naturellement porté, que non seulement le soldat qui marche à une mort presque inévitable, mais encore le condamné qui va à une exécution certaine, se montrent jaloux de se parer de leur mieux. Mais ceci est une digression.

On touchait à la fin d'un jour d'été (le 9 juillet 1575); le soleil était couché depuis quelque temps, et tout le monde était dans une anxieuse attente de l'approche de la reine attendue de moment en moment. La foule était réunie depuis nombre d'heures, et grossissait encore à chaque instant. Une copieuse distribution de rafraîchissements composés de bœufs rôtis et de barriques d'ale mises en perce sur différents points de la route, avait entretenu l'enthousiasme de la populace pour la reine et son favori, enthousiasme qui aurait bien pu se refroidir quelque peu s'il avait fallu ajouter le jeûne à l'attente. Le temps s'était donc passé au milieu du cours habituel des amusements populaires, en criant, hurlant, chantant, s'interpellant et se jouant de grosses malices les uns aux autres, le tout formant le chorus de sons discordants ordinaire en ces sortes d'occasions. Ce bruit partait de tous les points des routes et des champs encombrés de curieux, et surtout des dehors de la grille d'entrée de la *chasse*, où le peuple se pressait en plus grand nombre, quand tout-à-coup on vit une fusée s'élever et éclater dans l'air, et au même instant les sons de la grosse cloche du château se firent entendre au loin dans la plaine.

Il se fit aussitôt un profond silence, auquel succéda un sourd murmure d'attente, formé par la voix réunie de plusieurs milliers d'hommes, tous parlant à voix basse ; c'était, pour employer une expression singulière, le chuchotement d'une immense multitude.

— Pour certain, les voici qui arrivent, dit Raleigh. Tressilian, ce bruit sourd est imposant. D'ici, cela ressemble à un bruit de vagues venant se briser sur une côte inconnue et encore éloignée, que des marins entendraient de leur banc de quart après un long voyage.

— Par la messe! fit Blount, cela me fait plutôt l'effet que me faisait le mugissement de mes vaches dans le clos de Witten-Westlowe.

— Il va certainement nous parler tout-à-l'heure de paître, dit Raleigh à Tressilian ; il ne pense qu'à ses bœufs gras et à ses bonnes prairies. — Il ne vaut un peu mieux qu'un de ses bœufs, et il ne devient réellement homme que lorsqu'il est provoqué à pousser et à taper.

— Et c'est ce que nous allons voir tout-à-l'heure si tu ne retiens pas tes plaisanteries, dit Tressilian.

— Bah! je m'en moque; mais toi aussi, Tressilian, tu es devenu une sorte de chat-huant qui ne vole que de nuit. Tu as changé tes chansons pour des cris de hibou, et la bonne compagnie pour un buisson de lierre.

— Mais toi-même, quelle sorte d'animal es-tu, que tu nous traites si lestement ?

— Moi? je suis un aigle dont les pensées ne s'abaisseront jamais vers la terre tant qu'il y aura un Ciel pour y prendre mon essor et un soleil que je pourrai regarder en face.

— Bien gabé, par saint Barnabé! s'écria Blount ; mais prenez garde à la cage, monsieur l'aigle, prenez garde à l'oiseleur. Bien des oiseaux ont volé aussi haut, que j'ai vus ensuite empaillés et accrochés en l'air pour effrayer les milans. — Mais écoutez! quel profond silence s'est fait tout-à-coup dans la foule!

— C'est le cortége qui s'arrête à l'entrée de la *chasse*, dit Raleigh ; il y a là une sibylle, une des *fatidicæ*, qui doit accoster la reine pour lui dire sa bonne aventure. J'ai vu les vers ; ils n'ont guère de sel, et Sa Grâce est déjà rassasiée de ces sortes de compliments poétiques. Elle me disait à l'oreille pendant la harangue du *recorder*, là-bas à Fordmill, comme elle arrivait aux limites franches de Warwick, qu'elle était *pertæsa barbaræ loquelæ* ¹.

— La reine *lui* parler à l'oreille! se dit Blount dans une sorte d'*à-parte;* bon Dieu! comment donc va ce monde!

Le cours de ses réflexions fut interrompu par une explosion d'acclamations partie du sein de la multitude, avec un tel bruit que le pays en retentit à plusieurs milles à la ronde. Les gardes stationnés en rangs pressés sur la route que devait suivre la reine répétèrent les mêmes cris d'enthousiasme, qui se propagèrent jusqu'au château avec la rapidité d'un météore, et annoncèrent à ceux de l'intérieur que la reine Élisabeth était entrée dans le parc royal de Kenilworth. Toute la musique du château se fit entendre à la fois, et une salve d'artillerie, suivie d'une décharge de mousquets, partit des remparts. Mais le bruit des tambours et des trompettes, et même celui du canon, se distinguaient à peine au milieu des cris d'allégresse et des acclamations réitérées de la multitude.

Au moment où le bruit commençait à diminuer, on vit paraître dans la direction de la grille du parc un vif éclat de lumière, qui, plus large et plus brillant à mesure qu'il approchait davantage, s'avançait le long de la belle et spacieuse avenue venant aboutir à la Tour de la Galerie, et que bordait, comme nous l'avons vu, une double ligne des gens du comte de Leicester. Les mots : La reine! — la reine, — silence et en place! passèrent de bouche en bouche. La cavalcade avançait toujours, illuminée par deux cents torches de cire portées par autant de cavaliers et qui répandaient une clarté comparable à la lumière du jour sur toute l'étendue du cortége, mais spécialement sur le principal groupe, au centre duquel apparaissait la reine elle-même, vêtue de la manière la plus splendide et étincelante de joyaux. Elle montait un cheval blanc comme la neige, qu'elle gouvernait avec une grâce et une dignité parti-

---

¹ Ennuyée de bavardages en langage barbare.

culières; dans son majestueux et noble maintien on reconnaissait la fille de cent rois.

Les dames de la cour qui chevauchaient près de Sa Majesté avaient eu un soin tout spécial de ne pas donner à leur extérieur plus d'éclat que ne l'exigeaient absolument leur rang et la circonstance, de sorte que nulle planète inférieure ne pouvait affaiblir la splendeur de l'astre royal. Mais leurs charmes personnels, et la magnificence qui devait nécessairement les distinguer, même dans les limites d'une prudente réserve, n'en signalaient pas moins en elles la fleur d'un royaume si renommé pour son faste et la beauté de ses femmes. Le luxe des courtisans, libre de cette contrainte que la prudence imposait aux dames, ne connaissait pas de bornes.

Leicester, couvert de pierreries et resplendissant comme une statue d'or, se tenait à la droite de Sa Majesté, tant en sa qualité d'hôte que comme grand-écuyer de la reine. Le coursier parfaitement noir qu'il montait était un des chevaux de bataille les plus renommés de l'Europe, et le comte l'avait acheté à un très haut prix pour cette royale occasion. Impatient de la marche trop lente du cortége, le noble animal courbait son cou majestueux et rongeait son mors d'argent; l'écume qui sortait de sa bouche volait autour de lui, et retombait en flocons de neige sur ses membres gracieux. Le cavalier était bien digne et de sa place éminente et de son noble coursier; car personne en Angleterre, ni peut-être en Europe, ne surpassait Dudley dans l'art de l'équitation, non plus que dans aucun autre exercice appartenant à son rang. Il avait la tête nue, de même que tous les courtisans du cortége; la lueur rougeâtre, des torches se reflétait dans les longues tresses bouclées de sa chevelure noire et éclairait en plein ses nobles traits, auxquels la critique la plus sévère n'aurait pu reprocher que l'exagération de la beauté la plus distinguée, un front un peu trop haut. Dans cette soirée mémorable, ses traits exprimaient toute la sollicitude reconnaissante d'un sujet jaloux de montrer combien il est pénétré de l'honneur éminent que lui fait sa souveraine, aussi bien que toute la fierté et le bonheur qui convenaient à un moment si glorieux. Et cependant, quoique dans ses yeux ni sur ses traits on ne lût d'autres sentiments que ceux qui s'accordaient avec l'occasion, quelques unes des personnes attachées au service personnel du comte s'aperçurent qu'il était plus pâle que d'habitude, et ils se communiquèrent entre eux la crainte qu'un excès de fatigue ne nuisît à sa santé.

Varney venait immédiatement après son maître, comme le principal écuyer de la suite du comte, et il était chargé de porter la toque de velours noir de Sa Seigneurie, surmontée d'une plume blanche retenue par une agrafe de diamants. Son œil ne quittait pas son maître; et, par des raisons auxquelles le lecteur n'est pas étranger, il était, des nombreux serviteurs de Leicester, celui de tous qui souhaitait le plus ardemment que le comte eût assez de force et de résolution pour sortir heureusement de cette journée d'agitation. Car, bien que Varney fût du petit nombre — du très petit nombre de ces monstres de l'humanité qui parviennent à endormir le remords au fond de leur âme, et que l'athéisme conduit à l'absence de toute sensibilité morale, de même que dans une crise extrême on administre l'opium pour procurer le sommeil, il savait néanmoins que déjà dans la poitrine de son maître s'était allumé le feu qui ne s'éteint jamais, et qu'au milieu de toute cette pompe et de ces magnificences il éprouvait l'atteinte du ver rongeur qui ne meurt pas. Toutefois, après l'assurance que lord Leicester avait reçue de Varney lui-même que la comtesse éprouvait une indisposition qui devait être près de la reine une excuse sans réplique de son absence de Kenilworth, il n'y avait guère à craindre, pensait le rusé serviteur, qu'un homme aussi ambitieux se trahît lui-même en laissant percer aucune faiblesse intérieure.

Le cortége des deux sexes qui suivait immédiatement la personne de la reine se composait naturellement des plus braves et des plus belles, — des seigneurs de la plus haute naissance et des plus sages conseillers de ce règne illustre ; répéter ici leurs noms, ce serait fatiguer le lecteur. Après eux venait une longue foule de chevaliers et de simples gentilshommes, dont le rang et la naissance, quelque distingués qu'ils fussent, étaient rejetés dans l'ombre, de même que leurs personnes n'occupaient que l'arrière-garde d'un cortége dont le front était d'une majesté si auguste.

C'était dans cet ordre que la cavalcade se dirigeait vers la Tour de la Galerie, qui formait, comme nous l'avons souvent fait remarquer, la barrière extrême du château.

C'était alors que le gigantesque portier devait se présenter ; mais le gros pitaud était tellement troublé et hors de lui, — le contenu d'une immense cannette de double ale qu'il venait d'absorber pour s'activer la mémoire ayant traîtreusement brouillé les idées qu'il était destiné à éclaircir, — qu'il fit seulement entendre un gémissement lamentable et resta assis sur son banc de pierre; et la reine aurait bien pu passer sans être saluée, si l'allié secret du gigantesque gardien, Flibbertigibbet, qui se tenait dissimulé derrière lui, ne lui eût enfoncé une épingle dans la partie postérieure du court vêtement fémoral que nous avons décrit ailleurs.

Le portier proféra une sorte de hurlement qui n'était pas déplacé dans son rôle, puis il se leva vivement, tenant en main sa massue, qu'il agita deux ou trois fois à droite et à gauche ; et alors, comme un cheval de carrosse qui a senti l'aiguillon, il se lança sans hésiter, attaqua de front son discours, et, grâces à l'aide active de son souffleur Dickie Sludge, parvint à débiter, en accents d'une intonation gigantesque, une tirade qui peut être ainsi abrégée ; — le lecteur devant supposer que les premiers vers s'adressaient à la foule qui se portait vers la porte d'entrée et

CHAPITRE XXX.

que la conclusion était réservée à l'approche de la reine, à la vue de laquelle, comme frappé par une vision céleste, le géant baissait sa massue, présentait ses clefs, et livrait un libre passage à la déesse de la nuit et à son magnifique cortége :

> Quel bruit! quelle cohue! Que veut cette canaille?
> Arrière ! ou sur vos os je vais dauber, ma foi !
> Je ne suis pas ici comme un homme de paille.
> Ma voix rétablit l'ordre, et ma massue fait loi.
>
> Doucement ! — arrêtez ! — qui frappe ainsi ma vue?
> Qui vient remplir ces lieux d'éclat et de splendeur?
> Quel est ce rare objet, dont l'aspect enchanteur
> Vient charmer mes regards et dompter ma massue?
> Qui peut briller ainsi, dans ce cercle brillant,
> Comme, enchâssé dans l'or, brille le diamant?
> Ébloui, confondu, séduit par tant de charmes,
> Je fléchis le genou, je jette au loin mes armes,
> Et je cède l'entrée que je devais garder.
> Accepte, astre brillant, mes clefs et mon hommage!
> Quelle porte d'airain pourrait te résister,
> Et ne s'ouvrirait pas pour te livrer passage [1]?

Élisabeth reçut de la manière la plus gracieuse l'hommage de ce nouvel hercule ; elle lui répondit par une inclination de tête, puis elle traversa la tour dont il avait la garde, et du haut de laquelle partirent de bruyantes fanfares de musique guerrière, auxquelles répondirent successivement d'autres troupes de musiciens placés en divers endroits des murailles du château, puis d'autres encore stationnés dans le parc ; de telle sorte que tandis que les notes de l'une vibraient encore sur les échos, elles étaient reprises et répétées par d'autres masses d'harmonie partant de points différents.

Au milieu de ces flots d'accords harmonieux, qu'on aurait crus produits par enchantement, et qui tantôt rapprochés, tantôt adoucis par la distance, tantôt enfin se fondant en accents plaintifs si faibles et si doux qu'il semblait que cette distance eût été prolongée jusqu'à ce que les derniers sons expirants pussent seuls arriver à l'oreille, la reine Élisabeth franchit la Tour de la Galerie et arriva sur le pont qui s'étendait de cette tour à celle de Mortimer. Déjà toute la longueur de ce pont était éclairée comme en plein jour, tant était grand le nombre de torches qu'on avait fixées aux palissades qui le bordaient de chaque côté. La plupart des seigneurs mirent ici pied à terre, et ayant envoyé leurs chevaux au village voisin de Kenilworth, ils suivirent la reine à pied,

---

[1] Ces vers sont une imitation de ceux de Gascoigne, débités par le gigantesque portier, ainsi qu'il est rapporté dans le texte. On en peut voir l'original dans la réimpression des *Princely Pleasures of Kenilworth* (*Plaisirs royaux de Kenilworth*), du même auteur, *Histoire de Kenilworth*, déjà citée. *Chiswick*, 1821. (W. S.)

de même que les gentilshommes qui l'avaient reçue à la Tour de la Galerie.

En cette occasion, ainsi qu'à diverses reprises dans le cours de la soirée, Raleigh adressa la parole à Tressilian, et il ne fut pas peu surpris du vague et de l'insignifiance de ses réponses. Cette circonstance, jointe à ce qu'il avait quitté son appartement sans en assigner de raison précise, à ce qu'il se montrait dans un costume dont il était probable que la reine se trouverait offensée, et à quelques autres indices de singularité que Raleigh crut avoir aperçus, lui fit se demander si son ami n'était pas atteint de quelque dérangement d'esprit temporaire.

Cependant à peine la reine était-elle entrée sur le pont, qu'un nouveau spectacle s'offrit à elle ; car, au signal qu'en donna la musique, on vit apparaître sur le lac un radeau construit de façon à figurer une petite île flottante, éclairée d'un nombre infini de torches, et entourée d'autres constructions flottantes destinées à représenter des chevaux marins, portant des tritons, des néréides, et d'autres divinités fabuleuses des mers et des rivières. Cette île artificielle, débouchant d'une petite héronnière derrière laquelle elle était restée cachée, s'avança lentement vers l'extrémité intérieure du pont.

On y remarquait une belle femme vêtue d'une tunique de soie verte, serrée par une large ceinture, sur laquelle étaient représentés des caractères pareils aux phylactères hébreux. Ses pieds et ses bras étaient nus ; mais elle avait aux chevilles et aux poignets des bracelets d'or d'une largeur peu commune. Les longues tresses soyeuses de sa chevelure noire étaient surmontées d'une couronne ou guirlande artificielle de gui, et elle portait à la main une baguette d'ébène garnie d'argent. Deux nymphes la suivaient, vêtues comme elle à l'antique et dans un goût symbolique.

Les dispositions étaient si bien prises, que cette Dame de l'Ile-Flottante, après avoir accompli son trajet d'une manière tout-à-fait pittoresque, prit terre avec ses deux suivantes au pied de la Tour de Mortimer, juste au moment où Élisabeth elle-même y arrivait. L'étrangère s'annonça alors, dans un discours bien tourné, comme étant cette fameuse Dame du Lac, renommée dans les histoires du roi Arthur, qui avait formé la jeunesse du redoutable sir Lancelot, et dont la beauté avait triomphé à la fois de la sagesse et des charmes magiques du puissant Merlin. Depuis cette époque reculée, elle n'avait pas, dit-elle, quitté ses domaines limpides, malgré la renommée et la puissance de ceux qui avaient successivement occupé Kenilworth. Ni les Saxons, ni les Danois, ni les Normands, ni les Saintlowes, ni les Clintons, ni les Mountforts, ni les Mortimers, ni les Plantagenets, tous grands dans les armes et par leur magnificence, ne lui avaient jamais fait lever la tête au-dessus des eaux qui cachaient son palais de cristal. Mais un nom plus grand que tous ces grands noms se montrait maintenant, et elle venait, en tout hommage et devoir, saluer l'incomparable Élisabeth, et l'inviter à tous les jeux que le château et ses environs, le lac et la terre, lui pourraient offrir.

La reine reçut aussi cette allocution avec grande courtoisie, et elle répondit en plaisantant : — Nous pensions que ce lac faisait partie de nos propres domaines, belle dame; mais puisqu'une dame si renommée le revendique pour les siens, nous serons charmée d'avoir en quelque autre moment de plus longs rapports avec vous au sujet de nos communs intérêts.

Sur cette gracieuse réponse la Dame du Lac disparut, et Arion, qui était au nombre des divinités marines, se montra sur son dauphin. Mais Lambourne, qui avait pris sur lui de se charger du rôle en l'absence de Wayland, transi de froid d'être resté plongé dans un élément auquel il était antipathique, ne sachant pas son discours par cœur, et n'ayant pas, comme le portier, l'avantage d'un souffleur, paya d'effronterie, et arracha son masque en jurant qu'il n'était ni Arion ni Orion, mais l'honnête Mike Lambourne, qui, depuis le matin, n'avait pas cessé de boire à la santé de Sa Majesté, et qui venait lui souhaiter cordialement la bienvenue au château de Kenilworth.

Cette bouffonnerie improvisée répondit probablement mieux à l'intention du divertissement que ne l'aurait fait la harangue préparée. La reine rit de bon cœur, et jura à son tour que c'était le meilleur discours qu'elle eût entendu de la journée. Lambourne, qui vit sur-le-champ que sa plaisanterie servirait de sauvegarde à ses os, sauta à terre, d'un coup de pied repoussa son dauphin au large, et déclara qu'il ne voulait plus avoir rien de commun avec les poissons, excepté à table.

Au moment où la reine allait entrer au château, on tira, de divers points du lac et du rivage, ce mémorable feu d'artifice, pour la description duquel maître Laneham, avec lequel le lecteur a précédemment fait connaissance, a mis toute son éloquence à contribution :

« Tels étaient, dit le clerc de la chambre du conseil, l'éclat des traits enflammés, les lueurs resplendissantes des étoiles de feu, la pluie d'étincelles semblable à des rivières ignées, les éclairs de feux volants et les retentissements pareils à ceux de la foudre, qui se succédaient avec une force et une continuité effrayantes, que le ciel en retentit, que les eaux s'en soulevèrent et que la terre en trembla ; et pour ma part, tout hardi que je suis, j'en éprouvai une peur effroyable [1]. »

---

[1] *Voyez* la note F, à la fin du volume.

CHAPITRE XXXI.

> Eh! c'est une affaire pour le mois de mars, quand les lièvres sont tout-à-fait fous. Parlez raison, et que la colère cède le pas au sang-froid, ou je lève la séance. *Beaumont et Fletcher.*

Ce n'est nullement notre intention de détailler minutieusement tous les plaisirs royaux de Kenilworth à la manière de M. Robert Laneham, que nous avons cité à la fin du dernier chapitre. Il nous suffira de dire qu'au milieu des splendeurs du feu d'artifice dont nous avons emprunté la description à l'éloquence de M. Laneham, la reine passa la Tour de Mortimer, pénétra dans la première cour du château, et, s'avançant entre un double rang de dieux paiens et de héros de l'antiquité, qui lui offraient, un genou à terre, des présents et leur hommage, elle arriva enfin à la grande salle du château, somptueusement tendue pour sa réception des plus riches soieries, exhalant de toutes parts les parfums les plus suaves, et où se faisaient entendre les accords d'une douce et délicieuse musique. Du plafond en chêne sculpté de cette salle élevée, descendait un magnifique lustre en bronze doré figurant un aigle en plein vol, dont les ailes déployées supportaient trois figures de génies et autant de figures de nymphes, tenant à chaque main un candélabre à deux branches. Vingt-quatre torches de cire illuminaient ainsi la salle. A l'extrémité supérieure de cette pièce splendide était un dais d'apparat surmontant un trône royal, près duquel s'ouvrait une porte communiquant à une longue suite d'appartements qui avaient été décorés avec la dernière magnificence pour la reine et ses dames, quand il leur conviendrait de se retirer de la foule.

Après avoir conduit la reine jusqu'au trône disposé pour elle et l'avoir aidée à y monter, le comte de Leicester plia le genou devant elle, et baisant la main qu'elle lui tendait d'un air où une romanesque et respectueuse galanterie se mêlait avec bonheur à l'expression d'un dévouement loyal, il la remercia, dans les termes de la plus profonde gratitude, de l'honneur le plus insigne qu'un souverain puisse faire à un sujet. Il était si beau ainsi agenouillé devant elle, qu'Élisabeth fut tentée de prolonger la situation plus long-temps que strictement parlant il n'était nécesssaire. Avant de le relever, elle passa la main si près de la tête du comte qu'elle effleura presque les longues boucles de sa chevelure

CHAPITRE XXXI.

parfumée ; et l'émotion de plaisir qu'elle laissa paraître indiquait assez que si elle l'eût osé, elle aurait fait de ce mouvement une légère caresse [1].

Elle le releva enfin, et, debout près du trône, il lui expliqua alors les divers préparatifs qui avaient été faits pour sa réception et son amusement, dispositions qui toutes eurent sa prompte et gracieuse approbation. Le comte sollicita ensuite de Sa Majesté, pour lui-même et pour les seigneurs qui avaient fait partie de la suite royale durant le voyage, la permission de se retirer pendant quelques minutes pour aller prendre de nouveaux vêtements plus convenables. — Pendant ce temps, ajouta-t-il, ces messieurs, qui ont déjà changé de costume (désignant Varney, Blount, Tressilian et quelques autres), auraient l'honneur de rester près de Votre Majesté.

— Allez, mylord, répondit la reine ; vous pourriez parfaitement conduire un théâtre, sachant ainsi diriger une double troupe d'acteurs. Quant à nous, nous recevrons ce soir vos courtoisies tout-à-fait sans façon, car nous n'avons pas intention de changer nos habits de route, nous trouvant par le fait un peu fatiguée d'un voyage que le concours de notre bon peuple a rendu lent, quoique l'amour que l'on a montré pour notre personne en ait fait en même temps un voyage délicieux.

Après avoir reçu cette permission, Leicester se retira en effet, et il fut suivi de ceux des nobles qui avaient accompagné en personne la reine à Kenilworth. Les gentilshommes qui les avaient précédés, et qui naturellement étaient costumés pour la solennité, restèrent près de la reine. Mais comme la plupart d'entre eux étaient de rang inférieur, ils se tinrent à distance respectueuse du trône qu'Élisabeth occupait. L'œil perçant de la reine eut bientôt distingué Raleigh parmi eux, ainsi qu'un petit nombre d'autres qui lui étaient personnellement connus : elle leur fit immédiatement signe d'approcher, et elle leur parla de la manière la plus gracieuse. Raleigh en particulier, dont elle n'avait oublié ni le manteau ni les vers, fut accueilli de la manière la plus affable ; et ce fut à lui qu'elle s'adressa le plus fréquemment pour les informations qu'elle désirait avoir sur le nom et le rang de ceux qui se trouvaient là. Il répondait en peu de mots et non sans mêler à ses indications quelques traits de gaieté satirique dont Elisabeth paraissait s'amuser fort. — Et quel est ce rustre ? demanda-t-elle en désignant Tressilian,

---

[1] Pour justifier ce qui peut être regardé comme une peinture trop chaudement colorée, l'auteur citera les paroles mêmes du galant et rusé sir James Melleville, alors envoyé de la reine Marie à la cour de Londres :

« Je fus requis de demeurer, dit sir James, jusqu'à ce que j'eusse vu la cérémonie où il fut fait avec grande solennité comte de Leicester et baron de Denbigh ; elle-même (Elisabeth) aidant à lui attacher ses insignes, lui sur ses genoux devant elle, gardant une grande gravité et un maintien réservé ; mais elle ne put s'empêcher de lui porter la main au cou pour le chatouiller légèrement, ce qu'elle fit en souriant, l'ambassadeur français et moi nous trouvant à côté d'elle. » — MALLEVILLE'S *Memoirs*, édition Bannatyne, p. 120. (W. S.)

dont en cette occasion le costume négligé déparait grandement la bonne mine.

— C'est un poëte, s'il plaît à Votre Grâce, répondit Raleigh.

— J'aurais pu le deviner au peu de soin de son costume. J'ai connu certains poètes assez inconsidérés pour jeter leurs manteaux dans les ruisseaux.

— Cela a pu arriver, madame, quand le soleil leur éblouissait à la fois et les yeux et le jugement.

Élisabeth sourit et continua : — Je vous demandais le nom de ce sale personnage, et vous ne me dites que sa profession.

— Son nom est Tressilian, dit Raleigh avec une répugnance intérieure; car il ne prévoyait rien de favorable pour son ami de la manière dont il fixait l'attention de la reine.

— Tressilian! répéta Élisabeth; ah ! le Ménélaüs de notre roman. Vraiment, il s'est mis de manière à disculper sa belle et perfide Hélène. Et où est Farnham... ou n'importe son nom, — l'écuyer de mylord de Leicester, je veux dire, — le Pâris de cette histoire du Devonshire.

Avec plus de répugnance encore Raleigh lui nomma et désigna Varney, pour lequel le tailleur avait fait tout ce que l'art peut faire pour rendre l'extérieur agréable, et qui, s'il manquait de grâce naturelle, avait une sorte de tact et d'habitude du monde qui lui en tenaient lieu.

La reine porta les yeux de l'un à l'autre. — Je crains, dit-elle, que ce poétique M. Tressilian, qui est trop savant, j'en réponds, pour s'être souvenu en présence de qui il devait paraître, ne soit un de ceux dont Geoffrey Chaucer dit avec esprit que les plus sages clercs ne sont pas les hommes les plus sages. Je me souviens que Varney est un drôle à langue dorée. Je crains que cette belle infidèle n'ait eu quelque raison de violer sa foi.

Raleigh n'osa pas répondre, sachant combien peu il servirait Tressilian en contredisant le sentiment de la reine, et n'étant pas du tout certain, au total, que ce qui pût lui arriver de mieux ne fût pas qu'Élisabeth interposât son autorité pour terminer tout d'un coup cette affaire, sur laquelle il lui semblait que les pensées de Tressilian se fixaient avec une ténacité aussi fâcheuse qu'inutile. Pendant que ces réflexions occupaient son esprit prompt et actif, la porte du bas-bout de la salle s'ouvrit, et Leicester rentra dans la salle, accompagné de plusieurs de ses parents et des seigneurs qui avaient embrassé sa faction.

Le comte favori était alors entièrement vêtu de blanc : ses souliers étaient en velours blanc; ses *sous-chausses* ¹ (ou bas) en soie tricotée; ses

---

¹ *Understocks*. Par opposition à cette partie du vêtement autrefois appelée *haut-de-chausses* (en anglais *upperstocks*), pour laquelle le nom de *culottes* a depuis prévalu. (L. V.)

CHAPITRE XXXI.

hauts-de-chausses également en velours blanc, doublé de drap d'argent que l'on apercevait à travers le crevé du milieu de la cuisse. Son pourpoint était de drap d'argent, le justaucorps de velours blanc, brodé en argent et en semences de perles; son ceinturon et le fourreau de son épée de même en velours blanc avec des boucles d'or, et l'épée montée en or ainsi que le poignard; enfin, par-dessus tout le reste, il portait une riche robe ouverte de satin blanc, avec une bordure de broderie d'or d'un pied de large. Le collier de la jarretière, et la jarretière azur elle-même placée au dessous du genou, complétaient le costume du comte de Leicester, costume si bien approprié à sa belle stature, à la grâce de ses mouvements, aux proportions parfaites de son corps et à sa noble physionomie, qu'en ce moment tous ceux qui étaient là convinrent qu'ils n'avaient jamais vu un plus beau cavalier. Sussex et les autres seigneurs étaient richement vêtus aussi; mais par sa magnificence et les grâces de sa personne, Leicester les surpassait tous.

Élisabeth le reçut avec une affabilité toute particulière. — Nous avons à nous occuper d'une question de justice royale, dit-elle. C'est, de plus, une question de justice qui nous intéresse comme femme, aussi bien qu'en notre caractère de mère et tutrice du peuple anglais.

Un frisson involontaire parcourut Leicester, tandis qu'il s'inclinait en signe de soumission aux ordres royaux; et un frisson pareil saisit Varney, dont les yeux (qui de toute cette soirée quittèrent à peine son patron) devinèrent à l'instant, à l'altération de la physionomie du comte, quelque légère qu'elle eût été, de quoi lui parlait la reine. Mais Leicester avait déjà repris la résolution que dans sa politique tortueuse il jugeait nécessaire, et quand Élisabeth ajouta : C'est de l'affaire de Varney et de Tressilian que nous parlons; — la dame est-elle ici, mylord? — sa réponse était prête : — Gracieuse souveraine, elle n'y est pas.

Elisabeth fronça le sourcil et se serra les lèvres. — Nos ordres étaient stricts et positifs, mylord...

— Et ils auraient été exécutés, madame, répliqua Leicester, se fussent-ils manifestés sous la forme du plus léger souhait. Mais — Varney, approchez — ce gentleman informera Votre Grâce du motif qui a empêché la dame (il ne put contraindre sa langue rebelle à articuler les mots *sa femme*) de se rendre en votre royale présence.

Varney s'avança, et il allégua avec assurance, ce qu'en effet il croyait vrai, l'impossibilité absolue où s'était trouvée la partie citée (car il n'osa pas non plus, en présence de Leicester, lui donner le titre de sa femme) de se rendre devant Sa Grâce. — Voici, ajouta-t-il, les attestations d'un très savant médecin, dont mylord de Leicester connaît parfaitement l'habileté et le caractère honorable, et celles d'un honnête et dévot protestant, homme indépendant et digne de foi, un nommé Anthony Foster, le gentleman dans la maison duquel elle habite présentement, constatant qu'elle est en ce moment atteinte d'une indisposition qui la met tout-à-fait hors d'état d'entreprendre un trajet tel que celui du voisinage d'Oxford à ce château.

— Ceci change la thèse, dit la reine, prenant en main les certificats et jetant les yeux sur le contenu. — Que Tressilian approche. — Monsieur Tressilian, votre situation nous inspire un grand intérêt, d'autant plus grand que vous paraissez profondément attaché à cette Amy Robsart, ou Amy Varney. Notre pouvoir est grand, grâce à Dieu et à l'obéissance empressée d'un peuple affectionné; mais il est certaines choses auxquelles il ne peut atteindre. Nous ne pouvons, par exemple, commander aux affections d'une jeune étourdie, ni faire qu'elle préfère le bon sens et le savoir au pourpoint d'un courtisan; nous ne pouvons non plus commander à la maladie dont il paraît que cette dame est atteinte, et qui l'empêche de paraître à notre cour, ainsi que nous l'avions requis. Voici, à cet égard, les attestations du médecin qui la soigne et du gentleman dans la maison duquel elle réside.

— Sous la faveur de Votre Majesté, dit vivement Tressilian, oubliant, du moins en partie, au milieu des alarmes que lui inspirait la portée du mensonge fait à la reine, la promesse que lui-même avait faite à Amy, ces certificats en imposent.

— Comment, monsieur! repartit la reine, — inculper la véracité de mylord de Leicester! — mais vous devez avoir toute latitude dans vos explications. En notre présence, le dernier de nos sujets sera entendu comme le plus élevé, et le plus obscur comme le plus en faveur; vous pouvez donc parler librement, mais prenez garde de rien avancer sans preuve! Prenez ces certificats, examinez-les attentivement, et dites-nous sans crainte si vous en suspectez la vérité, et sur quel fondement.

Tandis que la reine parlait, sa promesse et toutes ses conséquences se représentèrent à la fois à l'esprit de l'infortuné Tressilian, et ce souvenir, en même temps qu'il l'empêchait d'obéir à son premier mouvement et d'attester la fausseté de ce que, par le témoignage de ses propres yeux et de ses oreilles, il savait ne pas être vrai, donnait à tout son aspect et à ses paroles un air d'indécision et d'irrésolution qui prévint fortement contre lui Élisabeth, aussi bien que tous les assistants. Il tournait et retournait les papiers, en véritable idiot incapable d'en comprendre le contenu. L'impatience de la reine commençait à devenir visible. — Vous êtes homme d'étude, monsieur, dit-elle enfin, et de quelque distinction, à ce que j'ai entendu dire; et cependant vous semblez prodigieusement lent à lire l'écriture. — Qu'en dites-vous? ces certificats sont-ils vrais ou faux?

— Madame, répondit Tressilian avec un embarras et une hésitation évidents, voulant éviter d'admettre un témoignage qu'il pouvait plus tard avoir à repousser, et non moins désireux de garder la parole qu'il avait donnée à Amy, et de lui laisser, comme il le lui avait promis, toute latitude de plaider elle-même sa cause à sa manière; — madame,

CHAPITRE XXXI.

— madame, Votre Grâce me demande d'admettre un témoignage qui doit d'abord être prouvé valable par ceux qui en font la base de leur défense.

— Hé mais, Tressilian, tu es aussi fort sur les formes que sur la poésie, reprit la reine en tournant sur lui un front mécontent ; il me semble que ces écrits, étant produits en présence du noble comte à qui ce château appartient, et quand il en a été appelé à son honneur comme garantie de leur authencité, pourraient te paraître un témoignage suffisant. Mais puisqu'il te plaît d'être si formaliste, Varney, — ou plutôt mylord de Leicester, car l'affaire devient vôtre (ces paroles, quoique dites au hasard, firent tressaillir le comte jusqu'à la moelle des os), quel témoignage avez-vous à l'égard de ces certificats ?

Varney, prévenant Leicester, se hâta de répondre : — Sous le bon plaisir de Votre Majesté, le jeune lord d'Oxford, qui se trouve ici, connaît l'écriture de M. Anthony Foster.

Le comte d'Oxford, jeune dissipateur à qui Foster avait plus d'une fois fait des prêts à un intérêt usuraire, attesta, sur cette interpellation, qu'il le connaissait pour un propriétaire riche et indépendant, qu'on supposait avoir beaucoup d'argent, et affirma que le certificat produit était de son écriture.

— Et le certificat du docteur ? reprit la reine. Je crois voir que son nom est Alasco.

Masters, le médecin de Sa Majesté, reconnut (et cela d'autant plus volontiers qu'il n'avait pas oublié la manière dont il avait été repoussé de Say's-Court, et qu'il pensa que son présent témoignage pourrait être agréable à Leicester et mortifier le comte de Sussex et sa faction), reconnut, disons-nous, qu'il avait été plus d'une fois en consultation avec le docteur Alasco, et parla de lui comme d'un homme d'un savoir extraordinaire et possesseur de connaissances secrètes, quoique ne suivant pas tout-à-fait la ligne de la pratique ordinaire. Le comte de Huntingdon, beau-frère de Leicester, puis la vieille comtesse de Rutland, chantèrent ensuite ses louanges, et tous deux se rappelèrent la jolie petite écriture italienne de ses ordonnances, laquelle correspondait au certificat produit comme venant de lui.

— Maintenant, monsieur Tressilian, j'espère que c'est une affaire finie, dit la reine. Nous voulons faire quelque chose, avant que la soirée ne soit plus avancée, pour réconcilier le vieux sir Hugh Robsart avec ce mariage. Vous avez fait ce que vous deviez avec hardiesse, et même quelque chose de plus ; mais nous ne serions pas femme si nous n'avions pas compassion des blessures que fait le véritable amour. Nous vous pardonnons donc votre audace et en même temps la malpropreté de vos bottes, qui l'a presque emporté sur les parfums de mylord de Leicester.

Ainsi parla Élisabeth, dont une excessive délicatesse d'odorat était un des traits caractéristiques d'organisation, comme elle en donna la preuve long-temps après, quand elle renvoya Essex de sa présence, parce qu'elle avait à faire à ses bottes le même reproche qu'elle adressait en ce moment à celles de Tressilian.

Mais celui-ci avait eu le temps de se remettre de l'étonnement où l'avait d'abord jeté l'audace du mensonge si hardiment soutenu, et que démentait le témoignage de ses propres yeux. Il se précipita en avant, se jeta à genoux, et saisit un pan de la robe d'Élisabeth. — Comme vous êtes chrétienne, madame, dit-il, comme vous êtes reine couronnée, pour rendre justice égale à vos sujets, — comme vous espérez être vous-même entendue (puisse Dieu vous exaucer!) à ce tribunal suprême où nous devons tous comparaître, accordez-moi une légère requête! Ne vous hâtez pas tant de prononcer sur cette affaire. Donnez-moi seulement vingt-quatre heures, et je produirai, à l'expiration de ce court intervalle, un témoignage qui démontrera jusqu'à l'évidence que ces certificats, qui attestent que cette infortunée dame est en ce moment malade dans le comté d'Oxford, sont une fausseté infernale!

— Laissez ma robe, monsieur! dit Élisabeth, que la véhémence de Tressilian avait fait tressaillir, quoiqu'il y eût en elle trop du lion pour qu'elle éprouvât la moindre crainte. — Il faut que le pauvre homme soit fou; — ce drôle spirituel de Harrington, mon filleul, aurait dû le mettre dans ses stances de l'*Orlando furioso!* — Et cependant, par cette lumière! il y a quelque chose d'étrange dans la véhémence de sa demande. — Parle, Tressilian; que feras-tu, si à l'expiration de ces vingt-quatre heures tu ne peux établir la fausseté d'un fait aussi solennellement prouvé que la maladie de cette dame?

— Je porterai ma tête sur le bloc!

— Allons donc! repartit la reine. Lumière de Dieu! tu parles comme un fou. Quelle tête tombe en Angleterre, sinon par juste sentence de la loi anglaise? — Je te le demande, Tressilian, — si tu as assez de sens pour me comprendre, — au cas où tu échoueras dans cette tentative improbable, m'en donneras-tu une bonne et suffisante raison?

Tressilian hésita de nouveau et ne répondit pas immédiatement, parce qu'il sentit que si, dans cet intervalle, Amy se réconciliait avec son mari, il lui rendrait dans ce cas un fort mauvais service en dévoilant toutes ces circonstances à Élisabeth, et en montrant combien cette prudente et soupçonneuse princesse avait été abusée par de faux témoignages. La conscience de cette difficulté lui rendit son extrême embarras d'air, de voix et de manières; il balbutia, baissa les yeux, et quand la reine réitéra sa question d'un ton sec et l'œil étincelant, il répondit, en mots entrecoupés, que peut-être — il ne lui serait pas possible — c'est-à-dire certains cas échéant — d'expliquer positivement les motifs et les fondements de sa conduite.

— Par l'âme du roi Henry! s'écria la reine, pour le coup ceci est la folie d'un vrai lunatique, ou c'est une insigne mauvaise foi ! — Vois-tu, Raleigh, ton ami est beaucoup trop pindarique pour la circonstance actuelle. Emmène-le et débarrasse-nous de lui, sans quoi il lui arrivera pis ; car ses accès sont trop impétueux pour tout autre lieu que le Parnasse ou l'hôpital Saint-Luc. Mais reviens toi-même aussitôt que tu l'auras placé sous une surveillance convenable. — Nous souhaiterions avoir vu la beauté qui a pu faire un tel ravage dans la cervelle d'un sage.

Tressilian voulait de nouveau s'adresser à la reine, mais Raleigh, obéissant aux ordres qu'il avait reçus, l'en empêcha ; et, avec l'aide de Blount, il l'entraîna, moitié de gré, moitié de force, hors de la salle de réception, où Tressilian lui-même, à la vérité, commençait à penser que son apparition avait fait à sa cause plus de mal que de bien.

Quand ils furent dans l'antichambre, Raleigh pria Blount d'avoir l'œil à ce que Tressilian fût conduit en sûreté aux appartements assignés aux personnes de la suite du comte de Sussex ; et il lui recommanda même, s'il était nécessaire, d'y placer une sentinelle. — Cette extravagante passion, dit-il, et aussi, à ce qu'il semblerait, la nouvelle de la maladie de la dame, ont tout-à-fait dérangé son excellent jugement. Mais cela se passera si on le tient un peu tranquille. Seulement ne le laisse ressortir sous aucun prétexte ; car il est déjà fort mal dans les papiers de Son Altesse, et si elle était une seconde fois provoquée, elle lui trouverait une prison plus triste et de plus rudes gardiens.

— J'ai jugé qu'il était fou, dit Nicolas Blount en jetant un coup d'œil à ses bas cramoisis et à ses rosettes jaunes, dès que j'ai vu qu'il avait ces damnées bottes, qui nous ont ainsi pris aux narines. — Je vais seulement le voir mettre en lieu sûr, et je reviens vous trouver aussi vite. — Mais dis-moi, Walter, la reine a-t-elle demandé qui j'étais ? — il m'a semblé qu'elle jetait un coup d'œil sur moi.

— Dis vingt ; — c'est vingt coups d'œil qu'elle t'a envoyés, et je lui ai dit comme quoi tu étais un brave soldat et un..... Mais, pour l'amour de Dieu, emmène Tressilian !

— J'y vais, j'y vais ; mais il me semble que ce n'est pas un si mauvais passe-temps de fréquenter la cour, après tout. C'est par là que nous nous élèverons, Walter, mon brave garçon. Ainsi donc tu as dit que j'étais un bon soldat et un. ... quoi encore, mon cher Walter ?

— Un... une inexprimable tête vide. — Mais, pour l'amour de Dieu, va-t'en !

Sans autre résistance ni représentation, Tressilian suivit Blount, ou plutôt se laissa conduire par lui au logement de Raleigh, où il fut formellement installé dans une petite couchette placée dans un cabinet et destinée à un domestique. Il ne voyait que trop clairement qu'aucune remontrance ne lui servirait près de ses amis pour éveiller leur sympathie ou se procurer leur assistance, avant que l'expiration du délai pendant lequel lui-même s'était engagé à rester inactif ou lui permît de leur tout expliquer, ou lui ôtât tout prétexte et tout désir de se mêler davantage des affaires d'Amy, si elle avait trouvé moyen de se réconcilier avec son mari.

Ce fut à grand'peine, et seulement après avoir fait à Blount les remontrances les plus calmes et les plus patientes, qu'il échappa à la mortification disgracieuse d'avoir deux des plus robustes soldats de Sussex près de lui dans l'appartement. Lorsqu'enfin, cependant, Blount l'eut vu paisiblement étendu sur sa couchette, et après qu'il eut lancé un ou deux coups de pied, accompagnés d'autant de jurons énergiques, aux bottes que dans sa nouvelle ferveur de toilette il regardait comme un fort symptôme, sinon comme la cause de la maladie de son ami, il se contenta, comme terme moyen, d'enfermer à clef le malheureux Tressilian. Ainsi, les efforts généreux et désintéressés de celui-ci pour sauver une femme qui l'avait traité avec ingratitude, n'aboutissaient, quant à présent, qu'à lui attirer le déplaisir de sa souveraine, et à donner à ses amis la conviction que s'il n'était pas fou, il n'en valait guère mieux.

CHAPITRE XXXII.

> Les souverains les plus sages sont sujets a errer comme de simples mortels, et une main royale a souvent posé l'épée de la chevalerie sur une épaule indigne, qui eût mieux mérité le fer brûlant du bourreau. Mais après? — Les rois font de leur mieux : — eux et nous nous devons répondre de l'intention, non de l'événement.
> *Vieille comédie.*

'EST une triste chose, dit la reine quand Tressilian fut parti, de voir un homme sage et instruit dont l'esprit soit si déplorablement dérangé. Au surplus, cette preuve publique de l'affaiblissement de sa cervelle nous montre que cette injure supposée était sans fondement, comme l'accusation; c'est pourquoi, mylord de Leycester, nous nous rappelons la demande que vous nous avez faite en faveur de votre fidèle serviteur Varney, dont les talents et le zèle, puisqu'ils vous sont utiles, doivent recevoir leur due récompense, sachant combien Votre Seigneurie est profondément dévouée à notre service, ainsi que tout ce qui vous appartient. Et nous faisons d'autant plus volontiers cet honneur à Varney, que nous trouvons sous le toit de Votre Seigneurie une hospitalité qui, je le crains, est quelque peu dispendieuse et embarrassante ; et aussi pour la satisfaction du bon vieux chevalier du Devon, sir Hugh Robsart, dont il a épousé la fille. Nous nous flattons que la marque de bienveillance spéciale que nous allons conférer pourra le réconcilier avec son gendre.— Votre épée, mylord de Leicester.

Le comte détacha son épée, et la prenant par la pointe il la présenta un genou à terre, à la reine Élisabeth.

Elle la prit lentement, la sortit du fourreau, et tandis que les dames qui l'entouraient détournaient les yeux avec un frisson réel ou affecté, elle examina avec une curieuse attention le poli parfait et les riches ornements damasquinés de la lame étincelante. — Si j'avais été homme, dit-elle, il me semble que pas un de mes ancêtres n'aurait aimé plus que moi une bonne épée. Telle que je suis, j'aime à en regarder une, et comme la fée dont j'ai lu quelque chose dans je ne sais quelles rimes italiennes, — si mon filleul Harrington était ici il me réciterait le passage [1], — j'arrangerais volontiers mes cheveux et ma coiffure dans un miroir d'acier tel que celui-ci. — Richard Varney, approchez-vous et mettez un genou à terre. Au nom de Dieu et de saint George, nous vous faisons chevalier ! — Soyez fidèle, brave et heureux. — Levez-vous, sir Richard Varney

Varney se leva et se retira, en s'inclinant profondément devant la souveraine qui venait de lui conférer un tel honneur.

— Demain à la chapelle, reprit la reine, on pourra boucler l'éperon et achever le cérémonial; car nous destinons à sir Richard Varney un compagnon dans ses honneurs. Et comme nous ne devons pas conférer une telle distinction avec partialité, notre intention est de prendre à ce sujet l'avis de notre cousin de Sussex.

Le noble comte, qui, depuis son arrivée à Kenilworth, ou pour mieux dire depuis le commencement du voyage, se trouvait dans une situation subalterne par rapport à Leicester, avait alors le front couvert d'un sombre nuage. — Cette circonstance n'avait pas échappé à la reine, qui espéra calmer son mécontentement, et suivre en même temps son système de *bascule* politique, par une marque de faveur particulière, qui sans doute lui serait d'autant plus agréable qu'elle serait accordée au moment même où le triomphe de son rival paraissait être complet.

A l'appel de la reine Élisabeth, Sussex se hâta de s'approcher d'elle; et sur la demande qui lui fut adressée auquel des gentilshommes de sa suite, parmi ceux que distinguait leur mérite, il désirerait voir conférer l'honneur de la chevalerie, il répondit, avec plus de sincérité que de politique, qu'il se serait hasardé à parler pour Tressilian, à qui il se regardait comme redevable de la vie, et qui se distinguait par sa bravoure aussi bien que par son savoir, outre que c'était un homme de lignage sans tache, s'il n'avait craint que ce qui s'était passé dans la soirée... Ici le comte s'arrêta.

---

[1] L'incident auquel il est fait allusion se trouve dans l'*Orlando innamorato*, poëme de Boiardo, libro II, canto 4, stanza 25.

... Non era per ventura, etc.

Le passage peut se rendre ainsi :

« Comme alors le hasard fit que la tour n'était pas gardée, l'intrépide chevalier y pénétra sans obstacle. Nul monstre, nul géant, ne gardaient les bosquets, au fond desquels était assise la blonde fée, vêtue d'une large simarre blanche comme le lis, et tenant posée sur ses genoux une large et formidable épée. La lame brillante et polie était pour elle un miroir, dans lequel, pareille à une jeune fille qui se prépare pour la fête du soir, la fée arrangeait ses cheveux et plaçait la petite couronne qui les surmontait. »

Le goût d'Élisabeth pour la poésie italienne se manifesta singulièrement dans une occasion bien connue. Son filleul, sir John Harrington, ayant offensé sa délicatesse en traduisant quelques uns des passages licencieux de l'*Orlando furioso*, elle lui imposa, comme pénitence, la tâche de mettre en anglais le poëme *tout entier*. (W. S.)

— Je suis charmée que Votre Seigneurie ait cette réserve, dit Élisabeth ; après les événements de ce soir, nous passerions, aux yeux de nos sujets, pour aussi folle que ce pauvre gentilhomme à cerveau malade — car nous n'attribuons à sa conduite nulle mauvaise intention — si nous choisissions ce moment pour lui conférer un pareil honneur.

— En ce cas, reprit le comte de Sussex un peu décontenancé, Votre Majesté me permettra de nommer mon grand-écuyer, M. Nicolas Blount, gentilhomme de bonne maison et d'ancien nom, qui a servi Votre Majesté tant en Écosse qu'en Irlande, et qui en a rapporté des marques sanglantes sur sa personne, toutes honorablement reçues et rendues.

La reine, à cette seconde désignation, ne put s'empêcher de faire un léger mouvement d'épaules, et la duchesse de Rutland, qui vit à la physionomie de la reine qu'elle s'était attendue à ce que Sussex aurait nommé Raleigh, et l'aurait ainsi mise à même de satisfaire sa propre inclination tout en faisant honneur à la recommandation du comte, attendit à peine que la reine eût donné son assentiment à ce que celui-ci avait proposé, pour prendre la parole. — Elle espérait, dit-elle, puisqu'il avait été permis à ces deux éminents seigneurs de désigner chacun un candidat aux honneurs de la chevalerie, qu'elle pourrait, au nom des dames présentes, solliciter une semblable faveur.

— Je ne serais pas femme si je vous refusais une telle grâce, répondit la reine en souriant.

— En ce cas, poursuivit la duchesse, au nom de ces belles dames présentes, je demande à Votre Majesté de conférer la chevalerie à Walter Raleigh, que sa naissance, ses hauts faits d'armes, et sa promptitude à servir notre sexe de l'épée et de la plume, rendent digne à nos yeux d'une telle distinction.

— Grand merci, belles dames, repartit Élisabeth en souriant de nouveau ; votre demande est accordée, et le gentil écuyer Sans-Manteau deviendra le bon chevalier Sans-Manteau, selon votre désir. Que les deux aspirants à l'honneur de la chevalerie s'approchent.

Blount n'était pas encore revenu d'auprès de Tressilian, qu'il avait voulu voir déposé en lieu sûr ; mais Raleigh s'avança, et, mettant un genou à terre, il reçut de la main de la reine-vierge ce titre d'honneur, qui jamais ne fut conféré de plus grand cœur à un sujet plus distingué ou plus illustre.

Bientôt après Nicolas Blount revint, et ayant été informé à la hâte par Sussex, qui l'accosta à la porte de la salle, des gracieuses intentions de la reine à son égard, il fut invité à s'approcher du trône. C'est une chose qui se voit parfois, et qui est en même temps comique et digne de pitié, qu'un honnête homme d'un gros bon sens jeté, par la coquetterie d'une jolie femme ou par toute autre cause, dans ces niaiseries frivoles qui ne siéent bien qu'à la jeunesse, à l'élégance et à ceux pour qui une longue habitude en a fait une seconde nature. Le pauvre Blount se trouvait dans ce cas. Sa parure inaccoutumée, et la nécessité où il se croyait être de mettre ses manières d'accord avec l'élégance de ses habits, lui avaient déjà tourné la tête : l'annonce subite de cette promotion acheva entièrement de faire prédominer ce nouvel esprit de fatuité sur son caractère naturel, et de changer un homme simple, honnête et gauche, en un merveilleux d'une nouvelle et fort ridicule espèce.

L'aspirant-chevalier s'avança dans la salle (dont malheureusement il lui fallait traverser toute la longueur) en s'appliquant tellement à tourner les pieds en dehors, qu'à chaque pas sa jambe présentait en avant le contour proéminent de ses larges mollets, de manière à offrir une ressemblance frappante avec un ancien couteau de table à pointe recourbée vu de côté. Le reste de sa tournure répondait à cette malheureuse allure : et le mélange d'embarras et de satisfaction de soi-même que trahissait toute la personne de Blount était d'un tel burlesque, que les amis de Leicester ne cherchèrent pas à cacher un rire moqueur, auquel il fut impossible à bon nombre des partisans de Sussex de ne pas se joindre, bien qu'ils se fussent volontiers rongés les ongles de mortification. Sussex lui-même perdit toute patience, et ne put s'empêcher de dire bas à l'oreille de son ami : — Malédiction ! est-ce que tu ne peux pas marcher en homme et en soldat ? apostrophe qui n'eut d'autre effet que de faire tressaillir et s'arrêter court celui à qui elle s'adressait, jusqu'à ce qu'un coup d'œil donné à ses rosettes jaunes et à ses bas rouges rendît toute son assurance à l'honnête Blount, qui repartit du même pas qu'auparavant.

La reine conféra l'honneur de la chevalerie au pauvre Blount avec un sentiment de répugnance évident. Cette sage princesse savait de quelle importance il est d'user de circonspection et d'une grande réserve dans la distribution de ces titres honorifiques, que les Stuarts, qui lui succédèrent, prodiguèrent avec une imprudente libéralité qui en diminua grandement la valeur. Dès que Blount se fut relevé et éloigné du trône, la reine se tourna vers la duchesse de Rutland. — Notre esprit de femme, ma chère Rutland, lui dit-elle, a le tact plus sûr que celui de ces orgueilleuses créatures en hauts-de-chausses et en pourpoint. Vois-tu, de ces trois chevaliers, le tien est le seul qui fût de vrai métal à recevoir l'empreinte de la chevalerie.

— Sir Richard Varney, assurément, — l'ami de mylord de Leicester, — assurément *celui-là* a du mérite, répliqua la duchesse.

— Varney a la physionomie astucieuse et la langue dorée. Je crains bien que ce ne soit qu'un fourbe ; — mais la promesse était d'ancienne date. Il faut, ce me semble, que mylord de Sussex ait perdu l'esprit, pour nous recommander d'abord un fou comme Tressilian, puis un sot rustre comme cet autre. Je t'assure, Rutland, que pendant qu'il était là devant moi sur ses deux genoux, faisant la moue et la grimace comme s'il avait eu la bouche pleine de porridge brûlant, j'ai eu fort à faire pour résister à l'envie que j'avais de lui taper sur la tête au lieu de lui frapper l'épaule.

— Votre Majesté lui a donné une accolade un peu rude ; nous autres qui étions derrière avons entendu la lame résonner sur son omoplate, et le pauvre homme se remuait, qui plus est, comme s'il l'eût sentie.

— Je n'ai pu m'en empêcher, ma chère, repartit la reine en riant ; mais nous aurons soin de faire envoyer ce sir Nicolas en Irlande, ou en Écosse, ou quelque part ailleurs, pour débarrasser notre cour de cet échantillon de la chevalerie antique. Ce peut être un bon soldat sur le champ de bataille, mais c'est un âne tout-à-fait hors de place dans une salle de banquet.

La conversation devint alors plus générale, et bientôt après on vint avertir que le repas était servi.

Ce signal obligea la compagnie de traverser la cour intérieure du château pour se rendre aux bâtiments neufs où se trouvait la vaste salle des banquets, dans laquelle on avait fait pour le souper des préparatifs dont la profusion et la magnificence étaient dignes de l'occasion.

Les buffets de service étaient chargés de la vaisselle la plus riche et offrant les formes les plus variées, les unes pleines de goût dans l'invention et les ornements, les autres grotesques, peut-être, mais toutes d'une somptueuse magnificence, aussi bien par le fini du travail que par le précieux de la matière. La principale table était ornée d'une salière en nacre de perle, garnie en argent et façonnée en forme de vaisseau, avec différents emblèmes de guerre et d'autres ornements, des ancres, des voiles et seize pièces de canon. Ce vaisseau portait une figure de la Fortune posée sur un globe et tenant un pavillon à la main. Une autre salière en argent représentait un cygne les ailes déployées. Pour ne pas omettre la chevalerie au milieu de cette splendeur, on avait figuré un Saint-Georges en argent, monté et équipé ainsi qu'il est habituellement représenté terrassant le dragon. Les figures avaient été arrangées de manière à ce qu'on en pût tirer quelque service. La queue du cheval était disposée pour servir de case à couteaux, et les flancs du dragon offraient une disposition analogue pour des couteaux à huîtres [1].

Dans le trajet de la salle de réception à la salle des banquets, et notamment dans la cour, les nouveaux chevaliers furent assaillis par les hérauts, les poursuivants, les ménestrels, etc., tous poussant les acclamations ordinaires de : Largesse ! largesse, chevaliers très hardis [2] ! ancienne invocation destinée à solliciter la générosité des acolytes de la chevalerie envers ceux dont l'emploi était d'enregistrer leurs armoiries, et de célébrer les hauts faits qui les avaient illustrés. Ceux à qui

---

[1] *Voyez* la note I, à la fin du volume.
[2] Ces acclamations sont en français dans l'original. (L. V.)

s'adressait l'appel y répondirent, naturellement, avec autant de libéralité que de courtoisie. Varney distribua ses largesses avec une affabilité et une modestie affectées. Raleigh fit les siennes avec l'aisance et la grâce d'un homme arrivé à sa place, et que sa dignité n'étonne pas. L'honnête Blount donna ce que son tailleur lui avait laissé de son revenu d'une demi-année, semant parfois dans sa précipitation quelques pièces à terre, se baissant alors pour les ramasser, et les distribuant ensuite entre les divers réclamants, avec la mine inquiète et les manières empruntées d'un bedeau de paroisse partageant une aumône entre des pauvres.

Ces dons furent reçus avec les clameurs habituelles et les *vivat* d'usage en semblables occasions ; mais comme les parties prenantes étaient pour la plupart des dépendants de lord Leicester, ce fut le nom de Varney qui fut répété avec les acclamations les plus bruyantes. Lambourne, surtout, se distingua par ses vociférations de Vive sir Richard Varney! — Santé et honneur à sir Richard! — jamais plus digne chevalier ne reçut l'accolade, — depuis le vaillant sir Pandarus de Troie ¹, ajouta-t-il en baissant la voix ; — conclusion de ses bruyants applaudissements qui fit partir d'un éclat de rire tous ceux qui étaient à portée de l'entendre.

Il est inutile de nous étendre davantage sur les fêtes de la soirée, qui furent si brillantes par elles-mêmes, et dont la reine éprouva une satisfaction si évidente, que Leicester se retira dans son appartement le cœur rempli de tous les enivrements de l'ambition satisfaite. Varney, qui avait déposé son splendide costume, était revenu près de son patron dans un déshabillé très simple et très modeste, pour faire les honneurs du coucher du comte.

— Comment, sir Richard! lui dit Leicester en souriant, votre nouveau rang ne s'accorde plus guère avec l'humilité de ce service.

— Je renoncerais à ce rang, mylord, répondit Varney, si je pensais qu'il dût m'éloigner de la personne de Votre Seigneurie.

— Tu es un homme reconnaissant, Varney ; mais je ne dois pas te permettre de faire ce qui pourrait te dégrader dans l'opinion des autres.

Tout en parlant ainsi, il n'en acceptait pas moins sans hésitation les services personnels dont le nouveau chevalier semblait s'acquitter avec autant d'empressement que s'il avait réellement éprouvé à les lui rendre le plaisir qu'annonçaient ses paroles. — Je ne crains pas les mésinterprétations, dit-il, répondant à la remarque de Leicester ; car il n'y a pas dans ce château — permettez-moi de détacher le collier — un homme qui ne s'attende à voir avant peu des personnes d'un rang bien supérieur à celui que je dois à votre bonté, vous rendre les devoirs de la chambre, et les regarder comme un honneur pour eux.

¹ Personnage burlesque d'une pièce de Shakspeare. (L. V.)

— Cela aurait pu être, en effet, dit le comte avec un soupir involontaire; et il ajouta immédiatement : Ma robe de nuit, Varney ; — je vais examiner le ciel ce soir. La lune n'est-elle pas bientôt dans son plein

— Je le pense, mylord, d'après le calendrier.

Il se trouvait à l'extrémité de la chambre une fenêtre ouvrant sur un petit balcon de pierre crénelé, comme on en voit dans la plupart des châteaux gothiques. Le comte ouvrit les battants vitrés et vint se placer au grand air sur le balcon. De ce point, il dominait une perspective étendue embrassant le lac et le pays boisé qui s'étendait au-delà, et où la lune versait une lumière brillante et calme sur le clair azur des eaux et sur les masses plus éloignées de chênes et d'ormes. La lune approchait du point le plus élevé de sa course, entourée de milliers de luminaires subalternes. Tout était déjà silencieux dans le monde sublunaire, sauf de temps à autre la voix du garde de nuit (car les yeomen de la garde en remplissaient les fonctions partout où la reine était en personne) et les aboiements éloignés des chiens, que troublaient les préparatifs des valets et des piqueurs pour une chasse magnifique qui devait être l'amusement du lendemain.

Leicester contemplait la voûte azurée du ciel avec des gestes et une physionomie où se révélait un double sentiment de triomphe et d'anxiété; et Varney, qui était resté dans l'appartement à demi éclairé, put voir, sans être remarqué et avec une satisfaction secrète, son patron lever les mains avec véhémence vers les corps célestes. — Globes lointains de feu vivant (telle fut l'invocation que murmura l'ambitieux Leicester), vous restez silencieux en décrivant vos orbes symboliques ; mais la Sagesse vous a donné une voix. Dites-moi donc quelle fin attend ma carrière élevée! La grandeur à laquelle j'ai aspiré sera-t-elle brillante, prééminente et stable comme la vôtre, ou suis-je destiné à laisser au sein d'une nuit obscure une trace brillante et passagère, et à retomber ensuite sur la terre, comme les vils débris de ces feux artificiels par lesquels les hommes cherchent à égaler l'éclat de vos rayons?

Il tint encore pendant une minute ou deux ses yeux silencieusement fixés sur le firmament, puis il rentra dans la chambre, où Varney semblait s'être occupé à replacer dans une cassette les bijoux du comte.

— Que dit Alasco de mon horoscope? demanda Leicester. Tu me l'as déjà rapporté, mais cela m'a échappé, car je n'ai de cet art qu'une très mince opinion.

— Bien des hommes savants et plus d'un grand homme ont pensé autrement, repartit Varney; et pour ne pas flatter Votre Seigneurie, ma propre opinion penche assez de ce côté.

—Ah! ah! Saül parmi les prophètes?—je croyais que tu doutais de tout ce que tu ne pouvais ni voir, ni entendre, ni flairer, ni goûter, ni toucher, et que ta croyance avait tes sens pour limite.

— Peut-être, mylord, puis-je être abusé dans l'occasion actuelle par le désir que j'ai de voir se réaliser les prédictions de l'astrologue. Alasco dit que votre planète favorite est à son point culminant, et que l'influence contraire, — il n'a pas voulu employer un terme plus clair, — quoique non surmontée encore, était évidemment en combustion ou rétrograde; — je crois que ce sont les termes dont il s'est servi.

— C'est cela même, dit Leicester en jetant les yeux sur un extrait de calculs astrologiques qu'il tenait à la main; l'influence la plus forte prévaudra, et, à ce que je crois, la mauvaise heure s'écoule. — Aidez-moi, sir Richard, à ôter ma robe de nuit; — et demeurez un instant, si ce n'est pas une trop grande fatigue pour un chevalier, jusqu'à ce que le sommeil me gagne. Je crois que les fatigues de cette journée m'ont mis la fièvre dans le sang, car je le sens parcourir mes veines aussi brûlant que du plomb fondu. — Demeurez un instant, je vous prie; — je voudrais sentir mes yeux s'appesantir avant de les fermer.

Varney aida officieusement son maître à se mettre au lit, puis il plaça une lampe d'argent massif et une épée courte sur une table de marbre près du chevet. Soit pour éviter la lumière de la lampe, soit pour cacher sa physionomie à Varney, Leicester tira son pesant rideau tissu de soie et d'or de manière à se cacher complétement le visage. Varney prit un siége près du lit, mais en tournant le dos à son maître, comme pour indiquer qu'il ne cherchait pas à l'épier, et il attendit tranquillement que Leicester lui-même abordât le sujet qui occupait toutes ses pensées.

— Ainsi donc, Varney, dit le comte, après avoir vainement attendu que son écuyer ouvrît la conversation, on parle de la faveur que me témoigne la reine?

— Oui, mylord, répondit Varney; de quoi parlerait-on sans cela, prononcée comme elle est?

— C'est en effet une bonne et gracieuse maîtresse, reprit Leicester après une autre pause; mais il est écrit : Ne mets pas ta confiance dans les princes.

— Sentence aussi bonne que vraie, à moins que vous ne puissiez unir si étroitement leur intérêt et le vôtre, qu'il leur faille nécessairement se poser sur votre poing comme des faucons capuchonnés.

— Je te comprends, répliqua Leicester avec impatience, malgré la réserve extrême que tu mets ce soir dans tout ce que tu me dis; — tu voudrais faire entendre que je pourrais épouser la reine si je le voulais?

— C'est vous qui le dites, mylord, et non pas moi; mais n'importe à qui le discours appartienne, c'est la pensée de quatre-vingt-dix-neuf personnes sur cent dans toute l'étendue de l'Angleterre.

— D'accord, dit Leicester en se tournant dans son lit; mais la centième est mieux instruite. Toi, par exemple, tu sais quel obstacle ne peut être franchi

— Il faut pourtant qu'il le soit, mylord, si les astres disent vrai, repartit Varney d'un ton calme.

— Quoi! est-ce toi qui parle des astres, toi qui ne crois ni en eux ni en rien autre chose?

— Vous vous trompez, mylord, j'en demande pardon à Votre Grâce ; je crois à bien des présages d'avenir. Je crois que s'il pleut en avril, nous aurons des fleurs en mai ; que si le soleil luit, le grain mûrira ; je crois à beaucoup d'autres points analogues de philosophie naturelle, et si les étoiles me les annoncent, je dirai que les étoiles ont raison. De même, je ne refuserai pas de croire à une chose que je vois souhaitée et attendue, uniquement parce que les astrologues l'auront lue au ciel.

— Tu as raison, reprit Leicester, s'agitant de nouveau sur sa couche ; — la terre le désire. J'ai reçu des communications des églises réformées d'Allemagne, — j'en ai eu des Pays-Bas, — de la Suisse, — toutes me présentant ceci comme un point dont le repos de l'Europe dépend. La France ne s'y opposera pas ; — le parti dominant d'Écosse regarde un tel événement comme la meilleure garantie de sa sécurité ; — l'Espagne le redoute, mais elle ne peut l'empêcher : — et cependant tu sais que c'est chose impossible.

— Je ne sais pas cela, mylord ; la comtesse est indisposée.

— Scélérat ! s'écria Leicester en se dressant sur sa couche et saisissant l'épée posée près de lui sur la table ; est-ce là le fond de ta pensée ? — Tu ne voudrais pas un meurtre !

— Pour qui me prenez-vous, mylord ? dit Varney, prenant le ton de supériorité d'un innocent soumis à un injuste soupçon. Je n'ai rien dit pour mériter l'horrible imputation dont votre violence me charge. J'ai dit seulement que la comtesse était malade. Et toute comtesse qu'elle soit, — tout aimable, tout aimée qu'elle puisse être, sûrement Votre Seigneurie reconnaît qu'elle est mortelle. Elle peut mourir, et la main de Votre Seigneurie redevenir libre.

— Assez ! assez! dit Leicester ; pas un mot de plus à ce sujet !

— Bonne nuit, mylord, repartit Varney, feignant de prendre ceci pour un ordre de départ ; mais la voix de Leicester le retint.

— Tu ne m'échapperas pas ainsi, sire fou, reprit-il ; je crois que ta nouvelle dignité t'a troublé la cervelle. — Avoue que tu as parlé d'impossibilités comme de choses qui peuvent arriver.

— Longue vie à votre belle comtesse, mylord ; mais ni votre amour ni mes souhaits ne la peuvent faire immortelle. Puisse Dieu la faire vivre long-temps pour être heureuse et vous rendre heureux ! je ne vois pas pourquoi, nonobstant cela, vous ne pourriez pas être roi d'Angleterre.

— Mais, Varney, tu es tout-à-fait fou.

— Je voudrais être aussi proche moi-même d'un bon domaine de franche tenure, mylord. Ne savez-vous pas comment, en d'autres pays, un mariage de la main gauche peut avoir lieu entre personnes de rang différent ? — et ne savez-vous pas aussi que ces sortes de mariages n'empêchent pas l'époux de contracter ensuite une union mieux assortie ?

— J'ai entendu parler de choses semblables en Allemagne.

— Oui, et les plus savants docteurs des universités étrangères justifient cet usage par l'Ancien Testament. Et, après tout, où est le mal? La belle compagne que vous avez choisie par amour a vos heures secrètes de délassement et d'affection. Sa réputation est sauve; — sa conscience peut dormir en repos; — vous êtes assez riche pour pourvoir royalement vos enfants, si le Ciel vous accorde de la postérité. En même temps vous pouvez donner à Élisabeth dix fois plus de temps et dix mille fois plus d'affection que jamais don Philippe d'Espagne n'en eut pour sa sœur Marie. Et cependant vous savez combien Marie raffolait de lui, malgré sa froideur et sa négligence. Cela ne demande que bouche close et front ouvert, et vous gardez à la fois votre Éléonore et votre Rosamonde, à distance suffisante. — Laissez-moi vous bâtir un labyrinthe dont nulle reine jalouse ne trouvera le fil.

Leicester resta silencieux un moment, puis il répondit en poussant un soupir : C'est impossible. — Bonsoir, sir Richard Varney. — Un moment. — Peux-tu deviner quelle était l'intention de Tressilian en se montrant aujourd'hui devant la reine dans un accoutrement si négligé? — Serait-ce d'intéresser le cœur compatissant d'Élisabeth, et de s'attirer toutes les sympathies dues à un amant abandonné de sa maîtresse et qui s'abandonne lui-même?

Varney, étouffant un rire moqueur, répondit qu'il ne croyait pas que M. Tressilian eût de telles pensées en tête.

— Comment! repartit Leicester, que veux-tu dire? il y a toujours du louche dans ton rire, Varney.

— Je veux seulement dire, mylord, que Tressilian a pris le plus sûr moyen d'éviter les trop grandes peines de cœur. Il a un compagnon — ou plutôt une compagne — une maîtresse — une espèce de femme ou de sœur de comédien, à ce que je crois — logée avec lui dans la Voûte de Mervyn, où je l'ai fait placer pour certaines raisons à moi connues.

— Une maîtresse, dis-tu!

— Oui, mylord; quelle femme, autrement, resterait de longues heures dans la chambre d'un cavalier?

— Sur ma foi, en temps et lieu convenables ce serait une bonne histoire à raconter. Je me suis toujours défié de ces savants à mine hypocrite et aux semblants de vertu. C'est bien! — M. Tressilian en agit quelque peu familièrement dans ma maison; — si je ferme les yeux là-dessus, il le doit à certains souvenirs. Je ne lui voudrais pas de mal plus qu'il ne le faudrait absolument. Aie cependant l'œil sur lui, Varney.

— C'est pour cela que je l'ai logé dans la Tour de Mervyn, où il est sous la surveillance de mon très vigilant, mais malheureusement aussi très ivrogne serviteur Michel Lambourne, dont j'ai parlé à Votre Grâce.

CHAPITRE XXXII.

— Ma Grâce ! que veux-tu dire par cette épithète [1] ?

— Elle est venue sans que j'y prenne garde, mylord ; et pourtant elle me paraît si naturelle que je ne saurais la reprendre.

— C'est ton propre avancement qui t'a tourné la cervelle, dit Leicester en riant ; les nouveaux honneurs portent à la tête comme le vin nouveau.

— Puisse Votre Seigneurie avoir bientôt lieu de parler ainsi par expérience ! repartit Varney ; et souhaitant une bonne nuit à son patron, il se retira.

[1] Le titre de Votre Grâce était alors presque exclusivement réservé à la royauté. (L. V.)

CHAPITRE XXXIII.

> Ici est la victime : — là est l'orgueilleux oppresseur. Ainsi la biche saisie et renversée par les chiens cruels est étendue aux pieds du chasseur, qui offre avec courtoisie à quelque dame de haut lignage, la Diane de la chasse, celle dont il ambitionne les bonnes grâces, le coutelas acéré qui doit ouvrir la gorge palpitante de la victime.
> *Le Bûcheron.*

Il nous faut maintenant revenir à la Voûte de Mervyn, l'appartement, ou plutôt la prison de l'infortunée comtesse de Leicester. Pendant quelque temps elle avait contenu ses doutes et son impatience. Elle savait que dans le tumulte de la journée il pourrait se faire que la lettre ne pût être remise immédiatement entre les mains de Leicester, et que peut-être il y aurait encore un certain intervalle avant qu'il pût se dégager d'auprès d'Élisabeth pour la venir voir dans son asile secret. — Je ne l'attendrai pas avant la nuit, se disait-elle ; — il ne peut quitter sa royale visiteuse, même pour me voir. Il viendra plus tôt, je le sais, si cela est possible ; mais je ne l'attendrai pas avant la nuit. — Et cependant chaque minute était pour elle une minute d'attente ; et tout en essayant de se persuader le contraire, chaque fois qu'un pas précipité venait frapper son oreille, parmi les centaines de bruits qu'elle entendait, il lui semblait reconnaître le pas empressé de Leicester sur l'escalier, accourant la serrer dans ses bras.

La fatigue de corps qu'Amy avait éprouvée depuis peu, jointe à l'agitation d'esprit naturelle à un si cruel état d'incertitude, commençait à lui affecter fortement les nerfs, et elle craignit presque de se trouver absolument incapable de conserver la force d'âme nécessaire dans les scènes qui pouvaient se préparer pour elle. Mais quoique gâtée par l'excessive indulgence de son éducation, Amy avait reçu de la nature une grande résolution d'esprit, et une constitution à laquelle l'habitude qu'elle avait eue de partager les exercices de son père avait donné une force peu commune. Elle appela à son aide toute son énergie mentale et corporelle ; et sentant jusqu'à quel point sa destinée pouvait dépendre de son empire sur elle-même, elle demanda intérieurement au Ciel de soutenir ses forces et son courage, en même temps qu'elle prit la résolution de ne céder à aucune impulsion nerveuse qui pût les affaiblir.

Cependant quand la grosse cloche du château, placée dans la Tour de César à peu de distance de celle de Mervyn, commença à faire retentir au loin ses sons puissants, comme signal de l'arrivée du cortége royal, ce bruit pénétrant affecta si péniblement ses oreilles, dont l'inquiétude avait surexcité la sensibilité nerveuse, qu'elle avait peine à retenir un cri de douleur à chaque tintement assourdissant de l'impitoyable airain.

Puis bientôt après, quand la petite chambre fut tout-à-coup éclairée par les nappes de feux artificiels dont l'air fut soudainement rempli, et au milieu desquelles des traits de feu se croisaient dans tous les sens comme autant d'esprits ignés porteurs chacun de missions distinctes, ou comme des salamandres exécutant une danse fantastique dans la région des sylphes, la comtesse éprouva d'abord le même effet que si chaque fusée lui était passée sous les yeux, et avait lancé ses étincelles et ses jets de flamme assez près d'elle pour qu'elle en pût sentir la chaleur. Mais elle lutta contre ces terreurs de son imagination, et faisant effort pour se lever elle se tint près de la fenêtre, porta ses regards au dehors, et contempla un spectacle qui dans un autre moment lui eût paru à la fois captivant et terrible. Les tours magnifiques du château étaient enveloppées de guirlandes de feu, ou surmontées d'une pâle couronne de vapeurs. La surface du lac ressemblait à une vaste fournaise de métal en fusion, en même temps qu'une multitude de pièces d'artifice (chose commune aujourd'hui, mais qui alors était un objet d'étonnement), dont la flamme continuait de remplir l'autre élément, s'élevaient et retombaient, sifflaient, mugissaient, éclataient et projetaient leurs débris ardents, comme autant de dragons enchantés se jouant sur un lac de feu.

L'attention d'Amy fut un instant captivée par un spectacle si nouveau pour elle. — J'aurais regardé tout cela comme l'effet d'un art magique, se dit-elle, si le pauvre Tressilian ne m'avait appris à juger de telles choses pour ce qu'elles sont. Grand Dieu ! ces vaines splendeurs ne ressemblent-elles pas à mes propres espérances de bonheur, — une simple étincelle, aussitôt absorbée par les ténèbres environnantes, — une clarté précaire, qui ne s'élève un moment dans l'air que pour retomber plus bas ? O Leicester ! après tout ce que tu as dit, — tout ce que tu as juré, — qu'Amy était ton amour, ta vie, — se peut-il que tu sois le magicien dont un signe de tête produit ces enchantements, et qu'Amy y assiste en proscrite, sinon en prisonnière ?

L'harmonie soutenue, prolongée, répétée, qui éclata sur tant de points à la fois et à des distances si diverses, comme si non seulement le château de Kenilworth, mais tout le pays alentour, avaient été le théâtre simultané de quelque grande solennité nationale, souleva en elle les mêmes pensées, et lui serra le cœur sous une oppression encore plus douloureuse. Il lui semblait reconnaître, dans les accords qui se fondaient en sons affaiblis par la distance, un accent de pitié pour ses douleurs, tandis que les fanfares plus rapprochées d'elle paraissaient insulter à sa misère avec toute l'insolence d'une gaieté sans bornes. — Ces sons m'appartiennent, se disait-elle; ils m'appartiennent, puisqu'ils sont à LUI ; et cependant je ne puis dire Cessez! vos accords bruyants me font mal. — La voix du plus pauvre paysan qui se mêle à la danse aurait plus de pouvoir pour régler le ton et la mesure de la musique, que l'ordre de celle qui est maîtresse de tout ici!

Peu à peu les sons joyeux s'éteignirent, et la comtesse se retira de la fenêtre où elle était restée à les écouter. Il était nuit, mais la lune jetait assez de clarté dans la chambre pour qu'Amy y pût faire les dispositions qu'elle jugea nécessaires. En même temps qu'elle espérait l'arrivée de Leicester dès que la fête aurait cessé dans le château, elle craignait d'être dérangée par quelque indiscret non attendu. La serrure ne lui inspirait plus de confiance depuis que Tressilian était entré si aisément malgré que la porte fût fermée en dedans; cependant la seule mesure de sécurité auxiliaire qu'elle put imaginer fut de placer la table en travers de la porte, de manière à ce que le bruit l'avertît si quelqu'un essayait de l'ouvrir. Après avoir pris ces précautions nécessaires, l'infortunée s'étendit sur sa couche, l'esprit rempli d'une anxieuse attente, et elle compta toutes les minutes jusqu'à plus d'une heure après minuit; la nature épuisée l'emporta enfin sur l'amour, le chagrin, la crainte et même l'incertitude, et elle s'endormit.

Oui, elle s'endormit. L'Indien dort au poteau dans les intervalles de ses tortures; et de même les tourments de l'âme épuisent par une longue continuité la sensibilité de celui qui les éprouve, de sorte qu'il doit nécessairement y avoir un intervalle de repos léthargique avant que leurs angoisses puissent se renouveler.

La comtesse dormit donc plusieurs heures, et rêva qu'elle était dans l'antique maison de Cumnor-Place, prêtant l'oreille au léger coup de sifflet par lequel Leicester annonçait souvent sa présence dans l'avant-cour, lors des visites dérobées qu'il lui faisait inopinément. Mais cette fois, au lieu d'un sifflet, elle entendit l'air particulier que son père avait coutume de sonner sur le *bugle* à la chute du cerf, et que les chasseurs appellent *une mort*. Il lui sembla qu'elle courait à une fenêtre ayant vue sur l'avant-cour, qui était remplie d'hommes en habits de deuil. Le vieux ministre paraissait occupé à lire le service des morts; Mumblazen, paré d'un costume antique qui lui donnait l'apparence d'un ancien héraut, tenait élevé un écusson avec ses décorations habituelles de crânes, d'os en croix et de sabliers entourant une cotte d'armes dont tout ce qu'elle put distinguer fut qu'elle était surmontée d'une *couronnette* de comte. Le vieillard la regardait avec un horrible sourire, et lui disait : Amy, ces armoiries ne sont-elles pas bien écartelées? En même temps qu'il parlait, les cors firent de nouveau entendre à son oreille l'air triste mais étrange de la *mort*, et elle s'éveilla.

La comtesse s'éveilla pour entendre un son de bugle réel, ou plutôt le concert d'un grand nombre de bugles, sonnant non pas une *mort*, mais un joyeux *réveil*, pour rappeler aux hôtes du château de Kenilworth que les plaisirs de la journée allaient s'ouvrir par une magnifique chasse au cerf dans le parc avoisinant. Amy se dressa vivement sur sa couche, prêta l'oreille au bruit, vit les premiers rayons d'une matinée d'été pénétrer déjà à travers les vitraux de sa fenêtre, et se rappela alors, avec une impression de vertige et d'angoisse, où elle était et dans quelles circonstances.

—Il ne pense pas à *moi*, dit-elle; — il ne viendra pas près de moi! Une reine honore son château de sa présence; que lui importe dans quel coin de son immense demeure une infortunée telle que moi languit dans les horreurs d'une incertitude qui va bientôt se changer en désespoir? Tout-à-coup un bruit à la porte, comme si quelqu'un essayait de l'ouvrir doucement, la remplit d'un ineffable mélange de joie et de crainte; et tout en se hâtant d'éloigner l'obstacle qu'elle avait placé contre la porte, et de tourner la clef dans le serrure, elle eut cependant la précaution de demander : — Est-ce toi, mon amour?

— Oui, ma comtesse, murmura-t-on du dehors.

Elle ouvrit précipitamment la porte en s'écriant : Leicester! et entoura de ses bras le cou de l'étranger qui attendait au-dehors, le visage en partie couvert de son manteau.

— Non, — pas tout-à-fait Leicester, répliqua Michel Lambourne (car c'était lui) en lui rendant sa caresse avec véhémence; — pas tout-à-fait Leicester, ma charmante et tendre duchesse, mais un homme qui le vaut bien.

Par un effort physique dont en tout autre moment elle ne se serait pas crue capable, la comtesse se dégagea de l'étreinte impure de ce débauché ivre, et elle se recula jusqu'au milieu de sa chambre, où le désespoir lui donna le courage de s'arrêter.

Comme Lambourne en entrant avait laissé retomber le pan de manteau qui lui couvrait le bas du visage, elle reconnut le valet dissolu de Varney, la dernière personne, sauf son détestable maître, de qui elle aurait voulu être reconnue. Mais elle était encore plus complétement déguisée dans son costume de voyage, et comme Lambourne avait à peine été admis en sa présence à Cumnor-Place, elle espéra que sa personne pourrait n'être pas aussi bien connue de lui que lui-même l'était d'elle, Jeannette le lui ayant souvent désigné lorsqu'il traversait la cour, en lui racontant des exemples de sa perversité. Elle aurait pu avoir une confiance plus grande encore dans son déguisement, si elle avait eu assez d'expérience pour s'apercevoir que Lambourne était presque complétement ivre; mais cette découverte n'aurait guère été de nature à la rassurer sur ce qu'elle pouvait avoir à craindre d'un pareil homme, en un tel moment, dans un tel lieu, et dans les circonstances où elle se trouvait.

Lambourne rejeta la porte derrière lui en entrant, et croisant les bras, comme en dérision de l'attitude que dans son indignation Amy avait prise, il l'apostropha ainsi : — Écoute, ma toute belle Callipolis, — ma toute charmante comtesse des torchons, — ma divine duchesse des coins obscurs, — si tu te donnes toute cette peine de te ramasser ainsi tout d'un bloc comme une volaille troussée, pour que j'aie plus de plaisir à la découpe, épargne-toi cet embarras-là. J'aime mieux ta première manière toute franche. — Je n'aime pas plus ta manière actuelle que... (il fit un pas vers elle, et chancela) — que... ce damné plancher tout raboteux, où un homme peut se rompre le cou, s'il ne marche pas aussi droit qu'un équilibriste sur une corde tendue.

— Arrière! dit la comtesse; au péril de ta vie, ne m'approche pas davantage!

— Au péril de ma vie! — arrière! — Tudieu! qu'est-ce que c'est que ça, madame? Est-ce que vous ne vous trouvez pas bien accouplée avec l'honnête Mike Lambourne? J'ai été en Amérique, ma petite, là où l'or pousse, et j'en ai rapporté une telle charge...

— Mon bon ami, interrompit la comtesse, fort effrayée du ton déterminé de l'audacieux bandit, je t'en prie, va-t'en et laisse-moi!

— C'est ce que je ferai, ma toute gentille, quand nous serons fatigués de la compagnie l'un de l'autre ; — pas un zeste plus tôt.

Il la saisit par le bras, tandis que, hors d'état de se défendre autrement, elle poussait des cris perçants. — Oh! tu peux crier si tu veux, dit-il en continuant de la tenir; j'ai entendu la mer dans ses moments les plus chauds, et je me soucie d'une femme qui piaille comme d'un chat qui miaule. — Dieu me damne! — j'en ai entendu des cinquantaines et des centaines hurler à la fois, quand il y avait une ville emportée d'assaut.

Les cris de la comtesse amenèrent cependant un secours inopiné dans la personne de Lawrence Staples, qui l'avait entendue de l'étage au-dessous, et qui arriva fort à temps pour la sauver d'être reconnue, sinon d'une violence plus atroce. Lawrence était ivre aussi, par suite de la débauche de la nuit précédente; mais heureusement son ivresse avait pris un autre caractère que celle de Lambourne.

— Quel est ce tapage du diable dans la prison? dit-il. — Quoi! homme et femme ensemble dans la même chambre! c'est contre la règle. Je veux de la décence dans ma prison, par saint Pierre-ès-Liens.

— Descends les escaliers, animal d'ivrogne! fit Lambourne; est-ce que tu ne vois pas que madame et moi nous voulons être en particulier?

— Mon bon monsieur, mon digne monsieur! s'écria la comtesse en s'adressant au geôlier, sauvez-moi de lui, par pitié!

CHAPITRE XXXIII.

— Elle parle bien, dit le geôlier, et je veux prendre son parti. J'aime mes prisonniers, et j'ai eu d'aussi bons prisonniers sous ma clef qu'ils en ont eu à Newgate ou au Compteur [1]. Ainsi donc, attendu que c'est un de mes agneaux, comme je dis, personne ne la troublera dans son bercail. Lâche donc la femme, ou je te fends la cervelle avec mes clefs.

— J'aurai fait auparavant des boudins de tes boyaux, repartit Lambourne en portant la main gauche à sa dague, mais sans lâcher la comtesse qu'il tenait de la droite. — Prends donc garde à toi, vieille autruche, qui ne vis que d'un trousseau de clefs de fer.

Lawrence releva le bras de Michel, et l'empêcha de tirer sa dague ; et tandis que Lambourne luttait pour le repousser, la comtesse, faisant de son côté un effort soudain, parvint à se dégager en laissant dans la main du ruffian le gant dont elle avait le bras recouvert, reconquit ainsi sa liberté, et, se précipitant hors de la chambre, descendit l'escalier en courant. Elle en avait à peine franchi quelques marches qu'elle entendit les deux combattants choir sur le plancher avec un bruit qui accrut sa terreur. Le guichet extérieur, que Lawrence avait ouvert pour recevoir Lambourne, n'offrit pas d'obstacle à sa fuite ; de sorte qu'elle sortit de l'escalier sans empêchement, et se dirigea vers la Plaisance, où un coup d'œil rapide lui fit reconnaître qu'elle serait probablement moins exposée qu'ailleurs à être poursuivie.

Cependant, Lawrence et Lambourne avaient roulé sur le plancher de la chambre en se tenant étroitement serrés. Ni l'un ni l'autre n'avait eu heureusement le temps de tirer sa dague ; mais Lawrence trouva assez d'élan pour lancer ses lourdes clefs à travers la figure de Michel, et Michel, à son tour, serra si rudement le porte-clefs à la gorge, que le sang lui ruissela du nez et de la bouche. Aussi offraient-ils l'un et l'autre un aspect hideux et ensanglanté, quand un autre officier de la maison entra dans la chambre où l'avait attiré le bruit, et parvint, non sans peine, à séparer les combattants.

— La peste vous étouffe tous les deux ! dit le charitable médiateur, et vous surtout, maître Lambourne ! Que diable aviez-vous à être étendus là et à vous battre sur le plancher, comme deux chiens de boucher dans un ruisseau d'abattoir !

Lambourne se releva, et quelque peu dégrisé par l'interposition d'un tiers, il ne montra pas tout-à-fait l'impudence d'airain habituelle à son visage. — Nous nous battions pour une fille, comme tu dois bien voir, répondit-il.

— Une fille ! où est-elle ?

— Ma foi, disparue, à ce que je pense, dit Lambourne en regardant autour de lui, à moins que Lawrence ne l'ait avalée. Sa sale panse absorbe autant de demoiselles persécutées et d'orphelins opprimés que

---

[1] *Compter.* Prison de Londres, ainsi que Newgate. (L. V.)

jamais géant en avala dans l'histoire du roi Arthur. C'est sa nourriture de prédilection ; il les dévore corps, âme et biens.

— Oui, oui ! ce n'est pas là l'affaire, dit Lawrence en ramassant ses grands membres mal bâtis étendus sur le plancher ; mais j'en ai eu de mieux que vous, monsieur Michel Lambourne, sous le petit tour de l'index et du pouce, et avant que tout soit fini je te tiendrai sous mes écoutilles. L'impudence que tu portes sur le front ne te sauvera pas toujours les os des jambes d'un anneau de fer, ni ton sale gosier toujours sec d'une corde de chanvre.

A peine Lawrence avait-il prononcé ces mots, que Lambourne voulut se jeter de nouveau sur lui.

— Allons, ne recommencez pas, dit l'écuyer tranchant, ou j'appellerai quelqu'un qui vous mettra tous les deux à la raison ; je vais appeler monsieur Richard Varney, — sir Richard, veux-je dire. — Il est sur pied, je vous promets ; — je l'ai vu traverser la cour tout-à-l'heure.

— L'as-tu vraiment vu, goddam ! fit Lambourne en prenant le bassin et le pot à l'eau qui se trouvaient dans la chambre ; — en ce cas, fais ton office, insipide élément ! je croyais avoir assez de toi hier au soir, quand je flottais là-bas dans le rôle d'Orion comme un bouchon dans une barrique d'ale. — En même temps il se mit à se laver le visage et les mains pour en faire disparaître les traces de la batterie, et remit un peu d'ordre dans ses vêtements.

— Que lui as-tu donc fait ? demanda l'officier à part au geôlier ; il a la face terriblement enflée.

— C'est seulement la marque de la clef de mon cabinet, — une marque trop bonne pour sa face de potence. Personne ne violentera ni n'insultera mes prisonniers. Ce sont mes joyaux, et c'est pourquoi je les mets en sûreté dans une bonne cassette. — Ainsi donc, mistress, finissez de geindre. — Eh mais ! pour sûr, il y avait une femme ici.

— Je crois que vous êtes tous fous ce matin, reprit l'écuyer tranchant ; je n'ai pas vu de femme ici, ni d'hommes non plus, à bien dire, mais seulement deux bêtes se roulant sur le plancher.

— C'est fait de moi ! dit le geôlier ; la prison est forcée, voilà tout. La prison de Kenilworth est forcée, continua-t-il d'un ton de lamentation d'ivrogne, la plus forte prison qu'il y ait d'ici aux Marches de Galles ! — oui, et une maison qui a vu dormir des chevaliers, et des comtes, et des rois, aussi en sûreté que s'ils avaient été dans la Tour de Londres. Elle est forcée, les prisonniers sauvés, et le geôlier en grand danger d'être pendu ! A ces mots, il redescendit à sa chambre pour y continuer ses lamentations, ou pour y cuver son vin. Lambourne et l'écuyer tranchant le suivirent de près, et bien leur en prit, car le geôlier, par la force de l'habitude, se disposait à fermer le guichet après lui ; et s'ils n'étaient arrivés assez tôt pour l'en empêcher, ils auraient

CHAPITRE XXXIII.

eu le plaisir de se voir consignés dans la chambre de la tourelle d'où la comtesse venait de s'échapper.

Ainsi que nous l'avons déjà dit, la malheureuse Amy, dès qu'elle s'était trouvée libre, s'était enfuie dans la Plaisance. Elle avait aperçu de la fenêtre de la Tour de Mervyn, cette partie richement décorée du château ; et il lui vint à l'esprit, au moment de son évasion, qu'au milieu des nombreux groupes d'arbres, des bosquets, des fontaines, des statues et des grottes, elle trouverait peut-être quelque retraite où elle pourrait se tenir cachée jusqu'à ce qu'elle eût occasion de s'adresser à un protecteur qui voulût bien, sur ce qu'elle oserait lui apprendre de sa triste situation, lui fournir les moyens d'implorer une entrevue de son époux. — Si je pouvais voir mon guide, pensa-t-elle, je saurais s'il a remis ma lettre. Si même je voyais Tressilian, mieux vaudrait courir le risque de la colère de Dudley en confiant toute ma situation à un homme qui est l'honneur même, que de rester exposée à de nouvelles insultes parmi les insolents valets de ce château mal gouverné. Je ne m'aventurerai plus dans un appartement clos. J'attendrai, je me tiendrai aux aguets ; — parmi tant d'êtres humains, il se doit trouver quelque bon cœur qui pourra apprécier mes souffrances et les prendre en compassion.

Plus d'un groupe, à la vérité, entra dans la Plaisance et la traversa ; mais tous se composaient de quatre ou cinq personnes ensemble, riant et plaisantant dans la plénitude de leur gaieté et de leur disposition au plaisir.

La retraite qu'Amy avait choisie lui permettait de se dérober aisément aux regards. En se retirant seulement dans la partie la plus enfoncée d'une grotte ornée d'ouvrages rustiques et de bancs de mousse, et terminée par une fontaine, il lui était facile de se tenir cachée, ou, à sa volonté, de se montrer à tout promeneur solitaire que la curiosité pourrait conduire vers cette solitude romantique. Prévoyant une telle opportunité, elle se regarda dans le bassin limpide que la fontaine silencieuse lui offrait comme un miroir ; elle fut choquée de sa propre image, et craignit en même temps, affublée et défigurée comme elle se le paraissait à elle-même sous son déguisement, que pas une femme (et c'était surtout de la compassion de son sexe qu'elle attendait le plus de sympathie) ne voulût lier conversation avec un objet si suspect. Raisonnant ainsi en femme pour qui l'apparence extérieure n'est jamais chose indifférente, et en beauté qui a une certaine confiance dans le pouvoir de ses charmes, elle ôta son manteau de route et son chapeau à la *capotaine*, qu'elle plaça près d'elle de façon à pouvoir les reprendre en un instant avant que personne pût pénétrer jusqu'au fond de la grotte au cas où la fâcheuse arrivée de Varney ou de Lambourne rendrait son déguisement nécessaire. L'habit qu'elle portait sous son manteau avait quelque chose de théâtral, approprié au personnage supposé d'une des femmes qui devaient avoir un rôle dans les divertissements. Wayland avait trouvé moyen de le lui procurer le second jour de leur voyage, ayant vu la veille par expérience combien la supposition d'un tel caractère leur pouvait être utile. La fontaine, servant à la fois de miroir et d'aiguière, fournit à Amy les moyens de faire une courte toilette, et elle en profita aussi à la hâte que possible; puis elle prit à la main la petite cassette où étaient ses bijoux, dans le cas où elle pourrait trouver en eux d'utiles auxiliaires, et, se retirant dans le coin le plus obscur et le plus éloigné, elle s'y assit sur un banc de mousse, et attendit que la fortune lui envoyât quelque chance de délivrance, ou du moins quelque intercesseur qu'elle pût se rendre propice.

CHAPITRE XXXIV.

> N'avez-vous pas vu la perdrix trembler à l'approche du faucon ? Elle se presse contre le buisson, n'osant ni se poser ni fuir.   Prior.

Dans cette occasion mémorable, il arriva que l'une des plus matinales de la troupe chasseresse, celle qui sortit la première de sa chambre, tout équipée pour la chasse, fut la princesse même pour laquelle tous ces plaisirs étaient préparés, la Reine-Vierge d'Angleterre. Je ne sais si ce fut par hasard, ou par l'effet de la courtoisie que Leicester devait à une souveraine de qui il recevait tant d'honneur ; mais à peine avait-elle franchi le seuil de sa chambre, que Leicester fut près d'elle, et lui proposa, en attendant que les préparatifs de la chasse fussent achevés, de venir donner un coup d'œil à la Plaisance et aux jardins qu'elle liait à la cour du château.

Ils se dirigèrent donc vers cette nouvelle scène de plaisirs, le bras du comte toujours prêt à procurer à sa souveraine l'appui qu'elle réclamait de temps à autre, quand des montées ou des descentes en gradins, ce qui était alors l'ornement favori d'un jardin, les conduisait de terrasse en terrasse ou de parterre en parterre. Les dames de la suite, en personnes discrètes, ou peut-être dans l'aimable intention de faire pour d'autres ce qu'elles eussent voulu qu'on fît pour elles, ne pensèrent pas que leur devoir près de la personne de la reine, bien qu'elles ne la perdissent pas de vue, les obligeât de s'approcher assez pour entendre, et peut-être pour troubler la conversation entre la reine et le comte, lequel était non seulement l'Amphitryon d'Élisabeth, mais aussi celui de ses serviteurs à qui elle témoignait le plus de confiance, d'estime et de faveur. Elles se contentèrent d'admirer la grâce de ce couple illustre, dont les habits de chasse n'étaient guère moins splendides que le costume d'apparat qu'ils avaient remplacé.

Celui d'Élisabeth était en soie bleu pâle avec des galons et des aiguillettes d'argent, et approchait par la forme de celui des anciennes amazones ; par cela même il était parfaitement assorti à sa taille ainsi qu'à la dignité de son maintien, que le sentiment de son rang et une longue habitude d'autorité avaient en quelque sorte rendu trop mâle pour qu'il pût se montrer dans tout son avantage sous les vêtements ordinaires de son sexe. Le costume de chasse de Leicester, en drap vert de Lincoln, couvert de riches broderies d'or, et traversé en sautoir par l'élégant baudrier auquel étaient suspendus un *bugle* ou cor de chasse et un coutelas au lieu d'épée, n'allait pas moins bien à celui qui le portait que ses costumes de cour ou de guerre. Car telle était la perfection de sa taille et de sa tournure, que, n'importe quel habit il portât, il paraissait toujours avoir choisi le plus avantageux.

La conversation d'Élisabeth et du favori ne nous est pas parvenue dans ses détails. Mais les personnes qui les suivaient à quelque distance (et les yeux des courtisans et des dames de la cour sont des plus pénétrants) furent d'opinion que jamais la dignité de gestes et de manières d'Élisabeth ne s'était adoucie en un maintien exprimant l'indécision et la tendresse autant qu'en cette occasion. Non seulement sa démarche était lente, mais son pas était inégal, chose tout-à-fait inaccoutumée en elle; ses regards semblaient baissés vers la terre, et elle montrait une sorte de disposition timide à s'écarter de son compagnon, mouvement qui souvent chez les femmes annonce précisément le contraire de ce qu'il semble indiquer. La duchesse de Rutland, celle des dames qui osa s'approcher le plus près, affirma même avoir distingué une larme dans l'œil d'Élisabeth et une vive rougeur sur ses joues. — Bien plus, dit la duchesse, elle a détourné les yeux pour éviter les miens, elle qui, dans sa disposition d'esprit ordinaire, ferait baisser ceux d'un lion! Il est aisé de deviner quelle conclusion l'on tira de ces indices; et il est probable aussi que cette conclusion n'était pas tout-à-fait sans fondement. Le tour que prend un entretien entre deux personnes de sexe différent décide souvent de leur destinée, et lui donne une direction qu'elles avaient été loin de prévoir. La galanterie se mêle à la conversation, puis l'affection et la tendresse viennent peu à peu se mêler à la galanterie. Dans ce moment d'épreuve, les nobles, aussi bien que les bergers, en diront plus qu'ils n'en avaient l'intention; et les reines, comme les villageoises, écouteront plus long-temps qu'elles ne le devraient.

Cependant les chevaux hennissaient dans la cour extérieure, et rongeaient leur frein avec impatience; on entendait l'aboiement des chiens accouplés, et les *yeomen*, les gardes et les piqueurs déploraient un retard qui allait faire disparaître la rosée et empêcherait de prendre la piste. Mais Leicester avait une autre chasse en vue, ou plutôt, pour être juste à son égard, il s'y était trouvé engagé sans préméditation, comme le chasseur passionné suit le cri de la meute que le hasard lui a fait rencontrer. La reine, — femme aussi distinguée que belle, — la terreur de l'Espagne, l'espoir de la France et de la Hollande, avait probablement prêté une oreille plus favorable encore que de coutume à cette galanterie romanesque qu'elle avait toujours aimée; et le comte, par vanité, ou par ambition, ou mû par ces deux sentiments à la fois, était entré de plus en plus dans ce langage séduisant, au point que sa galanterie avait fini par se revêtir des expressions mêmes de l'amour.

CHAPITRE XXXIV.

— Non, Dudley, disait Élisabeth, mais d'une voix entrecoupée, — non; je dois être la mère de mon peuple. D'autres liens, qui rendent heureuses les vierges moins haut placées, sont interdits à leur souveraine. — Non, Leicester, ne me pressez pas davantage. — Si j'étais, comme les autres, libre de chercher mon bonheur... alors, en effet.... Mais cela ne se peut, — cela ne saurait être. — Retardez la chasse, — retardez-la d'une demi-heure, — et laissez-moi, mylord.

— Vous laisser, madame! dit Leicester; — ma folie vous a-t-elle offensée?

— Non, Leicester, ce n'est pas cela! répondit, précipitamment la reine; mais c'est de la folie, et il ne faut pas qu'elle se répète. — Allez, — mais ne vous éloignez pas; — et ne laissez personne venir me troubler.

Tandis qu'elle parlait ainsi, Dudley fit un salut profond, puis il se retira lentement et d'un air plein de tristesse. La reine le suivit des yeux, et murmura à demi-voix : — S'il était possible, — *si seulement* il était possible! — Mais non, — non; — Elisabeth ne doit être femme et mère que de la seule Angleterre.

Tout en se parlant ainsi à elle-même, et afin d'éviter quelqu'un dont elle entendait les pas, la reine entra dans la grotte où se tenait cachée son infortunée rivale, sa rivale qui pourtant n'avait été que trop heureuse.

Si Élisabeth d'Angleterre avait été quelque peu émue par le dangereux entretien auquel elle venait de mettre un terme, son esprit était de cette trempe ferme et résolue qui recouvre bientôt son énergie naturelle; c'était comme un de ces anciens monuments druidiques appelés *pierres branlantes*. Le doigt de Cupidon, tout enfant qu'on le représente, pouvait ébranler ses sentiments; mais la force d'Hercule n'aurait pu en détruire l'équilibre. A mesure que d'un pas lent elle approchait de l'extrémité intérieure de la grotte, avant même qu'elle en eût à demi parcouru la longueur, sa physionomie avait repris toute sa dignité et son maintien son air de commandement.

Ce fut en ce moment que la reine aperçut une figure de femme à demi-cachée par une colonne d'albâtre, au pied de laquelle surgissait la limpide fontaine, dans le demi-jour du fond de la grotte. La mémoire classique d'Élisabeth lui rappela l'histoire de Numa et d'Egérie, et elle ne douta pas que quelque sculpteur italien n'eût représenté en cet endroit la naïade dont les inspirations donnèrent des lois à Rome. A mesure qu'elle avançait, elle devenait incertaine si ce qu'elle voyait était en effet une statue ou bien une créature vivante. La malheureuse Amy restait immobile, en effet, partagée entre le désir qu'elle avait de faire connaître sa situation à une personne de son sexe, et la crainte mêlée de respect que lui inspirait la démarche majestueuse de celle qui s'approchait d'elle, et en qui, dans son appréhension, un sentiment intuitif lui fit reconnaître la reine, bien que jusqu'alors elle ne l'eût jamais vue.

Amy s'était levée de son banc avec l'intention de s'adresser à la dame qui entrait seule dans la grotte, et qui d'abord lui avait paru arriver si fort à propos. Mais lorsqu'elle se rappela la crainte qu'avait manifestée Leicester que la reine ne vînt à être instruite de leur union, et qu'en même temps elle se persuada de plus en plus que la personne qu'elle avait alors devant les yeux était Élisabeth elle-même, elle demeura un pied avancé et l'autre en arrière, les bras, la tête et les mains dans une immobilité parfaite, et les joues aussi pâles que le piédestal d'albâtre contre lequel elle s'appuyait. Ses vêtements de soie couleur vert d'eau pâle se distinguaient imparfaitement dans l'obscurité de la grotte, et rappelaient jusqu'à un certain point les draperies d'une nymphe grecque, déguisement antique que Wayland avait jugé le plus sûr dans un lieu où se rassemblaient tant de masques et de comédiens. Le doute de la reine était donc tout-à-fait justifié par les circonstances accessoires, aussi bien que par la pâleur des joues d'Amy et la fixité de ses yeux.

Élisabeth doutait encore, même à la distance de quelques pas, si elle ne voyait pas une statue assez parfaite pour que dans le demi-jour on ne pût la distinguer de la réalité. Elle s'arrêta donc, et fixa sur ce qui excitait ainsi son intérêt un regard à la fois si imposant et si pénétrant, que l'étonnement qui avait en quelque sorte frappé Amy d'immobilité fit place à la crainte, et que peu à peu elle baissa les yeux et courba la tête sous le regard plein d'autorité de la reine ; sauf cette profonde inclination de tête, cependant, elle resta comme auparavant immobile et silencieuse.

A son costume, ainsi qu'à la cassette qu'elle tenait machinalement à la main, Élisabeth fut naturellement portée à conjecturer que cette belle mais silencieuse personne était chargée d'un rôle dans une des diverses scènes théâtrales qui avaient été disposées en différents endroits du parc et des jardins pour lui ménager partout de nouvelles surprises, et que la pauvre actrice, intimidée par sa présence, avait oublié son rôle ou manquait de courage pour s'en acquitter. Naturellement la courtoisie voulait qu'on l'encourageât ; aussi Élisabeth lui dit-elle, d'un ton de bonté bienveillante : — Hé quoi, belle nymphe de cette grotte délicieuse, — es-tu frappée de mutisme et enchaînée par les charmes de cette méchante magicienne qu'on nomme la Peur ? — Nous sommes son ennemie jurée, jeune fille, et nous pouvons détruire son charme. Parle, nous te l'ordonnons !

Au lieu de répondre, l'infortunée comtesse tomba à genoux devant la reine, la cassette lui échappa, et, joignant les mains, elle leva vers la reine un regard où se peignait un tel mélange d'angoisses et de supplication, qu'Élisabeth en fut vivement émue. — Que signifie ceci ? dit-elle ; vous mettez dans votre rôle plus de véhémence qu'il n'en exige. Relevez-vous, demoiselle ; — que voudriez-vous de nous ?

— Votre protection, madame balbutia d'une voix défaillante la malheureuse Amy.

— Ma protection est acquise à chaque fille d'Angleterre tant qu'elle en est digne, repartit la reine ; mais votre désespoir semble avoir une cause plus grave qu'un manque de mémoire. Pourquoi et en quoi demandez-vous notre protection ?

Amy chercha en elle-même à la hâte à se rappeler ce qu'il conviendrait le mieux de dire, qui pût la garantir des dangers imminents qui l'entouraient, sans mettre son époux en danger ; et passant ainsi confusément d'une idée à une autre, au milieu du chaos qui remplissait son esprit elle ne put que balbutier enfin, en réponse aux demandes réitérées de la reine en quoi elle avait besoin de sa protection : — Hélas ! je ne sais pas.

— Ceci est de la folie, jeune fille, dit la reine avec impatience ; car il y avait dans l'extrême confusion de la suppliante quelque chose qui tout à la fois irritait sa curiosité et maîtrisait son intérêt. C'est au malade à exposer sa maladie au médecin, et nous ne sommes pas habituée à répéter ainsi une question sans recevoir de réponse.

— Je demande — j'implore — j'implore à genoux votre gracieuse protection, dit d'une voix tremblante l'infortunée comtesse, — contre —contre un homme nommé Varney. Elle pensa suffoquer en articulant le mot fatal, qui fut aussitôt relevé par la reine.

— Quoi ! Varney ? — sir Richard Varney, — le serviteur de lord Leicester ? — Quoi, demoiselle, êtes-vous à lui, ou lui à vous ?

— Je... je... j'étais sa prisonnière, — il a attenté à ma vie, — et je me suis échappée pour... pour...

— Pour te mettre sous ma protection, sans doute ? Tu l'auras, — si tu en es digne, bien entendu ; car nous voulons aller au fond de cette affaire. — Tu es Amy, la fille de sir Hugh Robsart de Lidcote-Hall ? ajouta Élisabeth, en arrêtant sur la comtesse un regard qui semblait vouloir lire jusqu'au fond de son âme.

— Pardonnez-moi ! — pardonnez-moi, très gracieuse princesse ! dit Amy en se jetant une seconde fois à genoux, car elle s'était relevée.

— Que te pardonnerais-je, jeune folle ? d'être la fille de ton père ? Tu as le cerveau malade, assurément. Bien, bien ; je vois qu'il me faut t'arracher l'histoire pouce à pouce... Tu as trompé ton vieux et honorable père, — ton air le confesse ; — tu as abusé M. Tressilian, — c'est ce dont témoigne ta rougeur ; — et tu as épousé ce Varney ?

Amy se releva tout-à-coup et interrompit vivement la reine. — Non, madame, non ! — aussi vrai qu'il y a un Dieu au-dessus de nous, je ne suis pas la misérable dégradée pour laquelle vous me prenez ! je ne suis pas la femme de ce misérable valet, — de ce fieffé scélérat ! je ne suis pas la femme de Varney ! J'aimerais mieux être la fiancée de la Mort !

La reine, confondue à son tour par la véhémence d'Amy, resta silencieuse un instant. — Merci de Dieu, femme ! dit-elle enfin, — je vois que tu peux parler assez quand le sujet t'agrée. Mais dis-moi, femme, poursuivit-elle, car à sa curiosité s'ajoutait maintenant le soupçon vague qu'elle avait été l'objet de quelque supercherie, — dis-moi, femme, — car, jour de Dieu! je VEUX le savoir, — dis-moi de qui tu es la femme ou la maîtresse? Parle, et sois prompte. — Tu ferais mieux de te jouer d'une lionne que d'Élisabeth.

Poussée à cette extrémité, entraînée en quelque sorte par une force irrésistible au bord du précipice, qu'elle ne voyait pas comment pouvoir éviter, — les paroles pressantes et les gestes menaçants de la reine offensée ne lui laissant pas, d'ailleurs, un instant de répit, Amy s'écria avec un accent de désespoir : — Le comte de Leicester sait tout.

— Le comte de Leicester! dit Élisabeth avec le dernier étonnement; — le comte de Leicester! répéta-t-elle avec un accent de colère croissante. — Femme, on te pousse à cela, — tu le calomnies, il ne prend pas garde à des créatures telles que toi. Tu es subornée pour diffamer le plus noble seigneur, le gentilhomme au cœur le plus franc de l'Angleterre! Mais serait-il notre bras droit, serait-il ce que nous pouvons avoir de plus cher, tu seras entendue, et cela en sa présence. Viens avec moi, — viens avec moi à l'instant même.

Comme Amy se recula avec un mouvement de terreur, dans lequel la reine irritée vit l'indice d'une conscience coupable, Élisabeth s'avança rapidement, la saisit par le bras, et, sortant ainsi de la grotte, parcourut à grands pas la principale allée de la Plaisance, entraînant avec elle la comtesse épouvantée qu'elle continuait de tenir par le bras, et qui avait peine à suivre la reine indignée.

Leicester était en ce moment le centre d'un groupe brillant de seigneurs et de dames réunis sous un arcade ou portique qui terminait l'allée. La compagnie s'était assemblée en cet endroit, et y attendait les ordres de Sa Majesté pour le départ de la chasse. On peut imaginer quel fut l'étonnement général quand, au lieu de voir Élisabeth s'approcher avec sa dignité de démarche habituelle, on la vit s'avancer si rapidement qu'à peine aperçue elle était déjà au milieu du groupe. On remarqua alors, avec autant de crainte que de surprise, que la colère et l'indignation animaient ses traits, que ses cheveux s'étaient détachés dans la précipitation de sa marche, et que ses yeux étincelaient comme dans les moments où l'esprit d'Henry VIII s'éveillait en elle. On ne fut pas moins étonné de l'apparition d'une femme pâle, exténuée, à demi-morte, et cependant belle encore, que la reine traînait d'une main après elle, en même temps que de l'autre elle faisait signe de s'écarter aux dames et aux seigneurs qui se pressaient vers elle, dans l'idée qu'elle avait été prise d'une indisposition subite. — Où est mylord de Leicester? dit-elle d'un ton qui fit tressaillir de surprise tous les courtisans présents; — avancez, mylord de Leicester!

Si, au milieu du plus beau jour d'été, quand autour de soi tout est calme et riant, la foudre venait à tomber de la voûte pure et azurée du

CHAPITRE XXXIV.

ciel, et déchirait le sol aux pieds mêmes de quelque insouciant voyageur, il ne contemplerait pas le gouffre sulfureux entr'ouvert ainsi inopinément devant lui, avec la moitié autant d'étonnement et de crainte que Leicester en éprouva à ce spectacle imprévu. En ce moment même il venait de recevoir, en les désavouant avec une affectation politique ou en feignant de ne les pas comprendre, les félicitations plus ou moins directes des courtisans sur la faveur de la reine, faveur qui sans doute devait avoir été portée à son plus haut point dans l'entretien du matin, et d'après laquelle la plupart d'entre eux semblaient augurer que bientôt il pourrait cesser d'être leur égal pour devenir leur maître. Et tandis que le sourire d'un orgueil mal dissimulé avec lequel il repoussait ces insinuations se dessinait encore sur ses lèvres, voici que la reine tombe comme la foudre au milieu du cercle, les traits bouleversés par la colère, et que, soutenant d'une main, sans la moindre apparence d'effort, la comtesse Amy, pâle, affaissée, presque expirante, en même temps que de son autre main elle désignait ces traits où la mort était déjà à demi-empreinte, elle lui demande, d'une voix qui retentit aux oreilles du comte stupéfait comme le dernier appel de la redoutable trompette qui doit convoquer les vivants et les morts au jugement suprême :
— Connais-tu cette femme?

Ainsi qu'aux éclats de cette trompette du jugement dernier le coupable souhaitera de se voir enseveli sous les montagnes, de même les pensées secrètes de Leicester conjuraient le majestueux portique qu'il avait élevé dans son orgueil de s'écrouler et de le couvrir de ses ruines. Mais les pierres ne se disjoignirent pas ; et ce fut leur orgueilleux maître lui-même, comme si une main puissante l'eût courbé vers la terre, qui se précipita aux genoux de la reine, et prosterna son front sur les dalles de marbre que foulaient les pieds d'Élisabeth.

— Leicester, dit celle-ci d'une voix tremblante de colère, si je pouvais penser que tu te rendais coupable envers moi — envers moi, ta souveraine, — envers moi, ta trop confiante et trop indulgente maîtresse — de la vile et ingrate déception que ta confusion actuelle confesse ; — par tout ce qui est saint, lord sans foi, ta tête serait plus en péril que ne le fut jamais celle de ton père !

Leicester n'avait pas pour le soutenir le sentiment de son innocence, mais sa fierté lui en tint lieu. Il releva lentement son front, et les traits gonflés et livides par tant d'émotions opposées, il répondit seulement : Ma tête ne peut tomber que par la sentence de mes pairs ; — c'est devant eux que je me défendrai, et non devant une princesse qui reconnaît ainsi mes fidèles services !

— Quoi! répliqua Élisabeth en portant les yeux autour d'elle, nous sommes bravée, mylords, — bravée dans le château que cet homme orgueilleux tient de nous! — Mylord de Shrewsbury, vous êtes *martial* d'Angleterre, arrêtez-le pour haute trahison !

— De qui parle Votre Grâce? dit Shrewsbury fort surpris, car il ne faisait que de rejoindre le cercle stupéfait.

— De qui parlerais-je, sinon du traître Dudley, comte de Leicester!
— Cousin d'Hunsdon, faites mettre sous les armes votre troupe de *gentilshommes pensionnaires*, et saisissez-le sans délai! — Je vous dis de faire diligence; obéissez!

Hunsdon était un vieux seigneur aux formes rudes, à qui sa parenté avec les Boleyn avait depuis long-temps donné près de la reine une liberté que bien peu d'autres osaient prendre. — Oui, répondit-il brusquement, et il est probable que demain Votre Grâce m'enverrait à la Tour pour m'être trop hâté. Je vous conjure d'être patiente!

— Patiente! — Par la mort-Dieu, ne prononce pas ce mot devant moi! — tu ne sais pas de quoi il est coupable.

Amy était pendant ce temps un peu revenue à elle; lorsqu'elle vit son époux exposé, à ce qu'il lui parut, à toute la fureur d'une souveraine offensée, et menacé d'un grand danger, elle oublia aussitôt, dans ses appréhensions pour lui (hélas! que de femmes ont fait de même!) et son propre danger et ses propres injures, et se précipitant aux pieds de la reine, elle embrassa ses genoux en s'écriant : Il est innocent, madame!
— il est innocent! — personne ne peut rien imputer au noble Leicester.

— Hé quoi, mignonne, repartit la reine, ne m'as-tu pas dit toi-même que le comte de Leicester était au fait de toute ton histoire?

— Ai-je dit cela? répéta la malheureuse Amy, oubliant toute considération d'inconséquence et d'intérêt personnel; oh! si je l'ai dit, je l'ai bassement calomnié. Puisse Dieu me juger un jour comme je crois qu'il jamais été complice d'une pensée contre moi!

— Femme! s'écria Élisabeth, je veux savoir qui t'a poussée à ceci; ou ma colère — et la colère des rois est un feu dévorant — te desséchera et te consumera comme une herbe dans la fournaise!

Au moment où la reine proféra cette menace, le bon ange de Leicester appela sa fierté à son aide, et lui représenta l'extrême degré d'avilissement auquel il se condamnait pour jamais, s'il s'abaissait jusqu'à se faire un abri de la généreuse intervention de sa femme, et qu'en retour de son dévouement il l'abandonnât au ressentiment d'Elisabeth. Déjà il avait relevé la tête, avec la dignité d'un homme d'honneur, pour avouer son mariage et se déclarer le protecteur de la comtesse, quand Varney, qui semblait né pour être le mauvais génie de son maître, se précipita vers la reine, l'air égaré et les vêtements en désordre.

— Que signifie cette impertinente intrusion? dit Élisabeth.

Varney, de l'air d'un homme complétement accablé de douleur et de confusion, se prosterna aux pieds de la reine en s'écriant : — Pardon, madame, pardon! — ou que du moins votre justice s'appesantisse sur moi, qui le mérite. Mais épargnez mon noble et généreux maître : il est innocent!

CHAPITRE XXXIV.

Amy était toujours à genoux. Elle se releva vivement en voyant se placer si près d'elle l'homme qui lui était le plus odieux, et elle allait se réfugier auprès de Leicester; mais, arrêtée par l'expression d'incertitude et même de timidité que les regards du comte avaient reprise dès que son confident avait paru devoir ouvrir une nouvelle scène, elle resta comme suspendue dans son élan, et, poussant un faible cri, elle supplia Sa Majesté de la faire renfermer dans le cachot le plus profond du château, — de la traiter comme la dernière des criminelles; — mais faites, s'écria-t-elle, que je ne voie ni n'entende ce scélérat éhonté, plus scélérat que je ne saurais dire, car sa vue me fera perdre le peu de jugement qui me reste!

— Et pourquoi cela, ma chère enfant? dit la reine mue par une nouvelle impulsion ; que t'a donc fait ce chevalier sans foi, puisque tu le regardes comme tel?

— Oh! il a fait plus que d'être l'auteur de mes peines et de mes injures; il a semé la dissension là où devait le plus régner la paix. Je deviendrai folle si je le regarde plus long-temps.

— Le Ciel me pardonne, je crois que tu l'es déjà, repartit la reine.
— Mylord Hunsdon, veillez sur cette pauvre jeune femme; qu'elle ait un asile sûr et honnête jusqu'à ce que nous la rappelions devant nous.

Deux ou trois des dames de la suite, soit qu'elles fussent émues de compassion pour une créature aussi intéressante, soit par quelque autre motif, s'offrirent à veiller sur elle ; mais la reine répondit brièvement : Mesdames, sous votre bon plaisir, non. — Vous avez toutes (grâces à Dieu) l'oreille fine et la langue déliée; — notre cousin Hunsdon a l'oreille des plus dures, et une langue un peu rude parfois, mais des plus discrètes. — Hunsdon, veillez à ce qu'elle ne parle à personne.

— Par Notre Dame! dit Hunsdon en enlevant dans ses bras nerveux et robustes Amy presque défaillante, c'est une charmante enfant; et quoique la garde que lui a donnée Votre Grâce soit un peu rude, elle n'en sera pas moins attentive. Elle est aussi en sûreté avec moi que si c'était une de mes colombes de filles.

A ces mots il s'éloigna chargé d'Amy, qui se laissa emporter sans la moindre résistance, presque sans avoir conscience de ce qui se passait, la tête penchée sur une des larges épaules du vieux guerrier, et les boucles châtaines de sa chevelure se mêlant à ses mèches clair-semées et à sa longue barbe blanche. La reine le suivit des yeux ; — déjà, avec cet empire sur soi-même qui est une partie si nécessaire des qualités d'un souverain, elle avait réprimé en elle toute apparence d'agitation, et il semblait qu'elle voulût bannir jusqu'au souvenir de son accès d'emportement de l'esprit de ceux qui en avaient été témoins. — Mylord de Hunsdon a raison, dit-elle; c'est en effet une rude garde pour un si tendre enfant.

— Mylord de Hunsdon, dit le doyen de Saint-Asaph, — je ne veux pas rabaisser ses plus nobles qualités — a une trop grande licence de paroles, et entremêle un peu trop librement ses discours de jurements superstitieux, qui ont tout à la fois une saveur profane et papiste.

— C'est la faute de son sang, monsieur le doyen, repartit la reine en se tournant vivement vers le révérend dignitaire ; et vous pouvez aussi reprocher au mien la même intempérance. Les Boleyn ont toujours été une race à tête chaude et à parler franc, plus prompts à dire leur sentiment qu'attentifs à choisir leurs expressions. Et, sur ma parole, — j'espère qu'il n'y a pas de péché dans cette affirmation — je ne sais s'il a été beaucoup refroidi en se mêlant à celui des Tudor.

En faisant cette dernière remarque elle souriait gracieusement, et ses yeux jetaient autour d'elle un regard presque à la dérobée pour rencontrer ceux du comte de Leicester, à qui, elle commençait à le croire, elle s'était trop hâtée de parler avec dureté sur le soupçon mal fondé du premier moment.

Le regard de la reine ne trouva pas le comte en humeur d'accepter cette offre implicite de réconciliation. Le sien avait suivi, avec un amer et tardif repentir, l'infortunée que Hunsdon venait d'emporter mourante ; et maintenant ses yeux étaient baissés vers la terre, avec une sombre expression indiquant — du moins Élisabeth le crut ainsi — le sentiment d'un affront injuste plutôt que la conscience d'une faute. Elle se détourna de lui avec un mouvement de dépit, et dit à Varney : — Parle, sir Richard, explique ces énigmes ; — tu as du moins le sens et l'usage de la parole, que nous cherchons vainement ailleurs.

En prononçant ces derniers mots elle lançait à Leicester un nouveau regard plein d'irritation, en même temps que l'astucieux Varney se hâtait de conter son histoire. — L'œil perçant de Votre Majesté, dit-il, a déjà découvert la cruelle maladie de ma femme bien-aimée, maladie que je n'avais pas voulu, malheureux que je suis, que son médecin spécifiât dans le certificat, désirant cacher ce qui vient maintenant d'éclater avec tant de scandale.

— Elle a donc perdu la raison ? dit la reine ; — réellement, nous n'en doutions pas : toute sa conduite l'annonce. Je l'ai trouvée rêvant dans le fond de cette grotte ; — chaque mot qu'elle disait, — et qu'à la vérité il me fallait lui arracher comme par la torture — elle le contredisait et le rétractait le moment d'après. Mais comment est-elle ici ? pourquoi ne l'avez-vous pas mise en bonne garde ?

— Gracieuse souveraine, répondit Varney, le digne gentleman sous la charge de qui je l'avais laissée, M. Anthony Foster, vient d'arriver ici à l'instant même avec toute la hâte que peuvent faire cheval et cavalier, pour m'annoncer son évasion, qu'elle a conduite avec l'adresse particulière à nombre de ceux qui sont affligés de cette maladie. Il est prêt à répondre si on l'interroge.

— Ce sera pour une autre fois, repartit la reine. Mais nous n'envions pas votre félicité domestique, sir Richard; votre dame n'avait pas pour vous de fort douces paroles, et rien qu'à vous voir elle semblait prête à s'évanouir.

— C'est un des caractères propres aux personnes atteintes de son affection, sous le bon plaisir de Votre Grâce, d'avoir toujours le plus en aversion, dans leurs moments noirs, ceux que dans leur état d'esprit ordinaire elles affectionnent le plus.

— C'est en effet ce que nous avons entendu dire, et nous le croyons.

— En ce cas, plairait-il à Votre Grâce d'ordonner que mon infortunée femme soit remise à la garde de ses amis?

Leicester tressaillit; mais faisant un violent effort, il contint son émotion, tandis qu'Élisabeth répondait vivement : — C'est se presser un peu trop, monsieur Varney ; nous voulons d'abord que notre propre médecin Masters nous fasse un rapport sur la santé et l'état d'esprit de la dame, et nous déciderons ensuite ce qui paraîtra juste. Il vous sera permis de la voir, néanmoins, afin que s'il y a entre vous quelque querelle de ménage — chose qui se rencontre, nous a-t-on dit, même chez un couple affectionné — vous puissiez vous réconcilier sans autre scandale pour notre cour ni dérangement pour nous-même.

Pour toute réponse, Varney s'inclina profondément.

Élisabeth se tourna de nouveau vers Leicester, et lui dit, avec un degré de condescendance qui ne pouvait provenir que de l'intérêt le plus vif et le plus profond : — La discorde, comme dit le poëte italien, se fait jour au milieu de la paix des couvents comme dans l'intérieur des familles; et nous craignons que nos gardes et nos huissiers aient peine à l'exclure des cours. Mylord de Leicester, vous êtes fâché contre nous, et nous avons lieu de l'être contre vous; nous prendrons le rôle du lion, et nous serons la première à pardonner.

Le front de Leicester s'éclaircit, comme par un effort; mais l'émotion était trop profonde pour que le calme pût revenir tout d'abord. Il répondit cependant, ce qui convenait à la circonstance, qu'il ne pouvait avoir le bonheur de pardonner, celle qui le lui ordonnait ne pouvant être coupable d'offense envers lui.

Élisabeth parut se contenter de cette réponse, et ordonna que la chasse commençât. Les *bugles* résonnèrent, — les meutes aboyèrent, — les chevaux piaffèrent, — mais les courtisans et les dames portèrent dans l'amusement auquel ils étaient appelés des dispositions bien différentes de celles qu'avait excitées en eux le *réveil* du matin. L'incertitude, la crainte et l'attente se lisaient sur tous les fronts; le soupçon et l'intrigue perçaient dans chaque parole échangée à voix basse.

Blount saisit une occasion de glisser à l'oreille de Raleigh : — Cet orage-là est venu comme une rafale dans la Méditerranée.

— *Varium et mutabile*, repartit Raleigh du même ton.

— Je n'entends rien à ton latin, reprit Blount; mais, grâce à Dieu,

Tressilian n'a pas pris la mer durant cette bourrasque. Il n'aurait guère pu manquer de faire naufrage, lui qui sait si peu comment tendre ses voiles à un vent de cour.

— Tu le lui aurais appris ?

— Parbleu, j'ai mis le temps à profit aussi bien que toi, sir Walter. Je suis chevalier tout comme toi, et de plus ancienne création.

— Dieu vienne en aide à ton esprit ! mais quant à Tressilian, je voudrais bien savoir ce qu'il a. Il m'a dit ce matin qu'il ne voulait pas quitter sa chambre d'une douzaine d'heures, étant lié par une promesse. La folie de cette dame, quand il l'apprendra, ne sera pas propre, je le crains, à le guérir lui-même. La lune est dans son plein, et la cervelle des gens est en fermentation comme le levain. Mais écoute ! — on sonne le boute-selle. A cheval, Blount ; nous autres jeunes chevaliers il faut que nous méritions nos éperons.

CHAPITRE XXXV.

> Sincérité, toi la première des vertus ! ne laisse aucun mortel s'écarter du droit chemin, dût la terre s'entr'ouvrir, et la Destruction crier du fond des gouffres de l'enfer : Prends le sentier tortueux de la Dissimulation.   *Douglas.*

Ce ne fut qu'après une longue et heureuse matinée de chasse et le repas prolongé qui suivit le retour de la reine au château, que Leicester se trouva enfin seul avec Varney, de qui il sut alors toutes les particularités de l'évasion de la comtesse, telles que Varney lui-même les avait apprises de Foster, lequel, dans sa terreur des conséquences, en avait apporté en toute hâte la nouvelle à Kenilworth. Comme Varney, dans son récit, eut un soin tout spécial de taire les manœuvres pratiquées contre la santé de la comtesse qui l'avaient poussée à cette résolution désespérée, Leicester, qui dut supposer que son seul motif avait été une impatience jalouse de prendre publiquement le titre et le rang de son épouse, ne fut pas médiocrement irrité de la légèreté avec laquelle elle avait enfreint ses ordres exprès, et l'avait exposé au ressentiment d'Élisabeth.

— J'ai donné, dit-il, à cette fille d'un obscur gentilhomme du Devonshire le plus beau nom d'Angleterre ; je lui ai fait partager mon lit et ma fortune ; je ne lui demande qu'un peu de patience avant de se lancer en plein sur le courant de sa grandeur, et cette femme infatuée risquera son naufrage et le mien, elle me jettera au milieu de mille écueils et me forcera de recourir à mille détours qui me font rougir à mes propres yeux, plutôt que de demeurer encore quelque temps dans l'obscurité où elle est née. — Elle si aimable, si délicate, si tendre, si fidèle, — manquer néanmoins dans une affaire si grave de la prudence qu'on aurait pu espérer de la plus folle, — cela me met à bout de patience !

— Nous pouvons encore en sortir à notre honneur, reprit Varney, si mylady veut seulement se laisser diriger, et accepter le rôle que les circonstances exigent d'elle.

— Il n'est que trop vrai, sir Richard, il n'y a pas en effet d'autre remède. Je lui ai entendu donner en ma présence, et sans contradiction, le nom de ta femme ; il faut qu'elle en porte le titre jusqu'à ce qu'elle soit éloignée de Kenilworth.

— Et long-temps encore après, j'espère, dit Varney ; puis il ajouta aussitôt : car je ne puis qu'espérer qu'elle ne portera que long-temps après le titre de lady Leicester ; — je crains que ce ne puisse être sans danger du vivant de la reine. Mais Votre Seigneurie en est le meilleur juge, vous seul sachant ce qui s'est passé entre Élisabeth et vous.

— Vous avez raison, Varney ; j'ai ce matin agi en fou et en misérable ; et quand Élisabeth apprendra ce malheureux mariage, elle devra nécessairement se croire traitée avec cette légèreté préméditée que jamais femme ne pardonne. Peu s'en est fallu aujourd'hui que nous n'en venions à une hostilité ouverte, et je crains qu'il ne nous faille en arriver là.

— Son ressentiment est-il donc si implacable?

— Loin de là ; car avec son caractère et malgré son rang elle n'a aujourd'hui montré que trop de condescendance, en me donnant les occasions de réparer ce qu'elle regarde comme une susceptibilité excessive de caractère.

— Oui, les Italiens ont raison : — dans les querelles d'amour, celui des deux qui aime le plus est toujours le plus disposé à s'avouer le plus coupable. — Ainsi donc, mylord, si cette union avec mylady pouvait être tenue cachée, vous resteriez près d'Élisabeth sur le même pied qu'auparavant?

Leicester soupira, et il resta un moment silencieux. — Varney, répondit-il enfin, je crois que tu m'es sincèrement dévoué, et je te dirai tout. Je ne suis *plus* dans la même position près d'elle. J'ai parlé à Élisabeth — sous l'impulsion de je ne sais quelle folie — d'un sujet qui ne peut être abandonné sans blesser au vif l'amour-propre d'une femme, et auquel cependant je n'ose ni ne puis revenir. Jamais, non jamais, elle ne pourra me pardonner d'avoir été la cause et le témoin de sa faiblesse.

— Il faut prendre un parti, mylord, et cela promptement.

— Il n'y a rien à faire, répondit Leicester d'un ton de découragement ; je suis comme un homme qui a long-temps travaillé à gravir un rocher escarpé, et qui se voit arrêté près du sommet par une difficulté infranchissable, alors que la descente est devenue impossible. Je vois au-dessus de moi le pinacle que je ne puis atteindre, — et au-dessous l'abîme dans lequel il me faudra tomber, dès que la fatigue et l'éblouissement se réuniront pour me précipiter de la station précaire où je me trouve.

— Pensez mieux de votre situation, mylord ; — laissez-nous essayer l'expédient auquel vous venez d'acquiescer. Faisons que votre mariage ne parvienne pas à la connaissance d'Élisabeth, et tout peut encore aller bien. Je vais sur-le-champ trouver moi-même mylady ; — elle me hait parce qu'elle me soupçonne avec raison d'avoir été près de Votre Seigneurie en opposition constante avec ce qu'elle nomme ses droits. Peu m'importent ses préventions ; — il *faudra* bien qu'elle m'écoute ; et je lui montrerai de telles raisons de céder à la nécessité des circonstances, que je rapporterai, je n'en doute pas, son consentement à toutes les mesures que peut exiger cette passe difficile.

— Non, Varney; j'ai songé à ce qu'il y avait à faire, et je vais moi-même parler à Amy.

Ce fut alors au tour de Varney d'éprouver pour son compte les terreurs qu'il affectait de ressentir seulement pour le compte de son maître. — Votre Seigneurie ne parlera pas elle-même à mylady ? dit-il.

— C'est mon intention bien arrêtée, répliqua Leicester; apporte-moi le manteau d'un de mes gens; je passerai devant la sentinelle comme ton domestique. Tu as un libre accès près d'elle.

— Mais, mylord...

— Je ne veux pas de *mais*, interrompit le comte; ce sera ainsi, et non autrement. Hunsdon couche, je crois, dans la Tour de Saintlowe; nous pouvons y aller d'ici par le passage secret, sans risquer de rencontrer personne. Et puis qu'importe, si je rencontre Hunsdon? il est mon ami plutôt que mon ennemi, et il a l'esprit assez épais pour croire ce qu'on lui dira. Va me chercher le manteau à l'instant même.

Varney n'avait plus qu'à obéir. En quelques minutes Leicester fut enveloppé du manteau, et, sa toque enfoncée sur les yeux, il suivit Varney le long du passage secret du château qui communiquait avec les appartements d'Hunsdon, passage où il n'y avait guère à craindre de rencontrer aucun curieux, et qui, d'ailleurs, était trop peu éclairé pour qu'on y pût rien distinguer. Ils arrivèrent à une porte où lord Hunsdon, par une mesure de précaution militaire, avait placé une sentinelle, qui se trouva être un de ses soldats du Nord. Cet homme laissa passer sans difficulté sir Richard Varney et son domestique, en leur disant seulement, dans son dialecte montagnard: Je voudrais bien, camarade, que tu pusses faire taire cette folle de là-dedans; car ses gémissements me rompent tellement la tête, que j'aimerais mieux être de garde par une rafale de neige dans les landes de Catlowdie.

Ils entrèrent promptement et refermèrent la porte derrière eux. — Maintenant, se dit Varney en lui-même, qu'un bon génie, s'il en existe, aide pour une fois un homme qui l'invoque dans un cas extrême, car ma barque est au milieu des brisants!

La comtesse Amy, échevelée et les habits en désordre, était assise sur une sorte de lit de repos, dans une attitude de profonde affliction, d'où elle fut tirée par le bruit que fit la porte en s'ouvrant. Elle se retourna vivement, et regardant Varney d'un œil fixe, elle s'écria : — Misérable! viens-tu exécuter quelque nouveau plan de scélératesse?

Leicester coupa court à ses reproches en s'annonçant et laissant tomber son manteau, en même temps que d'une voix où il y avait plus d'autorité que d'affection, il lui dit: — C'est à moi, madame, que vous devez vous adresser, et non à sir Richard Varney.

Le changement qui s'opéra dans le regard et les manières de la comtesse eut quelque chose de magique. — Dudley! s'écria-t-elle; Dudley! es-tu donc enfin venu? et avec la promptitude de l'éclair elle se précipita vers son époux et se suspendit à son cou. Oubliant la présence de Varney, elle couvrit Leicester de caresses et baigna son visage d'un torrent de larmes, en même temps qu'elle murmurait, en monosyllabes rompus et sans suite, les expressions les plus passionnées que puisse inspirer l'amour.

Leicester pensait avoir tout lieu d'être irrité contre une femme qui avait transgressé ses ordres et l'avait mis ainsi dans la situation périlleuse où il s'était trouvé le matin. Mais quel mécontentement pouvait tenir contre ces témoignages d'affection d'une si charmante créature, que même le désordre de ses vêtements et les effets flétrissants de la crainte, du chagrin et de la fatigue ne rendaient que plus intéressante! Il reçut et rendit ses caresses avec effusion, mais en même temps avec un mélange de tristesse dont Amy ne parut s'apercevoir qu'après les premiers transports de sa joie; elle le regarda alors avec une expression d'inquiète sollicitude, et lui demanda s'il était malade?

— Non de corps, Amy, répondit-il.

— Alors je serai bien aussi. — O Dudley! j'ai été mal, — bien mal, depuis la dernière fois que nous nous sommes vus! car je n'appelle pas l'horrible scène de ce matin nous être vus. J'ai été malade, chagrine et en danger. — Mais te voilà; tout est maintenant joie, santé et sécurité!

— Hélas, Amy, dit Leicester, tu m'as perdu!

— Moi, mylord! dit Amy, et ses joues perdirent tout-à-coup l'incarnat que la joie leur avait donné; — comment ai-je pu nuire à ce que j'aime plus que moi-même?

— Je ne voudrais pas vous faire des reproches, Amy; mais n'êtes-vous pas ici contrairement à mes ordres exprès, — et votre présence en ces lieux ne nous met-elle pas en danger vous et moi?

— En est-il ainsi? en est-il réellement ainsi? s'écria-t-elle avec véhémence; alors pourquoi suis-je ici un instant de plus? Oh! si vous saviez quelles craintes m'ont poussée à quitter Cumnor-Place! — mais je ne dirai rien de moi-même, — sauf qu'à moins qu'il ne puisse en être autrement je voudrais bien n'y *pas* retourner. — Cependant, si votre sécurité y est attachée.....

— Nous songerons à quelque autre retraite, Amy; vous vous rendrez dans un de mes châteaux du Nord, sous le titre — cela, je l'espère, ne sera nécessaire que pour un très petit nombre de jours — sous le titre de femme de Varney.

— Quoi, mylord de Leicester! dit la comtesse en se dérobant à ses embrassements, est-ce bien à votre épouse que vous donnez le honteux conseil de se dire la femme d'un autre, — la femme de ce Varney!

— Madame, je parle sérieusement; Varney est mon fidèle et loyal serviteur, à qui j'ai confié mes secrets les plus graves. J'aimerais mieux

CHAPITRE XXXV.

être privé de ma main droite que de ses services en ce moment. Vous n'avez pas de motifs de le mépriser comme vous faites.

— J'en pourrais alléguer un, mylord ; et je le vois trembler même sous cet air d'assurance qu'il affecte. Mais celui qui est aussi nécessaire à votre sûreté que votre main droite n'a pas à craindre que je l'accuse. Puisse-t-il vous servir fidèlement! mais pour qu'il soit fidèle, ne vous fiez pas trop à lui. Il me suffit de dire que je ne le suivrai que par violence, et que rien au monde ne me fera lui donner le titre de mon époux...

— C'est une supposition momentanée, madame, interrompit Leicester, irrité de la résistance qu'il trouvait en elle ; une supposition nécessaire à notre sûreté à tous les deux, compromise par votre caprice de femme, ou par le désir prématuré de vous parer d'un rang auquel je vous ai donné droit, mais sous la condition que notre mariage resterait secret pour un certain temps. Si ma proposition vous répugne, c'est vous-même qui nous y avez amenés. Il n'y a pas d'autre remède ; — vous devez faire ce que votre folle impatience a rendu nécessaire. — Je vous l'ordonne.

— Je ne puis, mylord, mettre vos ordres en balance avec ceux de l'honneur et de la conscience, dit Amy. En cette circonstance, je ne vous obéirai PAS. Vous pouvez achever la perte de votre honneur, et c'est à quoi vous conduira cette politique tortueuse, mais je ne ferai rien qui puisse ternir le mien. Comment pourriez-vous, mylord, reconnaître encore en moi une épouse chaste et pure, digne de partager votre rang, lorsque, revêtue de ce haut caractère, j'aurai couru le pays en me donnant pour femme d'un homme aussi dissolu que votre serviteur Varney ?

— Mylord, dit alors Varney, mylady est trop prévenue contre moi, malheureusement, pour prêter l'oreille à ce que je puis suggérer; cependant cela lui plaira peut-être plus que ce qu'elle propose. Elle a du crédit sur M. Edmund Tressilian, et sans doute elle pourrait obtenir de lui qu'il l'accompagnât jusqu'à Lidcote-Hall, où elle resterait en sûreté jusqu'à ce que les circonstances permissent de dévoiler ce mystère.

Leicester se tut, mais il arrêta sur Amy un regard qui parut exprimer tout-à-coup autant de soupçon que de déplaisir.

— Plût à Dieu que je fusse dans la maison de mon père! dit seulement la comtesse ; quand je la quittai, je ne pensais guère laisser derrière moi la paix d'esprit et l'honneur !

Varney continua d'un ton de discussion :—Sans doute cela mettra dans la nécessité d'initier des étrangers aux secrets de mylord ; mais sûrement la comtesse se portera garant de l'honneur de M. Tressilian et de ceux des membres de la famille de son père....

— Silence, Varney! interrompit Leicester. Par le Ciel! je t'enfonce ma dague dans le corps si tu mentionnes encore Tressilian comme associé à mes secrets !

— Et pourquoi non? dit la comtesse, à moins que ce ne soient des secrets plus faits pour des gens tels que Varney que pour un homme d'un honneur et d'une intégrité sans tache. — Mylord, mylord, ne jetez pas sur moi des regards irrités. J'ai une fois fait injure à Tressilian par amour pour vous; — je ne lui ferai pas la nouvelle injustice de me taire quand son honneur est mis en question. Je puis tolérer, continua-t-elle en regardant Varney, que l'on se couvre du masque de l'hypocrisie; mais je ne souffrirai pas que la vertu soit calomniée en ma présence.

Il y eut un moment de profond silence. Leicester paraissait mécontent, quoique indécis et n'ayant que trop conscience de la faiblesse de sa cause; tandis que Varney, avec une hypocrite affectation de douleur profonde mêlée d'humilité, tenait les yeux baissés vers la terre.

Ce fut alors que la comtesse Amy déploya, au milieu de ces embarras et de cette perplexité, l'énergie naturelle de caractère qui aurait fait d'elle, si le sort l'eût permis, l'honneur et l'ornement du rang où elle était montée. Elle s'avança vers Leicester d'un pas calme, avec un air de dignité et un regard dans lequel une affection profonde ne pouvait ébranler la fermeté que donne le sentiment intime de la vérité et la droiture des principes. — Vous avez dit votre sentiment dans cette difficulté, mylord, dit-elle, et malheureusement il m'est impossible d'y souscrire. Monsieur — cet homme, voulais-je dire — a suggéré un autre plan, auquel je n'ai rien à objecter, si ce n'est qu'il vous déplaît. Votre Seigneurie veut-elle bien entendre l'avis qu'une femme jeune et timide, mais votre épouse affectionnée, peut ouvrir dans cette extrémité?

Leicester ne répondit pas, mais il fit signe à la comtesse qu'elle était libre de continuer. — Tous ces malheurs, mylord, proviennent d'une seule et unique cause, dit-elle, et cette cause se réduit à la duplicité mystérieuse dont vous avez été induit à vous entourer. Délivrez-vous d'un seul coup, mylord, de la tyrannie de ce honteux réseau. Agissez en vrai gentilhomme anglais, en chevalier, en noble seigneur, qui regarde la sincérité comme la base de l'honneur, et à qui cet honneur est aussi cher que l'air qu'il respire. Prenez par la main votre malheureuse épouse, conduisez-la au pied du trône d'Élisabeth; — dites que dans un moment d'exaltation, entraîné par une beauté supposée, dont personne peut-être ne découvrirait aujourd'hui la trace, vous avez donné votre main à Amy Robsart. — En faisant cela, vous m'aurez rendu justice, mylord, vous aurez fait en même temps ce qu'exige votre honneur, et si la loi ou l'autorité vous contraignaient alors de vous séparer de moi, je ne ferais pas d'objection, — car je pourrais aller cacher sans déshonneur un cœur brisé par le chagrin dans cette obscure retraite d'où votre amour m'a tirée. Et puis, — ayez seulement un peu de patience : la vie d'Amy n'obscurcira pas long-temps votre brillant avenir.

CHAPITRE XXXV.

Il y avait dans les remontrances de la comtesse tant de dignité et à la fois tant de tendresse, qu'elles remuèrent tout ce qu'il y avait de noble et de généreux dans l'âme de son époux. Il lui sembla que ses yeux se dessillaient ; la duplicité et les tergiversations dont il s'était rendu coupable le pénétrèrent tout-à-coup de honte et de remords. — Je ne suis pas digne de toi, Amy, dit-il, moi qui ai pu mettre en balance ce que peut donner l'ambition avec un cœur tel que le tien ! J'ai une amère pénitence à accomplir en dévoilant devant mes ennemis souriants et mes amis étonnés tous les détours de ma politique astucieuse. Et la reine !.... Mais qu'elle prenne ma tête, comme elle m'en a menacé !

— Votre tête, mylord ! parce que vous avez usé de l'indépendance et de la liberté d'un sujet anglais en faisant choix d'une épouse ? Honte à de telles idées, mylord ! c'est cette défiance de la justice de la reine, cette appréhension d'un danger qui ne peut être qu'imaginaire, qui, comme autant d'épouvantails, vous ont poussé à dévier du droit chemin, le plus sûr aussi bien que le meilleur.

— Ah, Amy ! tu ne sais guère... Mais s'interrompant aussitôt, le comte reprit : — Cependant elle ne trouvera pas en moi une victime facile et assurée de sa vengeance arbitraire. — J'ai des amis, — j'ai des alliés ; — je ne veux pas, comme Norfolk, être traîné au billot fatal en victime pour un sacrifice. Ne crains rien, Amy ; tu verras Dudley se conduire d'une manière digne de son nom. Il faut qu'à l'instant même je voie quelques uns de ces amis sur lesquels je puis le plus compter ; car au point où en sont les choses, je puis être fait prisonnier dans mon propre château.

— O mylord ! s'écria Amy, ne soulevez pas de factions dans un État paisible ! Il n'est pas d'ami qui puisse vous servir aussi bien que la franchise et l'honneur. Appelez ceux-là seulement à votre aide, et vous serez en sûreté au milieu de toute une armée d'envieux et de malveillants ; laissez-les derrière vous, et toute autre défense sera infructueuse. C'est avec raison, mylord, qu'on a représenté la Vérité désarmée.

— Mais la Sagesse, Amy, est couverte d'une armure à l'épreuve. Ne débats pas avec moi les moyens dont je dois user pour rendre ma confession — puisqu'il faut l'appeler ainsi — aussi exempte de dangers que possible ; il en restera encore assez, quoi que nous fassions. — Varney, suis-moi. Adieu, Amy ; je vais te proclamer à moi à un prix et en m'exposant à des risques dont toi seule pouvais être digne ! Tu auras bientôt de mes nouvelles.

Il l'embrassa tendrement, s'enveloppa dans son manteau comme il l'avait fait en venant, et sortit de l'appartement avec Varney. Celui-ci, en quittant la chambre, s'inclina profondément, et en se redressant il regarda Amy avec une expression particulière, comme s'il eût désiré savoir jusqu'à quel point son pardon était compris dans la réconciliation qui venait d'avoir lieu entre elle et son époux. La comtesse arrêta sur lui un regard fixe, mais sans paraître s'apercevoir de sa présence plus que si la place où il se trouvait avait été absolument vide.

— C'est elle qui m'a amené là, murmura-t-il ; — un de nous deux est perdu. Il y avait quelque chose — je ne sais si c'était crainte ou pitié — qui me portait à éviter cette crise fatale. C'est maintenant décidé : — il faut qu'elle ou moi *périsse*.

Tandis qu'il se parlait ainsi, il remarqua avec surprise qu'un enfant qu'avait repoussé une sentinelle s'approchait de Leicester et lui disait quelques mots. Varney était un de ces politiques qui ne laissent rien échapper sans que leur attention en soit éveillée. Il demanda à la sentinelle ce que lui voulait ce jeune garçon, et reçut pour réponse que l'enfant lui avait demandé de faire parvenir un paquet à la dame folle, mais que comme de telles commissions n'entraient pas dans ses attributions, il ne s'était pas soucié de s'en charger. Sa curiosité satisfaite sur ce point, il s'approcha du comte, et lui entendit dire : — C'est bien, mon enfant, le paquet sera remis.

— Bien des remerciements, mon bon monsieur le domestique, dit l'enfant ; et en un clin d'œil on le perdit de vue.

Leicester et Varney se hâtèrent de rentrer à l'appartement particulier du comte par le même passage qui les avait amenés à la Tour Saint-Lowe.

CHAPITRE XXXVI.

> J'ai dit : C'est une femme adultère ; — j'ai dit quel était son complice. De plus, elle nous a trahis, et Camille est un de ses confédérés, et il sait ce qu'elle-même devrait rougir de savoir.
> *Conte d'hiver.*

Ils ne furent pas plus tôt dans le cabinet du comte, que celui-ci tira ses tablettes de sa poche et se mit à écrire, tout en parlant tantôt à Varney, tantôt à lui-même. — Beaucoup me sont étroitement unis, surtout les plus puissants par la fortune et la position ; et nombre d'entre eux, s'ils ont le souvenir de mes bons offices ou la prévision des dangers qui les peuvent atteindre, ne seront pas disposés, je pense, à me voir chanceler sans me prêter appui. Voyons : — Knollis est sûr, et par lui Guernesey et Jersey ; — Horsey commande dans l'île de Wight ; — mon beau-frère Huntingdon et Pembroke sont influents dans le pays de Galles ; — par le moyen de Bedford, je dispose des puritains et de leur crédit, si puissant dans tous les bourgs. — Mon frère de Warwick m'égale presque en richesses, en adhérents et en influence. — Sir Owen Hopton est à ma dévotion ; il commande la Tour de Londres, où le trésor public est déposé. Ni mon père ni mon grand-père n'auraient porté leur tête sur le billot, s'ils avaient ainsi combiné leurs entreprises. — Pourquoi cet air triste, Varney ? Je te dis qu'un arbre qui a de si profondes racines n'est pas facilement arraché du sol par la tempête.

— Hélas, mylord ! fit Varney avec un accent de douleur bien joué ; puis son regard reprit l'expression d'abattement que Leicester venait d'y remarquer.

— Hélas ? répéta celui-ci ; pourquoi cet hélas, sir Richard ? Votre nouvel esprit chevaleresque ne vous fournit-il pas une plus vigoureuse exclamation, alors qu'une noble lutte est imminente ? Ou si cet *hélas* signifie que tu veux te retirer du conflit, tu peux quitter le château, ou même aller te joindre à mes ennemis, selon ce que tu jugeras le plus convenable.

— Nullement, mylord ; Varney sera trouvé combattant ou mourant à vos côtés. Pardonnez-moi si, dans mon affection pour vous, mylord, je vois mieux que votre noble cœur ne vous permet de les voir les inextricables difficultés qui vous entourent. Vous êtes fort et puissant, mylord ; mais, qu'il me soit permis de le dire sans vous offenser, vous n'êtes fort et puissant que par le reflet de la faveur royale. Tant que vous êtes le favori d'Élisabeth, vous êtes souverain de fait sinon de titre ; mais qu'elle retire les honneurs que vous tenez d'elle, et la gourde du prophète ne se sera pas flétrie plus soudainement. Déclarez-vous contre la reine, et je ne dis pas que dans la nation, que dans cette seule province, vous vous trouverez à l'instant même abandonné et accablé par le nombre ; mais je dirai que même dans ce château, au milieu de vos vassaux, de vos parents et dépendants, vous seriez aussitôt prisonnier, et même prisonnier condamné, s'il plaisait à Élisabeth de prononcer le mot. Pensez à Norfolk, mylord ; — pensez au puissant Northumberland, — au magnifique Westmoreland ; — pensez à tous ceux qui ont tenu tête à cette sage princesse. Tous sont morts, captifs ou fugitifs. Le trône d'Élisabeth ne ressemble pas à d'autres trônes, qu'une ligue de nobles puissants peut renverser ; les larges fondations qui le supportent reposent sur l'amour et l'affection d'un grand peuple. Vous pouvez le partager avec Élisabeth si vous voulez ; mais ni votre puissance ni aucune autre, extérieure ou domestique, ne suffira pour le renverser ni même pour l'ébranler.

Il se tut, et Leicester jeta ses tablettes loin de lui d'un air de dépit insouciant. — Tout cela peut être vrai, dit-il, et peu m'importe au fond que ce soit la sincérité ou la couardise qui dicte tes prévisions. Mais il ne sera pas dit que je tomberai sans lutte. Va donner ordre que ceux de mes gens d'armes qui ont servi sous moi en Irlande soient introduits successivement dans le grand donjon ; que nos gentilshommes et nos amis se tiennent sur leurs gardes et ne marchent qu'armés, comme s'ils s'attendaient à une attaque des gens de la suite de Sussex. Jette quelques appréhensions parmi les habitants du bourg ; qu'ils prennent les armes, et soient prêts, à un signal donné, à s'assurer des *pensionnaires* et des *yeomen* de la garde.

— Souffrez que je vous rappelle, mylord, repartit Varney avec les mêmes dehors de sollicitude et de profonde tristesse, que vous m'avez donné l'ordre de préparer le désarmement de la garde de la reine. C'est un acte de haute-trahison ; mais vous serez néanmoins obéi.

— Peu m'importe ! s'écria Leicester avec un accent désespéré ; — peu m'importe ! Derrière moi est la honte, devant moi, la ruine ; je dois aller en avant.

Il y eut un autre intervalle de silence, que Varney rompit enfin : — Nous voici arrivés au point que depuis long-temps je redoute, dit-il. Il faut ou que je sois témoin, comme une brute ingrate, de la chute du meilleur des maîtres, ou que je révèle ce que j'aurais voulu ensevelir dans le plus profond oubli, ou voir rapporter du moins par une autre bouche que par la mienne.

— Que dis-tu, ou que voudrais-tu dire ? répliqua le comte : nous n'avons pas de temps à perdre en paroles, quand le temps nous presse d'agir.

— Ce que j'ai à dire ne sera pas long, mylord; — plût à Dieu que la réponse fût aussi brève ! Votre mariage est la seule cause de la rupture dont vous êtes menacé avec votre souveraine, n'est-il pas vrai, mylord ?

— Tu le sais fort bien, répondit Leicester. A quoi tend cette question inutile ?

— Pardon, mylord; tout est là. On peut engager ses biens et sa vie pour la conservation d'un riche diamant, mylord; mais ne serait-il pas d'abord prudent d'examiner si ce diamant est sans défaut ?

— Que signifie ceci ? reprit Leicester, les yeux fixés sur son écuyer avec une expression menaçante; de qui oses-tu parler ?

— C'est.... c'est de la comtesse Amy, mylord, que je suis malheureusement obligé de parler, — et je *parlerai*, mylord, dussiez-vous me tuer pour me punir de mon zèle.

— C'est ce que peut-être tu mériteras; mais parle, je t'écouterai.

— Hé bien donc, mylord, je m'armerai de courage. Je parle pour ma propre vie autant que pour la vôtre, mylord. Je n'aime pas les sourdes menées de mylady avec cet Edmund Tressilian. Vous le connaissez, mylord. Vous savez qu'il avait primitivement sur elle une influence que Votre Seigneurie a eu quelque peine à supplanter. Vous savez avec quelle insistance il a poussé la poursuite contre moi en faveur de mylady, poursuite dont le but évident est de déterminer Votre Seigneurie à reconnaître ce que j'appellerai toujours votre malheureux mariage, point auquel mylady veut aussi vous amener à tout risque.

Leicester sourit d'un air contraint. — Tes intentions sont bonnes, mon cher sir Richard, dit-il, et je crois que tu sacrifierais ton honneur, aussi bien que celui de n'importe qui ce pût être, pour me sauver de ce qui te paraît un pas si terrible. Mais souviens-toi — il prononça ces mots d'un air de sombre résolution — souviens-toi que tu parles de la comtesse de Leicester.

— Je le sais, mylord; mais c'est dans l'intérêt du comte de Leicester. Je ne fais que débuter dans ce que j'ai à dire. Je crois très fermement que depuis qu'il a commencé à agir dans cette cause, Tressilian a été de connivence avec mylady.

— Tu dis d'étranges folies, Varney, avec le visage sérieux d'un prédicateur. Où et comment ont-ils pu communiquer ensemble ?

— C'est ce que malheureusement je ne puis que trop bien montrer, mylord. Immédiatement avant que la supplique fût présentée à la reine au nom de Tressilian, je le rencontrai, à mon extrême étonnement, à la poterne du parc de Cumnor-Place.

— Tu l'as rencontré là, misérable ! Et pourquoi ne l'as-tu pas frappé à mort ? s'écria Leicester.

— J'ai tiré l'épée contre lui, mylord, et lui contre moi ; et si le pied ne m'avait glissé, peut-être n'aurait-il plus été une pierre d'achoppement dans le chemin de Votre Seigneurie.

Leicester parut muet de surprise. — Quel autre témoignage as-tu de ceci, reprit-il enfin, outre ton assertion? — car de même que je punirai sévèrement, j'examinerai froidement et avec circonspection. Juste Ciel! —Mais non.... j'examinerai froidement et avec circonspection,— froidement et avec circonspection. Il se répéta ces mots à diverses reprises, comme s'il eût trouvé en eux une vertu calmante; puis serrant de nouveau les lèvres avec force, comme s'il eût craint que quelques expressions violentes ne s'en échappassent, il répéta sa question : — Quelle autre preuve as-tu?

— Les preuves ne me manquent pas, mylord. J'aurais voulu les posséder seul, car avec moi elles auraient pu être tenues dans un éternel oubli. Mais mon domestique, Michel Lambourne, a été témoin de tout, et c'est même lui qui le premier a aidé Tressilian à pénétrer dans Cumnor-Place; c'est par cette raison que je l'ai pris à mon service et que je l'y ai conservé, malgré ses habitudes un peu débauchées, afin de pouvoir toujours lui tenir la bouche close. Il ajouta alors qu'il lui serait bien aisé de prouver la vérité de l'entrevue, par le témoignage d'Anthony Foster, joint à ceux de diverses personnes de Cumnor qui avaient vu le pari s'engager et Tressilian partir en compagnie de Lambourne. Dans tout son récit Varney ne hasarda rien de fabuleux, sauf qu'il conduisit le comte, non, à la vérité, par des assertions directes, mais par induction, à penser que l'entrevue d'Amy et de Tressilian à Cumnor-Place avait été plus longue qu'elle ne l'avait été réellement.

— Et pourquoi n'ai-je pas été instruit de tout cela? dit Leicester avec sévérité; pourquoi vous tous, — et surtout toi, Varney, — m'avez-vous caché des circonstances si importantes?

— Parce que la comtesse nous dit, à Foster et à moi, que Tressilian s'était introduit près d'elle à son insu; et j'en conclus que leur entrevue avait eu lieu en tout honneur, et qu'elle en instruirait Votre Seigneurie quand elle en jugerait le moment convenable. Vous savez, mylord, combien peu volontiers nous écoutons les rapports contraires à ceux que nous aimons; et, grâce au Ciel, je ne suis ni un boute-feu ni un rapporteur, pour être le premier à les répandre.

— Vous n'êtes pourtant que trop disposé à les admettre, sir Richard. Comment sais-tu que cette entrevue n'a pas eu lieu en tout honneur, comme tu disais? Il me semble que l'épouse du comte de Leicester pouvait s'entretenir pendant quelques moments avec une personne telle que Tressilian, sans injure pour moi ni soupçon pour elle.

— Cela ne fait pas question, mylord ; si j'avais eu une autre pensée, je n'aurais pas gardé le secret. Mais là est la difficulté. — Tressilian ne s'éloigne de Cumnor qu'après avoir établi une correspondance avec un pauvre homme, le maître d'auberge de l'endroit, à l'effet d'enlever mylady. Il y envoie un émissaire, que je me flatte d'avoir avant peu sous bonne garde dans la Tour de Mervyn. Killigrew et Lambsbey battent le pays à sa recherche. L'aubergiste reçoit une bague pour prix de sa discrétion ; Votre Seigneurie peut l'avoir remarquée au doigt de Tressilian, — la voici. Ce drôle, cet agent, s'introduit dans la place sous un déguisement de porte-balle, il y tient conseil avec mylady, et ils s'échappent ensemble de nuit. — Ils volent sur le chemin un cheval à un pauvre diable, tant était grande leur hâte coupable ; et ils arrivent enfin dans ce château, où la comtesse de Leicester trouve asile... je n'ose dire où.

— Parle, je te l'ordonne ; parle, tandis qu'il me reste assez de sang-froid pour t'entendre.

— Puisqu'il faut que je parle, mylady s'est immédiatement rendue à l'appartement de Tressilian, où elle est restée pendant nombre d'heures, partie avec lui, partie seule. Je vous disais que Tressilian avait une maîtresse dans sa chambre ; — je ne songeais guère que cette maîtresse était...

— Amy, voudrais-tu dire ? Mais c'est faux, faux comme la vapeur de l'enfer ! Elle peut être ambitieuse, — elle peut être légère et impatiente : — ce sont des défauts de son sexe ; — mais perfide envers moi ! — jamais ! jamais ! — La preuve, — la preuve de tout ceci ? continua-t-il avec véhémence.

— Carrol, le sous-maréchal, l'y a conduite hier au soir, sur le désir qu'elle-même en a manifesté. Lambourne et le geôlier l'y ont trouvée aujourd'hui de grand matin.

— Tressilian y était-il avec elle ? demanda Leicester avec la même précipitation.

— Non, mylord ; vous pouvez vous souvenir qu'il a été mis cette nuit en quelque sorte aux arrêts chez Nicolas Blount.

— Carrol ou d'autres ont-ils su qui elle était ?

— Non, mylord. Carrol non plus que le geôlier n'avaient jamais vu la comtesse, et Lambourne ne l'a pas reconnue sous son déguisement. Seulement, en cherchant à l'empêcher de quitter la chambre il est resté en possession d'un gant de mylady, que, je pense, Votre Seigneurie pourra reconnaître.

Il remit le gant, sur lequel les armoiries du comte étaient brodées en semences de perles.

— Je le reconnais, je le reconnais, dit Leicester. C'est moi-même qui les lui ai donnés. Et le pareil était au bras qu'aujourd'hui même elle m'a jeté autour du cou ! — Il prononça ces mots au milieu d'une violente agitation.

— Votre Seigneurie pourrait cependant questionner mylady elle-même sur la vérité de tout ceci.

— Cela n'est pas nécessaire, — cela n'est pas nécessaire, repartit le comte en proie aux plus affreuses tortures ; tout est écrit pour moi en traits de feu, comme si chaque mot était un fer ardent appliqué sur mes yeux ! — Je vois son infamie, — je ne puis voir autre chose. Et c'était — Ciel miséricordieux ! — c'était pour cette femme dégradée que j'allais exposer la vie de tant de nobles amis, — ébranler les fondements d'un trône légitime, — porter le fer et la flamme au sein d'un pays paisible, — outrager la bonne maîtresse qui m'a fait ce que je suis, — qui, sans cet infernal mariage, m'aurait fait tout ce qu'homme peut être ! Et j'étais prêt à faire tout cela pour une femme qui se ligue et complote avec mes plus cruels ennemis ! — Et toi, misérable, pourquoi n'as-tu pas parlé plus tôt ?

— Une larme de mylady aurait effacé tout ce que j'aurais pu dire. D'ailleurs, je n'ai eu ces preuves que ce matin même, quand l'arrivée soudaine d'Anthony Foster, avec les aveux et les déclarations qu'il avait arrachés à l'aubergiste Gosling et à d'autres, m'a expliqué sa fuite de Cumnor-Place, et que mes propres investigations m'ont mis au courant de ce qu'elle avait fait ici.

— Que Dieu soit loué d'avoir fait luire la lumière à mes yeux ! une lumière si complète, si éclatante, qu'âme qui vive en Angleterre ne pourra dire que mes mesures ont été précipitées ni ma vengeance injuste. — Et pourtant, Varney, si jeune, si belle, si caressante et si fausse ! Voilà donc d'où venait sa haine pour toi, mon fidèle, mon bien-aimé serviteur : parce que tu faisais obstacle à ses trames, et que tu as mis en danger la vie de son amant !

— Jamais je ne lui ai donné aucun autre motif d'aversion, mylord ; mais elle savait que mes conseils allaient directement à diminuer son influence près de Votre Seigneurie, et que j'étais, comme je l'ai toujours été, prêt à exposer ma vie contre vos ennemis.

— C'est trop évident, mille fois trop évident ; et cependant avec quel air de magnanimité elle m'exhortait à mettre ma tête à la merci de la reine plutôt que de me couvrir plus long-temps du voile de la dissimulation ! Il me semble que l'ange de la vérité lui-même ne peut avoir de tels accents de grandeur d'âme. Cela se peut-il, Varney ? — L'imposture peut-elle employer si hardiment le langage de la vérité ? — L'infamie peut-elle prendre ainsi le masque de la pureté ? — Varney, tu es à mon service depuis ton enfance ; — je t'ai élevé haut, — je puis t'élever plus haut encore. Pense, pense pour moi. — Ton esprit a toujours été fin et pénétrant : — ne peut-elle pas être innocente ? Prouve-moi qu'elle est innocente, et tout ce que jusqu'ici j'ai fait pour toi ne sera rien, — rien, — en comparaison de ta récompense !

L'accent déchirant avec lequel lui parlait son maître produisit quelque effet même sur l'âme endurcie de Varney, qui, au milieu de ses projets de perversité ambitieuse, aimait réellement son patron autant qu'un tel misérable était susceptible d'aimer quelque chose; mais il se raffermit et étouffa en lui la voix du remords, par la réflexion que s'il causait au comte une peine immédiate et passagère, c'était afin de lui aplanir le chemin du trône, dans l'opinion où il était que ce mariage dissous par la mort ou autrement, Élisabeth partagerait volontiers le pouvoir suprême avec son favori. Il persévéra donc dans son infernale politique ; et, après un moment de réflexion, il répondit par un regard mélancolique aux anxieuses interpellations du comte, comme s'il avait cherché vainement quelque excuse pour la comtesse; puis, levant soudainement la tête, il reprit, avec une expression d'espoir, qui se communiqua instantanément à la physionomie du comte : — Et cependant, si elle était coupable, pourquoi se serait-elle exposée à venir ici? Pourquoi ne pas s'être plutôt réfugiée chez son père, ou ailleurs? — Il est vrai que cette démarche ne se serait pas accordée avec son désir d'être reconnue comtesse de Leicester.

— C'est vrai! oui, c'est vrai! s'écria Leicester, le rayon d'espoir qui avait un instant lui à ses yeux faisant place à la plus extrême amertume de douleur et d'expression; tu n'es pas en état de sonder les replis d'un esprit féminin, Varney. Je vois tout. Elle ne voulait perdre ni les domaines ni le titre du sot complaisant qui l'a épousée. Oui ; et si dans ma folie j'avais levé l'étendard de la rébellion, ou si la reine irritée avait fait tomber ma tête, ainsi qu'elle m'en menaçait ce matin, le riche douaire que la loi aurait assigné à la comtesse douairière de Leicester aurait été une assez bonne aubaine pour ce mendiant de Tressilian. Elle pouvait bien me pousser au danger, puisque de toute manière il fallait qu'il lui profitât. — Ne me parle pas pour elle, Varney! j'aurai son sang!

— Mylord, l'excès de vos angoisses se trahit dans l'égarement de votre langage.

— Je te l'ai dit, ne me parle pas pour elle! reprit Leicester. Elle m'a déshonoré, elle aurait voulu m'assassiner : — tout lien est rompu entre nous. Elle mourra de la mort des traîtres et des adultères, et elle aura bien mérité son sort devant Dieu et devant les hommes! Et... quelle est cette cassette qui m'a été remise tout-à-l'heure par un enfant, pour que je la fisse parvenir à Tressilian, vu qu'il ne pouvait pas la remettre à la comtesse? Par le Ciel! ses paroles m'ont surpris quand il m'a parlé, quoique d'autres pensées me les eussent fait sortir de la tête; mais à présent elles me reviennent avec une double force. — C'est sa cassette à joyaux! — Force-la, Varney! forces-en les gonds avec ton poignard.

Elle a une fois refusé l'aide de ma dague pour couper le fil qui attachait une lettre, pensa Varney en tirant son poignard du fourreau; mais maintenant il va jouer un plus grand rôle dans ses destinées.

Sur cette réflexion, se servant de la lame triangulaire de son stylet comme d'un coin, il força les légers gonds d'argent de la cassette. Le comte ne les eut pas plus tôt vu céder qu'il saisit la cassette des mains de sir Richard, en arracha le couvercle, et en tirant le riche contenu avec une précipitation convulsive, il le jeta sur le parquet dans un transport de rage, en même temps qu'il cherchait avidement une lettre ou un billet qui aurait rendu plus évident le crime imaginaire de l'innocente comtesse. Foulant alors aux pieds dans sa fureur les bijoux et les pierreries, il s'écria : — C'est ainsi que j'anéantis les misérables babioles pour lesquelles tu t'es vendue corps et âme, en te condamnant à une mort précoce et prématurée, et moi à une misère et à des remords sans fin! — Ne me parle pas de pardonner, Varney; — sa sentence est portée! A ces mots il quitta la chambre et s'élança dans un cabinet attenant, dont il ferma la porte à clef et au verrou.

Varney le suivit des yeux, et une expression plus humaine sembla lutter avec le sourire moqueur habituel à sa physionomie. — Je suis fâché de le voir si faible, dit-il ; mais l'amour a fait de lui un enfant. Il jette à terre et foule aux pieds ces jouets coûteux : — avec la même véhémence il mettra en pièces cet autre jouet, le plus fragile de tous, dont il raffolait si passionnément. Mais ce goût aussi sera oublié quand l'objet qui l'avait fait naître ne sera plus. Hé bien, il n'a pas d'yeux pour apprécier les choses ce qu'elles valent, et c'est un don que la nature a fait à Varney. Quand Leicester sera roi, il pensera aussi peu aux bouffées de passion à travers lesquelles il sera arrivé au trône, que jamais marin en sûreté dans le port a songé aux périls d'un voyage. Mais il ne faut pas que ces indiscrets rapporteurs restent là : — ce sont des profits un peu trop riches pour les domestiques qui font la chambre.

Tandis que Varney était occupé à ramasser les bijoux épars sur le parquet et à les serrer dans le tiroir secret d'un meuble qui se trouvait ouvert, il vit la porte du cabinet où Leicester était entré s'entr'ouvrir, la tapisserie s'écarter, et le visage du comte s'avancer au-dehors, mais avec des yeux tellement éteints, des lèvres et des joues si pâles et si blanches, que ce changement rapide le fit tressaillir. Ses yeux eurent à peine rencontré ceux du comte, que celui-ci retira la tête et referma la porte du cabinet. Deux fois Leicester répéta cette manœuvre sans prononcer un mot, de sorte que Varney commença à craindre que le cerveau du comte ne fût sérieusement affecté par ces angoisses mentales. La troisième fois, cependant, il fit un signe auquel Varney obéit. Quand il fut entré, il s'aperçut bientôt que le trouble de son maître n'était pas causé par la folie, mais par la cruauté du dessein qu'il avait conçu, et par la lutte de passions contraires. Ils passèrent une heure entière à se consulter ensemble ; après quoi le comte de Leicester s'habilla, avec un incroyable effort, et sortit pour se rendre près de sa royale visiteuse.

CHAPITRE XXXVII.

> Vous avez déplacé la gaieté, et jeté dans notre réunion le plus admirable désordre. *Macbeth.*

Une remarque que l'on fit ensuite, ce fût que durant le banquet et les fêtes qui occupèrent le reste de cette journée si pleine d'incidents, les manières de Leicester et celles de Varney furent complétement différentes de ce qu'elles étaient d'habitude. On avait toujours regardé Richard Varney comme un homme de conseil et d'action plutôt que comme un ami du plaisir. Les affaires, militaires ou civiles, semblaient toujours être la sphère qui lui fût propre; au lieu que dans les festins et les fêtes, bien qu'il s'entendît parfaitement à en diriger l'ordonnance, son rôle était celui de simple spectateur. S'il exerçait son esprit, c'était d'une manière âpre, rude et caustique, et il avait plutôt l'air de se moquer du divertissement et de la réunion que de prendre part au plaisir commun.

Mais ce jour-là son caractère semblait tout autre : il se mêlait aux plus jeunes courtisans et aux dames, et paraissait animé d'un esprit de gaieté légère qui le rendait l'émule des plus enjoués. Ceux qui n'avaient vu en lui qu'un homme livré à des pensées plus graves et plus ambitieuses, n'ayant que d'amers sarcasmes pour ceux qui prennent la vie comme ils la trouvent, et sont toujours disposés à saisir chaque passe-temps qu'elle leur apporte, ceux-là s'aperçurent alors avec surprise que son esprit pouvait être aussi enjoué que le leur, son rire aussi franc et son front aussi ouvert. Par quel art d'infernale hypocrisie pouvait-il recouvrir de ce voile de gaieté les sinistres pensées d'une âme aussi noire que la sienne? c'est ce que personne ne comprendra que ceux qui lui ressemblent, si jamais son pareil exista ; mais c'était un homme de facultés extraordinaires, et ces facultés étaient malheureusement consacrées dans toute leur énergie au plus abominable dessein qu'un homme puisse concevoir.

Il en était tout autrement de Leicester. Quelque habitué que fût son esprit à jouer le rôle de courtisan, et à paraître gai, empressé, dégagé de tout soin autre que celui d'animer le plaisir du moment, alors même que son sein était intérieurement agité des angoisses de l'ambition mécontente, de la jalousie ou de la colère, son cœur était en ce moment livré à un sentiment encore plus terrible, dont il ne pouvait ni dissimuler ni dominer les effets ; dans son œil hagard et sur son front troublé on voyait que sa pensée était bien loin des scènes dans lesquelles il était contraint de jouer un rôle. On aurait dit que ses regards, ses mouvements, ses paroles, étaient le résultat d'une suite d'efforts continus; il semblait que sa volonté eût jusqu'à un certain point perdu la faculté de commander à l'esprit si vif et aux formes sur lesquelles elle exerçait d'habitude un empire absolu. Ses actions et ses mouvements ne paraissaient plus être le résultat d'une simple impulsion morale : ils avaient quelque chose de ceux d'un automate qui doivent attendre pour s'accomplir la révolution de quelque mécanisme intérieur. Les paroles tombaient de ses lèvres une à une, coupées, interrompues, comme s'il lui eût fallu penser d'abord à ce qu'il avait à dire, puis à la manière dont il le disait, et que ce ne fût, au total, que par un continuel effort d'attention qu'il achevait une phrase sans oublier et les mots et l'idée.

Les singuliers effets que ces absences d'esprit produisaient sur la tenue et la conversation du plus accompli courtisan d'Angleterre, visibles pour le moindre serviteur qui approchait de sa personne, ne pouvaient échapper à une princesse qui dans son siècle n'eut pas d'égale pour la pénétration. Il n'y a pas non plus le moindre doute que les alternatives de négligence et de singularité de ses manières auraient appelé sur le comte de Leicester le plus sérieux déplaisir d'Elisabeth, si elle ne se les était expliquées à elle-même en supposant que l'appréhension de ce mécontentement que le matin même elle lui avait témoigné avec tant de vivacité préoccupait encore l'esprit de son favori, et, en dépit des efforts qu'il pouvait faire, altérait la grâce ordinaire de sa physionomie et les charmes de sa conversation. Quand cette idée, si flatteuse pour la vanité d'une femme, se fut une fois emparée de l'esprit de la reine, elle devint une pleine et suffisante excuse des nombreuses inadvertances et des méprises du comte de Leicester; et le cercle attentif remarqua avec étonnement qu'au lieu de se fâcher de ses négligences répétées, et de ses manques d'attention sur les points les plus ordinaires (bien qu'à cet égard elle fût communément d'une extrême susceptibilité), la reine cherchait, au contraire, à lui laisser le temps et les moyens de se remettre, et qu'elle daignait venir à son aide avec une indulgence qui semblait tout-à-fait incompatible avec son caractère habituel. Il devenait clair, cependant, qu'une telle condescendance ne pouvait durer bien long-temps, et qu'Elisabeth devrait finir par interpréter autrement et d'une manière plus sévère le défaut de courtoisie de Leicester, quand le comte fut appelé par Varney, qui demandait à lui parler dans une autre pièce.

Après qu'on lui eut deux fois répété le message, il se leva, et il était sur le point de sortir en quelque sorte machinalement ; — mais s'arrêtant tout-à-coup et se retournant vers la reine, il lui demanda la permission de s'absenter quelques instants pour des affaires importantes et pressantes.

— Allez, mylord, lui dit la reine; nous savons que notre présence doit vous occasionner des affaires subites et imprévues qui exigent qu'on y pourvoie à l'instant. Cependant, mylord, si vous voulez que nous nous regardions comme étant pour vous une visite honorée et bien-venue, nous vous conjurons de moins penser à notre bonne chère et de nous favoriser de plus d'enjouement et de bonne mine que vous ne nous en montrez aujourd'hui. Que l'on reçoive un prince ou un paysan, la cordialité de l'amphitryon sera toujours la meilleure partie de sa réception. Allez, mylord; et nous nous flattons de vous voir revenir avec un front sans rides, et avec cette liberté d'esprit que vos amis sont habitués à trouver en vous.

Pour toute réponse à cette réprimande Leicester s'inclina profondément, et il sortit. A la porte de la salle il fut joint par Varney, qui le tira vivement à part, et lui dit à l'oreille : — Tout va bien !

— Masters l'a-t-il vue ? demanda le comte.

— Oui, mylord; et comme elle n'a voulu ni répondre à ses questions ni donner une raison quelconque de son refus, il rendra pleinement témoignage qu'elle est atteinte d'une maladie mentale, et que le mieux pour elle est d'être remise aux soins de ses amis. Voilà donc l'occasion de l'éloigner comme nous nous le sommes proposé.

— Mais Tressilian ?

— Il ignorera son départ d'ici à quelque temps ; ce départ aura lieu ce soir même, et demain on s'occupera de lui.

— Non, sur mon âme ! je veux me venger sur lui de ma propre main.

— Vous, mylord ! sur un homme d'aussi peu d'importance que ce Tressilian ! — Non, mylord; depuis long-temps il a le désir de visiter l'étranger. — Confiez-le-moi ; j'aurai soin qu'il ne revienne pas ici commettre des indiscrétions.

— Non pas, de par le Ciel, Varney ! — Appelez-vous un ennemi de peu d'importance celui qui m'a pu faire une blessure si profonde, que ma vie entière ne doit plus être qu'un enchaînement de remords et de misère ? — Non, plutôt que de renoncer au droit de me faire justice de ma propre main sur ce scélérat maudit, je dévoilerai toute la vérité aux pieds d'Élisabeth, et j'appellerai sa vengeance à la fois et sur eux et sur moi.

Varney vit avec une extrême alarme que son maître était travaillé par un tel degré d'agitation, que s'il ne lui donnait pas carrière, il était tout-à-fait capable d'exécuter la résolution désespérée qu'il annonçait, et qui serait la ruine immédiate de tous les plans d'ambition que Varney avait formés pour son patron et pour lui-même. Mais la rage du comte semblait tout à la fois ingouvernable et profondément concentrée; et pendant qu'il parlait, ses yeux lançaient la flamme, sa voix tremblait de colère, et une légère écume blanchissait ses lèvres.

Son confident fit avec bonheur un effort hardi pour le maîtriser même en ce moment d'émotion. — Mylord, lui dit-il en le conduisant à un miroir, regardez-vous dans cette glace, et jugez si ces traits agités sont ceux d'un homme en état de prendre conseil de lui-même dans une semblable extrémité.

— Que voudrais-tu donc de moi? dit Leicester, frappé du changement de sa physionomie, bien qu'offensé de la liberté avec laquelle Varney faisait cet appel. Suis-je sous ta tutelle? suis-je ton vassal? — suis-je la propriété et le sujet de mon serviteur?

— Non, mylord, répondit Varney avec fermeté, mais soyez maître de vous-même et de vos passions. Mylord, moi, né votre serviteur, je rougis de voir avec quelle faiblesse vous vous comportez quand la fureur vous domine. Allez aux pieds d'Élisabeth confesser votre mariage, — accusez d'adultère votre femme et son amant, — reconnaissez-vous, au milieu de tous vos pairs, pour la dupe qui a épousé une petite provinciale, et qui s'est laissé tromper par elle et son galant érudit; — allez, mylord : — mais auparavant recevez les adieux de Richard Varney, qui renonce à tous les bienfaits dont vous l'avez comblé. Il servait le noble, le grand, le magnanime Leicester, et il était plus fier de dépendre de lui qu'il ne l'eût été de commander à des milliers d'autres. Mais le seigneur dégradé qui baisse la tête sous chaque circonstance contraire, et dont les sages résolutions sont dissipées comme paille devant le premier souffle de la passion, celui-là Richard Varney ne le sert pas. Je suis autant au-dessus de lui par la fermeté d'esprit que je lui suis inférieur par le rang et la fortune.

Varney parlait ainsi sans hypocrisie ; car bien que la fermeté d'esprit dont il se glorifiait ne fût que dureté et insensibilité d'âme, il n'en sentait pas moins en lui la supériorité dont il se vantait ; en même temps que l'intérêt qu'il portait réellement à l'avenir de Leicester donnait à sa voix et à son geste un degré d'émotion peu habituel.

Leicester fut subjugué ; il sembla au malheureux comte que son dernier ami allait l'abandonner. Il tendit la main à Varney en lui disant :
— Ne me quitte pas ; — que veux-tu que je fasse?

— Soyez vous-même, mon noble maître, dit Varney en touchant de ses lèvres la main du comte, après l'avoir respectueusement serrée dans les siennes ; soyez vous-même, et montrez-vous supérieur à ces orages de la passion qui abattent les esprits communs. Êtes-vous le premier qui ayez été trompé en amour ? — le premier à qui les artifices d'une femme vaine et licencieuse ont su inspirer une affection qu'elle a ensuite dédaignée et dont elle a abusé? Et vous laisserez-vous aller à la frénésie parce que vous n'aurez pas été plus sage que les hommes les plus sages que le monde ait vus? Qu'elle soit pour vous comme si elle n'avait jamais existé ; — que son souvenir s'efface de votre esprit comme indigne d'y avoir jamais occupé une place. Que votre vigoureuse résolution de ce matin, que j'aurai assez de courage et assez de zèle pour exécuter, de même que j'en trouverai les moyens, soit comme la volonté souveraine d'un être supérieur, un acte de justice impassible. Elle a mérité la mort : — qu'elle meure!

Tandis que Varney parlait, le comte lui serrait la main avec force, en même temps qu'à la pression de ses lèvres et au froncement de ses sourcils on aurait pu juger qu'il s'efforçait d'emprunter à son confident une partie de cette fermeté froide, impitoyable et sans passion que celui-ci lui recommandait. Quand il se tut, le comte continua de lui presser la main, jusqu'à ce que par un effort de résolution calme il put articuler ces paroles : — Soit, — qu'elle meure! — Mais une larme peut être permise.

— Pas une seule, mylord, repartit Varney, qui vit au regard troublé de son maître et au tremblement convulsif de ses traits, qu'il était prêt à donner cours à un accès d'émotion ; — pas une larme, — ce n'est pas le moment de pleurer. — Il faut songer à Tressilian...

— C'est là en effet un nom à changer les larmes en sang! s'écria le comte. Varney, j'y ai songé, et ma résolution est prise ; — ni prière ni raisonnement ne pourront m'en faire changer : — Tressilian sera immolé de ma main.

— C'est de la folie, mylord ; mais vous êtes trop puissant pour que je vous barre le chemin de la vengeance. Décidez-vous seulement à prendre du moins le temps et l'occasion convenables, et à attendre que l'un et l'autre se présentent.

— Je ferai ce que tu voudras ; mais ne me contrarie pas en ceci.

— Hé bien donc, mylord, je vous demanderai d'abord de mettre de côté ces manières étranges et suspectes qui touchaient presque à l'égarement d'esprit, et qui ont aujourd'hui attiré sur vous les yeux de toute la cour. Sans la bienveillante indulgence que la reine vous a témoignée à un degré que son caractère est loin de comporter habituellement, jamais elle ne vous aurait donné occasion de vous réhabiliter près d'elle.

— Ai-je en effet été négligent à ce point? dit Leicester de l'air d'un homme qui s'éveille d'un songe ; — je croyais avoir bien composé mon maintien et ma physionomie. Mais ne crains rien ; j'ai maintenant l'esprit à l'aise, — je suis calme. Mon horoscope s'accomplira ; et afin qu'il s'accomplisse, je vais appeler à moi toutes les facultés de mon esprit. Ne crains rien pour moi, te dis-je. — Je me rends immédiatement près de la reine ; — ni ton air ni ton langage ne seront plus impénétrables que les miens. — As-tu quelque autre chose à dire?

— Je dois vous demander le sceau que vous portez au doigt, dit gravement Varney, en signe, près de ceux de vos serviteurs qu'il me faudra employer, que je suis investi de votre pleine autorité pour disposer de leur concours.

Leicester tira de son doigt la bague dont il se servait communément en guise de sceau, et il la donna à Varney d'un air sombre et hagard, en ajoutant seulement, presque à voix basse, mais avec un accent terrible : — Ce que tu feras, fais-le promptement.

Cependant, l'absence prolongée du noble châtelain avait causé, dans la salle où se trouvait la reine, un certain étonnement mêlé d'inquiétude, et grande fut la satisfaction de ses amis quand ils le virent rentrer de l'air d'un homme dont le cœur vient d'être soulagé d'un poids qui l'oppressait. Ce jour-là, Leicester racheta amplement le gage qu'il avait donné à Varney, et celui-ci se vit bientôt soulagé à son tour de la nécessité de soutenir un caractère aussi différent de sa disposition d'esprit habituelle que l'était celui qu'il avait pris depuis le matin; aussi retomba-t-il peu à peu dans les habitudes d'observation réservée, maligne et caustique, qui constituaient son rôle le plus ordinaire dans la société.

Près d'Élisabeth, Leicester conduisit son jeu en homme qui connaissait bien l'habileté et la force naturelle de son adversaire, ainsi que sa faiblesse sur quelques points particuliers. Il était trop adroit pour abandonner soudainement le caractère sombre du personnage qu'il avait joué avant sa sortie avec Varney; seulement quand il revint près d'elle, ce sombre égarement parut s'être adouci en une mélancolie qui avait en elle quelque chose de tendre, et qui, dans le cours de la conversation du comte avec Elisabeth, et à mesure que par compassion elle laissait échapper de nouvelles marques de faveur, se changea en une galanterie affectueuse, la plus empressée, la plus délicate, la plus persuasive, et en même temps la plus respectueuse, que jamais sujet ait adressée à une reine. Élisabeth écoutait dans une sorte de ravissement ; son amour jaloux du pouvoir était endormi; sa résolution d'éviter tout lien social ou domestique, et de se consacrer sans partage aux soins du gouvernement de son peuple, commençait à être ébranlée, et l'astre de Dudley domina encore une fois sur l'horizon de la cour.

Leicester ne jouit cependant pas de ce triomphe sur la nature et sur sa conscience sans un mélange d'amertume, produit non seulement par la révolte intérieure de ses sentiments contre la violence à laquelle il les soumettait, mais encore par mainte circonstance accidentelle qui vint, dans le cours du banquet et durant les autres amusements de la soirée, froisser ce nerf dont la moindre vibration était une agonie.

C'est ainsi, par exemple, qu'après avoir quitté la salle du banquet pour passer dans la grand'salle, où les courtisans attendaient l'apparition d'une magnifique mascarade qui devait former le divertissement de la soirée, la reine interrompit un assaut d'esprit que le comte de Leicester soutenait contre lord Willoughby, Raleigh et quelques autres courtisans, en disant tout-à-coup : — Nous vous accuserons de haute-trahison, mylord, si vous persistez dans cette tentative de nous faire mourir de rire. Mais voici venir une chose qui nous rend tous graves à volonté, notre savant médecin Masters, avec des nouvelles, sans doute, de notre pauvre suppliante, lady Varney. — Oh! mais, mylord, nous n'entendons pas que vous nous quittiez ; car comme il s'agit d'une querelle de ménage, nous ne croyons pas notre propre expérience assez étendue pour en décider sans bon conseil. — Hé bien, Masters, que penses-tu de l'épouse fugitive?

Le sourire qui accompagnait les paroles de Leicester quand la reine l'avait interrompu resta fixé sur ses lèvres, comme s'il y avait été gravé par le ciseau de Michel-Ange ou de Chantrey [1] ; et ce fut avec la même immobilité de physionomie qu'il écouta ce que dit le médecin.

— Lady Varney, Gracieuse Souveraine, répondit le médecin de la cour Masters, est sombre et taciturne, et n'a voulu s'entretenir que fort peu avec moi touchant l'état de sa santé; elle parle en termes sans suite de venir bientôt plaider elle-même sa cause devant Votre Majesté, et de sa volonté de ne répondre aux questions de personne de moindre rang.

— Que le Ciel m'en préserve! dit la reine ; nous avons déjà eu à souffrir des malentendus et de la discorde qui semblent suivre cette pauvre dame au cerveau malade partout où elle va. — Ne pensez-vous pas comme moi, mylord? ajouta-t-elle en se tournant vers Leicester avec une expression de regard qui indiquait un tendre regret de leur brouille du matin. Leicester se fit violence pour s'incliner profondément. Mais malgré tous ses efforts il ne put prendre sur lui d'exprimer de vive voix son assentiment à ce qu'avait dit la reine.

— Vous êtes vindicatif, mylord, reprit-elle ; mais nous trouverons un moment et un lieu pour vous punir. Maintenant occupons-nous encore une fois de ce trouble-joie, de cette lady Varney. — Que dites-vous de sa santé, Masters?

— Elle est taciturne, madame, comme je l'ai déjà dit, et elle refuse de répondre aux questions du médecin aussi bien que de se soumettre à son autorité. Je la crois possédée d'un délire que je suis porté à qualifier d'*hypocondria* plutôt que de *phrenesis* ; et je pense que le mieux pour elle serait d'être soignée par son mari dans sa propre maison, et éloignée de tout ce tumulte de fêtes qui trouble son faible cerveau des fantômes les plus fantastiques. Elle laisse échapper des mots qui la feraient prendre pour quelque grand personnage déguisé, — quelque comtesse ou quelque princesse, peut-être. Le Ciel leur soit en aide! telles sont souvent les hallucinations des malheureux atteints de cette maladie.

— En ce cas, dit la reine, qu'on l'éloigne en toute hâte. Que Varney

---

[1] Le plus célèbre des sculpteurs anglais modernes. — *Voyez* les lettres XII et XIII (tome Iᵉʳ) du *Voyage historique et littéraire de M. Amédée Pichot en Angleterre*. (L. V.)

ait soin d'elle avec l'humanité convenable, mais qu'ils débarrassent au plus vite le château de leur présence. Elle finirait par se croire maîtresse de tout ici, je vous le garantis. C'est cependant dommage qu'une si belle personne ait la raison altérée. — Qu'en dites-vous, mylord?

— C'est grand dommage en effet, dit le comte, répétant les mots comme une tâche qui lui aurait été imposée.

— Mais peut-être, continua Élisabeth, ne partagez-vous pas notre opinion sur sa beauté; nous avons vu en effet des hommes préférer le port plus majestueux de Junon à ces statures fragiles qui penchent la tête comme un lys brisé. Oui, mylord, les hommes sont des tyrans qui mettent l'animation du combat au-dessus du triomphe d'une conquête sans résistance, et, en courageux champions, les femmes qu'ils aiment le mieux sont celles qui peuvent lutter avec eux. — Je croirais volontiers avec vous, Rutland, que donner pour femme à mylord de Leicester une pareille figure de cire peinte, ce serait vouloir qu'elle mourût avant la fin de la lune de miel.

En parlant ainsi, elle jetait à Leicester un regard si expressif, que tout en se révoltant dans son cœur contre son indigne fausseté, il se fit assez violence pour répondre à la reine à demi-voix que l'amour de Leicester était moins orgueilleux qu'elle ne le pensait, puisqu'il était placé là où il ne pouvait jamais commander et où il lui faudrait toujours obéir.

La reine rougit et lui imposa silence, mais d'un air qui semblait dire qu'elle s'attendait bien à ce qu'il ne lui obéirait pas. En ce moment une fanfare de trompettes accompagnée de tambours, partie d'un balcon qui dominait la salle, annonça l'arrivée des masques, et vint délivrer Leicester de l'état de contrainte et de dissimulation où l'avait placé le résultat de sa propre duplicité.

La mascarade qui entra se composait de quatre troupes distinctes se suivant à intervalles rapprochés, chaque troupe consistant en six personnages principaux et en autant de porte-torches, et chacune d'elles représentant une des nations diverses par lesquelles l'Angleterre a été occupée à diverses époques.

Les Bretons aborigènes, qui entrèrent les premiers, avaient à leur tête deux anciens druides, dont les chevaux blancs étaient surmontés d'une couronne de chêne, et qui tenaient à la main des rameaux de gui. Aux masques qui suivaient ces figures vénérables succédèrent deux bardes vêtus de blanc, et portant des harpes dont ils tiraient de temps à autre quelques accords, en même temps qu'ils chantaient des stances d'une hymne antique adressée au soleil sous le nom de Bel. Les Bretons aborigènes avaient été choisis parmi les gentilshommes les plus grands et les plus robustes de la cour. De longues barbes et une épaisse chevelure avaient été adaptées à leurs masques; ils étaient vêtus de peaux de loups et de renards, tandis que leurs jambes, leurs bras, et la partie supérieure de leur corps, étant couverts d'une enveloppe de soie couleur chair sur laquelle on avait dessiné les grotesques représentations des corps célestes, et celles d'animaux ou d'autres objets terrestres, leur donnaient l'apparence exacte des ancêtres tatoués des habitants de la Grande-Bretagne, dont l'indépendance fut pour la première fois attaquée par les Romains.

Les fils de Rome, qui vinrent civiliser aussi bien que conquérir, parurent ensuite aux yeux de la noble assemblée. L'ordonnateur des divertissements avait fidèlement imité le cimier élevé et le costume militaire de ce peuple célèbre, et n'avait pas oublié le bouclier fort quoique léger, non plus que l'épée courte à deux tranchants qui l'avait rendu maître du monde. Les aigles romaines étaient portées devant eux par deux porte-étendards qui récitaient une hymne à Mars ; puis venaient les guerriers classiques, marchant du pas grave et altier d'hommes qui aspiraient à la domination universelle.

Le troisième quadrille représentait les Saxons, couverts de peaux d'ours qu'ils avaient apportées avec eux des forêts de la Germanie, et tenant en main la redoutable hache d'armes qui fit un tel ravage parmi les natifs de la Bretagne. Ils étaient précédés de deux scaldes qui chantaient les louanges d'Odin.

Enfin venaient les chevaliers normands, couverts de leurs chemises de mailles, de leurs chaperons d'acier et de la panoplie complète de la chevalerie. Ceux-là étaient conduits par deux ménestrels qui chantaient la guerre et l'amour des dames.

Ces quatre troupes s'avancèrent dans la vaste salle avec le plus grand ordre, un court intervalle séparant leur apparition successive, pour donner aux spectateurs le temps de satisfaire leur curiosité à l'égard de chaque quadrille avant l'entrée du suivant. Elles firent ensuite toutes ensemble le tour de la salle, afin de se déployer plus complètement, réglant leurs pas sur la musique de la maison du comte, composée d'orgues, de hautbois, de chalumeaux [1] et d'épinettes [2]. Enfin, les quatre quadrilles de masques, se rangeant en avant de leurs porte-torches, se disposèrent des deux côtés de la salle de manière à ce que les Romains fussent en ligne vis-à-vis des Bretons, et les Saxons vis-à-vis des Normands. D'abord ils parurent se regarder de part et d'autre avec étonnement, puis cet étonnement fit bientôt place à la colère, exprimée par des gestes menaçants. Au signal donné de la galerie par des fanfares de musique guerrière, les masques des deux côtés tirèrent leurs épées, et s'avancèrent ligne contre ligne, en marquant le pas mesuré d'une sorte de pyrrhique ou danse militaire, chaque soldat frappant de son épée l'épée ou le bouclier de son adversaire, à mesure qu'ils se croisaient ou passaient près les uns des autres dans le cours de la danse.

---

[1] *Shalms.*
[2] *Virginals.* L'épinette était une sorte de clavecin. (I. V.)

C'était un spectacle des plus agréables de voir ces diverses troupes, conservant la régularité au milieu d'évolutions qui semblaient absolument irrégulières, se mêler, s'engager et se dégager, puis reprendre chacune leur première place selon les indications de la musique.

Dans cette danse symbolique étaient représentés les combats qui avaient eu lieu parmi les nations diverses qui avaient anciennement habité la Bretagne.

Enfin, après mainte évolution compliquée, où les spectateurs prirent grand plaisir, le son retentissant d'une trompette se fit entendre, semblable à un signal de bataille ou à un chant de victoire. Les masques cessèrent aussitôt leur combat mimique, et se rassemblant sous leurs chefs respectifs ou *presenters* [1], car tel était le mot propre, ils parurent partager l'attente impatiente des spectateurs au sujet de ce qui allait maintenant paraître.

Les portes de la salle s'ouvrirent de toute leur largeur, et le personnage qui fit son entrée n'était rien moins que le fils du diable, l'enchanteur Merlin, vêtu d'un costume étrange et symbolique, analogue à sa naissance ambiguë et à son pouvoir magique. Autour de lui et en arrière sautillaient et gambadaient nombre d'êtres extraordinaires destinés à figurer les esprits toujours prêts à exécuter ses ordres tout-puissants; et tel fut le plaisir que cette partie de la mascarade procura aux domestiques et autres gens de classe inférieure alors dans le château, que beaucoup d'entre eux oublièrent même le respect dû à la présence de la reine au point de s'introduire dans la partie basse de la salle.

Le comte de Leicester, voyant que ses officiers auraient quelque peine à renvoyer ces intrus sans occasionner plus de désordre qu'il n'était convenable dans un lieu où se trouvait la reine, se leva et se dirigea lui-même vers le fond de la salle; en même temps qu'Élisabeth, avec sa bonté ordinaire pour le commun du peuple, demandait qu'il leur fût permis de rester témoins du divertissement. Leicester avait pris ce prétexte pour aller vers eux; mais son motif réel était d'être un moment rendu à lui-même, et de soulager son esprit, ne serait-ce que pour quelques minutes, de la terrible tâche de cacher sous les dehors de la gaieté et de la galanterie les angoisses déchirantes de la honte, de la colère, du remords et de la soif de la vengeance. D'un regard et d'un signe il imposa silence à la foule vulgaire pressée dans le bas-bout de la salle; mais au lieu de retourner immédiatement près de Sa Majesté, il s'enveloppa de son manteau, et se mêlant à la foule, il resta spectateur en quelque sorte inaperçu de la mascarade.

Merlin s'étant avancé jusqu'au milieu de la salle fit signe de sa baguette magique aux *presenters* des troupes ennemies qui l'entouraient, et leur annonça, dans une allocution poétique, que la Grande-Bretagne

---

[1] Présentateurs.

CHAPITRE XXXVII.

était alors sous les ordres d'une Vierge Royale à qui la volonté du destin était qu'ils rendissent tous hommage, en même temps qu'ils lui demanderaient de prononcer sur les prétentions diverses que chacun d'eux mettait en avant d'être la souche prééminente à laquelle remontaient les populations actuelles, les heureux sujets de cette princesse angélique.

En obéissance à cette injonction, les troupes passèrent tour à tour devant Élisabeth, au son d'une musique solennelle; et à mesure que chaque quadrille passait au pied du trône, il rendait à la souveraine l'hommage le plus respectueux, à la manière de la nation qu'il représentait, hommage auquel Élisabeth répondait avec la gracieuse courtoisie qui avait distingué toute sa conduite depuis son arrivée à Kenilworth.

Les chefs de chacune des quatre troupes déduisirent alors, au nom de ceux qu'ils conduisaient, les raisons qu'ils avaient pour réclamer la prééminence sur les autres; et quand ils eurent tous été entendus à tour de rôle, elle leur répondit gracieusement — qu'elle était fâchée de ne pas être plus à même de résoudre la question difficile que le célèbre Merlin lui avait fait soumettre, mais qu'il lui semblait qu'aucune de ces nations fameuses ne pouvait revendiquer la prééminence sur les autres comme ayant le plus contribué à former les Anglais modernes, ceux-ci tirant incontestablement de chacune d'elles quelqu'un des meilleurs attributs de leur caractère. Ainsi, ajouta-t-elle, l'Anglais a gardé de l'ancien Breton son indomptable esprit de liberté; du Romain, son courage discipliné dans la guerre, avec son amour des lettres et des arts de la civilisation en temps de paix; — du Saxon, ses lois sages et équitables; — du chevaleresque Normand, son amour de l'honneur et de la courtoisie, ainsi que sa passion généreuse pour la gloire.

Merlin répondit sans hésiter qu'il était nécessaire en effet que tant de qualités imminentes se trouvassent réunies chez les Anglais, de manière à faire d'eux en quelque sorte l'abrégé des perfections des autres peuples, puisque cela seul pouvait les rendre dignes jusqu'à un certain point du bonheur dont ils jouissaient sous le règne d'Elisabeth d'Angleterre.

La musique reprit alors; et les quadrilles, ainsi que Merlin et les esprits de sa suite, avaient commencé à sortir de la salle encombrée, quand Leicester, qui se trouvait en ce moment, ainsi que nous l'avons dit, vers la partie inférieure de la salle, et par conséquent engagé jusqu'à un certain point dans la foule, se sentit tiré par son manteau, en même temps qu'une voix lui dit à l'oreille : — Mylord, je désire avoir sur-le-champ avec vous quelques mots d'entretien.

CHAPITRE XXXVIII.

> Qu'ai-je donc, et pourquoi le moindre bruit
> me fait-il pâlir? *Macbeth.*

Je désire quelques mots d'entretien avec vous : — ces paroles étaient simples en elles-mêmes ; mais lord Leicester était dans cet état d'esprit inquiet et fiévreux où les choses les plus simples paraissent avoir quelque chose d'alarmant, et il se retourna vivement pour voir la personne qui les avait prononcées. Elle n'avait rien de remarquable dans son extérieur. C'était un homme vêtu d'un pourpoint de soie noire avec un manteau court, et dont le visage était couvert d'un masque; il paraissait avoir fait partie de la foule de personnages déguisés qui s'étaient pressés dans la salle à la suite de Merlin, bien qu'il ne portât aucun des costumes extravagants par lesquels la plupart d'entre eux se distinguaient.

— Qui êtes-vous, et que me voulez-vous? lui dit Leicester, non sans trahir par l'accent de sa voix l'agitation de son âme.

— Je ne vous veux aucun mal, mylord, mais au contraire mes intentions n'ont d'autre objet que votre bien et votre honneur, si vous voulez les comprendre. Mais il faut que je vous parle plus en particulier.

— Je ne puis avoir d'entretien avec un étranger qui ne se nomme pas, repartit Leicester, à qui la demande de cet inconnu inspirait une crainte dont il n'aurait pu dire la raison précise; et quant à ceux qui sont connus de moi, ils doivent chercher un moment plus convenable pour me demander une entrevue.

Il voulut s'éloigner précipitamment, mais le masque le retint. — Ceux qui parlent à Votre Seigneurie de ce qu'exige son honneur ont droit à votre temps, mylord, quelles que soient les occupations que vous ayez à mettre de côté pour les écouter.

— Comment! mon honneur? Qui ose l'accuser?

— Votre seule conduite peut fournir contre lui matière à accusation, mylord, et c'est sur ce sujet que je voudrais vous entretenir.

— Vous êtes un insolent, dit Leicester, et vous abusez de la liberté hospitalière du moment, qui m'empêche de vous châtier. Je vous demande votre nom?

— Mon nom est Edmund Tressilian de Cornouailles. Ma langue a été enchaînée par une promesse pour vingt-quatre heures; — l'intervalle est écoulé, je puis parler maintenant, et je fais à Votre Seigneurie la justice de m'adresser d'abord à elle.

La sensation d'étonnement qui avait pénétré jusqu'au cœur de Leicester en entendant ce nom prononcé par celui-là même qu'il détestait le plus au monde et de qui il pensait avoir reçu un si cruel outrage, le rendit d'abord immobile, mais fit presque aussitôt place à un besoin de vengeance non moins ardent que la soif qu'éprouve le pèlerin au milieu du désert. A peine lui resta-t-il assez de sang-froid et d'empire sur lui-même pour ne pas percer le cœur du scélérat audacieux qui osait encore, après le mal affreux qu'il lui avait fait, s'adresser à lui avec cette imperturbable assurance. Résolu à contenir pour le moment tout indice d'agitation, afin de pénétrer jusqu'au fond le dessein de Tressilian, aussi bien que pour mieux assurer sa propre vengeance, il répondit, d'une voix tellement altérée par la colère concentrée qu'elle en était à peine intelligible : — Et que veut de moi monsieur Edmund Tressilian?

— Justice, mylord, répondit Tressilian avec calme et fermeté.

— Tout le monde a droit à la justice, dit Leicester ; — vous plus que personne, monsieur Tressilian, et soyez certain qu'elle ne vous manquera pas.

— Je n'attends rien moins de votre noblesse d'âme, mylord ; mais le temps presse, et il faut que je vous parle ce soir. — Puis-je vous accompagner jusque chez vous?

— Non, répondit sèchement le comte ; ce ne doit pas être sous un toit, et surtout pas sous le mien. — Nous nous rencontrerons sous la libre voûte du ciel.

— Vous êtes troublé ou mécontent, mylord ; rien en ceci ne doit cependant exciter votre colère. Le lieu m'est égal, pourvu que vous m'accordiez une demi-heure sans que nous soyons interrompus.

— J'espère qu'un temps plus court suffira, repartit Leicester. — Venez me trouver à la Plaisance, quand la reine se sera retirée à son appartement.

— Il suffit, dit Tressilian, et il s'éloigna ; tandis qu'une sorte de transport semblait remplir pour le moment l'âme entière de Leicester.

— Le Ciel m'est enfin favorable, dit-il, et il a mis à ma portée le misérable qui m'a flétri de cette profonde ignominie, — qui m'a fait éprouver ces angoisses cruelles. Je n'adresserai plus de reproches au destin, puisque j'ai les moyens de pénétrer les ruses par lesquelles il prétend encore m'en imposer, et que je puis tout à la fois mettre à nu et châtier sa scélératesse. A ma tâche ! — à ma tâche ! — Je ne fléchirai plus sous elle, maintenant, puisque minuit au plus tard va m'apporter la vengeance.

Tandis que ces réflexions se pressaient dans l'esprit de Leicester, il se fit jour de nouveau au milieu de la foule qui s'empressait de se partager pour lui livrer passage, et fut reprendre, envié et admiré, sa place près de sa souveraine. Mais si le cœur de celui qui était ainsi l'objet de tant d'admiration et d'envie avait pu être mis à nu devant les nombreux assistants avec toutes ses sombres pensées d'ambition coupable, d'affection blessée, de vengeance terrible, et la conscience intime de la cruauté de ce qu'il méditait, se croisant comme des spectres dans le cercle de quelque impure magicienne, lequel d'entre eux, depuis le courtisan le plus ambitieux du cercle royal jusqu'au plus misérable domestique vivant des restes de l'office, aurait voulu changer de rôle avec le favori d'Élisabeth, le noble maître de Kenilworth !

De nouvelles tortures l'attendaient aussitôt qu'il eut rejoint la reine.
— Vous arrivez à temps, mylord, lui dit-elle, pour prononcer sur une contestation entre nos dames. Sir Richard Varney vient de nous demander notre permission pour quitter le château avec sa malheureuse femme ; son absence, nous a-t-il dit, ayant l'agrément de Votre Seigneurie s'il obtenait le nôtre. Certes, nous ne voulons pas le priver de donner ses soins affectueux à cette pauvre jeune personne ; mais il faut que vous sachiez que sir Richard Varney s'est aujourd'hui montré si épris des dames de notre suite, que notre duchesse de Rutland prétend qu'il ne conduira pas sa pauvre femme insensée plus loin que le lac, qu'il l'y fera faire un plongeon, pour l'y envoyer habiter les palais de cristal dont la nymphe enchantée nous a parlé, et qu'il reviendra, veuf et joyeux, sécher ses larmes et réparer sa perte parmi nos dames. Qu'en dites-vous, mylord ? — Nous avons vu Varney sous deux ou trois déguisements différents ; — vous, vous savez quels sont ses véritables attributs. — Pensez-vous qu'il soit capable de jouer à sa dame un aussi méchant tour ?

Leicester fut interdit ; mais le danger était pressant, et une réponse absolument nécessaire. — Les dames, dit-il, pensent trop légèrement d'une personne de leur sexe si elles supposent qu'elle a pu mériter un tel sort, ou trop mal du nôtre si elles croient qu'un pareil traitement pourrait être infligé à une femme innocente.

— Vous l'entendez, mesdames, dit Élisabeth ; comme tous les autres hommes, il excuserait sa cruauté en nous accusant d'inconstance.

— Ne dites pas *nous*, madame, repartit le comte. Je dis que les femmes ordinaires, comme les luminaires inférieurs du ciel, ont leurs révolutions et leurs phases ; mais qui pourrait accuser d'instabilité ou le soleil ou Élisabeth ?

La conversation prit alors une direction moins périlleuse, et Leicester continua d'y prendre part avec esprit, quelque angoisse intérieure qu'il lui en coûtât. Elle parut si agréable à Élisabeth, que la cloche du château avait sonné minuit avant qu'elle se retirât du cercle, circonstance peu ordinaire dans les habitudes tranquilles et régulières qu'elle s'était faites pour l'emploi de son temps. Son départ fut naturellement pour la compagnie le signal de la dispersion, et chacun se rendit à son appartement pour songer aux passe-temps de la journée ou s'occuper de ceux du lendemain.

L'infortuné maître du château, l'hôte magnifique qui donnait ces superbes fêtes, se retira avec des pensées bien différentes. Il donna ordre au valet qui l'accompagnait d'envoyer immédiatement Varney à son appartement. Le messager revint après un court délai, et l'informa que sir Richard Varney avait quitté le château depuis une heure, et qu'il était sorti par la poterne avec trois autres personnes, l'une desquelles était portée en litière.

— Comment se fait-il qu'il ait quitté le château après la pose des sentinelles? demanda Leicester; je croyais qu'il ne partirait qu'à la pointe du jour.

— Il a donné à la garde des raisons satisfaisantes, à ce que j'ai pu comprendre, répondit le domestique, et j'ai entendu dire qu'il avait montré le sceau de Votre Seigneurie...

— C'est vrai, — c'est vrai; cependant il a mis bien de la hâte. — Quelqu'un de sa suite est-il resté ici?

— On n'a pu trouver Michel Lambourne quand sir Richard Varney est parti, mylord, et sir Richard était fort irrité de son absence. Je viens de le voir tout-à-l'heure qui sellait son cheval pour galoper après son maître.

— Dis-lui de venir ici sur-le-champ; j'ai un message pour son maître.

Le domestique quitta l'appartement, et Leicester s'y promena pendant quelque temps dans une profonde méditation. — Varney a trop de zèle, se dit-il, il se presse trop. — Il m'aime, je le crois, mais il a ses propres fins à atteindre, et rien ne le fait dévier de leur poursuite. Si je m'élève il s'élève, et il s'est montré déjà trop empressé de me débarrasser de cet obstacle qui se place entre le trône et moi. Néanmoins je ne m'abaisserai pas à supporter ce déshonneur. Elle sera punie, mais ce sera après y avoir songé plus mûrement. Je sens déjà, même par anticipation, qu'un excès de précipitation allumerait dans mon sein les feux de l'enfer. Non; — une victime est assez pour une fois, et déjà cette victime m'attend.

Il saisit une plume, et traça ces mots à la hâte : — « Sir Richard
» Varney, nous avons résolu de différer l'affaire confiée à vos soins, et
» nous vous enjoignons strictement de ne rien faire de plus au sujet de
» notre comtesse jusqu'à de nouveaux ordres de nous. Nous vous ordon-
» nons aussi de revenir immédiatement à Kenilworth, aussitôt que vous
» aurez mis en sûreté ce qui vous est confié. Mais si à cet effet vous êtes
» retenu plus long-temps que nous ne le pensons, nous vous ordonnons,
» en ce cas, de renvoyer notre sceau par un fidèle et prompt messager,
» attendu que nous en avons promptement besoin. Et requérant votre

» stricte obéissance à ces choses, et vous recommandant à la garde de
» Dieu, nous demeurons votre ami assuré et bon maître.

» R. LEICESTER.

» Donné à notre château de Kenilworth, le dixième jour de juillet de
» l'année du Salut mil cinq cent soixante-quinze. »

Au moment où Leicester venait de finir et scellait cette lettre, Michel Lambourne, botté jusqu'à mi-cuisse, son manteau de cavalier serré autour de lui par un large ceinturon, et la tête couverte d'un chapeau de feutre pareil à ceux des courriers, entra dans la chambre, conduit par le valet.

— En quelle qualité sers-tu? lui demanda le comte.

— Comme écuyer du grand-écuyer de Votre Seigneurie, répondit Lambourne avec son assurance coutumière.

— Retiens ta langue impertinente, dit Leicester; les plaisanteries qui peuvent convenir devant sir Richard Varney ne conviennent pas devant moi. Combien de temps te faut-il pour rejoindre ton maître?

— Une heure de galop, mylord, si homme et cheval tiennent bon, répondit Lambourne, passant tout-à-coup d'un ton presque familier à celui du plus profond respect

Le comte le toisa de la tête aux pieds.

— J'ai entendu parler de toi, reprit-il; on te dit prompt dans ton service, mais trop adonné aux querelles et à la boisson pour qu'on te puisse confier quelque chose d'important.

— Mylord, dit Lambourne, j'ai été soldat, marin, voyageur et aventurier; et ce sont autant de métiers dans lesquels on jouit du jour présent parce qu'on n'est pas sûr du lendemain. Mais quoique j'aie pu mésuser de mes loisirs, je n'ai jamais négligé mon devoir envers mon maître.

— Aie soin que cette fois il en soit ainsi, et tu t'en trouveras bien. Remets cette lettre promptement et soigneusement aux mains de sir Richard Varney.

— Ma commission ne va pas au-delà?

— Non; mais il est de la plus grande importance pour moi qu'elle soit exécutée avec soin et diligence.

— Je n'épargnerai ni mes soins ni mon cheval, mylord. Et Lambourne prit immédiatement congé.

Ainsi donc, voilà à quoi aboutit mon audience secrète, dont j'espérais tant! murmurait-il à part lui tout en traversant la longue galerie et en descendant l'escalier dérobé. Morbleu! j'imaginais que le comte avait besoin d'un échantillon de mon service dans quelque intrigue secrète, et tout aboutit à porter une lettre! Hé bien, sa volonté n'en sera pas moins faite, et, comme dit mylord, je peux m'en trouver bien une

CHAPITRE XXXVIII.

autre fois. Il faut que l'enfant se traîne avant de marcher, et c'est la même chose pour les apprentis courtisans. Je vais pourtant jeter un coup d'œil dans cette lettre, qu'il a si mal scellée.

Après l'avoir fait comme il le disait, il frappa des mains dans son ravissement, en s'écriant : — La comtesse! — la comtesse! — je tiens le secret qui fera ma fortune ou ma perte. — Mais avance, Bayard, ajouta-t-il en conduisant son cheval dans l'avant-cour, car il va falloir que tes flancs et mes éperons fassent tout-à-l'heure connaissance.

Lambourne monta à cheval et quitta le château par la poterne, où il eut un libre passage en conséquence des ordres laissés à cet effet par sir Richard Varney.

Dès que Lambourne et le valet eurent quitté l'appartement, Leicester s'occupa de changer de costume pour en prendre un très simple; puis il jeta son manteau autour de lui, et se munissant d'une lampe il se rendit par un passage privé à une petite porte secrète qui ouvrait sur l'avant-cour, non loin de l'entrée de la Plaisance. Ses réflexions étaient plus calmes et mieux arrêtées qu'elles ne l'avaient été depuis quelque temps, et il chercha à prendre, même à ses propres yeux, le caractère d'un homme plutôt provoqué que provoquant.

— J'ai reçu le plus grand des outrages, se disait-il; cependant j'ai repoussé la vengeance immédiate qui était en mon pouvoir, et je me suis restreint à celle qu'avouent l'honneur et le courage. Mais l'union que cette femme sans foi a déshonorée aujourd'hui restera-t-elle pour moi une chaîne indestructible, qui m'arrêtera dans la noble carrière où m'appellent mes destinées? — Non; — il est d'autres moyens de desserrer de tels nœuds sans briser les cordes de la vie. Aux yeux de Dieu je ne suis plus lié par l'union qu'elle a rompue. Des royaumes nous sépareront; — des océans rouleront entre elle et moi, et leurs vagues, dont les profondeurs ont englouti des flottes entières, seront seules dépositaires de ce terrible secret.

C'était par cette suite de raisonnements que Leicester travaillait à réconcilier sa conscience avec la poursuite de plans de vengeance si précipitamment adoptés, et de projets ambitieux si intimement unis maintenant à tous les desseins et à toutes les actions de sa vie, qu'y renoncer était un effort au-dessus de son courage; et il en vint ainsi à donner à sa vengeance une apparence de justice et de même de généreuse modération.

Dans cette disposition d'esprit, l'ambitieux et vindicatif Leicester entra dans la magnifique enceinte de la Plaisance, alors éclairée par la pleine lune. La lumière jaunâtre que l'astre versait à larges flots était réfléchie de tous côtés par la pierre de taille blanche dont les dalles, les balustrades et les ornements d'architecture étaient construits; pas un seul nuage ne se montrait sur l'azur du ciel, de sorte que la scène était presque autant éclairée que si le soleil n'avait fait que de quitter l'horizon. Les nombreuses statues de marbre blanc qui se détachaient au milieu de cette pâle lumière semblaient autant d'esprits enveloppés de leurs linceuls et se levant de leurs sépulcres, et les fontaines lançaient leurs jets dans l'air, comme si elles eussent voulu présenter aux rayons de la lune leurs eaux brillantées avant qu'elles ne retombassent en pluie d'argent dans leurs bassins étincelants. La chaleur du jour avait été étouffante, et la légère brise de nuit qui soupirait le long des terrasses de la Plaisance ne soulevait pas un souffle plus sensible que l'éventail qu'agite la main d'une jeune beauté. L'oiseau des nuits d'été s'était construit nombre de nids dans les bosquets du jardin adjacent, et ces harmonieux chanteurs se dédommageaient alors de leur silence de la journée par le chorus universel de leurs gazouillements incomparables, tantôt joyeux, tantôt pathétiques, tantôt unis, tantôt se répondant l'un à l'autre, comme pour exprimer le ravissement que leur faisait éprouver la scène calme et délicieuse qu'ils remplissaient de leurs mélodies.

Rêvant à toute autre chose qu'à la chute des eaux, aux rayons de la lune ou au chant du rossignol, le majestueux Leicester se promenait à pas lents d'une extrémité de la terrasse à l'autre, son manteau drapé autour de lui et son épée sous le bras, sans rien apercevoir qui eût apparence de forme humaine. — J'ai été la dupe de ma générosité, se dit-il, si j'ai laissé le misérable m'échapper, — oui, et aller peut-être au secours de son adultère, qui est si faiblement gardée.

Telles étaient ses pensées, pensées qui se dissipèrent sur-le-champ, lorsque, tournant la tête vers l'entrée, il vit une forme humaine sortir du portique et se diriger lentement vers lui, obscurcissant successivement de son ombre chacun des objets devant lesquels elle passait.

— Frapperai-je avant d'entendre son odieuse voix? pensa Leicester en saisissant la poignée de son épée. — Mais non! je verrai à quoi tendent ses vils projets. J'observerai, tout répugnant que cela soit, les replis et les détours de l'impur reptile, avant de recourir à ma force pour l'écraser.

Sa main quitta la poignée de son épée, et il s'avança lentement à la rencontre de Tressilian, rassemblant pour cette entrevue tout le calme et le sang-froid qu'il put trouver en lui. Enfin ils se trouvèrent face à face.

Tressilian fit un profond salut, auquel le comte répondit par un mouvement de tête plein de hauteur, et par ces mots : — Vous avez désiré une conférence secrète avec moi, monsieur ; — me voici, et j'écoute.

— Mylord, dit Tressilian, j'attache un tel intérêt à ce que j'ai à dire, et je désire tellement trouver un auditeur patient, et même favorable, que je m'abaisserai d'abord à me disculper de tout ce qui pourrait prévenir Votre Seigneurie contre moi. Vous me croyez votre ennemi?

— N'en ai-je pas quelque motif apparent? repartit Leicester, s'apercevant que Tressilian attendait une réponse.

— Vous me faites injure, mylord. Je suis ami, mais non dépendant ni partisan du comte de Sussex, que les courtisans appellent votre rival ; et il y a bien long-temps que j'ai cessé de regarder les cours et leurs intrigues comme convenant à mon caractère et à mes idées.

— Je n'en doute pas, monsieur ; il est d'autres occupations plus dignes d'un savant, et telle est dans le monde la réputation de M. Tressilian. — L'amour a ses intrigues aussi bien que l'ambition.

— Je m'aperçois, mylord, que vous donnez un grand poids à mon ancien attachement pour l'infortunée jeune personne dont j'ai à vous parler, et que peut-être vous pensez que je défends sa cause par esprit de rivalité plus que par un sentiment de justice.

— Peu importent mes pensées, monsieur ; continuez. Vous ne m'avez encore parlé que de vous, sujet digne et important, sans doute, mais qui n'est peut-être pas pour moi d'un intérêt assez profond pour que j'y eusse trouvé un motif suffisant de retarder mon repos. Epargnez-moi un plus long préambule, monsieur, et venez au fait, si en effet vous avez quelque chose à dire qui me concerne. Quand vous aurez fini, j'aurai, à mon tour, quelque chose à vous communiquer.

— Je parlerai donc sans autre préambule, mylord ; les choses que j'ai à dire intéressant l'honneur de Votre Seigneurie, j'ai la confiance que vous ne regarderez pas comme perdu le temps que vous emploierez à les entendre. J'ai à demander compte à Votre Seigneurie de la malheureuse Amy Robsart, dont l'histoire ne vous est que trop bien connue. Je regrette profondément de ne pas avoir tout d'abord pris ce parti, et de ne vous avoir pas fait juge entre moi et le misérable par qui elle est outragée. Mylord, elle est parvenue à se tirer d'un état de détention illégal et des plus périlleux, confiante dans l'effet de ses remontrances sur son indigne époux, et elle m'a arraché la promesse que je n'interviendrai pas pour elle jusqu'à ce qu'elle eût elle-même fait tous ses efforts pour lui faire reconnaître ses droits.

— Ha ! Vous souvenez-vous à qui vous parlez ?

— Je parle de son indigne époux, mylord, et mon respect ne peut trouver un langage plus adouci. La malheureuse jeune femme est soustraite à mes regards, et séquestrée dans quelque endroit secret de ce château, — si elle n'est pas transférée déjà dans quelque retraite mieux appropriée à de mauvais desseins. Cet état de choses doit changer, mylord, — je parle ainsi comme autorisé par son père ; — il faut que ce malheureux mariage soit avoué et prouvé en présence de la reine, que la dame soit délivrée de toute contrainte, et qu'elle ait la libre disposition d'elle-même. Et, permettez-moi de le dire, personne n'est autant que vous, mylord, intéressé d'honneur à ce qu'on ait égard à mes justes demandes.

Le comte restait comme pétrifié de l'extrême sang-froid avec lequel l'homme qu'il regardait comme l'ayant si gravement outragé plaidait la cause de sa criminelle amante, comme s'ils eussent été, elle une femme innocente et lui un avocat désintéressé ; et son étonnement n'était pas diminué par la chaleur que Tressilian mettait à réclamer pour elle, à ce qu'il semblait, le rang et la situation qu'elle avait déshonorés, ainsi que les avantages que sans doute elle devait partager avec l'amant qui soutenait sa cause avec une telle effronterie. Tressilian avait cessé de parler depuis plus d'une minute avant que le comte fût revenu de l'excès de sa surprise ; et si l'on songe aux préventions dont son esprit était occupé, on s'étonnera peu que la colère eût pris le dessus sur toute autre considération. — Monsieur Tressilian, dit-il, je vous ai écouté sans interruption, et je rends grâces à Dieu de ce que jamais jusqu'à présent les paroles d'un aussi effronté scélérat ne m'avaient fait tinter les oreilles. Le soin de vous châtier conviendrait mieux au fouet du bourreau qu'à l'épée d'un gentilhomme ; mais cependant.... Misérable, en garde, et défends-toi !

En prononçant ces derniers mots il laissa tomber son manteau à terre, frappa rudement Tressilian de son arme encore dans le fourreau, et tirant immédiatement sa rapière se mit en attitude de combat. L'emportement furieux de ses paroles remplit d'abord Tressilian d'une surprise égale à celle que Leicester avait éprouvée en l'entendant. Mais l'étonnement fit place à la colère quand les insultes imméritées du langage du comte furent suivies d'un coup qui chassa aussitôt toute idée autre que celle d'un combat immédiat. L'épée de Tressilian fut à l'instant même hors du fourreau, et quoique peut-être un peu moins habile que Leicester dans le maniement de l'arme, il s'y entendait assez pour soutenir le combat sans désavantage ; d'autant plus que des deux c'était lui qui en ce moment avait le plus de sang-froid, car il ne pouvait s'empêcher d'attribuer la conduite de Leicester soit à un accès de folie furieuse, soit à l'influence de quelque forte illusion.

Le combat durait depuis plusieurs minutes sans qu'aucune blessure eût été reçue de part ni d'autre, quand tout-à-coup un bruit de voix et de pas précipités se fit entendre sous le portique qui formait l'entrée de la terrasse. — Nous sommes interrompus, dit Leicester à son antagoniste ; suivez-moi.

— Le drôle a raison, dit au même moment une voix partant du portique, — on se bat par ici.

Cependant Leicester conduisit Tressilian vers une sorte d'enfoncement derrière une des fontaines, qui servit à les cacher pendant que six des *yeomen* de la garde suivaient la grande allée de la Plaisance ; et ils purent entendre un des soldats qui disait aux autres : — Jamais nous ne les trouverons cette nuit, au milieu de tous ces tuyaux seringuants, de ces cages à écureuils et de ces trous à lapins ; mais si nous ne mettons pas la main sur eux avant d'être là-bas au bout, nous nous en reviendrons, nous monterons la garde à l'entrée, et de cette façon-là nous nous assurerons d'eux jusqu'à demain.

— Jolie affaire, dit un autre ; tirer l'épée si près de la reine, et dans son propre palais pour ainsi dire ! — Par la potence ! ce doit être quelques pauvres coqs ivres qui s'escriment en attendant le combat. — Ce serait presque dommage que nous les trouvions. — La peine est d'avoir une main coupée, n'est-ce pas ? — Il serait dur de perdre une main pour avoir manié un bout d'acier, qui vient si naturellement à la poigne d'un homme.

— Tu es toi-même querelleur, George, dit un autre ; mais prends-y garde, car la loi est comme tu l'as dit.

— Oui, reprit le premier, si la chose est prise à la rigueur ; car tu sais bien que ce n'est pas ici le palais de la reine, mais celui de mylord de Leicester.

— Parbleu, quant à cela, la peine peut être tout aussi sévère, dit un autre interlocuteur ; car si notre gracieuse maîtresse est reine, comme elle l'est en effet, Dieu la protège ! mylord de Leicester n'est pas loin d'être roi.

— Silence, coquin ! dit un troisième ; sais-tu si on ne peut pas nous entendre?

Ils passèrent outre, faisant assez négligemment une sorte de perquisition, mais paraissant beaucoup plus occupés de leur conversation que de découvrir ceux qui avaient occasionné cette alerte nocturne.

Ils n'eurent pas plus tôt pris une certaine avance sur la terrasse, que Leicester, faisant signe à Tressilian de le suivre, se glissa dans la direction opposée et s'esquiva par le portique sans avoir été aperçu. Il conduisit Tressilian jusqu'à la tour de Mervyn, où celui-ci avait repris son logement ; et au moment de le quitter il lui dit : — Si tu as le courage de continuer et de mener à fin ce qui est ainsi interrompu, sois près de moi quand la cour sortira demain ; — nous trouverons un moment, et je te ferai signe quand il sera convenable.

— Mylord, repartit Tressilian, en tout autre moment j'aurais pu vous demander ce que signifiait cette étrange fureur d'acharnement contre moi. Mais vous avez imprimé sur mon épaule une marque qui ne peut être effacée que par le sang ; et fussiez-vous arrivé aussi haut que vous aient jamais porté vos vœux les plus orgueilleux, j'aurai satisfaction de vous pour mon honneur blessé.

Ils se séparèrent ainsi ; mais les aventures de la nuit n'étaient pas encore à leur terme pour Leicester. Il était forcé de passer par la Tour Saintlowe pour regagner le passage réservé qui conduisait à son appartement ; à l'entrée de ce passage, il rencontra lord Hunsdon à demi-vêtu, et son épée nue sous le bras.

— Cette alerte vous a-t-elle éveillé aussi, mylord de Leicester? dit le vieux soldat. Cela va bien ! — par les griffes de Gog ! les nuits sont aussi bruyantes que le jour dans votre château. Il y a une couple d'heures, j'ai été réveillé par les cris de ce cerveau malade, la pauvre lady

Varney, que son mari emmenait de force. Je vous promets qu'il a fallu votre nom et celui de la reine pour m'empêcher de me mêler du jeu, et de couper les oreilles à votre Varney; et maintenant voilà une querelle dans la Plaisance, ou n'importe comment vous appelez cette terrasse en pierre où sont toutes ces fanfreluches.

Les premières paroles du vieillard allèrent comme un coup de poignard au cœur du comte; il répondit aux dernières qu'il avait lui-même entendu le cliquetis des épées, et qu'il était descendu pour mettre à l'ordre ceux qui s'étaient permis une telle insolence à si peu de distance de la personne de la reine.

— En ce cas, je serai charmé d'y aller de compagnie avec Votre Seigneurie.

Leicester fut ainsi forcé de retourner à la Plaisance avec le vieux lord; là Hunsdon apprit des *yeomen* de la garde, qui étaient sous ses ordres immédiats, le peu de succès de leurs recherches après les auteurs de l'alerte, ce qui leur valut de sa part pour leurs peines quelques douzaines de malédictions énergiques, et les épithètes de paresseux coquins et d'aveugles fils de… Leicester crut devoir affecter aussi d'être fort en colère de ce qu'on n'eût rien découvert; mais à la fin il insinua à lord Hunsdon qu'après tout ce pourrait bien n'être que quelques jeunes étourdis qui auraient porté des santés un peu trop copieuses, et qui seraient assez punis par la peur que leur aurait faite la recherche dont ils avaient été l'objet. Hunsdon, qui lui-même n'était pas ennemi du flacon, convint que la pinte pouvait excuser une bonne partie des sottises qu'elle faisait faire. — Mais, ajouta-t-il, à moins que Votre Seigneurie ne soit moins libérale dans son hospitalité, et ne restreigne les distributions d'ale, de vin et de liqueurs, je prévois que je finirai par faire cloîtrer dans le donjon quelques-uns de ces bons vivants-là, et par leur faire administrer une dose d'estrapade. — Et sur ce, bonne nuit, mylord.

Satisfait d'être délivré de sa compagnie, Leicester prit congé de lui à l'entrée du corps de logis que le vieux lord occupait, au même endroit où ils s'étaient rencontrés; puis regagnant le passage privé, il y reprit la lampe qu'il y avait laissée, et dont la lueur expirante l'aida à retrouver le chemin de son appartement.

CHAPITRE XXXIX.

> Place! place! car mon cheval se cabrera s'il se trouve si près d'un prince. Pour vous dire ce qui en est, il fut mis bas du temps de la reine Élisabeth, quand le grand comte de Leicester la fêta dans son château
>
> BEN JONSON, *la Mascarade des Hiboux.*

Le divertissement réservé pour le lendemain à Élisabeth et à sa cour était un spectacle donné par les gens de la bonne ville de Coventry, qui devaient représenter le combat entre les Anglais et les Danois, conformément à un usage long-temps conservé dans cet ancien bourg, usage fondé sur une tradition dont les vieilles histoires et les chroniques garantissaient la vérité. Dans ce combat simulé, une troupe de bourgeois figurait les Saxons et une autre troupe les Danois, et ils rappelaient, tant par les vers barbares qu'ils récitaient que par les rudes coups portés de part et d'autre, les luttes de ces deux peuples belliqueux, ainsi que le courage des Amazones anglaises, lesquelles, selon la tradition, eurent la part principale dans le massacre général des Danois qui eut lieu dans l'été de l'an de grâce 1002 [1]. Ce spectacle, qui avait été long-temps le divertissement favori des gens de Coventry, avait, à ce qu'il paraît, été aboli par l'influence de quelques ecclésiastiques zélés de la secte la plus rigide, qui se trouvaient avoir une grande influence sur les magistrats. Mais la généralité des habitants avait pétitionné près de la reine pour qu'on leur rendît leur spectacle de prédilection, et pour qu'il leur fût permis d'en donner une représentation devant Son Altesse. Quand l'affaire vint en délibération dans le petit conseil qui suivait habituellement la reine pour l'expédition des affaires, la proposition, bien que combattue par quelques uns des conseillers les plus rigides, trouva faveur aux yeux d'Élisabeth. Elle allégua que de semblables jeux occupaient l'esprit de nombre de gens, qui, s'ils ne les avaient pas, pourraient trouver de pires sujets de récréation ; et que leurs pasteurs, quelque recommandables qu'ils fussent par leur savoir et leur sainteté, mettaient un peu trop de sévérité dans leurs prédications contre les passe-temps de leurs ouailles. La représentation fut donc autorisée.

---

[1] Le texte porte 1012, sans nul doute par une faute d'impression. (L. V.)

En conséquence, après un repas du matin que M. Laneham appelle un *déjeuner d'ambroisie*, les principaux personnages de la cour faisant partie de la suite immédiate de Sa Majesté se pressèrent dans la Tour de la Galerie, pour assister à l'approche des deux troupes adverses, les Anglais et les Danois. A un signal donné, la barrière du parc fut ouverte pour leur livrer passage. Ils s'avancèrent, piétons et cavaliers; car quelques uns des bourgeois et des fermiers les plus ambitieux s'étaient affublés de costumes fantastiques figurant des chevaliers, afin de ressembler à la noblesse équestre des deux nations. Toutefois, pour prévenir de fatals accidents, il ne leur fut pas permis de paraître avec de véritables chevaux ; ils purent seulement s'accoutrer de ces *hobbyhorses* [1], ainsi qu'on les appelait, qui étaient autrefois le plaisir principal d'une danse moresque, et que l'on voit encore sur le théâtre dans la grande bataille livrée au dénouement de la tragédie de M. Bayes. L'infanterie venait ensuite sous des déguisements analogues. L'ensemble de la représentation devait être considéré comme une sorte de mascarade burlesque, ou comme une parodie des spectacles plus pompeux auxquels prenaient part la haute et la petite noblesse [2], qui cherchaient à y représenter aussi fidèlement que possible selon leurs connaissances les personnages qu'ils représentaient. La comédie danoise avait un autre caractère, les acteurs étant des gens de condition inférieure, dont les habillements convenaient d'autant mieux à la circonstance qu'ils étaient en eux-mêmes plus fantasques et plus ridicules ; aussi leur équipement, que la marche de notre récit ne nous permet pas de décrire, était-il passablement comique. Leurs armes, bien qu'assez formidables pour porter de bons horions, se composaient de longues perches en guise de lances et de solides gourdins au lieu d'épées; et pour armes défensives, cavaliers et fantassins étaient parfaitement équipés de solides morions et de boucliers, les uns et les autres de cuir épais.

L'ingénieux ordonnateur de la représentation, le capitaine Coxe, cet *humoriste* [3] célèbre de Conventry, dont la bibliothèque de ballades, d'almanachs et d'*histoires à deux sous* [4] fait encore l'envie des antiquaires, avec sa couverture de parchemin et le bout de corde à fouet qui l'entoure pour plus de sûreté, — le capitaine Coxe, disons-nous, chevauchait

---

[1] Chevaux figurés en carton peint et faisant corps avec le cavalier, qui mettait ses jambes au service du faux quadrupède. On voit encore de ces sortes de chevaux factices dans les jeux de quelques troupes ambulantes courant les foires de province. C'est d'ordinaire la monture du jocrisse. (L. V.)

[2] *Nobility and gentry*.

[3] *Humorist*, expression que nous conservons faute d'un équivalent qui manque a notre langue. L'humoriste est un plaisant de profession, un homme qui offre par excellence ce mélange de comique et d'originalité que les Anglais ont qualifié du nom d'*humour*, autre expression aussi intraduisible que la première. (L. V.)

[4] *Penny histories*.

bravement sur son cheval de carton à la tête des Anglais, parfaitement troussé, dit Laneham, et brandissant sa longue épée, ainsi qu'il convenait à un homme de guerre expérimenté qui avait combattu au siége de Boulogne sous le père de la reine, le roi Henri de grosse mémoire. Ce chef de bande devait, comme de droit et de raison, entrer le premier en lice ; passant sous la galerie à la tête de ses myrmidons, il baisa la poignée de son épée à l'intention de la reine, et en même temps exécuta une gambade telle que jamais hobbyhorse bipède n'avait montré la pareille. Faisant ensuite défiler toute sa suite de cavaliers et d'infanterie, il fut les ranger avec une habileté toute martiale à l'autre extrémité du pont, ou champ-clos, en attendant que ses antagonistes fussent dûment préparés pour l'attaque.

L'attente ne fut pas longue. La cavalerie et l'infanterie danoise, qui ne le cédaient aux Anglais ni par le nombre, ni par la valeur, ni par l'équipement, arrivèrent immédiatement après, la cornemuse du Nord soufflant devant eux comme emblème national, et commandés par un adroit maître d'escrime, qui ne le cédait qu'au renommé capitaine Coxe en fait de discipline militaire, si même il ne l'égalait pas. Les Danois, comme agresseurs, prirent leur station sous la Tour de la Galerie, à l'opposite de celle de Mortimer ; et quand leurs dispositions furent complétement achevées, on donna le signal de l'attaque.

Leur première charge fut assez modérée de part et d'autre, car chacun des deux partis redoutait d'être poussé dans le lac ; mais à mesure que des renforts arrivaient de chaque côté, l'escarmouche devint une bataille acharnée. Les combattants se précipitaient les uns sur les autres, à ce qu'atteste M. Laneham, comme des béliers enflammés de jalousie ; et tel était l'acharnement réciproque, que souvent les parties adverses étaient renversées l'une sur l'autre, et que les bâtons heurtaient contre les boucliers avec un horrible retentissement. En beaucoup de cas, il arriva ce qu'avaient craint les guerriers les plus expérimentés au commencement de la lutte : les balustrades qui protégeaient les bords du pont n'avaient été, peut-être à dessein, que légèrement assujetties, et elles cédèrent sous la pression de la foule serrée des combattants, de sorte que plus d'un courage ardent se trouva suffisamment refroidi. Ces incidents auraient pu avoir des suites plus sérieuses qu'il ne convenait à un tel engagement, car nombre de champions à qui cette mésaventure arriva ne savaient pas nager, et ceux qui le savaient étaient embarrassés dans leurs équipements de cuir et leurs armures de carton ; mais on y avait pourvu, et plusieurs barques étaient là prêtes à recueillir les infortunés guerriers et à les porter en terre ferme, où, trempés et découragés, ils se réconfortèrent avec l'ale chaude et les liqueurs fortes qu'on leur distribua en abondance, sans pourtant montrer le moindre désir de prendre une seconde fois part à un combat si désespéré.

Le capitaine Coxe seul, ce modèle des antiquaires amants de la lettre gothique, après avoir fait deux fois, homme et cheval, le saut périlleux du pont au lac, extrémité comparable à aucune de celles auxquelles furent jamais réduits les héros favoris de la chevalerie dont il possédait les prouesses en petit format, les Amadis, les Bélianis, les Bévis, et même son Guy de Warwick, — le capitaine Coxe, disons-nous, revint seul, après deux telles mésaventures, se jeter de nouveau au plus chaud de la mêlée, la housse de son hobbyhorse ruisselante d'eau, et deux fois il ranima de la voix et de l'exemple le courage abattu des Anglais; de sorte que leur victoire sur les Danois finit, ainsi qu'il était juste et raisonnable, par être complète et décisive. Il se montra digne d'être immortalisé par la plume de Ben Jonson, qui, cinquante ans plus tard, jugeait qu'un *masque* représenté à Kenilworth ne pouvait avoir d'introducteur aussi convenable que l'esprit du capitaine Coxe monté sur son redoutable hobbyhorse.

Il se pourrait que la rudesse de ces jeux champêtres ne s'accordât pas tout-à-fait avec l'idée que se serait d'avance formée le lecteur d'un divertissement donné devant Élisabeth, sous le règne de laquelle les lettres reprirent une nouvelle vie et jetèrent tant d'éclat, et dont la cour, gouvernée par une femme en qui le sentiment des convenances ne le cédait pas à la force d'esprit, ne se distingua pas moins par la délicatesse et le raffinement, que les conseils de la souveraine par la vigueur et la sagesse. Mais soit que par politique elle voulût paraître s'intéresser aux jeux populaires, soit par une étincelle de l'esprit rude et mâle du vieux Henri, esprit qui parfois se ranimait en elle, il est certain que la reine rit de bon cœur de l'imitation, ou plutôt de la parodie chevaleresque que renfermait le divertissement de Coventry. Elle appela près d'elle le comte de Sussex et lord Hunsdon, peut-être en partie pour dédommager le premier des longues audiences privées dont elle avait favorisé le comte de Leicester, en engageant la conversation avec lui sur un passe-temps mieux approprié à son goût que ces allégories empruntées aux histoires de l'antiquité. La disposition que montrait la reine à rire et à plaisanter avec ses deux généraux apporta au comte de Leicester l'occasion qu'il épiait de s'éloigner de la présence royale, et il choisit si bien son temps, que le cercle des courtisans ne vit dans sa retraite que la généreuse intention de laisser à son rival un libre accès près de la personne de la reine, au lieu de profiter du droit que lui donnait son titre de maître du château de se tenir continuellement entre elle et les autres.

Les pensées de Leicester avaient cependant un tout autre objet que la simple courtoisie; car aussitôt qu'il vit la reine engagée dans une conversation avec Sussex et Hunsdon, derrière lesquels se tenait sir Nicolas Blount, dont la bouche s'ouvrait d'une oreille à l'autre à chaque mot qui se disait, il fit signe à Tressilian, qui se tenait en observation à quelque distance, ainsi qu'il était convenu; et perçant la foule des

CHAPITRE XXXIX.

spectateurs qui contemplaient bouche béante la bataille des Anglais et des Danois, il prit la direction du parc. Quand il fut sorti de la presse, ce qui ne fut pas chose fort aisée, il se retourna de nouveau pour voir si Tressilian avait été également heureux ; et dès qu'il fut assuré qu'il était parvenu aussi à traverser la foule, il se dirigea vers un petit bouquet d'arbres derrière lequel attendait un laquais avec deux chevaux tout sellés. Le comte sauta sur l'un et fit signe à Tressilian de monter l'autre, signe auquel celui-ci obéit sans prononcer un mot.

Leicester donna de l'éperon à son cheval et galopa sans s'arrêter jusqu'à ce qu'il fût arrivé à une place isolée, entourée de chênes élevés, à environ un mille du château, et dans une direction entièrement opposée à celle où la curiosité attirait tous les spectateurs. Là il mit pied à terre, attacha son cheval à un arbre, et prononçant seulement ces mots : — Ici nous ne risquons pas d'être interrompus, — il jeta son manteau en travers de sa selle et tira son épée.

Tressilian suivit son exemple de point en point, mais il ne put s'empêcher de dire, en mettant l'épée à la main : — Mylord, comme je suis connu d'assez de gens pour un homme qui ne craint pas la mort quand elle est mise en balance avec l'honneur, je crois pouvoir, sans déroger, et au nom de tout ce qui est honorable, demander par quel motif Votre Seigneurie a osé me faire l'affront qui nous place l'un à l'égard de l'autre dans la situation où nous sommes.

— Si de telles marques de mon mépris ne sont pas de votre goût, répliqua le comte, mettez-vous en garde sur-le-champ, de peur que je ne réitère le traitement dont vous vous plaignez.

— Cela ne sera pas nécessaire, mylord. Que Dieu soit juge entre nous, et que votre sang, si vous succombez, retombe sur votre tête !

Il avait à peine fini la phrase que déjà le combat était engagé.

Mais Leicester, qui n'excellait pas moins dans l'escrime que dans tous les autres exercices du temps, avait assez apprécié, la nuit précédente, la force et l'adresse de Tressilian pour mettre cette fois plus de prudence dans ses attaques, et préférer une vengeance moins prompte et plus sûre. Pendant quelques minutes ils combattirent avec une adresse égale et une égale fortune de part et d'autre ; mais enfin un coup désespéré que Leicester réussit à parer laissa Tressilian découvert, et le comte, le pressant alors vivement, le désarma et le renversa à terre. Avec un sourire amer il tint la pointe de son arme à deux pouces de la gorge de son ennemi abattu, et lui appuyant en même temps un pied sur la poitrine il lui dit de confesser les outrages infâmes dont il s'était rendu coupable envers lui, et de se préparer à mourir.

— Je n'ai à confesser ni bassesse ni outrage envers toi, répondit Tressilian, et je suis mieux que toi préparé à mourir. Use de ton avantage comme tu voudras, et que Dieu te pardonne ! Je ne t'ai pas donné de motif pour ce que tu fais.

— Pas de motif! s'écria le comte; pas de motif! — Mais pourquoi discuter avec un être aussi vil? — Meurs dans le mensonge, comme tu as vécu!

Il avait levé le bras et allait porter le coup fatal, quand tout-à-coup il se sentit saisir par derrière.

Le comte se retourna avec colère pour se débarrasser de cet obstacle inattendu; mais il vit avec surprise que celui qui s'était emparé de son bras droit était un enfant d'une figure étrange, qui s'y attachait avec tant de force et de ténacité, qu'il ne put s'en débarrasser qu'après une lutte obstinée, dont Tressilian profita pour se relever et ressaisir son arme. Leicester revint sur lui avec la même fureur dans le regard, et le combat aurait recommencé avec plus de rage encore des deux côtés, si l'enfant ne s'était attaché aux genoux de lord Leicester, en le conjurant d'une voix glapissante de l'écouter un instant avant de poursuivre cette querelle.

— Lève-toi et lâche-moi, dit Leicester, ou, par le Ciel! je te perce de ma rapière. — Qu'as-tu besoin de te jeter à la traverse de ma vengeance?

— Beaucoup, — beaucoup! exclama l'enfant sans s'intimider, puisque c'est ma sottise qui a été la cause de ces sanglantes querelles entre vous, et peut-être de plus grands malheurs. Oh! si vous voulez jouir de la paix d'un esprit innocent, si vous ne voulez pas que votre sommeil soit hanté par le remords, prenez seulement le temps de parcourir cette lettre, et puis après faites ce que vous voudrez!

Tout en s'adressant à Leicester avec cette chaleur et cette persistance à laquelle les traits singuliers et la voix particulière du jeune garçon donnaient un effet presque surnaturel, il lui tendait une lettre entourée d'une longue mèche de cheveux de femme d'un beau châtain. Tout furieux qu'il était, presque aveuglé même par la rage de se voir si étrangement frustré dans son espoir de vengeance, le comte de Leicester ne put résister à la supplique de cet être extraordinaire. Il lui arracha la lettre des mains, changea de couleur en regardant la suscription, — défit d'une main tremblante le nœud qui la fermait, — et à peine eut-il jeté un regard sur le contenu, qu'il chancela et serait tombé s'il ne s'était appuyé contre un arbre, où il resta un instant les yeux fixés sur la lettre et la pointe de son épée tournée vers la terre, sans paraître songer à la présence d'un antagoniste envers lequel il avait montré peu de merci, et qui aurait pu à son tour l'assaillir avec avantage. Mais Tressilian avait l'âme trop noble pour une telle vengeance; — lui aussi restait immobile de surprise, attendant l'issue de cet étrange accès, mais tenant son arme prête à se défendre en cas de nécessité contre quelque nouvelle et soudaine attaque de la part de Leicester, qu'il soupçonnait de nouveau d'être sous l'influence d'une véritable frénésie. A la vérité, il reconnut aisément le jeune garçon pour son ancienne connaissance Dickson, dont il était difficile d'oublier le visage quand une fois on l'avait vu ; mais comment était-il arrivé là dans un moment si critique ? qui lui avait fait mettre tant d'énergie dans son intervention, et surtout comment cette intervention avait-elle pu produire un effet si puissant sur Leicester ? c'était autant de questions qu'il ne pouvait résoudre.

Mais la lettre en elle-même était de nature à opérer des effets encore plus surprenants. C'était celle que la malheureuse Amy avait écrite à son époux, et dans laquelle, après avoir exposé les raisons et donné le détail de sa fuite de Cumnor-Place, elle l'informait de son arrivée à Kenilworth où elle venait se placer sous sa protection, mentionnait les circonstances qui l'avaient forcée d'accepter un refuge dans l'appartement de Tressilian, et lui demandait instamment de lui assigner sans délai un asile plus convenable. La lettre se terminait par les expressions les plus ardentes d'un amour dévoué et de soumission en toutes choses à la volonté de son Leicester, notamment au sujet de sa situation et de sa résidence, demandant seulement en grâce de ne pas être placée sous la garde ni l'autorité de Varney.

La lettre s'échappa des mains de Leicester quand il en eut achevé la lecture. — Tressilian, dit-il, prenez mon épée et percez-moi le cœur, comme je voulais percer le vôtre il y a un moment !

— Mylord, repartit Tressilian, vous m'avez fait un grand outrage ; mais quelque chose me disait au fond du cœur que c'était une étrange méprise.

— Oh ! oui, une méprise ! dit Leicester, et il lui tendit la lettre. On avait fait passer près de moi un homme d'honneur pour un misérable, et la meilleure, la plus pure des créatures, pour un monstre de perfidie et de perversité. Misérable enfant ! pourquoi cette lettre ne m'a-t-elle pas été remise plus tôt ? Où celui qui en était chargé s'est-il donc arrêté ?

— Je n'ose vous le dire, mylord, répondit l'enfant en se reculant, comme pour se tenir hors d'atteinte ; — mais voici venir le messager.

Wayland parut en ce moment. Interrogé par Leicester, il détailla à la hâte toutes les circonstances de son évasion avec Amy, — les odieuses manœuvres qui l'avaient poussée à fuir, — enfin l'impatient désir qu'elle manifestait de se placer sous la protection immédiate de son époux, — s'en référant d'ailleurs au témoignage des domestiques de Kenilworth, qui ne pouvaient, dit-il, avoir oublié les instances qu'elle avait faites près d'eux au premier moment de son arrivée, pour qu'ils la conduisissent près du comte de Leicester.

— Les misérables ! s'écria le comte ; et cet infâme Varney, le plus misérable de tous ! — Et en ce moment même elle est en son pouvoir !

— Mais non, s'il plaît au Ciel, avec aucun ordre d'une nature fatale ? dit Tressilian.

— Non, non, non ! s'écria précipitamment le comte ; — j'ai dit quelque chose dans un accès de démence, — mais je l'ai révoqué par un messager expédié en toute hâte. Elle est maintenant... elle doit être en sûreté.

— Oui, repartit Tressilian, elle *doit* être en sûreté, et je *dois* en avoir l'assurance. Ma querelle personnelle avec vous est terminée, mylord; mais j'en ai une autre à reprendre avec le séducteur d'Amy Robsart, avec l'homme qui a fait de l'infâme Varney un manteau pour cacher son crime.

— Le *séducteur* d'Amy! répliqua Leicester d'une voix tonnante; dites son époux, — son époux abusé, aveuglé, son indigne époux! — Elle est comtesse de Leicester, j'en jure sur ma parole de chevalier. Et vous, monsieur, il n'est aucune justice que vous puissiez demander pour elle que je ne sois prêt à lui rendre de ma libre volonté. Je n'ai pas besoin de dire que je ne crains pas les moyens par lesquels vous voudriez m'y contraindre.

La généreuse nature de Tressilian fut détournée sur-le-champ de toute considération purement personnelle, et ses pensées se concentrèrent sur la destinée d'Amy. Il était loin d'avoir une confiance illimitée dans les résolutions changeantes de Leicester, dont l'esprit lui semblait trop agité pour qu'il pût se laisser gouverner par une raison calme; il ne crut pas non plus, nonobstant les assurances qu'il avait reçues, qu'Amy pût être en sûreté entre les mains de ses dépendants. — Mylord, reprit-il d'un ton calme, je ne veux pas vous offenser, et suis loin de chercher une querelle; mais mon devoir envers sir Hugh Robsart m'oblige de porter immédiatement cette affaire à la connaissance de la reine, afin que le rang de la comtesse soit reconnu dans sa personne.

— Cela est inutile, monsieur, répliqua le comte avec hauteur; ne soyez pas assez hardi pour intervenir. Nulle voix autre que celle de Dudley ne proclamera l'infamie de Dudley. — Je vais tout déclarer à Élisabeth elle-même, et de là je pars pour Cumnor-Place avec autant de rapidité que s'il y allait de la vie ou de la mort! A ces mots il détacha son cheval de l'arbre où il était lié, sauta en selle, et partit à toute bride dans la direction du château.

— Prenez-moi avec vous, monsieur Tressilian, dit l'enfant en voyant celui-ci remonter à cheval avec la même hâte; — toute mon histoire n'est pas dite, et j'ai besoin de votre protection.

Tressilian consentit, puis il partit sur les traces du comte, quoique d'un pas moins rapide. En chemin, l'enfant lui avoua, avec grande contrition, que, fâché contre Wayland qui avait éludé toutes ses questions au sujet de la dame, quand il pensait avoir toutes sortes de droits à la confiance de son ami Smith, il lui avait escamoté par vengeance la lettre dont Amy l'avait chargé pour le comte de Leicester. Son dessein était de la lui rendre le même soir, se croyant sûr de le rencontrer, puisque Wayland devait jouer le rôle d'Orion dans le divertissement. Il est vrai qu'il avait été quelque peu alarmé quand il avait vu à qui la lettre était adressée ; mais il s'était dit que Leicester ne devant être de retour à Kenilworth que le soir, elle serait revenue entre les mains du messager pour le moment où dans la nature des choses il serait possible à celui-ci de la remettre. Mais Wayland ne vint pas au divertissement, ayant été dans l'intervalle expulsé du château par Lambourne ; et l'enfant, ne pouvant ni le trouver ni parler à M. Tressilian, et se voyant en possession d'une lettre adressée à un personnage tel que le comte de Leicester, fut fort effrayé des conséquences de son espiéglerie. D'après la réserve, ou pour mieux dire la crainte que Wayland avait montrée à l'égard de Varney et de Lambourne, il jugea que la lettre était pour le comte en main propre, et que la remettre à quelqu'un des domestiques pourrait être préjudiciable à la dame. Il avait essayé, à une ou deux reprises, de parvenir jusqu'auprès de Leicester ; mais la singularité de ses traits et la pauvreté de son extérieur l'avaient toujours fait repousser par ceux des domestiques à qui il s'était adressé à cet effet. Une fois, à la vérité, il avait été sur le point de réussir : ce fut quand, rôdant çà et là, il trouva dans la grotte la cassette qu'il savait appartenir à la malheureuse comtesse, la lui ayant vue pendant le trajet de Cumnor-Place à Kenilworth, car rien n'échappait à son œil furetant. Après avoir en vain tenté de la rendre soit à Tressilian soit à la comtesse, il la remit, comme nous l'avons vu, entre les mains de Leicester lui-même, que malheureusement il ne reconnut pas sous son déguisement.

Dickie crut avoir réussi enfin à aborder le comte, au moment où celui-ci descendit à la partie inférieure de la salle ; mais précisément comme il allait l'accoster, il fut prévenu par Tressilian. Ayant l'oreille aussi fine que l'esprit, il entendit le rendez-vous qu'ils se donnaient à la Plaisance, et il résolut de se mettre de tiers dans leur rencontre, espérant que soit en allant, soit en revenant, il trouverait l'occasion de donner la lettre à Leicester ; car d'étranges histoires commençaient à circuler parmi les domestiques, et ces bruits l'avaient alarmé sur la sûreté de la dame. Mais un accident retint Dickie un peu en arrière du comte, et quand il arriva à l'arcade il les vit engagés dans leur combat, en conséquence de quoi il se hâta de donner l'alarme à la garde, pensant avec raison que ce serait à son espiéglerie qu'il faudrait imputer le sang qui pourrait être versé entre eux. Caché sous le portique, il entendit le second rendez-vous que Leicester donna à Tressilian au moment où ils se quittèrent, et il ne les perdit pas de vue durant le combat des gens de Coventry, où, à sa grande surprise, il reconnut Wayland dans la foule, bien déguisé, à la vérité, mais non assez pour échapper à l'œil pénétrant de son ci-devant camarade. Ils se mirent un peu à l'écart pour s'expliquer leur situation mutuelle. Dickie avoua à Wayland ce que nous venons de rapporter, et l'artiste, en retour, l'informa que sa profonde inquiétude sur le sort de la malheureuse dame l'avait ramené au voisinage du château, sur ce que le matin il avait appris, à un village distant d'une dizaine de milles, que Varney et Lambourne, dont il redoutait la violence, avaient tous deux quitté Kenilworth pendant la nuit.

Tandis qu'ils s'entretenaient, ils virent Leicester et Tressilian se dégager de la foule. Ils les avaient épiés jusqu'au moment où ils les avaient vus monter à cheval; et alors l'enfant, dont l'agilité à la course nous est connue, était parti sur leurs traces. Il n'avait pu les suivre de près; mais il était cependant arrivé, ainsi que nous l'avons vu, à temps pour sauver la vie à Tressilian. Dickie finissait son récit précisément comme ils atteignaient la Tour de la Galerie.

CHAPITRE XL.

> Du haut du ciel le soleil darde ses rayons sur les montagnes de l'orient, et les ténèbres fuient devant lui avec leurs ombres trompeuses : — ainsi la Vérité triomphe de l'Imposture.
> *Ancienne comédie.*

Tandis que Tressilian traversait à cheval le pont qui venait d'être le théâtre de scènes si tumultueuses, il ne put s'empêcher de remarquer qu'un singulier changement s'était opéré sur les physionomies dans le court espace de temps qu'avait duré son absence. Le combat fictif était terminé ; mais les acteurs, encore accoutrés de leurs déguisements, s'étaient formés en divers groupes, comme les habitants d'une ville où viennent de se répandre tout-à-coup des nouvelles étranges et alarmantes.

La première cour lui présenta les mêmes apparences ; — les domestiques, les gens de la suite du comte et les officiers subalternes de la maison y étaient également rassemblés en groupes et parlaient entre eux à demi-voix, les yeux tournés vers les fenêtres de la grand'salle avec une expression d'alarme et de mystère.

Sir Nicolas Blount fut la première personne de sa connaissance particulière que vit Tressilian. Sans donner à celui-ci le temps de le questionner, Blount le salua d'un : Dieu te soutienne le cœur, Tressilian ! tu es plutôt fait pour être paysan que courtisan ; — tu ne peux pas rester près de Sa Majesté, comme il convient à quelqu'un qui est de la suite. — Voilà qu'on te demande, — qu'on t'attend ; — personne que toi ne peut faire l'affaire, — et tu arrives avec un petit bâtard sur le cou de ton cheval, comme si tu avais en sevrage quelque diablotin à la mamelle à qui tu viendrais de faire prendre l'air !

— Eh ! qu'y a-t-il donc ? demanda Tressilian en lâchant l'enfant qui sauta à terre avec la légèreté d'une plume, et en descendant lui-même de cheval.

— Parbleu, personne ne le sait, ce qu'il y a ; moi-même je n'ai pu prendre la piste, quoique j'aie le flair aussi fin que les autres courtisans. Seulement, mylord de Leicester a traversé le pont au galop comme s'il avait voulu tout écraser sur son passage, puis il a demandé audience à la reine, et il est maintenant enfermé avec elle, avec Burleigh et Walsingham; — ensuite on t'a fait demander. Mais s'agit-il de trahison ou de pis, c'est ce que personne ne sait.

— Il dit vrai, par le Ciel! ajouta Raleigh qui les joignait en cet instant ; il faut que vous vous rendiez immédiatement près de la reine.

— Pas de précipitation, Raleigh, dit Blount ; rappelle-toi ses bottes.

— Pour l'amour du Ciel, monte à ma chambre, mon cher Tressilian, et mets mes bas de soie incarnat ; — je ne les ai portés que deux fois.

— Bon, bon! repartit Tressilian ; veille sur cet enfant, Blount, et ne le maltraite pas, mais aie soin qu'il ne puisse pas s'échapper : — il importe beaucoup que nous l'ayons sous la main.

Tressilian se hâta alors de suivre Raleigh, laissant là l'honnête Blount tenant d'une main la bride du cheval et de l'autre l'enfant. Blount le suivit long-temps des yeux.

— Personne, dit-il, ne m'appelle à ces mystères, — et il me laisse ici à garder tout à la fois son cheval et un enfant. Pour le cheval, passe encore, car je les aime naturellement ; mais avoir la charge d'un pareil babouin ! — D'où viens-tu, mon joli petit compère ?

— Des marais, répondit l'enfant.

— Et qu'y as-tu appris, impudent démon ?

— A attraper les mouettes [1], avec leurs grands pieds et leurs jambes jaunes.

— Oui-dà, fit Blount en portant les yeux sur ses immenses rosettes ; — cela étant, au diable celui qui te fera d'autres questions.

Pendant ce temps Tressilian traversait toute la longueur de la grande salle, où les courtisans étonnés formaient divers groupes et chuchottaient entre eux d'un air de mystère, en même temps que tous avaient les yeux fixés sur la porte qui conduisait de la partie supérieure de la salle au salon réservé de la reine. Raleigh montra la porte du doigt, — Tressilian frappa, et il fut immédiatement introduit. Plus d'un cou se tendit pour voir ce qui se passait dans l'appartement ; mais la tapisserie qui recouvrait la porte à l'intérieur retomba trop vite pour que la curiosité pût se satisfaire.

Lorsqu'il fut entré, Tressilian se trouva, non sans une forte palpitation de cœur, en présence d'Elisabeth. Elle se promenait çà et là avec toutes les marques d'une violente agitation qu'elle semblait dédaigner de cacher ; deux ou trois de ses conseillers les plus sages et les plus intimes échangeaient entre eux des regards inquiets, mais attendaient pour parler que sa colère fût un peu calmée. Devant le siège d'apparat qu'elle avait occupé, et que la violence avec laquelle elle s'en était levée avait à demi repoussé de côté, Leicester était à genoux, les bras croisés sur la poitrine et le front baissé vers la terre, immobile et muet

---

[1] Le terme original *gull* emporte une équivoque perdue pour nous, ayant la double signification de mouette et de dupe. (L. V.)

comme la statue d'un tombeau. Près de lui se tenait lord Shrewsbury, alors comte-maréchal d'Angleterre, son bâton d'office à la main ; — l'épée du comte, détachée du ceinturon, était devant lui sur le parquet.

— Ah ! ah, monsieur ! dit la reine en s'avançant vers Tressilian, et frappant le plancher du pied avec le geste et la véhémence d'Henry lui-même, *vous* connaissiez cette belle œuvre, — *vous* êtes complice de cette déception dont nous avons été l'objet, — *vous* avez été la principale cause de l'injustice que nous avons commise ? Tressilian tomba à genoux devant la reine, son bon sens lui montrant le danger de chercher à se défendre en ce moment d'irritation.— Es-tu muet, drôle ! continua-t-elle ; tu connais cette affaire ? — n'est-il pas vrai que tu la connais ?

— J'ignorais, madame, que cette pauvre dame fût comtesse de Leicester.

— Et personne ne la connaîtra pour telle. Mort de ma vie ! comtesse de Leicester ! — Dites dame Amy Dudley ; — et elle sera heureuse, si elle n'a pas à signer veuve du traître Robert Dudley.

— Madame, dit Leicester, traitez-moi selon votre bon plaisir, — mais ne punissez pas ce gentilhomme ; — il ne l'a mérité en rien.

— Et s'en trouvera-t-il mieux de ton intercession ? s'écria la reine en se détournant de Tressilian, qui se releva lentement, et s'élançant vers Leicester qui avait conservé la même attitude, — s'en trouvera-t-il mieux de *ton* intercession, double traître, — double parjure ? — de *ton* intercession, à toi dont la scélératesse m'a rendue ridicule aux yeux de mes sujets et odieuse à moi-même ? — Je m'arracherais les yeux pour leur aveuglement !

Ici Burleigh se hasarda à s'interposer.

— Madame, dit-il, souvenez-vous que vous êtes reine, reine d'Angleterre, — la mère de votre peuple. Ne vous abandonnez pas à ces orages de colère sans frein.

Élisabeth se tourna vers lui ; une larme brillait dans son œil fier et irrité. — Burleigh, dit-elle, tu es homme d'État ; — tu ne comprends pas, — tu ne saurais comprendre la moitié du mépris, — la moitié des douleurs que cet homme a versés sur moi !

Avec la plus grande circonspection, — avec le plus profond respect, Burleigh lui prit la main au moment où il vit que son cœur était le plus plein, et il la conduisit à part vers l'embrasure d'une fenêtre. — Madame, lui dit-il, je suis homme d'État, mais je suis homme aussi ; — j'ai vieilli dans vos conseils, — je ne forme et ne puis former un vœu sur terre qui ne soit pour votre gloire et votre bonheur : — je vous en conjure, soyez calme !

— Ah, Burleigh ! dit Élisabeth, tu ne sais guère... Ici ses larmes coulèrent en dépit d'elle-même, et ses joues en furent inondées.

— Je sais — je sais tout, mon honorée souveraine. Oh ! prenez garde d'amener les autres à deviner ce qu'ils ignorent encore.

— Ha! fit Élisabeth; et elle s'arrêta comme si ses pensées eussent pris soudainement un nouveau cours. — Burleigh, tu as raison, — tu as raison; — tout, excepté le déshonneur! — tout, excepté un aveu de faiblesse! — tout, plutôt que de paraître trompée, dédaignée! — Mort de ma vie! y penser pousserait à la frénésie!

— Revenez à vous-même, ma noble reine, et élevez-vous au-dessus d'une faiblesse que nul Anglais ne croira pouvoir dominer son Élisabeth, à moins que la violence du désappointement qu'elle laisserait éclater ne porte au cœur de ses sujets une triste conviction.

— Quelle faiblesse, mylord? reprit Élisabeth avec hauteur; voudriez-vous insinuer que la faveur dont j'honorais ce traître orgueilleux tirât sa source de....? Elle ne put soutenir plus long-temps le ton de fierté qu'elle avait pris, et se radoucissant elle ajouta: — Mais pourquoi chercherais-je à t'abuser, toi, mon bon et sage serviteur!

Burleigh se pencha sur la main de la reine qu'il baisa avec affection, et — chose rare dans les annales des cours — une larme de sympathie vraie tomba de l'œil du ministre sur la main de sa souveraine.

Il est probable que la certitude intime de posséder cette sympathie aida Élisabeth à supporter sa mortification et à contenir son vif ressentiment; mais elle fut plus puissamment soutenue encore par la crainte que son émotion ne révélât au public l'affront et le désappointement que, comme femme autant que comme reine, elle avait tant à cœur de cacher. Elle quitta Burleigh et fit plusieurs tours dans l'appartement d'un air sévère, jusqu'à ce que ses traits eussent recouvré leur dignité habituelle, et son maintien sa majesté accoutumée.

— Notre noble souveraine est redevenue elle-même, dit Burleigh à l'oreille de Walsingham; observez ce qu'elle fait, et prenez garde de ne la pas contrarier.

Elle se rapprocha alors de Leicester, et dit d'un ton calme: — Mylord de Shrewsbury, nous vous déchargeons de votre prisonnier. — Mylord de Leicester, levez-vous et reprenez votre épée; — nous ne pensons pas qu'un quart d'heure de contrainte sous la garde de notre maréchal, mylord, soit une pénitence bien sévère pour la fausseté dont vous avez été coupable envers nous depuis plusieurs mois. Nous allons entendre maintenant la suite de cette affaire. — Elle reprit alors sa place sur son siége, et ajouta: — Vous, Tressilian, approchez-vous et dites ce que vous savez.

Tressilian mit de la générosité dans son récit; il supprima autant qu'il le put ce qui touchait Leicester, et ne dit rien de leur double combat. Il est très probable qu'en agissant ainsi il rendit un grand service au comte; car si en cet instant la reine avait trouvé quelque prétexte pour donner cours à sa colère contre lui sans mettre à découvert des sentiments dont elle rougissait, il aurait pu s'en mal trouver. Elle réfléchit un instant quand Tressilian eut terminé son histoire.

— Nous prendrons ce Wayland à notre service, dit-elle enfin, et nous placerons l'enfant dans les bureaux de notre secrétariat, afin qu'il apprenne à l'avenir à user de discrétion avec les lettres. Pour vous, Tressilian, vous avez mal fait de ne nous pas dire toute la vérité, et la promesse qui vous en a empêché péchait à la fois contre la prudence et contre votre devoir. Néanmoins, ayant engagé votre parole à cette malheureuse dame, il était d'un homme et d'un gentilhomme de la tenir ; et au total, nous vous estimons pour le rôle que vous avez joué dans cette affaire. — Mylord de Leicester, c'est maintenant votre tour de nous dire la vérité, chose à laquelle depuis quelque temps vous semblez avoir été trop étranger.

En conséquence, elle lui arracha, par des questions successives, toute l'histoire de sa première connaissance avec Amy Robsart, — leur mariage, — la jalousie qu'il avait conçue, les causes sur lesquelles cette jalousie était fondée, et beaucoup d'autres particularités. La confession de Leicester, car on pouvait lui donner ce nom, lui fut arrachée pièce à pièce ; au total, néanmoins, elle était exacte, sauf qu'il ne dit pas un mot qui pût donner à penser que par ses ordres ou autrement il eût trempé dans les desseins de Varney contre la vie de la comtesse. La conscience de ce fait était pourtant ce qui en ce moment préoccupait le plus sa pensée ; et bien qu'il se reposât en grande partie sur le contre-ordre très positif qu'il avait envoyé par Lambourne, son intention était de partir en personne pour Cumnor-Place aussitôt que la reine l'aurait congédié, dans la pensée où il était qu'elle quitterait immédiatement Kenilworth.

Leicester comptait cependant sans son hôte. Il est vrai que sa présence et ses aveux étaient fiel et absinthe pour la maîtresse qui lui avait montré tant d'indulgence ; mais, entravée dans toute autre vengeance plus directe, la reine s'aperçut que par ces enquêtes elle donnait la torture à son amant sans foi, et elle les prolongea, pour cette raison, sans s'inquiéter de la souffrance qu'elle-même en éprouvait, plus que le sauvage ne se soucie de se brûler les mains en saisissant les tenailles ardentes avec lesquelles il déchire les chairs de son ennemi captif.

A la fin, néanmoins, le fier Leicester, tel qu'un cerf réduit aux abois, montra que sa patience était à bout. — Madame, dit-il, j'ai été fort à blâmer, — plus même que ne l'a exprimé votre juste ressentiment. Toutefois, madame, permettez-moi de dire que si ma faute est impardonnable elle n'a pas été sans provocation, et que si la beauté et une dignité affable pouvaient séduire le cœur fragile d'un être humain, ce sont deux motifs que je pourrais alléguer pour m'excuser d'avoir tu ce secret à Votre Majesté.

La reine fut tellement frappée de cette réponse, que Leicester eut soin de prononcer de manière à ce qu'elle seule pût l'entendre, qu'elle fut un moment réduite au silence ; le comte eut la témérité de poursuivre son avantage. — Votre Grâce, qui a tant pardonné, continua-t-il, m'excusera de me mettre à votre merci royale pour ces expressions, qui n'étaient, hier matin, regardées que comme une légère offense.

La reine tint les yeux fixés sur lui en répondant : — Par le Ciel, mylord, votre effronterie passe les bornes de la croyance, aussi bien que celles de la patience ! Mais elle ne vous profitera pas. — Holà, mylords ! venez tous apprendre des nouvelles. — Le mariage clandestin de mylord de Leicester m'a coûté un époux et à l'Angleterre un roi ! Sa Seigneurie a des goûts de patriarche ; — une femme à la fois ne lui suffisait pas, et il nous destinait l'honneur de sa main gauche. Hé bien ! n'est-ce pas par trop d'insolence, — que je ne puisse l'honorer de quelques marques de faveur de cour sans qu'il ait la présomption de croire ma main et ma couronne à sa disposition ? — Vous pensez mieux de moi, mylords ; et je puis prendre en pitié cet homme ambitieux, comme je le ferais d'un enfant qui voit sa bulle de savon lui crever dans les mains. Nous passons à la salle de réception. — Mylord de Leicester, nous vous ordonnons de rester près de nous.

L'attente et l'impatience remplissaient la salle ; et quel ne fut pas l'étonnement général quand la reine dit à ceux qui se trouvèrent près d'elle : — Les fêtes de Kenilworth ne sont pas encore épuisées, mylords et mesdames ; — nous avons à solenniser le mariage du noble propriétaire.

Il y eut un mouvement de surprise universel.

— Sur notre parole royale, c'est comme nous l'avons dit, continua la reine ; il en a fait un secret même à nous, pour nous en ménager la surprise ici même et en ce moment. Je vois que vous mourez de curiosité de savoir quelle est l'heureuse épouse : — c'est Amy Robsart, la même qui, pour compléter les fêtes d'hier, a figuré dans le spectacle comme femme de Varney, le serviteur du noble comte.

— Pour l'amour de Dieu, madame, dit Leicester en s'approchant d'elle, sa physionomie exprimant un mélange d'humilité, de mortification et de honte, et parlant assez bas pour n'être entendu que d'elle seule, — prenez ma tête ainsi que vous m'en menaciez dans votre colère, mais épargnez-moi ces sarcasmes. Ne poussez pas un homme qui chancèle ; — ne foulez pas aux pieds un ver écrasé.

— Un ver, mylord ? reprit la reine du même ton ; un serpent est un reptile plus noble, et la comparaison serait plus exacte : — le serpent engourdi que vous savez, qui fut réchauffé dans certain sein....

— Par égard pour vous-même, repartit le comte, — par égard pour moi, madame, — pendant qu'il me reste encore quelque raison....

— Parlez haut, mylord, et de plus loin, s'il vous plaît, interrompit la reine ; votre haleine désempèse notre fraise. Qu'avez-vous à nous demander ?

— La permission de me rendre à Cumnor-Place, dit humblement l'infortuné comte.

— Pour ramener ici votre femme, apparemment? — Hé bien, oui, — c'est trop juste; — car, d'après ce que nous avons entendu, elle y est en assez mauvaises mains. Seulement, vous n'irez pas en personne, mylord; — nous avons compté passer quelques jours dans ce château de Kenilworth, et il serait peu courtois au châtelain de nous quitter durant notre résidence ici. Avec votre permission, nous ne pouvons penser à encourir un tel affront aux yeux de nos sujets. Tressilian ira pour vous à Cumnor-Place, et il se fera accompagner de quelqu'un des gentilshommes de notre chambre, de peur que mylord de Leicester ne soit de nouveau jaloux de son ancien rival. — Qui voudrais-tu avoir avec toi dans cette commission, Tressilian?

Tressilian, avec une humble déférence, prononça le nom de Raleigh.

— Hé bien, oui, reprit la reine; comme Dieu m'aura un jour, tu as fait un bon choix. C'est un jeune chevalier, d'ailleurs, et délivrer une dame de sa prison est une première aventure on ne peut mieux appropriée. — Il faut que vous sachiez, mylords et mesdames, que Cumnor-Place ne vaut guère mieux qu'une prison. De plus, il y a là certains traîtres que nous voudrions bien tenir sous bonne garde. Vous leur expédierez, monsieur le secrétaire, le *warrant* nécessaire pour appréhender au corps Richard Varney et l'étranger Alasco, morts ou vifs. Prenez une force suffisante avec vous, messieurs; — amenez la dame ici en tout honneur : — ne perdez pas de temps, et que Dieu soit avec vous!

Ils s'inclinèrent et quittèrent la salle.

Qui décrira l'emploi du reste de cette journée à Kenilworth? La reine, qui semblait y être restée dans le seul dessein de mortifier et de railler le comte de Leicester, ne se montra pas moins habile dans cet art féminin de la vengeance, qu'elle ne l'était dans la science de gouverner sagement son peuple. La cour ne tarda pas à obéir au signal, et le seigneur de Kenilworth, dans son propre château et au milieu même de ses magnifiques préparatifs, éprouvait déjà le sort d'un courtisan disgracié, par le peu d'égards et les manières froides d'amis aliénés, non moins que par le triomphe mal dissimulé d'ennemis ouvertement déclarés. Sussex, fidèle à la franchise militaire qui le caractérisait, Burleigh et Walsingham, inspirés par leur sagacité pénétrante, et quelques unes des dames, mues par la compassion propre à leur sexe, furent les seules personnes de la cour qui continuèrent d'avoir pour lui le même visage que dans la matinée.

Leicester s'était tellement habitué à considérer la faveur de la cour comme l'objet principal de sa vie, que toute autre sensation fut momentanément absorbée dans les angoisses que faisaient endurer à son âme altière les petites insultes et les négligences étudiées auxquelles il se voyait soumis. Mais quand le soir il se fut retiré dans son appartement, et que ses yeux vinrent à rencontrer cette longue tresse de cheveux qui avait servi à fermer la lettre d'Amy, elle réveilla son cœur, comme par l'influence d'un charme tout-puissant, à des sentiments plus nobles et plus naturels. Il la baisa mille fois, et en se souvenant qu'il était toujours en son pouvoir d'échapper aux mortifications que ce jour-là il avait éprouvées en se retirant dans une retraite magnifique, presque royale, avec la belle et bien-aimée compagne de sa vie future, il sentit qu'il pouvait s'élever au-dessus de la vengeance à laquelle Élisabeth s'était complue.

En conséquence, toute la conduite du comte, le jour suivant, fut marquée par tant de dignité et de sérénité d'âme ; il montrait une telle sollicitude pour le bien-être et l'amusement de ses hôtes, et en même temps semblait se préoccuper si peu de leur manière d'être à son égard ; il était avec la reine si respectueux et si réservé, et opposait tant de patience aux persécutions de son déplaisir, qu'Elisabeth changea de manières avec lui, et, quoique toujours froide et réservée, cessa de lui faire aucun affront direct. Elle rappela aussi avec quelque vivacité à ceux des courtisans de son entourage qui croyaient flatter ses sentiments en affectant de négliger le comte, que tant qu'ils resteraient à Kenilworth ils devaient montrer la civilité à laquelle le maître du château avait droit de la part de ses convives. En un mot, les choses changèrent tellement de face en vingt-quatre heures, que quelques uns des courtisans les plus expérimentés et les plus judicieux prévirent la forte possibilité de la rentrée de Leicester en faveur, et réglèrent leur conduite à son égard en gens qui pouvaient avoir un jour à revendiquer le mérite de ne l'avoir pas abandonné dans l'adversité. Mais il est temps de laisser là ces intrigues, et de suivre Tressilian et Raleigh dans leur voyage.

La troupe se composait de six personnes ; car, outre Wayland, ils avaient avec eux un poursuivant d'armes de la reine et deux vigoureux domestiques. Tous étaient bien armés, et ils avançaient aussi rapidement que le permettait l'obligation où ils étaient de ménager leurs chevaux, qui avaient devant eux une longue route. Ils cherchèrent en chemin à se procurer quelques renseignements sur Varney et ses compagnons de route ; mais ils n'en purent avoir aucun, attendu qu'ils avaient voyagé de nuit. Arrivés à un petit village éloigné d'une douzaine de milles de Kenilworth, et où ils s'étaient arrêtés pour faire rafraîchir leurs montures, un pauvre ecclésiastique, le ministre du lieu, vint les trouver pour s'informer si quelqu'un d'entre eux avait quelques notions de chirurgie, et le conjurer en ce cas de l'accompagner jusqu'à une petite chaumière voisine où un homme se mourait.

L'empirique Wayland se chargea de faire de son mieux, et il apprit en chemin de l'ecclésiastique que l'homme avait été trouvé sur la grande route, à un mille environ du village, par des laboureurs qui se rendaient à leur travail du matin, et que lui, le ministre, lui avait donné un abri dans sa maison. Il avait reçu un coup de feu, et il paraissait évident que sa blessure était mortelle; mais était-elle le résultat d'une querelle ou d'une attaque de voleurs? c'est ce qu'il n'avait pu apprendre, attendu que le blessé était en proie à une fièvre ardente et qu'il ne prononçait que des paroles sans suite. Entré dans la salle sombre et basse, et le ministre ayant tiré le rideau, Wayland reconnut aussitôt dans les traits décomposés du moribond la physionomie de Michel Lambourne. Sous prétexte d'aller chercher quelque chose dont il avait besoin, Wayland courut informer ses compagnons de voyage de cette rencontre extraordinaire; et Tressilian ainsi que Raleigh, remplis tous les deux de sinistres prévisions, coururent en toute hâte à la demeure de l'ecclésiastique pour voir le mourant.

Le malheureux était pendant ce temps dans les dernières agonies de la mort, dont un meilleur chirurgien que Wayland n'aurait pu le sauver, la balle lui ayant traversé le corps. Il avait pourtant encore sa connaissance, du moins en partie, car il reconnut Tressilian, et lui fit signe de se pencher sur son lit. Tressilian fit ce qu'il désirait, et après quelques murmures inarticulés, dans lesquels on ne pouvait distinguer que les noms de Varney et de lady Leicester, Lambourne lui dit enfin: Hâtez-vous, ou vous arriverez trop tard! Ce fut en vain que Tressilian chercha à tirer du malade de plus amples informations; Lambourne tomba dans une sorte de délire, et quand il fit un nouveau signe pour attirer l'attention de Tressilian, ce fut seulement pour le prier de dire à son oncle, Giles Gosling de l'*Ours-Noir*, « qu'il était mort sans ses souliers, après tout. » Une convulsion justifia ses paroles quelques minutes après; et nos voyageurs n'obtinrent aucun résultat de sa rencontre, sauf les craintes confuses que ses dernières paroles étaient de nature à inspirer sur le sort de la comtesse, et qui les déterminèrent à poursuivre leur route avec le plus de rapidité possible, se faisant délivrer des chevaux au nom de la reine quand les leurs devenaient hors d'état de fournir une plus longue traite.

CHAPITRE XLI.

> Trois fois on entendit sonner le glas de mort,
> et une voix aérienne fit entendre son appel ;
> trois fois le corbeau frappa de ses ailes les tours
> de Cumnor-Hall.   MICKLE.

Il nous faut maintenant revenir à cette partie de notre histoire où nous avons annoncé que Varney, muni des pouvoirs du comte de Leicester et de la permission de la reine, se hâta de se mettre à l'abri contre la possibilité que sa perfidie fût découverte, en éloignant la comtesse du château de Kenilworth. Il s'était proposé de partir de bonne heure le lendemain matin ; mais réfléchissant que dans l'intervalle le comte pouvait se relâcher et vouloir une autre entrevue avec la comtesse, il résolut de prévenir, par un départ immédiat, toute chance de ce qui probablement aurait pu finir par le démasquer et le perdre. A cet effet, il fit appeler Lambourne, et fut excessivement irrité en apprenant que son affidé était allé, pour quelque partie de débauche, soit au village voisin, soit ailleurs. Comme on attendait son retour, sir Richard ordonna qu'on le prévînt de se préparer immédiatement à le suivre dans un voyage, ou de le rejoindre sans délai au cas où il ne rentrerait qu'après son départ.

En attendant, Varney recourut au ministère d'un serviteur nommé Robin Tider, homme à qui les mystères de Cumnor-Place étaient déjà connus jusqu'à un certain point, attendu que plus d'une fois il y avait suivi le comte. Varney ordonna à cet homme, dont le caractère ressemblait à celui de Lambourne, quoiqu'il ne fût ni tout-à-fait aussi alerte ni aussi dissolu, de faire seller trois chevaux et préparer une litière, et de tenir le tout prêt à la poterne. La folie de sa femme, à laquelle on croyait alors généralement, expliquait assez naturellement le secret que l'on apporterait à son éloignement du château, et il comptait sur la même excuse dans le cas où la résistance ou les cris de la malheureuse Amy la rendraient nécessaire. Le concours d'Anthony Foster était indispensable, et c'est de quoi Varney s'occupa d'abord.

D'une humeur naturellement aigre et insociable, quelque peu fatigué d'ailleurs de sa course de Cumnor au comté de Warwick pour y porter la nouvelle de l'évasion de la comtesse, Foster s'était soustrait de bonne heure à la cohue des buveurs et s'était retiré à sa chambre. Il était couché et endormi quand Varney, en complet équipement de voyage et tenant à la main une lanterne sourde, entra chez lui. Il s'arrêta un instant pour écouter ce que son associé murmurait dans son sommeil, et il put distinguer nettement les mots *Ave Maria*, — *ora pro nobis*..... Non, — ce n'est pas cela ; — délivrez-nous du mal. — Oui, c'est ainsi qu'on doit dire.

— Il prie en dormant, dit Varney, et confond ses anciens et ses nouveaux rites. — Il peut se faire qu'il ait encore plus besoin de prières avant que je n'aie fini avec lui. — Holà! ho! saint homme! — bienheureux pénitent! — éveille-toi, — éveille-toi ! — Le diable ne t'a pas encore congédié de son service.

Comme Varney secouait en même temps le dormeur par le bras, le cours des idées de celui-ci en fut changé, et il se mit à crier : Au voleur! — au voleur! j'aime mieux mourir que de donner mon or, — l'or qui a été si dur à gagner, et qui m'a coûté si cher. — Où est Jeannette? — Jeannette est-elle en sûreté?

— Tout-à-fait en sûreté, sot braillard! N'as-tu pas honte de tes clameurs

Foster s'était enfin complétement éveillé, et se dressant sur son séant, il demanda à Varney ce que signifiait une visite à une pareille heure. Cela n'augure rien de bon, ajouta-t-il.

— Fausse prophétie, très saint Anthony; cela augure que le moment est venu de convertir ton bail en propriété. — Que dis-tu à cela?

— Si tu m'avais dit cela en plein jour, je me serais réjoui ; — mais à cette heure sinistre, et à la triste lueur de cette lanterne, et quand je regarde ton pâle visage, qui forme un effrayant contraste avec la légèreté de tes paroles, je ne puis m'empêcher de penser à ce qu'il faut faire plutôt qu'à la *récompense*.

— Eh! fou que tu es, il ne s'agit que de reconduire celle dont tu as la charge jusqu'à Cumnor-Place.

— Est-ce là tout, en effet? Tu as l'air terriblement pâle, et tu ne t'émeus pas de bagatelles. — Est-ce bien là tout ?

— Oui, cela, — et peut-être une bagatelle en sus.

— C'est bien cela! une bagatelle en sus. Tu parais encore plus pâle que tout-à-l'heure.

— Ne prends pas garde à ma physionomie; c'est l'effet de cette misérable lumière. Sur pied et en action, Foster! — Songe à Cumnor-Place, à Cumnor-Place qui sera à toi en propre. — Eh! tu pourras fonder un prêche hebdomadaire, sans compter que tu doteras Jeannette comme la fille d'un baron. — Soixante-dix livres sterling et une fraction.

— Soixante-dix livres cinq shillings cinq pence et demi, outre la valeur du bois. Et j'aurai le tout en propriété franche?

— Tout, mon camarade, — écureuils et tout; — pas un gipsy ne pourra couper de quoi faire un balai, — pas un enfant ne pourra dénicher un oiseau sans t'en payer le prix. — Oui, c'est bien ; — mets tes hardes le plus vite possible. — Les chevaux nous attendent, tout est prêt, tout, sauf ce maudit coquin de Lambourne, qui est dehors pour je ne sais quelle infernale partie de boisson.

— C'est cela, sir Richard ; vous ne voulez pas écouter les avis. Je vous ai toujours dit que cet ivrogne dissolu vous manquerait au moment du besoin. J'aurais pu vous procurer un jeune homme tranquille.

— Quoi, quelque frère de la congrégation, à la parole traînante et aux longues phrases ? — eh ! nous aurons aussi de quoi l'employer, mon camarade. — Dieu merci, nous aurons besoin de travailleurs de toute espèce. — Oui, c'est bien ; — n'oublie pas tes pistolets. — Maintenant, partons.

— Où allons-nous ?

— A la chambre de mylady ; — et songes-y bien : — il *faut* qu'elle vienne avec nous. Tu n'es pas homme à t'effrayer d'un cri ?

— Non, si nous pouvons nous appuyer de l'Ecriture ; et il est écrit : Femmes, obéissez à vos maris. Mais les ordres de mylord nous justifieront-ils si nous usons de violence ?

— Tiens, voici son anneau, répondit Varney ; et ayant ainsi réduit au silence les objections de son associé, ils se rendirent ensemble aux appartements de lord Hunsdon. Là, informant la sentinelle de leur dessein, comme d'une chose sanctionnée par la reine et par le comte de Leicester, ils entrèrent dans la chambre de l'infortunée comtesse.

On peut concevoir quelle fut l'horreur d'Amy, lorsque, tirée subitement d'un sommeil souvent interrompu, elle vit près de son lit Varney, l'homme qu'elle craignait et qu'elle abhorrait le plus au monde. Ce fut même une consolation de voir qu'il n'était pas seul, bien qu'elle eût tant de raisons de redouter son sombre compagnon.

— Madame, lui dit Varney, nous n'avons pas le temps de faire des cérémonies. Mylord de Leicester ayant mûrement examiné l'urgence des circonstances, vous envoie l'ordre de nous accompagner immédiatement dans notre retour à Cumnor-Place. Voyez ; voici son anneau, en signe de sa volonté pressante et formelle.

— C'est faux ! s'écria la comtesse ; tu as dérobé ce signe, — toi qui es capable de toutes les scélératesses, depuis la plus noire jusqu'à la plus vile !

— J'ai dit VRAI, madame, répliqua Varney ; si vrai, que si vous ne vous levez à l'instant même il nous faudra vous forcer d'obéir à nos ordres.

— Me forcer ! s'écria la malheureuse comtesse ; — tu n'oserais en venir là, tout vil que tu es.

— C'est ce qui reste à prouver, madame, repartit Varney, qui avait résolu de recourir à l'intimidation, comme au seul moyen de dompter cet esprit altier ; si vous m'y poussez, vous trouverez en moi un rude valet de chambre.

CHAPITRE XLI.

Ce fut à cette menace qu'Amy poussa des cris si perçants, que si la croyance qu'elle était folle n'avait pas été bien établie, elle aurait vu promptement arriver à son secours lord Hunsdon et d'autres personnes. Mais s'apercevant que ses cris étaient inutiles, elle s'adressa à Foster dans les termes les plus touchants, le conjurant, si l'honneur et la pureté de sa fille Jeannette lui étaient chers, de ne pas souffrir qu'on la traitât avec une violence dont une femme devait être à l'abri.

— Eh, madame, les femmes doivent obéissance à leurs maris, — l'Écriture en est garant, dit Foster ; et si vous voulez vous habiller vous-même et venir avec nous patiemment, personne ne mettra le doigt sur vous tant que je pourrai presser une détente de pistolet.

Ne voyant pas arriver de secours, et rassurée même par les paroles bourrues de Foster, la comtesse promit de se lever et de s'habiller s'ils voulaient consentir à sortir de la chambre. Varney l'assura en même temps qu'elle n'avait rien à craindre pour sa sûreté ni pour son honneur tant qu'elle serait entre leurs mains, et lui promit que lui même ne l'approcherait pas, puisque sa présence lui était si désagréable. Son époux, ajouta-t-il, serait à Cumnor vingt-quatre heures au plus après eux.

Quelque peu fortifiée par cette assurance, sur laquelle cependant elle voyait peu de raisons de compter, la malheureuse Amy fit sa toilette à la clarté de la lanterne, qu'ils lui laissèrent en quittant la chambre.

Pleurant, tremblant et priant, l'infortunée s'habilla, — avec des sensations bien différentes, hélas ! de ces jours où elle avait coutume de se parer dans tout l'orgueil d'une beauté qui a conscience de son pouvoir. Elle tâcha de prolonger autant que possible ces préliminaires ; mais enfin, épouvantée de l'impatience de Varney, elle fut obligée de déclarer qu'elle était prête à les suivre.

Au moment de partir la comtesse se serra contre Foster avec une telle apparence de terreur à l'approche de Varney, que celui-ci, avec un jurement énergique, lui protesta qu'il n'avait nulle intention même de venir près d'elle. — Si seulement vous consentez à exécuter tranquillement la volonté de votre époux, ajouta-t-il, vous ne me verrez guère. Je vous laisserai sans vous troubler aux soins du conducteur que votre bon goût préfère.

— La volonté de mon époux ! exclama-t-elle. Mais c'est la volonté de Dieu, et elle doit me suffire. J'irai avec M. Foster sans plus de résistance qu'une victime menée au sacrifice. Il est père, du moins ; il aura de la décence, à défaut d'humanité. Pour toi, Varney, serait-ce le dernier mot que je dusse prononcer, tu es aussi étranger à l'un de ces deux sentiments qu'à l'autre.

Varney se borna à répondre qu'elle avait la liberté du choix, et il marcha à quelques pas devant eux pour montrer le chemin ; tandis qu'à demi suspendue au bras de Foster, à demi portée par lui, la comtesse était conduite de la Tour Saintlowe à la poterne, où Tider attendait avec la litière et les chevaux.

La comtesse se laissa placer sans résistance dans la première. Elle vit avec une certaine satisfaction que pendant que Foster et Tider chevauchaient tout près de la litière, que le dernier conduisait, le redoutable Varney se tenait en arrière, et bientôt même il se perdit dans l'obscurité. Un moment, comme la route suivait le bord circulaire du lac, elle chercha à apercevoir une dernière fois ces tours majestueuses qui reconnaissaient son époux pour maître, et où des lumières scintillaient encore sur quelques points, là où des buveurs prolongeaient leurs orgies nocturnes. Mais quand la direction de la route ne lui permit plus de voir le château, elle retira la tête, et s'enfonçant dans la litière, elle se recommanda à la Providence.

Outre son désir de déterminer la comtesse à poursuivre tranquillement le voyage, Varney avait aussi en vue de se ménager une entrevue sans témoins avec Lambourne, dont il attendait l'arrivée d'un moment à l'autre. Il connaissait le caractère de cet homme, prompt, résolu, sanguinaire et avide, et il le regardait comme l'agent le plus convenable qu'il pût employer pour la suite de ses projets. Dix milles de leur voyage étaient parcourus lorsqu'enfin le galop d'un cheval se fit entendre derrière lui, et qu'il fut rejoint par Michel Lambourne.

Dans l'humeur où l'avait mis ce retard, Varney reçut son licencieux serviteur avec une rebuffade plus rude que de coutume. — Misérable ivrogne, dit-il, ta négligence et tes sottes débauches te feront connaître la hart avant qu'il soit long-temps; pour moi, peu m'importe quand ce sera!

Exalté à un degré inhabituel, non seulement par une libation extraordinaire, mais encore par l'espèce d'entrevue confidentielle qu'il venait d'avoir avec le comte et par le secret dont il s'était rendu maître, Lambourne ne supporta pas avec son humilité accoutumée le ton de cette réprimande. — Il n'endurerait pas d'insolences, répondit-il, du meilleur chevalier qui eût jamais porté les éperons. Lord Leicester l'avait retenu pour certaine affaire d'importance, et cela devait suffire à Varney, qui n'était qu'un serviteur tout comme lui.

Varney ne fut pas médiocrement surpris de cette arrogance inaccoutumée; mais l'attribuant au vin, il passa outre comme s'il n'y avait pas pris garde, et commença à sonder Lambourne au sujet de la disposition où il serait d'aider à éloigner du chemin du comte de Leicester un obstacle s'opposant à une élévation qui permettrait à Sa Seigneurie de récompenser ses fidèles serviteurs au-delà même de leurs desirs les plus ambitieux. Et comme Michel Lambourne feignait d'ignorer ce qu'il voulait dire, il indiqua clairement « la charge de la litière » comme étant l'obstacle qu'il désirait voir éloigné.

— Voyez-vous, sir Richard, repartit Michel, certains hommes sont plus sages que certains autres, voilà un point, et certaines gens sont pires que d'autres, c'est un second point. Je connais mieux que vous le sentiment de mylord sur cette affaire, car il m'a tout confié. Voilà sa lettre, et ses derniers mots ont été : — Michel Lambourne, — car Sa Seigneurie me parle comme à un homme d'épée, et il n'emploie pas les mots de misérable ivrogne, ou autres expressions semblables, comme des gens à qui leurs nouvelles dignités portent à la tête, — Varney, qu'il m'a dit, doit témoigner le plus grand respect à ma comtesse. — Je me fie à vous pour y veiller, Lambourne, a ajouté Sa Seigneurie, et vous lui redemanderez péremptoirement mon sceau, que vous me rapporterez.

— Ha! a-t-il dit cela, en effet? Vous savez donc tout?

— Tout, — absolument tout; — et il serait aussi sage à vous de vous faire un ami de moi pendant que le temps est au beau entre nous.

— Et personne n'était présent quand mylord a parlé ainsi?

— Pas âme qui vive. Pensez-vous que mylord confierait de pareilles matières à tout autre qu'à un homme d'action éprouvé comme moi?

— C'est très vrai, repartit Varney; et faisant une courte pause, il porta les yeux en avant sur la route qu'éclairait la lune. Ils traversaient en ce moment une vaste bruyère découverte. La litière étant à un mille au moins en avant d'eux, ils ne pouvaient être ni vus ni entendus par ceux qui l'escortaient. Il regarda en arrière, et sur la vaste étendue de pays qu'embrassait son regard et sur laquelle la lune répandait sa clarté, il n'aperçut non plus nulle apparence de créature humaine. Il reprit alors la parole : — Et voudriez-vous donc, dit-il, vous tourner contre votre maître, Lambourne, — contre celui qui vous a ouvert cette carrière de faveur, — dont vous êtes l'élève, Michel, — et qui vous a fait connaître les profondeurs et les bas-fonds des intrigues de cour?

— Ne me donnez pas du Michel tout court! fit Lambourne; j'ai un nom qui portera le *monsieur* devant aussi bien qu'un autre. Quant au reste, si j'ai été élève, mon apprentissage est fini, et je suis décidé à travailler pour moi-même.

— Reçois d'abord ce qui te revient, sot que tu es! dit Varney; et dirigeant sur Michel un pistolet que depuis quelques moments il tenait à la main, il lui traversa le corps d'une balle.

Le malheureux tomba de cheval sans proférer un seul gémissement; et Varney, mettant pied à terre, fouilla et retourna ses poches pour qu'on pût croire qu'il avait été tué par des voleurs. Il s'empara de la lettre du comte, ce qui était son objet principal; mais il prit aussi la bourse de Lambourne, dans laquelle se trouvaient quelques pièces d'or que ses parties de débauches lui avaient laissées, et, par un singulier amalgame de sentiments, il la tint à la main et la porta seulement jusqu'à une petite rivière qui traversait la route, et où il la jeta aussi loin qu'il la put lancer. Tels sont les étranges restes de conscience qui subsistent encore quand elle semble complétement subjuguée, que cet homme cruel et sans remords se serait cru dégradé s'il avait empoché les quelques pièces appartenant au misérable qu'il venait d'assassiner ainsi sans remords.

Le meurtrier rechargea son pistolet, après avoir fait disparaître de la platine et du canon toute apparence d'une explosion récente ; puis il se remit tranquillement en marche sur les traces de la litière, satisfait de s'être si adroitement débarrassé d'un fâcheux témoin de plusieurs de ses intrigues, porteur d'ordres auxquels il n'avait nulle intention d'obéir, et que par conséquent il désirait paraître ne pas avoir reçus.

Le reste du voyage se fit avec une rapidité qui montrait combien leur souciait peu la santé de la malheureuse comtesse. Ils ne s'arrêtaient qu'aux lieux où tout était à leur dévotion, et où l'histoire qu'ils avaient préparée sur la folie de lady Varney aurait obtenu facile croyance, alors même qu'elle aurait voulu en appeler à la compassion du petit nombre de personnes admises à la voir. Mais Amy ne vit pas la moindre chance de se faire écouter d'aucun de ceux à qui elle eut occasion d'adresser la parole, outre que la présence de Varney lui inspirait trop d'épouvante pour qu'elle se hasardât à violer la condition expresse sous laquelle elle devait être affranchie de sa présence durant le voyage. L'autorité de Varney, souvent employée pour le même objet dans le cours des voyages secrets du comte à Cumnor, leur procura sans peine des relais de chevaux partout où besoin en était, de sorte qu'ils arrivèrent en vue de Cumnor-Place le premier soir depuis leur départ de Kenilworth.

En ce moment Varney s'approcha des derrières de la litière, comme il l'avait fait à diverses reprises durant le voyage, et dit à Foster : — Que fait-elle ?

— Elle dort, répondit Foster. Je voudrais que nous fussions à la maison ; — ses forces sont épuisées.

— Le repos la remettra. Elle dormira bientôt d'un long et profond sommeil ; — il faut que nous songions à la loger en sûreté.

— Nous la logerons dans ses appartements, sûrement ? J'ai envoyé Jeannette chez sa tante avec la mercuriale qu'elle méritait, et on peut avoir toute confiance dans les deux vieilles : — elles détestent cordialement la dame.

— Nous ne nous fierons pourtant pas à elles, ami Anthony ; il faut que nous la placions dans cette chambre si bien défendue où tu gardes ton or.

— Mon or ! exclama Anthony fort alarmé, et quel or ai-je ? — Dieu me soit en aide ! je n'ai pas d'or. — Je voudrais bien en avoir !

— Marry ! la potence soit de toi ! stupide brute ! — Qui pense à ton or ? qui se soucie de ton or ? — Si j'en avais idée, ne pourrais-je pas trouver cent meilleurs moyens d'y arriver ? — Bref, il faut que ta chambre à coucher, que tu as si soigneusement fortifiée, lui serve de lieu de

CHAPITRE XLI.

retraite; et toi, lourdaud, tu presseras ses oreillers de duvet. — J'ose assurer que le comte ne s'informera jamais du riche ameublement de ces quatre chambres.

Cette dernière considération rendit Foster traitable; il demanda seulement la permission de prendre les devants pour tout préparer, et, donnant de l'éperon à son cheval, il procéda en effet la litière, qui demeura sous la seule escorte de Tider, Varney lui ayant laissé reprendre une avance d'une soixantaine de pas.

Quand ils furent arrivés à Cumnor-Place, la comtesse demanda instamment après Jeannette, et montra une vive alarme lorsqu'elle apprit qu'elle ne devait plus avoir le service de cette aimable fille.

— Ma fille m'est chère, madame, dit Foster d'un ton bourru, et je ne me soucie pas qu'elle apprenne le truc des cours pour mentir et préparer des évasions; — elle n'en a déjà que trop appris là-dessus, n'en déplaise à Votre Seigneurie.

La comtesse, très fatiguée et grandement effrayée des circonstances de son voyage, ne répondit pas à cette insolence; elle exprima seulement avec douceur le désir de se retirer dans son appartement.

— Oui, oui, grommela Foster, c'est trop raisonnable; mais, sous votre faveur, vous n'irez pas à votre bijou d'appartement là-haut. — Vous coucherez ce soir en lieu plus sûr.

— Je voudrais que ce fût dans ma tombe, repartit la comtesse, n'était-ce que la faiblesse humaine frissonne à la pensée de la séparation de l'âme et du corps.

— Je ne vois pas que vous ayez à frissonner à cause de cela; mylord vient ici demain, et sans doute vous vous rapatrierez avec lui.

— Mais vient-il ici? — y vient-il réellement, mon bon Foster

— Oui, oui, votre bon Foster! Mais quel Foster serai-je demain quand vous parlerez de moi à mylord? — quoique tout ce que j'ai fait n'ait été que pour obéir à ses ordres.

— Vous serez mon protecteur, un peu rude, il est vrai, mais un protecteur, néanmoins. Oh! si seulement Jeannette était ici!

— Elle est mieux où elle est; — c'est assez d'une de vous pour faire le tourment d'une tête sans détours. — Mais voulez-vous prendre quelques rafraîchissements?

— Oh! non, non; — ma chambre! — ma chambre! J'espère, ajouta-t-elle d'un ton d'inquiétude, que je pourrai la fermer en dedans?

— De tout mon cœur, répondit Foster, pourvu que moi je puisse la fermer en dehors; et prenant une lumière, il conduisit Amy à une partie de l'édifice où elle n'avait jamais été. Là, il lui fit monter un escalier fort élevé; une de deux vieilles les précédait avec une lampe. Arrivés au haut de cet escalier, qui semblait presque ne devoir jamais finir, ils passèrent sur une petite galerie de bois de chêne très étroite, au bout de laquelle était une forte porte également en chêne, qui donnait accès à l'appartement de l'avare, appartement meublé plus que simplement, et, sauf le nom, ne différant guère d'une chambre de prison.

Foster s'arrêta à la porte et remit la lampe à la comtesse, sans lui offrir ou lui permettre de garder près d'elle la vieille qui les avait précédés. Amy ne se tint pas aux cérémonies; se hâtant de prendre la lampe, elle referma la porte sur elle, et l'assura à l'intérieur au moyen des barres et des verrous dont elle était munie à cet effet.

Varney était, pendant ce temps, resté en arrière dans l'escalier; mais quand il entendit barrer la porte, il se hâta de monter avec précaution. Foster, clignant de l'œil d'un air content de lui-même, lui montra un mécanisme caché dans le mur, et qui, mis en jeu avec facilité et peu de bruit, abaissait une partie de la galerie de bois à la manière d'un pont-levis, de façon à couper toute communication entre la porte de la chambre où il couchait d'habitude et le palier du haut escalier tournant qui y conduisait. La corde au moyen de laquelle on faisait agir ce mécanisme était ordinairement portée dans la chambre, le but de Foster étant de se mettre à l'abri d'une surprise du dehors; mais maintenant que cette chambre était destinée à y garder la prisonnière, la corde avait été apportée sur le palier, où Foster la fixa après avoir, avec une satisfaction d'artiste, fait jouer et tomber la trappe placée de telle sorte qu'on ne pouvait la soupçonner là.

Varney considéra le mécanisme avec grande attention, et plongea à plusieurs reprises ses regards dans l'abîme obscur qu'ouvrait sous la galerie la chute de la trappe. Il paraissait être d'une grande profondeur, et descendait en effet, ainsi que Foster en informa à voix basse son confédéré, presque jusqu'aux dernières caves du château. Varney jeta encore une fois un long regard fixe dans ce sombre gouffre, puis il suivit Foster à la partie du manoir plus généralement habitée.

Lorsqu'ils furent arrivés au salon que nous avons mentionné, Varney demanda à Foster de leur faire apporter à souper et quelques bouteilles du meilleur vin. Je vais chercher Alasco, ajouta-t-il; nous avons de la besogne pour lui, et il faut lui donner du cœur.

Foster proféra une sorte de grognement, mais il ne fit aucune observation. La vieille assura à Varney qu'Alasco avait à peine bu et mangé depuis le moment où Foster était parti de Cumnor, vivant perpétuellement enfermé dans le laboratoire, et parlant comme si la durée du monde eût dépendu de ce qu'il y faisait.

— Je lui apprendrai que le monde a d'autres droits sur lui, dit Varney en prenant une lumière et partant pour aller en quête de l'alchimiste. Il revint après une longue absence, très pâle, mais ayant encore sur les lèvres le sourire sardonique qui lui était habituel. — Notre ami s'est évaporé, dit-il.

— Comment! que voulez-vous dire? s'écria Foster. — Sauvé, — parti avec mes quarante livres qui devaient se multiplier mille fois ? J'en appellerai au *hue et cry.*

— Je te dirai un moyen plus sûr, reprit Varney.

— Comment! quel moyen? Je veux ravoir mes quarante livres ; — je me croyais si sûr de les voir multipliées mille fois ! — je veux ravoir ma mise, au moins.

— Va donc te pendre, et poursuis Alasco devant la cour de la chancellerie du diable, car c'est là qu'il a porté la cause.

— Comment ! — que veux-tu dire ? — il est mort?

— Oui vraiment, et déjà le visage et le corps sont tout enflés. — Il faisait une mixtion de quelques unes de ses drogues du diable, et le masque de verre dont il se servait constamment s'étant détaché de son visage, le subtil poison a pénétré dans le cerveau et il a fait son effet.

— *Sancta Maria !* — je veux dire Dieu dans sa merci nous préserve de convoitise et de péché mortel! — Pensez-vous qu'il eût opéré la transmutation? — n'avez-vous pas vu de lingots dans la cornue?

— Ma foi, je n'ai regardé que la charogne, et c'était hideux à voir ; — il était enflé comme un cadavre exposé depuis trois jours sur la roue ! — Pouah ! Donne-moi un verre de vin.

— Je vais y aller, dit Foster ; je veux examiner moi-même... Il prit la lampe et se dirigea rapidement vers la porte ; mais là il hésita et s'arrêta. — Ne voulez-vous pas venir avec moi? dit-il à Varney.

— Pourquoi faire? répondit celui-ci ; je l'ai vu et senti assez pour me couper l'appétit. J'ai pourtant brisé la fenêtre et laissé entrer l'air ; — c'étaient des exhalaisons de soufre et d'autres vapeurs suffocantes, comme si le diable même eût été là.

— Et ça ne pouvait-il pas être en effet l'acte du démon ? reprit Foster, toujours hésitant ; j'ai entendu dire qu'il est puissant dans ces moments-là et avec de telles gens.

— Quand ce *serait* ton Satan, qui te trouble ainsi l'imagination, tu es en parfaite sûreté, à moins que ce ne soit un diable tout-à-fait déraisonnable. Il a eu deux bons plats depuis peu.

— Comment, *deux* plats? — que voulez-vous dire? — que voulez-vous dire ?

— Tu le sauras quand il en sera temps ; — et puis cet autre banquet... Mais *elle*, tu l'estimeras morceau trop délicat pour la dent du diable ; — il faudra qu'elle ait ses psaumes, ses harpes et ses séraphins.

Anthony Foster l'entendit, et se rapprocha lentement de la table. — Bon Dieu, sir Richard! dit-il ; faut-il donc en venir là?

— Oui, en vérité, Anthony ; sans cela pas d'acte de propriété pour toi, répondit son inflexible associé.

— J'ai toujours prévu que ce serait là qu'on aboutirait ! Mais comment, sir Richard, comment? — car pour rien au monde je ne porterais la main sur elle.

— Je ne puis te blâmer, Anthony ; moi-même je ne le ferais pas volontiers. — Alasco et sa manne nous font cruellement faute ; oui, et ce chien de Lambourne aussi.

— Eh ! que fait donc Lambourne, pour tarder ainsi ?

— Pas de questions ; tu le reverras un jour, si ton *credo* est vrai. — Mais occupons-nous d'une affaire plus grave. — Je veux te faire connaître un piége à prendre des huppes, Tony. — Cette trappe là-haut, — ce joujou de ton invention, pourrait paraître assurée, n'est-ce pas, quoique les supports inférieurs en fussent enlevés ?

— Oui, marry ! elle aurait l'air solide aussi long-temps qu'on ne marcherait pas dessus.

— Mais si la dame essayait d'échapper en la franchissant, son poids la ferait enfoncer ?

— Le poids d'une souris suffirait.

— Hé bien, dans ce cas, ce serait en tentant de s'évader qu'elle serait morte : vous ou moi qu'y pourrions-nous faire, honnête Tony ? Allons nous mettre au lit ; demain nous arrangerons notre projet.

Le lendemain, quand le soir approcha, Varney appela Foster à l'exécution de leur plan. Tider et le vieux domestique de Foster furent envoyés au village sous un prétexte, et Anthony lui-même visita la comtesse dans sa prison, comme pour s'assurer qu'elle ne manquait de rien. Il fut tellement ébranlé par sa douceur et par la patience avec laquelle elle paraissait endurer sa détention, qu'il ne put s'empêcher de lui recommander instamment de ne franchir le seuil de sa chambre pour quelque motif que ce pût être, jusqu'à ce que lord Leicester fût arrivé, — ce qui ne tardera pas, s'il plaît à Dieu, ajouta-t-il. Amy lui promit de se résigner à son sort, et Foster revint vers son impitoyable compagnon la conscience à demi soulagée du poids pénible qui l'oppressait. — Je l'ai avertie, se dit-il ; ce sera sûrement en vain que le piége sera tendu en vue de l'oiseau, huppe ou autre !

Il ne ferma donc pas au-dehors la porte de la comtesse, et, sous les yeux de Varney, il retira les supports qui maintenaient la trappe, laquelle ne conserva ainsi sa position horizontale que par une légère adhésion. Ils descendirent au rez-de-chaussée pour attendre le résultat, mais ils attendirent long-temps inutilement. Enfin Varney, qui s'était promené de long en large le visage à demi enveloppé de son manteau, le rejeta soudainement en arrière, et s'écria : — Assurément jamais femme ne fut assez sotte pour négliger une si belle occasion de s'évader !

— Peut-être est-elle résolue à attendre le retour de son époux, dit Foster.

— C'est vrai, — c'est très vrai ! dit Varney en courant à la porte ; je n'y avais pas songé.

Deux minutes ne s'étaient pas écoulées que Foster, qui était resté derrière, entendit les pas d'un cheval dans l'avant-cour, puis un coup de sifflet pareil à celui qui était le signal ordinaire du comte. — L'instant d'après la porte de la chambre d'Amy s'ouvrit, et au même moment la trappe s'enfonça. — Il y eut une sorte de bruissement prolongé, — puis une lourde chute, — puis un faible gémissement, — et tout fut fini.

Au même instant Varney arriva près de la fenêtre, et demanda, avec une expression de voix et d'un ton qui offraient un inexprimable mélange d'horreur et de raillerie : — L'oiseau est-il pris? — est-ce fait?

— O mon Dieu, pardonnez-nous ! repartit Anthony Foster.

— Eh! sot que tu es, ta peine est finie, et ta récompense assurée, répliqua Varney. Regarde dans le caveau. — Que vois-tu?

— Je ne vois que des hardes blanches en tas comme un monceau de neige. — O mon Dieu! elle remue le bras.

— Fais rouler quelque chose sur elle, Tony. — Ton coffre à or, — il est lourd.

— Varney, tu es un démon incarné ! — Il n'y a besoin de rien de plus ; — elle est passée !

— Ainsi passent nos embarras! dit Varney en entrant dans la chambre; je ne pensais pas pouvoir si bien imiter le signal du comte.

— Oh! s'il y a un jugement au Ciel, tu l'as mérité, et tu ne l'échapperas pas ! — Tu l'as tuée au moyen de ses plus tendres affections. — C'est faire bouillir le chevreau dans le lait de sa mère!

— Tu es un âne fanatique, Tony. — Voyons maintenant comment il convient de donner l'alarme. — Il faut que le corps reste où il est.

Mais leur scélératesse ne jouit pas d'une longue impunité ; — car tandis même qu'ils étaient à se consulter ainsi, Tressilian et Raleigh arrivèrent sur eux à l'improviste, ayant été introduits dans la maison par Tider et le domestique de Foster, dont ils s'étaient assurés dans le village.

Anthony Foster s'enfuit à la première alerte ; et comme chaque détour, chaque passage de la vieille habitation lui étaient familiers, il échappa à toutes les recherches. Mais Varney fut pris sur la place; et au lieu de témoigner du repentir de ce qu'il avait fait, il parut prendre un plaisir diabolique à leur indiquer la place où gisaient les restes de la comtesse assassinée, tout en les défiant de prouver qu'il eût eu aucune part à sa mort. La douleur et le désespoir de Tressilian furent tels à la vue des restes mutilés et encore chauds de celle qui naguère encore était si belle et tant aimée, que Raleigh fut obligé d'employer la force pour l'en arracher, en même temps qu'il prenait la direction de ce qu'il y avait à faire.

Dans un second interrogatoire, Varney fit fort peu mystère soit du crime, soit des motifs qui l'avaient suggéré; alléguant, comme raison de sa franchise, que bien qu'une grande partie de ce qu'il avouait n'eût pu lui être imputé qu'à titre de soupçon, un tel soupçon aurait néanmoins suffi pour lui enlever la confiance de Leicester et détruire tous ses plans de grandeur et d'ambition. — Je n'étais pas né, dit-il, pour traîner dans l'avilissement les restes d'une vie déshonorée, — et je ne veux pas non plus que ma mort soit donnée en spectacle à la tourbe du peuple.

Ces paroles firent craindre qu'il n'eût quelque dessein sur lui-même, et on eut grand soin de ne laisser à sa portée rien qui pût l'aider à exécuter de tels projets. Mais, à l'exemple de certains héros de l'antiquité, il portait sur lui une petite quantité de poison violent, préparé sans doute par le célèbre Demetrius Alasco. Ayant pris ce poison pendant la nuit, le lendemain matin on le trouva mort dans sa chambre; et son agonie ne semblait pas avoir été longue, car sa physionomie, même après sa mort, offrait encore cette expression de rire moqueur qui de son vivant lui était habituelle. — Le méchant, dit l'Écriture, n'est pas lié par la mort.

Le sort de son complice en scélératesse fut long-temps inconnu. Cumnor-Place fut abandonné aussitôt après le meurtre; car au voisinage de ce qu'on nomma la Chambre de Lady Dudley les domestiques prétendirent entendre des gémissements, des cris, et d'autres bruits surnaturels. Après un certain laps de temps, Jeannette, ne recevant pas de nouvelles de son père, devint maîtresse absolue de ses biens, et en fit don avec sa main à Wayland Smith, devenu alors un homme de réputation bien établie, et occupant une place dans la maison d'Élisabeth. Mais ce ne fut que plusieurs années après leur mort que leur fils aîné, faisant quelques recherches dans Cumnor-Hall, découvrit un passage secret fermé par une porte de fer ouvrant derrière le lit dans la Chambre de Lady Dudley, et qui conduisait à une espèce de cellule où l'on trouva un coffre en fer renfermant quantité d'or, et sur lequel était étendu un squelette humain. Le sort d'Anthony Foster fut alors éclairci : en se réfugiant dans cette cachette il avait oublié la clef de la serrure à secret; et emprisonné ainsi par les précautions mêmes qu'il avait prises pour la conservation de cet or acheté au prix de son salut éternel, il avait péri misérablement. Sans nul doute les gémissements et les cris entendus par les domestiques n'étaient pas absolument imaginaires; c'étaient ceux de ce malheureux, qui, dans son agonie, appelait à son secours.

La nouvelle de la terrible destinée de la comtesse mit soudainement fin aux plaisirs de Kenilworth. Leicester se retira de la cour, et pendant fort long-temps il s'abandonna à ses remords. Mais comme Varney, dans sa dernière déclaration, s'était attaché à ménager la réputation de son maître, le comte fut un objet de pitié plutôt que d'animadversion. La reine le rappela enfin à la cour; il s'y fit de nouveau distinguer comme homme d'Etat et comme favori, et le reste de sa carrière est bien connu dans l'histoire. Mais il y eut dans sa mort quelque chose

CHAPITRE XLI.

de rémunératoire, s'il est vrai, ainsi que le prétend une tradition généralement reçue, qu'il périt par un breuvage empoisonné qu'il destinait à un autre [1].

Sir Hugh Robsart ne survécut pas long-temps à sa fille ; avant de mourir il institua Tressilian héritier de son domaine. Mais ni la perspective d'indépendance que lui offraient ses nouvelles possessions rurales, ni les promesses de faveur que lui fit Élisabeth pour l'engager à s'attacher à la cour, ne purent vaincre sa profonde mélancolie. En quelque lieu qu'il allât, il croyait voir devant lui le cadavre défiguré du premier, du seul objet de ses affections. Enfin, après avoir assuré l'avenir des vieux amis de sir Hugh et des anciens serviteurs de Lidcote-Hall, il s'embarqua avec son ami Raleigh pour la Virginie, et, jeune d'années, mais vieilli par le chagrin, il mourut avant son temps sur cette terre étrangère.

Quant aux personnages inférieurs, il nous suffira de dire que l'esprit de Blount se rassainit à mesure que ses rosettes jaunes se ternirent ; qu'il se distingua par sa bravoure et son expérience comme officier dans les guerres où il servit, et où il se retrouva dans son élément, auquel l'avait arraché le peu de temps qu'il passa à la cour ; enfin, que l'esprit pénétrant de Flibbertigibbet l'éleva en faveur et en distinction dans les fonctions à la tête desquelles étaient Burleigh et Cécil.

[1] *Voyez* l'Introduction, et la note J, ci-après.

NOTES
SUB
KENILWORTH.

(A) Page 41.

FOSTER, LAMBOURNE ET L'OURS NOIR.

Si l'on peut ajouter foi aux épitaphes, le caractère d'Anthony Foster était précisément l'inverse de celui qui est représenté dans le roman. Ashmole décrit ainsi sa tombe ; je copie cette description des *Antiquités du Berkshire*, t. I, page 145 :

« Dans le mur du nord du chœur de l'église de Cumnor est un monument en marbre gris incrusté de plaques de cuivre, sur lesquelles on a gravé un homme couvert d'une armure, ainsi que sa femme dans le costume du temps, tous deux agenouillés devant un prie-dieu, avec leurs trois fils agenouillés devant leur mère. Sous la figure de l'homme est cette inscription :

« Antonius Forster, generis generosa propago,
  Cumneræ dominus, Bercheriensis erat.
Armiger, armigero prognatus patre Ricardo,
  Qui quondam Iphletæ salopiensis erat.
Quatuor ex isto fluxerunt stemmate nati,
  Ex isto Antonius stemmate quartus erat.
Mente sagax, animo præcellens, corpore promptus,
  Eloquii dulcis, ore disertus erat.
In factis probitas, fuit in sermone venustus ;
  In vultu gravitas, religione fides,
In patriam pietas, in egenos grata voluntas,
  Accedunt reliquis armumeranda bonis.
Si quod cuncta rapit, rapuit non omnia Lethum,
  Si quod mors rapuit vivida fama dedit. »

* * * * * *

» A la fin sont les vers suivants, écrits deux par deux, à sa louange :

« Argute resonas citharæ prætendere chordas
  Novit, et Aonia concrepuisse Lyra.
Gaudebat terræ teneras defigere plantas
  Et mira pulchras construere arte domos.
Composita varias lingua formare loquelas
  Doctus et edocta scribere multa manu. »

» Les armes figurées au-dessus sont :

Ecartelés.
I. Trois cors de chasse liés.
II. Trois bouts d'aile la pointe en l'air.

» Le cimier est un cerf couchant, blessé au cou d'une large flèche; à son côté est une merlette. »

Il paraît, d'après cette inscription funéraire, qu'Anthony Forster, loin d'être un rustre et vulgaire puritain sans éducation, était par le fait un gentleman bien né et considéré, distingué par son habileté en musique et en horticulture, comme aussi par la culture des langues. Jusque là, donc, l'Anthony Foster du roman n'a rien de commun avec le véritable Forster. Mais nonobstant la charité, la bienveillance et la foi religieuse attribuées par le monument de marbre gris à celui qu'il recouvrait, la tradition et l'histoire secrète le désignent également comme ayant pris une part active à la mort de la comtesse; et on ajoute que de compagnon jovial et de bon vivant qu'il était, ce que paraissent indiquer aussi quelques expressions de l'épitaphe, il devint, après le crime, un homme d'habitudes sombres et retirées, qu'à son air et à ses manières on jugeait devoir souffrir sous le poids de quelque affreux secret.

Le nom de Lambourne est encore connu dans les environs, et on dit que quelques membres de la famille ont les habitudes du Michel Lambourne du roman, de même qu'ils en portent le nom. Un homme de ce nom assassina dernièrement sa femme; allant à cet égard plus loin que Michel, qui fut seulement compromis dans le meurtre de la femme d'un autre.

Tout ce qui me reste à ajouter, c'est que le joyeux *Ours-Noir* a repris sa prépondérance, en fait de bols et de bouteilles, dans le village de Cumnor.

(B) Page 151.

LÉGENDE DE WAYLAND SMITH.

La grande victoire remportée par Alfred sur les Danois, qui avaient envahi le pays, eut lieu, selon M. Gough, près d'Asdown, dans le Berkshire.

« L'endroit où fut enterré Baereg, le chef danois, qui fut tué dans ce combat, est distingué par un amas de pierres posées de champ, à moins d'un mille de la colline, et entourant un espace de terrain quelque peu élevé. Au côté oriental de l'extrémité sud sont trois pierres plates à peu près carrées, de quatre ou cinq pieds environ en tous sens, et qui en supportent une quatrième. Le vulgaire donne maintenant à ce groupe de pierres le nom de WAYLAND SMITH, d'après une tradition superstitieuse relative à un forgeron invisible qui ferrait les chevaux en cet endroit. » (GOUGH, édition de la *Britannia* de CAMDEN, t. I, page 221.)

La croyance populaire garde encore mémoire de cette tradition bizarre, qui, liée comme elle l'est avec le site d'un tombeau danois, peut provenir de quelque légende touchant les *Duergars* du Nord, qui demeuraient au milieu des rochers et étaient habiles à travailler l'acier et le fer. On croyait que le salaire de Wayland Smith était d'une pièce de six pence, et que, bien différent des autres artisans, il s'offensait si on lui offrait davantage. Récemment ses fonctions ont été de nouveau remises en mémoire; mais en ceci, comme en d'autres cas, la fiction a pris la liberté de piller les trésors de la tradition orale. Ce monument doit être très ancien, car on a eu l'obligeance de me faire voir que, dans une vieille charte saxonne, il est indiqué comme borne d'héritage. Le monument a été déblayé depuis peu, et mis beaucoup mieux en vue.

(C) Page 159.

LEICESTER ET SUSSEX.

Naunton nous donne de nombreuses et curieuses particularités sur la rivalité jalouse entre Ratcliffe, comte de Sussex, et Leicester, le nouveau favori. Le premier étant à son lit de mort, prédit à ses partisans que, lorsqu'il ne serait plus, le gipsy (sobriquet qu'il donnait à Leicester à cause de la couleur un peu foncée de son teint) se trouverait trop fort pour eux.

(D) Page 162.

SIR WALTER RALEIGH.

Parmi les partisans de Sussex et les personnes de sa suite, nous nous sommes hasardé à introduire le célèbre Raleigh, à l'aurore de sa faveur à la cour.

Dans la *Correspondance d'Aubrey* on trouve quelques particularités curieuses sur sir Walter Raleigh. « C'était un homme grand, beau et hardi; mais il avait la réputation d'être fier en diable. Le vieux sir Robert Harley de Drampton-Brian-Castle, qui le connaissait, disait que c'était une grande question lequel était le plus fier de sir Walter ou de sir Thomas Overbury; mais la différence fut résolue du côté de sir Thomas. Dans le grand salon de la maison de M. Raleigh, à Downton, est un bon portrait de sir Walter, où il est représenté en pourpoint de satin blanc tout couvert de riches broderies en perles, et ayant au cou une très riche chaîne de grosses perles. Les vieux domestiques m'ont dit que les perles véritables étaient presque aussi grosses que celles qu'on a peintes. Son extérieur était fort remarquable. Il avait le front très élevé, le visage long; et de longs cils recouvraient son œil sévère. » A ce portrait est ajouté le rébus suivant :

L'ennemi de l'estomac, et le mot le plus fâcheux,
Est le nom de ce gentilhomme au visage hardi [1].

La barbe de sir Walter se relevait naturellement, ce qui lui donnait un avantage sur les galants du temps, dont les moustaches avaient besoin de l'aide du barbier pour recevoir la forme qui alors était le plus du bel air. — (Voyez AUBREY'S *Correspondence*, t. II, part. 2, p. 500.)

(E) Page 175.

FAVEUR DE SIR WALTER RALEIGH A LA COUR.

C'est au galant incident du manteau que la tradition rapporte l'élévation à la

---

[1] The ennemy to the stomach, and the word of disgrace,
Is the name of the gentleman with the bold face.

La pointe roule sur le mot *water*, eau, qui peut se confondre dans la prononciation avec le nom de Walter. (L. V.)

cour de cet homme d'État célèbre. Aucun des courtisans d'Elisabeth ne sut mieux que lui flatter sa vanité de femme ; aucun n'appréciait avec plus de tact la quantité précise de flatterie qu'elle pouvait se prêter à absorber. Enfermé à la Tour pour quelque offense qu'il avait commise, et apprenant que la reine allait passer à Greenwich dans sa barge, il demanda instamment à s'approcher de la fenêtre, pour voir, n'importe à quelle distance, la reine de ses affections, le plus bel objet que la terre portât à sa surface. Le lieutenant de la Tour (son ami intime) se jeta entre le prisonnier et la fenêtre, tandis que sir Walter, sous l'influence apparente d'un accès d'irrésistible passion, jurait qu'on ne l'empêcherait pas de voir sa lumière, sa vie, sa divinité. Une querelle s'ensuivit, querelle qu'on peut regarder comme un coup *monté*, et dans laquelle le lieutenant et son prisonnier se saisirent à bras-le-corps et luttèrent avec fureur, — s'arrachèrent mutuellement les cheveux, — finirent par tirer leurs dagues, et ne furent séparés que par la force. La reine ayant appris cette scène jouée par son frénétique adorateur, la chose, comme on devait s'y attendre, tourna grandement en faveur de son paladin captif. Il n'y a guère à douter que sa querelle avec le lieutenant n'eût été antérieurement imaginée à l'effet d'arriver au résultat qu'elle produisit.

(F) Page 201.

ROBERT LANEHAM.

On sait peu de chose de Robert Laneham, sauf par la curieuse lettre qu'il écrivit à un ami de Londres, dans laquelle il rend compte des amusements de la reine Elisabeth à Kenilworth. Le style de cette lettre est de la plus insupportable affectation, tant dans sa composition que dans l'orthographe. Il se représente comme un *bon vivant*, ayant coutume d'être joyeux et altéré dès le matin, et ne demandant pas mieux que de faire des dames sa compagnie principale. La protection de lord Leicester l'avait fait nommer clerc et gardien de la chambre du conseil (*clerk and keeper of the council chamber door*). « Quand le conseil siège, dit-il, je suis là. Si quelqu'un babille, *Paix!* dis-je. Si je vois un écouteur aux portes s'approcher des fentes ou du trou de la serrure, je lui tombe immédiatement sur les épaules. Si un ami arrive, je le fais asseoir près de moi sur un banc ou un coffre. Les autres peuvent se promener à la grâce de Dieu. » On a rarement fait un meilleur portrait de la vanité magistrale et de l'importance personnelle d'un homme nul en place [1].

(G) Page 226.

LE DOCTEUR JULIO.

Julio, le médecin italien du comte de Leicester, fut regardé par ses contemporains comme un habile compositeur de poisons, dont il faisait un si fréquent usage que le jésuite Parsons exalte ironiquement le merveilleux bonheur de ce grand favori, que la mort venait toujours débarrasser à point de ceux qui lui faisaient obstacle. Voici à ce sujet un passage curieux :

« Long-temps après, il tomba amoureux de lady Sheffield, dont j'ai parlé

---

[1] Voy. *Shakspeare and his Times*, by N. Drack, pp. 19, 252, 439, édition de Paris.

précédemment, et alors aussi il eut la même chance que le mari de la dame mourût promptement d'un violent rhume de cerveau (à ce qu'on rapporta), mais, à ce que d'autres disent, d'un catarrhe artificiel qui l'étouffa.

» Il eut la même bonne fortune dans la mort de mylord d'Essex (comme je l'ai dit plus haut), et cela juste au moment le plus favorable à ses vues ; car comme lord Essex revenait d'Irlande dans l'intention de se venger de mylord de Leicester qui avait fait un enfant à sa femme, à lui Essex, pendant son absence (l'enfant était une fille, et elle fut élevée par lady Shandoes, femme de W. Knooles), mylord de Leicester apprenant cela ne manqua pas d'un ou deux amis pour accompagner le lord député d'Irlande ; il y eut entre autres un couple des propres serviteurs du comte, Crompton (si je ne me trompe pas sur le nom), son sommelier, et Lloid son secrétaire, qui entrèrent ensuite au service de mylord de Leicester. Et ainsi il mourut en chemin d'un flux très violent occasionné par une médecine italienne, ainsi qu'aucun de ses amis n'en douta, médecine qui avait été composée (à ce qu'on crut) par un chirurgien nouvellement arrivé d'Italie et entré au service de mylord : — homme adroit et sûr de son fait, avec lequel, si la bonne dame l'avait connu plus tôt et avait eu recours à son aide, elle n'aurait pas eu besoin de rester si pensive chez elle, dans la crainte du moment où son époux allait revenir d'Irlande........ Il ne faut pas non plus vous émerveiller que toutes ces personnes mourussent de diverses manières et avec des symptômes différents, car telle est l'excellence de l'art italien (ce pourquoi ce chirurgien et le docteur Julio étaient si soigneusement entretenus), qu'il peut faire mourir un homme de telle manière et avec les symptômes de telle maladie que vous voulez, — par les instructions de qui ? c'est sur quoi il n'y a pas de doute. Au reste, Sa Seigneurie est maintenant habile, d'autant plus qu'aux services de ceux-là il ajoute les conseils de son propre médecin, le docteur Bayly, homme aussi fort entendu dans son art, à ce qu'il semble ; car moi-même je l'ai entendu une fois, dans une thèse publique à Oxford, et cela en présence de mylord de Leicester (si je ne me suis pas trompé), soutenir que le poison pouvait être mitigé et administré de telle sorte que les effets n'en fussent pas immédiatement apparents, et que néanmoins ils produisaient leur effet d'une manière certaine pour le temps qu'on aurait désigné : thèse que l'on avait pensé devoir être fort du goût de Sa Seigneurie, et qu'en conséquence on avait choisie pour être discutée en sa présence, si je ne me suis pas trompé en avançant qu'il était présent ce jour-là. Ainsi donc, bien que l'un soit mort d'un flux et l'autre d'un catarrhe, néanmoins cela ne fait rien à l'affaire, et montre plutôt la grande adresse et l'habileté de l'opérateur. » (PARSON's *Leicester's Commonwealth*, p. 25.)

Il n'est pas nécessaire de déduire les nombreuses raisons qui ont fait, dans le roman, représenter le comte comme étant dupe de scélérats plutôt que comme un homme pervers, instigateur de leurs atrocités. Sous ce dernier aspect, celui sous lequel une partie au moins de ses contemporains l'envisagèrent, il eût offert un caractère trop dépravé et trop répugnant pour répondre au but de la fiction.

Il me reste seulement à ajouter que la réunion dans la même personne des qualités d'empoisonneur, de charlatan, d'alchimiste et d'astrologue, n'était pas rare chez les adeptes des sciences mystiques.

(H) Page 295.

LE CHATEAU DE KENILWORTH [1].

Dans le *Voyage pittoresque de* Will-Gilpin *en diverses parties de l'Angleterre* (t. I, p. 90 de la traduction française), on trouve sur le château de Kenilworth, tel qu'il était vers la fin du XVIIIe siècle, et sur les souvenirs historiques qui s'y rattachent, de curieux détails qu'on nous saura gré de transcrire.

« Le château de Kenilworth est une des plus magnifiques ruines qu'ait aujourd'hui l'Angleterre. Nous savons par l'histoire que dans les jours de sa gloire, ce château a joué un grand rôle comme place de guerre ; mais ses débris en ont conservé peu de traces. Ses parties légères et de simple ornement annoncent, en général, une habitation faite pour la paix.

» Les historiens, autant que je puis m'en souvenir, ont fait mention de ce château dès le règne d'Henri Ier. Il appartenait à cette époque à un seigneur particulier ; mais comme il s'était engagé dans une guerre civile dont l'issue fut fatale à son parti, son manoir fut confisqué au profit de la couronne, qui en resta en possession jusqu'au temps de la reine Élisabeth. Cette princesse en donna l'investiture à son favori, le comte de Leicester. Ce seigneur, prodigue et somptueux à un degré extrême, y dépensa, à ce qu'on assure, jusqu'à 60,000 livres sterling en embellissements de toute espèce, somme prodigieuse pour son siècle. Il y vécut dans une splendeur vraiment royale.

» L'orgueil de ce superbe édifice fut humilié après les guerres civiles qui ravagèrent la nation sous Charles Ier. Celui qui l'occupait était un des fauteurs de la cause royale ; Cromwell, pour se venger, détruisit le château presque de fond en comble, et fit vendre à l'encan tout ce qu'il renfermait. Ces mains avides le mirent dans un état d'où il n'a pu se relever ; c'est néanmoins encore un monument splendide jusque dans ses ruines.

» Il doit cependant très peu à sa situation. L'éminence qu'il occupe est trop peu élevée pour donner un point de vue bien vaste, et le pays environnant n'offre rien qui puisse embellir la perspective.

» Le plan du château est d'une grande noblesse. L'aire ou espace entouré de murs est de sept acres, dont un tiers est occupé par les ruines du bâtiment ; mais de toute cette construction, autrefois si magnifique, il ne reste plus rien d'entier. On ne reconnaîtrait pas la forme d'une seule chambre, si ce n'est peut-être de la salle des banquets, laquelle formait la principale partie du corps de bâtiment situé au centre de l'édifice. Entre autres débris, on voit les ruines de deux tours connues sous les noms de Tour de César et de Tour de Leicester. Elles paraissent avoir bravé la faux du Temps plus long-temps que le reste ; mais à la fin elles ont cédé de même. Un des côtés de la Tour de Leicester s'étant écroulé, en laisse voir à découvert toute la structure intérieure.

» ...... Le sol, en dehors du château, était anciennement inondé, quoiqu'il soit aujourd'hui à sec. Le lac s'étendait sur les flancs dans les points du sud, ouest et nord, embrassant tout dans une étendue de deux milles. Au-delà du lac était le parc. Du côté du nord était le jardin, occupant un terrain en pente entre le mur du château et l'eau. Il ne contenait qu'un acre, et était joint au parc par un

---

[1] Cette note n'appartient pas à l'original ; elle est du traducteur.

pont. « Mylord (dit un ancien auteur qui décrivait le château sur les lieux) a orné
» le bras gauche de l'étang, au nord, d'un beau brassard formé d'un pont de
» bon bois de six cents pieds de long sur quatorze de large, solidement établi,
» avec garde-fous des deux côtés. »

» .... Une des particularités les plus remarquables de l'histoire de ce château est une fête qui y fut donnée par le comte de Leicester à la reine Élisabeth. La tradition de ce grand événement a passé jusqu'aux habitants actuels de ce pays, et l'histoire n'offre peut-être rien d'égal. Un nommé Langham (Laneham) qui tenait un office à la suite de la cour, et témoin oculaire, en a publié un récit, dont voici quelques extraits :

» Le 9 juillet 1575, sur le soir, la reine approchant de la première porte du château, le portier, *homme de haute stature et d'un visage sévère, portant en main une massue et un trousseau de clefs,* aborda S. M. avec un *discours rude, plein de colère, en vers faits exprès pour la circonstance;* il demanda la cause de ce *fracas, de ce bruit, et pourquoi l'on courait à cheval dans l'étendue de sa juridiction.* Mais en apercevant la reine, *comme s'il eût été frappé subitement et pénétré de la présence d'une personne dont l'air annonçait si évidemment la majesté et la souveraineté héroïque, il tombe à genoux, demande humblement pardon de son ignorance, rend sa massue et ses clefs, proclame l'ouverture des portes et passage libre à tous.*

» Aussitôt les trompettes, qui étaient sur les murailles *au nombre de six, chacun de huit pieds de haut, avec leurs trompettes argentées de cinq pieds de long, sonnèrent un air de bienvenue.*

» Ces *bouffis harmonieux continuèrent leur délicieuse musique* tandis que la reine traversait à cheval le pont, ou champ-clos, pour se rendre à la grande entrée du château qui était baignée par le lac.

» Comme elle y arrivait, on vit s'approcher une île flottante, où était assise sur un trône *la souveraine du lac,* laquelle aborda S. M. *en vers bien faits,* qui parlaient de l'antiquité du château et de sa propre souveraineté sur ces eaux depuis le règne du roi Arthur; *mais ayant appris que S. M. passait dans son canton, elle était venue là pour la lui offrir humblement et résigner tout son pouvoir entre ses mains.*

» Ce spectacle fut terminé par une *musique délectable de hautbois, de chalumeaux, de bugles et autres instruments bruyants, qui continuèrent de jouer pendant que S. M. passait agréablement sous la porte du château.*

» Alors elle eut sous les yeux de nouveaux objets. Plusieurs des divinités païennes lui avaient apporté leurs présents, qui étaient en piles ou suspendus dans un ordre élégant aux deux côtés de l'entrée, à savoir : des oiseaux sauvages et du gibier de la part de Sylvain, le dieu des forêts; des corbeilles de fruits de la part de Pomone ; des gerbes de différentes espèces de grains de la part de Cérès ; une pyramide ornée de grappes de raisins, *qui étaient embellies de leurs feuilles,* présent de Bacchus ; puis, au bas de cette pyramide, des vases et des coupes. Des poissons de toutes sortes, arrangés dans des paniers, étaient offerts par Neptune, des armes par Mars, et des instruments de musique par Apollon. Une inscription au-dessus de la porte donnait l'explication du tout.

» S. M. ayant accepté gracieusement ces dons, fut reçue en dedans des portes avec un concert de flûtes et autre musique douce. Étant descendue de son palefroi (qu'elle montait toujours seule), elle fut conduite à sa chambre, et son arrivée fut annoncée à tout le pays par une salve bruyante des canons placés sur les remparts, et par les feux d'artifice qu'on tira le soir.

» La reine fut traitée dans le château pendant dix-neuf jours, et on rapporte que ce divertissement coûta au comte mille livres sterling tous les jours, chacun desquels fut varié par des mascarades, des intermèdes, la chasse, la musique et une infinité d'autres amusements. Le goût de la reine paraît avoir été consulté beaucoup pour la pompe et la solennité de tout. Peut-être aussi fut-il trop consulté lorsque la pureté classique et savante de ces amusements vint à se relâcher ensuite pour céder le pas au pugilat, aux combats d'ours, et à toutes les autres extravagances de mauvais goût de ce siècle.

» Entre autres honneurs faits à la reine pendant le cours de cette fête galante, la grande horloge, qui était placée dans la Tour de César, fut arrêtée pendant le séjour que S. M. fit au château, afin qu'on pût dire que le Temps avait suspendu sa course tandis que le pays jouissait d'un si rare bonheur. »

(1) Page 349.

AMEUBLEMENT DE KENILWORTH.

En revoyant cet ouvrage pour l'édition actuelle, l'obligeance de mon ami William Hamper, esq., qui a eu la bonté de me communiquer un inventaire de l'ameublement de Kenilworth à l'époque du magnifique comte de Leicester, m'a mis à même d'ajouter quelques détails exacts à l'essai de description que renferme le texte du roman des plaisirs royaux de Kenilworth. J'ai orné le texte de quelques uns des objets splendides mentionnés dans l'inventaire [1]; mais les antiquaires, en particulier, pourront désirer de voir un spécimen plus ample que la marche du récit ne le comportait.

EXTRAITS DE L'INVENTAIRE DE KENILWORTH, A. D. 1584.

Une salière de nacre de perle, faite en forme de vaisseau, garnie en argent d'un travail varié, avec insignes de guerre, ornements divers, et seize pièces d'artillerie dont deux montées sur roues, deux ancres à l'avant, et à l'arrière l'image de dame Fortune debout sur un globe, une flamme à la main. Poids 52 onces.

Une salière dorée en forme de cygne, nacre de perle. Poids 50 onces trois quarts.

Un saint Georges à cheval, en bois peint et doré, avec une case pour des couteaux dans la queue du cheval, et une case pour des couteaux à huîtres dans la poitrine du dragon.

Un tapis de barge vert, avec des lions et des ours brodés en blanc.

Une cassolette à parfums en argent. Poids 19 onces.

---

[1] Les nouveaux détails que l'auteur annonce ici avoir intercallés dans le texte ne se trouvent pas dans la précédente traduction, faite uniquement sur les premières éditions anglaises, et où l'on chercherait vainement nombre d'additions et de modification. faites par l'auteur pour sa grande édition des œuvres complètes, non seulement dans ce roman, mais dans plusieurs autres. (L. V.

NOTE I.

Dans la salle. Tables longues et courtes, 6; bancs longs et courts, 14.

TENTURES. — (Elles sont minutieusement détaillées, et se composaient des sujets suivants en tapisserie et en cuir rouge et doré.) — Fleurs, animaux et piliers voûtés. Sujets de forêts. Histoires, histoire de Suzanne, l'Enfant Prodigue, Saül, Tobie, Hercule, dame Renommée, chasses au faucon et aux chiens, Jézabel, Judith et Holopherne, David, Abraham, Samson, Hippolyte, Alexandre-le-Grand, Naaman l'Assyrien, Jacob, etc.

LITS, AVEC LEURS GARNITURES —(Ces articles sont magnifiques et nombreux. Je copierai, *verbatim*, la description de celui qui paraît avoir été un des plus beaux.) — Un bois de lit en noyer, façon élevée, les piliers rouges et vernis, le ciel et ses accessoires, et la *vallance* ou pente du lit, en satin cramoisi, bordée d'une large garniture de dentelle or et argent. La garniture du ciel du lit richement brodée aux armes de mylord, au milieu de guirlandes de houblon, de roses et de grenades, et doublé en bougran. Au même lit, cinq rideaux de satin cramoisi, bordés au bas d'une dentelle or et argent, garnis de glands et de ganses en soie cramoisie et or, contenant 14 lés de satin et une aune trois quarts de haut. Le ciel du lit, la vallance et les rideaux doublés de taffetas sarsenet cramoisi.

Une courtepointe de satin cramoisi piquée et bordée en cordonnet d'or et doublée de sarsenet rouge; longueur, trois aunes amples, et largeur trois petites aunes.

Une chaise en satin cramoisi, assortie.

Un beau couvre-pied piqué de satin cramoisi, ayant six lés, sur une largeur de cinq aunes trois quarts, tout couvert de losanges de cordonnet d'argent, et au milieu un quinte-feuille dans une guirlande de bâtons noueux [1], bordé tout autour d'une frange étroite de soie cramoisie, et doublé de futaine blanche.

Cinq panaches de plumes de couleur, garnis de dentelles ornées de paillettes d'or et d'argent, s'élevant en coupes [2], et noués avec au moyen de torsades formées de ganses d'or, d'argent et de soie cramoisie.

Un tapis à buffet de satin cramoisi, avec une bordure brodée en cordonnet d'or, la moitié environ garnie d'une frange soie et or, doublé en satin de Bruges. Longueur, deux aunes; et deux lés de satin.

(Il y avait onze lits de duvet et quatre-vingt-dix lits de plumes, outre trente-sept matelas.)

CHAISES, TABOURETS ET COUSSINS. —(Ces objets n'étaient pas moins somptueux que les lits et autres articles. Je transcrirai ici ce qui se trouve en tête de la liste.) — Une chaise de velours cramoisi, le siége et le dos en partie brodés, avec le chiffre R. L. en drap d'or, le sanglier et le bâton noueux en drap d'argent, garnis de galons et de franges d'or, d'argent et de soie cramoisie. Le bois recouvert en velours, retenu sur les bords avec des crépines d'or, et garni de clous dorés.

Un tabouret et un tabouret de pied en velours cramoisi, avec franges et garnitures assorties.

Un coussin long de velours cramoisi, le bâton noueux brodé dans une torsade

---

On a vu que cet emblème entrait, avec les ours, dans les armoiries du comte de cester. (L. V.)

[2] Probablement au centre et aux quatre coins du lit. Quatre ourses et des bâtons noueux occupaient une position analogue sur un autre article de ce somptueux ameublement. (W. S.

d'or, avec la devise de mylord, *Droyte et Loyall*, pareille, et les lettres R. L. en drap d'or; garni de galons, de franges, de boutons et de glands d'or, d'argent, de soie cramoisie; doublé de taffetas cramoisi. Longueur, un aune un quart.

Un coussin carré de velours pareil, broderies assorties à celles du coussin long.

Tapis. — (Il y avait dix tapis de velours pour tables et fenêtres, quarante-neuf tapis de pied de Turquie, et trente-deux tapis de drap. J'en vais spécifier un de chaque espèce.) — Un tapis de velours cramoisi, sur lequel sont richement brodés la devise de mylord, des ours, des bâtons noueux, etc., en drap d'or et d'argent; garni sur les coutures et tout autour de galons d'or et de franges assorties, doublé de taffetas sarsenet cramoisi. Trois lés de velours d'une aune trois quarts de long.

Un grand tapis de Turquie fond bleu, avec une bordure jaune à chaque bout; longueur, dix aunes; largeur, quatre aunes et un quart.

Un tapis long de drap bleu doublé en satin de Bruges, garni d'une frange soie bleue et or; longueur, six aunes moins un quart, de toute la largeur du drap.

Tableaux. — (Principalement décrits comme ayant des courtines.) — S. M. la reine (deux grands tableaux). Trois portraits de mylord. Saint Jérôme. Lord d'Arundell. Lord Mathevers. Lord de Pembroke. Comte Egmondt. La reine d'Écosse. Le roi Philippe. Les filles du Boulanger. Le duc de Feria. Alexandre-le-Grand. Deux jeunes dames. Poppœa Sabina. Frédéric de Saxe. L'empereur Charles. La femme du roi Philippe. Le prince d'Orange et sa femme. Le marquis de Berges et sa femme. Le comte de Horn. Le comte Holstrate. Monseigneur Brederode. Le duc d'Alava. Le cardinal Granville. La duchesse de Parme. Henri, comte de Pembroke et la jeune comtesse. Le comte d'Essex. Occasion et Repentir. Lord Mowntacute. Sir Jas. Crofts. Sir Wr. Mildmay. Sir Wm. Pickering. Edwin, archevêque d'York

Un groupe d'hommes, de femmes et d'enfants, modelés en cire.

Une petite table pliante en ébène, garnie en ivoire, au dedans de laquelle sont tracés des vers en lettres d'or.

Une table aux armes de mylord.

Cinq globes peints.

Vingt-trois cartes de pays.

Instruments. — (J'en rapporterai deux spécimens.) — Un buffet d'orgue, *royales* et épinettes, couvert de velours cramoisi et garni de galons d'or.

Une belle paire d'épinettes doubles.

Armoires. — Une armoire couverte en satin cramoisi, avec une riche broderie représentant une chasse au cerf, en or, argent et soie; avec quatre glaces au haut du meuble, seize vases de fleurs, en or, argent et soie, dans une case en cuir; doublée de satin vert de Bruges.

(Une autre en velours pourpre. Un pupitre en cuir rouge.)

Un plateau à échecs en ébène, avec l'échiquier en cristal et autres pierres, monté en argent, orné d'ours et de bâtons noueux, et de quinte-feuilles en argent. Les trente-deux pièces également en cristal et autres pierres, montées en argent blanc pour une suite, et en argent doré pour l'autre; dans une case dorée et doublée en coton vert.

(Un autre échiquier en ivoire et ébène. Deux tables d'ivoire.)

Un grand candélabre bronzé, pour suspendre au plafond de la salle, très orné et curieusement travaillé, avec vingt-quatre branches, douze grandes et douze de moindre dimension ; six *rowlers* et deux ailes pour l'aigle déployé ; vingt-quatre bobèches pour les bougies, douze grandes et douze de moindre taille ; vingt-quatre soucoupes ou coupes à bougies de mêmes proportions, pour placer sous les bobèches ; trois figures d'hommes et trois figures de femmes, en airain, très belles et artistement faites.

Ces spécimens de la magnificence de Leicester peuvent suffire pour démontrer au lecteur qu'il n'est guère au pouvoir d'un auteur moderne d'exagérer la somptuosité prodigue déployée dans les Plaisirs Royaux de Kenilworth.

(J) Page 447.

MORT DU COMTE DE LEICESTER.

Dans une curieuse copie manuscrite du rapport donné par Ben Jonson à Drummond de Hawthornden, copie abrégée par sir Robert Sybbald, la mort de Leicester est attribuée à un poison qui lui fut présenté comme un cordial par la comtesse son épouse, à qui il l'avait donné en le lui recommandant comme un excellent reconfortant dans les défaillances, espérant qu'elle s'empoisonnerait elle-même en en faisant usage. Nous avons déjà cité le passage de Jonson relatif à cette rémunération bien méritée, dans une note de l'Introduction du présent ouvrage (page 5). On peut ajouter ici qu'on trouve l'épitaphe satirique ci-après sur Leicester dans les COLLECTIONS de Drummond ; mais il est évident qu'elle n'est pas de lui :

ÉPITAPHE DU COMTE DE LEICESTER.

> Here lies a valiant warriour,
>   Who never drew a sword ;
> Here lies a noble courtier,
>   Who never kept his word ;
> Here lies the erle of Leister,
>   Who govern'd the estates,
> Whom the earth could never living love,
>   And the just heaven non hates.

En voici la traduction littérale :

> Ci-gît un vaillant guerrier
> Qui jamais ne tira l'épée ;
> Ci-gît un noble courtisan,
> Qui ne tint jamais sa parole.
> Ci-gît le comte de Leicester,
> Qui gouverna les États.
> Vivant, la terre ne put jamais l'aimer,
> Et maintenant le Ciel le déteste dans sa justice.

FIN DES NOTES DU CHATEAU DE KENILWORTH.

www.ingramcontent.com/pod-product-compliance
Lightning Source LLC
Chambersburg PA
CBHW072105220426
43664CB00013B/1999